더 자세한 등록 방법을 알고 싶다면 QR 코드를 스캔해보세요!

KB027110

센게이지 디지털 학습 툴

- 무료 온라인 학습 도구
- 챕터별 연습문제 풀이

Access Code: 센게이지 디지털 학습 툴에 접속하기 위한 고유한 번호입니다. 한번 이용한 코드는 다시 사용할 수 없으며 타인과 공유가 불가능합니다. (분실 시 재발급되지 않습니다)

ACCESS CARD

센게이지 디지털 학습 툴 등록하기_ 11단계로 등록 완료

스크래치를 긁어 나의 Access Code 확인

http://access.cengageasia.com 접속

Access Code(아래 은색 스크래치를 긁어 나오는 번호) 입력 후 Continue 클릭

※ 엔터키를 누르면 페이지가 넘어가지 않고 오류가 발생합니다.

New Students 항목에 이메일 주소 입력 후 Create an account 클릭

나의 정보를 영문으로 입력한 뒤 정보 이용 동의 박스 체크 후 Create Account 클릭

6. Asia → Higher Education → Your Country → Select a City를 차례로 선택 후 FIND 클릭
7. 나의 학교 체크 후 CONTINUE 클릭
8. 나의 교재 확인 후 우측 Open 클릭
9. 교수님께 받은 Course Key 입력 후 Submit 클릭
10. 나의 강의 정보 확인 후 Continue 클릭
11. 성공적으로 등록이 완료되었습니다!

※ 등록을 완료한 학생은 www.cengage.com/login에서 로그인 할 수 있습니다.

Note

Access Code는 패스워드가 아니며, 처음 등록할 때에만 사용하게 됩니다. Step 5에서 입력했던 나의 이메일과 패스워드로 로그인하여 주세요.

Access Code 관련 문의사항_ 혹시 Access Code에 문제가 있나요?

cess Code에 문제가 있는 학생은 센게이지러닝코리아로 문의하세요.

Email: asia.infokorea@cengage.com ▪ Phone: 02-330-7000 ▪ Homepage: www.cengage.co.kr

학생용

CCESS CODE로 접속하세요!

ccess.cengageasia.com

CENGAGE

Access Code를 등록한 날로부터 1년 간 무료로 디지털 학습 툴을 이용할 수 있습니다.

심리상담과 치료의 이론과 실제

Theory and Practice of Counseling and Psychotherapy

제10판

CENGAGE

***Theory and Practice of Counseling and Psychotherapy,* 10th Edition**

Gerald Corey

ISBN-13: 979-89-6218-395-5

Cengage Learning Korea Ltd.
14F YTN Newsquare 76 Sangamsan-ro
Mapo-gu Seoul 03926 Korea
Tel: (82) 2 330 7000
Fax: (82) 2 330 7001

Cengage Learning is a leading provider of customized learning solutions with office locations around the globe, including Singapore, the United Kingdom, Australia, Mexico, Brazil, and Japan.
Locate your local office at: **www.cengage.com**

Cengage Learning products are represented in Canada by Nelson Education, Ltd.

To learn more about Cengage Learning Solutions, visit **www.cengageasia.com**

Printed in Korea
Print Number: 05 Print Year: 2021

심리상담과 치료의 이론과 실제

Theory and Practice of Counseling and Psychotherapy

제10판

Gerald Corey 지음

천성문 · 권선중 · 김인규 · 김장회 · 김창대 · 신성만 · 이동훈 · 허재홍 옮김

CENGAGE

Andover • Melbourne • Mexico City • Stamford, CT • Toronto • Hong Kong • New Delhi • Seoul • Singapore • Tokyo

옮긴이 소개

천성문 부경대학교 평생교육상담학과
권선중 침례신학대학교 상담심리학과
김인규 전주대학교 사회과학대학 상담심리학과
김장회 경상대학교 사범대학 교육학과
김창대 서울대학교 사범대학 교육학과
신성만 한동대학교 상담심리사회복지학부
이동훈 성균관대학교 사범대학 교육학과
허재홍 경북대학교 사회과학대학 심리학과

심리상담과 치료의 이론과 실제 -제10판-

Theory and Practice of Counseling and Psychotherapy, 10th Edition

제10판 1쇄 발행 | 2017년 2월 16일
제10판 5쇄 발행 | 2021년 12월 13일

지은이 | Gerald Corey
옮긴이 | 천성문, 권선중, 김인규, 김장회, 김창대, 신성만, 이동훈, 허재홍
발행인 | 송성헌
발행처 | 센게이지러닝코리아㈜
등록번호 | 제313-2007-000074호(2007.3.19.)

이메일 | asia.infokorea@cengage.com
홈페이지 | www.cengage.co.kr

ISBN-13: 978-89-6218-395-5

공급처 | ㈜학지사
주 소 | 서울시 마포구 양화로15길 20 마인드월드빌딩 5층
도서안내 및 주문 | Tel 02) 330-5114 Fax 02) 324-2345
홈페이지 | www.hakjisa.co.kr

값 35,000원

역자 머리말

이 책은 제럴드 코리(Gerald Corey)가 쓴 『심리상담과 치료의 이론과 실제(Theory and Practice of Counseling and Psychotherapy)』의 10판 개정판을 우리말로 옮긴 것이다. 이 책은 거듭 개정판을 출간하면서 심리상담 분야의 대표적인 교재 중 하나로서 오랫동안 국내와 전 세계적으로 많은 사랑을 받아왔다. 또한 이 책은 상담심리 전공 학생들뿐만 아니라 다양한 배경을 가진 전문가들과 함께해왔다. 따라서 최근의 상담과 심리치료 분야의 발전과 추세를 반영하여 더 보완된 이 책의 10판을 번역하는 작업은 의미 있고 즐거운 작업이었다.

제럴드 코리의 『심리상담과 치료의 이론과 실제』는 동시대 심리치료 체계의 주요 개념과 실제의 핵심을 간략하게 정리하여 심리치료 분야를 처음 배우는 사람들은 물론 학생들도 각각의 방대한 개념을 비교적 명확하게 이해할 수 있게 한 것이 특징이다. 특히 이 책은 이론의 공부에 그치지 않고, 배운 개념들을 상담에서 실제적으로 적용하고 실습할 수 있게 하여 이론과 실제를 학습할 수 있는 기회를 갖게 한다. 다양하게 제시된 사례들은 학생들이 각각의 사례에 대해 생각해보고 토론할 수 있게 한다. 11개의 대표적인 심리치료 이론들의 가장 최근의 추세, 연구 동향과 함께 '자기 점검을 위한 질문'을 추가한 것은 이 책의 또 다른 장점이다. 특정 이론에 치우치지 않고 공정하게 핵심 중심의 이론과 실제를 선별하여 제시하였기에 많은 학생들과 상담 분야 관련 전문가들이 학습하고 실제에 활용하는 데 유용하게 쓰일 것이다.

번역에서는 가능한 원문을 충실하게 옮기는 것을 원칙으로 했지만 원문이 그대로 옮겨질 경우 독자들이 더 어려워할 것을 고려하여 의역을 하였고 한글 인명이나 참고문헌도 가능한 한 우리말로 번역하여 독자들이 편하게 읽을 수 있도록 노력하였다. 또한 원문 표기가 필요한 출처와 참고문헌 등은 원문을 그대로 살리거나 원문 병기 처리하였다.

제럴드 코리의 『심리상담과 치료의 이론과 실제』 10판을 통해 학생들을 비롯한 다양한 독자들이 다양한 심리치료 분야의 이론과 실제를 익히고 자신만의 상담 스타일을 찾아 개발할 수 있기를 기대해본다.

이 책은 김창대 교수가 1, 2장, 천성문 교수가 저자 머리말, 3장, 신성만 교수가 4, 6장, 이동훈 교수가 5, 8장, 김인규 교수가 7, 13장, 권선중 교수가 9, 10장, 김장회 교수가 11, 15장, 허재홍 교수가 12, 14장을 각각 맡아서 번역 작업을 했다. 이 책의 출판을 맡아주신 센게이지러닝코리아(주)의 송성헌 사장님과 깔끔한 편집에 수고를 아끼지 않은 편집부와 교정을 맡은 이정란 선생님께 감사를 드린다.

2017년 2월

역자 대표 천성문

저자 머리말

이 책은 심리학, 상담자 교육, 인간 서비스나 정신건강 분야를 전공하는 학생이나 졸업자들의 상담 과정을 위해 기획되었다. 이 책은 동시대 상담 체계의 주요 개념과 실제를 조사하고 상담 실제에 있어서의 윤리적이고 전문적인 문제들을 다룬다. 이 책은 학생들이 다양한 이론과 기법 중에 현명하게 선택하여 자신의 상담 스타일을 개발할 수 있도록 돕는 것을 목적으로 한다.

나는 학생들이 동시대의 다양한 상담과 심리치료 접근의 개요를 알고 싶어 한다는 것을 알았다. 또한 학생들은 상담에서 첫 번째 과정이 그들 개인들에게 있어 매우 중요하다고 지속적으로 이야기해왔다. 그러므로 나는 자료를 실제에 적용하는 것을 강조하고 개인적으로 반영하는 것을 격려한다. 이 책을 사용하는 것은 개인적으로 그리고 학습적으로 배움이 되는 경험이 될 것이다.

이번 10판에서는 학생들과 전문가들이 지난 판에서 유용했다고 말해온 것들을 유지하기 위해 많은 노력을 하였다. 각 이론의 주요 개념의 개요와 그 실제에 있어서의 함의, 직설적이고 개인적인 양식과 포괄적인 조망 등이 그것들이다. 나는 정확하고 공정한 방식으로 이론을 보여주기 위해 고심했다. 또한 단순하고 분명하고 간결하게 하려고 했다. 많은 학생들이 각각의 상담 접근을 공부할 때 추가적으로 읽을거리를 제안을 했기 때문에 최신의 읽을거리와 참고자료 목록을 각 장의 말미에 두었다.

이번 10판은 최신 자료들과 함께 기존 논의를 개선했다. 1부는 상담과 심리치료의 실제에 기본이 되는 쟁점들을 다루었다. 1장은 책에 대한 개관을 담았고, 2장에서는 한 개인으로서 그리고 전문가로서의 상담자라는 주제를 다루었다. 이 장은 개인과 상담 관계로의 상담자 역할에 관한 다양한 주제를 넣었다. 3장은 상담 실제에 있어서 몇몇 윤리적 문제들을 소개했으며, 이 장에서의 많은 주제들이 개정되었고 확장되었다. 또한 『미국상담학회 윤리규정(ACA Code of Ethics)』(2014)의 범위가 확장되었다.

2부는 11개의 상담 이론들을 검토하는 데 신경 썼다. 각각의 이론 장들은 구성을 동일하게 해서 학생들이 쉽게 다양한 모형들을 쉽게 비교하고 대비해볼 수 있게 했다. 동일한 구성으로는 주요 개념, 상담 과정, 상담 기법과 절차, 다문화적 관점, 스탠(Stan)의 사례에 적용한 이론, 새롭게 적용한 그웬(Gwen)의 사례, 요약과 평가가 있다. 이번 10판에서는 2부의 모든 장들이 최근의 추세를 반영하여 수정되었고, 새롭게 추가, 확장되었으며 참고자료들 역시 개정되었다. 10판의 수정은 '감사' 부분에 적은 각각의 이론 전문가들의 의견을 기초로 하였다. 각 이론적 접근의 실제에 있어 현재의 추세와 최근의 발달에 주의를 기울였다.

이론을 다룬 11개의 각 장들은 이론들의 주요 개념을 요약하고, 각 이론의 기여, 장점, 단점과 적용을 평가하였다. 다양한 내담자 유형과 작업을 할 때 각 이론의 단점과 장점에 대한 언급뿐만 아니라 다문화적 관점에서 평가하는 데 특별한 주의를 기울였다. 다른 부분처럼 요약과 평가 부분도 구성이 동일해서 각 이론들을 쉽게 비교할 수 있게 했다. 학생들은 장의 마지막에 있는 **더 찾아볼 자료** 부분에서 앞으로의 훈련을 위해 더 읽을거리에 관한 추천이 주어진다. DVD 자료와 함께 주석 달린 개정 제안 자료 목록은 학생들이 학습을 넓힐 수 있게 자극할 자료를 확장하여 제공했다.

3부에서, 15장은 통합된 상담 실제의 접근이 어떻게 다양한 내담자 유형의 요구에 맞도록 하는지에 대한 생각을 발전시켰다. 많은 표와 통합적 자료들은 학생들에게 11개의 접근법을 비교하고 대조하는 데 도움을 줄 것이다.

10판에서 새롭게 바뀐 것

10판의 특징은 모든 이론들의 **학습 목표**를 포함하는데, 각 이론들의 마지막 부분에 **자기 점검과 토론을 위한 질문들**을 추가하여 수업에서 생각해보고 상호작용을 가능하게 하였다. **스탠의 사례**를 보완하기 위해 많은 내담자를 대리하는 새로운 **그웬의 사례**를 추가했다. 켈리 커크시(Kellie Kirksey) 박사가 그웬과 작업을 하며 이론적 관점에서 자신의 방식을 묘사했다.

10판에서 각각의 이론 장들의 두드러진 변화는 아래와 같다.

4장 | 정신분석 치료

- 역전이의 새로운 자료들, 정신분석적 치료에서 그것의 역할, 그리고 역전이를 효과적으로 다루는 안내서
- 정신역동적 치료의 확장된 논의와 적용

5장 | 아들러 치료

- 삶 속에서의 임무에 대한 자료 수정
- 상담의 교육적 과정을 위한 목표 더 강조

- 평가와 진단의 역할 더 추가
- 초기 회상의 새로운 자료와 구체적인 예
- 삶에서 아들러학파의 개념의 몇 가지 새로운 사례
- 재정향과 격려 과정의 논의 수정
- 아들러 기술의 논의 확장

6장 | 실존 치료

- 실존적 불안에 대한 자료와 상담에 있어서 함의 수정
- 내담자–상담자 관계의 부분 수정
- 실존 치료의 임무에 대한 논의 확장

7장 | 인간중심 치료

- 내담자를 능동적 자기 치유자로 보는 논의 확장
- 일치, 무조건적, 긍정적 존중과 공감의 핵심 조건 범위 개정
- 인간중심 치료를 실천하는 상담자들의 다양한 스타일에 더 주목
- 인간중심 접근의 기본 철학이 다양한 내담자 유형과 작업할 때 얼마나 적절한지 강조
- 변화를 이끌 방법으로서 정서적 역할을 강조하는 정서중심 치료에 관한 새로운 부분
- 동기적인 면담에 관한 부분(인간중심 치료에 변화를 준 것) 개정

8장 | 게슈탈트 치료

- 게슈탈트 치료에서 경험의 역할에 관한 논의와 그들의 기술들이 구조화된 실천과 어떻게 다른지에 대한 수정
- 새로운 상담자 존재, 상담에서의 대화 역할과 상담 관계에 대한 강조
- 상담자의 진정성과 자기개방에 관한 논의 확장
- 게슈탈트 실제의 동시대의 관계적 접근에 더 주의를 기울임

9장 | 행동 치료

- '제3세대' 혹은 '뉴웨이브' 행동 치료들에 관한 관심 확장
- 안구운동 민감소실 재처리 부분 개정
- 동시대의 행동 치료의 마음챙김의 역할과 수용 계획수립에 대한 논의 확장과 개정
- 마음챙김 기반의 인지 치료와 스트레스 감소에 관한 새롭고 확장된 자료
- 변증법적 행동 치료의 수정하고 확장된 상담법

10장 | 인지행동 치료

- 전체 장의 주요한 재구성과 개정
- 간소화하고 개정된 앨버트 엘리스의 합리적 정서 행동 치료 간소화하고 개정
- 에런 벡(Aaron Beck)의 인지 치료의 범위 수정과 확장
- 인지 치료의 발달에서 주디스 벡(Judith Beck)의 역할 범위 확장
- 크리스틴 패디스키(Christine Padesky)의 강점 기반 인지행동 치료의 새로운 부분
- 인지행동 치료의 발달에 있어 도널드 마이켄바움(Donald Meichenbaum)의 영향에 주의 확장
- 더 많은 인지행동 치료의 주요 기술과 개념을 알려줄 임상적 예
- 다양한 인지행동 치료 접근들 사이에서 비교의 범위 확장

11장 | 선택 이론과 현실 치료

- 선택 이론에서 현실 치료의 관계 수정
- 현실 치료의 실제에 관한 실질적인 예 추가

12장 | 여성주의 치료

- 여성주의 치료의 원칙의 처지를 확장하고 개정
- 문화와 사회적 정의 관점 주의 확장
- 권력, 특권, 차별과 권한의 개념 더 강조
- 관계적 · 문화적 이론과 실제의 함의 확장
- 상담 기법과 대책에 대한 논의 수정과 확장
- 다양한 관점으로부터의 강점에 대한 자료 수정

13장 | 포스트모던 접근

- 해결중심 치료(SFBT)와 긍정심리학 사이의 평행 개정
- SFBT의 주요 개념에 대한 논의 확장
- 포스트모던 접근에서 상담 관계에서 내담자가 전문가라는 관점 더욱 강조
- SFBT 기술의 사용을 나타내는 임상적 예 추가
- 세세한 상담의 성질을 정의하는 새로운 자료들
- 이야기 치료와 SFBT의 공동 본성 더욱 강조
- 이야기 치료 부분 수정

14장 | 가족체계 치료

- 가족 치료로의 통합적인 접근에만 주로 집중하기 위한 간략화
- 가족체계 치료의 최근의 발달 추가
- 여성주의, 다문화, 포스트모던 구성주의가 가족 상담에 적용된 것에 보다 더 집중

15장('통합적 관점')은 11개의 이론적 오리엔테이션에서 나온 주제들을 함께 모았다. 이 장에서는 심리치료 통합 운동에 대한 논의를 주로 수정하였고, 다양한 통합적 접근을 개정하며, 상담에서의 영성의 통합 부분을 수정, 치료적 동맹을 입증하는 연구 자료를 추가했다. 또한 상담 결과를 밝히는 데 내담자의 중심 역할에 대한 논의를 확장, 피드백 기반 개입(feedback informed treatment) 부분을 새롭게 추가하고, 심리치료의 효과성에 대한 문헌 자료 결과들의 범위를 개정했다. 이 장에서는 두 사례들(스탠과 그웬)을 새롭게 추가하여 통합적 접근들을 분명히 보여주었다. 15장은 많은 다른 상황에 있는 다양한 내담자 유형의 요구를 충족하기 위한 상담 실제의 통합적 접근들에 대한 생각을 발달시켰다. 많은 표와 다른 통합적 자료들이 학생들로 하여금 11개의 접근들을 비교하고 대조해볼 수 있도록 도울 것이다.

이 책은 유연한 방식으로 사용될 수 있겠다. 어떤 강사는 이 책의 장의 순서를 따를 테지만 다른 사람들은 이론 장들(2부)부터 시작한 후에 학생들의 개인적 특성과 윤리적 문제들을 다루는 것을 선호할 것이다. 주제들은 마음에 드는 어떤 순서대로도 적용될 수 있다. 독자들은 1장에서 이 책을 사용하는 데 필요한 몇 가지 제안을 얻을 수 있다.

『통합적 상담: 사례중심의 접근』(8판)은 전문가들이 다양한 치료적 접근들을 가지고 루스(Ruth)의 사례와 작업하는 것을 특징으로 한다. 『상담 및 심리치료의 통합적 접근』 3판은 이 책의 15장을 확장한 것이며 보조 자료로 사용할 수 있다. 『통합적 상담: 사례중심의 접근』과 『상담 및 심리치료의 통합적 접근』은 또한 다양한 학급, 사례 관리 실제를 하는 곳, 전문 분야 작업 과정, 혹은 상담 기술 과정 등에서 사용될 수 있겠다.

감사의 말

기존 판의 많은 독자들이 조사를 마무리하는 데 있어 기꺼이 시간을 내어준 제안들은 개정 과정에서 매우 많은 도움이 되었다. 많은 분들이 이번 10판의 아이디어에 기여했다. 개정하는 데 있어서 이 책을 사용한 교수들이 준 피드백이 가장 유용했으며, 특히 사전 검토에 참여해주고 건설적인 비판과 지지적인 충고를 주신 분들의 시간과 노력에 감사드린다. 10판의 원고 부분들을 검토해주신 분들은 다음과 같다.

와이오밍 대학교, 박사과정에 있는 Jude Austin
와이오밍 대학교, 박사과정에 있는 Julius Austin
센트럴 플로리다 대학교의 Mark E. Young
Borderline Production의 Robert Haynes
도밍게즈힐스에 위치한 캘리포니아 주립대학교의 Beverly Palmer
이스트테네시 주립대학교의 James Robert Bitter
이스트테네시 주립대학교의 Patricia Robertson
애리조나 주립대학교의 Jamie Bludworth
존스 홉킨스 대학교의 Michelle Muratori
립스콤 대학교의 Jake Morris

각 장을 검토하면서 상세한 비평과 상의를 해주신 분들에게 특별한 감사를 드린다. 그들의 통찰적인 소중한 충고들이 이번 판에 대체로 포함되었다.

- 4장(정신분석 치료): 캘리포니아에 있는 쿠퍼마운틴 칼리지의 William Blau
- 5장(아들러 치료): 캘리포니아 주립대학교의 Matt Englar-Carlson, 거버너 주립대학교의 Jon Carlson, 보카러톤에 있는 린 대학교의 Jon Sperry, 이스트테네시 주립대학교의 James Robert Bitter, 그리고 필자가 5장을 공동집필했다.
- 6장(실존 치료): 영국 런던의 뉴스쿨 오브 사이콜로지 앤드카운슬링과 셰필드 대학교의 Emmy van Deurzen, 풀러턴에 있는 캘리포니아 주립대학교의 J. Michael Russell, 페퍼다인 대학교의 교육과 심리학 대학원의 David N. Elkins, 오클라호마시티 칼리지의 Bryan Fartha.
- 7장(인간중심 치료): 캘리포니아 코타티에 있는 인간중심 표현예술협회의 Natalie Rogers, 페퍼다인 대학교의 교육과 심리학 대학원의 David N. Elkins, 샌디에이고에 있는 알리안트 국제대학교의 캘리포니아 심리 전문학교(California School of Professional Psychology)의 David Cain.

- 8장(게슈탈트 치료): 오리건에 있는 퍼시픽 대학교와 밴쿠버의 Private practice의 Jon Frew, 로스앤젤레스의 퍼시픽 게슈탈트 연구소(Pacific Gestalt Institute)의 Lynne Jacobs, 로스앤젤레스의 퍼시픽 게슈탈트 연구소의 Gary Yontef, 와이오밍 대학교 박사과정의 Jude Austine, 와이오밍 대학교 박사과정의 Julius Austin.
- 9장(행동 치료): 웨스트버지니아 대학교의 Sherry Cormier, 펜실베이니아 대학교 약학대학와 하버드 메디컬 스쿨의 Frank M. Dattilio, 하버드 메디컬 스쿨의 Ronald D. Siegel.
- 10장(인지행동 치료): 웨스트버지니아 대학교의 Sherry Cormier, 캘리포니아의 헌팅턴 비치에 있는 인지치료센터의 Christine A. 펜실베이니아 스쿨 오브 메디슨 대학교와 하버드 메디컬 스쿨의 Frank M. Dattilio, 도밍게즈힐스에 있는 캘리포니아 주립대학교의 Beverly Palmer, 애리조나 주립대학교의 Jamie Bludworth, 와이오밍 대학교 박사과정의 Jude Austin, 와이오밍 대학교 박사과정의 Julius Austin, 보카러톤에 있는 린 대학교의 Jon Sperry, Debbie Joffe Ellis.
- 11장(선택 이론과 현실 치료): 오하이오의 신시내티에 있는 현실치료센터의 Robert Wubbolding.
- 12장(여성주의 치료): 코넬 칼리지의 Carolyn Zerbe Enns, 이스트테네시 대학교의 James Robert Bitter, 이스트테네시 대학교의 Patricia Robertson, 펜실베이니아의 인디애나 대학교의 Elizabeth kincade, 뉴욕 주립대학교의 브록포트 칼리지의 Susan Rachael Seem, 클리블랜드 인스티튜트 오브 웰니스의 Kellie Kirksey, 휴스턴 주립대학교의 Amanda La Guardia. 뉴올리언스 대학교의 Barbara Herlihy, 그리고 필자가 12장을 공동집필했다.
- 13장(포스트모던 접근): 샌버너디노에 있는 캘리포니아 주립대학교의 John Winslade, 센트럴 알칸사스 대학교의 John Murphy.
- 14장(가족체계 치료): 이스트테네시 주립대학교의 James Robert Bitter, 그리고 필자가 14장을 공동집필했다.
- 15장(통합적 관점): 국제임상수월성센터의 Scott D. Miller, 도밍게즈힐스에 있는 캘리포니아 주립대학교의 Beverly Palmer, 와이오밍 대학교 박사과정의 Jude Austin, 와이오밍 대학교 박사과정의 Julius Austine.
- 그웬의 사례(모든 이론 장들)는 통합의학을 위한 클리블랜드 클리닉(Cleveland Clinic Center for Integrative Medicine)의 Kellie Kirksey가 썼다.

이 책은 센게이지러닝(주)의 많은 사람들이 함께 노력한 결과이다. 제품 디렉터인 Jon-David Hague, 상담 및 인간 서비스와 사회 제품 매니저인 Julie Martinez, 이 책의 내부 디자인과 표지를 위해 애써주신 아트 디렉터인 Vernon Boes, MindTapTM 프로그램과 책의 다른 보충 자료들을 위해 조성해준 콘텐츠 개발자인 Kyra Kane, 『교수용 자원 매뉴얼』을 개정하는 일을 하고 다른 보충 자료를 개발하는 데 보조를 해준 존스홉킨스 대학교의 Michelle Muratori, 콘텐트 프로젝트 매니저인 Rita Jaramillo이 그들이다. 이 책이 나올 수 있도록 도와주신 Cenevo Publisher Services의 Ben Kolstad에게 감사드린다. 이번 판의 원고 편집자인 Kay Mikel에게도 특별한 감사를 드린다. 그녀의 뛰어난 편집 능력은 이 책의 독자들을 친근하게 느끼게 해주었을 것이다. 이 책의 테스트 아이템을 만들고 수정하는 일과 색인을 준비해준 Susan Cunningham에게도 감사드린다. 이러한 분들의 모든 노력과 헌신이 이번 판을 높은 품질로 만드는 데 기여했다.

제럴드 코리

저자 소개

제럴드 코리(Gerald Corey)는 풀러턴(Fullerton)에 있는 캘리포니아 주립대학의 인간 서비스 및 상담학과의 명예교수다. 그는 서던 캘리포니아 대학에서 상담 과정으로 박사 학위를 받았다. 그는 미국전문심리학위원회의 상담심리학 전문가, 자격증 소지 심리학자, 국가 공인 상담자, 미국심리학회(상담심리분과)의 특별 회원이며, 미국집단치료전문가협회 특별 회원이다. 그는 또한 미국집단심리치료학회, 미국정신건강상담사협회, 상담에서의 영적 · 윤리적 · 종교적 가치협회, 상담심리사교육지도협회, 서부상담심리사 교육지도협회 등의 회원이기도 하다.

그는 2011년 미국정신건강상담협회의 공로상과 2001년 미국집단치료전문가협회의 특별상을 부인 메리앤 슈나이더 코리(Marianne Schneider Corey)와 함께 수상하였다. 또한 1991년에는 그가 봉직한, 풀러턴에 있는 캘리포니아 주립대학교에서 우수 교수상을 수상했다. 그는 대학과 대학원에서 집단상담, 상담에서의 윤리 과목을 강의하고 있다. 그는 수많은 논문과 함께 현재 출판 중인 16권의 상담 교재의 저자 혹은 공저자이다. 이 책 『심리상담과 치료의 이론과 실제(Theory and Practice of Counseling and Psychotherapy)』는 아랍, 인도네시아, 포르투갈, 터키, 중국, 한국에서 번역되었고, 『집단상담의 이론과 실제(Theory and Practice of Group Counseling)』는 한국, 중국, 스페인, 러시아에서 번역되었다. 『상담 및 심리치료의 윤리(Issues and Ethics in the Helping Professions)』도 한국어, 일본어, 중국어로 번역되었다.

지난 40년간 그는 아내와 함께 미국뿐만 아니라 캐나다, 멕시코, 중국, 홍콩, 한국, 독일, 벨기에, 스코틀랜드, 영국, 아일랜드의 많은 대학에서 정신건강 전문가를 위한 집단상담 훈련 워크숍을 개최하였다. 휴가 중에는 여행을 즐기고 등산과 산악 사이클을 좋아하며 1931년식 모델 A 포드 자동차를 운전하는 것을 좋아한다. 코리 부부는 1964년도에 결혼하며 두 딸을 두고 있다.

다음은 최근 제럴드 코리가 센게이지러닝사에서 출간한 도서목록이다.

- 『집단상담의 이론과 실제』 8판(학생용 매뉴얼과 함께)(2016)

- 『좋은 상담자 되기(Becoming a Helper)』 6판(2011, Marianne Schneider Corey 공저)
- 『상담 및 심리치료 윤리』 9판(2015, Marianne Schneider Corey, Patrick Callanan 공저)
- 『집단상담 기법(Group Techniques)』 4판(2015, Marianne Schneider Corey, Patrick Callanan, J. Michael Russell 공저)
- 『집단상담: 과정과 실제(Groups: Process and Practice)』 9판(2014, Marianne Schneider Corey, Cindy Corey 공저)
- 『전 생애 발달과 적응(I Never Knew I Had a Choice)』 10판(2014, Marianne Schneider Corey 공저)
- 『통합적 상담: 사례중심의 접근(Case Approach to Counseling and Psychotherapy)』 8판(2013)
- 『상담 및 심리치료의 통합적 접근(The Art of Integrative Counseling)』 3판(2013)

제럴드 코리는 바바라 헐리(Barbara Herlihy)와 함께 『미국상담학회 윤리규정 사례집(ACA Ethical Standards Casebook)』 7판(2015)과 『상담에서의 쟁점: 다양한 역할과 책임(Boundary Issues in Counseling: Multiple Roles and Responsibilities)』 3판(2015)을 저술하였다. 또한 로버트 헤인즈(Robert Haynes), 패트리스 몰튼(Patrice Moulton), 미셸 무라토리(Michelle Muratori)와 공저로 『심리상담 전문가에 대한 임상지도: 실용적 가이드(Clinical Supervision in the Helping Professions: A Practical Guide)』 2판(2010)을 집필하였고 단독으로 『성장하는 상담전문가의 길(Creating Tour Professional Path: Lessons from My Journey)』(2010)을 저술하였다. 이 네 권의 책은 미국상담학회(American Counseling Association: ACA)에서 출판되었다.

그는 이와 함께 다양한 상담 실제 영역에 관한 교육용 DVD를 여러 개 만들었다. 그 목록을 보면 (1) 『집단상담의 실제: DVD와 워크북(Ethics in Action: DVD and Workbook)』(Marianne Schneider Corey, Robert Haynes 공저, 2015), (2) 『집단상담의 실제: 진행과 도전-DVD와 워크북(Groups in Action: Evolution and Challenges DVD and Workbook)』(Marianne Schneider Corey, Robert Haynes 공저, 2014), (3) 『심리상담과 치료의 이론과 실제: 스탠의 사례와 해설 DVD(DVD for Theory and Practice of Counseling and Psychotherapy: The case of Stan and Lecturettes)』(2013), (4) 『상담 및 심리치료의 통합적 접근: 루스의 사례와 해설 DVD(DVD for Integrative Counseling: The Case of Ruth and Lecturettes)』(Robert Haynes 공저, 2013), (5) 『집단상담의 이론과 실제 DVD(DVD for Theory and Practice of Group Counseling)』(2012) 등이 있다.

차례

part 1 상담 실제에서의 기본 쟁점

part 2 상담의 이론과 기법

part 3 통합과 적용

* 참고문헌은 지면 제한상 센게이지러닝 홈페이지(www.cengage.co.kr) 자료실에 올렸으니 참고하십시오.

part 1

BASIC ISSUES IN **COUNSELING PRACTICE**

상담 실제에서의 **기본 쟁점**

1장 | 도입과 개관

학습 목표

01. 저자의 철학적 관점을 이해한다.

02. 이 책에 제시된 이 책의 활용 방법을 확인한다.

03. 이 책에 소개된 최근 상담 모형 간의 차이점을 이해한다.

04. 스탠의 사례에 내포된 주요 주제를 확인한다.

05. 그웬의 사례에 내포된 주요 주제를 확인한다.

도입

상담을 배우는 학생들은 상담 실제에 대한 주요 접근들에 익숙해짐으로써 자신의 성향에 적합한 상담 스타일을 배울 수 있다. 이 책은 상담 및 심리치료와 관련된 11개 접근법을 살펴볼 것인데, 우선 각 접근의 주요 개념을 소개하고, 상담 목표를 포함한 상담 과정과 내담자-상담자 관계, 그리고 상담 실무에서 사용되는 절차와 같은 다양한 측면에 대해 논의할 것이다. 이러한 정보들은 각 상담 이론에 포함된 중요한 생각들에 대해 균형 있는 관점을 발전시키고 각 접근을 따르는 상담자들이 공통적으로 사용하는 실제적인 기법에 대해 알게끔 해줄 것이다. 나는 여러분이 열린 마음을 가지고 2부에 소개된 각각의 치료적 체계가 기여한 부분과 한계점을 진지하게 탐구할 수 있기 바란다.

여러분은 상담 이론에 대한 개론 수업을 수강한다고 해서 다양한 접근을 종합하는 데 필요한 지식과 경험까지 가질 수는 없다. 이 과정은 수년간의 공부와 훈련, 그리고 실제 상담 경험을 필요로 한다. 그럼에도 불구하고 나는 전문 상담사를 양성하는 교육에서 개인적인 통합이 중요한 요소가 되어야 한다고 생각한다. 학생들에게 한 가지 접근만 제공되거나 한 가지 접근만 습득할 것을 기대한다면, 앞으로 다양한 내담자를 상담할 기회가 있을 때 그들의 전문적 효율성은 제한될 것이다.

반면 각종 접근을 마구잡이로 섞는다면, 특정한 개념과 그것들의 연장선상에 있는 기법들을 체계적으로 따라야 하는 이유를 개발하지 못하게 될 것이다. 다양한 이론들로부터 파편들을 뽑아서 선택하는 것은 쉬운데, 그 이유는 그 파편들은 우리들의 편견과 선입견들을 지지하기 때문이다. 이 책에 소개된 모형을 공부함으로써 여러분은 상담에 대한 각자의 관점과 통합된 체계를 구축할 때 여러 접근들로부터 제공되고 있는 각종 개념과 기법을 통합하는 방법에 대해 좀 더 잘 이해할 수 있을 것이다.

각각의 접근들은 유용한 차원들을 가지고 있다. 이론이 '옳은지' 또는 '그른지'는 중요한 문제가 아닌데, 그 이유는 모든 이론들은 인간의 행동에 대해 고유한 이해방식을 제공하며 상담 실무에 독자적인 시사점을 제공하기 때문이다. 한 가지 모형을 타당한 것으로 받아들인다고 해서 다른 모형들을 틀린 것으로 생각할 필요는 없다. 이 사회, 특히 점점 더 다양해지는 이 사회에서 이론적 다원주의는 충분히 받아들여진다.

여러분 자신의 개인적 체계의 구성 또는 상담 접근의 통합을 위해 다양한 접근에 대해 개방적인 태도를 가지라고 말했지만, 여러분이 모든 것을 단번에 배우려고 하면 오히려 압도되거나 혼란을 겪을 수 있다는 점에 대해 미리 경고해둔다. 특히 이 강의가 상담 이론 영역에서 여러분에게 개론 강의라면 특히 그럴 것이다. 많은 이론적 접근을 피상적으로 훑는 것보다 주요 이론적 접근을 개괄적으로 이해하고, 일정한 기간 동안 특정한 접근을 깊이 공부하여 그 접근을 학습하는 것이 적절하다. 통합적 관점은 마구잡이로 개발되지 않는다. 오히려 그것은 지속적인 심사숙고의 과정을 통해 개발된다. 다양한 모형으로부터 제공되는 개념과 기법을 성공적으로 통합하기 위해서는 상담 실무에 대한 수년간의 성찰과 다양한 이론에 대한 많은 양의 독서가 필요하다. 나는 15장에서 상담 실무에 대해 여러분이 통합적인 접근을 고안하는 몇 가지 방법에 대해 논의하겠다.

CengageBrain.com에 방문하거나 『심리상담과 치료의 이론과 실제: 스탠의 사례와 해설 DVD』 1장 부분의 DVD 프로그램을 시청하라. 그리고 각 장을 읽기 전에 DVD에 있는 각 장에 대한 간략한 소개 내용을 살펴보라.

나의 관점

학습 목표 01 나의 철학적 관점은 실존적인 접근으로부터 큰 영향을 받았다. 이 접근은 특정하게 정해진 기법이나 절차를 제공하지 않기 때문에 나는 이 책에 제시된 다른 모형으로부터 기법을 끌어왔다. 나는 역할 연기 기법을 특별히 선호한다. 내담자들이 그들의 삶 속에서 한 장면을 시연할 때, 단순히 자신에 대한 일화를 보고할 때보다 훨씬 더 심리적으로 상담에 열중하는 경향이 있다. 또한 나는 인지행동 상담으로부터 파생된 많은 기법을 통합시켰다.

정신분석에서 강조하는 초기의 심리성적 및 심리사회적 발달은 유용하다. 우리의 과거는 현재의 성격과 행동을 조성하는 데 중요한 역할을 한다. 나는 내담자들이 초기 조건화와 과거 경험의 희생자라는 점에 대해서는 의견을 달리한다. 그러나 과거에 대한 탐색은 자주 유용한데, 특히 과거가 현재의 정서적, 행동적 어려움에 영향을 끼치고 있을 때에는 더욱 그렇다.

나는 우리의 생각이 우리가 느끼고 행동하는 방식에 영향을 끼친다는 인지행동적 관점을 중요하게 받아들인다. 이러한 관점의 상담은 또한 현재 행동을 강조한다. 사고와 감정은 중요한 차원이다. 그러나 그것들을 지나치게 강조하느라고 내담자들의 행동을 탐색하지 않는 것은 잘못이다. 내담자들이 하는 행동은 그들이 진정으로 원하는 것이 무엇인지 알 수 있는 좋은 실마리를 제공한다. 나는 또한 이 접근이 구체적인 목표를 강조하고, 내담자들이 상담 회기나 삶에서 구체적인 목표를 스스로 설정하도록 격려하는 점을 중요하게 생각한다.

더욱 더 많은 접근들이 상담자와 내담자가 협력하도록 돕는 방법을 개발해왔는데, 그 방법들은 치료적인 노력에 대해 내담자와 상담자가 공동으로 책임감을 갖게 만든다. 이러한 협력적 관계는 상담에서 습득한 방법을 실생활에 적용하는 방법을 가르치는 것과 더불어 이 세상에서 내담자가 주도적인 역할을 하도록 힘을 북돋아주는 역할을 한다.

상담 회기뿐 아니라 일상생활에서 내담자가 주도적인 입장을 취하는 것은 필수적이다. 내담자와 상담자가 협력하여 정한 과제는 내담자로 하여금 그들이 상담에서 배운 것을 실천하도록 하는 중요한 도구가 된다.

이것과 관련해서 나는 우리가 자기 미래를 창조하는 자유를 증진시키는 연습을 할 수 있다고 가정한다. 개인의 책임을 받아들인다는 말이 우리가 원하는 모든 것을 우리가 할 수 있다는 것을 의미하지는 않는다. 사회적, 환경적, 문화적, 생물학적 현실은 우리 자신이 원하는 선택의 자유를 자주 제한한다. 선택할 수 있다는 것은 압박이나 구속이 있는 사회정치적 맥락에서 고려되어야 한다. 즉, 억압은 우리가 자신의 미래를 선택하는 능력을 제약한다. 우리는 또한 사회적 환경에 영향을 받으며, 우리가 하는 많은 행동들은 학습과 조건화의 산물이기도 한다. 이러한 점을 감안한 상태에서, 나는 맥락적으로 강요되는 힘에 대한 자각을 증진시킴으로써 우리는 이러한 현실을 다룰 수 있다고 생각한다. 우리의 결정과 행동에 영향을 끼치는 외적, 내적 힘에 대해 대응하는 방법을 습득하는 것은 매우 중요하다.

여성주의 상담은 환경적, 사회적 조건이 여성과 남성의 문제에 영향을 끼치는 방법과 성 역할의 사회화가 성적 불평등을 어떻게 초래하는지 자각하게 하는 데 크게 기여했다. 가족 상담은 체계의 맥락으로부터 분리해서 개인을 이해하기는 불가능하다는 점을 우리에게 알려주었다. 가족 상담과 여성주의 상담은 개인을 이해하기 위해서는 개인 내적인 영역에 초점을 맞추기보다 대인관계 차원과 사회문화적 맥락을 고려하는 것이 필수적이라는 가정에 기초한다. 상담에 대한 이와 같은 포괄적인 접근은 내적인 역동을 이해하는 수준을 넘어 우리에게 영향을 끼치는 환경적, 체계적 현실을 다룬다.

상담에 대한 나의 철학은 상담이 전적으로 심리적 '질병'을 '고치는' 목적으로 이루어진다는 가정에 이의를 제기한다. 이처럼 의학적 모형에 초점을 맞추게 되면 상담 실무를 제약하게 되는데, 그 이유는 그 모형은 강점보다는 약점을 강조하고 있기 때문이다. 이와 같은 관점 대신 나는 포스트모더니즘의 접근(13장 참조)에 동의하는데, 이 접근은 사람들은 자신의 문제를 해결하려고 할 때 동원할 수 있는 내적, 외적인 자원을 가지고 있다는 가정에 뿌리를 두고 있다. 상담자는 그들이 내담자의 병리보다 내담자가 가지고 있는 역량을 인정한다면 내담자들을 사뭇 다르게 볼 수 있다. 나는 각 개인이 상담을 통해 발굴되고 활용할 수 있는 역량을 가지고 있다고 생각한다.

상담은 두 사람이 관여하는 과정으로서 그들은 치료적 노력을 통해서 변화를 꾀하려는 사람들이다. 이상적인 형태의 상담은 삶 속에서 겪는 과제를 함께 해결하려고 상담자와 내담자가 함께 협력하는 과정이다. 이 책에 제시된 모든 이론은 상담 실무가 내포하고 있는 협력적 특성을 강조하고 있다.

상담자는 내담자를 변화시키거나 즉각적인 충고를 하거나 내담자를 위해 문제를 해결해주는 사람이 아니다. 그보다 상담자는 내담자와 진실한 대화 과정을 통해 치유를 촉진한다. 상담자가 어떤 사람인지가 내담자에게 영향을 끼치거나 변화를 촉진하는 데 가장 중요한 요인이다. 만약 상담자가 이론적으로나 실무적으로 많은 지식을 가지고 있지만, 이해와 온정, 신뢰, 정직, 공감, 현실성, 치유적 민감성 등과 같은 인간적 자질을 결여하고 있다면 그들은 단지 기술자에 가까울 뿐이다. 나는 기술자로만 기능하는 사람들은 내담자의 삶에 중요한 변화를 촉진할 수 없을 것이라 생각한다. 상담자는 반드시 자신의 가치와 태도, 신념에 대해 깊이 탐색하고 스스로에 대한 자각 수준을 높여야 한다고 생각한다. 이 책 전체를 통해 나는 여러분이 이 책에서 얻은 지식을 여러분 자신의 삶에 적용해볼 것을 추천한다. 그렇게 하면 여러분은 이러한 이론을 단순히 학문적으로 이해하는 것 이상의 수준에 도달할 것이다.

상담 기법을 숙달하고 그것들을 적절하면서 효과적으로 적용하는 것에 대해서 나의 생각을 말하면, 나는 여러분 자신이 여러분이 가진 최고의 기법이라고 생각한다. 여러분의 격려는 상담 과정이 효과적으로 진행되게끔 하는 데 유용하다. 여러분이 사용하는 기법을 여러분의 성격과 여러분이 내담자와 형성하고 있는 관계로부터 분리하는 것은 불가능하다.

관계변인을 고려하지 않은 상태에서 기법을 적용하는 것은 비효과적이다. 기법이 내담자-상담자 사이에 건설적인 관계를 형성하려는 노력을 대신할 수 없다. 여러분이 태도 및 기술에 대한 지식, 그리고 성격 역동과 상담 과정에 대한 지식을 학습할 수 있어도, 효과적인 상담의 대부분은 예술적인 측면의 산물이다. 상담은 기술을 많이 가진 기술자가 되는 것 이상의 요소를 수반한다. 이 말은 여러분이 상담자라면 내담자와 효과적인 작업 관계를 형성하고 유지할 수 있고, 여러분은 자신의 경험과 반응을 믿고 의지할 수 있으며, 여러분은 내담자가 필요로 하는 기법을 찾아낼 수 있다는 사실을 의미한다.

상담자로서 여러분은 자신의 개인적 성장을 지속하고 자신의 개인적 문제를 다룰 수 있다는 개방적 태도를 취할 필요가 있다. 여러분이 내담자를 가르칠 수 있는 가장 확실한 길은 여러분이 행위를 통해서 모범을 보여주고, 여러분이 그들과 인간적인 유대를 형성하는 것이다. 나는 여러분이 내담자가 되어서 여러 가지 기법을 체험해보기를 제안한다. 책을 통해 기법에 대해 읽는 것과 내담자의 입장에서 그러한 기법을 실제로 체험하는 것은 아주 다르다. 예를 들어, 여러분이 마음챙김 훈련을 해보면 내담자가 일상생활에서 마음챙김을 하게끔 인도하는 방법을 효과적으로 알려줄 수 있을 것이다. 만약 여러분이 자신의 변화 프로그램의 일환으로 집에서 수행할 과제를 수행해본다면, 여러분은 내담자와 그들의 어려움에 대해 좀 더 공감할 수 있을 것이다. 자기개방과 개인적 어려움에 대해 말하는 것에 대한 불안이 있다면 바로 그 불안을 내담자의 불안을 다루는 중요한 접점으로 활용할 수 있다. 여러분이 자신이 받았던 상담에서 필요로 했던 용기를 통해, 여러분의 내담자가 상담에서 보여주는 용기의 가치를 인정하고 그것을 보여주는 내담자에게 감사할 수 있을 것이다.

상담자의 인간적 자질이 무엇보다도 중요하지만, 좋은 의도를 가진 좋은 사람이라는 것만으로는 충분하지 않다. 효과적인 상담자가 되려면 상담 경험과 이론, 기법에 대한 지식을 지도감독 받아야 하며, 더 나아가 여러 성격 이론의 기초를 단단히 다지고 여러 **성격 이론과 상담 이론** 간의 관련성에 대해서도 익혀야 한다. 상담자가 가지고 있는 인간에 대한 개념과 내담자의 개인적인 특성은 상담자의 개입에 영향을 준다. 상담자와 내담자의 차이점 때문에 이론의 어떤 부분을 수정할 필요가 있다. 몇몇 상담자들은 자신이 상담하는 대부분의 내담자들에게 한 유형의 개입(지지적, 직면적, 정보 제공적)만을 적용하는 실수를 저지른다. 실제로, 서로 다른 내담자들이 하나의 개입 양식에 더 잘 반응할 수도 있다. 심지어 개인 상담 과정 동안에도 다른 시기에 다른 개입을 적용해야 하는 경우도 있다. 상담자는 내담자를 특정 개입 양식에 맞추기보다 내담자에게 적합한 상담 기법을 많이 알고 있어야 한다.

이 책의 활용 방법에 대한 제안

학습 목표 02 이 책의 가치를 최대한 활용할 수 있는 구체적인 지침을 제안하고자 한다. 사적인 톤으로 기술된 이 책은 여러분으로 하여금 이 책을 읽을 때 여러분의 개인적인 체험과 연결시키게끔 도와줄 것이다. 2장 '인간 그리고 전문가로서의 상담자'는 여러분의 욕구와 동기, 가치와 삶의 경험에 대해 성찰하는 과정으로부터 시작한다. 여러분이 되고자 하는 그 사람을 여러분의 전문적인 일에 어떻게 개입시키려고 하는지 생각해보라. 상담 이론들이 제시하는 주요 개념과 기법을 여러분의 개인적 삶에 의식적으로 적용하면서 그것들을 이해한다면, 여러분은 다양한 상담 접근에 대한 지식을 여러분의 것으로 소화하게 될 것이다. 2장은 여러분 자신을 유일하고도 가장 중요한 치료적 도구로 사용하는 방법을 이해하게끔 해줄 것이며, 상담 실무에서 고려할 중요한 많은 윤리적 문제를 다룰 것이다.

이론을 다루는 장을 공부하기 전에 저는 여러분들이 15장을 최소한 가볍게라도 읽을 것을 권한다. 이 장은 이 교재에 담긴 11개의 이론에서 제시하는 주요 개념들을 종합적으로 소개하고 있다. 나는 이러한 관점들의 통합이 어떻게 여러분으로 하여금 상담을 종합적으로 이해하게끔 하는 기반을 형성하는지 보여주려고 했다. 통합적인 관점을 개발할 때, 총체적으로 사고하는 것이 필요하다. 인간의 기능을 이해하려면 신체적, 정서적, 정신적, 사회적, 문화적, 영적 차원을 필수적으로 이해해야 한다. 만약 이들 중 그 어느 한 가지 측면의 인간 경험이 누락된다면, 그 이론은 인간이 어떻게 사고하고 느끼며 행동하는지를 설명하는 데 제한적일 것이다.

여러 가지 상담 접근을 비교, 대비하기 위한 틀을 제공하기 위해 이론을 설명한 11개의 장은 동일한 틀로 기술되었다. 이 틀은 이론의 창시자나 중요한 인물의 개인사, 각 이론이 왜, 어떻게 그 시점에 발전하게 되었는지에 대한 간략한 역사적 설명, 주요 개념에 대한 논의, 상담 과정에 대한 개관, 상담자의 역할과 내담자의 작업, 상담 기법과 절차, 이론의 다문화적 관점 적용, 스탠과 그웬의 사례 적용, 요약, 각 이론이 공헌한 점과 제한점을 중심으로 한 평가, 각 상담 접근을 더 공부하려는 분들에 대한 제안, 그리고 추가적으로 읽을 자료 등으로 구성된다.

이 교재와 함께 제공되는 패키지와 보충 자료로 적합한 다른 자료들에 대한 설명은 머리말을 참고하기 바란다. 이 자료에는 『심리상담과 치료의 이론과 실제 학생용 매뉴얼』, 『상담 및 심리치료의 통합적 접근: 루스의 사례와 해설 DVD』 등이 포함된다. 이와 더불어 『심리상담과 치료의 이론과 실제: 스탠의 사례와 해설 DVD』에는 내가 13회기에 걸쳐 스탠을 상담하는 과정이 포함되며, 각 이론들의 주요 개념에 대한 나의 관점을 이론의 적용 측면을 강조하면서 적용한 간략한 강의 또한 제시되고 있다.

이론을 다룬 장에 대한 개관

학습 목표 03 나는 이 책을 위해 11개의 상담적 접근을 선정했다. 표 1.1은 이러한 접근들을 개관하고 있는데, 이 각각에 대해서는 4~14장에서 좀 더 설명할 것이다. 나는 이 접근들을 네 개의 범주로 구분했다.

표 1.1 현대 상담 모형 개관

정신역동적 접근	
정신분석 상담	창시자: 지그문트 프로이트. 성격 발달에 대한 이론, 인간 천성에 대한 철학, 그리고 행동을 야기하는 무의식적 요인에 초점을 맞춘 심리치료 방법. 생후 6년 이전의 사건을 이후 성격발달을 좌우하는 요인으로 보고 관심을 많이 둠
아들러 상담	창시자: 알프레트 아들러. 주요 인물: 알프레트 아들러 이후 루돌프 드라이커스는 이 접근을 미국 내에서 널리 보급하는 데 기여. 이 접근은 책임의 소유, 자신의 운명을 스스로 창조함, 목적 있는 삶을 창조하기 위해 의미와 목표의 발견 등을 강조하는 성장 모형. 이 접근의 주요 개념들은 현재 통용되는 대부분의 다른 접근들에서도 사용됨
경험적, 관계 지향적 접근	
실존 상담	주요 인물: 빅터 프랭클, 롤로 메이, 어빈 얄롬. 심리치료를 잘 정의된 기법 체계로 보는 관점과 이견을 보이는 접근으로 이 모형은 상담 과정이 선택, 개인의 삶을 조형하는 과정에서의 자유와 책임, 자기 결정과 같은 인간 실존의 기본적 조건을 기초로 하여 진행되어야 한다고 강조함

(계속)

표 1.1 현대 상담 모형 개관

인간중심 상담	창시자: 칼 로저스. 주요 인물: 나탈리 로저스. 이 접근은 1940년대 정신분석에 대한 대응하여 비지시적 상담 접근이 나타났던 시기에 발전됨. 인간의 경험에 대한 주관적 관점에 기초하여 이 접근은 문제와 어려움을 다루는 주체인 내담자를 신뢰하고 내담자에게 책임을 갖게 함
게슈탈트 상담	창시자: 프리츠 펄즈, 로라 펄즈. 주요 인물: 미리엄 폴스터, 어빙 폴스터. 자각과 통합을 강조하는 체험적 접근. 분석적 심리치료에 대항하여 발전함. 이것은 신체와 마음의 기능을 통합하고, 상담 관계를 강조함
인지행동적 접근	
행동주의 상담	주요 인물: B. F. 스키너, 앨버트 반두라. 이 접근은 구체적인 행동 문제의 해결 과정에 학습의 원리를 적용함. 결과는 지속적인 실험으로 확인되어야 함. 이 접근이 사용하는 방법은 지속적인 수정과 개선에 있음. 마음챙김과 수용 기반 접근은 급속하게 퍼지기 시작함
인지행동 상담	창시자: 앨버트 엘리스, 에런 벡. 앨버트 엘리스는 합리적 정서행동 상담, 즉 매우 교육적이고 인지적이며 행동 지향적인 상담 모형을 창시함. 에런 벡은 인지 상담을 창시했는데, 이는 행동에 영향을 끼치는 사고의 역할을 강조함. 주디스 벡은 인지행동 치료를 지속적으로 발전시켰으며, 크리스틴 파데스키는 강점 기반 인지행동 치료, 인지행동 상담의 발달을 도왔던 도널드 마이켄바움은 외상에 대한 대응 과정에서 회복 탄력성(resilience) 개념에 크게 기여함
선택 이론/ 현실주의 상담	창시자: 윌리엄 글래서. 주요 인물: 로버트 우볼딩. 이 단기 상담 접근은 선택 이론에 기초하며, 내담자가 현재 순간에 대한 책임을 받아들일 것에 초점을 맞춤. 상담 과정에서 내담자는 내담자의 욕구를 충족하는 효과적인 방법을 학습할 수 있음
체계적, 포스트모던 접근	
여성주의 상담	이 접근은 많은 여성의 노력으로 성장하게 됨. 그중에서 진 베이커 밀러, 캐럴린 저브 엔스, 올리비아 에스핀, 로라 브라운 등을 꼽을 수 있음. 핵심적인 개념은 여성에 대한 심리학적인 억압에 대한 관심에 있음. 여성이 격하되는 사회정치적 현실에 의해 부여되는 제약에 초점을 두는 접근으로서 여성의 정체성 발달, 자기개념, 목표와 열망, 정서적 안녕 등을 탐색함
포스트모던 접근	많은 주요 인물들이 이 접근과 관련됨. 스티브 드 셰이저, 인수 김 버그는 해결중심적 단기 상담의 공동 창시자임. 마이클 화이트와 데이비드 엡스턴은 이야기 상담과 관련된 주요 인물임. 사회구성주의, 해결중심 단기 상담, 이야기 상담은 모두 세상에는 단일한 진리가 없다는 가정에 기반을 둠. 이들은 현실은 사람들 사이의 상호작용을 통해 사회적으로 구성된다고 생각함. 이러한 접근은 내담자가 자신의 삶에 대한 전문가라고 주장함
가족체계 상담	많은 중요한 인물들이 가족체계 접근을 주도했음. 그중에 두 사람을 꼽는다면, 머리 보엔과 버지니아 사티어를 들 수 있음. 체계적 접근은 개인의 변화를 촉진하는 열쇠는 가족을 이해하고 가족체계를 다루는 데 있다고 가정함

맨 처음 소개할 접근은 정신역동적 접근이다. 정신분석 상담은 통찰, 무의식적 동기, 성격의 재구성이라는 개념들에 기초한다. 정신분석 모형을 가장 먼저 소개하는 이유는 이

모형이 공식적으로 인정되는 모든 상담 접근에 중요한 영향을 끼쳤기 때문이다. 몇 가지 치료적 모형은 정신분석의 연장선에 있고, 다른 것들은 분석적 개념과 절차를 수정했으며, 나머지 접근들 역시 정신분석에 반기를 들고 등장했다는 점에서 정신분석은 대부분의 접근에 영향을 주었다. 많은 심리치료 이론들은 기본 원리와 기법들을 정신분석 접근으로부터 빌려왔거나 통합시켰다.

아들러 상담은 많은 측면에서 정신분석적 이론과 차이가 있지만, 포괄적인 의미에서 정신분석적 관점 중 하나로 간주된다. 아들러 상담은 의미, 목표, 목적 지향적 행동, 의식적 행동, 소속감, 사회적 관심 등의 개념에 초점을 둔다. 아들러 상담은 아동기 경험을 탐색함으로써 현재를 설명하지만, 무의식적인 역동에 초점을 두지는 않는다.

두 번째 범주는 **경험적, 관계 지향적 접근**이다. 여기에는 실존 상담과 인간중심 상담, 게슈탈트 상담이 포함된다. 실존 상담은 완전한 인간이 된다는 것이 무슨 의미인지에 대한 관심을 강조한다. 이 접근은 인간 실존의 조건으로서 자유, 책임, 불안, 죄책감, 유한한 존재임에 대한 자각, 이 세상에서 의미를 창조하는 것, 적극적 선택을 통해 개인의 미래를 창조하는 것 등과 같은 주제를 제시한다. 이 접근은 명료한 이론이나 체계적으로 정리된 일련의 기법들로 구성된 통일된 형태의 이론이 아니다. 이 접근은 인간의 주관적 세계를 이해하는 다양한 방법을 강조하는 상담 철학에 가깝다. **인간중심 상담**은 휴머니즘 철학에 뿌리를 두고 있는데, 상담자의 기본적 태도를 중시한다. 이 접근은 내담자–상담자 관계의 질이 상담 과정의 효과를 좌우하는 가장 중요한 결정 요소라고 주장한다. 철학적인 측면에서 이 접근은 상담자의 적극적인 개입이나 지시 없이도 내담자는 자기 스스로 삶의 방향을 잡아갈 능력이 있다고 본다. 또 다른 체험적 접근인 게슈탈트 상담은 내담자가 지금, 즉 현재 자신이 체험하고 있는 것을 자각하게끔 돕는 일련의 실험 절차를 제공한다. 인간중심 상담과는 반대로 **게슈탈트 상담**의 상담자는 상담에서 주도적인 역할을 담당하지만, 그럼에도 그들은 내담자가 인도하는 방향을 따라서 간다. 이러한 접근들은 변화를 유발하는 경로에서 정서를 강조하는 경향이 있으며, 이런 점에서 그들은 정서중심 상담으로 간주될 수 있다.

세 번째 범주는 **인지행동적 접근**이다. 이것은 행동중심적 접근이라고 알려져 있기도 한데, 그 이유는 이들 모두는 통찰을 행동적 행위로 전환하는 것을 강조하고 있기 때문이다. 이 접근들은 선택 이론과 현실 상담, 행동주의 상담, 합리적 정서행동 상담, 인지 상담 등을 포함한다. **현실주의 상담**은 내담자의 현재 행동에 초점을 맞추며 새로운 행동을 위한 분명한 계획 수립을 강조한다. 현실 상담과 유사하게 **행동주의 상담**은 행위와 구체적 변화를 촉진하는 단계의 설정을 가장 중요한 것으로 간주한다. 최근 행동주의 상담은 행동의 중요한 결정 요소로서 인지적 요소에 더 많이 주목하는 경향을 보인다. **합리적 정서행동 상담**과 **인지 상담**은 행동 문제를 야기하는 부정확한 사고와 자동적 사고들에 대해 도전하는 방법의 습득을 필수적인 요소로 삼는다. 이러한 인지행동적 접근은 내담자의 부정확하고 자기파괴적인 가정을 수정하고 새로운 방식의 행동을 발달시키는 데 활용된다.

네 번째 범주는 **체계적, 포스트모던 접근**이다. 여성주의 상담과 가족 상담은 체계중심적 접근이다. 그러나 그 두 가지 접근은 포스터모더니즘의 관점을 공유한다. 체계중심적 접근은 내담자의 성장에 영향을 끼치는 주변 환경의 맥락 속에 있는 개인을 이해하는 것이 중요하다고 주장한다. 내담자의 변화를 유발하기 위해서는 내담자의 성격이 자신의 성 역할을 형성해온 사회화 과정과 문화, 가족 등의 체계에 의해서 어떻게 영향받아왔는지에 주목해야 한다.

포스트모던 상담은 사회구성주의, 해결중심적 단기 상담, 이야기 상담 등을 포함한다. 이러한 새로운 접근은 대부분의 전통적 접근이 기초하고 있는 기본 가정과 이견을 보이는데, 이 세상에는 그 어떤 단일한 진리도 없으며, 현실은 인간들의 상호작용을 통해 사회적으로 구성된다고 가정한다. 포스트모던 접근과 체계적 접근은 사람들이 체계와 상호작용, 사회적 조건화, 담론의 맥락 속에서 자신의 삶을 어떻게 꾸려나가는지에 초점을 둔다.

나는 실무자들은 내담자들이 무엇을 **생각하고**, **느끼며**, **행동하는지**에 주의를 기울여야 하고, 하나의 완성된 상담 체계가 되려면 이 세 가지 측면 모두를 고려해야 한다고 생각한다. 이 책에 포함된 상담 접근 중 몇 개는 상담에서 인지적 요소의 역할을 강조한다. 다른 상담 접근은 상담의 체험과 정서적 측면을 강조한다. 그리고 나머지 상담 접근은 행동을 수행하는 계획과 행동을 통한 학습을 강조한다. 포괄적이고 통합적인 형태의 상담 실무를 수행하려면, 이 모든 측면을 연결해야 할 것이다.

스탠의 사례 소개

학습 목표 04 여러분은 실제 이론이 활용되는 장면을 관찰함으로써 많은 것을 배울 것이다. 특히 실제 상담 시연이나 내담자와 상담자 역할을 번갈아하면서 참여하는 체험적 활동의 일원이 되는 방법이 좋다. 온라인 프로그램(이것은 DVD 형태로도 제공된다)은 각 이론에서 사용되는 한두 개의 기법을 실제로 보여준다. 나는 스탠의 상담자로서 여러분이 공부하게 될 각 이론들이 제시하는 원리를 스탠과의 상담에서 적용하는지 보여주려고 한다. 나의 많은 학생들에 의하면 스탠이라는 가상 사례와 그의 성장 과정에 대한 자료는 다양한 상담 기법이 동일한 내담자에게 적용되는 방식을 이해하는 데 매우 도움이 된다고 한다. 스탠이라는 내담자의 삶과 갈등을 기술한 사례가 여기에 제시되어 있는데, 이 사례는 여러분이 이론을 공부하고 그것들을 적용할 때 참고할 만큼의 중요한 배경 정보를 제공하게 될 것이다. 2부에 포함된 11개의 이론을 다룬 장에서는 각각의 이론적 접근을 채택하는 상담자가 스탠과 어떤 방식으로 상담할지에 대한 논의도 이루어질 것이다. 우리는 아래에 제시한 질문에 대한 답을 검토하게 될 것이다.

- 스탠의 삶에서 상담 시간에 상담자의 특별한 주의가 필요한 주제는 무엇인가?
- 이 문제를 가지고 있는 스탠과 상담할 때 어떤 개념들이 여러분에게 유용할 것인가?
- 스탠과의 상담에서 설정할 수 있는 일반적인 목표는 무엇인가?
- 이러한 목표에 도달하기 위해 어떤 기법과 방법이 가장 적합할 것인가?
- 스탠과 상담자 간에 맺은 관계의 특징은 무엇인가?
- 상담자는 어떻게 상담을 진행할 것인가?
- 상담자는 상담 과정과 상담 효과를 어떤 방법으로 평가할 수 있는가?

앞에서 미리 읽어보길 추천한 15장에서 나는 내가 스탠과 어떻게 상담을 진행할 것인지에 대해 설명할 것인데, 이 설명에는 통합적 관점에 필요한 많은 상담 이론 모형에서 가져온 개념과 방법들을 제안할 것이다.

하나의 사례를 통해서 각각의 접근들이 가지고 있는 차이점과 유사점을 보여주게 될 것이다. 이 사례는 여러분으로 하여금 11개 모형의 실제적 적용 방법을 이해하게끔 하고, 그 모형들을 통합할 때 근거가 될 기초를 제공한다. 이제 스탠과 했던 접수 면접의 요약본과 그의 발달 배경 및 가족사, 그리고 그의 삶에서 발견되는 몇 가지 중요한 주제를 기술하고자 한다. 이는 다양한 이론적 배경을 가진 상담자들이 스탠과 상담할 때 스탠에 대해 이해할 수 있는 맥락을 제공할 것이다. 각각의 상담 접근에서 여러분이 자신의 상담 스타일로 통합할 수 있는 요소를 찾아보기 바란다.

접수 면접과 스탠의 발달 배경

상담이 이루어진 곳은 개인 상담과 집단상담이 모두 가능한 지역사회 정신건강센터이다. 스탠은 자신의 음주 문제 때문에 상담실을 방문했다. 그는 음주운전으로 기소되었으며 판사는 그가 전문가의 도움이 필요하다고 판단했다. 스탠은 자신이 문제가 있다는 점을 인정했지만, 그는 자신의 알코올 의존증 때문에 기소된 것은 아니라고 했다. 스탠은 접수 면접을 하기 위해 상담실을 방문했고 아래와 같은 정보를 상담자에게 제공했다.

> 현재 나는 건설 현장에서 일하고 있습니다. 나는 집 짓는 일을 좋아하지만 앞으로 계속 이 일을 하면서 살 것 같지는 않습니다. 개인적인 삶에 대해 이야기하면, 나는 사람들과 잘 지내기 어려워합니다. 사람들이 나를 '혼자 지내기 좋아하는 사람'이라고 부를 것입니다. 나는 사람들을 좋아하지만, 그들과 가까이 지내는 방법을 모르는 것 같습니다. 이것은 아마 대부분 음주 문제와 관련될 겁니다. 나는 친구를 사귀거나 사람들과 가까이

어울리지 못합니다. 내가 가끔 술을 약간 지나치게 마시는 이유는 사람들과 친해지려고 할 때 두려움이 많이 느껴지기 때문일 겁니다. 그 사실을 인정하기는 정말 싫지만 내가 술을 마시면 그때만큼은 사람들과 어울리는 상황이 힘들지 않습니다. 다른 사람들은 말을 잘하는 것 같습니다. 그들 옆에 있으면 나는 벙어리처럼 느껴집니다. 나는 사람들이 내가 재미없는 사람이라는 사실을 아는 것이 두렵습니다. 나는 이러한 나의 삶을 바꾸고 싶은데, 어디서부터 시작해야 할지 모르겠습니다. 그것이 내가 학교를 다시 다니기 시작한 이유이기도 합니다. 나는 건축 일을 하면서 심리학을 전공하는 학생입니다. 나는 좀 더 나은 사람이 되고 싶습니다. 수강 중인 적응심리학 시간에 우리는 자신과 사람들의 변화에 대해서 이야기했습니다. 우리는 또한 자신이 살아온 삶을 글로 쓰는 과제도 했습니다.

이것이 스탠을 소개하는 내용의 요약이다. 상담자는 그가 자신이 살아온 삶에 대해 작성했던 글을 읽어주기 원했다. 스탠은 그 글을 통해서 자신이 그동안 어떻게 살아왔고, 앞으로 어떻게 살고 싶은지에 대해 상담자가 더 잘 이해하기를 바란다고 했다. 그는 자신의 글을 가지고 왔고, 그 글은 다음과 같다.

나는 지금 내 삶에서 어디쯤에 있는가? 나이는 서른다섯이지만, 이 나이가 되도록 나는 내 삶의 대부분을 낭비한 것 같다. 나는 지금쯤이면 이미 대학 과정을 마치고 직장생활을 시작했어야 했다. 그러나 나는 이제 겨우 대학 3학년이다. 나는 전일제 학교생활을 할 수가 없는데, 그 이유는 생계를 위해 일을 해야 하기 때문이다. 건설 현장에서 하는 일이 힘들지만 내가 거기서 이룬 것을 돌아볼 때 얻는 만족감을 좋아한다.

나는 사람들과 함께 일하는 직업을 구하고 싶다. 언젠가 나는 상담이나 사회복지 영역에서 석사학위를 받은 후 어려움을 겪는 아이들의 상담자가 되고 싶다. 나는 나를 염려하는 주변 사람들로부터 도움을 받았다는 것을 알고 있으며, 나 또한 다른 사람에게 도움을 주고 싶다.

나는 친구가 거의 없는데, 대부분의 사람들과 함께 있을 때 두려움을 좀 느낀다. 하지만 아이들과 함께 있으면 기분이 좋다. 그러나 내가 상담자가 되는 데 필요한 이 모든 과목들을 이수할 수 있을 만큼 똑똑한지는 잘 모르겠다. 내가 가진 문제 중 하나는 내가 자주 술을 마시고 취한다는 점이다. 이러한 일은 내가 외롭거나 나의 감정이 너무 강해서 두려울 때 일어난다. 술을 마시기 시작할 때에는 도움이 된다. 하지만 나중에는 끔찍한 느낌으로 변한다. 나는 예전에 약물을 남용한 적도 있다.

나는 매력적인 여성이 내 옆에 있을 때 압도되며 두려워진다. 나는 떨리고 땀이 나며 극도로 긴장된다. 나는 그들이 나를 남자답지 못하다고 판단하고 그렇게 볼 것 같다. 나는 진정한 남자가 될 수 없다는 점이 두렵다. 내가 어떤 여성과 성적으로 친밀해지면, 나는 그녀가 나에 대해 어떻게 생각할지에 대해 불안하고 지나치게 생각이 많아진다.

나는 거의 항상 불안하다. 나는 죽을 것처럼 느껴지는 경우가 많다. 나는 자살기도에 대한 생각을 한다. 그 누가 나에게 관심이나 가질까라고 생각한다. 나는 내 장례식에 참석해서 참 안됐다라고 느낄 가족들을 상상한다. 나는 내가 가진 잠재력을 실현하기 위해 노력하지 않은 것과 실패자라는 것, 대부분의 시간을 허비했다는 것, 다른 사람들이 나를 무시하게끔 놔두었다는 것에 대해 죄책감을 느낀다. 나는 나 자신을 하찮게 보고 죄책감에 빠져있으며 매우 우울하다. 이런 때에는 나는 희망이 없고 차라리 죽는 게 낫다고 느낀다. 이 모든 이유 때문에 나는 다른 사람들과 가까이 지내기 어렵다.

나의 삶에 몇 가지 밝은 면도 있다. 나는 우울한 과거의 많은 부분을 이겨내고 대학에 들어왔다. 나는 '변화하기 원한다'라고 했던 나의 결정을 좋아한다. 나의 결정을 좋아한다. 나는 내가 실패자라는 느낌에 이제는 지쳤다. 나는 그 누구도 나를 위해 내 삶의 방식을 바꾸지 못한다는 사실을 알고 있다. 내가 얻길 원하는 것은 전적으로 내게 달려있다. 그래서 때때로 내가 두려움에 떨기도 하지만 이러한 위험을 감수하고 싶다.

나의 과거는 어떠했나? 내게 중요한 전환점이 있었다. 그것은 지난 몇 년의 여름 동안 내가 일했던 청소년 캠프에서 나의 슈퍼바이저가 나에 대해 가지고 있던 신뢰이다. 그는 내가 직장을 갖게끔 도와주었고 대학에 가라고 격려해주었다. 그는 청소년들과 함께 일할 수 있는 많은 잠재력을 내 속에서 발견한다고 말해주었다. 그 말은 참 믿기 어려웠지만 나에 대한 그의 신뢰는 내가 나 자신을 믿기 시작하게끔 자극했다. 또 다른 전환점은 나의 결혼과 이혼이다. 그 결혼은 오래 지속되지 못했다. 결혼생활은 내가 어떤 남자인지에 대해 생각하게 해주었다! 조이스는 강하고 지배적인 여성이었는데, 그녀는 내가 정말 가치 없는 인간이라고, 나와 함께 있지 않고 싶다고 반복적으로 말했다. 우리는 겨우 몇 번의 성관계를 했는데, 나는 성관계를 그리 능숙하게 해내지 못했다. 그 점은 참 받아들이기 어려웠다. 이러한 경험으로 나는 여성에게 가까이 가기가 두려웠다. 나의 부모는 이혼했어야 했다. 그들은 대부분의 시간을 싸우면서 보냈다. 나의 어머니(앤지)는 아버지(프랭크 시니어)를 지속적으로 비난했다. 나는 아버지가 약하고 수동적으로 보였다. 그는 어머니에게 정면으로 대항한 적이 한 번도 없었다. 우리 가족의 형제자매는 모두 넷이었다. 부모님은 나를 누나(주디)나 형(프랭크 주니어)과 비교하며 무시했다. 그들은 '완벽한' 자녀들이었고 학교에서는 우등생인 성공적인 학생이었다. 나의 동생(칼)과 나는 많이 다투었다. 가족들은 동생의 응석을 많이 받아주었다. 이 모든 것들이 내게는 매우 힘들었다.

고등학교에 들어가서 나는 약물을 시작했다. 나는 남의 물건을 훔치는 바람에 소년원에 들어가기도 했다. 나중에 나는 친구들과 싸운 이후에 정규 학교에서 쫓겨났으며 보습 고등학교를 다니게 되었는데, 거기에서 나는 아침에 등교했다가 오후에는 직업 실무 교육을 받았다. 나는 자동차 수리를 시작했는데 그것은 꽤 성공적이었고, 심지어는 3년간 자동차 수리공으로 계속해서 고용되어 일하기도 했다.

나는 아직 아버지가 내게 했던 질문을 기억하고 있다. "너는 왜 네 누나나 형처럼 되지 못하니? 왜 좀 더 올바른 행동을 하지 못하니?"라는 질문이다. 나의 어머니는 아버지께 했던 것처럼 나를 대했다. "너는 왜 내게 상처가 되는 그런 일을 많이 하니? 왜 좀 철이 들어서 남자가 되지 못하니? 네가 없어지면 아마 우리 집이 훨씬 편할 거다." 나는 울면서 잠들었고 극심하게 외로웠던 많은 밤들을 기억한다. 우리 집에서는 종교에 대해 이야기해본 적이 없고 성관계에 대해서도 이야기를 나눈 적이 없었다. 사실 나는 우리 가족이 성관계를 하기나 하는지 상상하기 어려웠다.

지금부터 5년 후에 나는 어디에 있기를 바라는가? 나는 어떤 사람이 되고 싶은가? 무엇보다 나는 나 자신에 대해 긍정적인 느낌을 가지는 것부터 시작하고 싶다. 나는 술을 완전히 끊은 후에도 여전히 자신에 대해 긍정적으로 느끼고 싶다. 나는 지금보다 나 자신을 더욱 많이 좋아하고 싶다. 나는 최소한 몇 사람만이라도 사랑하는 법을 배우고 싶은데, 특히 여성이면 좋겠다. 나는 여성에 대한 두려움을 버리고 싶다. 나는 다른 사람들과 동등하다고 느끼고 싶고 나의 존재가 잘못되었다는 느낌을 가지고 싶지 않다. 나는 나의 불안과 죄책감으로부터 자유로워지고 싶다. 나는 훌륭한 아동 전문 상담사가 되고 싶다. 나는 내가 어떻게 변할지, 또는 모든 변화가 내가 바라는 것이 될지 잘 모르겠다. 나는 자기파괴적인 성향으로부터 자유롭기 바랄 뿐 아니라 사람들을 더 많이 믿는 방법을 배우고 싶다. 아마 내가 나 자신을 더 많이 좋아하기 시작할 때에야 다른 사람도 내 속에서 좋아할 만한 것들이 있다는 것을 믿게 될 것이다.

이론적 성향과 무관하게 효과적인 상담자는 자살 생각에 대해 유의할 것이다. 글 속에서 스탠은 "나는 자살기도에 대한 생각을 한다."라고 했다. 그리고 그는 자신이 변할 수 있을지에 대해 때때로 의심하며 '차라리 죽는 게 낫다'는 생각을 한다고 했다. 상담을 시작하기 전에 상담자는 스탠의 현재 자아 기능(자신의 삶을 현실적으로 영위할 수 있는 능력)을 평가할 필요가 있는데, 이러한 평가에는 자살 생각에 대한 논의가 포함될 것이다.

스탠의 삶에 나타난 몇 가지 핵심적인 주제 개관

스탠의 삶에서 겪는 핵심적인 갈등을 반영하는 주제들이 드러났다. 스탠이 상담에서 꺼낼 여러 요점이나 4~15장에 소개될 이론적 관점으로 다루어질 주제라고 여겨지는 명제들을 아래에 제시했다.

- 내 삶에서 사람들을 좋아하고 싶지만 친구를 어떻게 사귀는지, 그들과 어떻게 친해지는지 나는 잘 모르는 것 같다.
- 나는 내 삶의 방향을 바꾸고 싶지만, 그 방향을 모르겠다.
- 나는 뭔가 변화시키고 싶다.

- 나는 실패를 두려워한다.
- 나는 내가 외롭고 두려우며 압도될 때 술을 많이 마셔서 기분을 풀려고 한다.
- 나는 여성과의 만남이 두렵다.
- 밤이면 때때로 나는 극심하게 불안하며 거의 죽을 것 같은 느낌이 든다.
- 나는 내 삶을 낭비하고 실패했으며 사람들이 나를 무시하게끔 했다는 점에 대해 죄책감을 느낀다. 이럴 때 나는 우울해진다.
- 나는 내가 의지가 있으며 정말 변하고 싶어 한다는 점을 좋아한다.
- 나는 부모님으로부터 진정으로 사랑받는다거나 그들이 원하는 사람이라는 느낌을 받은 적이 없다.
- 나는 자기파괴적인 성향을 제거하고 사람들에 대해 좀 더 신뢰하는 방법을 배우고 싶다.
- 나는 나 자신을 가치 없다고 생각했다. 그러나 이제는 나 자신에 대해 긍정적으로 느끼고 싶다.

2부에 포함된 장에서 나는 스탠과의 상담에서 특정한 이론에서 제공하는 개념과 기법을 적용하는 방법에 대해 기술할 것이다. 이와 더불어 이 장들에서 나는 여러분에게 각각 다른 관점에서 스탠을 계속 상담하는 방법에 대해 질문할 것이다. 그때 여러분은 여기에 제시된 자료와 함께 스탠의 자서전적인 글을 참고하기 바란다. 각 이론을 다룰 때 스탠의 사례가 계속 생생하게끔 하기 위해서 나는 여러분들이 비디오 프로그램 『심리상담과 치료의 이론과 실제: 스탠의 사례와 해설 DVD』을 시청하고 공부하기를 강력히 추천한다. 이 비디오 프로그램에서 나는 다양한 이론의 관점에서 스탠을 상담할 것이고 각 이론의 특성을 강조하는 간략한 강의도 진행할 것이다.

그웬의 사례 소개

켈리 커크시 박사 소개

나는 켈리 커크시 박사(Kellie Kirksey, Ph.D.)를 초대하여 그녀의 여러 내담자와 오랜 상담 경험을 조합함으로써 하나의 사례('그웬')을 만들어냈다. 그웬의 어려움에 대해서는 각 장에 소개된 이론들과 그 어려움들을 연결함으로써 논의했다. 그리고 커크시 박사는 각 이론이 제공하는 주요 개념을 반영하는 기법을 사용하여 그웬과 상담하는 방법을 보여준다.

켈리 커크시 박사는 오하이오 주립대학에서 상담자 교육 및 심리학과에서 박사학위를 수여했다. 그는 임상상담자 면허, 재활상담자 자격, 임상슈퍼바이저 자격을 가지고 있다. 그는 상담영역에서 25년 이상 실무와 교육 경험을 가지고 있는데, 그의 관심사는 주로 다문화 상담, 사회정의, 통합적 상담, 안녕감 등에 초점이 맞추어져 있다. 그는 오하이오 주에 위치한 말론 대학교(Malone

University) 상담자 교육프로그램의 부교수로 재직했는데, 그곳에서 실습, 인턴십, 집단상담, 이론, 문화적 다양성 등의 과목을 가르쳤다. 그는 통합의학을 위한 클리블랜드 클리닉에서 통합 심리치료자(Holistic Psychotherapist)로 일하고 있으며, 건강과 안녕감을 위한 최면과 명상과 같은 통합적 방법을 사용하고 있다. 그는 오하이오에서 시간제로 임상 실무를 수행하고 있다.

Kellie Kirksey

켈리 박사는 제럴드 코리의 『상담과 심리치료의 사례접근』 교재의 공동 저자인데, 그 책에서 그는 영적 측면에 초점을 둔 통합적 관점에서 루스 사례를 다루었다. 그는 다른 문화권에서 안녕감을 찾는 방법을 탐색하는 일을 즐기며 북아메리카, 남아프리카, 보츠와나, 하와이, 이탈리아 등지에서 안녕감과 자기보호에 대해 수많은 워크숍과 강의를 진행했다.

그웬의 발달 배경

학습 목표 05 56세의 그웬은 결혼한 아프리카계 미국인으로 현재는 섬유근육통과 불면증, 그리고 이전에는 불안과 우울증으로 고생한 경험이 있다. 그녀는 직장에서 스트레스와 고립감을 느낀다고 했으며, 여러 가지 역할을 하면서 시간 관리에 어려움을 겪고 있다. 그웬은 다섯 형제 중 맏이로서 부모님이 이혼한 이후 그는 동생들을 돌봐야 하는 책임을 떠맡았다. 그웬은 론과 31년째 결혼생활을 유지하고 있으며 그들의 관계는 우여곡절이 있지만 그런대로 지지적인 관계라고 했다. 론은 고등학교 교사로 재직하고 있으며 가족을 가장 우선적으로 생각한다. 그들에게는 세 명의 장성한 자녀들이 있는데, 29세의 브리타니, 26세의 리사, 23세의 케빈이 그들이다. 그웬은 회계학 석사학위를 소지하고 있으며 큰 회사에서 공인회계사로 근무하고 있다. 그녀는 직장에서 유일한 유색인이라고 했다. 그녀가 직장에서의 다양성과 인종 사이의 평등문제에 대해 목소리를 높이는 유일한 사람이기 때문에 자주 고립되고 지치는 느낌이 든다고 했다. 그녀는 긴 업무시간 때문에 친구들과 보내거나 자신이 이전에 좋아했던 일을 하면서 보낼 시간이 부족하다. 그웬은 또한 자녀들이 필요로 할 때에는 각종 청구서를 대신 납부하면서 그들을 도와주고 있으며, 함께 거주하고 있는 친정어머니가 중증 치매를 앓고 계셔서 돌보고 있기도 하다.

이번이 그웬에게는 첫 번째 공식적인 상담이다. 그웬은 이전에 기분이 '가라앉을 때' 목사님을 찾아가곤 했다. 또한 그웬은 예전에 사촌오빠에게 성추행당했던 경험도 있었다고 한다. 그녀는 직장에서 업무에 집중하는 데 어려움이 있고, 슬프거나 압도되는 느낌이 자주 있어 상담실을 방문했다. 그웬은 심한 불안감을 느낀다고도 한다. 그녀는 자살을 하지는 않겠지만 "아프고 지친다는 느낌이 너무 많이 들어서 지겹고 짜증난다."라고 했다. 그웬은 자신의 현재 상황을 다음과 같이 요약했다. "나는 며칠 전에 내가 그냥 존재하는 것과 생존하는 것 자체가 지친다는 사실을 알게 되었다." 그웬은 교회 목사의 소개로 커크시 박사에게 의뢰되었다. 그웬의 삶에는 어려움이 많지만, 하나님에 대한 신앙은 강하며 교회는 항상 자신에게 피난처가 된다고 한다.

접수 면접 회기

그웬은 자신의 마음속에 붙잡고 있던 스트레스의 근원을 내려놓을 준비가 되었다는 말로 회기를 시작했다. 그웬은 너무 오랜 시간 동안 모든 사람을 위해 모든 것을 한꺼번에 짊어지고 살았다고 한다. 초기 회기에서 나는 상담에 대한 동의서 내용 중에서 중요한 점들을 논의했으며 상담 과정이 어떤 방식으로 진행되는지에 대해 알려주기 시작했다.

그웬은 자신의 가슴에 어떤 묵직한 것이 느껴지는데, 그것은 직장과 가정에서 그녀에게 기대하고 있는 것, 그녀가 아직 이루지 못한 것, 그녀가 향하고 있는 방향들과 관련되는 것 같다고 했다. 나는 이러한 묵직한 느낌을 이해해주면서 그녀가 원하는 주제부터 이야기를 시작해주면 좋겠다고 했다. 그웬은 부모님들이 이혼하기도 전인 어린 시절부터 근심걱정 없이 편안한 느낌을 가져본 적이 없다고 했다. 그녀의 부모님은 그녀가 8세 때 조지아를 떠나 북쪽 지방으로 이사했다. 그녀의 부모님은 모두 교사였으며 교육에 대해 가치를 많이 두는 분들이었다. 그의 이웃과 학교는 대부분 아프리카계 미국인들이었으며, 사람들끼리 서로 가깝게 지내는 동네에 살았다. 고등학교 시절 그녀는 동네를 가로질러 백인들이 다니는 학교로 통학했는데, 그 학교에서 인종차별적인 태도를 접하기 시작했다고 했다. 그녀는 다음과 같이 말했다.

> 나는 뭔가 다르고 배제되었다는 느낌을 받았는데, 이 느낌은 때때로 부르는 별명이나 미묘하게 전해지는 모욕 등에 의해 강해졌어요. 나는 삶에서 내가 다른 아이들보다 앞서고 그들에게 받아들여지기 위해서는 두 배는 더 열심히 노력해야 할 것 같은 느낌이 들었던 것을 기억합니다. 대학에서도 나는 다른 사람들이 내가 할 수 없을 것이라는 것을 해내기 위해 나 자신을 몰아붙이고 노력했습니다. 하지만 그러한 나의 모든 노력들이 나를 지치게 한 것 같아요.

그웬은 수많은 걱정거리 때문에 상담실을 방문했다. 그것들 중 몇 가지는 직장과 관련된다. 그녀는 직장에서 자신을 짓누르는 듯한 긴장을 느끼며 의견을 주장할 때 감정적이고 화가 난 것 같다는 평가를 받는다. 그녀가 직장에서 더 많은 긴장을 느낄수록 가정과는 멀어졌다. 또 다른 걱정거리는 그녀의 어머니가 치매 때문에 서서히 다른 세계로 멀어져가고 있다는 사실이다. 그웬은 자신에 대한 느낌이 끔찍하며 더 이상 다른 사람들과 함께하고 싶지 않다고 말했다. 모든 것이 그녀를 짜증나게 해서 이제 그녀는 혼자 지내고 싶게 되었다.

그웬은 다음과 같이 말했다.

> 나는 껍데기만 남은 사람 같아요. 나는 자살할 만큼 우울하지는 않아요. 나는 그저 무감각할 뿐입니다. 매일 아침 일어나서 하루를 괴로움 속에서 보내고 잠자리에 들었다가 다시 일어나서 반복하는 이 모든 일들이 무엇을 위한 것인지 모르겠답니다. 내 삶은 기쁨이라고는 거의 없는 밋밋한 음표 같아요. 나는 외출하지도 않고 성관계도 없으며 모든 일을 하기에는 이제 너무 지쳤어요. 내가 하는 그 어떤 일도 괜찮거나 충분하지 않아요. 내가 과제를 시작하면, 그것들은 곧 사라지는 것 같답니다. 그 어떤 것도 마무리되는 것 같지 않고, 그러면 나는 나 자신에 대해 더 기분이 나빠진답니다. 때때로 나는 동굴에 들어가 다시는 나오고 싶지 않은 느낌이 들어요. 나는 내 삶에 어떤 변화가 있지 않으면 모든 것을 잃을 것 같습니다. 밖에서 보면 모든 것이 좋아 보이지만, 나의 내면은 벼랑 끝에 선 것 같고 뭔가 다른 일을 해야 할 것 같습니다. 나의 목사님과 멘토는 내가 나 스스로를 방해하고 있다고 해요. 대부분 나는 방어적이거나 물러서곤 하지만 이번만큼은 좀 더 나아지고 싶고 변화를 위해서 필요한 것은 무엇이라도 하고 싶습니다. 나는 항상 지친 느낌을 가지거나 사람들로부터 숨는 일을 더 이상 하고 싶지 않아요. 나의 목표는 좀 더 균형 잡힌 삶을 살고 나의 스트레스 수준을 감소시키는 방법을 배우는 것입니다.

우리가 하게 될 여행의 첫 단계는 상호존중을 바탕으로 한 작업 동맹을 형성하는 것이다. 나는 그웬이 이 시간은 그가 원하는 대로 사용할 수 있는 시간이고, 이 상담은 안전하며 비밀이 보장되는 공간임을 알려주었다.

2장 | 인간 그리고 전문가로서의 상담자

학습 목표

01. 치료적 인간으로서 상담자의 특성을 이해한다.
02. 상담자가 상담을 직접 받아보면 얻을 수 있는 이점을 이해한다.
03. 판단중지의 개념과 상담자의 개인적 가치관을 처리하기 위해 무엇이 필요한지 설명한다.
04. 상담에서 가치라는 것이 목표를 설정하는 것과 어떻게 관련되는지 설명한다.
05. 상담 관계에서 다양성 주제가 가지고 있는 역할을 이해한다.
06. 다문화 상담자로서 역량을 가지기 위해서 해야 할 일을 기술한다.
07. 초보 상담자가 당면하는 주제들을 이해한다.

도입

상담자로서 일할 때 사용해야 할 가장 중요한 도구는 인간으로서의 여러분 자신이다. 전문 상담자가 되기 위해 준비할 때 여러분은 성격 이론과 심리치료 이론에 대한 지식을 습득하고, 평가와 개입 기술을 배우며, 인간 행동의 역동을 알게 될 것이다. 그러한 지식과 기술은 꼭 필요하다. 그러나 그 자체로는 효과적 상담 관계를 형성하고 유지하기에는 불충분하다. 모든 상담 회기에 들어갈 때, 우리는 인간적 특성과 우리에게 영향을 끼쳤던 경험을 함께 가지고 들어간다. 내 판단으로는 이러한 인간적 차원은 상담 과정에 가장 강력한 영향을 끼친다.

현대 상담 이론을 공부하기 시작하는 가장 좋은 방법은 이 장에서 제기되는 개인적인 주제에 대해 성찰하는 것이다. 자신에 대한 평가에 개방된 태도를 유지함으로써 여러분은 자신에 대한 자각을 확장시킬 뿐 아니라 전문가에게 필요한 능력과 기술 개발의 기초를 닦을 수 있다. 이 장에서 다룰 주제는 인간과 전문가가 현실에서는 분리될 수 없이 서로 얽혀있다는 점이다. 임상적으로나 과학적으로 우리는 상담자의 인간적인 측면과 상담 관계가 특수한 상담 접근이 제시하는 방법만큼이나 상담 효과에 기여한다는 사실을 알고 있다(Duncan, Miller, Wampold, & Hubble, 2010; Elkins, 2016; Norcross, 2011).

CengageBrain.com에 방문하거나 『심리상담과 치료의 이론과 실제: 스탠의 사례와 해설 DVD』 2장 부분의 DVD 프로그램을 시청하라. 그리고 각 장을 읽기 전에 DVD에 있는 각 장에 대한 간략한 소개 내용을 살펴보라.

치료적 인간으로서의 상담자

학습 목표 01 상담은 매우 친밀한 형태의 학습이다. 그래서 상담은 상담 관계에서 기꺼이 진실한 사람이 되고자 하는 상담자를 요구한다. 내담자는 다른 곳이 아닌 사람과 사람이 맺는 관계의 맥락에서 성장을 경험한다. 만약 우리가 전문가의 역할이라는 안전한 방패 뒤에 숨어있다면 내담자 역시 우리로부터 숨게 될 것이다. 우리가 기술적인 전문성만 가지려고 노력하고, 우리 자신의 생생한 반응이나 자기를 상담 과정에서 배제한다면, 상담은 비효과적인 결과를 초래할 것이다. 우리 자신의 진실성은 내담자와의 관계에서 의미 있는 효과를 창출한다. 만약 우리가 자신의 삶을 돌아보고 원하는 방향으로 변화하기 원한다면, 우리는 우리 자신을 내담자에게 진실하게 드러내고 반응하는 방법을 통해 그 변화 과정에 대한 모범을 보일 수 있다. 우리가 만약 진실하지 않다면 우리는 내담자와 작업 동맹 관계를 형성하기 어렵다. 우리가 자기를 개방함으로써 내담자에게 진실해지는 모범을 보인다면, 내담자 역시 우리들에게 정직해지려고 할 것이다.

나는 누가 상담자인지를 좌우하는 것은 내담자와 효과적인 상담 관계를 형성해서 유지하는 능력과 직접적으로 관련된다고 생각한다. 그러나 인간으로서의 상담자라는 역할과 상담 관계가 상담 효과에 끼치는 영향에 대해서 연구들은 어떻게 밝히고 있는가? 수많은 연구는 사람으로 존재하는 상담자가 성공적인 상담을 촉진하는 가장 중요한 요인이라는 점을 지적하고 있다. 전문 상담자의 인간됨은 상담의 효과와 밀접하게 관련되어있다(Elkins, 2016; Lambert, 2011; Norcross & Lambert, 2011; Norcross & Wampold, 2011). 내담자들은 상담에서 사용된 구체적인 기법보다 상담자의 성품에 더 높은 가치를 부여한다. 물론 증거 기반 상담 관계가 상담과 심리치료에 중요한 역할을 한다.

기법 자체는 상담 과정에서 제한된 중요성만 지닌다. 웜폴드(Wampold, 2001)는 상담 효과를 연구한 수많은 연구들을 모아 실시한 메타분석 결과 인간적이고 상호관계적 요소가 효과적인 상담에 필수적인 한편, 기법은 상담 효과에 거의 영향을 끼치지 못함을 발견했다. 맥락적 요소, 즉 동맹, 관계, 상담자의 개인내적 · 대인관계적 기술, 내담자의 주도성, 치료 외적 요인 등이 상담 효과를 좌우하는 중요한 결정 요소들이다. 이 연구는 인간중심적 심리학자들이 오래전부터 해오던 주장, 즉 "괴로움에 빠져있는 내담자를 치유하는 것은 이론이나 기법이 아니라 상담의 인간적 차원이며, 상담자와 내담자가 함께 작업할 때 이루어지는 '만남'"(Elkins, 2009, p.82)이라는 주장을 지지한다. 요약하면 상담에서 사용된 상담 관계와 상담 방법은 모두 상담 효과를 유발한다. 그러나 상담에서 사용되는 상담 방법은 반드시 내담자와의 관계 형성을 지원하는 방향으로 사용되어야 한다.

효과적인 상담자의 인간적 특성

상담자의 몇 가지 특별한 인간적 성품과 특성은 내담자와의 상담 관계를 형성하는 데 중요하다. 인간적 특성에 대한 나의 견해는 이 주제에 대한 여러 연구들에 의해 지지된다(Norcross, 2011; Skovholt & Jennings, 2004; Sperry & Carlson, 2011). 나는 앞으로 제시할 특성들을 모두 완벽하게 갖춘 상담자가 있을 것이라고 생각지 않는다. 좀 더 효과적인 상담자가 되고자 하는 의지가 정말 중요하다고 생각한다. 다음 목록은 다른 사람의 삶에 의미 있는 영향을 끼치는 사람들에 대한 여러분의 생각을 점검하게끔 자극하려는 의도로 제시하였다.

- **효과적인 상담자는 정체성을 가지고 있다.** 그들은 자신이 누구이며 어떤 사람이 될 수 있으며, 그들의 삶에서 무엇을 원하며 무엇이 중요한지 알고 있다.
- **효과적인 상담자는 자기 자신을 존중하며 자신의 가치를 알고 있다.** 그들은 자신의 가치와 강점에 대한 감각을 바탕으로 도움과 사랑을 주고받는다. 그들은 다른 사람과 함께 있을 때 편안하며 다른 사람들이 그와 함께 있을 때 힘을 느낄 수 있게끔 허용한다.

- **효과적인 상담자는 변화에 대해 개방적인 태도를 가지고 있다.** 그들은 자신이 존재하는 방식에 대해 만족스럽지 않다면 이미 알고 있는 것이 제공하는 안정감을 버릴 의지와 용기를 보여준다. 그들은 자신들이 어떻게 변화할지에 대해 결정하며 그들이 되고자 하는 사람이 되기 위해 노력한다.
- **효과적인 상담자는 삶을 향한 선택을 한다.** 그들은 그들이 어렸을 때 자신, 타인, 세상에 대해 내렸던 결정에 대해 자각하고 있다. 그들은 이러한 초기 결정의 희생자가 아니며, 필요하다면 그것을 기꺼이 수정하려고 한다. 그들은 단지 안정적으로 존재하지 않고 좀 더 충만하게 살기 위해 노력한다.
- **효과적인 상담자는 진실하고, 진심어린 태도를 가지고 있으며, 정직하다.** 그들은 역할이나 가면 뒤에 숨지 않는다. 그들의 개인적인 삶의 모습과 전문가로 사는 삶의 모습이 일치한다.
- **효과적인 상담자는 유머감각이 있다.** 그들은 삶에서 발생하는 사건들에 대해 넓은 시각으로 볼 줄 안다. 그들은 웃음을 잃지 않는다. 특히 자신의 약점이나 모순에 대해서는 더욱 그렇다.
- **효과적인 상담자는 실수를 저지르지만 그것을 기꺼이 인정한다.** 그들은 자신의 잘못을 가볍게 넘기지 않는다. 그렇다고 비참함에 빠지지도 않는다.
- **효과적인 상담자는 대체로 현재에 산다.** 그들은 과거에 매이지 않을 뿐 아니라 미래만 바라보지도 않는다. 그들은 '지금'의 시점에서 자신의 모든 경험에 열려있으며 다른 사람과 함께 있을 줄 안다.
- **효과적인 상담자는 문화의 영향력을 이해한다.** 그들은 자신의 문화가 자신에게 끼치는 영향을 자각하고 있으며 다른 문화권에서 옹호하는 가치의 다양성을 존중한다. 그들은 사회적 계급, 인종, 성적 지향성, 성 정체성 등으로부터 유발되는 고유한 차이에 대해 민감하다.
- **효과적인 상담자는 타인의 안녕에 대해 진심어린 관심을 가진다.** 이것은 존중, 돌봄, 신뢰, 타인에게 진정으로 가치를 두는 것 등에 기초한다.
- **효과적인 상담자는 효과적인 인간관계 기술을 가지고 있다.** 그들에게는 자신의 세계에 대한 감각을 잃지 않은 채 다른 사람의 세계 속으로 들어갈 수 있는 능력이 있다. 그리고 그들은 다른 사람과 협력적인 관계를 맺기 위해 노력한다. 그들은 다른 사람의 관점을 기꺼이 받아들이고 공동의 목적을 위해 함께 노력할 수 있다.
- **효과적인 상담자는 자신의 일에 깊이 관여하고 그 일로부터 의미를 찾아낸다.** 그들은 자신의 일로부터 얻는 보상을 받아들인다. 하지만 그들은 일의 노예가 되지는 않는다.
- **효과적인 상담자는 열정적이다.** 그들은 자신의 꿈과 열망을 추구하는 용기를 가지고 있으며 많은 에너지를 느끼게 한다.
- **효과적인 상담자는 건강한 경계선을 유지한다.** 그들은 전심전력을 다해 내담자와 함께하

지만 여가시간까지 내담자의 문제를 지고 가지 않는다. 그들은 거절하는 법을 아는데, 그렇게 함으로써 자신의 삶에 균형을 유지한다.

효과적인 상담자에 대한 이러한 모습은 비현실적으로 보일 수도 있다. 누가 이 모든 특성을 가질 수 있을까? 내가 이 모든 조건을 충족시키지 못한다는 사실은 분명하다! 이러한 성품의 특성을 이분법적으로 생각하지 않기 바란다. 오히려 이 조건들을 연속선상에 있는 것이라고 이해하라. 위의 어떤 특성은 완벽하게 갖고 있다고 하더라도 다른 특성을 전혀 갖지 못할 수도 있다. 내가 효과적인 상담자에 대해 이러한 모습을 제시한 것은 여러분이 이 조건들을 검토한 후 여러분의 개인적 성장을 촉진하기 위해서 필요한 특성이 무엇인지 생각하면 좋겠다는 바람 때문이다. 상담의 효과를 촉진하는 과정에서 상담자의 인간성과 상담 관계가 가진 역할에 대한 좀 더 상세한 논의는 『효과적인 상담 관계(Psychotherapy Relationships That Work)』(Norcross, 2011), 『유능한 심리치료자는 어떻게 상담하는가: 첫 회기에서 마지막 회기, 그리고 그 이후에 발생하는 변화에 관한 탐색(How Master Therapists Work: Exploring Change From the First Through the Last Session and Beyond)』(Sperry & Carlson, 2011), 『유능한 심리치료자: 심리치료와 상담의 전문성에 대한 탐색(Master Therapists: Exploring Expertise in Therapy and Counseling)』(Skovholt & Jennings, 2004) 등의 문헌을 참고하라.

상담자 자신을 위한 상담

학습 목표 02 치료적인 사람으로서의 상담자에 대한 논의는 상담자 교육 영역에서 또 다른 주제를 촉발한다. 상담자가 되려고 하는 사람들은 전문 상담자가 되기 전에 상담이나 심리치료를 받아보는 것이 필수적인가? 나는 상담자들이 어떤 시점에서 내담자가 되어보는 경험은 크게 도움이 되리라고 생각하는데, 이 관점은 연구에서도 지지하고 있다. 이 경험은 전문 상담자 훈련을 받기 전이나 훈련 중 또는 이 두 시기 모두에서 해볼 수 있다. 그러나 나는 다른 사람을 상담하기 위해 준비하는 과정에서 어떤 형태로든 자신에 대한 탐색은 매우 중요하다고 생각한다.

대부분의 정신건강 전문가들은 두세 가지 이유로 심리치료를 받는다(Geller, Norcross, & Orlinsky, 2005b). 상담자 자신의 심리치료 경험이 상담 효과나 영향력에 대한 문헌 연구에 의하면 90%의 정신건강 전문가들이 자신의 상담 경험에서 만족감이나 긍정적 효과를 보고하고 있다(Orlinsky, Norcross, Ronnestad, & Wiseman, 2005). 오를린스키(Orlinsky)와 그의 동료들은 상담자 자신의 상담 경험은 다음과 같은 세 가지 방식으로 심리치료자의 전문적 치료에 기여한다고 했다. (1) 상담자 훈련의 한 부분으로서 상담을 받는 경험은 수련생이 경험 많은 상담자의 상담을 체험함으로써 상담 실무의 모범을 볼 수 있으며, 무엇이 도움이 되고 무엇이 도움이 되지 않는지를 알 수 있다. (2) 상담을 받을 때 도움이 되었던 경험은 상담 실무에서 필수적인 대인관계 기술을 더욱 촉진할 수 있다. (3) 상담을 성공적으로 받으면 실무적인 일과 관련하여 발생하는 상담자의 지속적인 스트레스를 관리할 수 있게 돕는다.

정신건강 전문가들이 받는 상담 경험에 대한 그의 연구에서 노크로스(Norcross, 2005)는 그들이 상담을 받으면서 습득하여 계속 유지되는 학습 내용들은 주로 상담자–내담자의 상호관계와 상담에서 발생하는 역동에 관한 것들이라고 했다. 이러한 학습 내용 중 몇 가지는 온정, 공감, 사적인 관계가 상담에서 핵심적이라는 점, 전이와 역전이를 다루는 방법의 학습이 중요하다는 점 등이다. 상담에 참여해봄으로써 상담자는 미래에 발생할지도 모를 역전이 때문에 내담자에게 해를 끼치는 일을 미연에 방지할 수 있다.

상담자로서 하는 우리의 일을 통해 우리는 외로움, 힘, 죽음, 친밀한 관계 등과 같은 아직 탐색되지 않은 개인적 걸림돌에 직면해야 할 것이다. 이 말은 우리가 다른 사람을 상담하기 전에 모든 갈등으로부터 자유로워져야 한다는 것을 의미하지 않는다. 다만, 우리는 이러한 갈등들이 무엇이며 그것들이 인간 그리고 상담자로서 우리에게 어떤 방식으로 영향을 끼칠 수 있는지에 대해 자각하고 있어야 한다. 예를 들어, 만약 우리가 분노나 갈등을 다루기 어려워한다면, 우리는 분노나 관계의 갈등 문제가 있는 내담자를 돕기 어려울 것이다.

내가 내담자를 상담하기 시작했을 때, 오래된 나의 상처가 드러났고, 깊이 탐색하지 않았던 감정들이 표면으로 올라왔다. 나는 부적합한 방법으로 나 자신의 우울로부터 탈출하려고 했었기 때문에, 내담자의 우울을 맞닥뜨리는 것이 어려웠다. 나는 우울한 내담자들이 느끼고 있는 느낌에 대한 이야기를 피함으로써 그들의 기운을 북돋우려고 최선을 다했다. 그 이유는 내가 그러한 느낌을 다룰 능력이 없었기 때문이었다. 내가 대학 상담실의 상담자로 일했을 때 나는 내가 내담자를 위해서 할 수 있는 일이 없다는 생각을 자주 하곤 했다. 나는 내담자들이 상담에서 무엇을 얻어가고 있는지 알지 못하는 경우가 많았다. 나는 내담자들이 좋아지고 있는지, 변화가 없는지 또는 더 나빠지고 있는지에 대해 알 수 없었다. 내게는 상담 과정을 기록하고 내담자의 변화를 기록하는 일이 매우 중요했다. 내담자들로부터 빠른 변화를 관찰할 수 없었기 때문에 나는 내가 효과적인 상담자가 될 수 있을지 여부에 대해 많이 의심했다. 당시 내가 이해할 수 없었던 것은 내담자들이 자신의 해답을 얻기 위해 스스로 노력해야 한다는 사실이었다. 내담자들이 빨리 개선되는 것을 보고 싶은 것은 그들의 욕구가 아닌 **나의 욕구**였다. 왜냐하면, 그들이 빨리 개선되면 내가 그들을 돕고 있다는 사실을 알 수 있기 때문이다. 내담자들이 자신의 방어기제를 버리고 자신의 고통을 개방했을 때 그들의 기분이 더 나빠지기도 한다는 생각은 전혀 하지 못했다. 초보 상담자로서 했던 경험을 통해 나는 나의 개인적인 주제가 나의 전문적인 작업에 어떻게 영향을 끼칠 수 있는지 이해하기 위해서는 더 많은 상담을 받아보는 것이 큰 도움이 된다는 사실을 알게 되었다. 나는 상담을 받아보는 일, 특히 초보 상담자 때 받아보는 상담이 가장 유용하다는 사실을 깨달았다.

상담을 받는 것은 치유자의 치유에 도움이 된다. 학생 상담자가 자신의 치유와 성장을 위해 적극적인 노력을 하지 않는다면, 그들은 내담자의 세계에 들어가는 데 많은 어려움을 겪을 것이다. 상담자인 우리는 우리가 도달해본 지점 이상으로 내담자를 데리고 갈 수 있을 것인가? 우리가 자신의 삶을 점검하는 일의 가치를 믿지 않는다면, 어떻게 내담자들에게 자신의 삶을 점검하는 것이 중요하다는 사실을 알려줄 것인가? 우리 자신이 내담자가 되어보아야 우리 자신을 이해하는 방식을 체험적으로 알 수 있을 것이다. 이렇게 함으로써 내담자를 알고 이해할 수 있는데, 그 이유는 우리는 우리가 받았던 상담에서 체험했던 막다른 골목, 즉 앞으로 더 나아가고 싶지만 동시에 변화에 저항했던 지점에서 우리가 어떠했는지 기억해볼 수 있기 때문이다. 우리가 내담자가 되어봄으로써 우리가 만날 내담자에 대한 인내심을 가질 수 있다! 우리는 자기를 개방하고 자신을 탐색할 때 유발되는 불안을 다룬다는 것이 어떤 느낌인지, 그리고 내담자로 하여금 더 깊은 탐색을 촉진하는 창의적인 방법을 알게 된다. 상담을 받는 경험을 통해 자신에 대한 자각(self-awareness) 수준이 증가할수록 우리는 내담자가 상담을 받으면서 보여주는 용기에 대해 올바로 이해할 수 있게 된다. 골드와 힐센로스(Gold & Hilsenroth, 2009)는 대학원생 상담자들에 대한 연구를 통해 상담을 받아본 경험이 없는 상담자보다 상담을 받아본 상담자들이 좀 더 큰 자신감을 보이고 상담의 목표와 과제에 대해 내담자와 동의를 잘 한다는 사실을 발견했다. 또한 그들은 상담을 받아본 대학원생 상담자들이 상담의 목표와 과제에 대해 더 강한 동의를 이끌어낸다는 점도 발견했다. 자기탐색의 과정에 참여해봄으로써 자만하는 태도를 가질 가능성이나 우리 자신이 완벽하게 치유된다는 확신을 가질 가능성이 감소한다. 상담을 받아봄으로써 우리는 내담자에 비해 우월한 입장이라고 생각하지 않게 되며, 내담자들을 동정하거나 무시하지 않게 된다. 상담을 받는 경험은 상담 과정에 대해 교재를 읽는 것과는 아주 다르다.

상담자가 상담을 받는 것에 대한 포괄적인 논의를 검토하기 위해서 『상담자 자신의 심리치료: 내담자와 임상가의 관점(The Psychotherapist's Own Psychotherapy: Patient and Clinician Perspectives)』(Geller, Norcross, & Orlinsky, 2005a)을 읽어보기 바란다.

상담자의 가치관과 상담 과정

앞서 제시된 절에서 언급되었듯이 상담자의 자기탐색은 상담자들이 가지고 있는 가치관과 신념 영역에서도 중요하다. 학생들을 가르치고 지도해본 경험을 통해 나는 학생들 자신의 가치관에 대한 자각, 즉 그러한 가치관을 학습한 장소나 방법, 그들의 가치관이 내담자를 돕는 과정에 미치는 영향 등에 대한 자각이 매우 중요하다는 사실을 알게 되었다.

상담에서 가치관의 역할

학습 목표 03 우리들의 가치관은 개인적, 전문적 삶에서 우리가 하게 되는 행위에 영향을 끼치는 핵심적인 신념이다. 개인적 가치관은 우리가 상담을 이해하는 방법이나 우리가 내담자와 상호작용하는 태도 전반(내담자에 대한 평가나 상담 목표에 대한 관점, 우리가 선택하는 개입 방법, 상담에서 논의할 주제의 선택, 상담 효과의 평가 방법, 내담자의 상황에 대한 우리의 해석 등)에 영향을 끼친다.

완벽하게 객관적이 될 수는 없지만, 우리는 자신의 세계관에 매몰되지 않으려고 노력한다. 우리는 우리의 가치관을 내담자가 받아들이게끔 영향을 끼치려는 성향이 나타나지 않게끔 조심할 필요가 있다. 우리의 가치 체계를 내담자가 받아들이거나 채택하게끔 설득하는 것은 제대로 된 상담의 효과가 아니다. 나는 상담자의 역할은 내담자가 자신의 사고, 감정, 행동을 점검하고 그들이 당면하고 있는 문제의 해결책을 찾게끔 힘을 북돋우는 것이라고 생각한다. 상담은 내담자가 자신의 가치관과 가장 일치하는 해답을 찾게끔 돕는 것이다. 그래서 내담자에게 충고하거나 인생에서 당면하는 질문들에 대해 여러분의 해답을 제공하는 것은 도움이 되지 않는다.

여러분은 내담자의 가치관 중 특정한 측면에 대해 동의하지 않을 수 있다. 그러나 여러분은 내담자가 여러분의 가치관과 다른 가치관을 가질 권리를 존중해야 한다. 이 점은 특히 문화적 배경이 다르고 여러분의 핵심적인 문화적 가치관과 유사한 점이 없는 내담자를 상담할 때 더욱 그렇다. 여러분의 역할은 내담자가 자신의 가치관과 행위 사이의 일치 여부를 탐색할 수 있는 안전한 환경을 제공하는 것이다. 만약 내담자가 그들이 하고 있는 행위를 통해 그들이 원하는 것을 얻을 수 없다는 점을 인식한다면, 그들의 목표에 좀 더 가까이 도달하게끔 새로운 사고방식과 행위 방식을 발달시킬 수 있게 돕는 것은 적합하다. 이러한 개입은 내담자가 자신의 삶을 꾸려갈 때 채택할 가치에 대해 선택할 권리에 대한 전적인 존중 위에 이루어진다. 내담자들은 자신의 가치관과 목표를 명료화하고, 중요한 정보들이 제공된 상태에서 선택하며, 행동 계획을 선택하고 그들이 내린 결정에 대해서는 책임을 지고 책무를 감당할 필요가 있다.

여러분의 사적인 가치관을 잘 관리해서 그것들이 상담 과정을 오염시키지 않게끔 하는 것을 '판단중지(bracketing)'라고 한다. 상담자들은 다양한 내담자들과 작업할 때 자신의 믿음과 가치관을 한편으로 밀어둘 필요가 있다(Kocet & Herlihy, 2014). 여러분의 핵심 가치는 내담자의 핵심 가치와 여러 측면에서 다를 수 있으며, 내담자들은 자신의 세계관에서 볼 때 문제로 보이는 수많은 어려움들을 여러분 앞에 내놓을 수 있다. 내담자들 중에는 다른 사람으로부터 거절되거나 차별을 받아 고통을 겪는 사람들이 있다. 그런 내담자들은 가치관이 자신과 다르다는 이유로 상담을 제공하지 않으려는 상담자에 의해 거절 경험에 다시 노출되어서는 안 된다(Herlihy, Hermann, & Greden, 2014).

상담자는 광범위한 세계관과 가치관을 가진 내담자와 함께 상담할 수 있는 능력이 있어야 한다. 상담자는 직 · 간접적인 방법으로 내담자에게 자신의 가치관을 주입할 수 있다. **가치관의 주입**(value imposition)이란 상담자가 내담자의 가치관, 태도, 신념, 행동을 직접적으로 제한하려는 시도를 의미한다. 상담자가 상담 관계에서 자신의 가치관을 주입하는 일은 비윤리적이다. 미국상담학회의 『미국상담학회 윤리규정』(ACA, 2014)은 이 문제에 대해 분명히 명시하고 있다.

> 개인적 가치관. 상담자는 자신의 가치관, 태도, 신념, 행동을 자각하고, 내담자에게 주입하지 않게끔 유의해야 한다. 상담자는 내담자, 수련생, 연구 참여자의 다양성을 존중하고 자신의 가치관을 내담자에게 주입하는 위험에 빠지지 않게 돕는 훈련과 교육 과정에 참여해야 하는데, 특히 상담자의 가치관이 내담자의 목표와 불일치하여 차별을 유발할 특성이 있을 때 더욱 그러하다. (규범 A.4.b.)

가치관의 탐색은 많은 상담자 교육 프로그램이 훈련 과정에 상담을 받는 경험을 권하거나 필수로 정하는 중요한 이유 중 하나이다. 여러분들은 상담을 받아봄으로써 자신의 신념과 가치관을 점검할 뿐 아니라 자신의 신념 체계를 다른 사람과 공유하고 싶어 하는 동기를 탐색할 수 있는 기회를 얻을 수 있다.

내담자들은 상담 관계에서 취약한 위치에 있으며 그들은 상담자로부터 판단보다는 이해와 지지를 받을 필요가 있다. 가치관의 차이가 있으면 더 이상 돕기 어렵다고 하는 여러분의 이야기는 내담자에게는 큰 부담이 될 수 있다. 내담자는 이러한 여러분의 이야기를 자신에 대한 거절로 받아들이며 그 때문에 피해를 입고 괴로워할 수 있다. 상담은 내담자 자신의 가치 체계 내에서 내담자와 함께 작업하는 것이다. 여러분이 가치관의 갈등으로 어려움을 겪는 경우, 그 이후에 여러분이 해야 할 윤리적인 행동은 슈퍼비전을 받아 이러한 차이를 효과적으로 처리할 수 있는 방법을 습득하는 것이다. 상담 과정은 여러분의 가치관에 관한 것이 아니다. 상담은 내담자의 가치와 필요에 관한 것이다. 여러분의 과제는 내담자들이 자신의 신념에 대해 탐색하고 명료화하여 자신의 문제를 해결하는 과정에 그들의 가치관을 적용하는 것이다(Herlihy & Corey, 2015d).

상담 목표 설정에서 가치의 역할

학습 목표 04 상담 목표는 누가 정해야 하는가? 상담이 진행되면서 상담자와 협조가 이루어지겠지만, 목표를 설정하는 것은 내담자의 책임이라는 점에 대부분의 이론들은 동의한다. 상담자들은 일반적인 목표를 가지고 있는데, 그것은 상담 회기에서 보이는 그들의 행동, 내담자의 행동에 대한 상담자의 관찰, 그리고 그들이 시행하는 개입에 녹아들어있다. 상담자의 일반적인 목표는 내담자의 개인적 목표와 일관성이 있어야 한다.

목표 설정은 가치관과 불가분의 관계에 있다. 내담자와 상담자는 상담 관계에서 무엇을 얻으려고 하는지, 서로 함께 상담 작업을 할 수 있는지, 그들의 목표가 상호 양립할 수 있는지 탐색할 필요가 있다. 더 중요한 것은 상담자가 내담자를 이해하고 존중할 뿐 아니라, 상담자 자신의 가치 틀에 내담자를 맞추려고 하지 않고 내담자의 세계관 내에서 작업해야 한다는 점이다.

나는 상담이 내담자의 기대와 목표를 탐색하는 것으로부터 시작되어야 한다고 생각한다. 내담자는 그들이 상담으로부터 무엇을 기대할 수 있는지에 대해 처음에는 막연한 생각을 가지고 있는 경향이 있다. 그들은 문제에 대한 해답을 추구하며, 상처를 받지 않으려고 하고, 다른 사람을 바꿈으로써 자신이 덜 불안한 상태로 살려고 하거나, 또는 자신들이 달라져서 자신에게 중요한 사람들이 자신을 더 많이 받아들이게끔 하려고 노력한다. 또 다른 사례에서는 내담자들이 아무런 목표가 없는 경우도 있는데, 그들은 부모나 보호관찰관, 또는 교사가 보냈기 때문에 상담실에 온 내담자들이 자주 그런 특성을 보인다.

상담자는 어디에서부터 시작할 것인가? 첫 회기는 우선 내담자가 가지고 있는 목표나 또는 목표가 없는 그 자체에 초점을 맞추어 시작함으로써 가장 생산적이 될 수 있다. 상담자는 다음과 같은 질문으로 상담을 시작할 수 있다. '당신은 이 상담에서 무엇을 기대하나요? 여기에 왜 오셨나요? 당신은 무엇을 원하나요? 상담을 마칠 때 어떤 상태에서 마치기 원하나요? 당신이 현재 하고 있는 일들이 당신에게 어떤 식으로 도움이 되고 있나요? 당신이나 당신 삶의 상황에서 어떤 부분을 변화시키기를 가장 원하나요?'

내담자가 여러분과 상담 관계를 맺기 원할 때에는 그 내담자가 이 관계에서 무엇을 기대하고 있는지 함께 발견하는 것이 중요하다. 만약 여러분이 이 상담을 어떻게 진행할지 너무 미리 알고 계획하려고 애쓴다면, 여러분은 내담자가 상담에서 적극적인 파트너로 임할 기회를 박탈하게 될 것이다. 이 내담자는 상담에 왜 오는 것일까? 상담 목표를 설정하는 것은 내담자가 결정할 일이다. 이 점을 마음에 새기는 것은 매우 중요하다. 그래서 여러분의 계획이 아니라 내담자의 계획이 이야기되고 다루어지게끔 해야 한다.

효과적인 다문화 상담자

학습 목표 05 효과적인 상담자가 되는 과정의 중요한 부분 중 하나는 다양성 주제를 이해하고 상담의 실무적 절차를 내담자의 세계관에 맞게 만드는 방법을 배우는 것이다. 상담자가 내담자의 가치관과 일치하게끔 개입하기를 희망한다면, 상담자가 문화적 차이에 대한 민감성을 개발하는 것은 상담자의 **윤리적 의무**(ethical obligation)이다. 상담자의 역할은 내담자가 자신의 세계관과 일치하는 의사결정을 하게 돕는 것이지 상담자의 가치관을 따라서 살게 하는 것이 아니다.

상담 관계에서 다양성은 쌍방으로 작용한다. 상담자는 자신의 문화적 전통을 상담 작업에 가지고 들어오기 때문에 상담자는 자신에게 문화적으로 조건화된 것들이 상담의 방향성에 어떤 영향을 끼치는지 자각하고 있어야 한다. 내담자와 상담자가 처한 사회적, 문화적 맥락이 고려되지 않으면, 내담자의 갈등에 내포된 특성을 정확하게 이해하기 어렵다. 상담을 배우는 학생들은 자신의 삶을 스스로 선택하거나 감정을 표현하며, 자신을 개방하고 독립을 위해 노력하는 것 등에 가치를 두는 경우가 많다. 그러나 그것은 다른 문화적 배경에서 성장한 내담자들의 가치관과는 다를 수 있다. 어떤 내담자들은 자신을 개방하는 데 시간이 많이 소요되며, 상담자와는 다른 방식으로 상담에 대한 기대를 가질 수 있다. 상담자는 다양한 문화권에서 온 내담자들이 상담자를 어떻게 지각하는지, 공식적인 조력 활동의 가치에 대해서 어떻게 지각하는지 등을 이해할 필요가 있다. 상담이라는 활동의 특성과 기능에 대한 상담자의 가정이 문화적 배경이 다른 내담자들에게도 적합한지 판단하는 것은 상담자의 과제이다.

효과적인 상담자는 내담자의 문화적 적응 정도를 포함하여 내담자의 기능에 끼친 문화의 영향력을 분명히 고려한다. **문화**(culture)는 단순히 말하면, 한 집단의 사람들이 공유하고 있는 가치관과 행위들이다. 문화가 민족이나 문화적 전통 이상의 것을 의미한다는 것을 이해하는 것이 중요하다. 문화는 나이, 성, 종교, 성적 지향성, 신체적 · 정신적 능력, 사회경제적 지위와 같은 요소들도 포함한다.

다문화 상담 역량의 습득

학습 목표 06 효과적인 상담자는 자신의 문화적 조건화, 내담자의 문화적 가치, 그들이 속해있는 사회정치적 체제를 이해한다. 이러한 점들을 이해하려면, 그들은 자신이 가지고 있는 가치관, 편견, 태도 등의 문화적 기원을 자각하는 일부터 시작해야 한다. 그 어떤 문화적 배경을 가진 상담자라도 그들은 자신의 기대, 태도, 편견, 상담 과정과 다양한 집단에 속한 사람들에 대한 자신의 가정들을 점검해야 한다. 자신의 편견과 선입견을 자각하는 일은 용기가 필요한데, 그 이유는 우리 대부분은 우리가 문화적 편견을 가지고 있다는 사실을 인정하고 싶지 않기 때문이다. 모든 사람은 편견을 가지고 있다. 그러나 편견에 젖은 태도를 가지고 있다는 점을 자각하지 않으면 내담자를 상담하는 데 큰 장애를 겪을 것이다. 우리의 편견, 태도, 가치관 등을 점검하기 위해서는 집중적으로 노력하고 정신을 바짝 차리고 있어야 하는데, 그렇게 함으로써 성공적인 상담 관계를 형성하고 유지할 수 있다.

다양성 관련 역량을 가진 상담자가 되는 과정의 대부분은 우리가 가지고 있는 가치관이 다른 사람들에게도 자동적으로 받아들여질 것이라는 생각에 도전하는 일로 구성된다. 우리는 또한 다른 형태의 가치관을 따르는 다양한 내담자와 상담할 때, 우리의 가치관이 얼마나 쉽게 영향을 끼치는지 이해할 필요가 있다. 이와 더불어 다양성에 대한 역량을 가진 상담자가 된다는 것은 단번에, 그리고 완벽하게 도달할 수 있는 목적지 같은 것이 아니다. 오히려 그것은 지속적인 과정이며, 우리가 내담자를 만나면서 해야 하는 여행과 같은 것이다.

수, 아레돈도, 맥데이비스(Sue, Arredondo, & McDavis, 1992)와 아레돈도 등(1996)은 다문화 상담과 관련된 역량과 기준의 개념적 틀을 개발했다. 그들이 제시한 역량의 차원에는 (1) 신념과 태도, (2) 지식, (3) 기술의 세 가지 영역이 포함된다. 다문화 상담과 심리치료의 역량에 대한 심층적인 논의는 『다문화 상담: 이론과 실제(Counseling the Culturally Diverse: Theory and Practice)』(Sue & Sue, 2013)를 참고하기 바란다.

신념과 태도 우선 효과적인 상담자는 문화적 무자각 상태에서 그들의 개인적인 편견, 가치관, 또는 문제가 다른 문화권의 내담자와 함께하는 상담의 능력을 방해할 것이라는 점을 아는 상태로 옮겨간다. 그들은 자신의 문화적 전통에 대한 문화적 자기자각과 민감성이 그 어떤 조력 행위에 필수적이라고 믿는다. 상담자들은 인종이나 민족적 배경이 다른 내담자에 대한 긍정적·부정적 정서 반응이 상담 관계를 형성하는 데 방해가 된다는 사실을 자각하고 있다. 그들은 내담자의 입장에서 본 세계를 점검하고 이해하는 노력을 한다. 그들은 내담자의 종교적·영적 신념과 가치를 존중한다. 그들은 인종, 민족, 문화, 신념 등의 측면에서 그들과 타인 간의 차이를 편하게 받아들일 수 있다. 자신의 문화적 전통이 우월하다는 점을 주장하지 않고, 그들은 문화적 다양성을 수용하며 그 가치를 인정한다. 그들은 전통적 이론과 기법이 모든 내담자 또는 모든 문제에 적합하지 않을 수 있음을 깨닫고 있다. 문화적으로 유능한 상담자는 자문과 슈퍼비전, 그리고 더 많은 훈련과 교육을 통해 자신들의 기능과 역량을 점검한다.

지식 둘째, 문화적으로 효과적인 상담자는 상당한 지식을 가지고 있다. 그들은 자신의 인종적, 문화적 전통과 그것이 개인적 삶이나 전문적 활동에 어떻게 영향을 끼치는지에 대해 구체적으로 알고 있다. 그들은 억압, 인종주의, 차별, 선입견 등이 유발하는 역동을 이해하기 때문에 그들은 자신의 인종차별적 태도, 신념, 감정을 감지할 수 있다. 그들은 내담자의 세계관을 이해하며 내담자의 문화적 배경에 대해 학습한다. 그들은 자신의 가치관과 기대를 문화적 배경이 다른 내담자에게 강요하지 않으며 내담자에 대한 편견을 가지지 않는다. 문화적으로 유능한 상담자는 외부에서 가해지는 사회적·정치적 압력이 모든 집단에 영향을 끼친다는 점을 이해하며, 그러한 압력이 소수집단에 속한 내담자를 상담할 때 어떻게 작용하는지 알고 있다. 이러한 상담자들은 소수집단 내담자가 속한 지역사회에 있는 정신건강 서비스에 접근하지 못하게 막는 구조적 장벽들에 대해 알고 있다. 그들은 내담자가 속한 집단의 역사적 배경과 전통, 그들의 가치관에 대한 지식을 갖고 있다. 그들은 소수집단 가족의 구조와 위계, 가치관, 신념에 대해 알고 있다. 그뿐만 아니라 그들은 지역사회의 특성과 가용한 자원들에 대해서도 알고 있다. 문화적으로 유능한 상담자들은 내담자들이 자신의 문화권에 고유한 조력 체계를 활용하게 하는 방법에 대해서도 알고 있다. 그들이 잘 모르고 있는 영역이 있다면, 그들은 자신을 도울 수 있는 자원을 찾아 나선다. 문화적으로 다양한 집단에 대한 지식의 폭과 깊이가 넓어질수록 그들은 효과적인 상담자가 될 수 있다.

기술과 개입 전략 셋째, 효과적인 상담자는 문화적으로 다양한 내담자들을 상담하는 데 필요한 기술을 가지고 있다. 상담자들은 목표 설정, 적절한 기대 가지기, 법적인 권리, 상담자의 이론적 · 실무적 관점 같은 주제를 포함한 상담 과정에 대해 내담자를 교육시킬 책임이 있다. 다문화 상담은 내담자가 삶에서 겪었던 경험이나 문화적 가치관과 일치하는 상담 방법과 전략, 그리고 상담 목표를 상담자가 채택할 때 그 효과가 커진다. 그러한 상담자는 문화적 차이를 반영하여 개입 방법을 수정하거나 조정한다. 그들은 한 가지 상담 접근에 맞추려고 내담자를 압박하지 않으며, 상담 기법들이 문화적 특성을 반영할 수 있다는 점을 알고 있다. 그들은 문화적으로 정확하고 적절한 언어적, 비언어적 메시지를 주고받을 수 있다. 그들은 상담실 밖 지역사회 행사, 기념행사, 이웃 사람들끼리의 모임 등에 참여함으로써 소수집단에 속한 사람들과 적극적으로 관여한다. 그들은 문화적으로 다양한 내담자들과 상담하는 능력을 키우기 위해 교육, 자문, 훈련 등의 기회를 찾아다닌다. 그들은 필요하다면 의뢰가 필요할 수도 있을 문화적 주제에 대해 문화적으로 민감성을 지닌 다른 전문가에게 정기적으로 자문을 구한다.

상담 실제에 문화 고려하기

상담자가 내담자의 문화적 배경에 대해 완벽하게 알기를 기대하는 것은 비현실적이다. 그러나 내담자의 문화적 · 민족적 배경에 대해 어느 정도 이해하는 것은 필수적이다. 내담자가 자신의 문화적 배경 중에서 상담과 관련된 부분을 상담자에게 가르치게끔 허용하는 일에 대해서는 앞으로 많은 것들이 논의될 것이다. 상담자가 효과적인 상담을 하는 데 필요한 정보를 내담자에게 요청하는 것은 좋은 생각이다. 상담 과정에 문화를 고려하는 것은 특정한 인종이나 문화적 배경의 내담자에게 국한되지 않는다. 모든 내담자의 세계관이나 배경을 고려하는 일은 매우 중요하다. 그렇게 하지 않으면 상담이 가지고 있는 잠재력을 심각하게 훼손하게 된다.

상담은 특성상 다문화 사회에 있는 다양성을 인정하는 관점을 가지고 있다. 그래서 이상적인 상담 접근이 없다는 사실을 쉽게 받아들인다. 대신 여러 이론들은 각각이 다양한 문화 집단에게 호소력의 정도가 서로 다르다. 어떤 이론적 접근은 특정 집단에 적용하려고 할 때 한계가 있다. 효과적인 다문화 상담은 상담자가 개방된 태도와 유연성, 그리고 내담자의 상황과 필요에 따라 전략을 수정할 것을 요구한다. 내담자를 진심으로 존중하는 상담자는 내담자의 주저함을 이해하고 그러한 행동을 잘못 해석하지 않을 것이다. 대신 그들은 가능한 한 내담자의 세계로 다가서고자 인내심을 가지고 노력한다. 상담자들이 내담자와 똑같은 경험을 할 수는 없지만, 내담자의 감정과 어려움에 대해 공감하는 것은 좋은 상담 결과를 위해 필수적이다. 우리는 우리가 하는 일의 유사성보다는 차이에 의해 어려움을 자주 겪는다.

문화를 다루는 실용적인 지침 상담 과정이 효과적이기 위해서는 모든 내담자와 문화적인 주제를 다루는 것이 필수적이다. 다양한 문화적 배경을 가진 내담자와 작업할 때 상담의 효과성을 높이는 데 도움이 되는 몇 가지 지침은 다음과 같다.

- 여러분의 문화적 배경이 여러분의 사고와 행동에 영향을 끼치는 방식에 대해 학습하라. 다른 문화에 대한 이해를 증진할 수 있는 단계를 밟으라.
- 여러분이 세상에 대해 가지고 있는 기본 가정을 이해하라. 특히 그러한 가정 중에서 문화, 인종, 민족, 성, 계급, 영성, 종교, 성적 지향성과 관련된 다양성을 이해하라. 여러분의 가정이 여러분의 상담 실무에 어떻게 영향을 끼치는지 생각해보라.
- 여러분이 문화에 대한 지식을 어디에서 습득했는지 점검하라.
- 문화와 관련된 다양한 차원들이 상담 작업에 영향을 끼치는 방식을 끊임없이 습득하라. 그리고 이러한 기술들이 노력 없이 쉽게 개발되지 않음을 이해하라.
- 자신의 세계관과 다른 인종 · 민족 집단에 대해 가지고 있는 편견들을 적극적으로 확인하고 점검해보겠다는 태도를 가지라.
- 다양한 배경을 가진 사람들이 공유하고 있는 공통적인 부분에 대해서도 유의하는 법을 학습하라.
- 내담자에게 치료 방법을 적용할 때 유연성을 가지라. 방문한 내담자에게 부적합할 경우 굳이 구체적인 기법에 연연해하지 말라.
- 다문화 관점에서 상담을 하는 것은 여러분의 상담을 더 효율적으로 할 뿐 아니라 여러분과 내담자 모두에게 도움이 된다는 사실을 기억하라.

다문화 상담자가 되는 일에는 시간, 연구, 경험이 필요하다. 다문화 역량을 단순히 문화적 자각이나 민감성, 특정 부류의 지식, 구체적인 기술로만 제한할 수 없다. 이 역량은 이 모든 요소들의 조합을 통해서 개발할 수 있다.

초보 상담자가 접하는 주제

학습 목표 07 여러분이 대학원 과정을 수료한 후 내담자를 돕기 시작하면 여러분은 자신이 학습한 것들을 통합하고 적용해야 하는 도전에 직면할 것이다. 그 시점에서 여러분은 인간으로서 그리고 전문가로서 자신의 적합성에 대한 실제적인 염려를 하게 될 것이다. 초보 상담자들은 다른 사람들을 돕는 방법을 학습할 때 여러 가지 주제를 접하게 된다. 아래에는 효과적인 상담자가 되려고 하는 여러분이 상담자가 되기 위해 필요한 것에 대해 성찰할 때 참고할 수 있는 유용한 지침들을 제시했다.

불안 다루기

대부분의 초보 상담자들은 첫 내담자를 만날 때 양가적 느낌을 가지게 된다. 어느 정도의 불안은 여러분이 내담자를 만나는 미래에 어떤 일이 있을 것이며, 여러분의 능력이 내담자들을 상담하기에 충분할지 등에 대한 확신이 없다는 점을 알려준다. 이러한 불안을 부정하기보다 알고 다루려는 의지가 있다는 점은 긍정적인 신호이다. 자신에 대해 의심하는 것은 정상적이다. 중요한 것은 그러한 의심을 어떻게 다루는가 하는 것이다. 이러한 자기 의심을 다루는 방법 중 하나는 그것에 대해 슈퍼바이저나 동료와 터놓고 이야기하는 것이다. 그렇게 하면 비슷한 염려와 불안을 겪었을 동료 수련생들과 의미 있는 이야기를 나누고 그들로부터 지지를 받을 가능성이 매우 크다.

진정한 자신이 되고 자신을 자기개방

상담을 시작할 때 만약 여러분이 자꾸 신경이 쓰이고 불안하다면, 여러분은 교재에 적혀있는 내용이나 상담의 진행 기술에 대해 지나치게 신경 쓰고 있는 것이다. 미숙한 상담자는 상담자가 그저 자신이 된다는 것에 내재한 가치를 자주 이해하지 못한다. 상담에서 우리가 충분히 우리 자신으로 존재하고, 우리의 감정을 적절하게 개방한다면, 우리는 진실해질 가능성을 높이게 된다. 이런 수준의 진실함과 존재함이 우리가 내담자와 연결되고 그들과 효과적인 상담 관계를 형성하는 데 필요하다.

이 주제에 대해서는 우리가 서로 반대되는 양 극단의 태도를 취함으로써 실수를 범할 우려가 있다. 한쪽 극단은 상담자가 정해진 역할을 수행하면서 자기 자신을 잃어버리고, 전문가라는 가면 뒤에 숨어버리는 것이다. 이러한 상담자들은 전형적으로 기대되는 역할을 수행하느라고 자신의 사적인 모습을 거의 보여주지 못하곤 한다. 이러한 행동을 취하는 상담자들은 내담자에게 자신을 거의 알리지 않은 상태로 있으며, 내담자는 그러한 상담자가 전문가의 역할 뒤에 숨어있다는 것을 알게 된다.

반대쪽 극단은 자기개방을 지나치게 많이하는 상담자의 경우이다. 어떤 상담자는 내담자에 대해서 가지게 된 인상을 여과 없이 부적절하게 내담자에게 전달하는 실수를 범한다. 자기개방의 적절한 수준이 어느 정도인지 판단하는 일은 경험이 많은 상담자들에게도 어렵다. 그리고 초보 상담자들에게는 자주 염려스러운 일이 되기도 한다. 자기개방의 적정 수준을 정할 때 상담자는 무엇을, 언제, 어떻게 개방할지 생각하라. 우리 자신에 대해 가끔 이야기하는 것은 유용하다. 그러나 우리는 그러한 방식으로 우리 자신에 대해 이야기하는 행위 이면의 동기를 자각하고 있어야 한다. 상담자는 그러한 자기개방이 내담자에게 끼칠 영향뿐만 아니라 상담자의 이야기를 들을 내담자의 준비도도 평가해야 한다. 상담자가 자기개방을 할 때 상담자는 내담자가 그러한 자기개방으로부터 어떤 영향을 받고 있는지 관찰하고 있어야 한다.

가장 효과적인 자기개방은 상담 회기 중에 두 사람 사이에서 발생하는 일과 관련된 것을 개방하는 것이다. 즉시성(immediacy) 기법은 내담자와 함께 있는 '지금 여기'에서 상담자가 생각하고 느끼는 것을 개방하는 것이다. 그러나 이때 상담자는 그러한 개방이 내담자에게 판단처럼 전달되지 않게끔 조심해야 한다. 그러한 내담자와의 관계에서 지속적인 체험되는 상담자의 반응을 적절한 시점에 적절한 방법으로 공유된다면, 그것은 상담적 효과가 있으며 내담자와 맺는 관계의 질을 높여줄 것이다. 상담 관계가 탄탄하다고 하더라도, 상담자의 반응에 대해 이야기할 때 상담자는 조심해야 하며, 어떤 반응을 공유할지 결정할 때 주의하고 민감성을 발휘해야 한다.

완벽주의 피하기

우리 자신에게 짐이 되는 가장 자기파괴적인 신념 중 하나는 우리가 결코 잘못을 저지르지 않아야 한다는 신념이다. 우리는 인간이라면 완벽할 수 없다는 사실을 머리로는 잘 알고 있지만, 정서적으로는 우리에게 실수할 여지가 거의 없는 것처럼 느낀다. 초보 상담자이건 숙련 상담자이건 간에 여러분은 분명히 잘못을 저지를 것이다. 만약 우리가 완벽하다는 이미지를 보여주는 데 모든 에너지를 쏟는다면, 우리는 내담자 앞에서 있는 그대로 존재하는 능력에 부정적 영향을 줄 것이다. 나는 학생들에게 그들이 모든 것을 알아야 하고 완벽하게 숙련되어야 한다는 사실에 의문을 품으라고 말한다. 나는 사례 지도 시간에 그들의 잘못 또는 그들이 보기에 잘못이라고 보이는 것들을 서로 나누라고 권한다. 지도감독하에서 실수를 저지를 의지와 자신에 대한 의심을 개방할 의지가 있는 학생들은 성장할 수 있는 방향을 찾게 될 것이다.

자신의 한계에 대해 정직하기

여러분은 현실적으로 모든 내담자와의 상담을 성공할 것을 바랄 수 없다. 여러분이 모든 상담에서 성공하지 못한다는 점을 인정하는 것이 정직함이다. 여러분이 한계에 부딪쳤을 때 그 내담자를 언제, 어떻게 의뢰할 것인지 아는 것은 중요하다. 그러나 여러분의 현실적인 한계와 '한계'라고 생각되는 것에 도전하는 것 사이에는 미묘한 균형점이 있다. 주어진 내담자와 상담하기에 여러분이 충분한 삶의 체험이나 개인적 자질이 부족하다고 결론 내리기 전에, 앞으로는 상담할 기회가 있을 것 같지 않은 특별한 내담자 집단과 상담할 것을 시도해보라. 이러한 일은 여러분이 다양한 현장이나 기관을 방문해보면 충분히 가능하다.

침묵 이해하기

상담에서 경험하는 짤막한 순간의 침묵도 초보 상담자들에게는 몇 시간이나 지속되는 것처럼 느껴지는데, 이러한 침묵에는 많은 의미가 있다. 내담자는 직전에 이야기를 나누었던 것에 대해 조용히 생각하고 있을 수도 있고, 조금 전에 습득한 통찰을 평가하고 있을 수도 있다. 내담자는 상담자가 상담을 주도해나갈 것을 기다리고 있거나 다음에 무슨 이야기를 해야 할지 결정하고 있을 수도 있다. 경우에 따라서는 상담자가 이와 같은 것을 내담자에게 바라면서 기다리고 있을 수도 있다. 내담자이든 상담자이든 어떤 것 때문에 주의가 흩어지거나 어느 한 가지에 집중할 수도 있으며, 아니면 그 누구도 그 순간에는 아무것도 말하지 않기를 원할 수도 있다. 내담자와 상담자는 말 없이도 소통할 수 있다. 침묵은 분위기를 전환시키기도 하지만, 분위기를 압도할 수도 있다. 피상적인 수준에서는 상호작용이 이루어지고 있지만, 상담자와 내담자가 좀 더 깊은 수준의 주제를 꺼내기에는 둘 다 두렵거나 주저할 수도 있다. 침묵이 발생할 때 그 침묵에 대해 알아차리고 그것에 대해 내담자와 함께 탐색하라.

내담자의 요구 다루기

초보 상담자를 어려움에 빠뜨리는 중요한 주제 중 하나는 상담자에게 지속적으로 요구하는 내담자를 다루는 방법일 것이다. 상담자들은 내담자에게 도움이 되기 위해 최선을 다 해야 하기 때문에 그들은 때때로 내담자의 요구가 얼마나 크든지 상관없이 자신을 내어주어야 한다는 비현실적인 생각을 가지고 있다. 이러한 요구는 여러 가지 형태로 드러난다. 내담자들은 여러분이 할 수 있는 것 이상으로 여러분을 더 많이 그리고 더 오래 만나고 싶어 할 수 있다. 그들은 상담실 밖에서 친밀한 사회적 관계를 맺기 원할 수도 있다. 어떤 내담자들은 여러분이 자신들에 대해 얼마나 관심을 가지고 있는지 지속적으로 보여줄 것을 기대하거나 여러분이 내담자가 해야 할 일이나 문제를 해결하는 방법을 그들에게 직접 알려주기를 기대한다. 이러한 요구를 확실히 처리하는 방법은 상담 초기나 상담자가 자기개방을 하는 시점에 내담자에 대한 여러분의 기대나 경계선을 분명하게 알려주는 것이다.

상담에 대한 동기가 없는 내담자 다루기

비자발적인 내담자가 법원의 명령 때문에 상담을 받아야 하는 경우가 있다. 이런 경우 그들과의 작업관계 형성에 어려움을 겪을 수 있다. 명령에 의해 상담을 하게 된 내담자와도 효과적인 상담을 할 수 있다. 그러나 상담자는 시작할 때 상담 관계의 특성에 대해 터놓고 이야기해야 한다. 준비 단계를 생략하거나 상담실에 오는 내담자의 생각과 감정을 다루지 않은 상담자는 내담자의 저항에 부딪칠 수 있다. 상담자가 제공할 수 없거나 제공하지 않을 것들에 대해서는 약속하지 않는 것이 매우 중요하다. 상담 진행에 영향을 줄 다른 요인들을 비롯하여 비밀 보장의 한계에 대해 분명히 선을 긋는 것이 중요하다. 비자발적인 내담자와 상담할 때 상담 과정에 대해 내담자를 준비시키는 일이 매우 중요한데, 그렇게 함으로써 내담자의 협조와 관여를 증진시킬 수 있다.

모호함 견디기

많은 상담자들은 즉각적인 결과를 얻지 못하는 것에 대해 불안을 체험한다. 그들은 스스로 다음과 같은 질문을 한다. '내가 정말 내담자에게 도움이 되는 것일까? 내담자가 더 악화되는 것은 아닐까?' 나는 여러분이 최소한 상담 초기에는 내담자가 개선되고 있는지 여부를 잘 몰라서 발생하는 모호함을 견디는 방법을 학습하기 바란다. 내담자가 상담에서 개선되기 전에는 '악화'되는 것처럼 보이는 경우도 많다. 또한 상담자와 내담자의 협력을 통해 얻은 결과는 상담이 종결한 이후에 드러나기도 한다는 점을 염두에 두기 바란다.

역전이 자각하기

내담자와 상담하는 일은 여러분의 개인적인 측면에도 영향을 끼치며, 그 결과 여러분 자신의 취약함이나 역전이가 겉으로 드러난다. 만약 여러분이 자신의 역동을 자각하지 못한다면, 여러분은 내담자의 정서적 경험에 의해 압도되는 위험에 처할 수 있다. 초보 상담자는 '내담자를 놓아주고' 다음 회기까지 그 문제를 붙잡고 다니지 않는 법을 습득해야 한다. 가장 치료적인 것은 상담자는 상담 회기 시간에 최선을 다해서 존재하고 상담실 밖의 내담자의 삶과 선택에 대해서는 내담자가 책임지게 하는 것이다. 만약 우리가 내담자의 갈등과 혼란 속에서 길을 잃는다면, 우리는 더 이상 내담자가 자신의 문제에 대해 스스로 해결책을 찾도록 도울 수 있는 효과적인 상담자가 되지 못한다. 우리가 내담자의 결정에 대한 책임을 지려고 한다면, 우리는 내담자의 성장을 촉진하기보다 방해하고 있다.

역전이(countertransference)를 광범위하게 정의하면, 내담자를 지각하고 그에 대해 반응하는 방법에 영향을 끼치는 모든 투사를 포함한다. 이 현상은 우리가 정서적으로 반응하도록 자극을 받을 때, 방어적으로 반응할 때, 우리 자신의 주제가 관여되어 상담 관계에 존재할 능력을 상실했을 때 나타난다. 우리의 역전이 반응이 드러나는 것을 깨닫는 일은 능력 있는 상담자가 되는 과정에서 필수적인 단계이다. 우리가 자신의 갈등, 욕구, 자원, 취약점 등을 자각하지 못한다면, 우리는 내담자를 위해서가 아니라 우리 자신의 목적을 위해 상담 시간을 사용하게 된다. 우리가 내담자에 대한 우리의 반응을 작업하기 위해 내담자의 시간을 사용하는 것은 부적절하다. 따라서 우리는 시간을 내어 상담자, 슈퍼바이저 또는 동료들에게 우리 자신을 치료하는 일이 더욱 중요해진다. 만약 우리가 이러한 형태의 자기탐색 과정을 수행하지 않는다면, 우리는 내담자와의 상담에서 길을 잃거나 우리 자신의 충족되지 않은 욕구를 충족하기 위해 내담자를 이용하는 위험한 일을 하게 된다.

우리가 내담자와 형성한 정서적으로 강하게 관여된 관계는 우리 자신의 해결되지 않은 문제 영역을 자극한다. 내담자의 이야기나 고통은 우리에게 영향을 끼치기 마련이다. 우리는 내담자의 이야기에 영향을 받아 연민과 공감을 표현한다. 그러나 우리는 그것은 그들의 고통이며, 그들을 위한다는 미명하에 그것을 붙잡고 있지 말아야 하는데, 그 이유는 그들의 이야기에 압도되어 내담자와의 상담이 비효과적으로 되기 때문이다. 물론 우리가 그 어떤 역전이로부터도 자유로워지거나 과거의 모든 갈등으로 완벽하게 해결할 수는 없지만, 우리는 이러한 현실이 우리의 전문적 작업에 영향을 끼치는 과정에 대해 자각하고 있을 수는 있다. 상담자가 받는 심리상담은 역전이 반응을 자각하고 관리하게끔 도와주는 좋은 도구가 된다. 이 주제는 4장에서 좀 더 깊이 다룰 것이다.

유머 감각 키우기

상담은 책임감 있게 수행되어야 하지만, 그렇다고 해서 그 과정이 아주 심각할 필요는 없다. 내담자와 상담자는 모두 유머를 통해서 관계가 풍부해질 수 있다. 자기만 고통을 겪는 것이 아님을 인정할 수 있다면, 그것은 얼마나 다행스러운 일인가? 웃음이나 유머가 내담자를 존중하지 않거나 상담 효과를 내지 못하게 하는 것이 아님을 깨닫는 것이 매우 중요하다. 물론 웃음이 불안을 숨기거나 위협적인 경험으로부터 회피할 때 사용되는 경우도 있다. 상담자는 주의를 흩뜨리는 유머와 그 상황을 풍부하게 하는 유머를 구별할 필요가 있다.

책임을 내담자와 함께 나누기

내담자와 책임을 나누는 최적의 균형점을 찾는 데 어려움을 겪을 수 있다. 상담의 방향이나 효과에 대해 상담자가 전적으로 책임지는 것은 잘못이다. 상담자가 전적으로 책임지는 것은 내담자가 스스로 결정을 내릴 책임을 지지 않게끔 하는 결과를 초래한다. 또한 상담자가 전적으로 책임을 지려고 하면, 그것은 곧 상담자를 소진시킨다. 또 다른 잘못은 정확한 평가를 내리고 내담자를 위해 적절한 상담 계획을 세우는 책임을 받아들이지 않는 것이다. 책임을 함께 지는 것은 상담 초기에 논의되어야 한다. 회기별 상담시간, 상담의 전체 길이, 비밀 보장, 일반적인 목표, 그리고 그러한 목표를 성취하기 위해 사용할 방법과 같은 주제에 대해 이야기를 꺼내는 것은 상담자의 책임이다. 정보를 제공한 이후의 동의와 관련된 주제는 3장에서 논의될 것이다.

내담자들이 삶의 방향을 결정할 때 상담자에게 책임을 지우려고 하는 부분에 대해서 내담자에게 알려주는 일은 매우 중요하다. 많은 내담자들은 자신이 내린 결정에 대한 불안을 피하기 위해 '마술 같은 해답'을 추구한다. 내담자의 삶의 방향을 지시하는 일은 상담자의 역할이 아니다. 협력적 관계에서 해야 할 일이나 집에서 할 과제를 내담자와 함께 고안하는 일은 내담자들이 자신의 내면에서 방향을 찾게 하는 데 도움이 된다. 상담자의 효과성을 측정하는 가장 좋은 방법은 내담자들이 '상담 선생님이 제게 해준 과제에 대해 감사해요. 선생님이 제게 가지고 있던 신뢰, 선생님이 제게 가르쳤던 것 때문에 이제 제가 홀로 서서 삶을 사는 데 자신을 가질 수 있어요.'라고 말할 수 있는지 여부이다. 결국 상담이 잘 되면, 우리는 일이 없어서 상담실 문을 모두 닫아야 할 것이다!

조언하는 것 참기

고통을 겪는 내담자들이 상담에 와서 조언을 구하거나 심지어 재촉하는 경우가 있다. 그들은 단순한 방향 제시 이상을 원한다. 그들은 현명한 상담자들이 자신을 위해서 결정을 해주거나 문제를 해결해주기를 바란다. 그러나 상담을 정보를 제공하는 것과 혼동해서는 안 된다. 상담자는 내담자로 스스로 해결책을 발견하도록 돕고 행동할 자유를 가지고 있음을 깨닫게 한다. 상담자들이 내담자들의 고통을 해결해줄 수 있다 하더라도, 그것은 오히려 내담자들의 의존성을 높일 수 있다. 그렇게 되면 내담자들은 어려움을 겪을 때마다 지속적으로 상담자를 찾을 것이다. 우리들의 과제는 내담자들이 독립적으로 선택하고 그들이 내린 선택의 결과를 받아들이게 하는 것이다. 습관적으로 조언을 제공하는 것은 이러한 상담의 목적을 성취하지 못한다.

상담자 역할 규정하기

상담자가 겪는 어려움 중 하나는 상담자의 전문적인 역할을 규정하고 명료하게 하는 것이다. 여러 가지 이론적 접근을 읽으면서 여러분은 각 이론들과 관련된 다양하고 서로 다른 상담자 역할들을 발견할 수 있다. 상담자로서 여러분은 다양한 역할을 하게 될 것이다.

나는 상담의 핵심적인 기능은 내담자들이 자신의 강점을 자각하고, 자신들이 가진 자원을 활용하지 못하게 가로막은 것이 무엇인지 발견하며, 어떤 모습의 삶을 살고 싶은지를 명확히 알게 돕는 것이라고 생각한다. 상담은 내담자들이 자신의 행동을 정직하게 바라보고 자신의 삶의 질을 개선하기 위해 자신의 삶을 어떤 방향으로 수정할지 결정하는 자리로 이끄는 것이다. 이렇게 본다면 상담자는 지지와 따뜻함을 제공하지만, 동시에 내담자의 삶에서 의미 있는 변화를 촉진하는 데 필요한 행동을 하게끔 내담자에게 도전한다.

여러분은 여러분이 수행하는 전문적인 역할은 내담자 유형, 여러분이 제공하는 치료 서비스, 상담의 단계, 그리고 여러분이 상담을 수행하는 장면 등과 같은 요소에 의해 그 특성이 좌우된다. 여러분의 역할은 한 번 정해졌다고 해서 계속 그대로 유지되는 것이 아니다. 여러분은 여러분의 전문적인 정체성의 특성을 재평가하고 시시때때로 여러분의 역할을 재규정해야 한다.

상담 기법 적절히 사용하는 방법 학습하기

여러분이 내담자와 상담하다가 어려움에 봉착했을 때, 여러분은 상담을 제대로 진전되게 하는 기법을 찾으려고 할 것이다. 이상적으로 기법은 상담 관계와 상담에서 이야기되는 내용으로부터 나오며, 기법들은 내담자의 자각 수준을 증진시키거나 새로운 행동을 실험할 수 있어야 한다. 여러분은 사용하는 각각의 기법들이 가지고 있는 이론적 근거를 반드시 이해하고 있어야 하고, 그러한 기법들이 상담 목표를 달성하기에 적합하다는 것을 자각하고 있어야 한다. 이 말은 여러분이 단일한 모형 안에서 상담을 제한해야 한다는 의미가 아니다. 오히려 그 반대이다. 그러나 상담 기법을 이것저것 해보는 방식으로 적용하거나, 시간을 때우거나 여러분 자신의 욕구를 채우거나, 아니면 그저 상담을 흘러가게 하려고 적용해서는 안 된다. 여러분이 사용하는 기법들은 내담자가 상담을 통해 개선되는 것을 도울 수 있게 심사숙고해서 선택되어야 한다.

자신만의 고유한 상담 스타일 개발하기

여러분의 슈퍼바이저나 상담자 또는 다른 모형의 스타일을 따라하려는 경향을 조심하라. 상담을 진행하는 단 한 가지 방법만 있는 것은 아니며, 여러 가지 변형된 접근들도 효과적일 수 있다. 여러분은 다른 상담자의 스타일을 흉내 내거나 내담자를 어떤 몇몇의 전문가가 제시한 이론에 끼워 맞추어 상담을 한다면 여러분의 잠재적 역량을 충분히 발휘할 수 없을 것이다. 여러분의 상담 스타일은 여러분의 선생님, 상담자, 슈퍼바이저에 의해 영향을 받을 것이다. 그러나 그들의 흉내를 내느라 여러분의 고유함을 훼손하지 않기 바란다. 나는 다른 사람들로부터 빌려오는 것을 권한다. 그러나 동시에 상담할 때에는 여러분의 독특한 방식으로 하기 바란다.

인간으로서, 전문가로서의 활력 유지하기

궁극적으로 여러분에게 가장 중요한 도구는 인간으로서의 자신이며, 여러분의 가장 강력한 기법은 여러분이 활기차게 현실 속에서 살아가는 것을 보여주는 능력이다. 우리는 자신을 돌보는 것이 가장 중요하다. 왜냐하면 우리 자신을 돌보지 않는다면, 어떻게 다른 사람을 돌볼 수 있겠는가? 우리는 우리 삶을 소진시키고 무력하게 하는 요소를 다룰 필요가 있다. 나는 여러분이 자신의 인간적, 전문가적 관점에서 여러분의 삶을 개선하기 위해 공부하게 될 이론들을 어떻게 적용할지 고려할 것을 권한다.

여러분이 활력을 유지하기 위해 어떤 선택을 하게 될지(또는 선택하지 않게 될지)를 결정하기 위해 자신의 내면을 들여다보는 법을 배우라. 만약 여러분이 인간으로서 자신의 활력을 잃게 하는 요인을 자각한다면, 여러분은 전문가적인 소진으로 알려진 상황을 예방할 수 있다. 여러분은 소진될지 또는 소진되지 않을지를 통제하는 힘을 가지고 있다. 여러분은 스트레스를 주는 사건들을 항상 통제할 수는 없다. 그러나 그러한 사건을 어떻게 해석하고 반응할지에 대해서는 꽤 많이 통제할 수 있다. 여러분이 돌아오는 것도 없이 주고 또 주기를 계속할 수 없다는 사실을 받아들이는 것이 중요하다. 내담자에게 항상 줄 수 있다고 생각하거나 타인의 삶과 운명을 책임져야 한다고 생각하면 대가를 치르게 된다. 정서적으로나 육체적으로 완전히 지치기 전에 소진의 미세한 징후가 없는지 면밀히 살펴보라. 여러분이 개인적으로나 전문적으로 활력을 유지하는 전략을 개발해두는 것이 지혜롭다.

자신에 대한 지속적인 점검은 자기돌봄의 가장 중요한 첫 걸음이다. 만약 여러분이 특수한 영역에서 자신을 돌보고 있는지에 대해 정직한 마음으로 평가할 수 있다면, 여러분은 무엇을 변화시키고 싶은지 결정하는 데 사용할 틀을 가지게 될 것이다. 여러분의 삶의 방향에 대해 정기적인 평가를 함으로써 여러분은 자신이 살고 싶은 방식대로 살고 있는지 알 수 있을 것이다. 그렇지 않다면, 변화를 위해 실제로 무엇을 할지 결정하라. 자신에게 조율함으로써, 집중성과 단단함을 경험함으로써, 그리고 개인적인 힘을 느낌으로써 여러분은 자신의 개인적 경험을 전문적 경험과 통합할 수 있는 기초를 가지게 된다. 그러한 자각은 여러분의 신체적, 심리적 활력을 유지하고, 효과적인 전문가가 되는 기반을 제공할 것이다.

상담 전문가로서 우리는 타인을 잘 돕는 사람들이지만, 자신은 그만큼 잘 돌보지 못하는 성향을 가지는 경우가 많다. 자기돌봄은 해도 되고 하지 않아도 되는 것이 아니다. 그것은 윤리적인 관점에서도 필수적인 것이다. 만약 우리가 자신을 돌보지 않는다면, 우리의 내담자들은 우리들로부터 최선의 것을 제공받을 수 없다. 만약 우리가 신체적으로 지쳐있고 심리적으로 피폐해있다면, 우리는 내담자들에게 줄 것이 많지 않을 것이다. 우리가 자신에게 충분한 영양을 공급하지 못한다면, 우리가 내담자들에게 공급할 영양을 가지기 어려울 것이다.

정신건강 전문가들은 자신을 돌볼 시간이 없다는 이야기를 자주 한다. 나는 그들에게 다음과 같은 질문을 하고 싶다. '당신은 자신을 돌보지 않을 만큼 여유가 있나요?' 우리가 하는 전문적인 일의 요구를 성공적으로 맞추기 위해서 우리는 신체적, 심리적, 지적, 사회적, 영적으로 돌보아야 한다. 이상적으로는 우리가 자신을 돌보는 것은 타인에게 제공하는 돌봄을 반영한다. 만약 우리가 우리의 전문적인 목표에 집중하는 데 필요한 활력과 스태미나를 가지기 원한다면, 우리는 우리 자신의 일상생활을 행복과 안녕의 관점에서 볼 수 있어야 한다. 행복과 안녕은 열정, 평화, 활력, 행복으로 이끄는 삶의 방식을 따르려는 의식적인 노력의 결과이다.

행복과 안녕, 그리고 자기돌봄은 점점 더 많은 학술지와 학술대회의 관심을 끌고 있다. 자기돌봄과 행복, 안녕에 대한 문헌을 읽을 때, 여러분이 아는 것을 행동으로 옮기기 위해 여러분이 무엇을 할 수 있는지 생각해보라. 만약 여러분이 상담자의 자기돌봄에 대해 관심이 있다면, 나는 『그것을 사무실에 남겨두라: 상담자의 자기돌봄에 대한 지침(Leaving It at the Office: A Guide to Psychotherapist Self-Care)』(Norcross & Guy, 2007), 『공감 피로: 전문 상담자의 마음, 몸, 영의 치유(Empathy Fatigue: Healing the Mind, Body, and Spirit of Professional Counselors)』(Stebnicki, 2008). 인간으로서, 그리고 전문가로서 상담자라는 주제에 대해서는 『성장하는 상담전문가의 길: 나의 삶으로부터 얻을 수 있는 배움(Creating Your Professional Path: Lessons From My Journey)』(Corey, 2010)을 적극 추천한다.

요약

상담이라는 직업과 관련된 기초적인 주제 중 하나는 상담 관계에서 인간으로서의 상담자가 되는 일의 중요성과 관련된다. 상담하면서 여러분은 내담자에게 '자신들의 삶에 대해 정직한 눈으로 바라보고, 어떤 모습으로 변화하고 싶은지에 대해 스스로 선택하라.'고 한다. 여러분은 이러한 일을 자신의 삶에서도 실행하는 것이 중요하다. 다음과 같은 질문을 스스로에게 던지라. '나는 자기 길을 찾으려고 노력하는 사람에게 개인적으로 무엇을 제공해야 하는가?', '나는 내가 다른 사람들에게 하라고 하는 일들을 내 삶에서 하고 있는가?'

여러분은 방대한 양의 이론적, 실무적 지식을 얻을 수 있으며, 내담자에게도 그러한 지식을 전달하고 활용할 수 있다. 그러나 여러분은 모든 상담 회기에 인간으로서의 자신도 가지고 들어간다. 만약 여러분이 내담자의 삶에 변화를 촉진하고자 한다면, 여러분은 자신의 삶에서도 변화에 개방적이어야 한다. 여러분이 가르치는 대로 살고자 하고 내담자에게 긍정적인 모범이 되고자 하는 의지 자체가 여러분을 '상담적 인간'으로 만든다.

3장 | 상담 작업에서 윤리적 문제

학습 목표

01. 의무적 윤리, 이상적 윤리, 긍정적 윤리를 이해한다.
02. 윤리적 의사 결정의 특징과 절차 단계를 확인한다.
03. 사전 동의의 권리를 이해한다.
04. 비밀 보장의 범위를 분명하게 설명한다(사생활의 자유, 비밀 대화와 예외 상황).
05. 기법을 사용하는 데 있어 윤리적이고 합법적인 측면을 습득한다.
06. 비밀 보장의 주요 예외 상황을 알아본다.
07. 다문화 측면에서 윤리적 문제를 이해한다.
08. 다양한 내담자에 맞게 기법을 수정하는 것을 안다.
09. 진단과 평가에서 중심이 되는 윤리적 문제를 파악한다.
10. 윤리적, 문화적 요소가 진단과 평가에 미치는 영향을 이해한다.
11. 증거 기반 작업의 찬반 논쟁을 비교한다.
12. 상담 작업에서 다중 관계와 관련된 윤리적 문제를 서술한다.
13. 다중관계에 관한 다양한 관점을 이해한다.
14. 경계 교차와 경계 위반의 차이점을 설명한다.
15. 소셜 미디어를 사용하는 것과 관련된 경계와 위험을 관리하는 법을 이해한다.
16. 윤리적인 상담자가 되기 위해 필요한 점을 설명한다.

도입

학습 목표 01 이 장에서는 전문적인 활동에서 기초가 될 수 있는 윤리적 원칙들과 그에 따른 문제들을 소개하고자 한다. 이는 상담자들이 윤리적 상담의 중요성에 대해 한 번 더 생각함으로써 **윤리적 결정**을 하는 데 탄탄한 기반을 가질 수 있기를 바라기 때문이다. 따라서 언급된 주제들은 상담자의 욕구가 아닌 내담자의 욕구에 기반을 두고 균형 잡기, 좋은 윤리적 결정을 하는 방법, 내담자의 권리에 대해 교육하는 것, 비밀 보장의 범위, 다양한 내담자를 상담하는 데 있어 윤리적 문제, 진단과 관련된 윤리적 문제, 증거 기반 작업, 다중 관계를 다루는 것, 경계를 관리하는 것이다.

상담자들은 종종 윤리를 따르지 않을 경우 과실 행위가 발생하고 제재가 가해지는 규칙과 금지의 목록 정도로 간주하곤 한다. 그러나 윤리적 작업을 하는 것이 규칙을 지키는 것보다 훨씬 복잡하다는 것을 알게 될 것이다. **의무적 윤리**(mandatory ethics)는 최소 수준의 윤리적 기능 수준을 의미한다. 반대로 **이상적 윤리**(aspirational)는 상담자들에게 최소한의 윤리규정의 내용을 준수하는 것 이상의 윤리적 기능 수준을 요구한다. 이것은 윤리규정의 기본 정신과 원리에 대한 이해를 토대로 내담자의 최고 관심사를 수행하는 것에 집중하기 때문이다. 이상적 수준에서의 역할은 상담자들로 하여금 높은 수준의 사고와 실시를 포함하며 단지 두려움에 기초한 윤리는 건강한 윤리적 작업을 하지 못하게 한다. 윤리라는 것은 처벌에 대한 두려움을 피하기 위해 해야 하는 목록들 이상의 것이므로 관심에 기초한 윤리로 일하려고 노력하고, 최선의 작업을 할 수 있는 방법을 모색해야 한다(Corey, Corey, Corey, & Callanan, 2015). **긍정적 윤리**(positive ethics)는 실무자들이 문제에서 벗어날 수 있는 최소한의 기준을 준수하는 것이 아니라 내담자를 위해 최선을 다하려는 접근법이다(Knapp & VandeCreek, 2006).

CengageBrain.com에 방문하거나 『심리상담과 치료의 이론과 실제: 스탠의 사례와 해설 DVD』 3장 부분의 DVD 프로그램을 시청하라. 그리고 각 장을 읽기 전에 DVD에 있는 각 장에 대한 간략한 소개 내용을 살펴보라.

상담자보다 내담자의 욕구 우선하기

상담자는 자신의 개인적인 욕구를 내담자와의 관계에서 별도로 분리할 수 없다. 윤리적으로 상담자가 자신의 욕구, 완성되지 않은 사업 영역, 잠재적인 개인적 문제들, 특히 역전이의 근원을 인식하는 것은 필수다. 그래서 이러한 요소들이 내담자를 돕는 데 어떻게 실질적으로 방해할 수 있는지 알아차릴 필요가 있다.

내담자들과의 전문적인 관계는 그들의 이익을 위해 존재한다. 상담자가 빈번하게 질문해야 하는 것은 바로 '이 관계는 누구의 필요에 의해서 이루어지고 있는가? 내담자의 것인가, 내 것인가?'라는 것이다. 상담자의 행동이 내담자에게 어떻게 영향을 미치는지에 대한 정직한 평가를 하기 위해서는 상당히 전문적인 성숙함이 필요하다. 상담자가 전문적 작업을 통해 자신의 개인적인 필요성을 충족하는 것은 비윤리적인 것이 아니지만, 이러한 자신의 욕구를 늘 인식하는 것은 아주 중요하다. 때로는 내담자의 욕구를 분명히 혹은 은밀하게 희생시키면서 자신의 욕구를 만족시킬 때 윤리적인 문제가 발생할 수 있기 때문이다. 중요한 것은 내담자를 악용하거나 다치지 않게 하는 것이다.

상담자들은 현실의 특정한 부분을 왜곡하거나 감춰진 맹점을 가지고 있다. 따라서 자기 인식을 확장하고 편견이나 취약성을 인식하기 위해 열심히 노력해야 한다. 만약 개인적 문제들을 인지하고 있고 극복하려는 의지가 있다면, 내담자에게 투사할 확률은 낮아진다. 또한 상담자들은 특정한 문제 영역이 표면화되고 오래된 갈등이 다시 나타날 경우, 내담자에게 해가 되지 않기 위해서는 어떤 일이든 할 윤리적 의무가 있다.

상담자는 성장을 만드는 관계에 해가 되는 개인적인 욕구들, 즉 조정과 권력의 욕구, 과도한 양육 욕구, 자신의 가치관에 맞는 방향으로 다른 사람들을 바꾸고 싶은 욕구, 올바르게 느끼고 싶은 욕구, 특히 내담자가 우리의 능력을 인정해야 할 필요가 있는 경우 존경받고 칭송받고자 하는 욕구를 살펴보아야 한다. 왜냐하면 내담자의 욕구를 희생하여 상담자의 욕구를 충족시키지 않는 것이 중요하기 때문이다. 이 주제에 관해 더 많은 논의를 원할 경우에는 코리와 코리(M. Corey & Corey, 2016) 1장을 참고하기 바란다.

윤리적 결정하기

학습 목표 02 윤리적 딜레마에 대한 전문 기관들의 준비된 답변은 책임 있는 실무를 위한 광범위한 지침만을 포함하고 있다. 그러므로 상담자들은 작업을 하면서 자신의 전문성에 대한 윤리규정에 부딪히는 여러 실질적인 문제들을 적용시켜야 한다. 즉, 특정 상황에 있어 윤리적이고 원칙적인 해석을 하고 적용을 할 때 신중한 판단을 해야 한다. 또한 윤리적 결정의 책임을 져야 하지만 그것을 혼자 할 필요는 없고 자신에게 유용한 자원들에 대해 배우는 것이 좋다. 동료들에게 의논하고 실무에 영향을 주는 법률에 대해 알며, 전문 분야에 관한 최신의 정보를 유지하고, 윤리 작업에 관해 새롭게 개발된 면을 알아서, 윤리적 결정을 할 때 자신의 가치관이 미치는 영향을 고려하여, 기꺼이 정직하게 자기 평가를 해야 한다. 더불어 자신의 지역 혹은 기관의 회원으로서 허가받지 않은 방식으로 작업할 때, 그 결과에 대해서도 인지하고 있어야 한다.

작업을 향상시키기 위한 촉매로서 윤리규정의 역할

윤리에 대한 전문적인 규정은 많은 목적을 가진다. 윤리규정은 전문성에 대한 책임을 상담 실무자들과 일반 대중들에게 교육한다. 이것은 책임의 기초를 제공하고, 내담자들을 비윤리적 상담으로부터 보호하기 위해서다. 이처럼 윤리규정의 가장 중요한 목적은 상담자의 전문적인 작업을 향상시키고 반영하는 기초를 제공하는 것이므로 자기 점검을 하는 것이 외부의 기관에 의해 규제되는 것보다 더 좋은 방법이다(Herlihy & Corey, 2015a).

윤리규정의 최근 경향은 점점 더 법률적이며 규정에 기초하여 적용되고 있는 추세이다. 윤리적 상담자가 된다는 것은 그저 규정의 목록을 준수하는 것 이상의 것이기 때문에 법률이 허용하는 것만을 지키면서 어떠한 소송도 피하고 싶겠지만 상담자가 고소당하는 것에 너무 신경을 쓴다면, 창조적이고 효율적인 상담을 하는 것이 쉽지 않다. 또한 법률적 측면에서 윤리규정을 실행해야 하며, 위기관리 대책을 숙지하고 실행할 줄 아는 것이 좋지만 내담자를 위해서 무엇이 최선인지를 바라보는 시각을 잃어서는 안 된다. 배임행위로 인해 고소를 당하는 것을 막기 위한 최선의 방법 중 하나는 바로 내담자에게 존경을 보여주고, 내담자의 안녕을 중심된 관심사로 두고 전문적인 규정의 틀 내에서 작업하는 것이다.

어떠한 윤리규정도 상담자들이 직면할 각각의 상황에 대한 적절한 혹은 최적의 대응을 기술해줄 수는 없다. 윤리규정은 상담자들이 건전한 사유를 조성하는 안내지침으로 아주 유용하고, 가능한 최상의 판단을 할 때 도움이 된다. 많은 전문 기관들은 각 기관에서 정한 윤리규정을 웹사이트의 말미에 나열하여 열람할 수 있게 한다. 자신이 속한 전문 기관과 다른 여러 기관들의 윤리규정을 비교하여 유사점과 차이점을 이해하는 것이 좋다.

윤리 결정을 하는 몇 가지 단계

대부분의 윤리 결정 모형들은 윤리적 딜레마의 원칙을 적용하는 데 중점을 둔다. 그래서 윤리적 문제들을 생각하는 것을 돕기 위해 다음의 몇 가지 원칙적인 절차 단계를 확인하였다(Corey, Corey, Corey, & Callanan, 2015).

- 문제 혹은 딜레마를 파악하라. 문제의 본질을 해명할 정보를 모아라. 이것은 여러분의 문제가 다분히 윤리적 문제인지, 아니면 법적, 직업적, 임상적, 도덕적 문제인지를 판단할 수 있게 도와줄 것이다.
- 잠재적 문제를 확인하라. 상황과 관련된 모든 사람들의 권리, 책임, 안녕을 평가하라.
- 문제의 일반적 지침과 관련된 윤리규정을 보라. 자신의 가치관과 윤리가 관련된 지침들과 일치하는지, 상충하는지를 고려해보라.

- 적용할 수 있는 법과 법령을 고려해보고, 이것들이 어떻게 윤리적 딜레마와 관련성을 가지는지 알아내라.
- 딜레마에 관해 다양한 관점을 얻을 수 있는 한 곳 이상의 기관을 통해 자문을 구하라. 그리고 자신이 받은 제안들을 내담자 기록에 문서화하라.
- 가능한 다양한 행동 방식을 생각하면서 다른 전문가들과 선택권에 대해 계속 상의하라. 행동하기 위한 선택권을 고려하는 과정에서 내담자는 물론 행동 방식들을 포함하라. 다시 말해 자신의 내담자와 이 문제의 본질에 대해 문서화하라.
- 다양한 결정의 결과들을 열거하라. 그리고 내담자를 위해 각각의 행동 방식이 나타내는 영향을 생각하라.
- 어떤 행동 방식이 최선인지를 결정하라. 일단 행동 방식이 실행되면, 결과들을 평가해서 그 이상의 행동이 필요한지 알아내라. 여러분이 선택한 행동 방식의 이유는 물론 행동 이후의 평가 또한 문서화하라.

어떠한 윤리적 딜레마를 통해 추론할 때, 따라야 할 행동 방식이 한 가지인 경우는 드물기 때문에, 상담자들은 다른 결정들을 취할 수 있다. 윤리적 딜레마가 미묘할수록, 의사결정 과정은 더 복잡하고 더 많은 것이 요구된다.

상담자가 직업으로 성숙하려면 동료들과 자신의 문제를 개방적으로 질의하고 논쟁하는 것이 도움이 된다. 자문을 구하는 데 있어서 대체로 내담자의 신분을 보호하면서 견고한 윤리적 결정을 내리는 데 필요한 유용한 조언을 얻을 수 있다. 윤리규정들은 상담자를 위해 결정을 내려주지 않기 때문에, 문제의 다양한 측면을 발견하고 입증하며, 질문을 만들어 다른 사람들과 윤리적 문제를 토론하고, 그리고 자신의 가치관을 계속 분명히 밝히고, 자신의 동기를 시험할 수 있는 좋은 훈련이 된다. 가능한 한 윤리적 결정의 모든 과정에서 내담자를 포함시키고 윤리적 작업 단계들은 물론 내담자를 어떻게 포용했는지를 문서화하는 것이 필수적이다.

사전 동의의 권리

학습 목표 03 사전 동의는 전문적인 직무 수행에 있어서 윤리적 측면 외에 법적으로도 중요한 요인이 된다. 또한 내담자와 상담자 간의 동맹과 협력적인 파트너십을 만드는 데 필요한 근본을 다지게 한다. **사전 동의**(informed consent)는 내담자의 권리를 포함하는 것으로 상담에 관해 알려주고 상담과 관련하여 자발적인 결정을 할 수 있게 한다. 내담자에게 선택에 필요한 정보를 제공하는 것은 상담 계획에 내담자를 적극적으로 협조하도록 하는 경향이 있다. 상담자는 내담자들의 권리와 책임에 대해 교육함으로써, 그들에게 힘을 주는 것은 물론, 신뢰하는 관계를 만들 수 있다. 이러한 면을 보더라도 사전 동의는 내담자들이 그저 적당한 서류에 서명을 하는 것 이상의 무엇이라고 할 수 있다.

사전 동의 내용에는 상담의 일반적인 목표, 내담자에 대한 상담자의 책임, 내담자의 책임, 비밀 보장의 한계와 예외, 관계를 정의할 수 있는 법적이고 윤리적인 기준, 상담자의 자격과 배경, 상담 요금이 포함되며, 내담자가 기대할 수 있는 서비스, 상담 과정의 대략적인 회기 수를 포함한다. 더 나아가서는 상담의 혜택과 위험, 상담자가 동료나 슈퍼바이저와 함께 내담자의 사례를 토론할 수 있다는 가능성을 포함한다.

내담자의 사생활의 자유는 오늘날 다양한 형태의 기법들을 적절하지 않게 사용하기 때문에 침해당할 경우가 많다. 상담자 대부분은 기법에 의존하는 것에 익숙해져 있기 때문에 내담자의 사생활의 자유가 침해당할 수 있는 미세한 방식에 대해 깊이 고민할 필요가 있다. 사전 동의의 과정 중 한 부분으로, 상담자가 넓은 범위의 다양한 기법을 사용하기 때문에 일어날 수 있는 사생활의 자유에 관한 침해 문제와 상담자와 내담자 둘 다를 보호할 수 있는 예방적 방법에 대해 의논해보는 것이 현명하다. 예를 들어 내담자들과 상담자들은 내담자의 가정이나 일터에 이메일 문자를 보내는 것에 동의하기 전에 사생활의 자유 문제에 대해 조심스럽게 고려해보아야 한다. 하나의 좋은 방책은 약속 시간과 같은 기본 정보를 이메일로 교환하는 것을 제한하는 것이다.

내담자를 교육하는 것은 상담의 초기 회기에 시작하며 이 과정은 상담의 기간 동안 계속된다. 사전 동의를 받을 때는 내담자에게 너무 많은 정보를 제공하거나 혹은 너무 적은 정보를 주는 사이의 균형을 유지하는 것이 좋다. 예를 들어, 미성년자들이 상담자에게 낙태를 생각 중이라고 밝힌 후 상담자가 그들의 부모와 그 문제에 대해 상의할 의도가 있음을 말하는 것은 너무 늦다. 어린 내담자들은 높은 수위의 문제를 먼저 밝히기 전에 비밀 보장 유지의 한계에 대해 알 권리가 있다. 만약 상담자들이 취할 수 있는 개입에 대해 처음부터 너무 자세하게 알리면 내담자들이 당황할 수 있기 때문에 균형을 맞추는 데 있어서 상담자의 직관과 기법 둘 다가 필요하다.

상담에서의 사전 동의는 서면이나 구두 설명으로 혹은 둘 다로 제공될 수 있다. 입으로 전해졌을 때, 상담자들은 사전 동의의 본질과 내용을 내담자 기록에 문서화해야 한다(Nagy, 2011). 상담자가 내담자에게 상담 과정에 대한 기본 정보를 서면으로 제공하는 것과 내담자와 함께 상담 경험을 통해 얻을 수 있는 최상의 혜택에 관해 의논하는 것은 좋은 방법이다. 문서화된 정보는 내담자들과 상담자들 둘 다를 보호하고 내담자들로 하여금 정보에 대해 생각해보고 다음 회기에 질문을 가져오게 한다. 사전 동의와 내담자 권리에 대해 더 많은 토론을 원한다면, 『상담 및 심리치료의 윤리』(Corey, Corey, Corey, & Callanan, 2015) 5장, 『상담자와 법: 합법적이고 윤리적인 작업을 위한 가이드(The Counselor and the Law: A Guide to Legal and Ethical Practice)』(Wheeler & Bertram, 2015) 2장, 『상담에서 윤리적, 법적, 전문적 문제(Ethical, Legal, and Professional Issues in Counseling)』(Remley & Herlihy, 2016), 『심리학자를 위한 필수적 윤리(Essential Ethics for Psychologists)』(Nagy, 2011) 5장을 참고하기를 바란다.

비밀 보장의 범위

학습 목표 04 비밀 보장(confidentiality)과 비밀 대화(privileged communication)는 서로 관련이 있지만 어떤 부분에서는 다른 개념을 가지고 있다. 이 둘의 개념은 내담자 사생활의 자유에 대한 권리에 뿌리를 둔다. **비밀 보장**(confidentiality)은 윤리적인 개념이고, 대부분의 나라에서 상담자가 내담자에 대한 정보를 밝히지 않는 것이 법적 의무이다. **비밀 대화**(privileged communication)는 법적인 개념으로, 내담자들의 허락 없이 법정에서 비밀스런 대화를 드러낼 수 없다는 것으로 내담자들을 보호하는 것이다(Herlihy & Corey, 2015a). 모든 나라들은 어떤 형식이든 상담자와 내담자의 특권을 법으로 제정하였다. 세부적인 특권 내용은 지역마다 차이가 있지만, 공통적으로 상담자들이 법적 절차과정에서 내담자들이 상담에서 드러낸 사실을 밝히는 것을 막아 내담자를 보호한다. 일반적으로 비밀 대화의 법적 개념은 집단상담, 커플 상담, 가족 치료, 아동과 청소년 치료, 혹은 방에 두 사람 이상이 있을 경우에는 적용되지 않는다.

비밀 보장은 신뢰할 수 있고 생산적인 내담자–상담자 관계를 만드는 데 중심이 된다. 내담자가 상담자와의 관계에서 사생활의 보호를 신뢰하지 않으면 아무리 탁월한 상담자라도 상담의 효과를 거두기 어려우므로, 전문가들은 약속될 수 있는 비밀 보장의 정도에 대해 정의해둘 책임을 가진다. 상담자들은 상담 과정의 초기에 내담자들과 비밀 보장의 목적과 본질에 대해 이야기를 나눌 윤리적이고 법적인 책임을 가진다. 게다가 내담자들은 상담자가 슈퍼바이저나 동료에게 자신의 세세한 부분에 대해 의논할 수 있다는 사실을 알 권리가 있다.

과학기술을 사용하는 데 있어 윤리적 우려

학습 목표 05 비밀 보장과 사생활의 자유와 관련된 문제들은 과학기술이 개입될 때 더 복잡해질 수 있다. 『미국상담학회 윤리규정』(2014)의 H 섹션은 과학기술의 사용, 컴퓨터를 매개로 한 대화 그리고 문자를 배달하는 플랫폼으로서 소셜 미디어와 관련한 새로운 기준들을 포함하고 있다. 주된 세부 항목들은 서비스를 제공하는 자질, 원거리 상담과 관련된 법, 사전 동의의 요소, 안전성(비밀 보장과 비밀 보장의 제한), 내담자 인증, 원거리 상담 관계(접촉, 접근성과 직업적 경계들), 기록의 유지, 웹사이트의 접근성, 소셜 미디어의 사용에 관한 것들이다(Jencius, 2015).

비밀 보장과 비밀 대화의 예외

학습 목표 06 대부분의 상담자들이 비밀 보장의 필수적인 가치관에 동의하면서도, 이 약속을 기각하는 여러 다른 의무들이 있다는 사실을 나중에 깨닫게 된다. 비밀 보장 정보가 알려져야만 하는 때가 있고 여러 많은 상황들이 비밀을 유지하거나 깨게 되어 모호한 문제가 발생할 수 있다. 비밀 보장을 위반할지를 결정할 때, 상담자들은 법의 요구를 고려해야 하고, 그들이 일하는 기관은 물론 자신들이 맡고 있는 의뢰인들까지 결정에 고려해야 한다. 이러한 상황들은 윤리규정에 의해 분명하게 정의되지 못하는 경우가 빈번하기 때문에 상담자들은 직업적인 판단을 연습해야 한다.

상담자들이 비밀 보장이나 비밀 대화에 관련된 의무에 대해 명확하지 않을 때마다 조언을 구하거나 문서화하는 것이 중요하다. 레믈리와 헐리(Remley & Herlihy, 2016)는 적어도 15개의 비밀 보장과 비밀 대화의 예외 상황을 확인하였다. 아동 학대, 노인 학대, 독립된 성인의 학대 그리고 자신이나 남들에게 위험을 가할 경우들은 비밀 보장을 깰 수 있는 합법적 요건이 된다. 모든 정신건강 상담자들과 수련생들은 이러한 상황들에 대해 보고할 의무가 있다는 것과 비밀 보장의 한계를 알아야 한다. 아래는 상담자들에 의해 법적으로 정보가 보고되어야 할 상황들이다.

- 상담자가 보기에 16세 이하의 내담자가 근친상간, 강간, 아동학대나 그 외 다른 범죄의 희생자라고 추측되는 경우
- 내담자가 입원이 필요하다고 판단되는 경우
- 법규에서 공개를 요구하는 경우
- 내담자가 자신의 정보를 공개해달라고 요청하는 경우

일반적으로 상담자의 기본 의무는 내담자의 정보를 보호하는 것이고 이것은 상담 관계에서 중요한 부분이다. 내담자에게 비밀 보장의 한계에 대해 알리는 것이 성공적인 상담을 가로막지는 않는다.

비밀 보장에 대한 더 많은 논의를 원할 경우, 『상담 및 심리치료의 윤리』(Corey, Corey, Corey, & Callanan, 2015) 6장, 『심리학자를 위한 필수적 윤리』(Nagy, 2011) 6장, 『상담자와 법: 합법적이고 윤리적인 작업을 위한 가이드』(Wheeler & Bertram, 2015) 5장, 『상담에서 윤리적, 법적, 전문적 문제』(Remley & Herlihy, 2016) 5장을 참고하기 바란다.

다문화적 관점에서 보는 윤리적 문제

학습 목표 07 윤리적 작업은 내담자의 문화 맥락을 상담 작업에서 고려하도록 요구한다. 이 장에서는 상담 장면에서 문화적 차이를 고려하지 않으면 어떻게 비윤리적으로 상담을 하게 되는

지 알아보고자 한다.

지금의 이론들이 문화적으로 다양한 내담자들과 작업하는 데 적합한가?

현대의 이론들은 다문화적 관점을 포함하여 확장되어야 한다고 생각한다. 어떤 내담자들에게는 정신건강, 최상의 인간 개발, 정신병리학의 본성, 효과적인 상담의 본성과 같은 추론들과는 별로 상관이 없다. 전통적인 이론들이 다문화와 다양화된 사회와 연관성을 가지려면, 상호적인 환경 속의 개인을 일부 포함해야 한다. 즉, 개인들은 그들의 가장 핵심적인 문화와 환경적 변수를 고려할 때 가장 잘 이해될 수 있기 때문이다. 상담자가 다원화 사회의 특징이 되는 가치관과 행동의 범위에 맞는 상담 전략을 만드는 것이 필수적이다.

상담이 문화에 기초한 것인가?

학습 목표 08 역사적으로 상담자들은 내담자의 정신건강상의 문제를 개념화하거나 작업할 때 서양 상담 모형들에 의존해왔다. 서양의 상담 모형들은 아시아인, 태평양 섬 주민들, 라틴인, 미국 원주민들, 아프리카계 미국인들과 같은 특수 계층이나 문화적 집단에 적용하는 데는 몇 가지 한계를 갖는다. 다문화 전문가들은 상담과 심리치료의 이론들이 세상에 대한 다른 관점을 가지는데, 개인 고유의 가치관, 성향, 인간 행동에 대한 추론을 다르게 나타낸다고 주장하였다. 이들 중 몇몇의 접근들은 다른 인종, 윤리, 문화 배경을 가진 내담자들에게는 적용하면 안 되며, 다양한 문화적 배경을 가진 내담자들과 작업을 할 때의 방법들은 종종 수정되어야 한다는 것이다.

현재의 치료 접근들은 일련의 핵심 가치관에 근거하고 있어, 가치관이 중립적이지도 않을 뿐더러 모든 문화에 적용할 수도 없다. 예를 들어, 개인의 선택 가치관과 자율성은 보편적이지 않다. 어떤 문화에서는 중심 가치관이 집단주의이며 집단에게 무엇이 이익인지가 가장 크게 고려되는 문제이다. 상담자의 지향점과는 상관없이, 내담자의 이야기를 듣고 왜 그들이 도움을 요청하는지 그리고 그들에게 적절한 도움을 어떻게 전달할 수 있는지를 결정하는 것이 중요하다. 유능한 상담자들은 그들을 사회적 · 문화적 존재로 이해하고, 상담시 가져온 문제에 대해 지식과 기법에 많이 의존하거나 사전에 형성된 틀 속에 끼워 맞추려 하지 않는다. 그들은 내담자들에게 필요한 것을 이해하려고 한다.

문화적인 다양성은 어쩔 수 없는 현실이다. 상담자들이 우세한 문화의 가치관에 집중하고 개인이나 집단의 다양성에는 둔감하면 비윤리적인 상담을 할 수 있는 위험을 갖는다(Barnett & Johnson, 2015). 상담자들은 삶에 대한 다른 일련의 인식을 가지고 있는 내담자들을 이해하고 받아들일 필요가 있으며, 자신의 세계관을 도입할 가능성을 경계하고 방심해서는 안 된다. 상담자들은 다른 문화적 배경과 삶의 경험들을 가진 내담자들과 일을 할 때 자기 자신들을 위해 가치 판단을 하지 않는 것이 중요하다. 윤리적이고 효과적으로 상담을 하려면, 다양성에 대한 생각과 사회정의의 문제를 염두에 두는 것이 필수적이다(Chung & Bemak, 2012; Lee, 2015).

개인과 환경 요소 둘 다에 초점 맞추기

이론적인 지향점은 실무자들이 내담자들과 함께 생산적인 방향으로 나아갈 수 있도록 안내해주는 지도를 제공한다. 이론이 그들에게 방향을 안내해줄 수는 있지만 치료적 모험에서 상담자들의 의도를 통제할 수는 없다. 다문화적 틀에서 상담을 하는 상담자는 상담을 안내하는 특정한 추론과 초점을 갖는다. 상담자들은 개인을 가족, 문화적 맥락에서 보며, 그들의 목적은 그저 개인의 통찰을 증진시키는 것보다 내담자가 공동체 내에서 변화를 이끌 수 있고 사회적 행동을 가능하게 하는 것에 목적을 둔다. 다문화 상담자 및 여성주의 상담자들에게 치료적 작업은, 내담자의 상태에 대해 내담자를 탓하기보다는, 내담자 문제를 발생시킨 요소들을 변화시키기 위한 사회적 행동을 위해 개입할 때 효과적일 수 있다는 입장을 가진다(Chung & Bemak, 2012). 이러한 주제들은 뒷장에서 더 자세하게 다룰 것이다.

적절한 상담 이론은 개인의 문제에 담겨있는 사회문화적 요소를 다룬다. 즉, 내담자가 자신의 주변 환경의 현실에 대응하도록 돕는다. 사회적 부조리로 인해 고통을 받고 있는 내담자 앞에 앉아있을 때 상담자들이 사회적 변화를 가져올 수 없음에 당황하는 것은 당연하다. 상담자들은 여러 전통적 상담 기법을 사용하여 내담자들이 자신들의 장벽과 투쟁을 하는 데 있어서 자신들의 선택권에 대해 인지하는 것을 도울 수 있다. 변화가 일어나야 한다면 개인과 사회적 요소 둘 다에 초점을 맞춰야 하는데, 여성주의, 포스트모던, 가족체계의 치료적 접근이 그러하다. 사실 '환경 속 개인'의 관점은 이 상호적인 현실을 일깨워준다. 다문화적 상담에서의 윤리적 문제에 대해 더 알고 싶으면, 정과 브막(Chung & Bemak, 2012), 코리와 코리와 코리와 캘러넌(Corey, Corey, Corey, & Callanan, 2015)의 저서 4장과 리(Lee, 2013)를 참고하기를 바란다.

평가 과정에서의 윤리적 문제

학습 목표 09 임상과 윤리에 대한 문제는 평가와 진단 절차의 활용과 관련된다. 다양한 상담 이론을 공부할 때, 어떤 접근들은 상담 과정의 서막으로서 평가의 역할을 강조하는 반면, 다른 접근들은 평가가 덜 유용하다고 한다.

상담에서 평가와 진단의 역할

평가와 진단은 상담과 심리치료 작업과 깊게 연관되며 상담 계획의 필수사항으로 알려져 있다. 어떤 접근법에서는 내담자에 대한 전반적인 평가는 상담 과정에서 초기 단계에 진행된다. 내담자의 과거와 현재 기능이 이해되기 전에는 세부적인 상담 목표는 만들어질 수 없으며 적절한 상담 전략도 세워질 수 없다. 상담자들은 내담자들의 이론적인 지향점과는 별개로 내담자를 평가해야 하는데, 이것은 상담 과정의 한 부분이기도 하다. 평가는 상담 기간 동안 임상가가 추가 데이터를 수집하면서 쉽게 수정될 수 있다. 어떤 실무자들은 평가를 공식적인 진단을 이끄는 단계들 중 하나로 간주하기도 한다.

평가(assessment)는 상담 과정에서 심화 탐색이 필요한 주제를 밝혀내기 위해 내담자의 인생과 관련된 요소들을 평정하는 것이다. 때때로 평가 과정에 속하기도 하는 **진단**(diagnosis)은 정신 장애 분류 체계에 대한 공식 지침을 확인하는 것으로 구성된다. 이처럼 평가와 진단 모두 상담 과정을 위해 방향을 제공하는 것으로 이해될 수 있다.

진단은 내담자의 어려움에 대한 원인, 오랜 시간 동안 그 문제가 어떻게 발전해왔는지에 대한 설명, 장애의 분류, 이전 상담 절차의 명시, 성공적인 해결책을 위한 기회 추정에 대한 설명을 포함한다. 상담과 심리치료에서 진단의 목적은 내담자의 현재 행동과 삶의 모습에서 나타나는 분열을 확인하는 것이다. 문제 영역이 명확하게 확인이 되면, 상담자와 내담자는 상담 절차의 목표를 확립할 수 있고, 그런 후에 내담자 고유의 욕구에 맞춰 상담 계획이 세워진다. 진단은 상담자가 내담자를 이해하게 이끌어줄 수 있는 가설을 제공한다. 상담 회기들은 내담자 문제의 본질에 대한 유용한 단서를 제공하므로 진단은 접수 면접에서부터 시작하며 상담의 전 과정을 통해 계속된다.

상담자들의 진단 평가를 안내해주는 지침서는 『정신장애의 진단 및 통계 편람(Diagnostic and Statistical Manual of Mental Disorder: DSM-V)』(American Psychiatric Association, 2013)이다. 정신건강 상담소나 개인 상담, 복지 기관에서 일하는 임상가들은 대체로 이틀 안에 내담자 문제를 진단한다. 그러나 이 매뉴얼은 상담자들에게 내담자를 이해하는 초기의 평가만을 나타내므로, *DSM-V*에서 요구한 것 외에 정보가 더 필요하다면 내담자를 통해서 직접 얻어야 한다.

*DSM*의 임상가들은 상담 절차에 있어 진단이 중심이 된다고 보고 있지만 다른 이들은 진단이 소수민족이나 여성에게는 차별을 줄 수 있어서 불필요하다고 보기도 한다. 이 책에서 치료 모형에 대해 공부할 때 알 수 있듯이, 상담에 앞서 진단을 사용하지 않는 접근법들도 있다.

학습 목표 10 **평가와 진단에서 민족적 · 문화적 요소 고려하기** 진단 접근의 위험은 상담자들이 내담자의 특정 행동 방식에서 고유의 민족적이고 문화적인 요소를 고려하지 않는 것이다. *DSM-V*는 진단자가 의도하지 않는 편견이 있을 수 있다는 것을 인식하고 있어야 한다는 것과 상담자는 내담자의 특정한 민족적 · 문화적 행동 방식에 대해 개방적인 생각을 유지하여 진단 절차에 영향을 주지 않는 것이 중요하다는 것을 강조한다. 어떤 내담자들은 문화적인 변수를 고려하지 않으면 잘못된 진단의 대상이 될 수 있다. 특정 행동과 성격 스타일은 단지 그들이 지배적인 문화의 특징을 가지지 않았다는 이유만으로 신경증이나 일탈적이라고 분류될 수 있다. 따라서 다양한 문화권의 내담자와 작업을 하는 상담자들은 내담자가 억압되거나 억제되었거나, 수동적이거나, 동기가 없다고 결론을 내릴 수 있는데, 이런 것들은 서양에서 바람직하지 못하다고 보는 기준들이다.

*DSM-V*는 문제를 사회 속 개인이 아닌 개인이 가진 정신 질병의 의학적 모형에 기초한다. *DSM-V*는 내담자의 문제에 중요한 영향을 미치는 내담자 삶에서의 정치적, 경제적, 사회적, 문화적 요소를 고려하지 않는다. *DSM* 체계는 내담자를 다양한 그룹으로 구분하지 않는 대신, 병리학적으로 분류하여 낙인찍고 영구화하는 경향이 있다(Remley & Herlihy, 2016). 바넷과 존슨(Barnett & Johnson, 2015)은 상담자들이 내담자를 진단하기 전에 사회와 정신건강 학문에서의 차별, 억압, 인종차별을 하는 현실에 대해 주의를 기울여야 함을 제안한다.

다양한 이론적 관점에서 평가와 진단 여러분이 적용하는 이론은 상담 작업에서 사용하는 진단 틀에 대한 생각에 영향을 미칠 수 있다. 인지 행동적 접근법과 의학 모형을 사용하는 많은 상담자들은 상담 과정의 도입부에 있는 평가의 역할을 매우 강조한다. 그들의 이론적 근거는 내담자를 위한 구체적인 상담 목표를 위해서는 내담자의 과거와 현재의 기능에 관한 명백한 그림이 드러나야 비로소 가능하다는 것이다. 게다가 초기 평가 없이는 진행, 변화, 발전이나 성공에 대해서 평가하기가 어렵다. 관계 지향적 접근법으로 작업하는 상담자들은 평가와 진단의 과정이 내담자의 주관적 세계를 이해하는 것을 지연시키고 내담자–상담자 관계를 외적으로 보는 경향이 있다고 본다. 12장에서 볼 수 있듯이, 여성주의 상담자들은 전통적 진단 작업들이 종종 억압적이며, 백인 남성 중심이며, 서구적 관점의 정신적 건강과 질병에 기초한다고 주장한다. 여성주의 관점과 포스트모던 접근법(13장)은 그러한 진단들이 사회적 함의를 무시하고 있다고 주장한다. 여성주의, 사회구성주의, 해결중심 치료 혹은 이야기 치료의 상담자들은 *DSM-V* 진단의 많은 부분을 신뢰하지 않는다. 그러나 이 상담자들조차 평가를 하고 있으며 내담자 문제와 강점에 대해 결론을 내리곤 한다. 이처럼 상담자가 옹호하는 특정 이론과는 상관없이 상담 계획의 한 부분으로 진단과 평가 절차를 활용하여 임상적 · 윤리적 문제의 상담을 계획해야 하기 때문이다.

평가와 진단에 대한 논평 대부분의 상담자들은 평가와 진단을 내담자를 이해하는 데 있어 계속 진행해야 하는 과정으로 생각한다. 내담자를 상담 과정에서 능동적인 참여자로 개입시키는 관점에서는 상담자와 내담자를 첫 회기부터 마지막까지 함께 찾고 발견하는 데 참여하게 한다. 어떤 상담자들은 형식적인 진단 절차와 전문 용어들을 피할지 모르지만 상담 과정에서 잠정적인 가설을 만들고 작업 과정에서 그것을 내담자와 나누는 것도 일종의 진단이다. 평가와 진단에 대한 이러한 관점은 전통적인 진단 절차를 비판한 여성주의 치료의 원칙들과 일치한다.

진단이 보상을 목적으로 행해졌을 때 윤리적 딜레마가 생기는데, 이러한 일은 종종 내담자를 임의로 진단 분류에 넣어야 하는 일을 수반한다. 그러나 상담자들이 내담자의 생명을 위협하는 유기장애(organic disorders), 분열증, 조울증, 자살을 유발하는 우울증과 같은 문제로부터 보호하기 위해 검사하는 것은 임상적, 법적, 윤리적 의무이다. 이러한 종류의 검사를 할 수 있는 임상 기법을 배워야 하는데, 그것은 진단적으로 생각하는 한 형태이다.

개인을 평가할 때는 반드시 그 사람의 마음, 몸, 정신의 전체적 차원으로 평가해야 한다. 상담자는 내담자의 심리적 기저에 깔려있는 정신적인 징후와 생물학적인 과정을 의사들과 긴밀하게 작업해야 한다. 내담자의 가치관은 문제들의 해결책을 찾는 데 자료적 자원이 될 수 있고, 정신적이고 종교적인 가치관은 종종 내담자가 우려하는 것이 무엇인지를 알려주기도 한다.

개인 상담 작업에서 평가와 진단에 대해 더 논의를 원할 경우, 『통합적 상담: 사례중심의 접근』(Corey, 2013b)을 참고하기를 바란다. 가상의 내담자 루스의 사례에 대한 12개의 다른 이론적 방향과 진단 관점을 논하고 있다. DSM-V에서 변한 것을 종합적으로 검토하기를 원한다면, 『상담자를 위한 DSM-V 학습 동반자(DSM-V Learning Companion for Counselors)』(Dailey, Gill, Karl, & Minton, 2014)를 참조하기를 바란다.

증거 기반 작업의 윤리적 측면

학습 목표 11 정신건강 전문가들은 특정한 내담자에게 최선으로 개입할 수 있는 방법을 선택해야 한다. 대부분은 자신의 이론적 방향에 기초해서 선택을 하지만 최근 몇 년간의 큰 변화는 경험적으로 지원된 상담에 기초하여 특정 문제나 진단을 위한 세세한 개입을 활용하는 것을 촉진하는 것이다(APA Presidential Task Force on Evidence-based Practice, 2006; Cukrowicz et al., 2005; Deegear & Lawson, 2003; Edwards, Dattilio, & Bromley, 2004)

세세하게 경험적으로 입증된 상담의 경향은 **증거 기반 작업**(evidence-based practice: EBP)이라고 하며 이것은 "임상 전문가가 보는 환자의 특성, 문화, 선호의 맥락에서 최상으로 적용할 수 있는 연구의 통합"(APA Presidential Task Force on Evidence-based Practice, 2006, p.273)이다. 행동 건강관리 체계에서 종사하는 실무자들은 갈수록 증거 기반 작업과 관련된 문제에 대처해야 한다. 노크로스, 호건과 쿠셔(Norcross, Hogan, & Koocher, 2008)는 세 가지 측면이 고려된 증거 기반 작업(EBP)을 옹호한다. 즉, (1) 적용할 수 있는 가장 적합한 연구를 찾으라, (2) 임상 전문가에 의존하라, (3) 내담자의 특징, 문화, 선호도를 고려하라는 것이다.

상담 관계, 상담자의 성격과 상담 스타일, 내담자 그리고 환경적 요소와 같은 상담의 많은 측면들은 심리치료의 성공에 있어 주요한 기여 요소이다. 증거 기반 작업은 이러한 측면들 중 하나만을 강조하는 경향이 있는데 그것은 이 작업이 가장 적합한 조사 기반 개입을 하기 때문이다. 증거 기반 작업의 주된 목적은 심리치료자들의 작업이 효과를 낼 수 있도록 하는 데 있다. 조사 연구들은 가장 효과적이고 효험이 있는 상담을 경험적으로 분석하여 임상 작업에서 널리 시행될 수 있도록 한다(Norcross, Beutler, & Levant, 2006).

정신건강 분야에서 임상가들은 간결하면서 표준화된 개입을 사용하도록 강요받는다. 정신건강 분야에서 상담은 상담 매뉴얼에 의존하여 각각의 상담 회기에서 무엇이 이루어져야 하며, 얼마나 많은 회기가 필요하게 될지를 파악하여 작업하게 된다(Edwards et al., 2004). 많은 상담자들은 이러한 접근이 기계적이며, 정신상담 과정에 있는 관계적인 측면과 개인의 다양성을 충분히 고려하지 못한다고 믿는다. 사실 세세한 문제들을 표준화된 상담에 전적으로 의존하는 것은, 경험적 기반의 기법들의 신뢰도와 타당성이 미심쩍은 부분이 있기 때문에 또 다른 윤리적 염려를 낳을 수 있다.

인간의 변화는 복잡하고 단순화된 수준으로 측정하기 어렵다. 게다가 모든 내담자들이 명확하게 정의된 정신 장애를 가지고 상담에 오지 않는다. 많은 내담자들이 어떤 진단 범주에도 맞지 않는 실존적인 어려움을 가지고 있기 때문에 분명하게 증상에 기초한 결과를 갖는 것은 적합하지 않다. 증거 기반 작업은 특정 정서 · 인지 · 행동적 장애를 가진 개인들과 작업하는 정신건강 전문가에게는 도움이 될 수 있지만, 삶에서 더 의미가 있고 성취를 추구하기를 원하는 개인들과 작업하는 상담자들에게는 많은 도움을 주지 못할 수 있다.

노크로스와 그의 동료들(2006)은 정신건강 관련 전문가들이 제공하는 서비스의 효과성, 효능감과 안전을 입증해야 하며 이것이 책임에 대한 의무라고 주장한다. 그들은 증거 기반 작업의 주된 목표는 내담자 서비스의 효과성을 증진시키고 공중 건강을 향상시키는 것이며, 이러한 목표가 집중될 수 있도록 정신건강 전문가들이 주도성을 가져야 한다고 주장한다. 또한 연구의 결과물들이 서비스의 질을 향상시키는 방법 대신 비용을 절감할 수 있는 측면으로 오용이나 남용될 수 있는 잠재성이 있다는 것도 알고 있다.

증거 기반 주제들에 관해서 더 읽기를 원하면, 『증거 기반 작업을 위한 임상가들의 가이드(Clinician's Guide to Evidence-based Practice)』(Norcross et al., 2008)를 추천한다.

상담 작업에서 다중관계 관리하기

학습 목표 12 **이중관계 혹은 다중관계**(dual or multiple relationships)는, 이것이 성적이든 성적이지 않든 상담자들이 내담자와 동시에 혹은 연속적으로 두 개 혹은 이상의 역할을 가질 때 발생한다. 이것은 하나의 전문적인 역할 이상 또는 전문적이거나 비전문적인 역할이 혼합된 것을 포함한다. 다중관계는 관계들의 복잡성 때문에 이중관계라는 용어보다 더 자주 쓰이지만, 이 두 용어들은 다양한 전문적인 윤리규정에서 볼 수 있으며, 미국상담학회(2014)는 비전문적 관계라는 용어를 사용하고 있다. 여기에서는 다중관계라는 용어를 써서 이중관계와 비전문적인 관계 둘 다를 포함하려고 한다.

윤리적 문제는 상담자들이 내담자와 전문적 관계와 함께 다른 종류의 관계를 혼합할 때 발생하기 쉽다. 다양한 형식의 비전문적인 상호작용 혹은 비이성적 다중관계가 문제된다. 성적이지 않은 이중관계 혹은 다중관계의 몇 가지 예는 상담자와 상담자의 역할 혹은 슈퍼바이저와 상담자를 혼합하는 것, 물품이나 상담 서비스를 교환하는 것, 내담자에게 돈을 빌리는 것, 친구, 고용인, 친지에게 상담을 제공하는 것, 내담자와 사회적 관계를 맺는 것, 내담자에게 비싼 선물을 받는 것, 혹은 내담자와 사업 관계를 맺는 것이다. 일부 다중관계는 명백한 착취로 변질되어 상담자와 내담자 모두에게 심한 상처를 남긴다. 예를 들어, 현재의 내담자와 정서적으로 혹은 성적으로 연관이 된다는 것은 분명히 비윤리적이며, 비전문적이며 또한 불법적이다. 이전의 내담자와 성적으로 연관되는 것은 현명하지 못하고, 착취적일 수 있으며, 대체로 비윤리적 행위로 간주된다.

이중관계들이 복잡하고 다차원적인 것이기 때문에, 이 문제를 해결할 수 있는 단순하면서도 완전한 답은 없다. 그것은 상담자로서 항상 하나의 역할만을 하는 것이 가능하지 않으며, 또한 그것이 항상 바람직한 것만은 아니다. 또한 내담자와는 무관하게 다중 관계를 관리해야 할 수 있으므로 윤리적으로 문제가 될 수 있는 상황에 휘말리기 전에 다중 역할과 관계들의 복잡성을 신중하게 고려하는 것이 현명한 작업이라고 할 수 있다.

윤리적 이유와 판단은 윤리규정이 특정한 상황에 적용되면서 작동하기 시작한다. 『미국상담학회 윤리규정』(ACA, 2014)은 상담 전문가들은 윤리적인 방법에서 다중 역할과 책임을 관리하는 방법을 배워야 한다고 한다. 이것은 상담 관계와 훈련 관계에 내재하는 권력 격차를 효과적으로 다루는 것, 경계 문제에 균형을 잡는 것, 비전문적인 관계들을 피하는 것, 그리고 내담자나 학생들 혹은 슈퍼비전에 해를 가할 수 있는 권력을 피하려고 노력하는 것을 포함한다(Herlihy & Corey, 2015b).

비록 다중관계가 내재된 위험을 수반할지라도 이 관계들이 항상 비윤리적이며 반드시 해를 끼치거나 착취를 일으킨다고 결론내리는 것은 잘못이다. 이러한 관계들 중의 몇몇은 진실성을 가지고 신중하게 시행된다면 내담자에게 이익이 된다(Zur, 2007). 다중관계의 윤리적이고 임상적인 측면을 더 알고 싶으면, 『심리치료에서의 경계: 윤리적 · 임상적 발견(Boundaries in Psychotherapy: Ethical and Clinical Explorations)』(Zur, 2007)을 참조하기를 바란다.

다중관계의 관점

학습 목표 13 다중관계가 문제되는 것은 무엇 때문인가? 헐리와 코리(2015b)에 의하면 다중관계와 관련된 몇 가지 문제점은 이것이 만연해 있다는 것이다. 또한 인식하기 어려우며, 피할 수 없고, 잠재적으로 해롭지만 반드시 해롭지만은 않으며, 이로울 수도 있고, 전문가들이 다양하게 이견을 보이는 주제라는 것이다. 그래서 문헌들의 논평에서도 이중관계와 다중관계들이 뜨겁게 논의되고 있음을 알 수 있다. 현재의 내담자와 성적 친밀감을 갖는 명백하게 비윤리적인 경우를 제외하고 다중관계를 다루는 데 적절한 방법으로 합의가 이루어진 경우는 많지 않다.

전문 기관들의 규정들이 다중관계를 형성하지 말라고 조언하는 것은 그것이 잠재적으로 권력을 남용하고 내담자를 착취하며 목적을 손상하기 때문이다. 다중관계가 내담자들을 착취하며 혹은 내담자를 해칠 수 있는 두드러진 잠재성을 갖는다면 비윤리적이다. 그러나 윤리규정들은 모든 다중관계들을 피하라고 지시하거나 성적으로 무관한 다중관계까지 비윤리적이라고 명시하지는 않는다. 현재의 윤리규정들은 내담자에게 해를 가할 수 있는 가능성에 대해 경계하고 내담자를 보호할 수 있는 보호막을 개발하는 데 중점을 두고 있다. 규정들이 일반적인 안내지침을 제공할 수는 있지만, 좋은 판단, 자신의 작업을 검토하려는 의지, 동기를 알아차리는 것들은 윤리적인 상담자들에게 대단히 중요한 관점이다. 다중관계 문제는 윤리규정만으로 해결될 수 없으며, 넓은 범위의 경계 문제를 포함하는 모든 윤리적 · 임상적 측면을 생각해야 한다.

많은 전문가들이 동의하는 것은 어떤 상황에서는 다중관계가 불가피하고 피할 수 없다는 것과 그래서 전반적인 금지가 현실적인 대안이 아니라는 것이다. 대인관계와 관련된 경계들은 고정적이지 않고 시간이 지남에 따라 계속 재정의되기 때문에 실무자들은 경계의 파동을 관리하고 겹쳐지는 역할을 효과적으로 대처할 수 있는 방법을 배워야 한다(Herlihy & Corey, 2015b). 다중관계를 관리할 수 있는 방법을 배울 하나의 열쇠는 개입될 위험을 최소화할 방법들을 생각하는 것이다.

위험을 최소화하는 방법 다중관계를 계속할 것인지를 결정할 때, 이러한 관계가 내담자에게 잠재적으로 해를 가하는지 유익한지를 고려해보는 것이 중요하다. 어떤 관계들은 잠재적인 위험보다 잠재적 이익이 더 있을 수 있다. 부정적인 결과의 잠재성을 줄이기 위해 안전 보조 장치를 개발하는 것은 여러분의 책임이다. 헐리와 코리(2015b)는 다음과 같은 지침을 확인한다.

- 초기의 상담 관계에서 건강한 경계를 설정하라. 사전 동의는 상담 시작과 과정에서 필수적이다.
- 진행되고 있는 토론과 결정을 내리는 절차에 항상 내담자를 포함시키라. 그리고 토론한 것을 문서화하라. 내담자들에게 기대하는 것과 그들이 기대하는 것을 의논하라.
- 객관성을 유지하고 예상치 못한 어려움을 파악하기 위해 동료 전문가에게 조언을 구하라. 혼자 결정을 할 필요가 없다는 것을 깨달으라.
- 다중관계가 잠재적 문제가 될 때, 혹은 해를 끼칠 위험이 높을 때는 슈퍼비전을 받는 것이 현명하다. 슈퍼비전의 본질과 여러분이 취한 행동을 기록에 남겨 문서화하라.
- 자기 평가는 절차가 진행되는 내내 중요하다. 누구의 욕구가 충족되고 있는지, 이중관계나 다중관계에 개입될 수 있는 자신의 동기를 점검하라.

다중관계가 우려되는 일을 할 때, 이러한 관계로 인한 문제점이 방지될 수 있는지 여부를 확인하면서 시작하는 것이 가장 좋다. 너지(Nagy, 2011)는 작은 마을의 경우에는 다중관계가 항상 피할 수 없는 것이라고 지적한다. 상담자의 객관성이나 능력이 제대로 발휘되지 못할 때는 상담자의 개인적 욕구가 우선이 되고 전문적인 작업의 질이 감소될 것이다. 때로는 비전문적인 상호작용을 피할 수 있는데도 관계에 빠지는 것은 내담자를 불필요하게 위험에 처하게 할 수 있다. 잠재적 문제를 다룰 수 있는 하나의 방법은 어떠한 종류의 비전문적인 상호작용이라도 완벽하게 피할 수 있는 정책을 가지는 것이다. 너지(2011)는 일반적인 지침과 마찬가지로, 다중관계를 어느 정도 피하는 것은 가능하다고 조언한다. 상담자들이 다중 관계를 피할 수 없을 때 내담자를 보호하기 위해 취한 행동을 문서화해두어야 한다. 또 다른 대안은 각각의 딜레마가 생길 때 사전 동의를 충분히 활용하고 동시에 이러한 상황을 다루어줄 슈퍼비전을 구하는 것이다. 두 번째 대안은 자기 스스로를 평가하는 전문적인 요구로 포함시킨다. 매일의 작업에서 나타나는 이러한 윤리적 복합성을 스스로 찾을 의지를 보여주는 것이 전문성을 검증받는 하나의 방법이 될 수 있다.

학습 목표 14 **개인적이고 전문적인 경계를 설립하는 것** 내담자를 효과적으로 상담하기를 원한다면 지속적이고 유연한 경계를 설립하고 유지하는 것이 필요하다. 자신의 개인적 삶에서 경계를 만들고 유지하는 것을 어려워한다면, 전문성 있는 삶에서도 마찬가지로 경계를 관리하는 것이 어려울 수 있다. 상담 작업에서 적절하고 효과적인 경계를 개발하는 것은 다중관계를 관리하는 방법을 배우는 첫 번째 단계이다. 개인적인 영역에서의 경계 설립과 전문적인 영역에서의 적절한 경계를 개발하는 것 사이에는 관계가 있다. 자신의 개인적인 삶에서 다양한 측면의 경계를 만드는 데 성공한다면, 내담자와 건실한 경계를 만드는 데 좋은 기초를 가질 수 있다.

전문적인 영역에서 적절한 경계를 유지하는 하나의 중요한 측면은 경계 교차를 인지하고 경계 위반이 되지 못하게 예방하는 것이다. **경계 교차**(boundary crossing)는 흔히 내담자에게 잠재적으로 이익이 될 수 있는 작업이라고 받아들이면서 시작된다. 예를 들면, 내담자의 결혼식에 참석하는 것은 경계를 확대하는 것일 수 있지만, 내담자에게 이점이 될 수 있다. 반대로 **경계 위반**(boundary violation)은 내담자를 해할 수 있는 심각한 위반이 되므로 비윤리적이다. 경계 위반은 상담자가 전문적인 역할을 하지 못하게 하는 경계 교차이며, 내담자에게 해를 끼치는 결과를 낳는다(Gutheil & Brodsky, 2008). 유연한 경계들을 윤리적으로 적용한다면 상담 작업에서 유용할 수 있다. 윤리적 문제가 제기되지 않는 경계 교차도 있어 상담 관계를 촉진시킬 수 있지만 어떤 경계 교차는 분명하지 못한 전문가 역할의 방식으로 나타나 문제의 소지가 될 수 있다.

학습 목표 15 **소셜 미디어와 경계** 상담자가 현재의 내담자나 이전 내담자로부터 '친구 요청'을 받는 경우가 흔하다. 페이스북이나 다른 소셜 미디어 사이트들은 상담자들에게 경계, 이중관계, 비밀유지와 사생활의 자유와 같은 많은 윤리적 염려를 가져왔다. 하나의 방법은 두 개의 거리를 둔 페이스북 페이지들을 가지는 것으로, 하나는 전문적인 용도로 또 다른 하나는 개인적인 용도로 하는 것이다. 스파츠-드레이저(Spotts-DeLazzer, 2012)는 실무자들이 소셜 미디어에 관해서는 전통적 윤리를 해석해서 유지해야 할 것이라고 하며, 다음의 조언들을 제공했다.

- 온라인에서 나누는 것을 제한하라.
- 사전 동의 과정에 명확하고 철저한 소셜 네트워킹 정책을 포함하라.
- 규칙적으로 자신을 보호할 수 있는 작업을 업데이트하라. 소셜 미디어 제공자들이 자주 개인보호 정책을 바꾸기 때문이다.

소셜 미디어의 사용이 계속적으로 퍼지고 있기 때문에 『미국상담학회 윤리규정』(2014)은 상담자들이 소셜 미디어 정책을 개발해야 하는 필요성과 사전 동의를 토론하는 과정에 포함하는 것을 강조하고 있다. 미국상담학회의 개정된 규정에서는 상담자와 내담자의 사이버상의 가상의 관계와 상담자들이 가상의 존재를 안전하게 유지할 수 있는 방법을 강조하고 있다(Jencius, 2015).

윤리적인 상담자 되기

학습 목표 16 전문적인 윤리규정을 알고 따르는 것은 윤리적인 상담자가 되는 부분이지만 이러한 규정들의 결정까지 내려주지는 않는다. 상담을 하다보면 전문 기관의 윤리 지침을 해석하는 것과 그것을 특정한 상황에 적용하는 데는 최상의 윤리적 민감성이 요구된다는 것을 알게 될 것이다. 책임 있는 상담자들조차도 특정한 상황에 윤리적 원칙들을 어떻게 적용할지 어려워하며 전문 작업에서도 항상 분명한 답을 가지고 있지 않는 문제들을 다루어야 할 것이다. 또한 상담자는 내담자에게 최고로 이익이 되기 위해 어떤 방식으로 행동해야 하는지 결정해야 할 책임을 맡게 된다.

이 장에서 다루는 윤리적인 문제들은 상담자의 전문적인 삶에서 재검토할 필요가 있다. 훈련 프로그램 동안 윤리적 딜레마에 대해 토론하기 위한 공식, 비공식적인 기회를 통해 윤리적 문제를 해결할 수 있는 혜택을 받을 수 있다. 그러나 학교 다니는 동안 윤리적 문제들을 해결할 수 있었다고 해도, 이러한 문제들이 영원히 해결되었다고 할 수는 없다. 이러한 주제들은 앞으로 상담자로서의 경험을 하면서 새로운 측면에서 부딪힐 수 있다. 학생들은 종종 상담을 시작하기도 전에 모든 잠재적인 윤리적 문제 영역을 해결해야 한다고 생각하며 지나치게 얽매이기도 한다. 상담자로 전문적인 삶을 사는 내내 윤리적 딜레마에 직면하게 될 때마다 신뢰할 수 있는 동료와 슈퍼바이저에게 조언을 구하라. 윤리적 결정을 하는 것은 스스로 계속적으로 개방하고 자신을 비추어보는 것을 요구하는 점진적인 과정이다. 윤리적 실무자가 되는 것은 마지막 정착지가 아니며 일을 하는 내내 계속 해야 할 여행이다.

요약

윤리적 문제들은 복잡하며 단순한 해결책을 갖지 않는다는 것을 염두에 두고 윤리적 딜레마에 대해 생각하고 다룰 줄 아는 것은 중요하다. 자신이 힘들어하는 것에 대해 동료와 나누는 마음은 신뢰가 좋다는 증거이며 조언을 구하는 것은 여러분에게 상황에 대한 또 다른 관점을 제공해주기 때문에 문제를 명확히 하는 데 도움을 줄 것이다. 더불어 새로운 문제들이 계속적으로 나타날 것이며, 긍정적 윤리(positive ethics)는 주기적인 반추와 실무자의 변화에 대한 개방을 요구한다.

이 장에서 논의된 모든 문제들을 하나로 묶는 근본적인 물음이 있다면 그것은 '누가 다른 사람을 상담할 권리가 있는가?'이다. 이 질문은 윤리적이고 전문적인 문제들을 반영할 때 초점이 될 수 있고 매일 내담자와 만날 때 자기 평가의 기초가 될 수 있다. 자신에게도 계속 물을 수 있다. '다른 사람을 상담할 권리가 있다고 생각하는 것이 무엇인가?', '상담하고 있는 사람들에게 무엇을 제공해야 하는가?', '내담자에게 하라고 권하는 것을 내 삶에서 하고 있는가?' 어쩌면 상담자의 삶이 내담자한테 되기를 바라는 모형이 아니므로 다른 사람을 상담할 윤리적 권리가 없다고 생각할지 모른다. 그러나 삶의 모든 것을 해결하는 것보다 중요한 것은 무엇을 물어야 할지를 아는 것과 반추하기 위해 개방되어있는 것이다.

이 장은 상담 작업에서 부딪힐 수 있는 많은 윤리적인 문제들을 소개했다. 여러분의 관심이 발동해서 더 배우기를 희망하며 중요한 이 주제에 대해 더 읽고 싶으면, 추가로 추천하는 독서 목록을 선택해서 더 공부하기를 바란다.

더 찾아볼 자료

다음의 전문적인 기관은 윤리규정과 함께 도움이 되는 정보를 제공한다.

미국부부가족 치료학회 American Association for marriage and Family Therapy(AAMFT)

www.aamft.org

미국상담학회 American Counseling Association(ACA)

www.counseling.org

미국정신건강상담자협회 American Mental Health Counselors Association(AMHCA)

www.amhca.org

미국음악치료협회American Music Therapy Association

www.musictherapy.org

미국심리학회American Psychological Association(APA)

www.apa.org

미국학교상담자협회American School Counselor Association(ASCA)

www.schoolcounselor.org

재활상담자자격위원회Commission on Rehabilitation Counselor Certification(CRCC)

www.crccertification.com

국립알코올마약오용상담자협회National Association of Alcohol and Drug Abuse Counselors(NAADAC)

www.naadac.org

국립사회노동자협회National Association of Social Workers(NASW)

www.socialworkers.org

국립복지기관기구National Organization for Human Services(NOHS)

www.nationalhumanservices.org

더 읽을거리(1부)

『**상담자와 법: 합법적이고 윤리적인 작업을 위한 가이드**』(Wheeler & Bertram, 2015)는 상담 작업과 관련된 법의 포괄적 개관을 제공한다. 상담자들의 윤리적이고 법적인 책임을 강조하며 위험을 관리할 수 있는 전략을 파악한다.

『**그것을 사무실에 남겨두라: 상담자의 자기돌봄에 대한 지침**』(Norcross & Guy, 2007)은 경험적 증거에 의해 지지되는 12개의 자기돌봄 전략을 말한다. 작가들은 자기돌봄이 개인적으로 필수적이며 전문적으로 윤리적이라는 입장을 발전시킨다. 상담자들이 자기돌봄과 소진을 예방할 수 있는 최고로 유용한 책들 중 하나이다.

『**효과적인 상담 관계: 증거 기반 대응**(Psychotherapy Relationships That Work: Evidence-Based responsiveness)』(Norcross, 2011)은 상담 관계의 효과적인 요소들의 포괄적인 처치이다. 많은 상담 분야 연구자들이 개인 내담자들에게 상담 관계를 맞춰주는 방법을 말한다. 효과적인 임상 작업을 위한 연구를 통한 함축이 있다.

『**상담자들을 위한 윤리적 데스크 참고서**(Ethics Desk Reference for Counselors)』(Barnett & Johnson, 2015)는 『미국상담학회 윤리규정』을 이해하고 적용하는 실질적인 안내서이다. 읽기 쉽고 재미있는 참고서로 학생들과 실무자들 모두에게 적절하다.

『**미국상담학회 윤리규정 사례집**』(Herlihy & Corey, 2015a)은 『미국상담학회 윤리규정』에 설계된 다양하고 유용한 사례들을 포함한다. 삽화로 예를 들고 기준의 의미와 의도를 분명히 한다.

『**상담에서의 쟁점: 다양한 역할과 책임**』(Herlihy & Corey, 2015b)은 다중관계 논쟁에 관점을 제공해준다. 이 책은 다양한 작업 분야에서 오는 이중관계들에 초점을 맞춘다.

『**심리치료에서의 경계: 윤리적 · 임상적 발견**』(Zur, 2007)은 실무자들이 선물, 성애와 무관한 접촉, 가정 방문, 물물교환과 같은 넓은 범위의 주제들을 다루는 데 도움이 되는 결정 과정을 제공하며 전문 작업의 복잡한 경계의 본질을 검토한다.

『상담 및 심리치료의 윤리』(Corey, Corey, Corey, & Callanan, 2015)는 3장에서 소개한 문제들을 전적으로 보여준다. 독자들을 개인적인 행동 방식으로 개입하게 하여, 해결하지 않은 채 끝난 상담 사례들을 통해 독자들로 하여금 자신들의 생각을 가지고 넓은 범위의 윤리 문제들에 적용해보게 한다.

『좋은 상담자 되기』(M. Corey & Corey, 2016)는 상담자들의 개인적이고 전문적인 삶에 대한 문제와 더불어 상담 작업에서의 윤리적 문제까지 폭넓게 다룬다.

『집단상담의 실제: DVD와 워크북』(Corey, Corey, & Haynes, 2015)은 자기소개 프로그램으로 (1) 윤리적 결정하기, (2) 가치관과 관계를 돕는 것, (3) 경계 문제와 다중관계의 세 부분으로 나누어진다. 프로그램은 토론을 자극하기 위해 윤리적 상황들을 입증하는 비디오 클립을 포함한다.

『심리상담과 치료의 이론과 실제 학생용 매뉴얼』(Corey,2017)은 작업과 이론의 통합을 돕고 이 책에서 다루는 개념들이 생생하게 설정된다. 자기개발, 여러 이론의 요약과 개관, 주요개념 용어집, 연구의 주요 쟁점, 활동과 연습, 퀴즈와 사례의 예제들로 구성된다. 실무 지침이 교재와 함께 편성된 개인용 학습서이다.

『상담 및 심리치료의 통합적 접근』(Corey, 2013a)은 독자들이 상담 작업에서 그들의 접근을 개발할 수 있도록 안내지침을 제공하고, 다양한 상담 이론들의 개념들과 기법들을 제공한다.

『통합적 상담: 사례중심의 접근』(Corey, 2013a)은 이 책의 이론들이 어떻게 작동하는지 사례별 적용을 담고 있다. 가상의 내담자인 루스가 상담의 유익한 전반적 관점에서 설명하고 있다.

『심리상담과 치료의 이론과 실제: 스탠의 사례와 해설 DVD』(Corey, 2013)은 상호작용적 자기학습 도구로서 두 개의 프로그램으로 구성된다. 1부는 제럴드 코리가 각각 이론의 선택된 기법들을 사용하여 스탠을 상담하는 13개의 회기로 이루어진다. 2부는 『심리상담과 치료의 이론과 실제』의 각 장의 저자들이 하는 상세한 강의로 구성된다. 두 프로그램은 다양한 이론의 실질적 적용을 강조하고 있다.

『상담 및 심리치료의 통합적 접근: 루스의 사례와 해설 DVD』(Corey & Haynes, 2013)는 상호작용적인 자기 학습 도구인데, 비디오로 나누어진 부분과 질문들로 이루어져 있다.

학생들이 내담자(루스)와 다양한 이론적 접근을 통한 개념과 기법으로 작업을 진행하는 방법을 학습할 수 있게 설계되어있다. 이 비디오 프로그램의 주제들은 『상담 및 심리치료의 통합적 접근』의 주제들과 유사하다.

『**성장하는 상담 전문가의 길: 나의 삶으로부터 얻을 수 있는 배움**』(Corey, 2010)은 개인으로서, 전문가로서의 상담자와 관련된 주제를 다룬다. 작가가 그의 개인적이고 전문적인 여정에 관한 토론, 그리고 18명의 연구자들의 삶의 전환점과 관련된 이야기와 그들이 배운 학습에 관한 개인적 이야기를 실었다.

part 2

THEORIES AND TECHNIQUES **OF COUNSELING**

상담의 **이론과 기법**

4장 | 정신분석 치료

학습 목표

01. 프로이트학파의 인간 본성에 대한 결정론적 시각을 이해한다.
02. 이드, 자아, 초자아의 차이점을 알아본다.
03. 자아의 방어기제가 어떻게 불안 대처를 돕는지 설명한다.
04. 초기 유아기 발달이 현재 개인이 겪는 문제에 어떤 영향을 주는지 이해한다.
05. 고전적 정신분석주의자들과 자아 심리 이론가들 간의 주요 차이점에 대해 살펴본다.
06. 고전적 정신분석에서 분석가가 익명의 역할을 유지하는 근거에 대해 설명한다.
07. 전통(고전적) 정신분석에 참여하는 내담자들이 경험하게 될 것을 알아본다.
08. 치료 과정에서 전이와 역전이의 역할에 대해 설명한다.
09. 정신분석 현장에서 흔히 사용되는 기술들(분석적 틀을 유지하는 것, 자유연상, 해석, 꿈의 분석, 저항과 전이에 대한 분석 및 해석)에 대해 정의한다.
10. 집단 치료에 정신역동 개념을 적용한다.
11. 성격 발달에서 융 심리학의 관점이 가지는 독특한 특성에 대해 기술한다.
12. 정신분석을 지향하는 치료의 현 경향(대상관계 이론, 자기심리학, 관계 정신분석)에 대해 기술한다.
13. 다문화적 관점에서 보는 정신분석의 강점과 약점에 대해 확인한다.
14. 정신분석 치료의 주요 공헌 및 한계에 대해 설명한다.

지그문트 프로이트(Sigmund Freud, 1856-1939)는 오스트리아 빈 출생으로 3남 5녀 중 장남으로 태어났다. 그 당시의 여느 아버지와 마찬가지로, 그의 아버지 또한 매우 권위주의적이었다. 프로이트의 가족 배경은 그의 이론 발달을 이해하는 데 있어 대단히 중요한 요인이다.

Sigmund Freud

비록 프로이트의 가정이 재정적으로 넉넉지 못했고 비좁은 아파트에서 생활했지만, 그의 부모는 주위 사람들이 모두 인정할 만큼 지적으로 뛰어났던 프로이트를 잘 양육하기 위해 최선을 다했다. 프로이트는 다양한 분야에 흥미를 느꼈지만, 유대인이라는 사실 때문에 직업 선택 측면에서 제약이 있었고, 결국 의학의 길을 선택했다. 그는 26세 때 빈 대학교에서 의학 학위를 취득하고 4년 뒤에는 존경받는 교수가 되었다.

프로이트는 일생의 대부분을 그의 정신분석 이론을 만들고 확대하는 데 헌신하였다. 흥미롭게도, 그의 삶에서 가장 창의적이라고 여겨진 기간은, 그 스스로가 심각한 정서적 문제를 경험하고 있었던 시기와 맞물린다. 40대 초반부 수년에 걸쳐 프로이트는 다양한 신체화 장애를 겪었고, 또한 죽음과 그 이외 다양한 공포증으로 인해 과도한 불안을 경험했으며 그 결과 자기분석이라는 어려운 과업을 시작하였다. 자신의 꿈의 의미를 스스로 탐색해가면서 그는 성격 발달의 역동에 관한 통찰력을 얻었다. 그는 우선 자신의 유년기 시절 기억을 살펴보았고, 자신의 아버지에게 향했던 강한 적대감에 대해 이해하게 되었다. 그는 또한 그 과정에서 유년기에 겪었던 어머니에 대한 성적 감정들을 회상하였다. 그의 어머니는 매우 매력적이고, 사랑이 넘쳤으며, 보호적이었다. 그런 다음, 환자들이 분석과정에서 자신들의 문제를 다루어가는 것을 관찰하면서 그의 이론의 임상적 틀을 형성해나갔다.

프로이트는 자신의 정신분석 접근과 관점을 달리하는 동료 학자들을 좀처럼 받아들이지 못했다. 그는 자신의 관점에 동의하지 않는 동료들을 제명시키는 방법으로 이런 움직임들을 통제하려고 하였다. 예를 들어, 카를 융(Carl Jung)과 알프레트 아들러(Alfred Adler)는 프로이트와 초기에는 가깝게 교류하였지만 이론이나 임상적 문제에 대해 반복적으로 프로이트와 관점을 달리 하면서 그들 고유의 치료학파를 설립하였다.

프로이트는 매우 창의적이고 생산적이었으며, 낮에는 18시간 이상을 일하는 데 쏟아 부었다. 그의 저서 전집은 24권으로 이루어져 있는데 이와 같은 높은 생산성은 생애 말년에 턱 부분에 암을 얻게 될 때까지 유지되었다. 그는 생애의 마지막 20년 동안 33회의 수술을 받았고 거의 항상 고통 속에 있었다. 결국, 그는 1939년 런던에서 생을 마감하였다.

정신분석의 창시자였던 프로이트는 뛰어난 지성인으로서 이름이 높았다. 그는 인간 행동을 이해하는 새로운 방법을 제시하였고 그 결과 역사상 가장 광범위한 영향력을 가진 성격 이론 및 심리치료 이론이 탄생하였다.

도입

프로이트의 관점은 오늘날 인간심리를 다루는 대부분의 현장에서 지속적인 영향을 미치고 있다. 그가 발달시킨 기본 개념들은 지금도 여전히 다른 이론들이 만들어지고 발전하는 토대가 되고 있다. 실제로, 이 책에서 다루고 있는 상담과 심리치료 이론의 대부분은 정신분석적 원리와 기술에 영향을 받은 것들이다. 그중 몇몇은 정신분석적 모형을 확대한 것이고, 다른 몇몇은 그 개념과 과정을 수정한 것이며 나머지는 이에 반대하는 움직임에서 시작된 것들이다.

프로이트의 정신분석 체계는 기본적으로 성격 발달 이론이며 또한 심리치료에 적용할 수 있는 모형이다. 그는 행동을 동기화하는 정신역동적 요인들에 대해 주의를 기울일 것을 주장하면서 무의식의 역할에 초점을 두고, 개개인의 기본 성격 구조를 이해하고 수정할 수 있도록 하는 최초의 치료적 방법을 개발하여 심리치료에 새로운 관점과 지평을 열어주었다. 프로이트의 이론은 다른 여러 이론들을 평가하는 바로미터의 역할을 하고 있다.

나는 프로이트로부터 정립된 정신분석적 개념과 실천에 대한 기본 개념을 우선 살펴보고, 그가 남긴 이론의 범위에 속하는 다양한 접근법 중 몇 가지에 관하여 간략히 소개할 것이다. 오늘날 정신분석은 이론적 측면에서 다양한 방향으로 발달해 나갔고, 그 결과 치료 접근으로 사용될 수 있는 단 하나의 정신분석 이론만을 언급하는 것은 불가능하게 되었다(Wolitzky, 2011b). 이 장에서는 정신분석과 그로부터 파생되었으며 보다 융통성 있게 변형되었지만 여전히 정신분석적 심리치료를 지향하는 이론들에 대해 다룰 것이다. 덧붙여, 나는 프로이트주의 이론을 여러 방면으로 확대한 에릭 에릭슨(Erik Erikson)의 심리사회 발달 이론과 카를 융의 접근법에 대해서도 간략히 소개할 것이다. 마지막으로 현대적 정신분석 접근법들인 대상관계 이론, 자아심리학, 정신분석의 관계 모형에 대하여도 살펴볼 것이다. 이러한 최근 이론들은 정신분석적 접근의 변형 이론으로써, 프로이트의 추동 이론을 배제하거나 수정하여 받아들이고 있지만, 프로이트의 이론을 여전히 자신들 이론의 시발점으로 간주한다(Wolitzky, 2011b). 이 이론들이 전통 프로이트학파의 정신분석과 상당한 차이를 보이고 있는 것이 사실이지만 무의식의 과정, 전이와 역전이의 역할, 자아 방어기제와 내적 갈등의 존재, 그리고 삶의 초기 경험의 중요성에 대해서는 인식을 같이 하고 있다(McWilliams, 2016).

CengageBrain.com에 방문하거나 『심리상담과 치료의 이론과 실제: 스탠의 사례와 해설 DVD』 4장 부분의 DVD 프로그램을 시청하라. 그리고 각 장을 읽기 전에 DVD에 있는 각 장에 대한 간략한 소개 내용을 살펴보라.

주요 개념

인간 본성에 관한 관점

학습 목표 01 프로이트주의는 인간 본성에 대하여 기본적으로 결정론적 관점을 취한다. 프로이트에 의하면, 우리의 행동은 비이성적인 힘, 무의식적인 동기, 생물학적 및 본능적 추동(drives)에 의해 결정되는데 이는 우리 생애의 첫 6년 동안 진행되는 주요 심리성적 단계들을 거치면서 발달된다.

본능(instincts)은 프로이트주의 접근법의 중심을 차지하고 있다. 프로이트는 원래 **리비도**(libido)라는 개념을 성적 에너지를 지칭하는 데 사용하였는데 이후 모든 **생의 본능**(life instincts)을 포함하는 힘으로 그 의미를 확장시켰다. 이러한 본능은 개인 및 인류 생존의 목적을 위해 사용된다. 이 본능들은 성장, 발달, 창의성을 지향한다. 그렇다면 리비도는 성적인 힘을 아우르고 있지만, 이를 뛰어넘는 동기의 원천으로서 이해되어야 할 것이다. 프로이트는 생의 본능의 개념에 모든 쾌락적 행위를 포함시켰고, 대부분의 삶의 목표는 쾌락을 얻고 고통을 피하는 것과 연관된 것으로 보았다.

프로이트는 또한 **죽음의 본능**(death instincts)을 상정하였는데, 이는 공격적 추동으로 설명될 수 있는 것이다. 때때로 사람들은 죽음 또는 자신이나 타인에게 해를 가하고자 하는 무의식적 바람을 행동을 통해 드러낸다. 이런 공격적 추동을 다스리는 것은 인류의 주요 도전 과제이다. 프로이트의 관점에서 성적 추동과 공격적 추동은 사람들이 왜 그렇게 행동하는지를 설명해줄 수 있는 강력한 결정 요인이다.

성격의 구조

학습 목표 02 프로이트주의의 정신분석적 관점에 의하면, 성격은 이드, 자아, 초자아 세 가지 체계로 구성된다. 이는 심리학적 구조에 관한 이름일 뿐 성격 내에서 개별적 독립체로 작용하는 것으로 이해되어서는 안 된다. 사람의 성격적 구조는 세 가지의 구분된 구획이라기보다는 전체로서 기능하는 것이다. **이드**(id)는 길들여지지 않은 추동이나 충동을 의미하는 것으로서 대부분이 인간의 생물적 측면과 연결되는 것들이다. **자아**(ego)는 이드와 이드의 충동으로부터 야기되는 현실의 위협 사이를 중재하고 처리하고자 시도한다. 우리의 추동이 초래하는 위험으로부터 스스로를 보호하는 한 가지 방법은 **초자아**(superego)를 확립하는 것이다. 이는 대체로 부모의 모습에서 기대되는 것에 깊게 뿌리를 두고 있는 것으로 개인 속에 내재화된 사회적 요소이다. 상상 속에서 기대한 이미지를 받아들이는 이유는 충동으로부터 스스로를 보호하기 위한 것이기 때문인데, 초자아는 실제의 부모보다는 좀 더 처벌적이고 요구적일 수도 있다. 자아의 행위는 의식적일 수도 또는 그렇지 않을 수도 있다. 예를 들어, 방어는 대부분 의식적이지 않다. 자아와 의식은 같은 것이 아니기 때문에, 정신분석의 슬로건도 '무의식을 의식화하기'에서부터 '이드가 있는 곳에 자아도 있게 하라'로 변경되고 있다.

전통 프로이트주의 관점은 인간을 에너지의 체계로 이해한다. 성격의 역학은 정신 에너지가 이드, 자아, 초자아에 어떤 식으로 분배되는지에 의해 형성된다. 전체 에너지의 양이 일정하게 제한되기 때문에 하나의 체계가 에너지의 통제권을 얻는다는 것은 다른 두 체계를 어느 정도 희생시킨다는 것을 의미한다. 행동은 이런 정신 에너지의 역동에 의해 결정된다.

이드 **이드**(id)는 성격의 가장 원초적인 체계로서 사람이 태어날 때에는 온전히 이드만 존재한다고 할 수 있다. 이드는 정신 에너지의 기본적인 원천이고 본능이 자리하는 곳이다. 이드는 체계성이 부족하고, 비이성적이며 요구가 많을 뿐 아니라, 고집도 세다. 흥분으로 끓는 가마솥과 같은 이드는 긴장을 참아내지 못하고, 즉시로 배출하려고 한다. 긴장을 줄이고, 고통을 피하며, 쾌락을 얻는 것을 목적으로 하는 **쾌락 원리**(pleasure principle)의 지배를 받는 이드는 비이성적이고, 비도덕적이며, 본능적인 욕구를 만족시키도록 움직인다. 이드는 절대 성숙하지 않으며 성격 여러 측면 중에 버릇없는 아이 역할을 지속적으로 한다. 이드는 사고하지 않고 다만 무언가를 바라거나 행동하고 있다. 이드는 대개 무의식적이거나 인식하지 못하는 상태에서 존재하고 있다.

자아 **자아**(ego)는 외부 세계의 현실과 맞닿아 있다. 자아는 성격을 지배하고, 통제하고, 규제하는 '실행자'이다. '교통 경찰관'의 역할을 하는 자아는 본능과 주위를 둘러싼 환경 사이를 중재한다. 자아는 의식을 통제하고 검열을 수행한다. **현실 원리**(reality principle)의 지배를 받는 자아는 현실적이고 이성적인 사고를 하고 욕구를 만족시킬 수 있도록 행동 계획을 세운다. 지식과 합리성이 자리하는 자아는 이드의 비이성적인 충동을 확인하고 통제한다. 이드가 주관적인 현실만을 인식하는 반면, 자아는 정신적 형상(mental images)과 외부세계의 것들을 구분한다.

초자아 **초자아**(superego)는 마치 성격의 사법부와 같다. 개인의 도덕률을 포함하며 특정 행동이 좋은지 나쁜지, 옳은지 그른지에 대해 주요 관심을 둔다. 현실적이라기보다는 이상적인 것을 대변하고 쾌락이 아닌 완벽함을 이루려고 노력한다. 초자아는 부모에게서 아이들에게 전해져 내려오는 전통적인 가치와 사회의 이상을 대변한다. 이드의 충동을 억제하고, 자아가 도덕적인 목표를 현실적인 것으로 선택하도록 설득하며, 완벽성을 지속적으로 추구할 수 있도록 하는 역할을 한다. 부모와 사회의 기준을 내재화하는 것과 같이, 초자아는 심리적 보상이나 처벌과 관련이 있다. 보상은 자부심이나 자기애와 같은 것이고, 처벌은 죄책감이나 열등감이다.

의식과 무의식

프로이트의 가장 큰 공헌은 무의식과 의식의 수준에 관한 개념을 정립한 것일 것이다. 이러한 무의식과 의식의 수준에 대한 개념은 인간 행동 및 성격의 문제를 이해하는 열쇠이다. 무의식은 직접적으로 살펴볼 수 없지만 행동으로부터 추론될 수 있다. 무의식을 상정하는 임상적인 근거는 (1) 무의식적 필요, 소망, 갈등을 상징적으로 대변하는 꿈, (2) 실언이나 망각(예: 친숙한 이름), (3) 최면 후 암시, (4), 자유연상 기법에 의해 도출된 내용, (5) 투사 기법을 통해 도출된 내용, (6) 정신증적 증상에서 나타나는 상징적 내용 등이 포함된다.

프로이트에 의하면, 의식은 정신 전체의 얇은 껍질에 불과하다. 빙산의 대부분은 눈에 보이지 않는 수면 아래에 있는 것과 마찬가지로, 정신의 많은 부분도 의식의 아래에 존재한다. **무의식**(unconsciousness)은 모든 경험, 기억, 억압된 내용들을 저장한다. 접근할 수 없는, 즉 인식 밖에 있는 욕구와 동기들은 또한 의식의 통제 밖에 있다. 대부분의 심리학적 기능들은 인식 밖의 영역에 존재한다. 정신분석적 치료의 목적은 무의식적인 동기를 의식 안으로 불러오는 것이고, 그런 다음에야 비로소 개인은 진정한 선택을 할 수 있다고 본다. 무의식의 역할을 이해하는 것이야말로 행동에 관한 정신분석적 모형의 본질을 파악하는 것이다.

무의식적 과정은 모든 형태의 신경증적 증상과 관련 행동의 뿌리에 있다. 이런 관점에서 '치료'는 증상의 의미, 행동의 원인, 그리고 건강한 기능을 방해하고 있는 억압된 내용들을 알아내는 것에 초점을 맞춘다. 그러나 이러한 지적인 통찰력만으로는 증상을 해결할 수 없다는 것에도 주목해야 한다. 이전의 방식을 고수(반복)하고자 하는 내담자의 욕구는 전이왜곡에 대한 작업을 하는 가운데 반드시 직면되어야 한다. 이에 관하여는 이번 장의 후반부에서 논의할 것이다.

불안

정신분석적 접근법의 또 다른 핵심은 불안에 대한 개념이다. **불안**(anxiety)은 억압된 기분, 기억, 욕망, 그리고 의식의 수면 위로 무언가가 올라오는 경험으로부터 생겨나는 두려운 기분이다. 불안은 우리로 하여금 무언가를 하도록 동기 부여하는 긴장 상태라고 볼 수 있다. 불안은 이드, 자아, 초자아가 사용 가능한 정신적 에너지에 대한 통제권을 두고 벌이는 갈등에서부터 발생한다. 불안은 임박한 위험에 대한 경고의 역할을 한다.

불안에는 세 가지 유형이 있다. 현실적, 신경증적, 도덕적 불안이다. **현실적 불안**(reality anxiety)은 외부 세계로부터의 위험에 대한 두려움이고 이런 불안의 수준은 실제 위협의 수준에 비례한다. 신경증적, 도덕적 불안들은 개인 내면의 '힘의 균형'에 대한 위협에 의해 촉발된다. 이 불안들은 이에 대해 적절한 조치가 취해지지 않으면 자아가 붕괴될 때까지 위험이 증가할 수 있다는 것을 자아에게 알리는 신호이기도 하다. **신경증적 불안**(neurotic anxiety)은 본능이 통제할 수 없게 되어버려서 결국은 처벌받을 만한 일을 하게 되고 말 것이라는 두려움이다. **도덕적 불안**(moral anxiety)은 자신의 의식에 대한 두려움이다. 의식이 잘 발달된 사람은 자신들의 도덕률에 반하는 무언가를 할 때에 죄책감을 느낀다. 자아가 이성적이고 직접적인 방법으로 불안을 통제하지 못하게 되면 자아 방어기제와 같은 간접적인 방법에 의존하게 된다.

자아 방어기제

학습 목표 03 **자아 방어기제**(ego-defense mechanism)는 자아가 불안에 의해 압도되는 상황이 오지 않도록 예방하며 불안을 잘 대처할 수 있도록 도와준다. 자아 방어기제는 개인으로 하여금 현실을 회피할 수 있도록 도와주는 측면이 있는데, 이것이 생활양식으로 굳어지지만 않는다면 병리적이라기보다는 적응적 가치가 있는 정상적인 행동이다. 사용되는 방어는 개개인의 발달 수준과 불안의 정도에 의해 달라진다. 방어기제는 두 가지 공통 특성이 있다. (1) 현실을 부인하거나 왜곡한다. (2) 무의식적인 수준에서 작용한다. 표 4.1은 몇 가지의 일반적인 자아 방어기제를 간략히 설명하고 있다.

표 4.1 자아 방어기제

	방어기제	행동
억압	위협적이거나 고통스러운 기억 또는 기분을 의식에서 배제시키는 것	프로이트주의 접근에서 가장 중요하게 간주하는 과정 중의 하나로, 여타의 자아 방어기제, 신경증적 장애의 원인이 된다. 프로이트는 억압을 무언가를 의식에서 비자발적으로 제거하는 것이라고 설명하였다. 생의 초기 5~6년 동안 경험한 가장 고통스러운 경험들이 억압되어있고, 이런 사건들이 이후의 행동에 영향을 미치는 것이라고 가정한다.
부인	현실의 위협적인 상황의 존재에 대해 '눈을 감아버리는 것'	현실을 부인하는 것은 아마도 모든 자아 방어기제 중에서 가장 단순한 방식일 것이다. 충격적인 상황에서 사람이 사고, 감정, 지각을 왜곡하는 것을 말한다. 이 기제는 억압과 유사하지만, 일반적으로 전의식이나 의식 수준에서 작용한다.
반동 형성	위협적인 충동에 직면했을 때에 반대되는 충동을 적극적으로 표현하는 것	불편한 욕망에 정반대에 속하는 태도와 행동을 의식적으로 발달시킴으로써 사람들은 자신 내면에 존재하는 그런 욕망을 인식할 때에 마주하게 될 불안에 직면하지 않는다. 사랑의 얼굴로 증오를 가리거나, 부정적인 반응을 숨기려고 매우 친절하게 대하거나, 과도한 호의를 베푸는 것으로 잔인함을 가릴 수 있다.
투사	자신의 허용할 수 없는 욕구나 충동을 다른 사람이 지닌 것으로 간주하는 것	자기기만의 기제이다. 욕정이 가득하거나, 공격적이거나 한 다양한 충동을 '내가 아닌 다른 사람'이 가진 것으로 볼 수 있다.
전치	본래의 대상이나 사람에게 발산할 수 없을 때에 그 에너지를 다른 물체나 대상에게 향하도록 하는 것	전치는 위협적인 대상으로부터 '더 안전한 대상'으로 상대를 바꾸어 충동을 발산하므로 불안에 대처하는 방식이다. 예를 들어, 자신의 상사에게 위협을 느끼는 온순한 남성이 집으로 돌아와 부적절한 적대감을 자신의 아이들에게 드러낸다.
합리화	상처받은 자아를 설득하기 위해 '좋은' 이유들을 지어내는 것	합리화는 특정 행동들을 정당화하도록 돕고, 실망스러운 일이 가져온 충격을 완화시킨다. 사람들이 직장에서 지원한 일에 선발되지 못하면 성공하지 못한 논리적 이유를 생각해내고 때로는 그 직위를 진정으로 원한 것은 아니었다고 스스로를 설득한다.

(계속)

표 4.1 자아 방어기제

	방어기제	행동
승화	성적 또는 공격적 에너지를 다른 경로를 통해 발산하는 것	이러한 에너지를 보통 사회적으로 용인될 수 있고 때로는 존경받을 수 있는 경로로 발산한다. 예를 들어, 공격적인 충동은 운동 경기 등과 같은 경로로 발산되는데 공격적인 감정을 표현하는 방법이 될 수 있을 뿐 아니라 덤으로 칭찬을 받게 되기도 한다.
퇴행	요구가 보다 적었던 더 낮은 발달의 단계로 되돌아가는 것	심각한 스트레스나 극도의 도전에 마주한 사람은 미성숙하거나 부적절한 행동을 고수하는 방법으로 불안에 대처하려고 시도한다. 예를 들어, 학교에서 두려움을 느끼는 아동들은 울기, 과도한 의존성 보이기, 손 빨기, 숨어버리기, 선생님에게 매달리기 등과 같은 유아기의 행동을 보일 수 있다.
투입	다른 사람의 가치나 기준을 '삼키듯이' 그대로 받아들이는 것	긍정적인 형태의 투입은 부모의 가치 또는 치료자의 자질이나 가치를 자기 안에 통합하는 것이다(단순히 무비판적으로 받아들이지는 않았을 것이라고 가정한다). 부정적인 투입의 예는 강제 수용소의 몇몇 죄수들이 자신을 핍박하는 간수들과 동일시하는 과정을 통해 적의 가치를 받아들이므로 극도의 불안에 대처하는 것이 예가 될 수 있다.
보상	자신의 한계를 만회하기 위해 특정 긍정적 특성을 발달시키거나 지각된 약점을 가리려고 하는 것	이 기제는 직접적인 적응적 가치가 있는데, '나의 열등한 부분을 보지 말고, 내가 이루어낸 업적을 통해 나를 보라'고 말하는 것과 같은 것이다.

성격의 발달

학습 목표 04 **초기 발달의 중요성** 정신분석적 모형의 중요한 공헌점은 출생부터 성인기에 이르는 심리성적 및 심리사회적 발달의 단계를 정립한 것이다. **심리성적 단계**(psychosexual stage)는 프로이트 이론에서 유아기부터 시작되는 연대순의 발달 단계를 말한다.

프로이트는 발달의 초기 3단계에 대한 개념을 정립하였는데 보통 이 단계들에서의 문제가 적절하게 해결되지 않았을 때 사람들은 상담의 필요성을 느끼게 된다. 첫 단계는 **구강기**(oral stage)로 자신과 타인을 신뢰하기 어렵다는 느낌을 해결해나가야 하는 시기이고, 이러한 무능력감은 이후에 누군가를 사랑하고 가까운 관계를 형성하는 것에 대한 두려움이나 낮은 자존감으로 이어지기도 한다. 다음은 **항문기**(anal stage)인데 이 단계에서는 분노를 인식하고 표현하는 데서 경험하는 무능력감을 다루게 되는데 자칫하면 자신이 지닌 능력을 부정하거나 자율성을 잃어버리게 되기도 한다. 세 번째는 **남근기**(phallic stage)이고, 자신의 성적 성향과 성적 감정을 있는 그대로 받아들이거나 자신을 남성 또는 여성으로 받아들이는 데 있어서 경험하는 무능감을 다루어야 한다. 프로이트주의의 정신분석적 관점에 의하면, 성격 및 사회적 발달, 즉 사랑과 신뢰, 부정적인 감정을 다루는 것, 성 성향을 긍정적으로 수용하도록 발달시키는 것은 모두 생애 초기 3

단계, 첫 6년 내에 기반이 다져지게 된다. 이 기간은 이후에 성격 발달이 이루어지는 근거가 된다. 아이의 필요가 이 발달 기간 동안 적절하게 채워지지 않으면, 특정 단계에 고착되어버릴 수 있고 이후의 생애에서 심리학적으로 미성숙한 행동들을 보일 수 있다.

학습 목표 05 **에릭슨의 심리사회적 관점** 프로이트의 의해 처음 소개된 발달 단계들은 다른 이론가들에 의해 확장되었다. 성격 발달에 관한 에릭 에릭슨(1963)의 심리사회적 관점은 특히나 중요하다. 에릭슨은 프로이트의 아이디어에 기반을 두면서 초기 유아기를 넘어서 발달의 심리사회적 측면을 강조해 자신의 이론을 확장시켜나갔다. **심리사회적 단계**(psychosocial stages)는 에릭슨의 기본 심리 및 사회적 과업을 뜻하는 것으로, 이는 개인이 유아기부터 노년기에 걸쳐 달성해야 하는 것들이다. 이 단계적 관점은 상담자에게 일생의 다양한 단계들의 주요 발달 과업 특성들을 이해하도록 돕는 개념적 도구를 제공한다. 에릭슨의 발달 이론은 심리성적 성장과 심리사회적 성장이 함께 진행되고, 삶의 각 단계에서 우리는 우리 자신과 우리가 속한 사회 간의 균형을 이루어야 하는 과업에 직면한다는 관점을 유지한다. 그는 일생 전체에 걸친 발달에 대해 기술하였고, 각각의 단계를 해결되어야 할 구체적인 위기들에 따라 나누었다. 에릭슨에 따르면, 이 **위기**(crisis)는 우리가 앞으로 나아가거나 퇴행하는 양방향으로서의 잠재력을 지니는 삶의 전환점과 같은 것이다. 이런 전환점에 다다르면 우리는 갈등을 해결하고 성장하거나 주어진 발달 과업을 완수하지 못하고 실패할 수도 있다. 넓은 의미에서 보면 우리의 삶은 이런 각 단계들에서 우리가 하는 선택의 결과물들이라 할 수 있다.

에릭슨을 흔히들 현대 정신분석학이 사회적 요인들의 중요성을 받아들이도록 만든 최초의 이론가라고 인정한다. **고전적 정신분석학**(classical psychoanalysis)은 **이드 심리학**(id psychology)에 기반을 두고, 본능과 정신내적 갈등들을 성격 발달(정상적이거나 비정상적인)을 형성하는 기본 요소라고 여긴다. **현대 정신분석학**(contemporary psychoanalysis)은 **자아심리학**(ego psychology)에 기초하는 경향이 있는데, 이는 정신내적 갈등의 역할을 부인하지는 않지만, 인간의 전 생애에 걸친 숙달과 능숙함을 성취하기 위한 자아의 노력을 강조한다. 자아심리학자들은 내담자가 자신들이 사용하고 있는 방어에 대한 인식을 얻고 이런 방어들을 더욱 잘 다룰 수 있도록 성장하는 데 도움을 준다(McWilliams, 2016). 자아심리학자들은 현재의 문제가 단순히 초기 유아기의 무의식적 갈등의 반복 수준으로 환원될 수 있는 것은 아니라고 보기 때문에 초기와 후기 발달 단계들을 모두 다룬다. 청소년기, 중년기, 이후 성인기 단계들 모두가 특별히 강조되어야 하는 위기들을 포함하고 있다. 우리의 과거는 미래에 부여하는 의미가 있고, 발달은 연속적으로 성장 단계를 따라 일어나고 있기 때문에 각 단계는 또한 다른 단계와 관련이 있다.

개개인의 발달을 심리성적 그리고 심리사회적 요인들 모두를 포함하는 통합적인 관점으로 바라보는 것이 유용하다. 에릭슨은 프로이트가 발달에서 자아의 위치를 충분히 설명하지 않았고 전체 삶에 걸친 사회적 영향성에 대해 충분한 주의를 기울이지 않았다고 생각한다. 발달 단계에 관한 프로이트의 심리성적 관점과 에릭슨의 심리사회적 관점에 대한 비교는 표 4.2에서 보여준다.

표 4.2 프로이트의 심리성적 단계와 에릭슨의 심리사회적 단계 비교

인생의 시기	프로이트	에릭슨
생애 첫 1년	구강기: 어머니의 젖을 빠는 것은 음식과 쾌락에 대한 필요를 충족시킨다. 신생아들은 기본적인 양육을 얻을 필요가 있고, 이후 탐욕과 욕심에 대한 감정이 발달될 수도 있다. 구강기 고착은 신생아기의 구강 만족감의 결여로 인해 나타난다. 이후 나타날 수 있는 성격 문제는 타인에 대한 불신, 타인에 대한 거절, 사랑 또는 친밀한 관계를 형성할 수 없거나 이에 대한 두려움을 가지는 것으로 나타나게 된다.	유아기: 기본적 신뢰 대 불신 만일 중요한 타인이 기본적인 신체적 및 감정적 필요를 제공한다면, 유아는 신뢰감을 발달시킨다. 만일 기본적인 필요가 충족되지 않으면 세상, 특히 대인관계에서 불신의 태도가 나타나게 된다.
1~3세	항문기: 항문 부위가 성격 형성을 위한 중요한 정보의 원천이 된다. 주요 발달 과업은 독립심을 배우고, 개인의 능력을 수용하고, 분노와 공격성과 같은 부정적인 감정들을 표현하는 것을 배우는 것이다. 부모의 훈육 양식과 태도가 아동의 이후 성격 발달에 중요한 영향을 미친다.	초기 아동기: 자율성 대 수치심과 의심 자율성을 발달시키는 시기이다. 기본적인 경쟁은 자기 의존과 자기 의심 간에 이루어진다. 아동은 탐색하고 실험하고, 실수를 범하고, 한계를 실험해야 할 필요가 있다. 만일 부모가 의존성을 조장한다면, 아동의 자율성은 억제되고 성공적으로 세상을 다루는 능력은 방해를 받는다.
3~6세	남근기: 기본 갈등은 무의식적인 근친 간 욕망에 의해 시작된다. 이는 아이들이 이성 부모에 대해 발달시키는 것으로서, 그 위협적인 본질 때문에 의식에서는 억압된다. 오이디푸스 콤플렉스가 진행되는 것으로 알려져 있는 남성 남근기는 어머니가 남아의 사랑의 대상이 된다. 엘렉트라 콤플렉스로 알려진 여성 남근기는 여아가 아버지의 사랑과 인정을 얻으려고 노력하는 것이 포함된다. 부모들이 유아의 성 성향에 언어적으로나 비언어적으로 어떻게 반응하는지는 유아가 발달시키는 성적 태도와 감정에 영향을 미친다.	취학 전 연령: 주도성 대 죄의식 기본 과업은 역능감과 주도성을 성취하는 것이다. 만일 유아에게 개인적으로 의미 있는 활동을 선택할 수 있는 자유가 주어진다면, 스스로에 대한 긍정적인 관점을 발달시키고 자신의 프로젝트를 완수하는 경향이 있다. 만일 스스로 결정을 내리는 것이 허용되지 않는다면, 주도성을 얻기보다 죄의식을 발달시키는 경향이 있다. 그러면 적극적인 입장을 취하는 것을 삼가게 되고 다른 사람들이 대신 선택하도록 만든다.
6~12세	잠재기: 이전 시기에서 성적 충동에 의한 고통을 겪은 후여서 상대적으로 잠잠한 시기이다. 성적인 흥미는 학교에서의 흥미, 놀이 친구, 스포츠, 다양한 새로운 활동들로 대체된다. 아이들이 외부에 눈을 돌리면서 다른 사람들과 관계를 형성하는 사회화의 시기이기도 하다.	학령기: 근면성 대 열등감 아동은 세상에 대한 이해를 확대시키고, 적절한 성 역할 정체성을 계속 발달시키며, 학업에서 성공하기 위해 필요한 기본 기술들을 배우기 시작할 때이다. 기본 과업은 근면성을 얻는 것으로, 이는 개인적인 목표를 설정하고 이루어감을 통해 얻는다. 이에 실패하면 무능감을 경험한다.

(계속)

표 4.2 프로이트의 심리성적 단계와 에릭슨의 심리사회적 단계 비교

인생의 시기	프로이트	에릭슨
12~18세	생식기: 남근기의 오래된 주제가 다시 나타난다. 이 단계는 사춘기와 함께 시작되고 노년이 시작될 때까지 지속된다. 사회의 규제와 금기가 있음에도 불구하고, 청소년들은 교우관계를 형성하는 것과 같은 사회적으로 허용될 만한 다양한 활동이나, 예술 혹은 스포츠, 장래 직업 준비에 참여함으로써 성적 에너지를 다룰 수 있다.	청소년기: 정체성 대 역할 혼미 아동에서 성인이 되는 과도기이다. 의존적 연대를 깨뜨림으로써 자신의 한계를 시험해보기도 하며, 새로운 정체성을 형성하는 시기이다. 주요 갈등은 자아 정체성, 삶의 목표, 삶의 의미를 명확히 해가는 가운데 생겨날 수 있다. 정체성을 확립하지 못하면 역할 혼미를 경험하게 된다.
18-35세	생식기가 계속된다. 성숙한 성인의 핵심적 특징은 자유롭게 '사랑하고 일하는 것'에 있다. 이와 같은 성인으로 향해 가는 과정은 부모의 영향으로부터의 벗어나 자유롭게 된다는 것과 다른 사람을 돌볼 수 있는 능력을 지닌다는 것을 의미한다.	초기 성인기: 친밀감 대 고립감 이 시기의 발달 과업은 친밀한 관계를 형성하는 것이다. 친밀감을 형성하는 것에 실패하면 소외와 고립으로 이어진다.
35~60세	생식기가 계속된다.	중기 성인기: 생산성 대 침체감 자신과 가족을 넘어서 다음 세대에 도움을 주고자 하는 욕구가 있다. 이 시기는 개인의 꿈과 실제 성취 간의 불일치가 맞춰지도록 조정해가는 시기이다. 생산성을 심리적으로 경험하지 못하게 되면 심리적 정체를 야기할 수 있다.
60세 이상	생식기가 계속된다.	후기 성인기: 자아 통정성 대 절망 만약 삶을 되돌아볼 때 몇 가지의 후회가 있지만 개인적으로 보람이 있었다고 느끼면 자아 통정성을 얻게 된다. 자아 통정성을 얻지 못하는 것은 절망감, 무망감, 죄책감, 분개, 자기 거절감을 야기할 수 있다.

상담의 영향 심리성적 및 심리사회적으로 통합된 관점을 취하게 되면 상담자는 치료 과정에서 드러나는 내담자의 발달 문제를 이해할 수 있는 유용한 개념적 틀을 얻게 된다. 주요 욕구와 발달 과업들, 그리고 삶의 각 단계에 내재하는 도전들의 개념은 내담자들이 치료 회기에서 탐색하는 핵심 갈등을 이해할 수 있는 모형을 제공한다. 다음과 같은 질문들이 치료 과정에 방향성을 제공해줄 수 있다.

- 생애의 각 단계에 요구되는 주요 발달 과업은 무엇이고, 이런 과업들이 상담에 어떻게 연관되는가?
- 이 사람의 삶에 연속성을 제공해주는 주제는 무엇인가?
- 삶의 다양한 지점에 있는 사람들의 공통된 관심사들은 무엇이 있는가? 이런 시점

에서 사람들은 삶을 결정하는 선택들을 하도록 어떻게 도전받는가?
- 사람들의 현재 문제와 지난 수년 동안 중요한 사건들 간에는 어떤 관계가 있는가?
- 각각의 중요한 시기에 어떤 선택들을 했고, 삶의 다양한 위기들을 이 사람은 어떻게 다루었는가?
- 삶의 전반적인 측면을 치료에서 다루기 위해 고려해야 하는 개인의 발달에 영향을 미친 사회문화적 요인들은 무엇이 있는가?

심리사회적 이론은 유년기와 청소년기 요인들에 특별히 중요성을 부여하고 있는데 이후 단계들도 중요한 위기들을 포함하고 있음을 인식하고 있다. 주요한 발달상의 주제와 맥락들이 내담자의 생애 전반에 걸쳐 드러나고 있음을 발견할 수 있다.

치료 과정

치료 목표

정신분석적 치료의 목표는 증상을 줄이고 갈등을 해결함을 통해 최종적으로는 적응적인 기능을 증가시키는 데 있다(Wolitzky, 2011a). 프로이트주의 정신분석 치료의 두 가지 목표는 무의식을 의식화하는 것이고 자아를 강화시킴으로써 행동이 현실에 더욱 기반을 두게 하여 본능에 따른 갈망이나 비이성적인 죄책감에 의해 조종되지 않도록 돕는 것이다. 성공적인 분석은 개인의 성격과 특징 구조에 상당한 수정을 가져올 것이라 예상할 수 있다. 치료적 방법은 기본적으로 무의식적 소재들을 밖으로 가지고 나오도록 하는 것이다. 그런 다음 어린 시절의 경험들을 재구성하고, 논의하고, 해석하며, 분석한다. 이 과정이 문제해결과 새로운 행동을 학습하는 것에만 국한되지 않는다는 것은 분명하다. 그보다, 성격의 변화를 위해 반드시 필요한 자기 이해의 수준을 높이기 위해 과거에 대해 깊이 살펴보는 것이다. 정신분석 치료는 통찰력을 얻는 것을 중요하게 간주하는데 단순한 수준의 지적인 이해 정도를 뜻하는 것은 아니며 통찰의 과정에서 그 이해와 관련된 기분이나 기억들을 재경험하는 것이 필수적이라고 본다.

상담자의 기능과 역할

학습 목표 06 고전적 정신분석에서 분석가는 자신을 최대한 드러내지 않으며 비판단적 자세를 견지한다. 이는 때로 **'빈 화면' 접근법**(blank-screen approach)으로 불리기도 한다. 분석가들은 자기개방을 피하고 전이 관계, 즉 내담자가 분석가들에게 **투사**(projection)하도록 하는 관계를 촉진시키기 위해 중립성을 유지한다. 이 **전이관계**(transference relationship)는 정신분석의 초석인데, "본래 초기 관계에서 경험된 기분을 현 환경에서 중요한 타인에게 이동시키는 것을 뜻한다”(Luborsky, O’Reilly-Landry, & Arlow, 2011, p.18). 만약 치료자가 자신들에 대한 언급을 삼가고 개인적인 반응을 좀처럼 공유하지 않는 상태를 유지한다면, 내담자가 치료자에 대해 느끼는 것은 그것이 무엇이든지 간에 대부분 과거의 다른 중요한 인물과 관련된 기분의 산물일 것이라고 가정한다. 완료되지 못하고 억압된 과거의 상황으로부터 유래된 이런 투사는 ‘얻어낼 것이 대단히 많은 재료’로 여겨지고, 그에 대한 분석은 치료적 작업에 절대적으로 필요한 것이라고 할 수 있다.

분석의 중심 기능 중의 하나는 내담자가 사랑하고, 일하고, 즐길 수 있는 자유를 누릴 수 있도록 돕는 것이다. 또 다른 기능은 내담자가 현실적인 방법으로 불안을 다루고, 충동과 비이성적인 행동에 대한 통제력을 얻음으로써 자기 인식, 정직함, 그리고 더욱 효율적인 대인관계를 성취할 수 있도록 돕는 것 등이 포함된다. 치료적 동맹관계를 수립하는 것이 일차적인 치료의 목표이고, 훼손된 동맹관계를 회복시키는 것은 치료가 진행되는 필수 요소이다(McWilliams, 2014). 내담자에 대한 공감적 조율은 내담자가 경험하고 있는 정신내적 세계에 대해 분석가가 공감할 수 있도록 도와준다(Wolitzky, 2011b). 내담자의 저항에 특별히 주의할 필요가 있는데 분석가는 내담자를 존중하며, 개방된 방법으로 경청하고 적절한 해석을 해야 하는 때를 잘 판단해야 한다. 또한 효과적인 해석에는 재치와 타이밍이 필수적이다(McWilliams, 2014). 해석의 주요 기능은 감춰진 무의식적인 내용의 처리 과정을 가속화하는 것이다. 정신분석적 치료자들은 말로 표현된 내용과 말로 표현되지 않은 것들 모두에 주의를 기울이고, 내담자 이야기 속의 드러나는 빈 공간과 불일치를 경청하면서 찾아내며, 보고된 꿈과 자유연상의 의미를 추론하고 치료자를 향한 내담자의 감정과 관련된 단서들에 민감한 자세를 유지한다.

성격 구조와 정신역동에 대한 이해의 틀 안에서 이런 치료적 과정을 체계화하는 것은 분석가로 하여금 내담자가 지닌 문제의 본질을 더 잘 이해할 수 있도록 도와준다. 분석가의 중심 기능 중의 한 가지는 이런 과정의 의미를 내담자에게 가르쳐서(해석을 통해) 내담자들이 경험하고 있는 자신의 문제에 대한 통찰력을 얻고, 변화 방법에 대한 인식을 증대시키며, 결과적으로 자신들의 삶에 대한 통제권을 더 많이 얻도록 하는 것이다. 정신분석적 접근법의 주요 목표는 내담자로 하여금 자신들의 문제를 스스로 해결할 수 있도록 역량을 발전시키게 돕는 것이다.

정신분석적 치료 과정은 퍼즐 조각들을 맞추어 합치는 것과 같다. 내담자의 변화가 치료자의 해석의 정확성보다는 변화에 대한 준비성에 의해서 더 좌우될 수도 있다. 만약 치료자가 내담자를 너무 급하게 밀어붙이거나 시의적절치 않은 해석을 제시하게 되면, 치료는 효과적이지 못하게 된다. 변화는 내담자들이 더욱 자유롭게 새로운 방식으로 행동할 수 있도록 오래된 방식들을 재작업하는 과정을 통해 발생한다(Luborsky et al., 2011).

상담에서 내담자의 경험

학습 목표 07 **고전적 정신분석**(classical psychoanalysis)에 관심이 있는 내담자는 장기간에 걸쳐 집중적으로 진행될 치료 과정에 기꺼이 헌신할 수 있어야 한다. 보통 내담자는 분석가와 몇 회에 걸쳐 면대면 초기 회기를 진행 한 후, 긴 소파에 누워 **자유연상**(free association)에 참여하게 된다. 즉, 마음속에 떠오르는 말이 무엇이든지 자기검열 없이 말하도록 노력하게 된다는 뜻이다. 자유연상 과정은 '핵심적 원칙(fundamental rule)'이라고 알려져 있다. 내담자는 자신의 감정, 경험, 연상, 추억, 공상을 분석가에게 말한다. 소파에 눕는 것은 보다 깊이 그리고 검열되지 않은 반영을 할 수 있도록 하기 위해서이며 내적 갈등이나 정신역동적 내용에 접촉하는 것을 방해할 수도 있는 자극들을 최소화시켜주기 위한 것이다. 또한 내담자의 말에 반응하는 분석가의 얼굴 표정을 내담자가 '읽음'으로서 전이 과정에서 투사시키는 성격 특성에 영향을 받을 가능성을 감소시키고자 하는 목적도 있다.

정신분석에 참여하는 내담자는 분석가와 독특한 관계를 경험하게 된다. 내담자는 자신의 생각이나 기분들을 대단히 무책임하고, 가증스럽고, 사회적으로 옳지 않으며, 이기적이거나 유치할지라도 자유롭게 표현하도록 격려받는다. 분석가는 분석이 진행되는 과정에서 주의 깊게 듣고, 질문하고 해석하면서 비판단적인 자세를 유지한다. 이런 구조는 긍정적인 치료적 성장을 도울 뿐 아니라 어느 정도의 취약성을 포함할 수 있게 하는, 덜 엄격한 정도의 적응을 경험하므로 내담자가 자아 방어기제를 느슨하게 하고 '퇴보'할 수 있도록 조장하기도 한다. 내담자를 위해 분석적 환경을 안전하게 유지하는 것은 분석가의 책임이기 때문에 분석가는 자발적인 자기표현에 참여하는 것에서 자유롭지 못하다. 치료자의 모든 개입은 내담자의 과정을 발전시키기 위해 이루어진다. 고전적 분석에서, 치료적 중립성과 익명성은 분석가의 가치이고, 일관된 환경이나 '틀'을 유지하는 것이 분석적 기술의 많은 부분을 차지한다. 치료적 변화는 안전한 치료적 관계에서 이전의 양식들을 '작업해나가는' 오랜 기간이 필요하다.

정신역동 치료(psychodynamic therapy)는 고전적 정신분석의 긴 과정을 단축하고 간소화하기 위해 생겨났다(Luborsky et al., 2011). 많은 정신분석을 지향하는 실무가들, 또는 정신분석 치료자들(분석가와는 구분된)이 고전적 분석과 연관된 모든 기법을 사용하는 것은 아니다. 그렇지만 정신역동 치료자들은 전이 징후들에 대한 기민한 자세를 유지하고, 내담자 꿈의 의미를 발견하고, 과거와 현재를 모두 탐색하며, 방어와 저항에 대한 해석을 제공하고, 무의식적 내용들에 관심을 둔다. 전통적인 분석 치료자들은 더욱 빈번하게 전이를 해석하고, 정신역동 치료자들보다는 지지적인 개입에 덜 참여한다(Wolitzky, 2011a).

정신분석 치료의 내담자들은 집중적인 치료적 과정 절차를 고수하기 위해 치료자와 함께 치료 과정에 깊이 헌신한다. 이들은 언어적 부산물이 정신분석 치료의 중심이 되기 때문에 적극적으로 말할 것에 동의한다. 이들은 보통 분석 기간 동안 이혼을 하거나 직장을 그만두는 것과 같은 생활양식에 있어서 급격한 변화를 실행하지 않도록 하는 것이 좋다고 안내받는다. 이런 변화들을 피하는 이유는 치료의 과정과 관련이 있는데, 이런 변화들이 종종 내담자를 동요시키고 또한 방어를 느슨하게 만들기 때문이다. 이와 같은 제한들은 고전적 정신분석과 더 관련이 크고, 정신분석적 심리치료에서는 상대적으로 덜한 편이다. 정신분석적 심리치료는 보통 한 주당 회기의 횟수가 더 적고, 이 회기들은 일반적으로 대면식이며, 치료자가 지지적이기 때문에 치료적 '퇴행'이 덜하다.

정신분석의 내담자들은 자신 및 자신의 분석가가 이런 증상들과 핵심 갈등들을 해결하고, 남아있는 감정적인 문제를 분명히 받아들이며, 이런 어려움들의 오랜 원인들을 이해하고, 핵심 주제들을 숙달하고, 환경이 그들에게 어떻게 영향을 끼치고 그들 또한 환경에 어떻게 영향을 끼치는지에 대한 통찰력을 얻고, 이제 방어를 감소시키고 과거 문제에 대한 인식을 현재 관계와 통합할 수 있다고 상호 동의할 때에야 비로소 회기를 종결할 준비가 된 것이다. 월리츠키(Wolitzky, 2011a)는 그밖에 종결에 대한 최상의 기준들에 대해 열거했다. 여기에는 전이의 감소, 치료의 주요 목표의 달성, 특정한 추구나 어린 시절 공상의 무익성 수용, 사랑하고 일할 수 있는 능력의 증대, 더욱 안정적인 대처 양식의 성취, 자기분석 역량 등이 포함된다. 성공적인 분석은 내담자의 삶에 관련된 내담자의 '왜'라는 질문에 답하는 것이다. 커티스와 허시(Curtis & Hirsch, 2011)는 종결이 애착, 분리, 상실에 관한 강한 감정을 일으키는 경향이 있음을 제언하고 있다. 종결 시기는 이런 감정에 관하여, 그리고 내담자가 심리치료에서 어떤 것들을 알게 되었는지에 대해 종결 이전에 충분히 이야기할 수 있도록 설정된다. 치료자는 내담자가 변화를 야기할 수 있도록 무엇을 했는지를 명확히 할 수 있게 돕는다.

상담자와 내담자의 관계

학습 목표 08 고전적 분석가(classical analysis)와 현대 관계 분석가(relational analysis)에 의해 치료적 관계가 어떻게 개념화되는지에 관해서는 몇 가지 차이점이 있다. 고전적 분석가는 관계의 밖에 위치하고, 이에 대해 견해를 말하며, 통찰력을 만들어내는 해석을 제공한다. 현대적 관계 정신분석의 경우, 치료자들은 객관적인 위치를 얻으려고 노력하지 않는다. 현대 정신역동 치료자들은 초기의 재현만큼 '지금 여기'의 전이에도 초점을 둔다. 현재 관계에 과거를 가져오므로 과거에 대한 새로운 이해가 펼쳐질 수 있다(Wolitzky, 2011a). 현대적 정신역동 치료자들은 내담자와의 감정적인 대화를 정보를 얻고 연계를 만들어내는 유용한 방법으로써 바라본다. 분석적 치료는 치료 회기의 순간에 발생하는 감정, 인지, 행동에 초점을 둔다(Luborsky et al., 2011; McWilliams, 2014; Wolitzky, 2011a, 2011b). 치료적 관계는 내담자의 자기 인식, 자기 이해, 탐색을 증대시키는 데에 핵심적이다(Barber, Muran, McCarthy, & Keefe 2013). 대인관계와 관련된 신경생물학에서 이루어낸 최근의 연구 결과는 대인관계적 외상과 무시 때문에 고통을 받아온 내담자들을 치료하는 경우, 정신분석적 관계의 효과성을 강력하게 지지하고 있다(Schore, 2014).

전이와 역전이는 정신역동 치료를 이해하는 데에 가장 중요하다. 치료적 관계의 중요한 측면은 전이 반응을 통해 드러난다. **전이**(transference)는 내담자가 과거의 중요한 타인에게 가졌던 감정, 태도, 공상(긍정적 또는 부정적)들을 분석가에게로 무의식적으로 이동시켜 드러내는 반응이다. 전이는 현재에서 과거를 무의식적으로 반복하는 상태를 수반한다. "이는 오래전 관계의 경험이 대단히 깊은 정형화 과정을 거쳐 지금 삶 속에 드러나는 것이라 할 수 있다"(Luborsky et al., 2011, p.47). 내담자는 종종 치료자에 대한 긍정적이고 부정적인 감정과 반응이 혼합된다. 이런 감정이 의식화되고 치료자에게 전이될 때, 내담자는 과거의 '해결되지 않은 일'을 비로소 이해하고 해결할 수 있다. 치료가 진행됨에 따라, 어린 시절의 기분과 갈등이 깊은 무의식으로부터 수면 위에 오르기 시작하고, 내담자는 감정적으로 퇴행한다. 전이는 내담자가 사랑, 성, 적대감, 불안, 분노와 관계된 초기의 강력한 갈등을 부활시키고, 현재로 가져오며, 재경험하고, 치료자에게 부여할 때에 발생한다. 예를 들어, 내담자는 엄격하고 애정이 부족했던 아버지를 향한 미해결된 감정을 자신이 보기에 엄격하고 애정이 부족하다고 생각되는 치료자에게 전이시킬 수도 있다. 화난 기분은 부정적인 전이의 산물이지만 내담자가 반대로 긍정적 전이를 할 수도 있다. 예를 들어, 치료자를 사랑하게 되거나, 입양되길 원하거나, 그 밖의 다른 방식으로 전능한 치료자의 사랑, 수용, 인정을 추구하는 것과 같은 긍정적인 전이를 발달시킬 수도 있다. 간단히 말하면, 치료자는 중요한 타인에 대한 현재의 대리인이 되는 것이다.

만약 치료가 변화를 만들어내는 것이라면, 전이관계는 반드시 해결되어야 한다. **극복**(working-through) 과정은 대부분 초기 어린 시절에서 비롯된 무의식적 내용과 방어에 대한 반복적이고 정교한 분석으로 구성된다. 내담자는 이런 방어적 구조를 수용하고 이런 것들이 과거에 어떤 목적을 위해 사용되었는지를 인식하는 것을 배운다(Rutan, Stone, & Shay, 2014). 이는 이전 양식들을 해결하고 내담자가 새로운 선택을 할 수 있게 한다. 효과적인 치료에는 내담자가 현재에서 교정적이고 통합적인 경험인 치료자와의 관계를 발달시키는 것이 필요하다.

내담자는 자신들의 핵심 갈등과 핵심 방어기제들이 일상의 삶에서 나타나는 다양한 방식들에 대해 살펴볼 많은 기회가 있다. 내담자가 심리적으로 독립될 수 있기 위해서는 반드시 무의식적 소재들에 대해 인식해야 할 뿐 아니라, 부모와 같은 인물의 전적인 사랑과 수용에 대한 욕구와 같은 유아의 노력에 의해 동기화되는 행동으로부터 어느 정도 자유로워야 한다고 할 수 있다. 만일 이러한 치료적 관계가 요구되는 어려운 과정이 적절히 극복되지 못하면 내담자는 전적인 사랑과 수용을 원하는 유아기적 바람을 또 다른 인물에게 전이시키게 된다. 내담자와 치료자의 관계는 이러한 어린 시절의 부모를 향한 동기가 투영될 수 있는 대한히 유사한 관계인 것이다.

정신분석적 치료의 기간과 상관없이 우리의 유아기 욕구와 외상의 흔적은 절대로 완전히 지워지지 않는다. 전이의 대부분의 측면들이 치료자와 함께 다루어질 수 있음에도 불구하고, 이런 유아기의 갈등은 완전히 해결되지 않을 수도 있다. 우리는 일생에 걸쳐 다른 사람에게 투사하는 것 같은 기분뿐만 아니라 다른 사람들이 나의 욕구를 충족시켜 줄 것이라 기대하는 비현실적인 기대와 끊임없이 싸워야 할 필요가 있을지도 모른다. 이런 점에서 우리는 많은 사람들과의 전이를 경험하고, 그래서 우리의 과거는 항상 현재 우리가 되어가고 있는 존재의 중요한 부분이 된다.

내담자가 치료자에게 가지고 있는 모든 감정들이 전이의 발현이라고 가정하는 것은 오해이다. 대부분의 반응들이 현실적인 기반을 두고 있을 수 있고, 내담자의 감정은 치료자가 보여주고 있는 '지금 여기' 양식으로 향하고 있을 수도 있다. 모든 긍정적인 반응들, 예를 들어 치료자를 좋아하는 것이 '긍정적인 전이' 등으로 단순히 명명되어서는 안 된다. 반대로, 치료자에 대한 내담자의 분노는 치료자의 행동에 대한 반응일 수 있고, 따라서 모든 부정적인 반응들을 '부정적인 전이'의 신호로 보는 것도 옳지 않다.

과거의 경험으로부터 절대로 완전히 자유로울 수 없다는 개념은 내담자의 해결되지 않은 갈등에 직접적으로 연관되게 된 치료자에게 중요한 함의를 제공한다. 치료자가 자기 자신의 갈등을 의식하고 있다 하더라도, 그리고 심지어 치료자가 이런 개인적인 문제를 자신의 치료에서 집중적으로 이미 다루었다고 하더라도, 내담자들에게 왜곡되게 투사하는 상황을 피할 수 없을 수도 있다. 모든 치료자들이 자신들의 전문적 작업을 통해서 활성화되는 미해결된 갈등과 개인적인 취약성을 가지고 있기 때문에 치료자들의 역전이 반응은 피할 수 없다. 전통 정신분석적 관점에서 **역전이**(countertransference)는 부적절한 영향을 미칠 때, 치료자가 비이성적인 방식으로 반응할 때, 또는 치료자들 자신의 갈등이 촉발되기 때문에 관계 내에서 치료자가 객관성을 상실할 때 발생하는 현상으로 본다. 역전이는 치료자 자신의 과거에 기반을 두고, 내담자 행동에 대한 왜곡된 인식을 가져오는 내담자에 대한 치료자의 무의식적인 감정적 반응으로 구성된다(Rutan et al., 2014). 시간이 지나면서 이 역전이에 대한 전통적인 관점은 내담자의 전이에 대한 것뿐 아니라, 내담자의 성격과 행동의 모든 측면에 대한 치료자의 모든 반응을 포함하는 것으로 확대되었다. 이런 확대된 관점에서 역전이는 내담자에 대한 치료자의 모든 감정적 반응을 포함하고, 철회, 분노, 사랑, 짜증, 무력감, 회피, 과도한 동일시, 통제, 슬픔을 포함할 수 있다. 오늘날의 정신분석적 현장에서, 역전이는 의식적으로든지 무의식적으로든지 내담자에게 필히 영향을 미치는 미묘한 비언어적, 음조적, 태도적 행동의 다양한 형태로 나타난다(Curtis & Hirsch, 2011; Wolitzky, 2011b).

내담자를 잘못 이해하고 과도하게 동일시하는 것을 피하기 위해, 이 분석적 접근법은 치료자들 또한 분석적 심리치료를 받을 것을 요구한다. 맥윌리엄스(McWilliams, 2014)

는 치료자들이 자신들의 무의식에 접근하고 이를 이해하는 것이 얼마나 중요한지에 대해 강조하였고 치료자가 받는 심리치료의 주요 결과는 진실성, 이타성, 그리고 내담자와의 긍정적 치유 관계를 형성하도록 만드는 겸손함이라고 하였다. 치료자를 위한 개인치료와 임상 감독은 치료 과정에 내적 반응이 어떻게 영향을 미치는지와 어떻게 치료 작업에서 역전이 반응을 도움이 되는 방향으로 사용할 수 있는지를 더욱 잘 이해하도록 도와줄 수 있다(Hayes, Gelso, & Hummel, 2011).

모든 역전이 반응이 치료적 과정에 해로운 것은 아니다. 실제로, 역전이 반응은 종종 내담자의 세계를 이해하고 치료자의 자기 이해를 도와주는 강력한 자료가 된다. 예를 들어, 화가 나는 역전이 감정에 주목한 치료자는 내담자의 까다로운 요구를 지속하는 형태에 대해 치료 과정에서 더 탐색해보고 배움을 얻을 수 있다. 이렇게 긍정적인 방식으로 볼 때, 역전이는 내담자가 자신에 대한 이해를 얻을 수 있도록 돕는 중요한 진입로가 될 수 있다. 역전이에 관한 대부분의 연구는 해로운 영향에 관해서만 다루었지만, 헤이즈(Hayes, 2004)는 역전이의 잠재적인 치료적 이점에 관한 체계적인 연구를 시작할 필요가 있다고 제언한다.

관찰된 역전이를 어떻게 사용하는가 하는 것은 정신분석적 치료의 종류만큼 다양하다. 어떤 접근들은 그 감정을 내담자와 공유해도 무방하다고 보지만, 전통적 분석 치료자들은 피할 수 없는 역전이의 발생에 관하여 드러내지 않고 살펴보며 역전이에 대한 표현을 최소화하기 위해 노력한다. 내담자와의 적절한 경계를 만들고 자기 이해를 얻는 치료자의 능력은 그들의 역전이 반응을 다루고 효과적으로 사용하는 데에 있어서 매우 중요하다(Hayes et al., 2011).

치료자가 어느 정도의 객관성을 유지하고, 분노, 사랑, 과찬, 비난, 그리고 이외 내담자가 표출하는 강력한 감정에 대면하여 방어적으로나 주관적으로 반응하지 않는 것이 매우 중요하다. 만일 심리치료자가 특정 유형의 내담자에게 강력한 혐오, 강한 매력, 치료적 관계에서 확고하게 발생하는 신체화 반응들을 인식한다면, 효과적인 치료자가 되는 것에 방해가 될 수 있는 이런 개인적인 문제에 대해 작업할 수 있도록 당분간 치료를 받거나 전문적인 자문이나 임상적 감독을 반드시 구해야 한다.

내담자–치료자 관계를 통해, 내담자는 무의식적 과정을 탐색하는 통찰력을 얻는다. 억압된 내용들에 대한 인식과 통찰력은 분석적 성장 과정의 기초이다. 이를 통해 내담자는 자신의 과거 경험과 현재 행동 간의 관련성에 대해 이해하게 된다. 정신분석 접근법은 이런 역동적인 자기 이해 없이는 현재 갈등의 해결이나 상당한 성격의 변화는 없다고 가정한다.

적용: 상담 기법과 절차

학습 목표 09 여기에서는 정신분석적 치료자들이 가장 일반적으로 사용하는 기법들에 대해 다룬다. 또한 집단상담의 정신분석적 접근법의 적용에 관한 내용도 포함된다. 정신분석 또는 정신역동 치료는 다음과 같은 부분에서 전통적인 정신분석과 다르다.

- 이 치료법들은 개인의 성격을 재구성하는 것보다 더 축소된 목표들을 가진다.
- 이 치료자들은 눕는 쇼파를 거의 사용하지 않는다.
- 매주 치료 회기 횟수가 더 적다.
- 확신, 공감과 지지의 표현, 제안과 같은 지지적인 개입법을 더 빈번하게 사용한다.
- 치료자와 내담자 간에 '지금 여기'의 관계를 더 강조한다.
- 치료자의 자기개방에 대해 더 자유롭다.
- 치료자의 중립성을 덜 강조한다.
- 전이와 역전이 상호적 발현에 초점을 둔다.
- 상징적 내용보다는 닥쳐온 실제적 문제에 더 많은 초점을 둔다.

정신분석 치료의 기법은 인식을 높이는 것, 내담자 행동에 대한 통찰력을 기르는 것, 증상의 의미를 이해하는 것이 목표이다. 이 치료는 내담자의 말에서부터 카타르시스(또는 감정의 표현), 통찰력, 그리고 무의식적 소재를 탐색하는 것으로 진행된다. 이 작업은 지적이고 감정적인 이해와 재교육의 목표를 이루어 결과적으로는 성격의 변화를 야기하기 위해 행해진다. 정신분석 치료의 6개 기본 기법들은 (1) 분석적 틀을 유지하기, (2) 자유연상 기법, (3) 해석, (4) 꿈 분석, (5) 저항의 분석, (6) 전이의 분석이다. 정신분석 지향 치료자인 윌리엄 블라우 박사(Dr. William Blau)가 제시한 『통합적 상담: 사례중심의 접근』(Corey, 2013) 2장 중 루스 사례의 몇 가지 치료 기법들을 참고하라.

분석적 틀 유지하기

정신분석적 과정은 이 치료 접근이 지향하는 목표를 성취할 수 있도록 하는 특정 틀을 유지할 것을 강조한다. **분석적 틀 유지하기**(maintaining the analytic framework)는 분석자의 상대적인 익명성, 중립성과 객관성의 유지, 정기적이고 일관된 회기 만남, 정시에 회기를 시작하고 끝내는 것, 수수료에 대한 명확성, 치료자의 가치를 주입하거나 조언하기를 지양하는 것과 같은 기본적인 경계의 문제를 포함하는 절차적 및 양식적 요소들을 뜻한다(Curtis & Hirsch, 2011). 정신분석 지향 치료의 가장 강력한 특징 중의 하나는 일관된 틀이 유아의 규칙적인 수유로부터의 감정 경험과 비교될 수 있을 만큼 그 자체로 치료적인 요소라는 것이다. 분석가는 이런 일관된 형식으로부터 최대한 벗어나지 않도록 노력한다(예: 휴가, 수수료 변경, 환경의 변화 등). 이런 분석적 틀을 유지하는 것이 어렵다면 그런 상황 자체가 분석의 주요한 대상이 되어야 할 것이다.

자유연상 기법

자유연상은 정신분석적 치료의 핵심 기법이고, 분석적 틀을 유지하는 과정에서 중요한 역할을 한다. **자유연상**(free association)에서 내담자는 마음속에 떠오르는 것이 무엇이든지 간에 그 내용이 얼마나 고통스럽고, 바보 같고, 하찮고, 비논리적이거나 관련 없어 보이더라도 말하도록 격려받는다. 본질적으로, 내담자는 이런 것들을 검열 없이 즉각적으로 보고하므로 감정이나 생각을 따라 흘러가도록 노력한다. 분석적 작업이 진행됨에 따라, 대부분의 내담자는 때때로 이 기본적인 원칙에서 벗어나게 되는데, 이런 저항은 시의적절할 때에 치료자에 의해 해석된다.

자유연상은 무의식적인 바람, 공상, 갈등과 동기에 대한 문을 열기 위해 사용되는 기본적인 도구 중의 하나이다. 이 기법은 종종 과거 경험의 기억, 그리고 가끔은 닫혀있었던 강력한 감정의 방출이나 카타르시스를 이끌어낸다. 연속적 연상은 치료자로 하여금 내담자가 만드는 이런 사건 간의 연결들을 이해할 수 있도록 돕는다. 연상의 저지나 혼란은 불안을 자극하는 소재에 대한 단서 역할을 한다. 치료자는 이런 내용들을 내담자에게 해석해줌으로써 근원적인 역동에 대한 통찰력을 높일 수 있도록 안내한다.

분석적 치료자들은 내담자의 자유연상을 들을 때에 그 표면적인 내용뿐 아니라 숨겨진 의미도 듣게 된다. 내담자가 말한 것들 중 그대로 받아들여지는 것은 없다. 예를 들어, 실언하는 것은 갈등하는 감정을 동반하는 표현된 감정으로 간주될 수 있다. 내담자가 말하지 않는 영역은 그들이 말하고 있는 영역 못지 않게 중요하다.

해석

해석(interpretation)은 꿈, 자유연상, 저항, 방어, 치료적 관계 그 자체에서 나타나는 행동의 의미를 내담자에게 지적, 설명, 그리고 심지어는 가르치는 것으로 구성된다. 해석의 기능은 자아가 새로운 내용을 동화시키고 더 많은 무의식적 소재들을 파헤치는 과정의 속도를 높일 수 있도록 하는 것이다. 해석은 내담자가 가지는 어려움에 기여한 내담자의 성격과 내담자 과거의 요인에 대한 분석가의 평가에 기반을 둔다. 현대의 정의하에, 해석은 내담자의 자료를 확인하고, 명확화하고, 이해하는 것이다. 관계 정신분석적 치료자들은 내담자의 생각, 감정, 또는 사건과 관련된 가능한 의미들을 내담자 내면세계에 대한 진실이라기보다는 가설로써 제시한다(Curtis & Hirsch, 2011). 해석은 내담자가 그들 삶에 대한 감각을 만들고 의식을 확대시키도록 돕는 협력적 방법으로 제공된다.

치료자들은 해석에 대한 내담자의 준비도를 결정하는 기준으로써 내담자의 반응을 활용한다. 시기가 적절하지 않은 치료자의 해석은 내담자에 의해 거절되기 때문에 적절한 시기에 맞추어 해석을 제공하는 것이 중요하다. 일반적인 원칙은 해석되는 현상이

의식적 인식에 가까울 때에 해석을 제시해야 한다는 것이다. 다른 말로 하자면, 치료자는 내담자가 아직은 보지 않았지만 용인하고 받아들일 수 있는 소재를 해석해야 한다는 것이다. 또 다른 일반적인 원칙은 해석은 표면에서부터 시작하여 내담자가 갈 수 있는 깊이만큼만 들어가야 한다는 것이다.

꿈의 분석

꿈의 분석(dream analysis)은 무의식적 내용을 알아내고 해결되지 않은 문제의 영역에 대해 내담자에게 통찰력을 얻게 해주는 중요한 절차이다. 수면 중에는 방어기제가 낮아지고 억압된 감정들이 표면화된다. 프로이트는 꿈을 '무의식으로 가는 왕도'로 보았다. 왜냐하면, 꿈에서는 무의식적인 바람, 욕구, 두려움들이 표현되기 때문이다. 몇몇 동기들은 너무나 용인될 수 없는 것이기 때문에 직접적으로 드러나기보다는 가장되거나 상징적인 형태로 표현된다.

꿈은 두 가지 수준의 내용이 있다. 잠재적 내용과 발현 내용이다. **잠재적인 내용**(latent content)은 숨겨지고, 상징적이며, 무의식적인 동기, 바람, 두려움으로 구성된다. 너무나 고통스럽고 위협적이기 때문에, 잠재적인 내용을 이루는 무의식적인 성적 및 공격적 충동은 더욱 허용될 수 있는 **발현 내용**(manifest content), 즉 꿈을 꾸는 사람에게 나타난 꿈으로 변형된다. 꿈의 잠재적인 내용이 덜 위협적인 발현된 내용으로 전환되는 과정을 **꿈 작업**(dream work)이라고 부른다. 치료자의 과업은 꿈의 발현 내용이 상징하는 것을 연구하므로 가장된 의미를 알아내는 것이다.

이 회기 동안, 치료자는 잠재된 의미를 알아내고자 하는 목적으로 꿈의 발현 내용의 몇몇 측면들에 대해 내담자로 하여금 자유연상할 것을 요구할 수도 있다. 치료자는 이 내용들과 내담자의 관계를 탐색하면서 이 과정에 참여한다. 꿈 요소의 의미를 해석하는 것은 내담자가 내용을 의식하지 못하게 하는 억압을 걷어내고 현재의 노력에 새로운 통찰력을 연결시킬 수 있도록 돕는다. 꿈은 억압된 내용으로 가는 경로의 역할을 할 수 있지만, 꿈은 또한 내담자의 현 기능에 대한 이해를 도와준다. 대상 정신분석 치료자들은 특히 내담자의 삶과 꿈의 연관성에 관심을 둔다. 꿈은 분석되지 않고 남겨질 경우 문제가 될 수 있는 것이 무엇인지 알 수 있게 해주는, 내담자에게 중요한 메시지의 역할도 하는 것으로 여겨진다(Curtis & Hirsch, 2011).

저항의 분석과 해석

정신분석 현장에서 핵심적인 개념인 **저항**(resistance)은 치료 과정의 진행을 막는 모든 시도들과 무의식적 내용들을 끌어내지 못하도록 방해하는 모든 것을 말한다. 구체적으로 말해서 저항은 억압된 무의식적 내용을 의식의 표면으로 가지고 오는 것을 주저하는 내담자의 상태인 것이다. 저항은 지금 현재의 상황을 조성하고 변화에 방해가 되는 어떤 생각, 태도, 감정이나 행동(의식적이든 무의식적이든)을 뜻한다. 자유연상이나 꿈에 대한 연상 동안 내담자는 특정한 생각, 감정이나 기분에 대하여 이야기하는 것을 꺼려하는 모습을 보일 수 있다. 프로이트는 저항을 억압된 충동이나 감정들을 인식하게 되면 나타나는 참을 수 없는 불안이나 고통으로부터 스스로를 지키기 위해 사용하는 무의식적인 역동으로 보았다.

정신분석 치료 과정에서 저항은 불안에 대한 일종의 방어로서 내담자와 치료자가 무의식적인 역동에 대한 통찰을 얻지 못하도록 방해한다. 분석적 치료는 내담자가 변화하고자 하는 것과 이전 세계에 여전히 남아 있기를 원하는 것 모두를 바란다고 가정한다. 내담자는 얼마나 고통스러울 수 있는지에 관계 없이 일단 친숙한 양식을 고수하는 경향이 있다. 치료자들은 안전한 환경을 창출하여 내담자가 치료 동안 저항을 인식하고 탐색해볼 수 있게 해야 한다(Curtis & Hirsch, 2011; McWilliams, 2014; Wolitzky, 2011a). 저항은 위협적인 내용이 인식되는 영역으로 들어오는 것을 막기 때문에 분석적 치료자는 이를 지적해야 하지만, 사프란과 크리스(Safran & Kriss, 2014)는 치료자들에게 내담자가 치료에 협조하지 않는다고 암시하는 방식으로 저항을 제한하여 인식하게 하는 것을 피하라고 경고하였다. 치료자의 해석은 내담자가 저항의 이유에 대해 인식하도록 도우므로 저항을 다룰 수 있게 한다. 일반적인 원칙처럼, 치료자들은 내담자가 해석을 거절하는 가능성을 줄이고 저항적인 행동을 살펴볼 수 있게 하는 기회를 증대하기 위하여, 가장 확실한 저항을 지적하고 해석한다.

저항은 단순히 극복되어야 하는 무언가가 아니다. 저항이 일상에서의 유용한 방어적 접근법을 대변하기 때문에 불안을 막아주기는 하되, 더욱 만족하는 삶을 경험할 수 있도록 이끄는 변화를 받아들이는 능력을 저해하는 장치로서 인식되어야 할 필요가 있다. 치료자들이 내담자의 저항을 존중하고 이런 방어를 치료적으로 접근할 수 있도록 돕는 것은 매우 중요하다. 저항을 탐색하는 것은 적절히 다루어질 때 내담자를 이해하는 매우 귀중한 도구가 될 수 있다.

전이의 분석과 해석

앞서 언급한 바와 마찬가지로, 전이는 내담자의 과거의 중요한 타인과의 관계가 현재의 치료적 과정에서 치료자와의 관계를 왜곡시킬 때 나타난다. 전이 상황은 내담자가 다르게는 접근할 수 없었던 다양한 감정들을 재경험할 수 있는 기회를 제공하기 때문에 그 발현을 가치 있게 여긴다. 치료자와의 관계를 통해 내담자는 지금껏 무의식 속에 묻어두었던 감정, 신념, 욕구들을 표현할 수 있는 것이다.

전이를 해석하는 것은 내담자의 정신내적인 삶을 설명하는 경로를 밟아가는 것이다(Wolitzky, 2011b). 이런 해석을 통해 내담자는 자신들이 어떻게 치료자, 과거의 다른 중요한 인물들, 그리고 현재의 다른 중요한 타인들과의 관계에서 동일한 역동적 방식을 반복하고 있는지 인식할 수 있다. 이전 감정의 현재 표현에 대한 적절한 해석과 면밀한 탐색 과정을 통해, 내담자는 행동의 오래된 양상을 인식하게 되고 점차적으로 이를 변화시킬 수 있게 된다. 분석 지향적 치료자들은 전이 감정의 탐색과 해석 과정을 치료적 과정의 핵심으로 여기는데, 그 이유는 이런 과정이 성격 변화와 인식의 증가를 이루는 것을 목표로 하기 때문이다.

전이의 분석은 고전적 정신분석과 정신분석 지향 치료 모두에서 중심이 되는 기법이다. 그 이유는 이 기법이 내담자로 하여금 과거가 현재의 기능에 미치는 영향에 대한 '지금 여기'의 통찰력을 얻을 수 있게 하기 때문이다. 이 전이 관계의 해석은 내담자가 자신들의 정서적 성장을 고착시키거나 지연시키고 있는 오래된 갈등을 면밀하게 작업할 수 있게 한다. 본질적으로, 이전 관계의 영향은 현 치료적 관계에서의 유사한 감정적 갈등을 작업하는 것을 통해 상쇄될 수 있다. 전이를 활용하는 예는 이 장의 후반부에서 스탠 사례를 통해볼 수 있다.

집단상담에 적용하기

학습 목표 10 정신분석 모형은 집단 구성원의 역사, 그리고 그들의 과거가 지금의 집단에서, 그리고 그들 일상의 삶에서 어떻게 영향을 미치는지에 대해 이해하는 개념적인 틀을 제공한다. 집단 지도자들은 많은 정신분석적 기법들을 사용하지 않으면서도, 정신분석적으로 사고할 수 있다. 집단 치료자들이 어떤 이론을 지향하는지는 관계없이, 전이, 역전이, 저항, 불안에 대한 반응인 자아 방어기제의 사용과 같은 정신분석적 현상들을 이해하는 것은 매우 유용하다.

전이와 역전이는 집단상담과 치료의 현장에서 중요한 영향을 지닌다. 집단 작업은 내담자에게 지속적으로 영향을 미치는 이전 삶의 상황들을 재창조시키도록 도울 수 있다. 대부분의 집단에서, 개인은 매력, 분노, 경쟁, 회피와 같은 다양한 감정들을 끌어낸다. 이런 전이 감정은 집단 구성원이 과거의 중요한 사람들에게서 경험했던 것들과 유사할 수도 있다. 구성원들은 거의 대부분 집단 내에서 상징적인 어머니, 아버지, 형제자매나 연인들을 찾게 될 것이다. 집단 참여자들은 빈번하게 집단 지도자의 주목을 받기 위해 경쟁하고, 이런 상황은 부모의 관심을 얻기 위해 형제자매들과 다투어야 했던 어린 시절을 연상시킨다. 이런 경쟁은 참여자들이 어린아이로서 경쟁을 어떻게 다루었고, 과거 이런 경쟁에서의 성공이나 실패가 현재 다른 사람과의 상호작용에 어떻게 영향을 미치는지에 대해 인식을 얻도록 집단 내에서 탐색될 수 있다. 정신역동 치료 집단은 기본적으로, 집단 참여자들이 집단 내의 상호작용을 통해 그들의 사회적 상황을 재창조하고, 집단이 그들 일과 삶의 축소판 역할을 한다고 생각한다(Rutan et al., 2014). 집단은 집단 밖에서 사람들이 어떻게 역동적으로 기능하는지에 대해 이해할 수 있도록 정보를 제공해준다. 지도자와 다른 구성원들에 대한 투사는 집단 내에서 확인할 수 있고, 탐색 및 극복할 수 있는 미해결된 갈등에 관한 중요한 단서이다.

집단 치료자들은 또한 구성원들에 대해 특정한 방식으로 반응하기도 하고 구성원들의 반응에 따라 영향을 받기도 한다. 역전이는 집단 치료자들이 집단 내에서 작용할 수도 있는 역동을 이해하는 데에 유용한 도구가 될 수 있다. 그러나 집단 지도자들은 효과적인 집단의 기능을 방해하고 구성원들이 자신의 충족되지 않는 욕구를 만족시키기 위해 집단을 사용하는 상황을 만들 수 있는 미해결된 내적 갈등의 신호에 특히 민감해야 할 필요가 있다. 예를 들어, 만일 집단 지도자가 다른 사람의 호감을 사고 인정을 받고자 하는 강력한 욕구가 있는 경우, 이 지도자는 구성원들의 인정과 확인을 얻기 위한 방식으로 행동할 수 있고, 따라서 주로 집단 구성원들을 기쁘게 하고 계속적인 지지를 얻기 위한 행동만을 지속할 수 있다.

집단 치료자들은 내담자들을 자신들이 가진 세계관과 문화적 정체성을 잃게 하는 동시에 지배적인 문화적 가치에 순응하여 조정되도록 압박하기 위해, 자신의 권위를 남용하여 집단을 토론회로 탈바꿈시키지 않도록 늘 경계해야 한다. 집단 참여자들은 또한 자신들의 잠재적인 편향에 대해 인식해야 할 필요가 있다. 역전이 개념은 집단 치료자에 의해 사용되는 기법을 통해 의도치 않게 전달될 수도 있는, 의식하지 못하는 편향과 편견을 포함하는 것으로 확대될 수 있다.

집단상담의 정신분석적 접근법에 대한 더 폭넓은 논의를 위해, 『집단상담의 이론과 실제』(Corey, 2016) 6장을 참고하라. 『정신역동 집단 심리치료(Psychodynamic Group Psychotherapy)』(Rutan et al., 2014) 또한 이 주제에 관하여 훌륭하게 논하고 있다.

성격 발달에 관한 융의 관점

학습 목표 11 한때 프로이트는 그의 정신적 상속자로 카를 융(Carl Jung)을 언급했지만, 융은 결국 프로이트주의 정신분석과는 뚜렷하게 차이가 있는 성격 이론을 발전시켰다. 융의 **분석심리학**(analytical psychology)은 역사, 신화, 인류학, 종교의 개념들을 결합한 인간 본성에 관하여 정교하게 설명한다(Schultz & Schultz, 2013). 융은 인간의 성격과 개인적 발달, 특히 중년기 발달에 관한 심도 깊은 이해에 크게 공헌하였다.

융의 선구자적 작업은 중년기와 관련이 있는 심리학적 변화에 가장 중점을 둔다. 그는 우리 인생의 첫 절반가량을 인도해온 행동과 가치의 많은 부분들을 중년기에 내려놓고 우리의 무의식에 직면해야 한다고 주장했다. 이런 것들은 우리 꿈의 메시지에 주의를 기울이고 글을 쓰거나 그림을 그리는 것과 같은 창의적 활동에 참여함을 통해 가장 잘할 수 있다. 중년기에 우리가 마주하는 이 과업은 이성적인 사고에 영향을 덜 받게 되고, 반면에 무의식적인 힘을 표현하게 하며 그것을 의식적인 삶에 통합하게 한다

(Schultz & Schultz, 2013).

융은 그의 중년기 위기를 통해 많은 것들을 배웠다. 81세에 그는 지난날을 돌아보며 자서전인『기억 꿈 사상(Memories, Dreams, Reflections)』(1961)을 집필하였다. 여기에서 그는 또한 자신의 주요 업적들을 확인하였다. 융은 자신의 개인 삶에서 무의식적인 영역에 초점을 두는 선택을 하였고, 이는 그의 성격 이론의 발달에 영향을 미쳤다. 그러나 그는 프로이트의 무의식 개념과는 매우 다른 관점을 취했다. 융은 프로이트의 동료로서 그의 주요 업적들에 대해 높이 평가하였지만, 프로이트의 기본 개념, 특히 성 이론에서는 더 이상 지지할 수 없는 지점에 도달하게 되었다. 융(1961)은 프로이트가 그에게 쓴 글을 회고하였다. 거기에서 프로이트는 "친애하는 융, 결코 성 이론을 저버리지 않을 것이라 약속해주게. 이 이론은 모든 것들 중에서 가장 기본이네. 이에 대해 결코 흔들리지 않는 방어벽을 세우고 교리처럼 만들어야 할 것이네."(p.150)라고 했다. 융은 프로이트가 진실보다는 그 자신의 권위를 최우선에 둔다고 믿었기에 프로이트에 더 이상 협력하지 말아야 한다고 확신하였다. 프로이트는 융이나 아들러와 같이 자신의 이론에 도전하는 이론가들을 용인하지 않았다. 비록 융이 프로이트를 저버리면서 직업적으로 많은 것들을 잃어야 했지만, 그에게 다른 선택권은 없었다. 그는 이후, 프로이트에 의해 기술된 심리적이고 생물학적인 힘에 의해 움직이는 것과 대조되는, 삶의 의미를 찾기 위한 추진력을 크게 강조하는 정신적 접근법을 발달시켰다.

융은 우리는 단순히 과거의 사건에 의해 형성되는 것이 아니라(프로이트주의의 결정론), 과거뿐만 아니라 미래에 의해 영향을 받는다고 주장하였다. 인간 본질의 부분은 지속적으로 발달하고, 성장하고, 발달의 최종 단계와 균형을 향해 이동한다는 것이다. 융에 따르면, 우리의 현재 성격은 지금까지의 우리가 누구이고 어떻게 했는지와 미래에 무엇이 되고자 하는 열망, 두 가지 모두에 의해 형성된다. 그의 이론은 인간은 그들 능력의 모든 것을 이행하거나 실현하는 방향으로 이동하는 경향이 있다는 가정에 기반을 둔다. **개성화**(individuation)를 얻는 것, 즉 성격의 무의식적인 측면과 의식적인 측면의 조화로운 통합은 인간의 주요한 본유의 목적이다. 융에 의하면, 우리는 건설적이고 파괴적인 힘을 모두 가지고 있고, 통합되기 위해서 우리의 어두운 측면, 또는 이기심이나 욕심과 같은 원초적인 충동이 있는 **그림자**(shadow)를 받아들이는 것이 필수적이다. 우리의 그림자를 받아들이는 것은 우리 자신이 이런 차원에 의해 지배된다는 것을 의미하는 것이 아니라, 그저 우리 본질의 일부로서 이것을 인정하는 것이다.

융은 많은 꿈이 무의식의 가장 깊은 층의 메시지를 포함한다고 가르친다. 그는 이를 창의성의 근원이라고 서술하였다. 융은 '가장 깊고 가장 접근할 수 없는 수준의 정신'을 **'집단 무의식**(collective unconscious)'이라고 말했다. 이 무의식은 인간과 인류에게 전승되어온 경험이 축적된 것이다(Schultz & Schultz, 2013, p.95). 융은 각 개인의 성격과 과거, 어린 시절의 사건뿐만 아니라 인류 역사의 관련성을 보았다. 이는 몇몇의 꿈이 개인과 더 큰 전체, 가족, 보편적인 인류, 또는 시대에 걸친 세대와의 관계를 다루고 있을 수도 있음을 뜻한다. 집단 무의식에서 포함된 보편적인 경험의 상은 **원형**(archetypes)이라고 부른다. 이 중 가장 중요한 원형은 페르소나, 아니마, 아니무스이다. **페르소나**(persona)는 마스크나 대중적 얼굴로 스스로를 보호하기 위해 우리가 쓰는 것이다. **아니무스**(animus)와 **아니마**(anima)는 남성성과 여성성의 심리학적 · 생물학적 측면을 대변한다. 이는 두 가지 성에서 모두 공존한다. **그림자**(shadow)는 가장 깊은 뿌리를 가지고 있고 가장 위험하고 강력한 원형이다. 이는 우리의 어두운 단면, 외부에 투사함으로써 마치 자신은 그것과 무관한 것처럼 보이려는 사고와 생각, 행동이다. 꿈에서 이 모든 부분들이 우리가 누구이고 무엇인지를 발현하는 내용으로 나타날 수 있다.

융은 꿈이 무의식으로 가는 길을 제공한다는 프로이트의 의견에 동의했지만, 그 기능에 대해서는 프로이트와 뜻을 달리한다. 융은 꿈에는 두 가지 목적이 있다고 기술하였다. 이것들은 장래에 있을 것들로, 사람들이 가까운 미래에 예측하는 경험이나 사건들을 스스로로 준비할 수 있도록 돕는다. 또한 보상의 기능을 수행하는데, 사람 내의 정반대되는 것 간의 균형을 가져오는 것이다. 사람의 성격에서 과도하게 발달한 하나의 측면을 꿈은 반대로 보상한다(Schultz & Schultz, 2013).

융은 꿈을 억압하고 가장하는 시도라기보다는 표현하기 위한 시도라도 보았다. 꿈은 자기모순, 복잡성, 혼란과 싸우고 있는 꿈꾸는 사람의 창의적인 노력이다. 꿈의 목표는 해결과 통합이다. 융에 의하면, 꿈의 각 부분은 꿈꾸는 사람의 투사된 특징으로서 이해해야 한다. 그의 해석 방법은 의미가 점차적으로 드러날 수 있도록 그 사람에게로부터 연속되는 꿈을 계속적으로 해석한다. 만약 이에 관하여 더 자세한 내용을 얻고자 한다면, 『기억 꿈 사상』(Jung, 1961) 그리고 『역설과의 공존: 융 심리학 입문(Living With Paradox: An Introduction to Jungian Psychology)』(Harris, 1996)을 읽어볼 것을 추천한다.

최근 경향: 대상관계 이론, 자기심리학, 관계 정신분석

학습 목표 12 정신분석적 이론은 계속 발전한다. 프로이트는 기본 욕구의 만족과 연관된 정신내적 갈등을 강조하였다. 신프로이트학파의 저자들은 정통적 자세에서 물러나 성격에 관한 문화 및 사회적 영향을 포함시켜 정신분석적 움직임을 성장시키고 확대하는 데에 기여하였다. **자아심리학**(ego psychology)은 이드, 자아, 초자아 용어와 안나 프로이트(Anna Freud)에 의해 정립된 방어기제에 강조점을 두는 고전적 정신분석의 일부이다. 그녀는 전문가로서의 삶 대부분을 정신분석을 유아와 청소년들에게 적용하는 데에 사용하였다. 에릭슨은 전 생애에 걸친 심리사회적 발달을 강조하여 관점을 확대하였다.

정신분석적 이론은 수년 동안 다수의 재정립 과정을 거쳐 발달해왔다(McWilliams,

2016). 오늘날 정신분석적 이론은 고전적 관점, 자아심리학, 대상관계 이론과 대상 정신분석을 포함하여 다양한 학파로 구성된다. 루탄, 스톤, 그리고 셰이(Rutan, Stone, & Shay, 2014)는 이런 정신분석적 접근법 간의 몇 가지 공통성을 언급하였다. "모두가 안전하고 지지적이며 치료적 관계를 잘 형성하는 따듯하지만 중립적이며 강요적이지 않은 치료자 상을 상정하고 있다."(p.73)

대상관계 이론(object-relations theory)은 애착과 분리를 조사하는 것에 특히 관심을 두는 다수의 상이한 정신분석적 치료자들의 작업을 아우른다. 이 접근은 우리의 타인과의 관계가 어떻게 우리가 타인에 대한 경험을 통해 우리 안에 내제화시킨 타인에 대한 표상들에 의해 영향을 받는지에 관심을 둔다. 대상관계는 정신내적으로 나타나고, 우리를 둘러싼 사람들과의 상호작용에 영향을 미치기 때문에 대인관계이다. **대상**(object)이라는 용어는 욕구를 만족시켜주는 것, 또는 개인의 감정이나 추동의 대상이거나 목표인 중요한 사람이나 물건을 의미하기 위해 프로이트가 사용하였다. 이는 아이, 그리고 이후의 성인이 애착하게 되는 중요한 사람을 의미하는 **타인**(other)이라는 용어와 상호 교환하여 사용할 수 있다. 타인은 분리된 정체성을 가진 개인이라기보다는, 유아에 의해 욕구를 만족시켜주는 대상으로서 인지된다. 오토 컨버그(Otto Kernberg)와 같은 몇몇 이론가들은 이 학파의 사고들을 특징짓는 갈수록 더 다양해지는 개념들을 고전적 정신분석적 틀 안으로 통합시키려고 노력하고 있다(St. Clair, 2004).

전통적 정신분석은 분석가가 개별 내담자에 관한 개인의 내적 '진실'을 발견하고 명명할 수 있다고 보았다. 정신분석 이론이 발달함에 따라, 이 접근법은 다른 사람의 무의식적인 영향에 대해서도 점차 그 중요성을 인정하기 시작했다. 하인츠 코헛(Heinz Kohut, 1971)의 작업에서 발전한 **자기심리학**(self-psychology)은 고유의 자기감을 발달시키기 위해 대인관계(자기 대상)를 어떻게 사용하는지에 대한 측면을 강조한다. 코헛은 비판단적 수용, 공감, 진실성을 강조하였다. 코헛과 다른 자기심리학자들은 정신분석적 치료의 중심에 공감을 두었고 내담자에게 맞춰진 진실되며 공감적인 자세에 개입의 기반을 두었다(McWilliams, 2016).

관계 모델(relational model)은 치료가 내담자와 치료자 간의 상호적인 관계라는 가정에 근거하고 있다. 상호 주관적, 대인관계적, 또는 관계적 등 어떻게 불리든지 간에, 다수의 현재 정신분석적 접근법들은 내담자와 치료자 둘 다와 관련된 복잡한 무의식과 의식적 역동의 탐색에 기초한다. 관계 모델의 발달은 더욱 평등주의적 치료 양식을 새로이 강조하게 만들었다(McWilliams, 2016). 대상 분석가들은 **알지 못함**(not knowing)에 가치를 두고 내담자에게 진정한 호기심으로 다가간다. 치료자들은 자신들의 주제를 촉발하는 내담자들 삶의 주제를 상호 제정, 또는 주제를 반복하는 것에 참여할 것으로 예상한다.

프로이트의 시대부터 20세기 후반까지, 분석가와 치료자 사이의 힘은 동등하지 않았다. 현대 관계 치료자들은 전통적인 정신분석적 관계에 있어 권위주의의 본질이라고 여기는 것들에 대해 끊임없이 도전하였고, 이를 더욱 평등주의적 모델로 대체하였다. 관계 분석의 과업은 특정 순간에 특정한 문화에서 함께 작업하는 치료자와 내담자에게 맞춤화된 창의적인 방식으로 각 내담자의 삶을 탐색하는 것이다. 미첼(Mitchell, 1988, 2000)은 분석적 관계의 새로운 개념화에 대해 폭넓게 집필하였다. 그는 타인, 특히 초기의 돌봄 제공자와의 애착을 추구하는 심오한 방식을 설명하기 위해 발달 이론, 애착 이론, 체계 이론, 대인관계 이론을 통합했다. 대인관계 분석가들은 역전이가 내담자의 특성과 역동에 관한 정보에 관해 중요한 자료를 제공한다고 믿는다. 미첼은 대상관계적 입장에 문화적 차원을 더하여, 돌봄 제공자의 특성이 그 사람이 살았던 특정 문화를 반영하고 있다는 사실에 주목한다. 문화는 우리 모두의 깊은 곳까지 침투해있다. 다른 문화는 다른 가치를 주장하고, 따라서 객관적인 정신적 진실은 없다. 우리의 내적(무의식적) 구조들은 모두 대인관계적이고 상대적이다. 이는 프로이트주의가 모든 인간에게서 가능하고 있다고 주장하는 보편적 생물학적 추동 개념과는 대조된다.

발달 단계 요약

대부분의 현대 정신분석적 이론들은 자기에 관한 초기 경험이 점차 타인에 관한 인식으로 확장된다는 예측 가능한 발달적 연속성에 관심을 둔다. 일단 자신-타인의 양상이 형성되면, 이런 양상이 이후의 대인관계에 영향을 미친다고 가정한다. 구체적으로, 사람들은 초기 경험에 의해 형성된 양상과 일치하는 관계를 찾게 된다. 예를 들어, 과도하게 의존적이거나 분리된 사람들은 그들이 유아였을 때 어머니에게 형성된 것과 관련된 양상을 타인과 지속적으로 반복할 수 있다(Hedges, 1983). 이와 같은 새로운 이론들은 어떻게 개인의 내적 세계가 인간관계의 일상을 살아가는 데서 겪는 어려움을 야기할 수 있는지에 관한 통찰을 제공한다(St. Clair, 2004).

마거릿 말러(Margaret Mahler, 1968)는 현대의 대상관계 이론에 중요한 영향을 미쳤다. 그녀는 아동의 관찰을 강조한 소아과 의사로서, 프로이트가 제안한 남근기에 나타나는 오이디푸스 콤플렉스의 해결보다 아동이 어머니와 같은 인물과의 상징적 관계에서부터 분리 및 개별화로 진행되는 과정이 더 중요한 것으로 여겼다. 그녀의 연구는 생애 첫 3년 동안 아동과 어머니 간의 상호작용에 초점을 두었다. 말러는 전통 프로이트주의의 심리성적 단계와는 다소 다르게 자아의 발전을 개념화하였다. 그녀는 개인이 어머니와의 심리학적 결합 단계에서 시작하여 점차적으로 분리되는 방향으로 진행해간다고 믿었다. 초기 결합 단계의 미해결된 위기나 잔여물들뿐 아니라 분리와 개별화의 과정이 이후 관계에 중대한 영향을 미친다. 이후 삶의 대상관계는 아동이 어머니와의 재결합을 찾는 것을 그 중심으로 한다(St. Clair, 2004). 심리학적 발달은 한 사람이 타인들과 분리되고 구분되는 발전의 방식이라 할 수 있다.

말러는 생애의 첫 3~4주 기간을 **정상 유아 자폐증**(normal infantile autism)이라고 부른다. 여기에서 유아는 심리적 과정보다는 신체적 긴장 상태에 더욱 반응하는 것으로 간주된다. 말러는 이 시기의 유아들이 많은 면에서 어머니와 자신을 구분 짓지 못한다고 생각한다. 대상관계 관점의 또 다른 주요 공헌자인 멜라니 클라인(Melanie Klein, 1975)에 따르면, 이 시기의 유아는 통일된 자신보다는 가슴, 얼굴, 손, 입과 같은 부분들을 인지한다. 이와 같은 미분화 단계에서는 전체로서의 자기는 존재하지 않으며, 전체로서의 대상도 없다. 성인들이 심리적 유기체나 자기감의 가장 극적인 결여를 보이면, 이들은 가장 원시적인 유아기 단계로 되돌아 간 것으로 간주될 수 있다. 대니얼 스턴(Daniel Stern, 1985)에 의한 이후 유아에 관한 연구는 말러 이론의 이런 측면에 도전하였고, 유아들은 사실상 날 때부터 타인에게 관심을 가진다고 주장한다.

말러의 다음 단계는 **공생**(symbiosis)으로 3개월 때에 인식되어 대략 8개월 때까지 확대된다. 이 시기의 유아는 확연하게 어머니에 대한 높은 의존을 보인다. 어머니(주요 돌봄 제공자)는 명백한 동반자이고 단순히 교체할 수 있는 부분이 아니다. 이 시기의 유아들은 자신의 어머니에게 매우 높은 수준의 감정적인 조화를 기대하는 것으로 보인다.

분리-개별화 과정(separation-individuation process)은 4~5개월경에 시작된다. 이 시기의 아동은 대상과의 공생적 형태로부터 벗어나기 시작한다. 이때 아동은 중요한 타인으로부터의 분리되기도 하지만 여전히 확인과 평안함을 찾기 위해 그 대상들에게 돌아간다. 이 아동은 독립 상태를 즐기는 것과 의존 상태 사이에서 망설이며 양가감정을 보일 수도 있다. 자랑스럽게 부모로부터 걸음마를 하며 멀어지면서도 포근한 부모의 품안으로 되돌아 뛰어가는 아동은 이 시기의 주요 문제들을 보여준다(Hedges, 1983, p.109). 타인은 아동이 자기감을 발달시키도록 하는 수용해주는 거울이라고 하는데, 이런 관계들은 결국 건강한 자존감을 제공할 수 있다.

타인과의 구별감을 경험해 보지 못한 아동, 그리고 스스로를 자랑스럽게 여기는 동시에 다른 사람을 이상화할 수 있는 기회를 얻지 못했던 아동은 이후에 자기애성 장애와 자존감과 관련된 문제를 겪을 수도 있다. **자기애성 성격장애**(narcissistic personality)는 거창하고 과장된 자만감과 타인에 대한 착취적 태도가 특징으로, 약한 자기개념을 가장하는 기능을 한다. 이런 사람들은 타인으로부터 관심과 존경을 추구한다. 이들은 자신들의 성취를 비현실적으로 과장하고, 극도의 자기도취적 경향을 보인다. 컨버그(1975)는 자기애성 성격장애를 가진 사람들을 타인과의 상호관계에서 자신들에게 집중하고, 존경에 대한 큰 욕구를 지니며, 피상적인 감정을 소유하고, 타인과의 관계에서 착취적이고 때로는 기생적인 태도를 가지는 것으로 특징지었다. 코헛(1971)은 이런 사람들은 자존감에 대한 위협을 인지하고 공허함과 무감각한 감정을 가지는 것으로 특징지었다.

'경계성' 장애는 또한 분리-개별화의 기간에 그 뿌리를 둔다. **경계성 성격장애**(borderline personality disorder)를 경험하는 사람들은 분리 과정으로 진행은 되었지만 부모의 거절로 인해 개별화가 좌절된 상태이다. 다른 말로 설명하면, 공생 관계를 넘어서는 발달을 하지만, 아이들이 개별화를 시작하므로 부모가 이것을 용인하지 못하고 감정적 지지를 철회할 때에 뒤따르는 위기이다. 경계성의 사람들은 불안정하고, 성급하며, 자기 파괴적인 행동을 하고, 충동적인 분노와 극적인 기분 변화가 특징이다. 이들은 보통 오랜 기간의 환멸, 간간이 나타나는 행복감을 경험한다. 컨버그(1975)는 이 증후군을 분명한 정체성의 결여, 타인에 대한 깊은 이해 부족, 낮은 충동 조절력, 불안을 참지 못하는 것을 포함하는 상태로 설명한다.

말러의 분리-개별화 과정의 마지막 하위 단계에는 자아와 대상의 불변성을 지향하는 것을 포함한다. 이 발달 단계는 일반적으로 36개월경에 두드러지게 나타난다(Hedges, 1983). 이 단계에서 타인들은 완전히 자아와 분리된 것으로 볼 수 있다. 이상적으로, 유아들은 자신들의 개별성을 잃는 것에 대한 두려움에 압도되지 않으면서 자연스럽게 관계하는 것을 시작할 수 있고, 확고한 자기성의 기반을 가지고 후기 심리성적 및 심리사회적 단계에 들어서게 될 수 있다. 경계성과 자기애성 장애들은 분리-개별화 단계 동안의 외상과 발달 방해에 그 기반을 두는 것으로 보인다. 그러나 성격과 행동 증상의 완전한 징후는 초기 성인기에서 발달하는 경향이 있다.

이번 장은 정신분석적 이론의 새로운 공식들에 관하여 간략히 살펴보고 있다. 최근에 나타난 접근법들에 관해서는 미첼(1988, 2000), 미첼과 블랙(Black, 1995), 월리츠키(2011b)에서 훌륭하게 설명하고 있다.

경계성 및 자기애성 장애의 치료 경계성과 자기애성 성격장애를 이해하는 가장 강력한 도구들 중 몇몇은 정신분석 모형에서 발생했다. 이 분야에서 가장 중요한 이론가들은 컨버그(1975, 1976, 1997; Kernberg, Yeomans, Clarkin, & Levy, 2008), 코헛(Kohut, 1971, 1977, 1984), 매스터슨(Masterson, 1976)이다. 상당한 양의 정신분석적 저작물들에서 경계성과 자기애성 성격장애의 본질과 치료를 다루고 있고 이런 장애들을 이해하는 데에 필요한 새로운 정보를 제공하고 있다. 코헛(1984)은 사람들이 스스로에게서 기쁨을 찾으며, 다른 사람들을 이상화할 수 있으며 동시에 독립성과 애착을 느낄 수 있을 때 가장 건강하다고 주장한다. 성숙한 성인은 자유, 자기만족, 자부심에 기초한 기본적인 안도감을 느낄 수 있고, 타인에게 강박적으로 의존하지 않을 뿐 아니라 친밀감에 대한 두려움을 느끼지 않는다. 만약 경계성 장애를 가진 사람들을 대상관계적 관점에서 치료하는 것에 관하여 더 많은 것을 알고자 하는 경우, 『경계성 장애의 심리치료(Psychotherapy for Borderline Personality)』(Clarkin, Yeomans, & Kernberg, 2006)를 참고하기 바란다.

현대 정신역동 치료의 방향

스트럽(Strupp, 1992)은 정신분석에 관한 다양한 현대적 변형들이 정신역동 심리치료에 새로운 정신과 활력을 불어넣었다고 주장한다. 비록 장기 분석 치료가 우리 사회의 대부분의 사람들에게 사치라고 여겨지지만, 스트럽은 특정 장애들, 제한된 목표, 낮은 가격을 위한 단기간의 치료를 지향하는 경향이 증가하고 있다고 본다. 스트럽이 발견한 이와 같은 정신역동 치료와 실천의 방향성을 다음과 같이 요약한다.

- 유아기와 청소년기의 장애에 많은 주의를 기울인다.
- 치료에 대한 강조점은 만성적인 성격장애, 경계성 성격장애, 자기애성 성격장애를 치료하는 방향으로 이동해왔다. 또한 구체적인 장애에 대한 구체적인 치료법들을 고안하는 움직임이 있다.
- 치료 초기에 좋은 치료적인 동맹 관계를 설립하는 것에 많은 관심을 둔다. 협동적인 작업 관계는 현재 긍정적인 치료 결과의 주요인으로 여겨진다.
- 비용 효과성과 책임에 관한 사회적인 압력 때문에, 다소 짧은 형태의 정신분석적 치료를 개발하려는 새로운 관심이 생겨난다.

스트럽의 현 상황에 관한 평가와 미래 예측은 꽤 정확했다.

단기 시간제한적 정신역동 치료를 지향하는 경향성 많은 정신역동을 지향하는 치료자들은 깊은 내면의 삶에 대한 본래의 초점을 유지하면서 시간제한적인 새로운 체계에 맞춰가고 있다. 이런 치료자들은 관리의료 체계에 의해 규격화되어 임의로 정해진 제한보다는 내담자의 필요에 따라 간결한 형태의 치료를 취하는 것을 지지한다. 비록 단기의 정신역동 치료에는 많은 접근법들이 있지만, 프로체스카와 노크로스(Prochaska & Norcross, 2014)는 이 접근법들이 모두 다음과 같은 특성들을 공유한다고 주장한다.

- 시간제한적인 치료 체계 내에서 작업한다.
- 초기 회기 동안 구체적인 대인관계 문제와 목표를 대상으로 한다.
- 전통적 분석 접근법보다는 덜 중립적(less neutral)인 치료적 자세를 취한다.
- 치료 초기에 강력한 연합 관계를 수립한다.
- 치료 관계에서 상대적으로 초기부터 해석을 활용한다.

메서와 워런(Messer & Warren, 2001)은 **단기 정신역동 치료**(brief psychodynamic therapy: BPT)를 유망한 접근법으로 소개하고 있다. 이런 응용적 접근은 일반적으로 미리 10~25회기로 제한하여 설정된 기한 내에 선택적인 장애들을 치료하는 정신역동 이론과 치료의 원칙에 적용된다. 단기 정신역동 치료는 발달의 심리성적, 심리사회적, 대상관계적 단계들의 지속되는 영향, 무의식적 과정과 저항, 해석의 유용성, 연합관계의 중요성, 치료자를 향한 내담자의 과거 감정적 문제의 재현과 같은 주요 정신역동적 개념들을 사용한다.

기간이 제한된 대부분의 역동적 접근법 유형들은 치료자에게 치료적 초점, 즉 작업을 안내하는 핵심 주제나 문제 영역을 빠르게 형성하는 데에 있어서 적극적이고 지시적인 역할을 요구한다(Levenson, 2010). 이런 접근법의 몇몇 가능한 목표들은 갈등 해결, 감정에 대한 더 많은 접근성, 선택 가능성의 증가, 대인관계의 개선, 증상의 감소를 포함할 수 있다. 레벤슨(Levenson)은 시간제한적인 역동 치료의 목표는 치료를 유발하는 것이라기보다는 행동, 사고, 감정에서의 변화를 촉진하는 것이라고 강조한다. 이는 내담자가 중요한 타인들과 상호작용하는 동일한 역기능적 방법으로 치료자와 소통한다고 가정하기 때문에 한 사람이 세상과 어떻게 상호작용하는지를 이해하는 데에 내담자-치료자 관계를 사용한다.

맥윌리엄스(2014, 2016)는 정신분석적 실무자들이 치료적 관계에서 나타나고 영향을 미치는 무의식 과정에 초점을 두면서도 단기 치료를 해야만 하는 압박과 마주하고 있음을 인정한다. 단기 역동 치료는 실제 삶의 문제를 다룰 수 있는 내담자의 강점, 역량, 자원들을 강조하는 경향이 있다. 레벤슨(2010)은 정신역동 기법에서 달라진 중요한 부분은 유아기를 탐색하는 것보다는 내담자의 '지금 여기'에서의 삶을 강조하는 것이라고 할 수 있다.

단기 정신역동 치료를 경험하는 사람들은 변화의 과정을 치료 종결 후 오랜 시간이 흐른 다음 시작하기로 한다. 단기 치료는 장기 치료의 것들과 유사한 개념적 접근법에 기반을 두고 있지만 사용되는 기법들은 다르다. 치료자들은 내담자에게 자유연상을 하도록 하는 것보다는 질문을 하고, 더욱 지시적이고 직면적이며 전이 문제를 빠르게 다룬다(Sharf, 2016). 레벤슨(2010)은 단기 정신분석 치료의 상호작용적이고, 지시적이며, 집중적이고 자기개방적인 접근들이 모든 내담자나 모든 치료자에게 적절하지 않음을 인정한다. 이런 접근법은 일반적으로 심각한 기질적 장애를 가진 사람들이나 심각한 우울증이 있는 사람들에게는 적합하지 않다. 단기 정신역동 치료는 신경증적이거나, 의욕이 있고, 치료에 집중할 수 있는 사람들에게 더욱 적합하다(Sharf, 2016).

단기 치료의 끝 무렵에서 내담자는 타인과 더 풍부하게 상호작용을 하는 경향이 있고, 지속적으로 일상의 삶에서 기능적인 행동을 할 기회를 가진다. 어느 미래의 시점에서, 내담자들은 다른 문제들을 다루기 위해 추가적인 치료 회기들이 필요할 수도 있다. 이 접근법에 대하여 시간제한적인 역동적 심리치료를 확정적인 개입으로써 생각하는 것보다, 개인의 일생에 걸친 다양한 단기 치료의 경험을 제공하는 것으로 바라보는 것이 최선이다.

시간제한적인 역동 치료에 대해 더욱 자세히 알고자 한다면, 『단기 역동 치료(Brief Dynamic Therapy)』(Levenson, 2010)를 읽어볼 것을 추천한다.

다문화적 관점에서 보는 정신분석 치료

다양성 관점에서 보는 강점

학습 목표 13 정신분석 지향의 치료들은 치료자가 일하는 환경에 맞도록 적절하게 기법들이 수정된다면 문화적으로 다양한 인구에 적절하게 적용될 수 있다. 우리 모두는 어린 시절의 경험을 배경으로 하고 있고, 우리 삶 전체에 걸친 발달적 위기들을 다루어왔다. 발달 단계의 중요한 문제들에 강조점을 두고 있는 에릭슨의 심리사회적 접근법은 특히 다양한 문화의 내담자들에게 응용될 수 있다. 에릭슨은 사회 및 문화적인 요인들이 일생에 걸쳐 다양한 문화의 사람들에게 어떻게 영향을 미치는지에 관하여 많은 공헌을 하였다(Sharf, 2016). 치료자들은 내담자들에게 특정한 사건이 긍정적으로 또는 부정적으로 그들에게 어떻게 영향을 미쳐왔는지 판단할 수 있도록 그 삶의 다양하고 중요한 전환점에서 환경적 상황들을 재검토할 수 있게 도울 수 있다.

심리치료자들은 자신들이 가진 고유의 잠재적인 편견의 출처와 역전이가 어떻게 의도치 않게 치료의 개입을 통해 전달될 수 있는지를 인식하고 직면할 필요가 있다. 정신분석적 접근법에서는 치료자 훈련의 일부로서 집중적인 심리치료의 가치를 강조한다. 이는 치료자들이 가지는 편견이나 편향, 그리고 인종이나 민족적 고정관념을 포함하는 역전이의 출처들을 인식할 수 있게 돕는다.

다양성 관점에서 보는 약점

전통적인 정신분석적 접근법은 비용이 많이 들고, 일반적으로 상류층 및 중산층의 가치에 기반을 둔 것으로 알려져있다. 모든 내담자들이 이 가치들을 공유하는 것이 아니며, 많은 사람들의 경우, 치료의 비용은 엄두도 낼 수 없을 만큼 비싸다. 다른 단점은 대부분의 정신분석적 접근에 내재하고 있는 모호성에 있다. 이는 전문가로부터의 지시를 기대하는 문화에 있는 내담자들에게는 문제가 될 수 있다. 예를 들어, 많은 아시아계 미국인 내담자들은 더욱 구조적이고, 지시적이며, 문제 지향적 접근법을 선호하고, 사용되는 접근법이 비지시적이거나 비구조화된 경우는 치료를 계속하지 않을지도 모른다. 더욱이, 정신내적 분석은 몇몇 내담자의 사회적인 틀이나 환경적 관점과 직접적으로 모순될 수도 있다. 정신분석적 치료는 일반적으로 단기의 삶의 문제를 중점으로 하는 것보다 장기적인 성격 재구조화와 더 관련이 있다.

사회정의 상담에 관한 많은 저자들은 내담자, 특히 강압적인 환경을 경험한 내담자의 경우 문제의 가능한 외적 근원을 고려하는 것이 얼마나 중요한지를 강조한다. 정신분석적 접근법은 개인 문제를 만들어내는 사회적, 문화적, 정치적 요인들을 적절하게 강조하지 못한다고 비판을 받을 수 있다. 만약 외적 및 내적 관점 간의 균형이 없다면, 내담자는 자신들의 상태에 대한 책임을 느끼게 될 수도 있다. 그러나 정신분석적 전통의 초석이 되는 비판단적인 자세가 내담자를 비난하는 어떠한 경향성들을 개선해줄 수도 있다.

정신분석적 접근을 저소득층의 내담자들에게 적용하는 데에는 어느 정도 어려움이 있을 수 있다. 저소득층의 내담자들이 전문적인 도움을 구하는 경우는 일반적으로 위기 상황을 다루고 있고 문제를 구체화할 수 있는 해결 방안들을 찾기 원하거나, 아니면 적어도 주택, 고용, 아이 돌봄과 관련된 생존적인 필요를 다루는 어느 정도의 정보나 방향성을 얻고자 한다. 그러나 이것이 저소득층 내담자들이 분석적 치료로부터 이득을 얻을 수 없다는 것을 의미하는 것이 아니라, 정신분석이 가지는 특정 지향성은 더욱 긴급한 문제와 걱정들이 해결되고 난 후에 더 유익할 수 있다는 것을 의미한다.

정신분석 치료를 적용한 스탠의 사례

각 이론이 논의되는 장마다 실제 적용을 보여주기 위해 스탠의 사례를 활용한다. 지난 1장에서 기술된 스탠의 전기를 살펴보며 주요 문제들이 무엇이었는지 다시 생각해보도록 한다.

정신분석적 접근은 스탠의 행동의 무의식적 정신역동에 초점을 두며, 그가 억압했던 내용들에 상당한 주의를 기울인다. 극단적인 면을 볼 때, 스탠은 스스로에게 해를 가하는 처벌의 형태로 자기 파괴적인 경향을 보였다. 그의 부모와 형제들을 향한 적대성을 직접 표출하는 대신 마음속에 담아두었다. 스탠의 음주에 대한 집착은 구강기 고착의 증거로서 제기될 수 있었다. 그는 어린 시절 동안 사랑과 수용을 단 한 번도 받아 보지 못했기 때문에, 그와 관련된 결핍으로 고통을 받고 있고 지속적으로 타인의 인정과 수용을 절박하게 구한다. 스탠은 성 역할 정체성에서 치열한 싸움을 벌였다. 그는 어린 시절의 부모와의 경험을 통해 여성-남성 관계의 편견을 학습하였다. 그가 본 것은 싸움, 언쟁, 그리고 무시였다. 그의 아버지는 항상 지는 약자였고, 그의 어머니는 남성을 해할 수 있는 지배적인 힘을 가진 강자였다. 스탠은 어머니에 대한 자신의 두려움을 모든 여성들에게 일반화하였다. 이것은 그가 결혼한 여성이 어머니와 비슷했고, 두 사람 모두 그의 무력감을 강화시킨다는 가설로 이어질 수 있다.

전이관계를 발전시키고 이에 대한 작업을 할 수 있는 기회는 치료 과정의 핵심이다. 스탠은 결국 치료자인 나를 아버지에게서 경험했던 방식으로 이해하게 될 것이고, 이 과정은 스탠이 타인과의 경험에서 겪는 어려움들의 근원에 대한 통찰력을 얻는 데에 중요한 함의를 제공해줄 것이다. 분석적 접근은 스탠의 과거에 대해 집중적으로 탐색할 것을 강조한다. 스탠은 많은 치료의 시간을 그의 초기 과거들을 다시 살아보고 탐색하는 데에 사용하였다. 그가 말을 할 때 행동 역동에 대한 이해가 증가하였다. 스탠은 현재 문제와 어린 시절의 초기 경험들 간의 연관성을 보기 시작한다. 스탠은 형제, 어머니와 아버지와의 관계에 대한 기억들을 탐색하고, 어떻게 가족 구성원의 관점으로부터 여성과 남성에 관한 관점을 일반화시켜왔는지에 대해 탐색한다. 이 과정을 통해 우리는 그가 오래된 감정들을 재경험하고 충격적인 사건들과 관련된 묻어두었던 감정들을 알아낼 것으로 예상한다. 다른 관점에서, 스탠이 얻을 수 있는 의식적인 통찰력이 어떤 수준이든지 간에, 그가 경험하고 있는 낯선 것(이드)이 편안한 것(자아)의 일부가 되므로 더욱 통합된 자신을 얻게 되는 것을 목표로 한다.

스탠은 나와의 관계를 통해서 그의 오래된 감정들이 과거의 중요한 타인과의 경험과는 다를 수 있음을 깨닫고 깊은 성격의 성장을 얻을 수도 있다.

나는 스탠과 다음과 같은 질문 몇 가지를 탐색해볼 수 있다. '당신이 사랑을 받지 못한다고 느낄 때 어떤 것들을 했나요?', '아이인 당신은 부정적인 감정을 어떻게 처리했나요?', '아이인 당신은 분노, 상처, 두려움을 표현할 수 있었나요?'. '당신의 어머니와 아버지와의 관계가 당신에게 어떤 영향을 미쳤나요?', '이것들이 여성과 남성에 관하여 어떤 것들을 가르쳐주었나요?', '지금 여기'의 전이 관계에 접어들어서는 '당신의 부모님에게서 느꼈던 것들을 느꼈던 때는 언제인가요?'라고 물을 수도 있다.

분석적 과정은 때로는 분명하게, 때로는 이전의 경험들이 현재의 분석적 관계에서 어떻게 재현되는지로 나타나는 스탠의 발달적 연령에 미치는 주요 영향에 초점을 둔다. 이런 과거 경험에 의해 그가 어떻게 형성되었는지를 이해하게 되면서, 스탠은 점점 더 현재 기능을 통제할 수 있게 된다. 스탠의 많은 두려움은 의식화되고, 그의 에너지는 무의식적인 감정 때문에 더 이상 스스로에게 부담을 지우는 고착된 상태로 남아있지 않게 된다. 그보다 현재의 삶에 대해 새로운 결정을 할 수 있다. 그러나 이는 오로지 치료에 쏟는 노력이 성격 변화의 정도와 깊이를 주로 결정하기 때문에, 전이 관계를 극복한 이후에만 가능하다.

내가 현대 대상관계 정신분석을 지향하며 작업한다면, 초점은 당연히 스탠의 발달 순서들에 있을 것이다. 주로 그의 초기 발달 단계들 중의 한 단계를 반복하는 것이기 때문에, 그의 현 행동을 이해하는 데에 많은 주의를 기울일 것이다. 그의 의존성 때문에, 유아기 동안 어머니와 형성한 방식을 현재 반복하는지를 보는 것이 그의 행동을 이해하는 데에 매우 유용하다. 이런 관점에서 보면, 스탠은 분리와 개별화의 과업을 완수하지 못한 것이다. 그는 특정 수준의 공생 단계에 여전히 '갇혀있는' 것이다. 그는 자신으로부터의 따뜻한 인정을 얻을 수 없고, 의존-독립 투쟁을 해결하지 못하였다. 자기심리학의 관점에서 그의 행동을 살펴보는 것이 친밀한 관계를 형성하는 어려움에 빛을 비춰줄 수 있을 것이다.

후속 조치: 계속 스탠의 치료자가 되라

각 11개의 이론적 방향성을 가지고, 각 장에서 배운 원리와 기법들을 적용하여 특정 관점에서 스탠과 작업할 수 있기를 권장한다. 각 이론을 논의하는 장에서 제시된 스탠의 정보는 그가 여러분에게 의뢰되었다면 어떻게 계속 작업해나갈 것인지에 대한 아이디어를 제공해줄 것이다. 스탠이 해온 삶의 투쟁들을 탐색하는 것을 돕기 위해 사용할 수 있는 기법들과 특정 개념들을 확인하여 최선을 다해 각 이론의 일반적인 정신을 유지하기 바란다.

자기 점검을 위한 질문

- 스탠의 초기 어린 시절에 얼마나 많은 관심을 가질 것인가? 그가 어린 시절의 문제와 지금 현재 문제 간의 양상을 볼 수 있도록 하는 방법들에는 어떤 것들이 있는가?
- 여러분과 스탠 간에 성립될 가능성이 있는 전이 관계를 고려해보라. 그의 삶에서 여러분을 중요한 인물로 여기는 그에게 여러분은 어떻게 반응할 것인가?
- 스탠과 작업하면서 여러분에게 일어날 수 있는 역전이 문제에는 어떤 것들이 있는가?
- 스탠과 작업할 때 여러분이 예측할 수 있는 저항과 방어에는 어떤 것들이 있는가? 정신분석적 관점에서 여러분은 어떻게 이와 같은 저항을 해석하고 작업할 것인가?
- 고전적, 대인관계, 대상관계와 같은 정신분석적 치료의 다양한 유형 중 스탠과의 작업에 적용될 가능성이 가장 큰 유형은 무엇인가?

이 관점에서 스탠을 상담하는 나의 접근법을 보기 원한다면 CengageBrain.com에 방문하거나 『심리상담과 치료의 이론과 실제: 스탠의 사례와 해설 DVD』 1회기 '스탠과의 초기 회기'와 2회기 '정신분석 치료'의 DVD 프로그램을 시청하라. 1회기는 접수 상담과 평가 과정으로 구성된다. 2회기는 스탠의 저항과 전이를 다루는 것에 초점을 두고 있다.

정신분석 치료를 적용한 그웬의 사례*

각 이론이 논의되는 장마다 실제 적용을 보여주기 위해 그웬의 사례를 활용한다. 그웬의 전기가 주어진 지난 1장을 살펴보며 주요 문제들이 무엇이었는지 다시 생각해보도록 한다.

그웬은 약속에 늦었고, 지금 하고 있는 프로젝트 작업에 절망감을 느낀다고 말한다.

그웬: 저는 마치 막 무너져 내리기 직전같이 느껴져요. 마치 아무것도 제대로 된 것이 없고 모두가 저를 실패자로 보는 것 같아요. 그저 슬프기만 하고 마음을 추스를 수가 없어요. 모든 것에서 뒤떨어지는 것 같고…… 완전히 희망을 잃을까봐 두려워요.

나는 그웬이 느끼고 있는 강력한 감정의 아래에 있는 것이 무엇인지 거기에 닿을 수 있도록 하는 것을 목표로 하면서 그녀의 이야기를 경청한다. 정신분석 치료자로서 나는 심리학적 문제들의 근원은 무의식적 정신에 있다고 믿는다. 회기에서 다루게 되는 문제들은 종종 미해결된 어린 시절의 갈등과 외상에서 나타났다. 어린 시절의 고통과 괴로움들은 꼭 극단적이거나 무시무시한 사건을 기반으로 하는 것은 아니다. 어린이들은 부정적인 감정적 사건은 어떤 것이든지 간에 그 기억들을 억압할 수도 있다.

나의 초기 목표는 그웬으로 하여금 어린 시절의 일들이 현재의 습관, 기분, 행동에 어떻게 영향을 미쳤는지 볼 수 있도록 돕는 것이다. 그웬이 무의식적인 내용들을 의식의 수준으로 가져올 수 있을 때, 현재의 감정적인 갈등과 촉발제들을 더 잘 이해할 수 있게 된다. 그웬은 무의식적인 내용들을 의식적으로 만드는 과정에서 행동의 근원들을 인식하고, 이런 방식을 탐색하며, 초기 경험들을 통해 작업하고, 역기능적 행동들을 멈추고, 더 명료하고 나은 위치에서 삶을 시작할 수 있게 된다.

그웬은 계속해서 일과 관련된 절망감을 나누고 울기 시작한다. 나는 그웬이 더 안정된 상태를 달성하여 의식을 뛰어넘어 무의식적인 수준에서 무엇이 발생하고 있는지를 찾아낼 수 있게 돕는다. 나의 개입은 전통 정신분석의 전형적인 자유연상 기법이 아니고, 더욱 친근한 감정들에 기반을 둔 유도된 연상이다.

상담자: 잠시 기대 앉아 휴식을 취하세요. 당신이 지금과 같이, 또는 유사한 절망감을 느낀 처음 어느 날로 돌아가 봅니다. 그 당시로 돌아가게 놔두세요. 당신이 어린아이였고 무엇 하나 제대로 된 것이 없고 모든 것이 무너져 내리는 것 같은 기분이 들었던 때로 돌아갑니다.
(나는 그웬을 촉발한다.)
당신이 점점 더 어리게 느껴집니다. 당신이 거기에 도달하면, 당신은 몇 살인지, 당신과 함께 있는 사람은 누구인지, 그리고 그 상황에 대해 말해주세요.

나는 그웬의 얼굴 표정이 변하기 시작하는 것을 바라본다. 몇 분이 흐른 뒤, 그녀는 말을 잇는다.

그웬: 저는 다섯 살이에요. 그리고 저는 부엌 식탁에 앉아 울고 있어요. 저는 분홍색 드레스를 입고 있고, 드레스 앞부분이 더러워요. 엄마가 차에서 기다리라고 말을 했어요. 저는 차에서 기다리지 않고 뒷마당에서 놀기 시작했고, 옷이 더러워졌어요. 엄마가 저의 다리를 때렸고, 저는 그냥 울고 또 울었어요. 저는 그저 놀고 싶었던 것뿐이에요. 저는 제대로 놀아본 적이 없어요. 그저 공을 발로 차고 돌아다니면서 재미있게 놀고 싶었을 뿐이에요.

그웬은 어린 소녀였던 자신에 대해 말하며 계속 운다. 나는 그녀가 같은 절망감을 느꼈던 어린 시절의 다른 시간으로 가보자고 한다.

* 켈리 커크시 박사는 정신분석적 관점에서 자신의 사고방식과 상담 실제에 대해 기술하며 이 모형을 그웬에게 적용하고 있다.

그웬: 저는 열두 살이고, 위층 부모님의 방에 있어요. 여동생이 침대에 불을 냈고, 저의 부모님은 제가 동생을 보살펴야 했기 때문에 저를 탓하고 계세요. 저는 동생을 보고 있었다고 말해요. 저는 부모님께 제 잘못이 아니라고 말하지만, 제 말을 듣지 않으세요. 부모님은 저를 두 달 동안이나 벌하셨고, 제가 어느 것 하나 제대로 하지 못한다는 말을 엿듣게 되었어요.

상담자: 그런 상황에서 어린 소녀는 무엇이 필요했나요?

그웬: 저는 이해가 필요했고, 누군가 저에게 모든 것이 괜찮아질 것이라고 말해주길 바랐어요. 비록 완벽한 아이가 아닐지라도 사랑이 필요했어요.

나는 그웬에게 어린 소녀였던 그 당시에 어떤 결정들을 했는지 반영해볼 것을 요청한다.

그웬: 나는 사랑을 받기 위해 완벽해져야 한다고 결정했어요.

나는 그웬에게 이런 초기의 결정이 얼마나 자주 현재 그녀의 삶에 영향을 미치는지 반영해보라고 말한다. 그녀는 잠시 동안 조용히 앉아 있고 그런 다음 그녀가 자주 이 어린 소녀와 같이 느낀다고 언급한다. 그웬은 표면 위로 올라온 감정과 통찰에 놀라워한다.

그웬: 오랫동안 이 어린 시절들에 대해 생각해보지 않았어요. 이런 상황들이 여전히 저를 괴롭히고 있다는 것을 믿을 수가 없어요. 지금까지 인식하지 못했어요.

그 순간 그웬은 무의식의 힘과 무의식적인 내용을 표면 위로 가져오는 것이 삶 속에서 어떻게 치유 역할을 할 수 있는지 인식한다. 나는 그웬에게 성인으로서 이제 그 어린 소녀의 측면들을 사랑하고 수용하며 관심을 줄 수 있다고 말한다.

그웬은 나에게 자신에게 있는 이 어린 소녀의 측면을 사랑하는 것이 약간 이상하게 들리지만, 그녀의 부모가 자신에게 조금 관대하고 그녀 자체로 사랑해주길 바랐던 것처럼 자신에게 조금 더 관대해지는 것에 마음이 열려 있다고 말한다.

그웬: 저는 이런 체벌이나 소리치는 것들이 지난 시간 내내 저에게 박혀있었다는 것을 상상할 수 없었어요. 이제 저는 모든 것이 연결되어있고 제가 이전에 경험한 모든 것들이 여전히 오늘 저에게 영향을 미치고 있다는 것을 알아요. 와! 집으로 가서 이것들을 모두 받아들여야겠어요.

그웬이 내 사무실을 나갈 때, 나는 그녀에게 꿈에 집중하고 다음 주 동안 꿈 일기를 써서 꿈에서 나타나는 상징을 통해 무의식적인 내용들을 계속 탐색해보자고 말한다. 그웬은 웃으며 치료가 이런 것인 줄은 전혀 몰랐다고 말한다. 나는 그녀에게 정신분석 지향적 치료는 긴 여정이고 그녀는 결코 혼자가 아니라고 상기시킨다.

전이(나에 대한 그웬의 무의식적 반응)에 대해 인식하는 것은 내게 중요한 일이다. 전이에 대한 인식은 그웬의 과거에 대한 연결을 깊게 만들 수 있다. 또한 역전이(그웬에 대한 나의 무의식적인 반응)에 대해 인식하는 것도 중요하다. 그웬이 어린 시절 체벌로 매를 맞았다고 말을 할 때, 나는 그녀의 고통에 공감할 수 있었고 그녀의 슬픔을 느꼈다. 나는 나의 어린 시절 동안 나에게 가해진 수없이 많은 고통에 관한 이야기를 할 수도 있었지만, 지금은 나를 위한 치료 회기가 아니다. 그러나 나는 그웬과의 치료적인 관계를 깊게 하고 상처받은 아이에 대해 공감할 수 있어서 역전이를 생산적인 방향으로 사용할 수 있다. 나는 치료적인 이득이 없는 행동을 하는 것을 피하는 것에 도움이 된다면, 그 회기에 나에게 나타났던 감정과 느낌들을 조사하고, 스스로가 슈퍼비전을 받거나 동료 자문을 구할 수 있도록 한다.

자기 점검을 위한 질문

- 그웬이 자신의 이전 경험이 현재의 행동에 어떻게 영향을 끼치는지 볼 수 있도록 돕기 위해 치료자는 어떤 개입을 하였는가?
- 그웬이 초기 어린 시절의 고통을 탐색하는 것의 치료적 가치는 무엇인가?
- 여러분이 그웬을 상담하는 중이었다면, 여러분에게 나타날 수도 있는 잠재적인 역전이는 무엇인가?

요약과 평가

요약

학습 목표 14 정신분석적 이론의 몇 가지 주요 개념들에는 무의식의 역동성, 행동에 대한 무의식의 영향, 불안의 역할, 전이와 역전이에 대한 이해, 삶 주기를 아우르는 다양한 단계의 성격 발달이 포함된다.

에릭슨은 정신분석적 이론에 심리사회적 경향을 포함시켜 프로이트의 발달에 관한 관점을 확대하였다. 그의 모형은 인간 발달을 8단계의 위기나 전환점으로 특정지어 설명한다. 우리는 발달의 과업을 잘 완수할 수도 있고 핵심적 투쟁을 해결하지 못하고 실패할 수 있다(표 4.2는 프로이트와 에릭슨의 발달 단계에 관한 관점을 비교하여 보여준다).

정신분석적 이론은 주로 무의식적인 내용을 끌어내는 방법으로 구성된다. 이는 주로 어린 시절의 경험들에 초점을 두며, 이와 같은 내용들은 논의되고, 재현되고, 해석되며, 분석된다. 주로 치료자와의 전이 관계를 작업하는 과정에서 성취하게 되는 과거에 대한 탐색이 성격 변화에 필연적이라고 가정한다. 정신분석에서 일반적으로 사용되는 가장 중요한 기법은 분석적 틀 유지하기, 자유연상 기법, 해석, 꿈, 저항, 전이의 분석이다.

융학파의 이론은 환원주의 입장을 취하는 프로이트학파의 이론과는 다르다. 융은 인간을 긍정적으로 바라보았고, 전체성과 자기실현을 향해 나아갈 수 있는 인간의 역량인 개성화에 초점을 두었다. 인간은 이런 것들을 이루기 위해 성격의 무의식적인 측면, 즉 개인 무의식과 집단 무의식을 모두 탐색해야 한다. 융의 분석적 치료의 경우 치료자들은 내담자가 자신들의 내적 지혜를 사용할 수 있도록 보조한다. 치료의 목표는 급박한 문제의 해결이 아니라 성격의 변화이다.

정신분석적 이론의 최근 경향은 자아심리학, 대상관계 이론, 자기심리학, 관계 접근에 반영된다. 자아심리학은 정신내적인 갈등이 가진 역할을 부정하지는 않지만, 인간의 생애에 걸쳐 숙달되고 능숙함을 추구하는 자아를 강조한다. 대상관계 이론은 태어났을 때에는 자신과 타인에 대한 구분이 없고, 신생아들에게 있어 타인은 욕구 만족을 위한 대상을 대표한다는 생각에 기반을 둔다. 분리-개별화는 시간이 지나면서 성취된다. 이 과정이 성공적이면, 타인들은 분리되면서도 동시에 관계가 있는 것으로 인식된다. 자기 심리학은 치료적 관계의 본질이며 주요 도구인 공감을 이용하는 것에 초점을 둔다. 관계 접근법은 내담자-치료자 관계를 통해 발달되는 것들에 관심을 둔다.

고전적 정신분석 접근법의 공헌

나는 치료자들이 프로이트의 다수의 중요한 개념들을 통해서 내담자들이 치르고 있는 삶 속의 투쟁에 대한 이해를 넓힐 수 있을 것이라고 생각한다. 이는 정신분석적 기법을 능숙하게 사용하기 위해서는, 대부분의 치료자들이 일반적으로 이수하는 교육이나 훈련 프로그램 이상의 훈련이 요구된다는 점을 기억해야 할 것이다. 정신분석적 접근은 실무가들에게 내담자의 행동을 바라보고 증상의 근원과 기능을 이해하기 위한 개념적인 틀을 제공한다. 정신분석적인 관점을 치료에 적용하는 것은 (1) 약속을 취소하고, 치료가 충분히 종결되지 않은 상태에서 그만두는 것, 그리고 스스로를 바라보는 것을 거절하는 형태의 저항을 이해하고 (2) 미해결된 문제들을 자세히 살펴서 내담자가 감정적으로 자신들을 제한했던 몇몇 사건들에게 새로운 결말을 얻어낼 수 있도록 하는 경우, (3) 전이의 역할과 가치를 이해하며, (4) 자아 방어기제의 과도한 사용이 일상과 상담 관계에서 어떻게 내담자를 효율적으로 기능하지 못하도록 하는지를 이해하는 데에 특히 유용하다.

비록 지금 현재의 그 사람의 방식에 대해 과거를 비난하는 것, 과거를 곱씹는 것에서 얻을 수 있는 것이 많지 않을 수도 있지만, 내담자의 어린 시절을 숙고하는 것은 종종 내담자의 현재 상황을 이해하고 작업하는 데에 유용하다. 내담자는 현재와 미래에서 중요한 변화를 시작하는 데 이와 같은 인식을 활용할 수 있다. 비록 고전적인 정신분석적 입장의 모든 전제들에 동의하지 않더라도, 내담자를 이해하고 갈등의 뿌리를 더 깊게 이해할 수 있게 하는 틀로써 다수의 정신분석적 개념들을 사용할 수 있을 것이다.

현대 정신분석적 접근법의 공헌

만약 정신분석적(정신역동적) 접근법이 실제 고전적 정신분석보다 더 광범위한 맥락 속에서 고려될 수 있다면, 인간 행동을 이해하기 위한 매우 강력하고 유용한 모형이 될 수 있다. 비록 나는 프로이트의 심리성적 개념들이 가치 있다고 여기지만, 에릭슨이 설명한 심리사회적 요인들에 대한 강조점을 더할 때에 각 발달 단계의 주요 전환점들이 더욱 완성된 그림으로 나타난다고 본다. 나는 이 두 가지 관점을 통합하는 것이 성격 발달의 주요 주제들을 이해하기에 가장 유용한 관점이라고 본다. 에릭슨의 발달적 계획은 프로이트에 의해 상정된 심리성적 문제들과 단계들을 피하는 것이 아니라, 오히려 심리성적 발달의 단계를 삶 전체에 걸쳐 연장시키고 있다. 그의 관점은 심리성적 그리고 심리사회적 개념들 중 어느 하나의 중요성을 폄하하는 것이 아니라 오히려 통합한다.

발달적 관점에서 작업하는 치료자들은 삶의 연속성과 내담자가 취하는 특정한 방향성을 통찰할 수 있다. 이런 관점은 내담자가 하고 있는 삶의 투쟁에 대한 더 큰 그림을 보여주고, 내담자는 다양한 삶의 단계 중에서 몇 가지 중요한 연결점들을 이를 통해 발견할 수 있게 된다.

정신분석적 사고의 현대적 경향은 우리의 현재 행동이 대부분 발달의 초기 단계들 중 한 단계에서 만들어진 방식의 반복일 수 있다는 점을 이해할 수 있게 돕는다. 대상관계 이론은 우리로 하여금 내담자가 중요한 타인과 과거에 어떻게 상호작용하였는지, 그리고 그들이 이런 초기 경험들을 현재의 관계에 어떻게 겹쳐놓는지를 볼 수 있게 도와준다. 이런 새로운 공식들은 분리와 개별화, 친밀감, 의존과 독립, 정체성과 같은 문제들로 고심하는 내담자들에게 자신의 발달이 어떤 측면에 고착되었는지 이해할 수 있게 돕는 틀을 제공할 수 있다. 이러한 이해는 친밀한 관계, 가족과 자녀 양육, 치료적 관계와 같은 많은 영역의 인간 상호작용에 중요한 영향을 미친다.

내가 생각하기에는, 상담 현장에 구조와 방향을 제공하기 위해 정신역동적 틀의 주요 개념들을 사용하면서 동시에 다른 치료적 기법들에도 도움을 받는 것이 가능하다. 나는 프로이트의 기본적인 아이디어에 기반을 두고 성격 발달에 영향을 끼치는 사회 및 문화적인 차원에 강조점을 더한 다양한 이론가들의 공헌이 대단히 중요한 것이라고 생각한다. 현대 정신역동의 실천에서는 기법을 사용하는 데에 있어 치료자에게 많은 자유를 부여하고 있다. 새로운 정신역동 이론가들은 고전적인 분석적 기법들을 강화, 확대, 재조명해왔다. 이들은 특히 자아의 발달에 집중하고 있고, 타인과 개인 간의 차별에 영향을 미치는 사회적이고 문화적인 요인들에 관심을 가지며, 치료의 관계적 차원에 새로운 의미를 부여하고 있다.

여러 메타 분석들이 치료적 관계와 치료적 협응의 질이 분석적 치료의 결과에 중요하다는 것을 나타내왔고, 연구들은 정신분석적 치료의 전반적인 유용성을 입증하고 있다. 맥윌리엄스(2014)는 정신분석적 치료들이 다른 치료적 접근법에 비해 더욱 복잡하고, 개별화되며, 비구조화되어서 무작위적인 통제 실험을 통해 조사하는 것이 어렵다는 것을 인정한다. 그러나 전문가 집단들은 과정 연구, 질적 연구, 사례 연구, 그리고 축적된 임상적 지혜의 가치를 인정할 필요가 있다. 맥윌리엄스는 근거 중심 정신역동 치료에 관한 몇몇 문헌들을 인용하고 정신역동 치료의 효과성을 뒷받침하는 문헌들이 늘어나고 있다고 덧붙인다. 또한 방대한 실증 문헌들이 애착, 정서, 방어, 성격, 그리고 다른 영역에 관한 정신역동 치료의 이론적 모형과 임상적 경험들을 뒷받침한다.

비록 현대 정신역동 접근법들이 추동에 관한 본래의 프로이트주의 강조점, 무의식적 동기에 관한 본래의 프로이트주의 개념, 초기 발달의 영향, 전이, 역전이, 저항의 개념으로부터 상당히 분파되어 나왔지만, 여전히 이러한 개념들은 새로운 정신역동 접근법들의 중심이 되고 있다. 이런 개념들은 치료의 핵심 사항이고 다양한 치료적 접근법에 기반을 둔 치료에 포함될 수 있다.

정신역동 접근의 한계와 비판

정신분석적 치료에는 다수의 실제적 한계점들이 있다. 시간, 비용, 훈련된 정신분석적 치료자들의 이용 가능성들을 고려할 때, 많은 정신분석적 기법들의 실제적인 적용은 한계가 있다. 이는 소파에서의 자유연상, 꿈의 분석, 그리고 전이 관계에 대한 방대한 분석과 같은 기법들에서는 특히 더 그러하다. 고전적 정신분석의 현실적인 적용을 제한하는 요인은 복잡하고 심각한 장애가 있는 내담자들의 경우 이런 치료에 필요한 자아 강도의 수준이 결여되어있다는 점이다

전통적인 정신분석적 치료의 주요 한계는 분석적 목표를 제대로 달성하기 위해서는 상대적으로 긴 시간의 헌신이 필요하다는 것이다. 현대 정신분석 지향의 치료자들은 내담자의 과거에 관심이 있고, 이들은 현재 그리고 미래의 목표를 이해하는 것과 관련이 있다. 간결하고, 시간제한적인 정신역동 치료는 부분적으로는 장기간의 치료에 대한 비판에 대응하여 시작되었다. 정신역동 심리치료는 너무 길지 않고 복잡하지 않은 치료에 대한 필요에 부응하기 위해 전통적 분석에서부터 발달되어 나왔다(Luborsky et al., 2011).

정신분석적 접근법의 잠재적인 한계는 몇몇 치료자들에 의해 고수되고 있는 익명의 치료자 역할이다. 이런 자세는 이론적인 근거로 설명할 수는 있지만, 고전적인 정신분석 이외의 다른 치료 상황에서 볼 때 과도하게 제한적 접근이다. 정신분석적 실제의 새로운 방식은 '지금 여기'의 치료자-내담자 간의 상호작용을 상당히 강조하고, 치료자는 내담자에게 언제 그리고 무엇을 노출할 것인지 결정할 수 있다. 어빈 얄롬(Irvin Yalom. 2003)은 적절한 치료자의 자기개방은 치료의 결과를 향상시키는 경향이 있다고 제안한다. 빈 화면을 채택하는 것보다, 현재의 치료자-내담자 관계의 역동에 빛을 비추는 방법으로써 과거를 이해하도록 노력하는 것이 더욱 생산적이라고 생각한다. 이는 '지금 여기'에서 치료자와 내담자가 상호작용하는 것을 강조하는, 관계 분석적 접근법의 정신과 조화를 이룬다.

여성주의적 관점에서 볼 때, 프로이트주의 개념, 특히 오이디푸스와 엘렉트라 콤플렉스와 같은 다수의 개념은 뚜렷한 한계가 있다. 캐럴린 저브 엔스(Carolyn Zerbe Enns. 1993)는 또한 여성주의적 개념의 비평에서 대상관계 접근법이 이후의 대인관계 기능을 결정하는 데 있어서 어머니-아동 관계의 역할에 대한 강조점이 비판을 받아왔음을 언급하고 있다. 이 접근법은 발달에서의 결핍과 왜곡에 대한 큰 책임을 어머니에게만 부과한다. 아버지는 초기 발달의 양상에 관한 가설에서 확연히 배제되어있고, 오직 어머니만이 부적절한 양육에 대해 비난을 받는다. 9장에서 조금 더 상세히 다루어지는 리네

한(Linehan, 1993a, 1993b, 2015)의 변증법적 행동 치료(DBT)는 경계성 내담자가 '타당함을 인정받지 못했던' 어린 시절의 환경 경험을 했다는 개념을 받아들임과 동시에 어머니에 대한 과도한 비난을 피하도록 하는 통합적 접근법이다(Linehan, 1993a, pp.49-52).

루보스키, 오라일리-랜드리, 그리고 알로(Luborsky, O'Reilly-Landry, & Arlow, 2011)는 정신분석적 치료들이 그동안 현대 문화에 부적절하고 엘리트인 고등 교육을 받은 내담자들에게만 적절하다는 비난을 받아왔음을 언급한다. 이런 비난에 대해, 이들은 다음과 같이 항변한다. "정신분석은 만들어진 시점부터 정신분석적 이론가들과 임상가들에 의해 수정되고 변경되어온, 지속적으로 발달하는 영역이다. 이런 발달은 종종 자신의 발상들을 재고하고 상당히 개정한 프로이트 그 자신으로부터 시작되었다."(p.27)

자기 점검과 토론을 위한 질문

1. 여러분이 상담 현장에서 통합시킬 가능성이 가장 큰 관계 정신분석 접근법의 주요 개념들은 무엇이 있는가?
2. 정신분석 치료자들은 현재 행동의 중요한 결정요인으로서 초기 어린 시절의 경험과 과거에 특히 관심을 둔다. 이에 대한 여러분의 생각은 어떠한가? 여러분의 삶에 이런 개념이 어떻게 적용되는가?
3. 전이는 내담자에게 과거와 현재의 경험 간의 평행선을 탐색하고 그 역동에 대한 새로운 이해를 얻을 수 있게 한다. 내담자와 함께 전이를 탐색하는 데에 대해 여러분은 어떤 가치를 둘 것인가?
4. 간결한 치료 또는 시간제한적인 치료에 적용할 수 있을 것이라고 생각되는 정신분석적 접근의 측면들은 어떤 것들이 있는가?
5. 여러분에게 역전이를 유발할 수 있는 잠재적인 주제 영역들 중의 하나는 무엇인가? 여러분의 역전이 반응을 어떻게 식별할 수 있는가? 치료자로서 역전이를 어떻게 가장 잘 관리할 수 있을까?

더 찾아볼 자료

이번 장에서 제공한 내용이 정신분석적 접근법이나 정신분석의 현대적 접근법에 대한 자극제가 되었다면, 아래에서 추천하고 있는 '더 읽을거리'에서 새로운 책들을 골라 읽어볼 수 있을 것이다.

『상담 및 심리치료의 통합적 접근: 루스의 사례와 해설 DVD』를 활용한다면, 10회기 '전이와 역전이'를 참고하고 전이와 역전이에 대해 어떻게 다룰지를 이 책에서 기술한 내용과 비교해보기 바란다.

이번 장에서 논의한 정신분석적 접근법을 다루는 DVD에는 아래와 같은 미국심리학회의 심리치료 비디오 시리즈를 포함한다.

Psychoanalytic Therapy (N. McWilliams, 2007)
Relational Psychotherapy (J. Safran, 2008)
Psychoanalytic Therapy Over Time (J. Safran, 2010)
Integrative Relational Psychotherapy (P. Wachtel, 2008)
Brief Dynamic Therapy Over Time (H. Levenson, 2009)

Psychotherapy.net(www.psychotherapy.net)은 학생과 전문가를 위해 오토 컨버그와 낸시 맥윌리엄스(Nancy McWilliams)와 같은 명성 있는 정신분석가들의 영상과 인터뷰가 있는 광범위한 자료를 제공하고 있다. 새로운 기사들, 인터뷰, 블로그, 비디오들이 매달 게재된다. 오토 컨버그의 2011년도 두 가지 자료들은 다음과 같다.

Otto Kernberg: Live Case Consultation
Psychoanalytic Psychotherapy for Personality disorders: An Interview with Otto Kernberg, MD

다양한 대학 및 대학교들이 경계성, 자기애성 성격이 있는 내담자들과 작업을 할 때, 치료적 측면에서 살펴볼 고려사항과 같은 주제에 대해 지속적으로 특별 워크숍이나 단기 코스를 제공한다. 이런 워크숍들은 현대적 정신분석 치료를 다양하게 적용하는 새로운 관점을 제공해줄 수 있다. 훈련 프로그램, 워크숍, 대학원 프로그램들에 관한 더 많은 정보는 아래에서 찾아볼 수 있다.

American Psychoanalytic Association
www.apsa.org

더 읽을거리

『정신역동 집단 심리치료』(Rutan, Stone, & Shay, 2014)는 정신역동 집단 치료의 여러 측면에 관한 포괄적인 논의를 제시한다. 다루는 주제에는 집단 발달의 단계, 집단 치료자의 역할, 변화에 도움이 되는 치료적 요인, 까다로운 집단이나 까다로운 구성원과의 치료 작업, 시간제한적인 정신역동 집단이 있다.

『**단기 역동 치료**』(Levenson, 2010)는 정신분석 치료의 모형에 대해 기술한다. 또한 시간제한적인 치료의 현실에 부합하는, 집중적이며 심도 깊은 임상적 작업을 위한 단계들을 개괄하고 있다. 이 책은 정신분석 개념과 기법들이 어떻게 장기 치료에 참여할 수 없는 많은 내담자의 필요에 부합하도록 수정될 수 있는지에 대해 다룬다.

『**임상 실습 실제에서의 정신분석적 정신의학**(Psychodynamic Psychiatry in Clinical Practice)』(Gabbard, 2005)은 경계성 그리고 자기애성 장애에 관한 다양한 정신분석적 관점들에 관하여 훌륭하게 보여주고 있다.

5장 | 아들러 치료

학습 목표

01. 아들러 접근방식의 주요 개념들을 설명한다(합목적적이며 목표 지향적 행동, 열등감과 우월감, 현실에 대한 주관적인 인지(관점), 성격의 통합, 생활양식, 격려).
02. 사회적 관심의 정의와 어떻게 이것이 아들러 접근방식의 기본적인 개념인지 설명한다.
03. 생활 과업을 정의하고 실제 치료에 미치는 영향을 설명한다.
04. 출생순위를 아들러 관점에서 설명하고 혈연관계의 함의를 설명한다.
05. 가족 구도의 역할과 생활방식 평가에서의 초기 회상을 이해한다.
06. 아들러 관점에서 상담자와 내담자의 관계를 설명한다.
07. 아들러 상담 과정의 4단계를 서술한다.
08. 개인에 대한 세부적인 평가에 무엇이 포함되어있는지 알아본다.
09. 아들러의 관점에서 상담 과정 중 해석의 역할을 설명한다.
10. 재정향과 재교육 과정에 포함된 내용에 대해 서술한다.
11. 아들러의 접근 방식이 응용될 수 있는 분야를 서술한다.
12. 아들러 치료의 강점과 한계점을 다양한 관점에서 확인해본다.
13. 아들러 접근 방식이 다른 상담 접근법의 발전에 특별히 공헌한 점에 대해 이해한다.
14. 최소 한 가지 이상 아들러 접근 방식의 비판점을 찾아본다.

Alfred Adler

알프레트 아들러(Alfred Adler, 1870-1937)는 6남 2녀의 자녀를 둔 비엔나 가정에서 자랐다. 그의 남자 형제 중 남동생은 아주 어린 시절 아들러의 바로 옆 침대에서 사망했다. 아들러의 유아기는 별로 행복하지 않았다. 그는 병약했고, 죽음에 대해 매우 잘 알고 있었다. 네 살 때, 그는 폐렴으로 죽을 뻔했는데, 그는 의사가 자신의 아버지에게 "알프레트는 가망이 없습니다."라고 말하는 것을 들었다. 아들러는 이 시기로 인해 훗날 의사가 되기로 결심하게 되었다. 그는 인생 초반인 어린 시절 동안 병치레가 잦아, 아들러의 어머니는 그를 애지중지하였다. 그는 아버지와는 신뢰하는 관계였지만, 어머니에 대해서는 가까운 사이라고 느끼지 않았다. 그는 형인 지그문트(Sigmund)를 지나치게 질투했는데, 이로 인해 아동기와 청소년기 시절 두 형제 사이에 긴장감이 넘쳤다. 지그문트 프로이트와 아들러의 껄끄러운 관계를 고려해보면, 어린 시절 가족 구성원의 방식이 이 둘의 관계에서도 반복되었다고 생각할 수밖에 없다.

아들러의 유아기 경험들은 그의 이론 형성에 영향을 주었다. 아들러는 자신의 인생을 운명에 맡기기보다는 만들어나갔다. 사람들은 아들러가 항상 총기가 있는 아이라고 여겼다. 아들러는 어느 날 수학 선생님이 자기가 한 질문의 답을 모른다는 것을 알아챌 때까지는 학교에서 그럭저럭 지내는 것에 만족했다. 아들러는 적극적인 우등생들 뒤에서 차례를 기다려 손을 들고 일어났다. 사람들은 그를 보고 웃었지만, 그는 정답을 내놓았다. 그 뒤로 그는 자신에게 전념하기 시작했고, 반에서 일등을 하게 되었다. 그는 비엔나 대학교의 약대에서 공부하여 안과의사로 개업을 했다가, 이후 일반 의학 분야로 옮겼다. 그는 결국엔 신경학과 정신의학을 전공했고, 특히 아동기 난치병에 깊은 관심을 보였다.

아들러는 반유대주의와 제1차 세계대전을 경험하였다. 그러한 경험들과 사회정치적인 시간은 그가 인본주의와 함께 일해야 할 필요성을 강조하는 데 기여하였다. 그는 전후 상황과 문화가 인간 성격에 미치는 영향에 대해 절절히 인식하고 있었으며, 그의 이론은 이러한 관심에서부터 비롯되었다.

아들러는 일반사람들에 대해 열정적인 관심이 있었고 갈등을 초래하는 육아방식, 학교 혁신, 갈등을 야기하는 편견들에 대해 거침없었다. 그는 매우 간단하고 비전문적인 언어를 사용하여 연설을 하거나 글을 썼으며, 위험에 처한 아이들, 여성의 권리, 남녀평등, 성인교육, 지역사회 정신건강, 가족상담, 그리고 간단한 치료를 옹호하였다(Watts, 2012). 아들러(1927/1959)의 『인간 본성의 이해(Understanding Human Nature)』는 미국에서 수십만 부가 팔린 첫 번째 주요 심리학 서적이다. 제1차 세계대전에서 의료 담당자로서 도움을 준 이후로, 아들러는 비엔나 국립 학교들 안에 32개의 아동상담소를 만들었고, 선생님, 사회복지사, 의사, 그리고 다른 전문가들을 교육하기 시작했다. 그는 현재 '공개 토론' 가족상담이라고 불리는, 많은 대중 앞에서 가족과 아동이 함께 시연을 하면서 전문가들을 가르치는 분야를 개척하였다. 그가 설립한 병원들의 수는 늘어갔고 인기도 많아졌으며, 그는 자신의 치료 방법을 강연하고 보여주는 데에 있어서 지칠 줄 몰랐다.

아들러는 업무가 과도하게 많았지만, 여전히 노래하고 음악을 즐기기도 하며 친구들과 어울리는 시간들을 보냈다. 1920년도 중반에 그는 미국에서 강의를 시작하였고, 그 후로도 미국 여행을 자주하였다. 친구들이 그의 왕성한 활동에 무리하지 말라고 충고했지만 무시하였다. 1937년 3월 28일 스코틀랜드 애버딘에서의 강의하러 걸어가는 도중에 쓰러져서 결국 심부전으로 사망하였다.

아들러의 생애에 관해 더 흥미가 있다면 에드워드 호프먼(Edward Hoffman, 1996)의 완벽한 전기인 『자기로의 여행(The Drive for Self)』을 읽어보라. 아들러의 글과 현대 사회에서의 의미를 찾고 싶다면, 존 칼슨과 미카엘 마니아치(John Carlson & Michael Maniacci, 2012)의 편집도서인 『다시 보는 알프레트 아들러(Alfred Adler Revisited)』를 보라.

존 칼슨(Jon D. Carlson, 1945-)은 시카고 근교에서 자랐고 4명의 자녀 중 막내였다. 집과 학교에서 가장 어린 아이로서 그는 열등감에 시달렸다. 아들러의 말에 따르면, 가장 어린 아이는 어른의 세계에 속하려고 노력하며 강한 성취욕을 발휘한다고 하였는데, 칼슨이 이러한 방식에 들어맞았다. 어린 시절 그는 천식을 앓았고 심각한 알레르기 때문에 종종 집안에서 있어야만 했다. 하지만 이후 그는 마침내 호흡기 질환 문제를 극복하였는데, 경쟁력 있는 장거리 선수와 대학 코치가 되고 세계적인 상을 받음으로써 이를 보상받았다. 그는 60부 이상의 책과 300개의 전문 트레이닝 영상을 만들거나 편집하였고, 60,000시간 이상의 임상 실습을 거쳤다. 그는 상담과 임상심리학에서 두 개의 박사학위를 받았고, 시카고에 있는 아들러 학교에서 명망 있는 심리치료 자격증 또한 취득하였다. 현재 존 칼슨은 시카고에 있는 아들러 대학의 아들러 심리학 분야에서 저명한 교수로 재직 중이다. 칼슨은 미국심리학회(APA), 미국상담학회(ACA), 북미아들러심리학회(North American Society of Adlerian Psychology: NASAP)에서 평생 공로상을 받았고, 2004년에 미국상담학회로부터 '상담 분야에 살아있는 전설'로 지명되었다. 칼슨은 전문 상담자들과 심리상담자들은 정신건강의 표본이 되어야 하며, 그들이 상담실에 있든 아니든 행동이나 말하는 것에 있어서 믿음직해야 한다고 하였다. "나는 결혼하여 로라와 50년 동안 살아왔고 다섯 아이 모두와 좋은 관계를 유지한 내 자신이 자랑스럽다. 나는 근처 국립학교에서 학교 상담자, 심리학자로서 30년 넘게 일을 하였다. 나는 커플, 가족상담자로서 활동하였고, 심리치료 발전회의의 교원으로 아들러 관점에서의 심리치료를 증명하였다."

Jon Carlson

Jon D. Carlson

칼슨은 아들러가 스스로 자신이 지금의 아들러학파라고 여길지 의구심을 가졌다. 『개인심리학회지(Journal of Individual Psychology)』의 편집자, 그리고 아들러학파의 기조 연설자로서 그는 전문가들이 '아들러를 뛰어넘고', 현대 심리치료와 상담에서 가치 있고 이용 가능한 접근 방식과 아들러의 개념을 통합하기를 권장하였다.

제임스 로버트 비터(James Robert Bitter, 1947-)는 이 장의 공저자이며, 아들러 치료법에서 선두적인 현대 인물이다. 그는 워싱턴 주에 있는 위냇치(Wenatchee)에서 자랐으며, 입양된 두 아이 중 첫째였다. 고등학생일 무렵, 루돌프 드라이커스(Rudolf Dreikurs)의 직장 동료이자 학생이었던 만포드 손스테가르드(Manford Sonstegard)가 그의 마을에서 가족교육센터를 시작하였다. 손스테가르드는 이후 비터의 멘토가 되었고 그에게 어떻게 영향력 있는 상담자가 될 수 있는지 가르쳐주었다.

James Bitter

James Robert Bitter

비터의 어머니는 그가 14세 때 암에 걸려 사망했고, 그는 고등학교와 대학교 때 혼자라는 것을 느꼈다. 그는 모든 면에서 부진아였지만, 대학교 2학년부터 한 친구가 그가 더 진지하게 무언가를 배우고 자기 자신의 인생을 책임지도록 하는 도전의식을 북돋아주었다. 그 덕에 비터는 학업적인 부분과 교외 활동을 둘 다 성취할 수 있었다.

1970년도에 탐 에드거(Tom Edgar) 교수의 소개로 아들러 가족상담을 알게 되어, 아이다호 주립대학교에 있던 비터와 다른 학생들은 첫 가족교육센터를 아이다호에 열었다. 비터는 석사학위와 박사학위를 아이다호 주립대학교에서 취득하고, 그 이후에 만포드 손스테가르드가 학과장을 맡고 있는 웨스트버지니아 연구 대학원에서 근무하였다. 이후 13년 동안 그들은 함께 수업을 가르치고, 워크숍과 학회를 운영하고, 저술 활동과 더불어 학술지를 편집하고, 집단

상담에서의 아들러 모형을 개발하였다(Sonstegard & Bitter, 2004).

1979년 버지니아 사티어(Virginia Satir)가 한 달 동안 지도하던 교육이 끝난 후, 비터는 사티어의 AVANTA 네트워크의 일원이 되었다. 그다음 9년 동안 비터는 사티어의 교육을 도왔다. 1987년에 사티어는 풀러턴에 있는 캘리포니아 주립대학교에 가서, 비터가 그곳에서 상담 프로그램의 새로운 시대를 열어가는 것을 도왔다. 풀러턴에서 비터는 제럴드 코리를 만났는데, 코리는 비터에게 책을 쓰도록 격려하였다. 『가족 치료와 상담의 이론과 실제(Theory and Practice of Family Therapy and Counseling)』(Bitter, 2014)는 그 저서 중 하나이다. 코리와의 이러한 공동작업과 우정은 25년 이상 계속되었다. 비터는 2017년과 2018년에 북미아들러심리학회의 회장직을 수행할 예정이다.

비터는 그의 친구인 존 칼슨처럼 아들러학파의 인종차별 폐지론자이다. 그는 다른 사람들의 의견을 통합하지만, 그의 기반은 아들러 심리학에서의 체계적 치료에 있다. 비터는 아들러의 공동체의식의 중요성과 사회적 관심에서 나오는 행동에 대한 주안점은 정신건강을 보장하고, 사람들이 열등감을 극복하도록 도우며, 세상에 그들의 자리가 있다는 것을 알게 해주는 것이라고 믿었다. 이 장에서 비터는 그의 철학과 실제적인 경험을 도입하여 아들러의 이론 및 실제를 논의하였다.

도입

프로이트 및 융과 마찬가지로, 알프레트 아들러는 정신역동적 접근 방식의 초기 발전에 주요한 기여를 한 사람이다. 프로이트와 아들러가 약 10년 정도 협력 관계를 유지하였지만 결별하게 되었고, 프로이트는 아들러가 자기를 배신한 이단자라고 주장하였다. 1911년 아들러는 비엔나 정신분석학회의 회장직에서 사임하였고, 1912년 개인심리학회를 창립했다. 이때 프로이트는 정신분석학자로서 아들러 개념을 지지할 수 없다고 주장하였다.

이후에 다수의 정신분석학자들이 프로이트의 전통적 입장에서 벗어났다. 프로이트학파의 수정주의자들은 카렌 호나이(Karen Horney), 에리히 프롬(Erich Fromm), 해리 스택 설리번(Harry Stack Sullivan)이 있다. 그들은 성격 형성에 있어서 관계적 · 사회적 · 문화적 요인이 중요하다는 것에 동의하였다. 일반적으로 이 세 이론가들은 신프로이트학파라 불리지만, 하인츠 안스바허(Heinz Ansbacher, 1979)가 제안했듯이 신아들러학파로 부르는 것이 더 적절할 것이다. 이들은 프로이트의 생물학적 · 결정론적 관점에서 아들러의 사회심리적 · 목적론적(목표 지향적) 인간관으로 견해를 바꾸었기 때문이다.

아들러는 사람을 오직 통합된 완전한 존재로서 이해할 수 있다고 여기면서 성격의 통일성을 강조하였다. 이 관점은 목표 지향적 행동을 지지하는데, 우리가 어디로부터 왔는지보다 우리가 어떠한 곳으로 가려고 하는지가 더 중요하다는 것을 강조한다. 아들러는 인간을 자신의 삶의 창조자이면서 피조물이라고 보았다. 즉, 사람은 그들이 선택한 목표에 대한 표현과 목표를 향한 움직임 두 가지 모두를 포함하는 특별한 방식의 삶을 발달시킨다는 것이다. 이렇게 생각해보면, 어렸을 적의 경험에 의해서라기보다는 우리 스스로가 우리 자신을 창조해나간다고 할 수 있다.

아들러가 사망한 1937년 이후, 루돌프 드라이커스는 미국으로 아들러학파의 심리학을 옮긴 매우 중요한 사람 중 한 명이다. 그는 특히 심리학 원리를 교육, 자녀 양육, 개인상담과 집단상담, 가족상담에 접목시켰다. 드라이커스는 아동지도센터에 대한 아이디어를 자극했고, 다양한 범주의 내담자들과 일하며 수련하고 있는 전문가들이 박차를 가하도록 하였다(Terner & Pew, 1978).

CengageBrain.com에 방문하거나 『심리상담과 치료의 이론과 실제: 스탠의 사례와 해설 DVD』 5장 부분의 DVD 프로그램을 시청하라. 그리고 각 장을 읽기 전에 DVD에 있는 각 장에 대한 간략한 소개 내용을 살펴보라.

주요 개념

인간관

학습 목표 01 아들러는 프로이트가 생물학적 · 본능적 결정을 너무 강조하는 편협한 시각을 가졌다고 생각하여 프로이트의 기본적인 이론을 포기하였다. 아들러는 인간의 생활양식이 생후 6개월 무렵에 형성하기 시작한다고 믿었다. 그는 한 사람의 현재에 지각된 과거에 초점을 맞추었고, 과거 사건들에 대한 해석이 개인의 현재 행동의 해석에 어떻게 지속적인 영향을 미치는지에 초점을 맞추었다. 아들러에 따르면, 인간은 성적 충동보다는 사회적 관계에 의해 일차적으로 동기화된다고 하였다. 행동은 의도적이며 목표 지향적이다. 그리고 무의식보다 의식이 치료의 핵심이다. 아들러는 선택, 책임, 삶의 의미, 성공을 향한 노력, 완벽함, 완전함을 강조하였다. 아들러와 프로이트는 같은 대학에서 의사 교육을 받고 같은 시대에 같은 도시에서 성장했음에도 불구하고 매우 다른 이론을 창조하였다. 그들 개개인이 뚜렷이 다른 아동기 경험들, 개인적인 투쟁들, 함께 일했던 사람들이 다른 인간관을 형성하는 데 주요 요인이 되었다(Schultz & Schultz, 2013).

아들러의 이론은 열등감에 대한 고려에서 시작된다. 그는 열등감을 모든 사람들이 경험하는 것이며, 인간이 하는 모든 노력의 원천이라고 하였다. **열등감**(inferiority feelings)은 나약하다거나 이상하다는 의미가 아니라 창조성의 원천이라고 할 수 있다. 열등감은 우리가 숙련됨, 성공(우월성), 완전함을 얻으려고 노력하게 만든다. 우리는 열등감을 극복하고 그리고 점차 더 높은 수준으로 발전하는 데에 집중한다(Ansbacher & Ansbacher, 1956/1964). 6세쯤 되면 완벽하고 완전한 존재로서의 자신에 대한 가상적 상상이 인생의 목표가 된다. 인생의 목표는 성격을 통합시키고 인간 동기의 원천이 된다. 열등감을 극복하고자 하는 모든 열망과 모든 노력은 이러한 목표와 같은 선상에 있다고 볼 수 있다.

아들러학파의 관점에서 보면, 인간의 행동은 유전형질이나 환경으로 결정되지 않는다. 대신, 우리는 사건들을 해석하고 영향을 미치고 창조하는 능력을 가졌다. 아들러는 유전학이나 유전적인 특징이 우리가 소유한 능력과 한계로 무엇을 선택하는지만큼 중요하지 않다고 하였다. 프로이트는 인간을 자신의 아동기 경험에 의해 결정되는 존재로 본 반면, 아들러는 인간이 사회적 배움을 통하여 변화할 수 있다고 믿었다. 아들러학파가 결정론적 입장을 거부하기는 했지만, 인간이 원하는 대로 될 수 있다고 생각하는 또 다른 극단적인 주장으로까지 가진 않았다. 아들러학파는 생물학적, 그리고 환경 조건이 선택하고 창조하는 우리의 능력을 제한한다는 것을 알고 있었다.

아들러학파는 개인을 재교육하는 것과 사회를 재형성하는 것에 중점을 두었다. 아들러는 가치, 신념, 태도, 목표, 관심, 현실을 보는 개인적인 지각과 같은 행동의 내적 결정 요인을 강조한 심리학에 대한 주관적 접근의 선구자였다. 그는 총체적, 사회적, 목표 지향적, 체계적, 인본주의적 접근의 선구자였다. 아들러는 사람들이 살고 있는 체계 속에서 사람들을 이해하는 것이 필수적이라고 말한, 첫 번째 총체주의 상담자였다.

현실에 대한 주관적 인지

아들러학파는 목표의 방향성이 **현상학적**(phenomenological)이라고 묘사할 수 있는, 내담자의 주관적인 준거 틀로부터 세상을 보려고 한다. 사람들이 그들의 세계를 인식할 때, 개인적인 방식으로 주의를 기울이는 것을 '주관적인 현실'이라 부른다. 여기에는 개인의 지각, 생각, 감정, 가치관, 믿음, 확신, 결론 등이 포함된다. 행동은 주관적 관점의 입장에서 이해된다. 아들러학파의 관점에서 보면, 객관적인 현실은 우리가 현실을 해석하는 방법, 경험에 우리가 부여하는 의미보다 중요하지 않다.

인간 성격의 통합과 방식

아들러는 자신의 접근법에 대해 **개인심리학**(individual psychology. 라틴어로 '나눌 수 없는'이라는 뜻을 가진 *individuum*)이라는 이름을 선택했다. 자아, 이드, 초자아처럼 프로이트 환원주의자의 분파가 되는 것을 피하고 싶었기 때문이다. 아들러에게 개인심리학은 **나눌 수 없는**(indivisible) 심리학을 뜻한다. 아들러는 인간의 통합성(unity)과 분리 불가능성을 역설하였고, 사람의 모든 특성이 어떠한 방식으로 구성 요소들과 상호 관련되며, 이 모든 구성 요소들이 삶의 목표를 지향하는 개인의 활동에 의해 어떻게 통합되는지를 통해 삶의 맥락에서 전인적 인간을 이해할 것을 강조했다. 이러한 **총체론적 개념**(holistic concept)은 우리는 부분적으로는 이해될 수 없으며, 대신 우리를 둘러싸고 있는 가족, 문화, 학교, 일이라는 사회적 맥락 속에서 전체적으로 이해되어야 함을 시사한다(Carlson & Johnson, 2016). 우리는 사회적이고, 창조적이며, 목적을 가지고 행동하는 의사결정을 하는 존재이며, 우리 인생에서 의미가 있는 맥락들을 고려하지 않고서는 우리를 완전히 이해할 수 없다(Sherman & Dinkmeyer, 1987).

성격은 인생의 목표를 발전하면서 통합된다. 개인의 생각, 감정, 신념, 확신, 태도, 특성, 행동은 각 개인의 독특함을 표현하며, 이 모든 것은 자신이 선택한 삶의 목표를 향해 움직일 수 있는 삶의 계획을 반영한다. 이러한 성격의 **총체론적 관점**이 암시하는 것은 내담자는 사회적 체계의 필수적인 부분이라는 것이다. 대인관계는 인간의 내적 심리역동보다 더 중요하다고 할 수 있다.

합목적적이고 목표 지향적인 행동 개인심리학은 인간의 모든 행동에 목적이 있다고 생각한다. 이 합목적성은 아들러 이론의 주춧돌이다. 사람은 스스로 목표를 정하고, 행동은 목표를 지향하며 이 행동의 개념은 아들러 이론의 기초가 된다. 아들러는 결정론적 설명을 목적론의 설명으로 대체하였다. 개인심리학에서 기본적인 가정은 우리가 우리의 목표에 관하여 오직 생각하고 느끼고 행동할 수 있다는 것이다. 우리가 추구하는 목적과 목표를 안다는 점을 고려해야만 우리를 완전히 이해할 수 있다. 아들러학파는 미래에 관심을 두지만, 그렇다고 과거의 영향의 중요성을 최소화하지는 않는다. 그들은 대부분의 결정들이 그 사람의 경험, 현재의 상황, 그리고 가장 중요한 지향하는 방향 등으로 결정된다고 가정한다. 그들은 한 사람의 삶에 가득한 주제들에 관심을 기울임으로써 연속성을 찾는다.

아들러는 사람은 종종 허구로 살아간다는 철학자 한스 바이힝거(Hans Vaihinger, 1965)의 영향을 받았다. 인간은 세계지도와 같은 역할을 하는 인지적 추측을 형성한다. 많은 아들러학파는 인간의 행동을 인도하는 상상했던 삶의 목표를 언급하기 위해 **가상적 목적론**(fictional finalism)이라는 용어를 사용한다. 그러나 우월성과 완벽을 향한 우리의 투쟁을 설명하기 위해 아들러는 이 용어를 사용하지 않고, '자아 이상 인도(guiding self-ideal)'와 '완벽의 추구(goal of perfection)'라는 용어로 대체했다는 점에 주목해야 한다. 아들러의 **완벽을 위한 투쟁**의 개념은 자기 자신뿐만 아니라 다른 사람의 공익을 위하여 보다 큰 능숙함을 얻기 위해 노력하는 것을 의미한다(Bitter, 2012; Watts, 2012). 인생의 아주 초반에, 우리는 만약 우리가 성공하고, 완전하며, 온전하거나 모든 것을 갖추었다면 어떤 모습이 될지를 마음속에 그리기 시작한다. 인간의 동기에 적용시켜보면 자아 이상 인도는 '내가 완벽할 때에만 안전할 수 있다.' 또는 '내가 중요한 사람일 때에만 받아들여질 수 있다.'라고 표현될 것이다. 이 자아 이상 인도는 완벽한 목표에 대한 개인의 이미지를 나타내며, 인간은 어떠한 주어진 상황에서도 이를 추구한다. 우리의 주관적인 최종 목표로 인해 우리는 무엇을 진실로 받아들일 것인지, 어떻게 행동을 할 것인지, 어떻게 사건들을 해석할 것인지를 선택하는 창조적인 힘을 가질 수 있다.

가치와 우월의 추구 아들러는 열등감에 대한 인식과 그 결과로 일어나는 완벽함이나 숙달되기 위한 노력은 선천적인 것이라고 강조했다(Ansbacher & Ansbacher, 1979). 그것은 동전의 양면과 같다. 인간 행동을 이해하기 위해서는 열등감과 보상의 기본적인 개념을 완전히 이해하는 것이 필수적이다. 우리는 어릴 때부터 우리를 돌봐줄 어른들을 필요로 하지만, 이것은 인생의 부정적인 부분이 아니다. 아들러에 따르면, 우리는 열등감을 경험하는 순간, 우월을 추구하도록 촉발된다. 예를 들면, 걸음마를 배우는 아기는 걷거나 크레파스를 잡는 것을 배우면, 종종 승리의 미소를 짓거나 큰 소리를 낸다. 이러한 열등감을 넘어선 승리는 우월성 추구의 길로 가는 첫걸음이다. 아들러는 성공의 추구가 사람을 숙련으로 나아가게 하며, 장애를 극복할 수 있게 한다고 주장하였다.

우월을 향한 목표는 인간 공동체의 발전에 기여를 한다. 그러나 아들러가 사용한 '우월'이 반드시 타인보다 우월함을 의미하는 것은 아니라는 점을 아는 것이 중요하다. 그보다는 스스로에 대한 더 낮은(부적인) 자기 지각에서 더 높은(정적인) 자기 지각으로 이동하는 것을 의미한다. 사람들은 능숙함, 자기 절제, 완벽을 추구함으로써 무력감에 대처한다. 예를 들면, 그들은 약점을 강점으로 변화시키는 것을 추구하거나 어느 한 분야에서 다른 분야에서의 결점에 대한 보상으로 탁월해지기 위해 노력할 것이다. 개성이나 생활양식을 구성하는 것은 사람들이 능숙함을 얻기 위해 노력하는 양식을 발달시키는 독특한 방식이라고 할 수 있다. 아동기와 청소년기의 손실, 거절, 그리고 낮은 학교 성적의 경험에 대해 아들러가 반응하는 방식은 그의 이론의 이러한 면에 있어 현실적인 본보기라고 할 수 있다.

생활양식 부적으로 느끼는 것에서 정적으로 원하는 것으로의 움직임은 삶의 목표의 발달을 가져온다. 그리고 차례로 성격과 개인의 핵심 신념과 가정들은 통합된다. 핵심 신념과 가정들은 삶에서 개인의 행동을 이끌고 생활 사건에 의미를 부여하면서 개인의 실제 삶을 구성한다. 아들러는 이러한 삶의 움직임을 개인의 '생활양식'이라고 불렀다. 이 용어의 유의어에는 '삶의 계획', '삶의 양식', '살아가기 위한 전략', '삶의 로드맵' 등이 포함된다. 종종 자기, 타인들, 그리고 세계에 관한 우리의 인식이라고 묘사되는 **생활양식**(lifestyle)은 우리의 삶에 의미를 부여하는 연관된 주제와 상호작용의 법칙을 포함한다. 이것이 우리가 생각하고 생동하고 느끼고 인식하고 살아가는 특징적 방식이다(Carlson & Johnson, 2016).

아들러는 우리를 배우이자, 창조자, 예술가라고 보았다. 한 사람의 생활양식에 대한 이해는 작곡의 양식에 대한 이해와 비슷하다. "우리는 우리가 선택하는 어디에서든 시작할 수 있다. 모든 표현은 우리를 같은 방향으로 이끌 것이다. 하나의 동기, 하나의 멜로디를 향하여. 그 주변에서 성격이 형성된다"(Adler, Ansbacher & Ansbacher 재인용, 1956/1964, p.332).

사람들은 사회적 환경에 반응적이기보다는 적극적으로 행동한다. 환경 내에서 일어나는 사건이 성격 발달에 영향을 미치긴 하지만 무엇이 될 것인지에 대한 원인은 아니며, 이러한 사건에 대한 해석이 우리의 성격을 형성한다. 잘못된 해석은 우리의 개인적인 논리를 그릇된 신념으로 이끌고, 이는 현재 행동에 영향을 미칠 것이다. 우리가 우리의 삶의 방식과 연속을 깨닫게 된다면, 잘못된 가정을 수정하고 근본적인 변화가 일어나게 된다. 우리는 아동기의 경험을 재구성하고, 의식적으로 새로운 생활양식을 창조할 수 있다.

사회적 관심과 공동체 의식

학습 목표 02 사회적 관심과 공동체 의식은 아마 아들러의 가장 중요하고 독특한 개념이다(Ansbacher, 1992). 이러한 용어들은 사회 공동체의 부분으로서 개인 인식과 사회적인 세상에서 대처하는 개인의 태도를 뜻한다.

사회적 관심(social interest)은 공동체 의식과 같은 선상에 있는 행동이며, 자신에게 하는 것처럼 타인에 대해 관심을 가지는 것을 포함한다. 이런 개념은 협동하고 자기 자신 이상의 어떤 부분에 기여를 하는 것을 포함한다(Milliren & Clemmer, 2006). 사회적 관심은 우리가 의미 있는 미래를 향해 움직일 수 있도록 하는 현재와 충분히 접촉할 것, 기꺼이 서로 주고받을 것, 타인들의 안녕을 위해 기여하기 위한 능력을 발달시키고 인류의 향상을 위해 노력할 것을 요구한다.

사회화 과정은 사회적 관심이 아동기에 시작되는 것과 연결되어있으며, 여기에는 사회 속에서 자신의 역할을 찾고 소속감을 얻는 것도 포함된다(Kefir, 1981). 아들러는 사회적 관심이 선천적이라고 생각하기도 했지만, 또한 배우고 발달시켜 사용될 수 있는 것이라 여겼다. 아들러는 사회적 관심은 다른 사람들과의 일체감이나 공감과 같은 것이며, "다른 사람의 눈으로 보고, 다른 사람의 귀로 듣고, 다른 사람의 마음으로 느끼는 것"이라고 하였다(Ansbacher & Ansbacher, 1979, p.42; Clark, 2007). 아들러학파에게 사회적 관심은 정신건강의 중심 척도이다. 사회적 관심을 가지고 있는 사람들은 건강하고 사회적으로 유용한 인생을 추구하는 방향으로 살아가는 경향이 있다. 사회적 관심이 발달할수록 열등감이나 소외감은 줄어든다. 사람들은 활동, 협동, 공익과 상호 존중에 대한 참여를 공유함으로써 사회적 관심을 표현한다(Carlson & Johnson, 2016).

개인심리학의 중심 신념은 행복과 성공이 사회적 유대와 상당한 관련이 있다는 것이다. 우리는 전 인류 사회에 속해있기 때문에, 사회적 맥락과 별개로 이해될 수 없다. 우리는 주로 소속에 대한 욕망에 의해 동기화된다. **공동체 의식**(community feeling)은 현재, 과거, 미래, 전 인류와 연결되어있다는 느낌을 나타내며, 세계를 더 좋은 장소로 만드는 것과 관련되어있다. 공동체 의식은 소속에 대한 진화의 욕구를 수반하며, 그 자체로 용기, 공감, 배려, 연민, 참여, 협동을 나타낸다(Bitter, 2012). 공동체 의식이 부족한 사람은 절망하게 되고 결국 쓸모없는 사람이 된다. 우리는 안전, 수용, 가치 있음에 대한 기본적 욕구를 채우기 위해 가족과 사회 안에 자리 잡으려고 한다. 우리가 경험하는 많은 문제들은 우리가 가치를 둔 집단에 받아들여지지 않는 것에 대한 두려움과 관련이 있다. 만약 소속감이 채워지지 않는다면, 우리는 결과적으로 불안해진다. 우리는 타인들과 일치된다고 느낄 때에만 문제에 직면하고 그것을 해결해 나갈 용기를 갖게 된다 (Adler, 1938/1964).

삶의 과제

학습 목표 03 아들러는 우리가 성공적으로 세 가지 보편적인 삶의 과제에 숙달되어야만 한다고 가르쳤다. 이 세 가지는 관계 형성하기(사회적 과제), 친밀감 수립하기(사랑–결혼의 과제), 사회에 공헌하기(직업적 과제)이다. 나이, 성, 역사, 문화, 국적에 상관없이 사람들은 모두 이 과제들을 다루어야 한다. 각각의 과제는 **우정과 소속감, 기여와 자기 가치, 협동**에 대한 심리적 수용의 발달을 요구한다(Bitter, 2007). 이러한 기본적인 삶의 과제는 인간의 삶에서 매우 중요해서 하나라도 장애를 일으키면 종종 심리적 장애의 지침이 된다(American Psychiatric Association, 2013). 우리의 성격은 우리가 직면하는 삶의 과제와 관련해서 취해온 태도의 결과이다(Bitter, 2012). 대개, 사람들이 치료를 원하는 것은 삶의 과제 중 하나 또는 그 이상을 만족시키는 데 성공적이지 못하게 투쟁해왔기 때문이다. 치료의 목적은 내담자가 사회적 관심의 증가를 발달시키고 생활양식을 수정함으로써, 그들이 더 효과적으로 이러한 삶의 과제들을 수행할 수 있도록 격려하는 것이다 (Carlson & Johnson, 2016).

대부분의 사람들은 그들이 용기가 부족할 때나 삶의 과제로 인해 발생하는 요구를 피하고자 할 때 어려움을 겪는다. 아들러(1929/1969)는 그 사람이 어떤 삶의 과제를 회피하도록, 문제와 증상이 도움이 되는지를 알아보는 방법으로 '질문들(The Question)'을 소개했다. 전통적인 방식으로는 **"만일 당신이 아주 잘했다면, 당신은 어떨 것 같아요?"**(p.201) 라고 질문을 한다. 만일 그 사람이 불안하지 않았다면 학교 시험을 잘 마무리할 수 있었을 것이라고 대답했다면, 실패의 가능성을 피하기 위해서 불안이 그 사람에게 필요했다고 아들러는 말한다.

출생순위와 형제관계

학습 목표 04 아들러학파의 접근은 형제와 가족에서의 출생 위치 간의 심리적 관련성에 주의를 기울인다는 점에서 독특하다. 아들러는 아동이 인생을 조망하는 것으로부터 비롯된 유리한 점이나 다섯 가지 심리적 출생순위(맏이, 두 자녀 중 둘째, 중간 아이, 막내, 외동아이)를 규명하였다. **출생순위**(birth order)는 결정적인 개념은 아니지만, 특정한 경험 틀을 가질 수 있는 가능성을 높여준다. 실제적인 출생순위는 개인의 해석이나 가족 내 아동의 심리적 위치보다 덜 중요하다. 예를 들어, 막내가 태어나기까지 10년의 차이가 있다면 둘째로 태어난 아동은 가족에서 막내의 심리적 위치를 경험할 수 있다. 그리고 세 번째 자녀는 생애 초기 10년 동안 막내 아이의 경험을 갖게 될 수도 있다. 아들러학파는 사실상 대부분의 인간 문제를 본질적으로 사회적인 것으로 보기 때문에, 초기 가족 내 관계와 가장 큰 영향력이 있는 사회 체계를 강조한다.

아들러(1931/1958)는 많은 사람들이 같은 가족 내에서 자란 자녀들이 왜 이렇게 다른 것인지에 대해 궁금해 하는 것을 보았는데, 그는 한 가정 내 아이들이 같은 환경에서 자라난다고 가정하는 것은 잘못된 생각이라는 것을 지적했다. 형제들이 일반적으로 가족 구도를 공유하고 있지만, 아이들 각각의 심리적 환경은 출생순위에 따라 달라진다. 출생순위의 영향력에 대한 다음의 설명은 안스바허와 안스바허(1964), 드라이커스(1953), 아들러(1931/1958)에 기반을 두고 있다.

1. **맏이**는 일반적으로 가장 많은 관심을 받는다. 그리고 맏이가 외동아이로 보내는 시간 동안, 아이는 관심의 중심에 있으면서 전형적으로 다소 버릇없게 키워진다. 아이는 의존적이고, 노력하는 것을 어려워하는 경향을 보이며, 남보다 앞서나가고자 분투한다. 그러나 동생이 나타나면, 아이는 자신이 예쁨 받던 위치에서 밀려났다는 것을 알게 된다. 이제 아이는 더 이상 독특하거나 특별하지 않다. 맏이는 새로이 태어난 아이(불청객)가 자신에게 익숙한 사랑을 자신에게서 빼앗아갈 것이라고 믿을 수 있다. 흔히, 맏이는 아이들의 본보기가 되고, 동생들을 부리며, 높은 성취 욕구를 나타냄으로써 자신의 위치를 다시 확립한다.
2. 두 자녀 중 **둘째 아이**는 다른 위치에 놓인다. 둘째아이는 태어났을 때부터 형제와 관심을 나누어 가진다. 전형적인 둘째아이는 마치 경주하고 있는 것처럼 행동하며, 일반적으로 언제나 전력을 다한다. 이는 둘째가 첫째를 뛰어넘기 위해 훈련을 하는 것처럼 보인다. 첫째와 둘째 사이의 경쟁은 그들의 남은 삶에 영향을 미친다. 둘째는 첫째의 약점을 발견하기 위해 능력을 개발하려고 하고, 첫째가 못하는 부분에서 뛰어난 능력을 발휘함으로써 부모와 선생님으로부터 칭찬을 받으려는 경향이 있다. 만약 첫째아이가 어느 한 분야에 뛰어난 두각을 보이면, 둘째는 다른 분야에서 인정을 받기 위해서 노력한다. 이렇듯 둘째는 종종 첫째와는 상반되는 모습을 보인다.
3. **중간 아이**는 종종 사이에 끼었다고 느낀다. 이들은 삶이 불공평하고 삶이 자신을 기만한다고 느끼게 된다. 이들은 '나는 불쌍해.'라는 식의 태도를 취할 확률이 높기에 문제아가 될 수 있다. 하지만 갈등이 많은 가족에서의 중간 아이는 이를 잘 아우를 수 있는 중재자로서의 역할을 하게 된다. 가족 내에 네 명의 아이들이 있다면, 둘째가 중간 아이와 같은 감정을 느낀다. 그리고 셋째는 더 느긋하며, 좀 더 사회적인 면이 있고, 첫째 아이와 친할 것이다.

4. 막내 아이는 항상 가족 내에서 아기이며, 가족 모두 막내 아이를 애지중지 여기는 경향이 있다. 과잉보호를 받기 때문에 무력감이 독특하게 발달하고 타인의 도움을 받는 것을 당연하게 여길 수 있다. 막내 아이들은 가족 중 누구도 시도하지 않은 길을 택함으로써 그들의 방식대로 삶을 살아가고 때때로 다른 형제보다도 더 나은 삶을 산다.
5. 외동아이는 그들 나름대로 문제를 가지고 있다. 첫째의 특징(예: 강한 성취동기)과 비슷한 면을 지니고 있지만, 다른 아이들과 나누거나 협력하는 법을 잘 배우지 못할 수 있다. 외동아이는 원가족 내에서의 경험처럼 어른들을 잘 대하는 방법을 배울 것이다. 종종 외동아이는 부모로부터 애지중지 키워져서 부모 중 한 명이나 두 사람 모두에게 의존적일 수 있다. 외동아이는 항상 무대 중심에 있길 원하기 때문에, 자신의 위치에 누군가 도전하면 불공평하다고 느낄 것이다.

출생순위와 가족 구도 내 자신의 위치에 대한 이해는 어른이 된 후 세상과 어떻게 관계를 맺는지와 관련 있다. 개개인들은 아동기에 타인들과 관계 맺는 방식을 터득하고 성인기 대인간 상호관계에서 실행할 수 있는 자신만의 독특한 그림을 구성한다. 아들러 치료에서는 특히 형제, 자매 사이의 관계를 가족 역동성과 함께 작업하는 것이 중요하다. 하지만 그렇다고 아들러 상담자들이 출생순위의 설명을 무조건적으로 적용하는 것은 아니다. 사람들에 대해 편견을 가지지 않는 것은 중요하지만, 형제자매의 경쟁의 결과로서 아동기에 나타나는 특정한 성격의 경향은 삶 전반에 영향을 미칠 수 있다.

상담 과정

상담 목표

아들러 상담과 치료는 내담자와 상담자의 공동의 협력을 전제로 한다. 일반적으로, 상담 과정은 상호 존중에 기반을 둔 관계를 형성하는 것이다. 전체론적인 **심리적 조사 연구**나 생활양식 측정이 이에 해당된다. 그리고 개인의 생활양식 내에 존재하는 **잘못된 목표**와 **잘못된 가정**을 밝힌다. 그다음에 삶의 유용한 부분을 향한 내담자의 재교육이나 재정향(reorientation)을 한다. 상담의 주된 목적은 내담자의 소속감을 증진시키고 공동체 의식과 사회적 관심의 특징을 가진 행동과 과정을 받아들이도록 돕는 것이다. 이는 내담자의 자기 자각을 증진시키고, 근본적인 전제와 삶의 목표, 기본적인 개념들에 대해 도전하고 수정함으로써 이루어진다(Dreikurs, 1967, 1997).

아들러학파는 의학적인 모형에 근거한 병리적 측면보다는 강점과 웰빙(well-being)에 중점을 둔 성격 발달 모형을 선호한다. 아들러학파의 이론은 사람들이 창의적이고 독특하고 유능하고 그리고 책임감 있다고 보는 낙관론적 관점을 취한다(Watts, 2012, 2015). 아들러학파 상담자들은 내담자가 병리적인 문제를 갖고 있는 사람이 아니라 내담자가 종종 낙담하기 때문에 그렇다고 주장한다. 치료적 과정의 초점은 낙담한 내담자에게 정보를 제공하고 가르치고 지도하고 격려하는 데에 있다. 격려는 내담자의 믿음을 변화시키는 데 가장 유용하고 강력한 방법으로, 이는 내담자가 자기 확신을 가지도록 도와주고 용기를 북돋을 수 있도록 도와준다. 용기는 두려운 상황일지라도 사회적 관심과 일관된 방식으로 행동하는 의지이다. 두려움과 용기는 함께한다. 두려움이 없다면 용기는 필요하지 않을 것이다. 용기의 상실 또는 낙담은 잘못되고 역기능적인 행동을 낳는다. 낙담한 사람들은 자신의 이기심에 따라 행동하는 경향이 있는데, 이는 종종 사회적 관심의 부재와 관련 있다.

아들러학파 상담자들은 내담자가 다양한 관점에서 문제를 볼 기회를 제공한다. 하지만 대안적인 관점을 받아들일지 아닐지를 결정하는 것은 내담자에게 달렸다. 아들러 상담자들은 내담자가 스스로 설정한 목표에 도달하는 것을 돕기 위해 협조한다. 그들은 내담자가 자신, 타인, 그리고 삶을 조망하는 새로운 방식을 교육한다. 내담자의 행동에 대한 기본적인 이해인 새로운 '인지적 지도'를 제공하는 과정을 통해 상담자는 그들의 잘못된 인지를 변화시키도록 돕는다. 마니아치, 샤킷-마니아치, 모삭(Maniacci, Sackett-Maniacci, & Mosak, 2014)은 상담의 교육적인 측면을 다음과 같이 서술했다.

- 내담자가 그들이 속한 공동체에 대한 책임감을 가지도록 도와주는 사회적 관심 증진시키기
- 내담자가 낙담과 열등감을 극복하도록 도와주기
- 내담자의 생활양식이 좀 더 적응적이고 유동적이고 사회적인 방향으로 가도록 조정하기
- 잘못된 동기 변화시키기
- 자기와 타인에 대한 평등과 수용에 대해 격려하기
- 사람들이 세계 공동체에게 기여할 수 있도록 돕기

상담자의 기능과 역할

학습 목표 05 상담자들은 잘못된 신념, 가치, 유용하지 않거나 자기중심적인 목표로 인해 내담자가 낙담하고 비효율적으로 기능할 수 있다는 것을 깨달았다. 그들은 내담자가 기본적 오류를 발견하고 수정한다면 기분이 나아지고 기능적으로 행동할 수 있을 것이라고 주장했다. 상담자들은 내담자의 불신, 이기심, 비현실적인 야망, 자신감의 부족과 같은 사고와 가치의 중요한 실수가 무엇인지 알아보려고 한다. 기본적 오류를 알아보는 것과 더불어, 상담자들은 완벽하지 않은 것, 약점 잡히는 것, 틀렸음이 입증되는 것, 과거의 후

회로 인한 고통 등 내담자가 지닌 주된 두려움이 무엇인지 알도록 도와준다(Carlson & Englar-Carlson, 2013).

상담자가 하는 주된 업무는 내담자의 기능에 대한 종합적인 평가이다. 상담자들은 내담자의 **가족 구도**(family constellation)와 관련된 설문지를 통해 개인의 생활양식에 대한 정보를 얻는다. 여기에는 부모, 형제, 그리고 집에 사는 다른 사람들, 생활양식 그리고 초기 회상이 포함된다. 출생순위의 평가는 이 시기에 적절할 것이다. 질문에 대한 요약과 해석을 통해 개인의 초기 생활양식을 알 수 있다. 가족 구도에 대한 정보로부터 상담자는 내담자의 주된 성공과 실패의 영역, 내담자가 어떤 방식으로 삶의 목표를 추구하는지, 내담자가 세계에서 추정하는 역할을 견디는 데에 어떻게 비판적인 영향을 미치는지에 대한 관점을 얻을 수 있다. 이러한 영향은 내담자가 살아가는 시기의 문화적 맥락과 사회정치적인 현실을 포함한다(Carson & Englar-Carlson, 2013).

상담자는 또한 평가 절차로서 초기 회상을 사용한다. **초기 회상**(early recoolections: ERs)은 "10세 전에 한 번 경험했다고 보고한 사건들에 대한 이야기"(Mosak & Di Pietro, 2006, p.1)라고 정의할 수 있다. 초기 회상은 내담자가 회상하는 특정한 사건으로, 그러한 아동기의 사건들에 동반된 감정과 사고를 끌어온다. 이러한 초기 회상은 내담자를 깊이 이해하는 데 유용한 정보를 제공한다(Clark, 2002). 초기 회상들이 요약되고 해석되고 난 뒤, 상담자는 내담자의 삶에서 중요한 성공과 실수가 무엇인지 확인한다. 목표는 치료적 모험을 위한 출발의 시점을 제공하는 것이다. 초기 회상은 특히 기능적인 평가도구로써 유용한데, 내담자가 무엇을 하고 어떻게 그들이 적응적 혹은 부적응적 방식으로 생각하는지에 대해 알려주기 때문이다(Mosak & DiPietro, 2006). 초기 회상들을 수집하는 과정은 **생활양식 측정**(lifestyle assessment)이라 하며, 내담자의 목표와 동기에 대해서 이해하는 것을 포함한다. 이 과정이 끝나면 상담자와 내담자는 상담 과정에 들어간다.

상담에서 내담자의 경험

내담자가 어떻게 그들의 생활양식을 유지하며, 왜 이러한 생활양식 변화에 저항하는 것일까? 한 사람의 살아가는 양식은 개인이 안정되고 지속적으로 삶에 머무를 수 있도록 돕는다. 다시 말해, 예측이 가능하다. 그러나 대부분 삶에서의 변화에 저항적일 수도 있다. 일반적으로, 사람들은 변화에 실패하는데, 그 이유는 그들이 사고의 오류나 행동의 목적에 대해 인지하지 못하고 무엇을 다르게 행동해야 할지 알지 못하며, 새롭고 예측할 수 없는 결과 때문에 익숙한 방식을 버리기를 두려워하기 때문이다. 따라서 그들의 사고와 행동 방식이 성공적이지 않더라도, 그들은 익숙한 방식을 유지하려고 한다(Sweeney, 2009). 아들러 상담에서 내담자는 원하는 결과와 탄력성 있는 생활양식을 가져오도록 하는 데에 초점을 둔다. 이는 내담자의 행동에 있어서 새로운 청사진을 제공해줄 수 있다.

상담 과정에서 내담자는 아들러학파의 **사적 논리**(private logic)를 탐구하는데, 사적 논리란 자신과 타인 그리고 삶에 대한 개념으로 개인의 생활양식이 기초가 되는 철학을 형성하는 것을 말한다. 사적 논리는 사회적 관심의 방식을 방해하고, 유용하고 건설적인 소속감을 기능하지 못하게 하는 우리의 확신과 신념을 포함한다(Carlson, Watts, & Maniacci, 2006). 내담자의 문제는 내담자의 사적 논리에 기초한 결과가 사회적 생활의 요구에 종종 순응하지 못하기 때문에 일어난다. 상담의 핵심은 내담자가 행동의 목적이나 증상, 그리고 개인적인 대처 방법과 관련한 기본적인 오류를 발견하는 것을 돕는 데 있다. 잘못된 가정과 결론을 교정하는 법을 배우는 것이 이 상담의 핵심이다.

구체적인 예로, 상담을 시작한 만성적인 우울증을 지닌 중년 남성이 있다. 생활양식 측정이 끝나고, 다음과 같은 기본적인 오류가 확인되었다.

- 그는 어느 누구도 실제로는 자신에게 마음을 쓰지 않을 것이라고 확신한다.
- 사람들이 그를 거절할 기회를 갖기 전에 그가 먼저 거절한다.
- 완벽을 기대하며 가혹하게 자신에 대해 비판한다.
- 일이 잘되는 경우는 거의 없을 것이라고 예상한다.
- 그는 다른 사람들의 기분을 좋지 않게 만든다고 생각해서 스스로 죄책감을 가진다.

어린 시절 이 남성은 이러한 자신과 삶에 대한 잘못된 신념을 발전시켰지만, 그는 여전히 삶의 원칙으로써 잘못된 신념을 지속하고 있다. 대부분이 부정적인 그의 기대가 어느 정도는 충족되는 경향이 있다. 그의 믿음이 타당하다는 것을 증명하기 위해 지속적으로 노력하는 경향이 있기 때문이다. 실제로, 그의 우울은 궁극적으로 그가 타인과 접촉하는 것을 방해하고 삶의 과제에 대해 실패할 것이라고 믿음을 낳는다. 상담 과정에서, 이 남성은 자신의 사적 논리의 구조를 변화시키는 방법에 대해 배울 것이다. 그의 경우에 삼단 논법은 다음과 같다.

- '나는 기본적으로 사랑받기 틀렸어.'
- '세상은 나를 거절할 것 같은 사람들로 가득 차 있어.'
- '따라서 내가 상처입지 않기 위해서 내 모습을 계속 유지해야만 해.'

이 사람은 몇 가지 기본적인 오류를 가지고 있고, 그의 사적 논리는 치료를 할 때 심리적인 초점을 어디에 맞춰야 할지에 대해서 정보를 제공한다. 내담자의 삶에 있어서 주요 주제와 신념은 다음과 같다. '나는 내 삶의 모든 것을 통제해야만 한다.' '내가 하는 모든 것에 완벽해야만 해.'

이러한 사고가 전제할 때, 어떻게 우울증이 따라올 수 있는지 보기란 쉽다. 그러나 우울이 이 남성이 삶에서 후퇴하는 데 있어 변명을 제공한다는 것도 알고 있다. 상담자들에게 이 내담자의 근본적인 행동의 목적이 무엇인지 아는 것이 중요하다. 그는 어떠한 공동체 의식에서 자신을 분리했고, 그래서 그의 사회적 관심은 낮다. 아들러학파는 감정을 사고와 연결된 것으로 보았고 행동의 원천으로 보았다. 우리는 우선 생각하고, 그 다음에 느끼고, 그 후에 행동한다. 정서와 인지는 행동의 목적을 제공하기 때문에, 많은 상담 시간이 행동의 목적을 발견하고 이해하며 내담자가 효과적인 방식으로 행동하도록 재정향하는 데에 쓰인다. 내담자는 주로 낙담하지만 상담자는 내담자가 정신적으로 아프다거나 정서적으로 혼란스럽다고 인식하지 않기 때문에 상담자는 내담자에게 격려를 제공할 수 있다. 그리고 이로 인해 변화는 가능해진다. 상담 과정을 통해서, 내담자는 자신이 특정한 삶의 문제나 과제를 다루는 데 있어 자원과 선택권을 가진다는 것을 발견할 것이다.

상담자와 내담자의 관계

학습 목표 06 아들러학파는 바람직한 내담자와 상담자의 관계란 동등한 관계가 되는 것이며, 이는 협력과 상호적 신뢰, 존중, 믿음, 협동, 목표에 대한 협력에 기초한다고 생각했다. 그들은 상담자의 의사소통과 선의의 신념에 기반을 두고 행동하는 모델링에 특별한 가치를 둔다. 상담의 시작부터 관계는 협력적인 것으로, 상담자와 내담자 두 사람이 구체적이고 합의된 목표들을 향해 동등하게 작업하는 특징이 있다. 아들러학파 상담자들은 동등한 치료적 동맹과 내담자와의 인간적인 관계를 형성하고 유지하기 위해 노력한다. 견고한 상담 관계를 형성하는 것은 성공적인 결과를 가져오는 데 중요하다. 딩크마이어와 스페리(Dinkmeyer & Sperry, 2000)는 상담을 시작할 때, 내담자는 계획이나 계약을 형성하는 것부터 시작해야 한다고 주장했다. 구체적으로는, 그들이 원하는 것이 무엇인지, 그들이 목표를 달성하기 위해 어떤 계획을 세울지, 그들이 성공적으로 목표를 달성하는 것을 방해하는 것은 무엇인지, 생산적이지 않는 행동을 어떻게 건설적인 행동으로 변화시킬 수 있을지, 그들이 목적을 성취할 때 어떻게 하면 자신이 가진 자산을 완전히 이용할 수 있는지를 알아야 한다고 하였다. 이러한 치료적인 계약은 상담 과정의 목표 설정을 가능하도록 하며, 상담자와 내담자 모두의 책임을 명료화한다. 계약을 맺는 것이 아들러 치료의 필수조건은 아니지만, 계약은 상담에 대해서 강한 집중력을 가져올 수 있다.

적용: 상담 기법과 절차

학습 목표 07 아들러 상담은 네 가지 주된 목적을 중심으로 구조화되는데, 이는 상담 과정의 네 단계들과 상응한다(Dreikurs, 1967).

1단계: 적절한 상담 관계를 형성하기
2단계: 내담자에게 작동되는 심리적인 역동성이 무엇인지 탐색하기(평가)
3단계: 자기 이해를 향상하도록 격려하기(목적에 대한 통찰력)
4단계: 내담자가 새로운 선택을 하도록 돕기(재정향과 재교육)

이러한 단계들은 정해진 단계 내에서 선형적이지 않고 항상 발전적인 과정으로 가는 것은 아니다. 다만 이 과정들을 실을 짜서 태피스트리를 만드는 과정이라고 보면 가장 잘 이해할 수 있다. 드라이커스(1997)는 이러한 과정을 하나로 합해서 전체적인 의료의 맥락과 서비스에서의 작은 심리치료라고 불렀다. 상담에 대한 그의 접근법은 현재 **아들러 단기 상담**(Adlerian brief therapy: ABT)(Bitter, Christensen, Hawes, & Nicoll, 1998)에서 정교화되었다. 이러한 작업 과정은 다음 장에서 논의될 것이다.

1단계: 관계 형성하기

아들러 전문가는 내담자와 협력적인 관계에서 작업을 하고 이 관계는 돌봄, 관여, 우정을 기반으로 한다. 치료적 진전은 상담자와 내담자 사이의 명백하게 정의된 목표에 합의했을 때만이 가능하다. 상담 과정이 효과적이기 위해선 내담자가 중요하게 여기고 탐구하고 변화하려고 하는 개인적인 주제들을 다루어야만 한다. 아들러 치료의 마지막 단계에서의 치료적 효능감은 처음 상담 단계 동안의 단단한 상담 관계의 발전과 지속에 입각한다(Watts, 2015).

아들러 상담자들은 '문제'로부터 시작하기보다는 내담자와 사람 대 사람으로 접촉하는 데 중점을 둔다. 내담자는 상담에서 보다 더 빠르게 관심을 드러낸다. 하지만 처음에는 문제가 아니라 사람에 초점을 맞추어야만 한다. 효과적인 접촉을 만드는 하나의 방법은 내담자가 가진 결점과 책임을 지속적으로 다루기보다, 내담자가 자신의 자산과 강점을 인식하도록 돕는 것이다. 첫 단계 동안, 긍정적인 관계는 듣는 것, 반응하는 것, 목적을 이해하고 변화를 추구하는 내담자의 능력에 대해 존중하는 것, 희망과 돌봄을 표현함으로써 형성된다. 내담자가 상담 과정에 들어갔을 때, 그들은 일반적으로 자기 가치감과 자기 존중을 잃어버리게 된다. 그들은 삶의 과제를 대처하는 능력에 대한 믿음이 부족하며 종종 좌절감을 느낀다. 상담자들은 내담자를 지지해주어야 하고 이는 절망감과 낙심에 대한 해결 방법이라고 할 수 있다. 어떤 사람들에게 상담이 그들이 진심으로 돌봄을 받는 인간관계를 경험하는 얼마 안 되는 시간 중에 하나가 될 것이다.

아들러학파는 기법을 사용하기보다 내담자의 주관적인 경험에 더 초점을 맞춘다. 상담의 첫 단계 동안, 상담자는 내담자의 정체성과 세상에 대한 경험을 이해하기 위해 작업한다. 기법들은 내담자의 욕구에 맞추며, 주요 기법으로 공감을 가지고 경청 및 참여하기, 가능한 내담자의 주관적 경험을 따라가기, 목표를 확인하고 구체화하기, 내담자의 증상, 행동, 상호작용의 목적에 대한 초기 직감 제시하기 등이 포함된다. 아들러 상담자들은 일반적으로 특히 상담 초기에 활동적이다. 그들은 구조를 제공하며 내담자들이 개인적 목표를 정의하도록 돕고 심리적인 평가를 수행하고 해석을 제공한다(Carlson et al., 2006). 아들러 상담자는 내담자의 언어적, 비언어적 메시지를 이해하고자 한다. 그들은 내담자의 삶의 중요한 양식에 접근하길 바란다. 만약 내담자가 진심으로 이해받고 수용된다고 느낀다면, 내담자는 상담으로부터 무엇을 얻고자 하는지에 초점을 맞추게 되고 목표를 설정이 가능해진다. 이 단계에서 상담자의 역할은 결과적으로 내담자가 자신의 세계를 다르게 볼 수 있도록 도움이 되는 넓은 시야를 제공하는 것이다.

2단계: 개인 심리 역동을 평가하기

학습 목표 08 아들러 상담의 두 번째 단계의 목표는 개인의 생활양식을 깊이 이해하는 것이다. 이 평가 단계 동안에는, 대체적으로 내담자의 정체성을 이해하는 것과 어떻게 그러한 정체성이 세계와 연관되어있는지를 이해하는 데 중점을 둔다. 평가 단계는 주관적인 면접과 객관적 면접의 두 가지 형식의 면접으로 진행된다(Dreikurs, 1997). **주관적인 면접**(subjective interview)에서 상담자는 내담자가 자신의 이야기를 가능한 한 완벽하게 이야기할 수 있도록 돕는다. 이 과정은 공감적 경청과 반응을 사용하면서 촉진된다. 그러나 적극적인 경청만으로는 충분하지 않다. 주관적인 면접은 궁금증, 강한 흥미, 관심에서 일어나야 한다. 내담자의 말이 상담자의 흥미를 일으키고, 자연스럽게 내담자와 내담자의 삶에 매우 중대한 의문 혹은 질문을 이끌어낸다. 실제로, 최고의 주관적인 면접은 내담자를 그들의 삶의 전문가로 대하는 동시에, 내담자가 완벽하게 경청했다고 느끼도록 하는 것이다. 주관적인 면접을 통해 아들러 상담자는 내담자의 삶의 대처 방법이나 접근에 대해 목적론적인 측면에서 실마리를 찾기 위해 경청한다. “주관적인 면접은 개인의 삶에서 정확히 익숙한 방식을 뽑아내야만 하고, 사람에게 효과적인 것이 무엇인지에 대한 가설들을 발전시켜야 하며, 내담자의 삶에서 다양한 문제들을 설명하는 것은 무엇인지를 결정해야 한다”(Bitter et al., 1998, p.98). 면접의 마지막을 향할수록, 아들러 단기 상담 상담자는 다음과 같이 질문한다. ‘제가 당신과 당신의 문제에 대해 이해하기 위해서 알아야 할 것들이 있나요?’

한 사람의 삶에서 증상, 행동, 또는 어려움이 제공하는 목적에 대한 초기 평가는 드라이커스(1997)의 개정판인 ‘질문들(The Question)’에서 얻을 수 있다. 아들러학파 상담자들은 종종 ‘만약 당신이 이러한 증상과 문제가 없다면 당신의 삶은 어떻게 다를 것이며 어떻게 다르게 행동할 것인가?’라고 질문하면서 주관적인 면담을 마친다. 이 질문을 사용해 아들러학파 상담자들은 차별적 진단을 내린다. 내담자가 경험하는 흔한 증상이나 문제는 내담자에게 필수적이라고 여겨지는 무언가를 피하도록 하는데, 이는 사람들이 회피하기를 바라는 것으로 일반적으로 삶의 과제다. ‘만약 우울하지 않았다면, 나는 더 자주 외출하고 친구를 만날 것이다.' 이러한 진술은 좋은 친구가 되거나 친구로부터 환영받게 될 가능성에 대한 내담자의 걱정을 반영한다. '나는 결혼할 필요가 있지만 공황장애를 가진 상태로는 힘들지 않을까?' 이러한 질문은 배우자가 되는 것에 대한 걱정을 의미한다. 우울은 내담자가 타인과의 관계에서 문제에 직면했을 때 해결책으로 작용한다. 만약 내담자가 특히 신체적인 증상에서 아무것도 변화하는 것이 없다고 보고한다면, 아들러학파 심리치료자는 문제가 신체적 부분과 관련되어 의학적 개입이 요구된다고 여긴다.

객관적인 면접(objective interview)은 (1) 어떻게 문제가 내담자의 삶에서 시작되었는지, (2) 어떠한 촉발 사건이 있었는지, (3) 현재와 과거의 약물 치료를 포함한 의료 기록과 (4) 사회 생활력이 어떠한지, (5) 내담자가 이 시기에 상담 받기를 선택한 이유가 무엇이고, (6) 삶의 과제에 대한 사람들의 대처는 어떠하며, (7) 생활양식 평가는 어떻게 되는지에 대한 정보를 알아내도록 시도한다. 아들러와 드라이커스가 개발한 면접 접근 방식 기반의 생활양식 측정은 가족 구도와 초기 아동기 기록으로 시작된다(Powers & Griffith, 2012a; Shulman & Mosak, 1988). 상담자들 또한 내담자가 그들 삶의 경험에 부여하는 의미를 이해하기 위해 초기 회상들을 해석한다. 그들은 그들 자신, 타인, 세상, 그리고 자신이 하는 행동을 통제하는 삶에 대한 해석 등에 초기 회상이 영향을 미친다고 가정한다. 생활양식 평가는 사람들이 삶의 과제를 대처하는 방식과 그러한 대처 방식과 관련된 사적인 해석과 논리를 알아내기 위해서, 개인의 삶에 대한 전반적인 이야기 개발을 추구한다. 예를 들어, 만약 제니가 그녀의 삶의 대부분을 부정적인 환경에서 살았지만, 심지어 지금도 실패한 모습을 피하기 위해서 완벽해야만 한다고 느낀다면, 이러한 관점으로부터 흐르는 제한적인 삶이 평가 과정에서 강조될 것이다. 다른 예시는 불법체류자 부모의 아이인 라만이다. 그는 살아온 환경 대부분을 두려워했고, 이를 타인에게 보이지 않기 위해 노력했으며, 타인을 믿는 것을 조심스러워 한다. 현재 그는 또래와 잘 지내려고 하고 타인과 믿음 있는 관계를 유지하기 위해 노력한다. 평가 과정은 그의 생활양식이 원하는 관계의 목표와 어떻게 불일치하는지에 대해 탐색하고자 한다.

가족 구도 아들러는 가족의 기원이 개인 성격의 주요한 영향을 미친다고 보았다. 그는 가족 구도가 개인이 자신, 타인, 삶에 대해 독특한 관점을 형성한다고 주장했다. 아이들이 관찰하는 가족 내의 상호작용 방식을 통해 문화적이고 가족적인 가치, 성 역할 기대, 개인 간 관계와 같은 요소들이 영향을 받는다. 아들러식 평가는 내담자의 **가족 구도**(family constellation) 탐색에 아주 많이 의지한다. 여기에는 그 사람이 어린아이였을 때 가족 내에 전반적인 환경에 대한 내담자의 평가(가족 분위기), 출생순위, 부모 간의 관계, 가족 가치, 확대 가족, 문화가 포함된다. 아래의 질문은 거의 항상 한다.

- 가족 내의 어떤 아이가 가장 예쁨을 받는가?
- 아버지와 아이, 어머니와 아이의 관계는 어떠한가?
- 어떤 아이가 아버지와 가장 닮았는가? 어머니와 가장 닮은 아이는 누구인가? 어떤 면에서 닮았는가?
- 형제, 자매 중 누가 당신과 가장 다른가? 어떤 면에서 다른가?
- 형제, 자매 중 누가 당신과 가장 닮았는가? 어떤 면에서 닮았는가?
- 당신이 어린아이였을 때와 비슷한 점은 무엇이 있는가?
- 당신의 부모는 어떻게 서로 잘 지냈는가? 어느 면에서 서로 동의하는가? 부모는 어떻게 의견충돌을 다루었는가? 부모는 자녀들을 어떻게 지도했는가?

가족 구도를 조사하는 것은 이러한 몇 안 되는 질문들보다 훨씬 더 포괄적이지만 이러한 질문들은 상담자가 찾고 있는 정보의 유형에 대한 인상을 제공한다. 이 질문들은 항상 자신과 타인, 발달, 그리고 그 발달에 영향을 주는 경험에 대한 내담자의 인식을 이끌어내기 위한 목적으로 각 내담자에 맞게 조절된다.

초기 회상(기억) 아들러학파에 의해 사용된 또 다른 평가 절차에는 내담자에게 가장 초기의 기억들에 대해 묻는 것이 있는데, 당시 그 사람의 나이에 개인이 기억하는 사건들과 사건과 관련된 감정 또는 반응을 파악할 수 있다. 초기 회상은 한 시점에서 발생하는 사건으로 일반적으로 10세 이전에 일어나는데, 분명하게 내담자에 의해 구체적으로 묘사될 수 있다. 초기 회상은 잘 짜맞춰진 일련의 작은 수수께끼들이다. 이는 우리가 어떻게 자신을 보는지, 어떻게 세계를 바라보는지, 우리의 삶의 목표가 무엇인지, 무엇이 우리를 동기부여하는지, 우리가 가치를 두고 믿는 것은 무엇인지, 그리고 우리의 미래에서 기대하는 것은 무엇인지를 이해하도록 이끈다(Clark, 2002; Mosak & Di Pietro, 2006). 아들러는 우리는 수백만 개의 초기 회상 중 필수적인 신념과 심지어 우리 삶에서 기본적인 실수들을 반영하는 특별한 기억들을 선택할 수 있다고 추론했다. 큰 맥락에서 볼 때, 우리가 선택적으로 처리하는 과거는 우리가 무엇을 믿고, 현재 어떻게 행동하며, 미래를 어떻게 기대하는지를 반영한다(Watts, 2015)

초기 회상은 '우리의 삶의 이야기'를 이해하는 데 실마리를 제공하는데, 현재 우리가 지닌 관점에 대한 은유를 나타내기 때문이다. 우리는 10세 이전에 겪었던 수많은 경험 중에서 단지 6~12개 정도만 기억한다. 우리가 이러한 경험을 왜 기억하고 있고, 그 경험들이 우리 자신, 타인, 그리고 현재의 삶을 우리가 어떻게 바라보고 있는지에 대해 우리에게 무엇을 말해주는지를 이해함으로써 잘못된 신념, 현재의 태도, 사회적 관심, 가능한 미래 행동에 대해 명백히 알 수 있다. 초기 회상은 내담자가 상담자에게 말하는 구체적인 사례이고, 이야기를 공유하는 사람들을 이해하는 데 매우 유용하다(Mosak & Di

Pietro, 2006). 초기 회상 탐구는 잘못된 목표와 가치에 기반을 둔 그릇된 신념들이 어떻게 내담자 삶에서 계속해서 문제를 만드는지 발견하는 것을 포함한다. 초기 회상은 행동의 합목적성과 생활양식, 우월감의 추구, 전체론, 출생순위를 이해하는 데 있어서 하나의 틀을 제공하는 역할을 한다(Clark, 2012).

그러한 회상들을 탐색하기 위해 상담자는 다음과 같이 말하는 것이 좋다. '당신의 초기 회상에 대해 듣고 싶습니다. 당신이 기억할 수 있는 한 가장 어렸을 때로 돌아가 생각해보세요(10세 이전). 그리고 그 시기에 어떤 일들을 겪었는지에 대해 말해보세요. 타인에 대해 듣게 된 것이 아니라 당신이 기억하는 것에 대해 회상하세요.' 각각 기억들에 대해 듣고 난 뒤, 상담자는 다음과 같이 물을 것이다. '어떤 부분이 눈에 들어오나요? 초기 회상 중에서 가장 생생하게 기억나는 부분은 무엇인가요? 만약 전체 기억이 영화처럼 흘러가다가 한 장면에서 멈춰 선다면, 무슨 일이 일어나게 될까요? 그 순간 당신의 기분은 어떤가요? 당신의 반응이 어땠나요?' 최소한 세 가지 기억을 통해 삶의 양식을 평가할 수 있으며, 일부 상담자들은 12개 정도의 기억을 묻기도 한다.

아들러 상담자들은 투사적인 기법으로서 초기 회상을 사용한다(Clark, 2002; Hays, 2013). 그리고 (1) 자신, 타인, 삶, 윤리에 대한 내담자의 신념들을 평가하기 위해 사용한다. (2) 상담 회기와 상담 관계에 관련하여 내담자의 자세를 평가한다. (3) 내담자들이 대처하는 방식을 확인한다. (4) 개인적 강점들, 자산들, 떠오르는 생각들을 평가한다(Bitter et al., 1998, p.99). 이러한 초기 회상들을 해석하면서, 아들러학파는 다음과 같은 질문들을 고려할 것이다.

- 그 기억에서 내담자는 어떤 역할을 맡는가? 내담자는 관찰자인가, 아니면 참여자인가?
- 그 기억 속에는 다른 사람은 누가 있는가? 내담자는 그들과 어떤 관계인가?
- 기억들의 전반적인 방식과 중심 주제는 무엇인가?
- 기억들 속에서 표현된 감정들은 무엇인가?
- 내담자는 왜 이 사건을 선택하여 기억했는가? 내담자가 전달하고자 했던 것은 무엇인가?

이것을 한 번 시도해보자. 여기에 이러한 기억들이 의미할 수도 있는 세 가지 기억과 몇몇 추측이 있다.

> 기억 1: "네 살 때였다. 우리는 할아버지와 할머니 댁에 머물고 있었다. 나는 다락방에서 잠이 들었는데, 그곳에는 아래에 있는 어른들을 몰래 감시할 수 있는 적당한 구멍이 있었다. 나는 그들을 보고 들을 수 있었지만, 그들은 나를 볼 수 없었다. 나는 몰래하는 것을 좋아한다."

해석: 나는 (1) 모든 것을 알고 싶어 한다. (2) 그것이 나의 일이 아닐지라도, 무엇이 일어나고 있는지를 알고 싶다. 그리고 (3) 나는 관찰자가 되기를 좋아한다.

기억 2: "나는 여덟 살이었고 여름이었다. 아버지는 나를 야구경기에 데려가고 싶어 하셨지만, 나는 근처에 없었다. 나는 찾을 수 없는 곳에서, 그리고 놀아서는 안 되는 곳에서 놀고 있어서 어머니는 나를 찾을 수 없었다. 나는 아버지와 함께 어울릴 수 있는 기회를 놓쳤다. 내가 나중에 그 이야기를 듣고는 울었다. 슬퍼서."
해석: 내가 지금 즐겁더라도 내가 하지 않아야 할 뭔가를 했다면, 훨씬 더 재미있는 일을 나는 놓칠 수 있다.

기억 3: "내가 아마 여덟 살 아니면 아홉 살, 2학년 또는 3학년이었을 때다. 나는 질문을 받아 칠판 앞으로 나갔고 문제를 풀었다. 나는 그것을 푸는 방법을 대부분은 기억하고 있었다. 나는 거의 다 풀긴 했지만, 완전히 문제를 해결하지는 못했다. 다른 누군가가 나와서 문제를 해결했고, 나는 정답을 맞힐 기회를 놓쳤다. 나는 문제를 완벽하게 푸는 그레이를 쳐다보았고, 내가 문제 푸는 방법을 기억하지 못했다는 사실에 실망했다."
해석: 나보다 똑똑한 사람은 항상 존재한다. 만약 내가 어떤 일을 해서 인정을 받았다면 나는 그 일을 처음으로 제대로 해냈기 때문이다. 실수하지 않고 말이다.

여러분은 이러한 잠정적인 해석들을 각각 초기 기억에서 제공하는 세부 사항과 일치시킬 수 있겠는가?

통합과 요약 내담자와의 주관적 면접과 객관적 면접에서 자료가 수집되면, 자료의 통합된 요약을 만들게 된다. 각각 다른 내담자들을 위해 다양한 요약이 준비되는데, 개인의 주관적인 경험과 인생 이야기에 대한 이야기식 요약, 가족 구도와 발달사 요약, 초기 회상의 요약, 개인의 강점과 장점, 방해하는 생각의 요약, 대처 전략의 요약은 공통적인 부분이다. 이러한 요약들은 회기에서 내담자들에게 주어지고 논의되는데, 상담자와 내담자가 함께 특정한 사항들을 개선하게 된다. 이러한 정보는 내담자가 특정 주제에 대해 토의하고 질문들을 제시할 수 있는 기회를 제공한다.

『심리상담과 치료의 이론과 실제 학생용 매뉴얼』은 스탠의 사례에서 적용되듯이 생활양식 평가를 구체적인 예시로 제공한다. 『통합적 상담: 사례중심의 접근』(Corey, 2013) 3장에서 제임스 비터와 빌 니콜(Bill Nicoll)은 또 다른 가상 내담자인 루스의 생활양식에 대한 평가를 제공하였다.

3단계: 자기 이해와 통찰 일으키기

학습 목표 09 3단계에서 아들러학파 상담자들은 자기 이해와 통찰을 향상시키기 위한 방안으로 평가의 결과들을 해석한다. 통찰에 대해 이야기할 때, 아들러학파 심리치료자는 내담자의 생활양식에서 작동하는 동기에 언급한다. 자기 이해는 이면에 숨겨진 행동의 목적과 목표들이 의식화될 때에만 가능하다. 아들러학파는 통찰을 자각의 특별한 형태로 생각하는데 이것은 변화를 위한 기초적인 행동과 상담 관계 안에서 의미 있는 이해를 촉발시킨다. 행동 없는 통찰은 충분하지 않다. 통찰은 목적을 위한 수단일 뿐, 그 자체가 목적은 아니다. 충분한 자각 없이 급격하고 중요한 변화를 만들 수 없다.

개방과 시기적절한 해석들은 통찰을 얻는 과정을 가능하게 하는 기법들이다. **해석**(interpretation)은 '지금 여기'에서 그들이 행동하는 방식의 태도에 대한 내담자의 잠재적인 동기들을 다룬다. 아들러학파의 개방과 해석은 삶의 방향성에 대한 인식, 목표와 목적, 개인 논리와 이것이 작동하는 방법, 현재의 행동에 대한 인식을 만드는 것과 관련있다.

아들러 상담자의 해석은 상담에서 탐색될 수 있는 개방형 질문들의 형식으로 시범적으로 제시된다. 이는 예감이나 추측들이며, 종종 '내가 틀릴 수도 있겠지만 ……이 맞는지 궁금합니다', '……일 수도 있습니다', 또는 '……이 가능할 겁니다'와 같은 말과 함께 시작한다. 해석들이 이러한 방식들로 제시되기 때문에, 내담자들은 자기방어를 하지 않고, 상담자의 예상과 느낌들에 대해 자유롭게 토론하고 논쟁도 할 수 있다. 그러한 과정을 통해, 내담자와 상담자는 결국 내담자의 동기를 이해하게 된다. 이러한 내담자의 동기가 작동하는 방식들은 그의 현재 문제가 계속 유지되는 데 기여하며, 그 상황을 수정하기 위해 내담자가 무엇을 할 수 있는지를 알려준다. 치료의 단계에서 상담자는 내담자가 선택한 생활양식의 한계들을 내담자 스스로가 이해할 수 있도록 돕는다.

4단계: 재정향과 재교육

학습 목표 10 상담 과정의 마지막 단계는 재정향(방향 재설정)과 재교육으로 알려진 행동 지향적인 단계이다. 이것은 통찰을 실행하는 단계이다. 이러한 단계는 내담자가 더욱 새롭고 기능적 관점을 발견하도록 돕는 데 초점이 맞추어져 있다. 내담자에게 위험을 감내하는 용기를 주고 그들의 인생을 변화시키도록 격려와 지지를 한다. 이 단계에서 내담자는 상담 초기 단계에서 그들이 얻은 통찰들을 기반으로 한 새로운 생활양식을 선택할 수 있다. 보다 일반적으로, 내담자들은 사회적 흥미와 그들의 공동체 의식을 증가시키면서, 현재 생활양식을 삶의 유용한 측면으로 재정향하는 방법을 발견한다. 유용한 측면에는 소속감과 가치 있는 존재가 되는 것, 타인과 그들에 대한 복지에 대한 흥미를 갖는 것, 그리고 용기, 결함에 대한 수용, 자신감, 유머감각, 충성심, 사교성을 갖는 것이 포함된다. 삶에서 유용하지 않은 측면은 자기도취, 인생 과제로부터의 회피, 자기보호 또는 개인 인격체에게 반하는 행동으로 특징지어질 수 있다. 인생에서 유용하지 않은 측면에 따라 행동하는 사람들은 덜 기능적이고 정신병에 더 취약하게 된다. 아들러 치료는 자기비하와 고립, 철회와 대립한다. 그 대신 내담자가 용기를 얻을 수 있게 하며, 그들이 자신 내에서, 타인들에게서, 그리고 삶에서 강점들과 연결되도록 돕는다.

재정향(reorientation)은 동기부여와 과정, 상호작용의 규칙들을 바꾸는 것을 포함한다. 이러한 전환은 인식의 변화로 인해 촉진되며, 이는 종종 상담 회기 동안 일어나고 상담실 외부에서는 행동으로 변화되어 나타난다(Bitter & Nicoll, 2004). 덧붙여, 이러한 상담의 단계에서 특히 아들러학파는 재교육에 초점을 두고 있다(상담 목표 부분 참조). 이 단계에서 격려가 가장 중요한 개입이다.

격려 과정 격려는 가장 독특한 아들러 치료의 절차이며, 치료와 상담의 모든 단계에서 핵심이 된다. 이것은 특히, 사람들이 그들의 삶에서 변화를 생각할 때 중요하다. **격려**(encouragement)는 문자 그대로 '용기를 만들어내는 것'을 의미한다. 격려는 인생에서 개인이 직면하는 어려움들에 필요한 용기를 증진시키는 과정이다(Carlson & Englar-Carlson, 2013). 격려는 사람들이 그들의 강점들을 인식할 때, 혼자가 아니라 소속되어 있다고 느낄 때, 희망이 있고 자신과 자신의 일상에서 새로운 가능성을 발견할 때 나타난다. 상담자들은 내담자들이 그들의 자원과 강점에 초점을 맞추도록 돕는다. 그리고 그들은 비록 삶이 어려울지라도, 인생에서의 변화를 만들어낼 수 있다는 믿음을 가지고 있다. 밀라렌, 에번스, 뉴바우어(Miliren, Evans, Newbauer, 2007)는 사회적 흥미를 활성화시키고 향상시킬 수 있는 비결로 격려를 꼽았다. 그들은 격려가 아들러 상담자들에게 일반적인 치료적 개입이며, 이것은 기법이기보다는 핵심적인 태도 또는 존재하는 방식이라고 덧붙였다. 내담자들은 종종 그들의 긍정적인 자질, 강점, 또는 내적 자원들을 수용하거나 인식하지 않기 때문에, 상담자의 주요 과제들 중 하나는 그들이 그렇게 할 수 있도록 도와주는 것이다.

아들러학파는 낙담을 사람들이 기능하는 것을 방해하는 기본 조건이라고 믿으며, 격려가 그 해결책이라고 본다. 아들러학파는 다양한 관계적, 인지적, 행동적, 정서적, 경험적 기법들을 활용하는데, 내담자가 자기 패배적 인식들을 찾고 도전하도록 하고, 인식적 대안을 만들며, 자신의 자산, 강점, 자원을 사용하도록 돕기 위함이다(Ansbacher & Ansbacher, 1964; Watts, 2015).

격려는 상담 과정의 단계에 따라 다양한 형태가 있다. 관계 형성 과정에서 격려는 상담자가 만들려고 하는 상호존중에서 기인한다. 다음은 격려에 중점을 둔 개방적인 개입이다.

내담자: 나는 오지 않으려고 했어요…….

상담자: ……그런데 여기 왔네요.

내담자: 네. 하지만 정말 모르겠어요. 이것저것 따질 것 없이 모든 것을 끝내버리는 것(자살하는 것)이 더 나았을지도 몰라요.

상담자: 그래서 당신은 엄청난 고통 속에 있군요. 생을 저버리는 것에 대해 생각하면서도 결국 이곳에 왔어요. 엄청난 용기가 필요했을 거예요. 어떻게 당신은 가까스로 용기를 내고 행동을 할 수 있었나요?

평가 단계는 부분적으로 개인의 강점을 조명하기 위해 구성되었다. 이 단계에서 내담자는 그들이 자기 삶의 주인이라는 것을 인식하도록 격려받는데, 내담자는 새로운 이해를 바탕으로 다른 선택을 할 수 있게 된다.

재정향이 일어나는 동안, 격려는 새로운 가능성들이 발생할 때, 그리고 내담자가 더 나은 삶으로 변화로 긍정적인 한 걸음을 내딛기 위해 인정받고 확인받을 때 발생한다. 이 이후의 개입은 격려가 당당한 말투를 가진다는 것에 중점을 둔 것이다.

상담자: 내가 이것을 이해할 수 있는지를 좀 볼게요. 당신은 친밀한 가족 환경에서 자랐어요. 당신의 아버지는 사소한 의견 차이로 당신을 질책했어요. 아버지는 당신의 감정을 건드렸어요. 그래도 당신은 침착함을 유지하고, 아버지 사무실에서 몇 가지 자료들을 정리하는 데 도움을 주기도 했군요. 당신은 스스로를 자랑스럽게 느껴야만 해요. 심지어 크게 성공했어요. 일반적인 인간관계에서 보면 굉장한 변신이네요!

내담자: 네. 그리고 심지어 내 인생은 아버지 인생과는 다르다는 감정에서도 벗어났어요. 나는 화가 나 이성을 잃지도 않았고 반격하지도 않았어요. 단지 다른 방식으로 아버지에 대해 경청했어요. 그리고 아버지가 자신이 옳고 중요하다고 느끼고 싶어 하신다는 것을 알았어요. 그 순간, 우리 사이의 모든 것이 달라졌어요.

상담자: 당신은 심지어 거기에서 당신이 얻은 그 단계들에 대해서도 알고 있군요.

내담자: 네, 맞아요.

상담자: 오랫동안 지속된 가족 방식을 변화시켰다는 건 가장 이루기 어려운 일 중 하나예요. 당신은 기쁨을 누릴 만한 자격이 있어요.

새로운 가능성들을 위한 변화와 탐색 상담의 재정향 단계 동안, 내담자는 그들의 목표를 수정하고 결정을 한다. 그들은 마치 그들이 자신이 되고 싶은 사람이었던 것처럼 행동하도록 격려받는데, 이는 자신 스스로 한계를 만드는 가정에 도전할 수 있도록 한다. 내담자들은 효과적이지 못한 행동으로 이끄는 오래된 방식을 반복하는 과정에서 자기 자신을 발견할 것을 요구받는다(Watts, 2015). 계약은 재정향의 필수적인 부분이다. 내담자가 변화를 원한다면, 그들은 일상생활에서 그들 자신에 대해 기꺼이 해야 할 일들을 해야만 한다. 그리고 그들의 문제들에 대해 구체적인 어떤 것을 해야만 할 것이다. 이러한 방식에서 내담자는 그들의 새로운 통찰을 구체적인 행동으로 실천한다. 비터와 니콜(2004)은 실제 변화는 상담 그 자체보다는 상담 회기 사이에서 발생한다고 강조한다. 그들은 변화를 위해 전략을 세우는 것이 가장 중요한 첫 단계이며, 내담자들이 상담에서 그들이 배운 것을 일상생활에 적용하도록 격려하고 용기를 주는 것이 중요하다고 한다.

이러한 행동 지향적 단계는 문제를 해결하고 결정을 내리기 위한 시간이다. 상담자와 내담자는 가능한 대안들과 결과들에 대해 고려하고, 어떻게 이러한 대안들이 내담자의 목표를 만족시킬 수 있을지, 그리고 행동의 특정한 과정을 결정하게 할 수 있을지를 평가한다. 최고의 대안들과 새로운 가능성들은 내담자에 의해 발생되는 것이다. 그리고 상담자는 이러한 과정의 단계 동안 상당한 격려와 지지를 제공해야 한다.

차이 만들기 아들러학파 상담자들은 내담자들의 일상생활에서 차이를 만들려 한다. 차이는 행동이나 태도, 또는 인식의 변화에 의해 분명해진다. 아들러학파는 변화를 촉진하기 위한 많은 다른 기법들을 사용하는데, 그중 몇몇은 다른 치료적 모형에서도 일반적 개입 방법으로 사용하게 되었다. 기법들은 즉시성, 조언, 유머, 침묵, 역설적 의도, '마치 ……인 것처럼' 행동하기, 자기 간파, 버튼 누르기 기법, 외현화, 다시 쓰기, 수렁 피하기, 직면, 이야기와 우화 이용하기, 초기 회상 분석, 생활양식 평가, 격려, 과제 설정과 이행, 과제 부여, 종결과 요약 등이 있으며, 모두 상담에서 사용되고 있다(Carlson & Johnson, 2016; Carlson et al., 2006; Dinkmeyer & Sperry, 2000; Disque & Bitter, 1998; Mozdzierz, Peluso, & Lisiecki, 2009). 현대 아들러학파 전문가들은 다양한 그들만의 상담 스타일들을 가진다(Maniacci, 2012; Watts, 2015). 그리고 그들이 사용하는 방법들이 철학적으로 아들러 심리학의 기초나 이론적 전제와 일치하는 한, 그들은 넓은 범위에서 다른 기법들을 독창적으로 이용하는 것이 가능하다. 아들러 치료는 특정한 내담자에게 적절한 기법으로 사용될 때 실용적이다. 그러나 일반적으로 아들러학파 전문가들은 행동 변화보다는 동기부여 개선에 더 중점을 두고 있다. 그리고 일상의 유용한 측면에서 전체론적 변화를 만들어내기 위해 내담자들을 격려한다.

모든 치료법은 협력적인 노력의 결과이다. 그리고 차이를 만들어내는 것은 내담자의 협조를 받아내는 상담자의 능력에 달려있다. 어떻게 실제로 적용되는지 보기 위해 전통적으로 아들러 상담과 관련된 한 가지 기법에 집중해보자. 상담자로서 매우 인정받았던 해럴드 모삭(Harold Mosak)은 내담자들에게 버튼 누르기 기법을 사용하는데, 그의 내담자들은 우울했고, 우울한 기분은 그들을 통제하여 그들이 아무것도 할 수 없다고 느끼게 만들었다. 이러한 기법의 목표는 내담자가 자신의 불쾌한 감정을 유발하는 데 기여하는 자신의 역할을 지각하도록 돕는 것이다. 일반적으로 내담자들은 불쾌한 기억들을 재현하도록 요구받는다. 그리고 여기에서 그 다음에 잇달아 기쁜 기억을 회상하도록 한다 (Watts, 2015).

상담자: 난 당신이 다소 쉽게 우울에서 벗어날 수 있다고 확신해요. 당신의 인생에서 실제로 처리해야 할 필요가 있는 일들을 시작해봐요. [시작]

내담자: 잠깐만요. 당신이 만약 나의 우울을 쉽게 없애줄 수 있다면, 그렇게 해요.

상담자: 음, 좋아요. 눈을 감아볼게요. 당신에게 가장 최악의 것에 대해 생각해볼게요. 최근 당신에게 발생한 가장 끔찍한 경험 말이에요. 이것이 마음속에 떠오르면, 오른손을 들어주세요. (내담자는 몇 분 동안 멈추었고, 그다음에 손을 들었다.) 이제, 당신의 인생에서 이러한 끔찍한 부분에 대해 생각했을 때, 당신이 느낀 감정을 이야기해주세요. (내담자의 오른손을 잡고, 그의 다리 위에 상담자의 집게손가락을 올리고 눌렀다.) 우리는 이제 이것을 당신의 우울 버튼이라고 부를 거예요.

이제, 당신에게 일어났었거나 일어날 수도 있는, 또는 일어나기를 바라는 가장 좋은 사건에 대해 생각해봐요. 당신이 그 사건을 떠올리면, 왼손을 들어주세요.

내담자: 정말로 아무 생각도 떠올릴 수 없어요.

상담자: 현재 당신의 인생에서 가지고 싶은 정말로 좋은 순간에 대해 기억하기 위해, 초기의 기억으로 돌아가야 해요. 당신이 할 수 있다고 나는 믿어요. (시간이 흐르고 내담자는 왼손을 들었다.) 이제 그 행복한 순간을 생각할 때의 당신의 감정에 대해 이야기해주세요. (내담자의 왼손을 잡고, 상담자는 집게손가락을 그의 다른 다리에 눌렀다.)

이제 당신의 오른쪽 다리에 우울 버튼을 가지고 있어요. 그리고 당신은 모든 무섭고, 끔찍하거나 나쁘고, 우울한 감정에 대한 생각이 들면 이 버튼을 누를 수 있어요. 그리고 사람들이나 사건들 또는 아주 멋진 일이 떠오르고, 행복한 감정이 들 때, 당신의 반대편 다리에 있는 행복한 버튼 또한 누를 수 있어요. 만약 당신이 다음 주에 와서 우울한 감정을 느꼈다고 말하면, 나는 왜 당신이 행복 버튼이 아닌 우울 버튼을 누르고자 결심했는지 물어볼 거예요.

버튼 누르기 기법은 '통제'가 우울에서 주요한 주제라는 사실을 인식하는 것이다. 그리고 이러한 개입들은 내담자가 압도당하는 것으로 보이는 부정적인 감정들에 대한 통제감을 회복하도록 돕기 위해 계획된 것이다. 이러한 기법은 내담자 중 특히 아이들이나 청소년들에게 효과적으로 사용된다. 이것은 마치 신체적으로 상기시키는 '자기 주머니'가 있는 것처럼 생각하게 하는데 그곳에서 꺼내어 직접 버튼을 누르는 실제적인 기법이다.

적용 분야

학습 목표 11 아들러는 상담자들에게 사회적인 활동가가 되길 부탁했고, 사회적 관심에서 멀어졌기에 인간 문제를 야기하는 사회적 상황에 대한 예방과 개선에 조력 전문가들이 초점을 맞추기를 기대했다. 아들러의 개념인 사회적 불평등의 영향과 차별의 개인적 경험들은 그의 이론에서 잘 나타나있다. 정신건강에서의 예방 서비스에 대한 아들러의 선구적인 노력은 학교와 가정에서의 개인심리학의 역할을 점점 더 지지하도록 이끌고 있다. 개인심리학은 의료 모형이 아닌 성장 모형에 기반을 두고 있기 때문이다. 이것은 아동 지도, 부모/자녀 상담, 부부 상담, 가족상담과 치료, 집단상담과 치료, 아동이나 청소년이나 성인 대상의 개인 상담, 문화적 갈등, 교정과 회복 상담, 정신건강 기관처럼 다양한 측면에 적용할 수 있다. 아들러의 기본적인 이론은 학교 심리학, 학교 상담, 지역사회 정신건강 활동, 부모 교육에서 실행되어왔다. 아들러학파의 원리는 약물중독 프로그램, 빈곤과 범죄에 대한 사회적 문제, 노인 문제, 학교 체계, 종교, 직장에서의 문제에서 매우 넓게 적용되고 있다. 아들러학파의 이론은 또한 국제적으로 적용 및 수용되고 있다(개인심리학에 대한 국제적 관점들을 살펴보려면 『개인심리학회지』의 '2012년 봄, 겨울 특집 이슈'를 참조하라).

가족상담에 적용하기 가족 구도, 총체적 관점, 즉흥적으로 대처하도록 상담자의 자유를 강조한 아들러의 접근은 가족 상담 관점에 기여를 했다. 아들러학파의 연구는 가족 분위기, 가족 구도, 그리고 각 구성원들의 상호작용적인 목표에 초점을 두고 있다(Bitter, 2014). 가족 분위기는 부모 사이의 관계, 인생에 대한 태도들, 성 역할, 의사 결정, 경쟁, 협력, 갈등 다루기, 책임감 등으로 드러나는 환경이다. 이러한 분위기는 아이들이 성장하는 동안에, 부모가 아이들에게 제공하고 영향을 미치는 역할 모형들을 포함하고 있다. 그 치료적인 과정은 가족체계 안에서 개인의 상호작용에 대한 자각을 증가시키는 것을 추구한다. 아들러학파의 관점에서 가족 상담을 하는 사람들은 목표, 신념, 각 가족 구성원의 행동, 가족은 그 자체로서 하나의 실제라는 것을 이해하려고 노력한다.

집단상담에 적용하기 아들러와 그의 동료들은 이미 1921년, 비엔나에서 아동지도 센터에서 집단적 접근을 사용했다(Dreikurs, 1969). 드라이커스는 아들러의 연구를 집단으로 확대하였고 대중화하였으며, 40년 넘게 그의 개인상담에서 집단 심리학을 사용해왔다. 드라이커스는 시간을 절약하는 방안으로 집단상담법을 정신과 실습에 도입하였지만, 곧 그는 사람을 변화시키도록 돕는 효과적인 방법이 독특한 집단 특성임을 발견하였다. 열등감은 집단에서 도전받기도 하고 효과적으로 방해받기도 한다. 그리고 집단은 가치 형성의 중요한 역할을 하는 원인이 되기 때문에, 사회적이고 정서적 문제의 근원인 잘못된 개념과 가치는 깊게 영향을 받을 수 있다(Sonstegard & Bitter, 2004).

아들러 집단상담은 우리의 문제들이 주로 사회적 특성에 기인한다는 전제에 기초한다. 집단은 사회적 맥락을 제공하는데 이것은 구성원들이 소속감, 사회적 소속 관계, 공동체를 발달시킬 수 있다는 것이다. 손스테가르드와 비터(2004)는 집단 참여자들이 지닌 많은 문제들이 사실상 대인관계에 있고, 그들의 행동은 사회적 의미를 가지며, 그들의 목표는 사회적 목적의 틀에서 가장 잘 이해될 수 있다고 보았다. 집단상담은 사회적 관심을 향상시키는 데 특별히 유용하다. 핵심 상담 요소는 이타주의의 역할인데, 이것은 집단에서 타인들을 돕기 위한 과정이다. 집단 응집력 발전 과정은 사회적 관심(집단의 경우, 사회 복지의 향상)과 공동체감(집단과 연결되고 가까워졌다는 느낌)과 아주 유사하며, 이는 아들러 치료의 주요 목표이다. 예를 들어, 남성 집단에서 주요한 목표 중 하나는 자주 낙담하고 고립감을 느끼는 사람이 타인 속에서 가치 있다는 감정을 느끼도록 도와주는 것이다. 이러한 집단 과정이 형성되는 동안, 집단 구성원들은 또한 자신보다 더 큰 무언가와 연결됨을 느낌으로써 사회적 관심을 형성한다.

아들러 집단상담의 독특한 특징은 초기 회상의 활용이다. 앞에서 언급했듯이, 초기 회상들로부터 개인은 그릇된 신념과, 현재의 태도, 사회적 관심, 가능한 미래 행동을 분명하게 얻을 수 있다. 이러한 초기 회상의 상호 공유를 통해 구성원들은 타인과 연결된 느낌을 발달시키고, 집단의 응집력 또한 증가하게 된다. 구성원들 사이의 상호 관계와 희망이 증진되기 때문에 집단은 변화의 중요한 동인이 된다.

특히 중요한 점은 아들러 집단 상담자들은 각 집단 회기에 행동 전략을 시행하는 방식을 가지고 있다는 것이다. 특히 재정향 단계에서 더욱 그러하다. 새로운 결정이 생길 때 목표는 수정된다. 자기를 제한하는 가정에 도전하기 위해서, 구성원들은 마치 자신이 원하던 사람이 되어있는 것처럼 행동하도록 격려받는다. 그들은 오래된 방식을 반복하는 과정에서 '자신을 포착하기'를 요구받는다. 오래된 방식은 자기 파괴적인 행동이나 효율적이지 못한 행동을 이끌게 된다. 구성원들은 그들이 변화하고 싶다면 자신에게 과제를 부여하고, 일상생활에서의 집단의 교훈을 적용하며, 그들의 문제에서 해결책을 발견하기 위한 단계가 필요함을 인식하게 될 것이다. 마지막 단계는 집단 지도자와 구성원이 함께 자신, 인생, 타인에 대한 잘못된 신념에 도전한다. 이러한 단계 동안, 구성원은 대안적인 신념, 행동, 태도를 고려한다.

아들러 집단상담은 상담에 대한 단기적 접근으로 고려될 수 있다. 단기 집단상담과 관련된 핵심 특징으로는 강한 치료적 동맹의 빠른 설정, 분명한 문제 초점과 목표 지지, 빠른 평가, 행동적이고 지시적인 치료적 개입에 대한 강조, 내담자의 강점과 능력에 대한 초점, 변화에 대한 낙관적인 관점, 현재와 미래 모두에 대한 집중, 그리고 가능한 가장 효율적인 태도로 내담자의 독특한 요구에 맞춰 상담을 재단하는 것에 대한 강조 등이 있다(Carlson et al., 2006).

아들러학파의 단기 집단상담은 손스테가르드, 비터, 펠로니스-페네로스(Pelonis-

Peneros), 니콜(2001)에 의해 본격적으로 착수되었다. 집단상담에 대한 아들러학파의 접근에 대해 더 알고 싶다면, 『집단상담의 이론과 실제』(Corey, 2016) 7장과 손스테가르드와 비터(2004)를 참고하라.

다문화적 관점에서 보는 아들러 치료

다양성 관점에서 보는 강점

학습 목표 12 칼슨과 엥글러-칼슨(Carlson & Englar-Carlson, 2013)은 아들러학파의 이론이 다양한 사람들에게 잘 적용되며, 사회적 정의를 실현하는 작업이라고 한다. 그들은 아들러 치료가 다문화적 정의와 사회정의 문제들에 매우 중점을 두고 있을 뿐 아니라, "현대 글로벌 사회에 대한 관심이 살아있고, 제대로 된 만반의 준비를 갖추고 있다."(p.94)고 말했다.

아들러학파 접근은 개인심리학이라고 불리지만, 사회적 맥락에서의 개인에게 초점이 맞춰져 있다. 내담자들은 그들의 사회적 환경 안에서 그들 자신을 정의하도록, 그리고 환경이 그들의 생활양식과 건강에 영향을 미치는 방법을 이해하도록 격려받는다. 아들러학파는 상담에서 나타나는 나이, 민족성, 생활양식, 성별의 차이와 성적 · 감정적 지향점의 폭넓은 개념을 허용하며, 이러한 주제가 다루어진다(Carlson & Englar-Carlson, 2013). 상담 과정은 사전에 형성된 모형에 내담자를 맞추면서 진행되기보다는 내담자의 문화와 세계관에 근거를 둔다.

상담 과정의 다양한 이론적 접근들에 대한 그들의 해석에서 아르키니가와 뉼런(Arciniega & Newlon, 2003)은 아들러학파의 이론이 다양한 문제를 해결하는 데 효과적이라고 했다. 그들은 가정과 사회문화적 맥락에서 개인에 대한 이해를 강조하는 것, 타인에 대한 도움과 사회적 관심의 역할, 공동체 정신과 소속에 대한 강조를 포함하여 많은 인종적, 문화적, 민족 집단의 가치가 동일함 등 아들러학파의 특징들에 주목한다. 가정의 역할을 강조하고 사회적 집단의 복지를 강조하는 문화는 그들의 가치와 일관되는 아들러 심리학의 기본적인 가정들을 발견할 것이다.

아들러 상담자들은 개인주의적이고 경쟁적인 가치들에 반대되는 협력과 사회 지향적 가치에 중점을 두는 경향이 있다. 이러한 아들러학파의 접근은 점점 더 다원적이고 다문화적인 우리의 사회에 아주 적합하다. 예를 들어, 미국 태생의 내담자들은 협력을 경쟁보다 더욱 가치 있게 여기는 경향이 있다. 그런 내담자 중 한 사람이 경주를 하고 있는 소년 집단에 대한 이야기를 했다. 한 소년이 다른 아이들보다 앞서나갈 때, 그는 속도를 늦춰 다른 아이들이 자신을 따라올 수 있도록 하였고, 마지막 결승점을 모두가 동시에 통과하였다. 코치는 경기에서 중요한 점은 개인이 결승점을 먼저 통과하는 것이라 설명하였지만, 이 소년들은 집단으로서 서로 협력하는 데 사회화되었다. 아들러학파 치료는 공동체를 강조하는 문화적인 가치와 관련이 있다.

아들러학파 전문가들은 어떠한 특정한 절차에 매여 있지 않으며, 내담자가 문화적 맥락에서 자신의 실제적인 문제를 탐색할 수 있도록 인지적이고 행동 지향적인 기법을 다양하게 접목시킨다. 아들러학파는 각각 내담자의 상황에 그들의 기법들을 채택하는 것의 가치를 알고 있다. 그러나 그들 대부분은 내담자의 생활양식에 대한 평가를 실시하는데, 이것은 내담자의 가정 내 구조와 역동에 매우 초점이 맞춰져 있다. 그들의 문화적 배경 때문에 많은 내담자들은 그들 가족의 전통을 존중하고 개인 발달에서의 가족의 영향력을 인정하도록 익숙해있다. 상담자들은 내담자의 갈등 감정과 투쟁을 민감하게 알아차려야 한다. 만약 상담자가 이러한 문화적 가치들을 이해하고 있는 모습을 보이면, 내담자들은 더욱 수용적으로 자신의 생활양식을 탐색할 것이다. 내담자들이 그들 생활양식의 탐색을 잘 받아들이기 쉬울 것이다. 그러한 탐색에는 이러한 탐색엔 자신의 가정 내 위치에 대한 자세한 논의가 포함된다.

아들러학파가 가족 분위기와 출생순위에 대해 접근하는 것과 유사한 방식으로 문화를 조사해보았다는 점에 특히 주목해야 한다. 문화는 삶이 경험되며 해석되는 좋은 지점이다. 이것은 또한 개인에 의해 고려되어야만 하는 가치, 역사, 신념, 믿음, 관습, 기대의 배경이다. 문화는 개인의 주관적이고 경험적인 관점을 소유하는 방식을 제공한다. 비록 문화가 개인에게 영향을 주지만 이것은 문화의 인식, 평가, 해석에 따라 각 개인 안에서 다르게 표현된다. 아들러학파는 다른 문화에서 자신, 타인, 그리고 다차원적인 방법으로 세상을 볼 기회를 제공한다.

다양성 관점에서 보는 약점

서양의 대부분의 모형들이 그랬듯이, 아들러학파 접근은 변화와 책임의 역할로서 자기에 초점이 맞춰져있는 경향이 있다. 각각의 문화는 다른 개념들을 가지고 있기 때문에, 자율적인 자기를 변화시키는 것에 대한 기본적인 가정은 다수의 내담자들에게 문제될 수 있다. 서양의 핵가족에 대한 가정들은 가족 구도와 출생순위에 대한 아들러학파의 개념을 기반으로 한다. 확대 가족에서 양육된 사람들에게 이러한 생각은 관련이 적거나 또는 적어도 변경될 필요가 있다.

아들러학파의 이론은 과거 아동기 경험과 초기 회상, 가정에서의 경험, 꿈을 탐색하는 데 흥미를 보이지 않는 문화권의 내담자에게 있어 잠재적인 결점을 가진다. 이러한 접근은 또한 인생의 현재 문제들을 다룰 때 생활양식을 구체적으로 탐색하는 목적을 이해하지 못하는 내담자에게는 제한된 효과를 가진다(Arciniega & Newlon, 2003). 더욱이, 몇몇 내담자들의 문화는 내담자가 심리치료자를 '전문가'로서 인식하는 관점을 제공하여, 심리치료자가 그들의 문제에 해결책을 찾아줄 것이라고 기대한다. 아들러학파 상담자는 타인의 문제를 해결하는 전문가가 아니기 때문에, 이러한 내담자에게는 아들러학파 상담자의 역할은 문제가 될 수 있다. 그들은 인생 문제를 대처하는 대안적인 방법을 사람들에게 협력적으로 가르치는 것이 그들의 기능이라고 본다.

긴급한 문제를 가지고 있는 많은 내담자들은 그들 삶의 영역에 대해 이야기하는 것을 망설이는 경향이 있다. 그러한 삶의 영역들이 그들이 상담을 받아야겠다고 만든 투쟁과 연결된다고 생각하지 않기 때문이다. 개인들은 가족의 정보를 드러내는 것이 부적절하다고 믿을지도 모른다. 이 점에 대해 칼슨과 칼슨(2002)은 가족 정보를 개방해서는 안 된다는 내담자의 문화적 신념들에 대한 상담자의 이해와 민감성이 중요하다고 하였다. 만약 상담자가 내담자의 문화적 가치들에 대한 이해를 증명할 수 있다면, 내담자들은 평가와 상담 과정에 더욱 개방하기 쉬워질 것이다.

아들러 치료를 적용한 스탠의 사례

스탠과 작업하는 아들러 심리치료자들의 기본적인 목표는 네 가지이며, 이는 상담의 네 단계에 해당한다. (아들러 상담자들의 기본적인 목적은 상담의 4단계에 따라 스탠과 함께 작업하는 것이다.) (1) 스탠과의 좋은 작업 관계를 형성하고 유지하기, (2) 스탠의 역동성을 탐색하기, (3) 스탠이 통찰과 이해를 증진시킬 수 있도록 격려하기, (4) 스탠이 새로운 대안과 결정을 할 수 있도록 돕기.

상호간의 신뢰와 존중을 발전시키기 위해서, 나는 스탠의 주관적인 경험에 세심한 주의를 기울였다. 그리고 인생에서의 전환점에 대해 그가 대응한 방법에 대해 이해하려고 시도했다. 초기 회기 동안에 스탠은 정답을 가진 전문가로서 나에게 반응하였다. 스탠은 그가 결정을 내릴 때, 일반적으로 그 결과를 후회한다고 확신하고 있었다. 스탠은 자포자기하는 심정으로 나에게 다가왔다. 나는 상담을 동등한 관계로 보기 때문에, 나는 처음에 대부분의 타인에 대해 불공평함을 느끼는 그의 감정에 집중하였다. 그가 대부분의 상황에서 느끼는 열등감에 대한 탐색부터 시작하는 것이 좋다. 상담의 목표는 상호간에 발전되는 것이고, 스탠을 위해 나는 그의 목표가 무엇이 되어야 한다고 결정하지 않으려고 했다. 또한 스탠이 요청한 간단한 답도 주려고 하지 않았다.

나는 설문지를 기반으로 하여 생활양식 평가를 준비했다. 설문지는 스탠의 초년에 대한 정보를 이용하는데, 특히 그의 가정에서의 경험에 대한 정보를 이용한다. (스탠에게 적용된 것과 같은 생활양식 평가지를 설명하기 위해 『심리상담과 치료의 이론과 실제 학생용 매뉴얼』을 참고했다). 이러한 평가지는 자살 위험성도 포함되었는데, 그가 자살 사고에 대해 언급했기 때문이다. 몇 차례의 회기가 진행되는 평가 단계 동안에, 나는 스탠과 함께 사회적 관계와 가족 구성원과의 관계, 일에 대한 책임감, 남성으로서의 역할, 자신에 대한 감정을 탐색했다. 나는 스탠의 인생에서의 목표와 우선순위에 대해 매우 중요하게 강조했다. 나는 그가 미래를 향해 나아가기 때문에 그의 과거와 현재 사이에서의 일관성을 그에게 보여주는 것을 제외하고는 그의 과거에 많은 관심을 가지지는 않았다.

아들러 상담에서, 나는 그의 목표, 동기부여, 가치를 이해하기 위한 자료로서 초기 회상을 탐색하는 것에 가치를 두었다. 나는 스탠이 그의 초기 회상들에 대해 보고할 수 있도록 질문했다.

스탠: 내가 여섯 살 때 학교에 갔었고 다른 선생님과 아이들을 두려워했어요. 내가 집에 왔을 때, 나는 울었고 어머니에게 학교에 가고 싶지 않다고 말했어요. 어머니는 나를 향해 소리치며 나에게 아기라고 불렀

어요. 내가 끔찍한 감정을 느낀 이후, 더욱 두려움은 커졌어요.

스탠의 또 다른 초기 회상은 여덟 살 때였다.

스탠: 나의 가족은 할머니 댁에 놀러갔어요. 내가 밖에서 놀고 있는데 몇몇 이웃 아이들이 이유 없이 나를 때렸어요. 우리는 싸우기 시작했고, 어머니는 나와서 거친 아이처럼 행동한 것에 대해 나를 꾸짖었어요. 아이들이 나를 때리기 시작했다고 말했을 때 어머니는 나를 믿지 않았어요. 나는 화가 났고 어머니가 나를 믿지 않았다는 사실에 상처받았어요.

이러한 초기 회상들을 기반으로, 나는 다음과 같은 의견을 제시하였다. 그것은 스탠이 인생을 무섭고 예상할 수 없는 끔찍한 것으로 바라보고 있고, 그가 여성에 대해 믿을 수 없다는 생각을 가지고 있으며, 여성들을 가혹하고 믿을 수 없으며 돌보지 않는 존재라고 여긴다는 것이었다.

그의 가족 구도와 초기 회상에 대한 생활양식 평가를 기반으로 정보를 모았고, 나는 이러한 정보를 스탠이 요약하고 해석할 수 있도록 도왔다. 나는 기본적 오류들을 확인하는 데 특별히 집중하였다. 그것은 삶과 자기 패배적 인식들에 대한 잘못된 결론들이었다. 다음은 스탠이 접근했던 잘못된 결론들이다.

- '나는 사람들을 가까이에 두어서는 안 된다. 그들이 분명히 나를 상처 입힐 것이기 때문이다.'
- '나의 부모님이 나를 원하지도 사랑하지도 않기 때문에, 나는 절대로 누군가에게 사랑받거나 욕망의 대상이 될 수 없을 것이다.'
- '만약 내가 완벽해질 수 있다면, 아마도 사람들은 나를 이해하고 받아들여줄 것이다.'
- '남자가 되는 것은 감정을 보이지 않는 것을 의미한다.'

내가 요약하고 해석한 정보들은 스탠의 통찰을 이끌었고, 자기 자신에 대한 이해를 증진시켰다. 그는 고통스러운 감정들을 느끼지 않기 위해 자신의 세계를 통제하려는 자신의 욕구에 대해 좀 더 이해할 수 있었다. 그는 술을 마시는 것, 위협이 되는 대인관계적 상황을 피하는 것, 다른 사람들의 심리적인 지지를 믿지 못하는 것 등 고통을 극복하고 통제하기 위해 노력하는 몇 가지 방법들을 더 분명하게 이해했다. 그의 신념, 목적, 의도를 계속해서 강조하는 것을 통해, 스탠은 어떻게 그의 사적인 논리가 부적절한지를 보게 되었다. 그의 사례에서, 그의 생활양식에 대한 삼단논법은 이러한 방식으로 설명될 수 있다. (1) '나는 사랑받지 못하고, 중요하지 않고, 의미있는 사람이 아니야.', (2) '세상은 살기에 위협적이며, 삶은 불공평해.', (3) '그러므로, 나는 나 자신을 보호하고 안전한 방법들을 찾아야만해.' 이 단계에서 나는 그의 생활양식, 현재 방향, 목표와 목적, 그리고 어떻게 그의 사적 논리들이 작용하는지에 중점을 두고 해석했다. 물론, 스탠은 자신의 통찰을 새로운 행동으로 실천하는 데 도움을 주는 과제를 수행해야 한다. 이러한 방식으로 그는 상담에 적극적인 참여를 하게 된다.

상담의 재정향 단계에서, 스탠과 나는 대안적인 태도, 신념, 생각을 찾기 위해 함께 작업했다. 현재 스탠은 자신을 과거의 방식에 가두어두면 안 된다는 것을 알게 되고, 격려받는다고 느끼며, 그의 삶을 바꿀 힘이 있다는 것을 깨닫게 된다. 그는 단지 통찰을 얻는 것만으로는 변화할 수 없다는 것을 받아들였고, 그러한 통찰을 행동 지향적인 계획을 수행하는 데 사용해야 한다는 것을 알게 되었다. 스탠은 그가 자신을 위해 새로운 삶을 만들어갈 수 있으며, 상황의 희생자로 남지 않을 수 있다고 느끼기 시작했다.

자기 점검을 위한 질문

- 신뢰와 상호 존중에 기초한 스탠과의 관계를 설립하기 위해 여러분은 어떤 방법을 시도할 수 있을까? 그와 이와 같은 관계로 발전하고자 할 때 어떠한 어려

움이 있을지 상상할 수 있는가?

- 스탠의 생활양식 중 어떤 측면이 특히 관심 있었는가? 그와 상담하면서 이러한 것을 어떻게 탐색할 수 있는가?
- 아들러학파 상담자는 스탠의 네 가지 잘못된 결론들을 확인하였다. 여러분은 그러한 기본적인 실수들 중 어떤 것을 확인할 수 있는가? 그렇다면 그것이 치료적 효과에 도움이 된다고 생각하는가, 아니면 방해가 된다고 생각하는가?
- 어떻게 스탠의 문화적 정체성과 맥락이 평가될 수 있겠는가? 그리고 이것들은 그의 현재 관심과 어떤 관계가 있는가?
- 스탠이 사회적 관심을 발견하고, 그가 가진 문제에 집착하는 것을 극복하도록 하기 위해 여러분은 어떤 도움을 줄 수 있는가?
- 변화를 위한 그의 결정과 계약을 돕기 위해 여러분이 끌어낼 수 있는 스탠의 장점들과 자원들에는 무엇이 있는가?

그의 초기 회상에 초점을 맞춘 스탠을 상담하는 나의 접근법을 보기 원한다면 『심리상담과 치료의 이론과 실제: 스탠의 사례와 해설 DVD』 3회기 '아들러 치료' 부분의 DVD 프로그램을 시청하라.

아들러 치료를 적용한 그웬의 사례*

맏이로서 그웬은 그녀 자신뿐 아니라 또한 그녀 주변에 필요한 모든 것들을 그녀가 책임져야 한다고 어릴 때부터 교육받았다. 그녀는 종종 다른 사람을 기쁘게 하기 위해서 그녀의 욕구를 희생시켰다. 그녀는 그녀 스스로 어떻게 바로 서야 하는지 알았지만, 도움을 주는 사람으로서의 역할이 너무나 많았고, 개인의 의미와 정체성을 잊어버리게 되었다.

그웬: 나는 매우 오랜 시간 동안 다른 사람들에 의한 삶을 살아왔어요. 그리고 지금 나는 너무 지칠 뿐이에요. 나는 삶을 이겨 낸 것 같지 않아요.

상담자: 만약 내가 당신이 겪었던 일을 모두 겪게 된다면 나는 너무나도 지치고 슬펐을 거예요……. 그리고 때때로 짜증도 났겠죠.

나는 그웬의 경험을 정상적이라고 하고 싶었다. 나는 아프리카계 미국 여성으로서 다양한 역할을 하며 살아간다는 것이 상당한 스트레스와 부담을 가져온다는 것을 너무나 잘 알고 있기 때문이다.

상담자: 당신의 삶이 통제 밖이라고 말하고 싶나요?

그웬: 네. 나는 내가 정말로 내 삶을 운전하는 운전자의 자리에 내가 있었다고 느낀 마지막 시간이 언제인지 기억할 수가 없어요.

상담자: 그래요. 한번 보죠. 당신은 당신의 배우자, 어머니를 돌보고 당신의 형제들을 챙겨왔군요. 그리고 당신은 어린아이일 때부터 이렇게 행동해야 했네요. 당신의 아이들이 다 자랐을 때조차도 당신은 여전히 정기적으로 그들의 요구를 듣고 있군요. 그리고 당신이 할 수 있는 방법으로 도와주고 있네요. 당신의 친구들도 시간이 없다 치더라도, 당신은 좀처럼 당신의 일에 충분히 생산적이라고 느낄 만큼 집중하지 못하나 봐요. 내가 당신을 제대로 이해하고 있나요?

그웬: 네, 전부 맞아요.

상담자: 그런 일들은 누구에게든 너무나 버거운 일이라, 내가 거의 다 이해했는지는 잘 모르겠네요.

그웬: 네, 나는 너무 많은 일에 지쳤어요. 나는 그 모든 일들을 처리하고 해내야 해요. 나는 삶을 정상적으로 되돌리고 싶어요. 하지만 그게 잘 안 되어요.

상담자: 그래요. 너무 많죠. 잘 되지 않는군요. 어디로

* 켈리 커크시 박사는 아들러 치료 관점에서 자신의 사고방식과 상담 실제에 대해 기술하며 이 모형을 그웬에게 적용하고 있다.

가고 있는지 알지 못한 채 그저 달리고 있네요. 걱정되지만 그런 순환이 계속되는군요.

그웬: 내가 너무 많은 문제들을 가지고 있네요.

상담자: 만약에 당신의 삶에서 그 모든 문제들이 없었다면, 당신은 무엇을 하고 있을 것 같나요? 어떻게 삶이 달라질까요? [질문하기]

그웬: 바로 그게 문제에요. 나는 더 이상 알지 못해요. 음, 나는 더 이상 우울하고 싶지 않아요. 나는 남편과 친구들과 함께 더 나은 삶을 살기를 원해요. 하지만 그게 가능할지 모르겠어요.

그웬은 다음 회기에 첫 회기보다는 훨씬 안정된 모습을 보이며 찾아왔다. 나는 그 이유에 대해 그녀에게 설명해줄 것을 요청했다. 그녀는 정말 모든 것이 똑같지만 그녀가 마지막 회기에서 이해받는 느낌을 가졌고, 그래서 어떤 희망을 가지게 되었다고 말했다. 나는 그녀에게 말해준 것에 대해 감사함을 표했고, 그녀가 치료에 왔을 때 보여줬던 용기에 대해 축하했다.

상담자: 그웬, 나는 당신에 대해서 좀 더 잘 알고 삶을 통해 당신이 배운 것에 대해 알고 싶어요. 지금까지의 당신의 삶에서 중요한 부분들에 대해 물어봐도 되겠어요?

그웬: 네, 물론이죠.

이 회기에서 나는 그웬에게 그녀의 삶에 대해 묻기 시작했다. 여기에는 생활양식 평가를 포함한 아들러식 도구들이 활용되었다. 나는 그녀의 부모에 대한 설명과 그들 사이의 관계를 포함한 가족 구도에 대해 물었다. 나는 다음과 같은 질문을 했다. '나는 형제 중 누가 그녀와 가장 다르고, 어떻게 다른가? 어떤 형제가 그녀와 같으며, 어떤 방식으로 같은가? 그리고 어린 시절 그녀는 어땠는가?' 각 대화에서 나에게 그녀가 가족에 대해 부여한 첫 의미를 말해주었다. 이렇게 논의하는 동안, 그녀는 아동기 시절 더 나이 많은 사촌에 의해 추행을 당했던 것과, 이와 유사한 일로 자신의 형제들을 보호하기 위해 내린 그녀의 결정에 대해 말했다.

그다음 회기에서, 그웬은 그녀의 발달사에 대해 나에게 말해주었는데, 이는 아들러의 세 가지 과업 중 하나를 다룬 것이다. 그녀는 항상 소수의 친한 친구들이 있었고, 주도권을 잡는 경향이 있었다. "나는 내 친구들 중 몇 명은 내가 약간 우두머리 행세를 한다고 생각했을 것이라고 추측해요. 나는 내 여동생이 그랬을 것이라고 확신해요. 여동생은 여전히 내 가장 친한 친구지만요." 그웬은 항상 일을 했는데, 시작이 집이었고 점차적으로 밖에서도 그렇게 되었다. 그녀는 그녀가 14세 때 처음으로 첫 번째 직업을 가졌는데, 나이를 속여서 이웃의 레스토랑에서 일할 수 있었다. 그녀는 항상 다른 사람을 돌보았고, 그것은 심지어 대학에 있는 동안에도 계속되었다. 그리고 현재, 그녀는 직장에서 중책을 맡고 있다. 그녀의 남편은 사회활동가이다. 론은 그녀가 사랑받아본 경험이 있는 유일한 남자다. 그녀는 서로가 점차 멀어진다고 느끼는데 둘 다 바빠서 그런 것으로 핑계를 댄다. 그녀의 이야기 속에서 그녀가 어떻게 다른 사람을 책임져야 한다고 느끼는지, 그녀가 해야만 하는 것에 얼마나 기진맥진해 있는지, 그리고 얼마나 많이 그녀 자신이 일상의 투쟁 속에서 길을 잃었는지를 쉽게 이해할 수 있었다.

상담자: 당신이 언급한 그 어려움들은 그 자체로 충분히 힘들어요. 하지만 당신은 인종차별과 성차별에 대해서도 언급했어요. 당신이 아프리카계 미국인 여성으로서 직면해야만 했던 도전들에 대해서도 나에게 몇 가지만 말해주겠어요?

나 또한 아프리카계 미국인 여성이지만, 내 경험이 그녀의 경험과 유사할지는 모르겠다. 나는 인종과 성별과 관련된 것이 그녀에게 어떤 의미를 지니는지를 들어야만 했다. 그리고 그것은 추가적인 삶의 과업이었다. 그녀는 그녀의 존재에 대해 매일 고심해야만 했다. 나는 그녀의 최고의 강점과 문화적 자부심뿐 아니라 문화의 구성원으로서 그녀의 가장 큰 도전이 무엇인지 알고 싶었다.

회기의 마지막 무렵, 나는 그웬에게 다음 회기에서 초기 회상 목록을 미리 준비할 것을 요청했다. 나는 그녀가 8세가 되기 이전에 겪었던 일들을 6개 이상 기억해내기를 부탁했다. 나는 그녀가 그 사건을 동영상처럼 떠올리고, 그중 한 장면에서 멈춰보길 권했다. '그 장면에서 무엇이 일어나고 있는가? 그리고 무엇을 느끼는가? 사건에 대한 그녀의 반응은 어떠한가? 만약 이것이 신문기사라면, 제목을 어떻게 붙일 것인가?' 이 기억들은 내가 그웬에 대해 이미 알게 된 사실을 확인할 수 있고, 그녀의 확신과 신념을 확인하는 데 도움이 될 수도 있다. 그중 일부에는 아마도 그녀의 삶을 이끌어온 오류가 있을 수 있다.

생활양식 평가는 사랑, 우정, 일이라는 삶의 과업에 대한 내담자의 고유한 접근법을 조사하는 방법이다. 이것은 의미와 정체성과 신념과 확신으로 가득 차 있다. 또한 이것은 개인의 내적 자원을 구성하는 특성, 감정과 행동을 위한 동기, 삶이 현재로부터 발전 가능하게 하는 기초적 공간 등이 포함된다. 개인심리학의 황금률은 '모든 것이 다를 수 있습니다.'이다. 지금 그웬은 그녀의 인생에서 어떤 차이를 만들고 싶어 하는가?

자기 점검을 위한 질문

- 그웬이 그녀의 초기 회상의 일부를 파악하도록 요청하는 것에 관한 여러분의 생각은 어떠한가? 오래된 역사가 정말 개인의 생활양식 발달에 중요한가? 왜 우리는 이것들을 기억해야 하는가?
- 그웬은 그녀의 상담자로부터 좀 더 많은 제안을 원한다. 여러분이 상담자라면, 그녀가 여러분으로부터 더 많은 지시를 받기를 원할 때 어떻게 개입할 것인가?
- 격려는 아들러 치료의 기본적인 기법이다. 여러분은 상담자의 격려 행동들을 확인할 수 있는가? 여러분은 격려에 어떠한 가치를 두는가? 격려와 칭찬의 차이점은 무엇인가?
- 그웬에게 인종과 문화의 주제에 대해 정보를 얻을 때, 여러분은 얼마나 흥미를 느낄 것인가?
- 여러분이 그웬의 상담자라면 아들러 기법 중 어떤 기법을 추가적으로 사용할 것인가? 개입 시 여러분이 설정한 목표는 무엇인가?

요약과 평가

요약

아들러는 시대를 앞서 갔으며, 대부분의 현대 치료는 그의 생각이 어느 정도는 반영된 것이다. 개인심리학에서 사람은 사회적 요인으로 동기화되고, 자신의 사고, 감정, 행위에 대해 책임이 있으며, 무력한 희생자가 아니라 자기 생활의 창조자이고, 목표나 목적으로 움직이며, 과거보다는 미래를 향한다고 가정한다.

아들러학파 접근의 기본 목적은 내담자가 자기, 타인, 삶에 대한 그릇된 신념을 확인하고 변화시켜 사회에 더 완전히 참여할 수 있도록 돕는 것이다. 내담자를 정신적으로 병든 상태로 보지 않고 낙담한 것으로 본다. 상담 과정은 이들이 자신의 행동 방식을 알게 되고, 생활양식에서 근본적으로 변화시키도록 하는 것이다. 그리고 이것은 그들이 느끼고 행동하는 방식에서 변화를 이끌 것이다. 개인 발달에서는 가족의 역할이 강조된다. 상담은 내담자가 자신의 통찰을 실제 생활에서 행동으로 옮기도록 돕는 협동적 모험이다. 현대 아들러 이론은 통합적 접근, 협력적 인지, 구성주의적 · 실체론적 · 정신역동적 · 체계적 접근법이다. 내담자와 상담자 간의 존중적인 관계 형성에 대한 강조, 내담자의 장점과 자원에 대한 강조, 낙천적이고 미래 지향적인 관점을 강조하는 일반적 특징이 있다.

아들러 접근법의 공헌

학습 목표 13 아들러학파 접근법의 장점은 유연성과 통합적 성격에 있다. 아들러 상담자들은 자원이 넘치고, 다른 방법들을 끌어들이는 데 유연하다. 그래서 다양한 환경과 상황에 있는 다양한 장면의 내담자에게 적용될 수 있다. 이들은 이론적으로 통합적이며 기법적으로는 절충주의자가 될 수 있다(Watts, 2015). 상담자는 내담자를 하나의 이론적 틀에 맞추기보다는 내담자에게 가장 이익이 되는 것에 주로 관심을 둔다(Carlson et al., 2006).

아들러 접근법의 또 다른 공헌은 그것이 간단하며, 시간이 제한된 치료법에 적합하다는 것이다. 아들러는 시간제한 치료법의 제안자였으며, 현재의 단기 상담 접근법에서 많이 사용된 기법들은 아들러 상담자들이 만들고 흔히 사용한 개입과 비슷하다(Carlson et al., 2006). 아들러 치료법과 현대의 단기 상담법은 많은 공통점을 갖고 있다. 그것은 '강한 치료 동맹의 빠른 수립, 명확한 문제 확인과 목표 설정, 빠른 평가와 상담의 적용, 적극적이고 직접적인 개입의 강조, 심리교육적 초점, 현재와 미래 지향, 내담자의 장점과 능력에 대한 집중, 변화에 대한 낙천적 기대, 내담자의 독특한 요구에 상담을 맞추는 시기적절성' 등 많은 공통점을 갖고 있다(Carlson et al., 2006; Hoyt, 2015). 모삭과 드피에트로(Mosak & Di Pietro, 2006)에 따르면, 초기 회상은 단기 상담의 중요한 평가 개입이다. 그들은 초기 회상이 종종 상담 회기의 수를 최소화하는 데 유용하다고 주장한다. 이 과정은 실시 및 해석하고, 상담자가 추구하는 방향을 제시하는 데 시간이 별로 걸리지 않는다.

비터와 니콜(2000)은 단기 상담에서 통합적 틀의 기초를 형성하는 다섯 가지 특징을 정의했다. 그것은 시간제한, 문제 중심, 상담자의 지시적 행동, 해결 방안으로서의 증상, 행동 과제 할당이다. 상담에 시간제한 과정을 적용하는 것은 짧은 시간 안에 변화가 일어날 수 있다는 기대를 내담자에게 줄 수 있다. 상담 회기의 수가 명확해졌을 때, 내담자와 상담자는 원하는 결과에 초점을 두고, 또한 가능한 한 효과적으로 작업하도록 동기화된다. 미래 회기가 있을 것이라는 확실성이 없기 때문에, 단기상담 상담자는 자신에게 이러한 질문을 하는 경향이 있다. "만약 내가 이 사람의 삶에서 단 한 번의 회기만 상담할 수 있다면, 내가 성취하기를 원하는 것을 무엇인가?"(p.38)

현대의 치료적 실제에 대한 아들러의 공헌은 과대평가되었다고 보기 어렵다. 많은 방식에서, 나는 아들러의 현대 치료에 대한 영향력이 프로이트보다 클 것이라고 믿는다. 아들러 생각의 많은 부분들은 혁신적이었으며 시대를 앞서갔다. 그의 영향은 개인을 상담하는 것을 넘어서 공동체의 정신건강 운동으로까지 확대되었다(Ansbacher, 1974). 에이브러햄 매슬로(Abraham Maslow), 빅터 프랭클(Viktor Frankl), 롤로 메이(Rollo May), 파울 바츨라빅(Paul Watxzlawick), 카렌 호나이, 에리히 프롬, 에런 벡, 그리고 앨버트 엘리스(Albert Ellis)는 모두 아들러의 공헌을 인정했다. 프랭클과 메이는 그를 실존 운동의 선구자로 보았는데, 인간에게 선택할 자유가 있고 자신의 행동에 대해 전적으로 책임이 있다는 아들러의 입장 때문이다. 아들러는 이 견해로 심리학에서 주관적 접근의 선구자가 되었으며, 행동의 내적 결정요인인 가치, 신념, 태도, 목표, 관심, 개인적 의미, 현실에 대한 주관적 지각, 자기실현의 추구를 강조한다. 비터(2008; Bitter, Robertson, Healey, & Cole, 2009)는 아들러학파적인 사고와 여성주의 치료적 접근을 연결시키는 데 주의를 기울였다.

아들러의 매우 중요한 공헌 중 하나는 다른 치료 체계에 대한 영향력이다. 그의 기본적인 개념 중 많은 것들이 대부분의 치료적인 연구 모형에서 사용되었다. 그중에는 실존주의 치료, 인지행동 치료, 합리적 정서행동 치료, 현실 치료, 해결중심 치료, 여성주의 치료, 가족 치료가 포함된다. 아들러 심리학은 현상학적, 전체적, 낙관적, 사회적이며, 상담의 다양한 이론들을 엮어서 만들어낸 기본적 가정을 기반으로 하여 만들어진 이론이다(Carlson & Johnson, 2016; Maniacci et al., 2014). 몇 가지 중요한 측면에서 아들러는 인지 치료와 구성주의 치료에 길을 열어주었다(Watts, 2012, 2015). 아들러의 기본 전제는 내담자가 자신의 생각을 변화시킬 수 있다면 자신의 감정이나 행동을 변화시킬 수 있다는 것이다. 현대 치료 이론에 대한 한 연구는 아들러의 많은 견해가, 아들러에게 돌아가야 할 명성을 그에게 돌려주지 않고, 다른 명칭으로 현대의 접근에서 다시 나타난다고 밝히고 있다(Watts, 2015). 이것의 한 예는 긍정심리학 운동의 출현이다. 이것은 희망, 용기, 만족, 행복, 복지, 인내, 탄력성, 관용 및 개인 자원을 증진시키는 연구라고 한다. 아들러는 분명히 오래전에 긍정 심리와 관련된 이 접근 방법을 상담 장면에서 주요 테마로 다루었다(Watts, 2012). 대부분의 현대 이론과 아들러학파 이론 사이에 상당한 연계가 있다고 보는데, 특히 자기결정성, 합목적성, 성장에 대한 추구가 그렇다. 칼슨과 엥글러-칼슨(2013)은 아들러학파가 글로벌화된 현대 사회의 요구들을 충족시킬 수 있는 그들만의 접근 방법을 개발하도록 계속해서 도전받고 있다고 주장한다. "아들러의 사상이 다른 이론적 접근법에서 많이 활용되고 있지만, 독립적 접근법으로 아들러 이론이 길게 존속할 수 있을지에 대해서는 의심의 여지가 있다"(p.124). 다른 모형들에 의해 많은 아들러학파의 개념들이 공동으로 채택되면서, 이들은 아들러학파의 모형이 살아남고 번창하려면 그 자체의 중요성에 대해 추구하는 방식들을 찾는 것이 필수적이라고 믿는다.

아들러 접근의 한계와 비판

학습 목표 14 아들러는 자신의 시간을 이론을 형성하는 데 바칠 것인지 아니면 개인심리학의 기본 개념을 타인들에게 가르치는 데 바칠 것인지를 선택해야 했다. 그는 잘 정의된 체계적 이론을 조직하고 제시하기보다는 실제적인 상담과 교수법에 우선권을 두었다. 대부분의 아들러의 사상들은 모호하고 일반적이어서, 어떤 개념들에 대해 연구를 수행하기에는 어려움이 있다(Carlson & Johnson, 2016). 그의 저술은 종종 받아들이기 어려우며, 많은 사람들이 그의 글이 다소 느슨하고 너무 간결하다고 생각했다. 아들러의 세계적인 영향력은 전례가 없는 듯했지만, 그는 그의 작품이 번역되는 것에 참여하지 않았다. 그는 여러 면에서 뛰어났지만, 학자는 아니었다(Maniacci, 2012).

자기 점검과 토론을 위한 질문

1. 여러분의 생애 초기 회상들에는 어떤 것이 있는가? 하나의 특정한 초기 회상을 확인하고 그 기억이 여러분에게 가지고 있는 의미를 생각해보자. 아들러학파의 기법에서 개인의 생애 초기 회상을 회상하는 것이 여러분이 보기에 어떤 의미를 가지는가?
2. 아들러학파는 몇몇 지각된 열등감을 극복하기 위한 보상으로, 초기 아동기에 성격 또는 독특한 생활양식이 발달되기 시작한다고 주장한다. 어떻게 이 주요 개념이 여러분에게 적용되는가? 어떤 면에서 여러분은 과거에 열등감을 느꼈고, 그것을 어떻게 다루었는가? 여러분의 다른 기본 열등감과 여러분의 성취감 사이의 잠재된 투쟁이 있다고 보는가?
3. 아들러학파의 관점에서는 개인은 그들의 미래에 대한 투쟁을 봄으로써 가장 잘 이해된다. 여러분의 목표는 여러분이 지금 하고 있는 일에 어떻게 영향을 미치고 있는가? 여러분은 어떻게 여러분의 과거가 여러분의 목표에 영향을 미친다고 생각하는가? 상담자로서 여러분은 목적이 분명하고 목표 지향적인 접근을 작업 시 어떤 방식으로 적용할 것인가?
4. 아들러학파는 가족 구도를 강조한다. 이는 여러분이 가족 안에서 어떻게 성장했는지를 반영한다. 여러분은 각 형제들과의 관계를 어떻게 묘사하는가? 여러분은 여러분의 초기 가족 경험을 통해 다른 사람과 여러분 자신에 대해 무엇을 배웠는가?
5. 사회적 관심은 아들러학파의 접근에서 중심이 되는 개념이다. 여러분의 삶에서 사회적 관심에 대한 가치를 무엇으로 두고 있는가? 여러분은 어떤 방법으로 내담자에게 사회적 관심을 발달시킬 수 있도록 도울 수 있다고 생각하는가?

더 찾아볼 자료

CengageBrain.com에 방문하거나 『상담 및 심리치료의 통합적 접근: 루스의 사례와 해설 DVD』 6회기 '인지중심 상담' 부분의 DVD 프로그램을 시청하라. 이 DVD에서는 기대에 부응하고 완벽주의 기준에 부합하기 위한 루스의 노력을 예를 들어 설명하고 있다. 이 회기에서는 루스를 상담하면서 내가 어떻게 인지적 개념을 끌어내 그것을 상담에 적용하는지 알게 될 것이다.

미국상담학회 회원을 위한 무료 팟캐스트

www.counseling.org 사이트에서 '자료(Resource)' 아이콘을 누르고 '팟캐스트 시리즈(Potcast Series)'를 누르면 미국상담학회 팟캐스트(미리 녹음된 인터뷰)를 무료로 내려받을 수 있다. 5장에 대해서는 존 칼슨 박사의 팟캐스트 11 '아들러 치료'를 보라.

기타 자료들

Psychotherapy.net의 비디오는 성인, 가족, 아동들을 대상으로 한 아들러 치료를 보여준다. 학생과 전문가도 웹사이트에서 이용할 수 있다. 매달 새로운 논문, 인터뷰, 블로그, 치료 만화, 비디오 등이 제공된다. 이 장과 관련하여 www.psychotherapy.net에서 볼 수 있는 DVD는 다음과 같다.

Adlerian Therapy, (J. Carlson, 1997): Psychotherapy with the Experts Series
Adlerian Parent Consultation (J. Carlson, 2001): Child Therapy with the Experts Series
Adlerian Play Therapy (T. Kottman, 2001): Child Therapy with the Experts Series

실제 내담자와 아들러 심리치료 이론을 보여주는 다른 두 개의 비디오가 미국심리학회(http://www.apa.org/pubs/videos/index.aspx)에서 구입 가능하다. 하나는 단기 아들러 치료의 예시이고, 다른 하나는 동일한 내담자와 시간이 흐른 뒤에 6회기 작업을 한 것을 보여준다.

Adlerian Therapy (J. D. Carlson, 2005): Systems of Psychotherapy series
Psychotherapy Over Time (J. D. Carlson, 2006): Psychotherapy in Six Sessions *video series*

여러분의 생각이 아들러의 접근법과 일치한다면 개인심리학 연수에 참여하거나 북미아들러심리학회(North American Society of Adlerian Psychology: NASAP)에 가입하는 것도 좋다. 북미아들러심리학회에 대한 정보와 아들러 모임, 기관에 대한 정보를 얻으려면 다음 기관을 참조하라.

북미아들러심리학회
www.alfredadler.org

이 학회는 회보, 학술지(4분기마다 1회)를 발행하며, 아들러 심리학에 대한 현재의 연구기관, 훈련 프로그램, 워크숍에 대한 정보를 갖고 있다. 『개인심리학회지』는 현대의 학문적이고 전문적인 연구를 다룬다. 상담, 교육, 부모와 가족 교육에 대한 칼럼으로 분류된다. 구독에 대한 정보는 학회에 연락하면 도움을 받을 수 있다.

만약 훈련을 받는 것, 대학원 이상의 강좌, 후속 교육 또는 학위에 관심이 있다면 아들러학파의 기관과 연구기관의 목록을 가진 북미아들러심리학회에 연락하라. 훈련기관 중 일부는 다음과 같다.

전문적 심리학에 대한 아들러 학교(Adler School of Professional Psychology)
www.adler.edu
아들러학파 훈련기관(Adlerian Training Institute, Inc.)
www.adleriantraining.com
아들러학파 여름학교와 기관에 대한 국제위원회(International Committee of Adlerian Summer Schools and Institutes)
www.icassi.net

더 읽을거리

『**아들러학파 이론: 이론과 실제**(Adlerian Therapy: Theory and Practice)』(Carlson, Watts, & Maniacci, 2006)는 실제로 현대 아들러 치료의 포괄적인 개요를 제공한다. 상담 관계에 대한 장으로 이루어져 있는데, 단기 개인 상담, 단기 부부 상담, 집단상담, 놀이 치료, 자문 상담이 있다. 또한 활용할 수 있는 아들러 개입 동영상의 목록을 제공한다.

『**다시 보는 알프레트 아들러**』(Carlson & Maniacci, 2012)는 오늘날 많은 아들러 학자들과 상담자들이 읽는 아들러의 가장 중요한 작품들 중 일부를 현대적인 맥락에서 다시 표현해낸 작품이다.

『**아들러학파 상담과 심리치료자: 상담자의 접근**(Adlerian Counseling and Psychotherapy: A Practitioner's Approach)』(Sweeney, 2009)은 치료와 복지에 아들러 응용프로그램의 넓은 영역을 저술한 포괄적인 책 중 하나이다.

『**초기 회상: 개입 방법과 적용**(Early Recollections: Interpretative Method and Application)』(Mosak & Di Pietro, 2006)은 개인의 역동과 행동 양식을 이해하는 방법으로 초기 회상의 사용에 대한 광범위한 검토를 하고 있다. 이 책은 이론, 연구, 생애 초기 회상의 임상적 응용을 다룬다.

『**심리치료의 열쇠: 자기창조하는 개인 이해하기**(The Key to Psychotherapy: Understanding the Self-created Individual)』(Powers & Griffith, 2012a)는 생활양식을 평가하기에 유용한 자료가 된다. 각각의 장에는 면접 기법, 생활양식 평가, 생애 초기 회상, 가족 구도, 요약 방법과 해석 정보를 다룬다.

6장 | 실존 치료

학습 목표

01. 실존 철학과 치료의 특징적인 주요 주제를 확인한다.

02. 몇몇 중요한 실존주의 사상가들과 치료자들의 공헌을 비교한다.

03. 자기 인식, 자유와 책임, 친밀감과 고립감, 삶의 의미, 죽음 불안, 본래성과 같은 실존적 접근의 근본적인 주요 개념과 기본 가정을 살펴본다.

04. 실존 치료의 치료 목표를 확인한다.

05. 치료 관계에서 특별히 주어지는 강조점에 대해 이해한다.

06. 실존 상담의 세 단계를 설명한다.

07. 이 접근법의 단기 치료 적용에 대해 이해한다.

08. 이 접근법의 집단상담 적용에 대해 확인한다.

09. 실존적 접근법이 다문화 상담에 적합한 이유와 그렇지 않은 이유에 대해 설명한다.

10. 실존적 접근법의 기여와 한계를 평가한다.

빅터 프랭클(Viktor Frankl, 1905-1997)은 비엔나에서 태어나 그곳에서 교육을 받았다. 그는 1928년 비엔나에서 청소년상담센터를 설립하여 1938년까지 총괄하였다. 프랭클은 1942년부터 1945년까지 아우슈비츠와 다하우의 나치 강제수용소에 수감되었고 그곳에서 부모님과 형제, 아내, 자녀 들을 잃었다. 그는 이 수용소에서 겪은 끔찍한 경험들을 생생하게 기억하고 있었지만, 이런 기억이 삶에 대한 사랑과 열정을 잠식시키지는 못했다. 그는 세계 각지를 돌아다니며 유럽, 라틴아메리카, 동남아, 미국 등지에서 강연을 하였다.

Viktor Frankl

프랭클은 비엔나 대학교에서 1930년에 의학박사 학위, 곧이어 1949년에 철학박사 학위를 받았다. 그는 비엔나 대학의 부교수가 되었고 그 이후 미국의 샌디에이고 국제대학교에서 유명한 강의자가 되었다. 하버드 대학교, 스탠퍼드 대학교, 서던메소디스트 대학교(Southern Methodist University)의 방문교수로 있기도 하였다. 프랭클의 저술은 20개국어 이상의 언어로 번역되었고, 그의 생각은 실존 치료의 발달에 현재까지도 지대한 영향을 미치고 있다. 그의 저서인 『죽음의 수용소에서(Man's Search for Meaning)』(1963)는 세계적인 베스트셀러가 되었다.

비록 프랭클은 죽음의 나치 수용소에서 암울한 시기를 보내기 이전부터 임상적 실제에 대한 실존적 접근법을 개발하기 시작하였지만, 수용소에서의 경험이 이 관점을 더욱 확고하게 하였다. 프랭클(1963)은 실존적 철학자들과 저자들이 모든 순간 우리에게 선택권이 있다고 표현한 사실을 개인적으로 직접 관찰하고 경험하였다. 심지어 그는 끔직한 상황에서조차도 우리가 정신적인 자유와 독립성의 흔적을 지킬 수 있다고 생각했다. 그는 사람에게서 "인간의 최후의 자유, 즉 주어진 상황 속에서 한 사람의 태도를 선택하고 자신의 길을 선택할 수 있는 자유"(p.104)만큼은 빼앗을 수 없다는 것을 경험적으로 배웠다. 프랭클은 인간 존재의 핵심은 의미와 목적을 탐구하는 데에 있다고 생각했다. 우리는 가치(사랑 또는 성취 등)를 경험하고 고통을 겪으며 행동과 한 일들을 통해 의미를 발견할 수 있다.

프랭클은 프로이트에게 많은 영향을 받았지만, 그의 엄격한 정신분석적 체계에 동의하지 않았고 알프레트 아들러의 학생이 되었다. 프로이트의 대부분의 결정론적 관념에 반발한 프랭클은 자유, 책임, 의미, 가치의 탐구를 강조하는 자신만의 심리치료의 실천과 이론을 발달시켰다. 그는 지그문트 프로이트의 정신분석과 알프레트 아들러의 개인심리학 이외의 '빈 정신분석학파라는 제3학파'의 창시자로서 국제적인 명성을 얻었다.

프랭클은 유럽의 실존 치료를 개발하고 이를 미국으로 가지고 온 핵심 인물이다. 그는 "삶을 사는 이유를 알고 있는 사람은 어떠한 것이든지 견딜 수 있다"(Frankel, 1963, pp. 121, 164)라는 니체의 말을 즐겨 인용했다. 프랭클은 이 문장이 모든 심리치료 실천의 모토가 될 수 있다고 주장했다. 또 달리 인용하는 "나를 죽게 만드는 것이 아니라면 어떤 것이든지 나를 더욱 강하게 만든다."(Frankl, 1963, p.130)라는 니체의 말은 프랭클의 경험과 집필을 집약적으로 표현했다고 할 수 있다.

프랭클은 '의미를 통한 치료'라는 뜻의 **로고테라피**(logotherapy)를 개발하였다. 프랭클의 철학적 모형은 온전히 살아있게 된다는 것이 무엇인지의 의미를 보다 분명하게 설명한다. 그의 작업에 걸친 중심 주제는 어떤 상황에 있든지 **삶에는 의미가 있다**는 것이다. 삶의 핵심 동기는 **의미에 대한 의지**이고, 우리는 우리가 생각하는 모든 것에 대한 **의미를 찾을 자유**가 있으며, 우리는 **몸, 마음, 정신을 통합하여** 온전히 살아있게 되어야 한다. 프랭클의 글은 현대 사람들에게 삶의 방법은 발달해 있지만, 무엇을 위해 살아야 하는지에 대한 의미는 없음을 반영한다.

나는 프랭클이 이론을 만들고, 이를 자신의 극적인 삶으로 검증하였기에 프랭클을 실존 치료의 주요 인물 중의 하나로 선택했다. 그의 삶이 그의 이론의 실례이고, 그는 자신의 이론을 뒷받침하는 삶을 살았다.

롤로 메이(Rollo May, 1909-1994)는 어릴 적 다섯 명의 형제와 한 명의 여동생과 함께 오하이오 주에서 살다가 미시간으로 이사를 갔다. 그는 자신의 가정이 불행했다고 기억한다. 이런 상황은 그로 하여금 심리학과 상담에 관심을 갖게 하였다. 메이는 개인적으로 실존적 염려와 두 번의 결혼 실패 문제 때문에 고군분투하였다.

Rollo May

메이는 1930년 오벌린 대학(Oberlin College)을 졸업한 다음 그리스로 넘어가 교사가 되었다. 그리스에 있는 여름 기간 동안 그는 알프레트 아들러에 대해 배우기 위해 비엔나로 여행을 떠났다. 메이는 유니언 신학교(Union Theological Seminary)에서 신학 학위를 취득한 후, 사람들에게 다가가 돕는 최선의 길은 신학보다는 심리학이라고 판단하였다. 그는 컬럼비아 대학교에서 임상심리 박사학위를 받고 뉴욕에서 개업하였다. 그는 또한 윌리엄 앨런슨 인스티튜트(William Alanson Institute)를 위한 감독 훈련 분석가가 되었다.

메이는 박사 학위를 취득하는 동안, 결핵에 걸려 2년 동안을 결핵 요양소에서 지내게 되었다. 회복 기간 동안 메이는 불안의 본질에 대하여 직접 경험하며 배우는 시간을 많이 가지게 되었다. 그는 또한 독서를 하며 대부분의 시간을 보냈다. 그러면서 쇠렌 키르케고르(Søren Kierkegaard)에 대해 공부하게 되었는데, 이는 그가 불안의 실존적인 차원에 대해 인식하게 한 기폭제가 되었다. 그 결과 『불안의 개념(The Meaning of Anxiety)』(1950)을 집필하게 되었다. 그의 유명한 저서 『사랑과 의지(Love and Will)』(1969)는 사랑과 친밀한 관계에 관한 그의 개인적인 투쟁을 반영하고 있고 성과 결혼의 가치에 관한 서양 사회의 문제를 보여준다.

롤로 메이에게 개인적으로 가장 큰 영향을 준 사람은 실존주의 신학자 파울 틸리히(Paul Tillich)[『존재의 용기(The courage to be)』(1952)의 저자]로, 그의 멘토이자 친구였다. 이 두 사람은 철학, 종교, 그리고 심리학적인 주제들을 논의하는 데에 많은 시간을 함께 보냈다. 메이는 이 실존적 신학자와 프로이트 심리학의 개념, 그리고 알프레트 아들러의 개인심리학의 많은 측면들로부터 깊은 영향을 받았다. 메이의 대부분의 글들은 권력에 대해 인정하고 다루는 것, 자유와 책임을 받아들이는 것, 정체성을 발견하는 것과 같은 인간 경험의 본질에 관한 것들을 반영한다. 그는 많은 지식을 고전적 관점과 그의 실존적인 관점에 기초하여 얻어왔다.

메이의 글들은 실존 지향의 실무자들에게 상당한 영향을 미쳤고, 미국과 유럽 내의 심리치료적 실천 현장에서 주요 실존적 개념들을 번역하는 데 도움이 되었다. 메이는 심리치료가 사람들로 하여금 삶의 의미를 발견하도록 돕는 것을 목표로 해야 하고, 문제해결보다는 존재적 문제에 관한 것이어야 한다고 믿었다. '존재하는 것'에는 용기가 필요하고 우리의 선택은 우리가 어떤 유형의 사람이 될 것인지를 결정한다. 존재의 문제는 성과 친밀감, 늙어가는 것, 죽음에 직면하는 것, 세상 속에서 행동을 취하는 것과 같은 문제들을 다루는 법을 배우는 것을 포함한다. 메이에 의하면, 진정한 도전이란, 결국 혼자이고 죽음에 직면하게 되는 세상을 살아갈 수 있게 되는 것이다. 사람들이 자신들이 살고 있는 사회의 향상에 기여할 수 있는 방법을 찾도록 돕는 것이 치료자의 과업이다.

Irvin Yalom

어빈 얄롬(Irvin Yalom, 1931–)의 부모는 제1차 세계대전 직후 러시아에서 미국으로 이민을 갔다. 초기 어린 시절 동안, 얄롬은 가난한 동네가 있는 워싱턴 D.C.의 도심 지역에서 살았다. 거리 위의 삶은 매우 위험했고, 얄롬은 집 안에서 소설을 읽거나 다른 일을 하는 것으로 위안을 삼았다. 일주일에 두 번 정도 읽을거리들을 가져오기 위해 도서관까지 자전거를 타고 위험한 거리를 오갔다. 그는 소설을 읽는 것에서 대안을 찾았고 만족스러운 세상을 찾게 되었으며, 결국 이것이 그의 영감과 지혜의 근원이 되었다. 젊은 시절에는 소설을 쓰는 것이 사람이 할 수 있는 가장 훌륭한 것이라고 판단하였고, 이후 여러 편의 교육 소설들을 썼다.

어빈 얄롬은 스탠퍼드 대학교 의과대학의 정신의학과 명예교수이다. 정신과 의사이자 작가인 얄롬은 1970년 그의 영향력 있는 저서가 된 『최신 집단 심리치료의 이론과 실제(The Theory of Practice of Group Psychotherapy)』(1970/2005b)의 출판 이래로 집단 심리치료 영역의 주요 인물이 되었다. 이 책은 현재 20여 개 언어로 번역되었고 최근 제5판이 출판되었다. 그의 선구적 저서인 『실존 심리치료(Existential Psychotherapy)』는 1980년에 쓰였고, 실존 치료의 고전적이며 권위 있는 교재이다. 현대 미국의 실존 치료자인 얄롬은 유럽과 미국의 심리학자들과 정신과 의사들이 실존적 사고와 실천의 발전에 기여했음을 인정한다. 얄롬은 임상적인 경험과 실증적 연구, 철학, 문헌들에 의지하여, 네 가지 '주어진 실존의 조건', 또는 궁극적인 인간의 관심사로 불릴 수 있는 자유와 책임, 실존적 고립, 무의미함, 죽음을 다루는 심리치료에 대한 실존적 접근법을 발달시켰다. 이런 실존적 주제들은 내담자의 실재, 또는 세계 내 존재를 다룬다. 얄롬은 경험 있는 치료자들의 대다수가 이론적인 지향성과는 상관없이 이런 실존적인 핵심 주제들을 치료 장면에서 이미 다루고 있다고 생각한다. 우리가 이런 실존적인 주제들을 어떻게 다루는지는 대개 우리 삶의 계획과 질에 영향을 받는다.

내담자들이 들려주는 이야기들에 대해 경외감을 느끼면서 내담자들을 만났던 얄롬에게는 심리치료는 끊임없는 흥미를 느끼게 해주는 것이었다. 그는 모든 사람들이 독특한 이야기들을 가지고 있기 때문에 각 내담자들에게 모두 다른 치료가 설계되어야 한다고 생각한다. 그는 '지금 여기'의 치료적 관계를 통해 내담자의 대인관계적 세계를 탐색하고, 치료자들은 특히 내담자에 대해 겪는 경험들에 있어서 정직해야 한다고 믿는다. 그의 기본 철학은 실존적이고 대인관계적이며, 그는 이것들을 모두 개인 및 집단 상담에 적용한다.

어빈 얄롬은 『나는 사랑의 처형자가 되기 싫다(Loves' Executioner)』(1987), 『니체가 눈물을 흘릴 때(When Nietzsche Wept)』(1992), 『카우치에 누워서(Lying on the Couch)』(1997), 『엄마와 삶의 의미(Mamma and the Meaning of Life)』(2000), 『쇼펜하우어 집단 심리치료(The Schopenhauer Cure)』(2005a)를 포함하여 심리치료와 관련된 많은 이야기와 소설들을 집필해오고 있다. 2008년에 출간된 비소설 『보다 냉정하게, 보다 용기 있게(Staring at the Sun: overcoming the Terror of Death)』는 심리치료에서 죽음 불안이 가지는 역할에 관한 보고서로, 죽음과 삶의 의미가 어떻게 심도 깊은 치료 작업의 근본 주제들이 되는지를 보여주고 있다. 얄롬의 글들은 20개국어 이상의 언어로 번역되었고, 치료자들과 일반인들에게 두루 읽히고 있다.

도입

학습 목표 01 실존 치료는 심리치료를 실천하는 특정 유형의 접근법이라기보다는 사고의 방식 또는 심리치료에 관한 태도이다. 치료의 독립된 분파도 아니며, 구체적인 기법이 있는 분명히 정의된 모형도 아니다. 실존 치료는 상담자의 치료적 실천에 영향을 주는 철학적인 접근법으로 설명하는 것이 가장 좋다.

> 실존 심리치료는 인간의 고통에 관한 태도이고 매뉴얼은 없다. 인간 존재의 본질, 불안, 절망, 슬픔, 외로움, 고립감, 사회적 무질서의 본질에 대한 깊이 있는 질문을 던진다. 또한 의미, 창조성, 사랑의 문제를 중심으로 다룬다. (Yalom & Josselson, 2014, p.265).

실존 치료는 현재 한 개인의 삶 가운데의 투쟁과 관련된 것이기 때문에 도덕성, 의미, 자유, 책임, 불안, 고립과 같은 주제를 탐색하는 데에 초점을 둔다. 실존 치료의 목표는 내담자가 존재에 관한 '삶의 주어진 것들'을 탐색하는 것을 돕는 것이다. 즉, 어떻게 이 것들이 종종 무시되거나, 부인되는지, 그리고 이것들을 다루는 것이 궁극적으로 어떻게 더 깊고, 반영적이며 의미 있는 실존을 이끌어올 수 있는지를 탐색하도록 돕는 것이다. 내담자들은 삶에 대해 반영하고, 대안의 범위를 인식하고, 이런 것들을 결정하도록 초대된다. 실존 치료는 우리는 자유롭고, 따라서 우리의 선택과 행동에 책임이 있다는 가정에 기반을 둔다. 우리는 각자의 삶을 쓰는 작가이고, 우리가 가는 길을 스스로 설계한다. 이번 장은 실존 지향의 실무가들에게 중요한 영향을 미치는 몇 가지의 실존적 개념과 주제들을 다룬다.

우리는 상황의 희생자가 아니기 때문에 넓은 범위에서 보면 우리는 스스로가 선택한 모습을 하고 있다는 것이 실존적 전제의 기초이다. 상황을 수동적으로 받아들이고 통제에 둘러 쌓여있었다는 것을 제대로 인식하는 과정을 시작하면, 내담자들은 의식적으로 자신들의 삶을 스스로 형성하는 경로를 걷기 시작할 수 있다. 치료 여정의 첫 발자국은 내담자로 하여금 책임을 받아들이게 하는 것이다. 얄롬(2003)이 말한 것처럼, "사람들이 삶의 곤경을 만들어가는 데 있어서의 자신의 역할을 인식하게 되면, 동시에 자신에게는 자신과 상황을 바꿀 힘이 있음을 깨닫는다"(p.141). 실존 치료의 목표는 내담자가 자신들의 가치와 신념을 탐색하고 삶의 목표를 솔직히 평가함으로써 행동을 취할 수 있도록 이끄는 것이다. 치료자의 기본 과업은 내담자로 하여금 그들이 가장 심각하게 여기는 것은 무엇인지 숙고해보도록 하여 자신이 원하는 삶의 방향을 추구하도록 만드는 것이다(Deurzen, 2012).

CengageBrain.com에 방문하거나 『심리상담과 치료의 이론과 실제: 스탠의 사례와 해설 DVD』 6장 부분의 DVD 프로그램을 시청하라. 그리고 각 장을 읽기 전에 DVD에 있는 각 장에 대한 간략한 소개 내용을 살펴보라.

철학과 실존주의의 역사적 배경

학습 목표 02 많은 분야의 사상들이 1940년대와 1950년대의 실존 치료 운동에 기여하였다. 실존 치료는 유럽의 여러 영역들과 심리학 및 정신의학의 다양한 학파에서 자발적으로 발생했다. 많은 유럽인들은 삶이 제2차 세계대전으로 파괴되었고, 고립감, 소외감, 무의미를 포함하는 실존적인 문제들로 허우적거리고 있음을 발견하였다. 초기 저자들은 세상에 혼자이고 이와 같은 상황의 불안에 직면하고 있는 개인적인 경험에 초점을 두었다. 유럽의 실존주의적 관점은 인간의 한계와 삶의 비극적인 차원에 초점을 두었다(Sharp & Bugental, 2001).

실존적 심리학자들과 정신 의학자들의 사고는 19세기의 많은 철학자들과 저자들에 의해 영향을 받았다. 현대 실존적 심리치료의 철학적인 토대를 이해하기 위해서는, 쇠렌 키르케고르, 프리드리히 니체, 마르틴 하이데거, 장 폴 사르트르, 마르틴 부버의 문학적 · 철학적 · 종교적 저서들을 알아야 한다. 이와 같은 실존주의와 실존적 현상학의 핵심 인물들이 실존 치료의 형성을 위한 기초를 제공하였다. 루트비히 빈스방거(Ludwig Binswanger)와 메다드 보스(Medard Boss) 또한 실존 심리치료의 주요 아이디어에 기여한 초기 실존주의 정신분석가들이다. 이와 같은 초기 철학자들의 영향을 인정하는 얄롬은 이들이 모두 자신의 사고를 이끌어내는 주요한 주제들에 기여하였음을 발견하였다.

- 키르케고르: 창의적 불안, 절망, 두려움과 무서움, 죄책감, 공허
- 니체: 죽음, 자살, 의지
- 하이데거: 본래적 존재, 돌봄, 죽음, 죄책감, 개인의 책임, 고립
- 사르트르: 무의미, 책임, 선택
- 부버: 대인관계, 치료에서의 '나/너(I/Thou)'의 관점, 자기초월

쇠렌 키르케고르

덴마크 철학자이자 기독교 신학자인 쇠렌 키르케고르(Søren Kierkegaard. 1813-1855)는 특히 영어 *dread*(두려움)와 *anxiety*(불안) 사이의 의미를 지닌 덴마크와 독일 단어 *angst*에 특별한 관심을 기울였고 삶에 있어서 불안과 불확실성의 역할을 다루었다. 실존적 불안은 원하는 삶을 어떻게 살 것인지에 대한 의사결정과 관련이 있으며, 이는 병리적인 것이 아니다. 키르케고르는 자기 자신이 되기 위해 교육 받는 배움의 장이 불안이라고 생각했다. 불안을 경험하지 않는다면 우리는 몽유병자처럼 살아갈 수도 있다. 하지만 대다수의 사람들은 청소년기 때 불안에 기인한 끔찍한 불쾌감을 겪음으로써 비로소 현실에 눈을 뜨게 된다. 삶은 우발적 사건들의 연속이고, 죽음의 확신 이외에 보장되는 것이 없다. 이 과정은 결코 유쾌한 경험이라 할 수 없지만, 인간이 되기 위한 필수 조건이다. 키르케고르는 우리가 스스로에게 정직하지 못할 때에 '죽음에 이르는 질병'이 나타난다고 믿었다. 정말 필요한 것은 무언가를 선택할 때 자신이 맹신하는 어떤 것을 희생시키고자

하는 의지이다. 인간이 된다는 것은 하나의 프로젝트고, 우리의 과업은 우리가 누구인지 발견하는 것이 아닌 우리 자신을 만들어가는 것이다.

프리드리히 니체

독일 철학자 프리드리히 니체(Friedrich Nietzsche. 1844-1900)는 키르케고르의 통념에 반대하여 자아, 윤리, 사회에 대한 혁명적인 접근법을 보여주었다. 키르케고르와 마찬가지로, 그는 주관성의 중요함을 강조하였다. 니체는 인간이 합리적 존재라는 오래된 정의가 완전히 틀릴 수 있다는 데서 시작한다. 우리는 몰인격적으로 지성을 따르는 것이 아니라 의지를 추구하는 존재이다. 하지만 키르케고르가 신과의 강렬한 관계라는 '주관적인 진리'를 강조한 것에서, 니체는 개인의 '힘에 대한 의지'에 가치를 두었다. 사회가 우리에게 다른 세속적인 주제들을 강조하며 무기력할 수밖에 없도록 할 때, 우리는 이런 힘에 대한 의지가 우리에게 제공하는 가치를 솔직하게 인정하는 것을 포기한다. 만약, 양처럼 '집단 도덕성' 속에서 침묵하기를 선택한다면, 우리는 보통 평범한 사람 그 이상의 무엇도 아니게 된다. 하지만 우리가 스스로에게 권력 의지에 대한 무제한적인 자유를 준다면, 창조성과 독창성에 대한 잠재성을 두드리게 될 것이다. 불안, 우울, 주관성, 진실한 자아에 관한 분석의 개척자인 키르케고르와 니체는 모두 일반적으로 실존적 관점의 창시자로 여겨진다(Sharp & Bugental, 2001).

마르틴 하이데거

마르틴 하이데거(Martin Heidegger. 1889-1976)의 현상학적 실존주의는 우리는 '세상 속에' 존재하므로 스스로를 우리가 내던져진 세상과 동떨어진 것으로 생각하고자 해서는 안 된다는 것을 상기시킨다. 매일의 삶을 피상적인 대화와 반복적 일상으로 채우는 방식은 종종 우리가 삶은 영원할 것이고 하루하루를 낭비할 수 있다고 가정한다는 것을 보여준다. 우리의 감정과 기분들(죽음에 대한 불안을 포함하여)은 우리가 본래성대로 살고 있는지 또는 타인의 기대 때문에 진정한 우리 삶을 살지 못하고 있지 않는지를 살펴볼 수 있도록 하는 바로미터이다. 우리가 이런 지혜를 애매한 감정에서 명확한 인식으로 바꿀 때, 되고자 하는 존재에 대한 긍정적인 결심을 만들게 될 수 있을 것이다. 하이데거가 제시한 현상학적 실존주의는 과거의 사건에 초점을 두지 않고 아직 다가오지 않은 미래의 '진정한 경험'을 기대하도록 동기 부여하는 인간 역사에 관한 관점을 제공한다.

마르틴 부버

이스라엘의 새로운 주에서 살기 위해 독일을 떠난 마르틴 부버(Martin Buber. 1878-1965)는 개인주의적 입장을 대부분의 다른 실존주의자들에 비해 다소 덜 취한다. 그는 우리 인간들은 일종의 '중간(betweenness)'에서 살고 있다고 말한다. 즉, 결코 단순한 나는 없고, 항상 타자가 우리의 존재 가운데 있다는 것이다. 그래서 주체인 나는 타자가 그것인지 아니면 너인지에 따라서 변화한다. 하지만 때로 우리는 타자를 단편적인 존재로 전락시키는 심각한 실수를 범한다. 이런 경우 이 관계는 나/그것이 된다. 비록 부버가 매일의 삶 속에서 나/그것의 상호작용이 있어야 할 필요가 있음을 인정했지만, 우리가 나/그것의 세상 속에서만 산다면 우리의 존재는 심각하게 제한된다. 부버는 현존(presence)의 중요성을 강조한다. 현존은 세 가지 기능이 있다. (1) 진정한 '나/너(I/Thou)'의 관계를 가능하게 한다. (2) 어떤 상황에서 존재함을 위한 의미가 있다는 것을 인정한다. (3) 한 개인은 '지금 여기'에서의 책임을 가질 수 있게 한다(Gould, 1993). 칼 로저스(Carl Rogers)와의 유명한 대화에서, 부버는 내담자가 치료자에게 도움을 구하기 위해 왔기 때문에 치료자와 내담자는 결코 같은 입장에 설 수 없다고 논쟁한다. 이 관계가 충분히 상호적일 때에 우리는 완전히 인간적인 상태인 '대화(dialogic)'를 할 수 있게 된다.

루트비히 빈스방거

실존주의 분석가인 루트비히 빈스방거(Ludwig Binswanger. 1881-1966)는 한 사람과 그의 환경 간의 관계를 강조하는 자아의 전체론적 모형을 제안하였다. 그는 선택, 자유, 돌봄을 포함하는 자아의 중요한 특성들을 탐색하기 위해 현상학적 접근법을 사용하였다. 그는 자신의 실존적 접근법이 하이데거의 사상에 크게 의존하였고 우리는 '세상에 내던져진 존재'라는 하이데거의 생각을 받아들였다. 그러나 '내던져짐'이 우리를 선택과 미래의 계획에 대한 책임으로부터 해방시켜주지는 않는다(Gould, 1993). **현존재 분석**(*Daseinanalysis*)은 인간 존재의 주관적이고 영적인 차원을 강조한다. 빈스방거(1975)는 치료에서의 위기는 일반적으로 내담자에게 중요한 선택 지점이라고 주장한다. 그는 초기에 정신분석적 이론이 정신증에 대한 해결의 실마리를 준다고 보았지만, 시간이 지나면서 결국 내담자에 대한 실존주의적 관점을 지향하게 되었다. 이런 관점의 변화는 그로 하여금 치료자로서의 견해를 내담자들의 경험과 행동에 주입하려는 접근을 취하는 대신에 내담자의 세계관과 당면한 경험들을 이해할 뿐 아니라 행동의 의미를 이해할 수 있게 하였다.

메다드 보스

빈스방거와 메다드 보스(Medard Boss. 1903-1991)는 모두 초기 실존적 정신분석가들이고 실존적 심리치료 발달의 중요한 인물들이다. 이들은 삶의 사건을 반영하고 이 사건들에 의미를 부여할 수 있는 우리의 능력, 즉 현존재(dasein), 세상 속의 존재(being-in-the-world)에 관해 이야기하였다. 또한 치료자는 반드시 실존적인 이해에 방해되지 않으면서 내담자의 주관적인 세계에 들어가야 한다고 생각했다. 빈스방거와 보스는 모두 개인을 이해하기 위한 폭넓은 기초를 제공한(May, 1958) 하이데거의 『존재와 시간(Being and Time)』(1962)에 큰 영향을 받았다. 보스는 프로이트식 정신분석에 깊은 영향을 받았지만, 하이데거에 더 큰 영향을 받았다. 보스의 전문 관심사는 주로 하이데거의 철학적 관념을 치료의 실천에 적용시키는 것이었고, 그는 특히 『현존재 분석과 정신분석(Daseinanalysis and Psychoanalysis)』(1963)에서 기술한 것처럼 프로이트의 방법을 하이데거의 개념에 통합시키는 것이었다.

장 폴 사르트르

철학자이자 소설가인 장 폴 사르트르(Jean-Paul Sartre. 1905-1980)는 부분적으로 제2차 세계대전 중 수년간의 프랑스 레지스탕스를 통해 인간은 이전의 실존주의자들이 믿었던 것보다 더 자유로운 존재라고 확신하였다. 우리의 과거 전체와 현재 사이의 공간(무)의 존재는 우리가 무엇이 될 것인지를 자유롭게 선택하게 한다. 우리가 선택하는 것이 우리의 가치이다. 우리의 자유와 선택을 인정하지 않는 것은 감정적인 문제를 야기한다. 이런 자유는 불만을 야기하기 때문에 쉽게 직면하기 어렵고, 따라서 '내 과거의 조건들 때문에 지금은 변화할 수 없다.'고 말하며 변명을 만들어내는 경향이 있다. 사르트르는 이와 같은 변명을 '잘못된 믿음(bad faith)'이라고 불렀다. 우리가 지금껏 어떻게 해왔는지는 관계없이, 지금 선택을 할 수 있고 다른 무언가가 될 수 있다. 우리는 자유롭도록 선고받았다. 선택을 하는 것은 무언가에 참여하는 것이고, 자유의 다른 측면인 책임이 따른다. 사르트르의 관점은 모든 순간, 우리는 행동으로 우리가 어떤 사람인지를 선택한다. 우리의 실존은 결코 고정되거나 완성되는 것이 아니다. 우리 모든 행동 하나하나가 새로운 선택들인 것이다. 우리가 누구인지를 특정한 틀로 고정시키려고 할 때 우리는 자기기만에 빠진다(Russell, 2007).

현대의 실존 심리치료의 주요 인물

이 장의 초반에서 소개된 빅터 프랭클, 롤로 메이, 어빈 얄롬은 그들만의 강력한 실존주의와 인본주의적 심리학 배경으로부터 심리치료에 대한 실존주의 접근법을 만들어냈다. 제임스 부젠탈(James Bugental)은 또한 미국 내 실존 치료의 발달에 상당한 기여를 했고, 에미 밴 덜젠(Emmy van Deurzen)은 영국 내 실존 치료의 실천에 지속적으로 영향을 미치고 있다.

제임스 부젠탈

제임스 부젠탈(James Bugental, 1915-2008)(1987)은 내담자들이 어떻게 삶의 실존적인 문제에 대응해왔는지를 살펴보도록 돕고, 이를 수정하여 진정한 삶을 살 수 있도록 초대하는 **삶을 바꾸는 심리치료**(life-changing psychotherapy)에 대해 기술하였다. 부젠탈은 '실존적 · 인간중심적(existential-humanistic)' 심리치료라는 용어를 처음으로 만들었고, 이 접근법에 관한 선구자적인 대변인이었다. 그의 철학 및 치료적 접근법에는 내담자에게 진단명을 붙이고 진단하는 전통적인 치료 환경에서 멀어져버린 호기심과 초점을 포함하고 있다. 그의 작업은 내담자와 치료자의 **실재함**(presence)을 구축하는 것을 강조한다. 그는 내담자가 더 깊이 내부를 탐색, 또는 **찾아보도록** 돕는 개입법을 개발했다. 치료자의 주요 과업은 내담자가 단순히 자신들에 대해 **말하는** 것에 그치지 않고, 삶의 실제적인 순간순간에서 스스로를 새롭게 발견할 수 있도록 돕는 것이다.

부젠탈 접근법의 핵심은 **저항**에 대한 관점으로, 저항은 치료 자체에 대한 저항이 아니라 치료 시간을 포함한 삶 전체에서 존재하는 것으로 보는 실존적 · 인간중심적 관점에서의 저항이다. 저항은, 한 사람이 자신의 존재와 전체적인 세계와의 관계를 이해하는 방식인 **자기 그리고 세계 구조** 개념의 일부로 본다. 저항의 유형은 지성화, 논쟁적인 것, 항상 기쁨을 추구하는 것, 그 밖의 삶을 제한하는 방식을 포함해서 나타난다. 치료 회기 동안 저항이 나타날 때, 치료자들은 이 저항들을 반복적으로 기록하거나 '꼬리표를 붙여' 주어서 내담자가 스스로에 대한 인식을 향상시키고, 궁극적으로 선택의 폭을 늘릴 수 있게 한다.

부젠탈의 이론과 실천은 치료적 과정과 내용 간의 차이를 강조하였다. 그는 주로 자신의 이론에 따라 삶을 살았기 때문에 능숙한 교사이자 심리치료자로 알려졌다. 그는 뼛속 깊이 실존주의자였고, 이런 모습 덕분에 내담자들에게뿐만 아니라 학생들과 전문가들에게 훌륭한 모델과 멘토가 되었다. 그는 워크숍에서 치료자들이 기술을 연마하고 연습할 수 있도록 돕는 많은 훈련들을 개발하였다. 자주 생생한 시연을 통해 자신의 개입법을 실생활로 가져왔다. 이는 그 순간에 일어나는 치료적인 작업, 즉흥적인 **지금 여기**의 대화, 그리고 내담자 또는 치료자로서의 자신이라는 맥락에서 탐색하는 것을 강조한다. 부젠탈의 저서 『심리치료자의 기술(The Art of the Psychotherapist)』(1987)은 치료 과정을 해체하고 분석하며 이론과 일반화를 넘어 치료 장면의 순간순간에 실제로 일어나는 것들을 보여준다. 『심리치료의 본모습(Psychotherapy Isn't What You Think)』(Bugental, 1999)은 그가 2008년 93세의 나이로 세상을 떠나기 전 남긴 마지막 저서이다.

실존 치료에 공헌한 영국인들

에미 밴 덜젠(Emmy van Deurzen)은 영국 실존 심리학의 발전에 큰 기여를 한 학자로, 철학자, 심리치료자이자 상담 심리학자이다. 덜젠은 많은 저서들과 교육과 훈련의 역할을 통해 실존 심리치료에서 전 세계적으로 큰 명성을 얻었다. 덜젠(2012)은 사람들은 아픈 것이 아니라 "삶에 넌더리가 났거나 서투른 것"이기 때문에, 실존 치료는 전통적인 의학 모형에서 질병을 가진 사람들을 "**치료**하기 위해 고안된 것이 아니다."(p.30)라고 말한다. 덜젠(2014)의 심리치료 실천은 사람들이 일단 자기탐색 과정에 전념하게 되면, 문제를 극복하는 엄청난 회복탄력성과 지능을 보인다는 것을 강조한다. 그녀의 내담자들은 과거에서 겪은 어려운 경험들을 이전의 양상으로 정의하기보다는 그 역경 속에서 의미를 찾는다. 내담자들은 삶의 모순과 역설을 인식하고 문제를 직면하며 딜레마를 해결할 수 있다. 또한 삶에서 가장 중요한 것이 무엇인지 발견할 수 있다.

덜젠은 학문 및 교육 프로그램을 개발하는 '심리치료와 상담의 새 학교(New School of Psychotherapy and Counselling)'의 공동 설립자이다. 실존주의 접근법은 지난 수십 년간 영국에서 급격하게 퍼져나갔고, 지금은 전통적 모형의 대안으로 꼽힌다(Deurzen, 2002, 2012). 영국 실존 치료의 역사적 상황 및 발달에 관한 내용은 덜젠(2002), 덜젠과 애덤스(Deurzen & Adams, 2011), 쿠퍼(Cooper, 2003)를 참고하고, 실존 치료의 이론과 실천에 관한 설명은 덜젠(2012)과 슈나이더와 크루그(Schneider & Krug, 2010)를 살펴보기 바란다. 영국 내의 새 학파에 관한 정보는 이 장의 마지막에 있는 이외 자료 목록에서 살펴보기 바란다.

주요 개념

인간 본성에 관한 관점

학습 목표 03 실존주의 운동은 치료를 일련의 기술로 보는 경향성을 거부하였다는 데서 결정적인 의의가 있다. 실존주의는 인간이 되는 것이 어떤 의미인지를 이해하는 것에 치료의 기반을 둔다. 실존주의적 운동은 사람에 대한 존중, 행동의 새로운 측면을 탐색, 사람을 이해하는 방법을 의미한다. 이는 사람 본성에 관한 가정에 기반을 두고 치료에 다양한 접근법을 사용한다.

실존주의적 전통(existential tradition)은 인간 존재의 한계와 비극적인 차원을 인식하는 것과, 또 다른 한편으로는 인간 삶의 가능성과 기회들을 인식하는 것 사이의 균형을 추구한다. 실존주의는 고립, 소외, 무의미와 같은 현대적 삶의 딜레마에 처한 사람들을 돕고자 하는 바람에서 나타났다. 실존주의적 접근법의 현 초점은 개개인들이 세상 속에 홀로 있는 경험과 이런 고립감이 주는 불안에 직면하는 것에 있다. "어떤 관계도 실존적인 고립을 없앨 수는 없지만, 사랑이 고통을 수반하나 고통을 이기는 힘이 되듯이, 혼자라는 것도 공유될 수 있다"(Yalom & Josselson, 2014, p.281).

인간 본성에 관한 실존주의적인 관점은 우리 존재의 중요성이 결코 단 한 번에 완전히 결정될 수 없다고 본다. 그보다 인간은 지속적인 자신만의 프로젝트를 통해 스스로를 형성해간다. 인간들은 지속적으로 전환, 발생, 진화하며 삶의 긴장, 모순, 갈등에 반응하면서 무언가가 되어가는 상태에 있다. 우리는 지속적으로 스스로, 타인, 그리고 세계에 대해 질문한다. 삶의 발달 단계에 따라 우리가 하는 구체적인 질문들은 비록 다양할지라도, 근본적인 주제는 그리 다르지 않다. 우리는 철학자들이 서양 역사에 걸쳐 숙고해온 같은 질문을 제기한다. '나는 누구인가?', '내가 알 수 있는 것은 무엇인가?', '나는 무엇을 해야 하는가?', '나는 무엇을 바랄 수 있는가?', '나는 어디로 가고 있는가?'

인간 상태의 기본적인 차원은, 실존주의적 접근법에 의하면 (1) 자기 인식에 대한 능력, (2) 자유와 책임, (3) 정체성을 만들고 타인과의 의미 있는 관계를 성립, (4) 의미, 목적, 가치, 목표에 대한 탐색, (5) 삶의 조건으로서의 불안, (6) 죽음과 비존재에 대한 인식이 포함된다. 나는 실존주의 철학가와 심리치료자들의 글에서 나타나는 주제들을 요약하며 다음과 같은 명제들을 발전시켰다. 그리고 이런 명제들이 상담의 실천에 미치는 영향을 논한다.

명제 1: 자기 인식 능력

자유, 선택, 책임은 자기 인식의 토대를 구성한다. 인식이 커질수록 자유에 대한 가능성도 커진다(명제 2 참조). 우리가 다음 영역에서의 인식을 확대시키게 되면 온전히 살 수 있는 능력도 증가한다.

- 우리의 삶은 유한하고, 하고자 하는 것을 할 시간은 한정되어있다.
- 행동을 취하거나 취하지 않을 잠재력이 있고, 행동하지 않는 것도 자신의 결정이다.
- 우리는 어떤 행동을 할 것인지 선택하므로 부분적으로 자신의 운명을 만들어갈 수 있다.
- 의미라는 것은 우리가 어떻게 세상 속에 '던져졌는지' 또는 놓여있는지를 발견하면서 얻게 되는 산물이다.
- 우리에게 선택 가능한 것들에 관한 인식을 증대시키면 우리 선택에 따른 결과의 책임감도 증대된다.
- 우리는 외로움, 무의미, 허무함, 죄책감, 고립감을 겪는다.
- 우리는 기본적으로 혼자이지만, 다른 존재들과 관계를 맺을 수 있다.

우리는 의식을 확대시키거나 제한하는 것을 선택할 수 있다. 자기 인식은 대부분의 인간이 가진 여러 능력들의 근본이 되기 때문에, 이를 확장시키고자 하는 결정은 인간 성장의 기초가 된다. 개개인들이 상담 과정 속에서 경험할 수 있는 새로이 나타나는 인식의 몇 가지 영역들이 아래에서 소개된다.

- 내담자들은 스스로를 위한 선택에 동반되는 불안을 의존이 제공해주는 안정성과 자신이 어떻게 맞바꾸는지를 본다.
- 내담자들은 그들의 정체성이 다른 누군가가 자신들을 정의하는 것에 고정된다는

것, 즉 자기 존재를 스스로 생각하여 확인하기보다는 타인의 인정과 확인에서 찾고 있다는 것을 보기 시작한다.

- 자신이 과거에 내렸던 몇 가지 결정이 여러 형태로 스스로를 강제한다는 것과 새로운 결정을 할 수 있다는 점을 인식한다.
- 비록 삶의 특정 사건들을 바꿀 수는 없을지라도, 이런 사건들을 바라보고 반응하는 방법들은 바꿀 수 있다는 것을 배운다.
- 과거에서 배운 것을 토대로 미래를 재형성할 수 있기 때문에, 자신의 미래가 과거와 비슷한 삶을 살도록 정해지지 않았다는 것을 배운다.
- 삶을 고마워하지 않으며, 고통, 죽음, 그리고 죽음에 이르는 것에 사로잡혀 있다는 것을 인식한다.
- 존중받을 자격이 있다고 느끼기 위해서 반드시 완벽할 필요는 없다는 것을 이해하게 되므로, 여전히 가치가 있다고 느끼는 동시에 자신들의 한계를 받아들일 수 있게 된다.
- 과거나 미래에 대한 계획 세우기, 또는 한꺼번에 너무 많은 일을 하려는 시도에 사로잡혀 있기 때문에 현재 이 순간에 사는 것을 실패했다는 점을 인식하게 된다.

대안, 동기, 사람에게 영향을 미치는 요인, 그리고 개인적인 목표에 대한 인식을 포함하는 자기 인식의 증가가 모든 상담의 목표이다. 내담자들은 인식을 증대시키기 위해선 반드시 대가가 있어야 한다는 것을 배워야 한다. 우리의 인식이 더욱 고양되면, 이전으로 되돌아가는 것은 더욱 어려워진다. 우리의 상태를 무시하는 것은 약간의 무감각과 함께 만족스러움을 제공해준다. 하지만 내면의 세계로 들어가는 문을 열면 우리는 잠시의 혼란을 경험하게 되겠지만 보다 만족스런 삶 또한 기대할 수 있게 된다.

명제 2: 자유와 책임

실존주의의 특징적 주제는 사람들은 다양한 대안들 중에 선택할 수 있는 자유가 있고, 따라서 자신의 운명을 결정짓는 데에 큰 역할을 한다는 것이다. 슈나이더와 크루그(2010)는 실존 치료가 세 가지 가치를 강조한다고 말한다. (1) 자연적으로 주어진 한계들과 스스로가 만든 한계들 속에서 **무언가가 될 수 있는 자유**, (2) 우리 선택의 의미를 **반추할 수 있는 능력**, (3) 우리가 한 선택들에 따라 **행동을 할 수 있는 능력**이다. 비록 우리가 태어나는 상황을 선택할 수는 없더라도, 우리가 하는 선택을 통해 운명을 만든다. 사르트르는 우리는 끊임없이 어떤 유형의 사람이 될 것인지에 대한 선택과 직면하고, 존재하는 이상 이런 종류의 선택은 끝이 없는 것이라고 주장한다. 진실한 존재로 살아가는 것은 우리의 선택에 대한 책임을 스스로가 지도록 요구한다(Ruben & Lichtanski, 2015).

실존주의의 주요 개념은 우리가 자유를 갈망하는 동시에, 종종 스스로를 고착되거나 고정된 독립체로 규정함으로써 자유로부터 도피하고자 한다는 것이다(Russell, 2007). 장 폴 사르트르(1971)는 이러한 상태를 개인적인 책임을 받아들이지 않는 **비본래성**(inauthenticity)이라고 부른다. 그러면 우리는 선택하기를 회피하고 대신에 '나는 원래 이렇기 때문에, 그렇게 행동할 수밖에 없었다.'라거나 '나는 역기능적인 가정에서 자라났기 때문에, 본래가 이렇다.'라는 변명들을 만들어낸다. 존재의 비본래적 방식은 삶에 있어 개인적 책임의 인식 결여 그리고 존재는 주로 외부의 힘에 의해 통제된다는 수동적 가정을 포함한다.

자유(freedom)는 우리의 삶, 행동하는 것, 그리고 행동하지 않는 것에 대한 책임이 우리에게 있음을 암시한다. 사르트르의 관점에 따르면, 인간은 자유롭게 살도록 태어났다. 스스로에 대한 선택을 하는 것에는 우리의 참여가 필요하다. **실존적 죄책감**(existential guilt)은 참여를 회피하는 것, 또는 선택하지 않기로 선택하는 것을 인식하는 것이다. 이런 죄책감은 불완전함에서 나타나는 상태, 또는 지금의 우리는 다른 존재로 존재했을 수도 있었다는 인식이다. 죄책감은 우리가 불안에 대한 도전하지 못했고 가능한 것을 알면서도 하지 않으려고 회피해왔다는 신호일 수 있다(Deurzen, 2012). 이런 상태는 신경증이나 치료가 필요한 증상은 아닐 것이다. 실존적인 죄책감은 변화와 진정한 삶을 살고자 하는 강력한 동기의 근원이 될 수 있다(Ruben & Lichtanski, 2015). 실존 치료자들은 내담자들이 자신의 삶을 살아가는 방식에 대해 무엇을 배울 수 있는지를 보기 위해 이런 죄책감을 탐색한다. 이런 죄책감은 또한 타인이 우리를 정의하도록 허락하거나 우리를 대신해서 선택하도록 하는 원인이 된다. 사르트르는 "우리는 우리의 선택 그 자체이다."라고 말했다. **본래성**(authenticity)은 스스로에게 가치 있는 존재가 무엇인지 판단하고 이에 따라 참되게 살아가는 것으로 진정한 자신이 되는 용기를 뜻한다. 실존 치료의 목표 중의 하나는 삶에서의 힘든 싸움을 피하기보다는 용기를 가지고 삶의 어려움에 직면할 수 있도록 돕는 것이다(Deurzen & Adams, 2011).

실존주의자에게 인간은 자유라는 말과 동의어이다. 자유와 책임은 서로 연관된 것이다. 우리는 운명, 삶의 상황, 문제를 만든다는 뜻에서 삶의 작가들이다(Russell, 1978). 책임을 진다는 것은 변화를 위한 기본 조건이다. 문제에 대해 계속 다른 사람을 탓하면서 책임을 받아들이기 거부하는 내담자들은 치료를 통한 혜택을 얻을 가능성이 낮다.

프랭클(1978)도 또한 자유를 책임과 연관 지었다. 그는 동부에 자유의 여신상이 있다면 서부에는 책임의 여신상을 세워 균형을 이루도록 했어야 한다고 주장했다. 그의 기본 전제는 자유는 특정한 한계에 구속된다는 것이다. 우리는 상황으로부터 자유롭지 않지만, 이런 제한들에 맞서 태도를 정할 수 있는 자유가 있다. 궁극적으로, 이런 상황들은 결정의 대상이 되고, 때문에 우리에게 책임이 있다는 의미이다.

치료자들은 내담자들이 어떻게 자유를 회피하는지 발견할 수 있도록 돕고 내담자들이 자유를 사용하여 위험을 감수하는 법을 배우도록 격려한다. 이같이 하지 않는 것은 내담자들이 제기능을 못하도록 하게 하는 것이고 치료자들에게 의존하도록 만드는 것이다. 치료자들은 비록 내담자들이 그들 삶의 대부분에서 선택을 피하는 것에 전념해왔을지라도, 선택권은 그들에게 있다는 것을 분명히 받아들이도록 가르쳐야 한다. 러셀(Russell, 2007)은 다음과 같이 말했다. "우리에게 선택권이 없을 때 우리는 분하게 생각하지만, 막상 선택할 때에는 불안해한다. 실존주의는 선택의 시야를 넓히는 것에 관한 모든 것이다"(p.111).

사람들은 종종 삶에 대한 통제권을 잃었다고 느끼기 때문에 심리치료를 찾는다. 사람들은 상담자들이 자신들에게 지시하고, 조언을 주거나 마법 같은 치료책을 만들어줄 것이라 기대할 수도 있다. 그들은 또한 누군가로부터 경청을 경험하고 이해받아야만 할 필요가 있을 수 있다. 치료자들의 두 가지 핵심 과업은 여태껏 내담자들이 어떻게 타인으로 하여금 그들을 대신해 결정하게 해왔는지를 인식하도록 돕고 스스로 선택할 수 있는 단계를 밟아가도록 격려하는 것이다. 현재의 제한된 존재보다 더욱 성취감을 주는, 다르게 존재할 수 있는 방법들을 탐색하도록 내담자를 초대하는 부분에서 몇몇 실존 치료 상담자들은 '비록 지금껏 특정한 생활양식을 유지하며 살아왔지만, 그 방식의 대가를 인식하는 현 시점에서, 새로운 생활양식을 만들어갈 마음이 있습니까?'라고 묻는다. 다른 치료자들은 이전의 방식에 내담자를 머물게 함을 통해서 상황을 변화시키고자 하는 의지가 내담자로부터 나타나도록 하는 데에 관심을 기울일 수도 있다.

내담자들의 선택을 살펴보는 과정을 도울 때에는 문화적인 요인을 고려해볼 필요가 있다. 가정환경에 제한되어 힘들어하는 사람이 있다면, 치료자는 내담자로 하여금 자신이 지닌 문화적 가치를 검토해보도록 격려할 수 있을 것이다. 예를 들어, 노르웨이 출신의 미국인인 메타는 사회복지사로서의 전문가적 직업 정체성을 획득하기 위해 열심히 일하고 있었지만, 그녀의 가족은 그녀가 가족으로서의 의무를 소홀히 하고 이기적으로 군다고 생각한다. 이 가족들은 전체 가족 구성원의 복지를 가장 최선이라 여기며 그래서 그녀 개인적인 관심사를 포기하도록 압력을 행사할 가능성이 있다. 메타는 이 상황에 갇힌 것처럼 느끼고 가족이 원하는 것을 거절하지 않는 이상 빠져나갈 방도가 없다고 생각할 수 있다. 이런 경우에서는, 내담자가 가진 근본적인 가치를 탐색해보고 이 가치가 그녀 자신과 가족들에게 부합하는지를 결정하도록 돕는 것이 도움이 된다. 메타와 같은 내담자들은 두 가지 문화 간의 가치를 저울질하고 행동들의 균형을 잡는 과제를 가지고 있다. 궁극적으로, 메타는 자신의 상황을 어떤 방식으로 바꿀 수 있을지에 대해 결정해야 하고, 자신의 문화에 근거해서 가치들을 평가해야 할 필요가 있다. 실존 치료자들은 메타에게 그녀가 할 수 있는 것을 탐색하고 그녀 상황이 주는 압박에도 불구하고 본래성을 가질 수 있음을 인식하도록 도울 것이다. 본트레스(Vontress, 2013)에 따르면, 우리가 개인주의적이든지 집단주의적 사회에 속해있든지 간에, 어떤 사회에서든지 우리는 본래성을 따를 수 있다.

치료를 시작할 때, 내담자가 마음속에 가지고 있는 목표를 존중하는 것이 대단히 중요하다. 내담자들이 원하는 것을 말하는 데에 충분히 주의를 기울인다면, 우리는 실존주의적 틀 안에서 작업할 수 있다. 우리는 대안적인 행동의 가치를 저울질해보고 현재 하고 있는 행동의 결과를 탐색해보도록 격려할 수 있다. 비록 억압적인 힘이 삶의 질을 매우 심각하게 제한할 수도 있지만, 사람들로 하여금 자신들의 통제를 넘어선 외부 환경의 단순한 피해자가 아님을 볼 수 있도록 도울 수 있다. 비록 때때로 우리에게 나타나는 일들을 통제할 수는 없지만, 이것들을 어떻게 인식하고 다룰 것인지를 선택하는 것에 관해서는 완전한 통제권이 있다. 행동하는 자유는 외부 현실 때문에 제한될 수 있을지라도, 어떤 존재가 될 것인지에 대한 자유는 내적인 현실과 관련이 있다. 사람들이 어떻게 외부 환경을 변화시킬지 배우는 동시에, 자신들의 문제에 스스로 기여한 것을 인정하여 스스로를 바라보도록 할 수 있다. 치료 경험을 통해 내담자는 그들 상황 속에서 변화를 이끌어올 새로운 행동의 과정을 발견할 수도 있다.

명제 3: 정체성과 타인과의 관계를 위한 노력

사람들은 자신의 독특성과 중심성을 유지하는 것을 염려하는 동시에, 타인 그리고 자연과 관계를 맺기 위해 자신 밖으로 향하는 것에 관심을 가진다. 우리는 각각 자기 자신을 발견하거나, 더욱 본래성을 따르거나, 개인적인 정체성을 만들고 싶어 한다. 이것은 자동적인 과정이 아니다. 정체성을 만드는 것은 용기가 필요하다. 관계적인 존재로서, 우리는 또한 타인과의 유대감을 얻으려고 노력한다. 많은 실존주의적 작가들은 외로움, 뿌리가 없는 것 같은 느낌, 소외감에 대해 논했다. 이것들은 타인 혹은 자연과의 유대를 맺지 못해서일 수 있다.

많은 사람들이 가지고 있는 문제는 자신에게 중요한 사람들로부터 지시, 답, 가치, 신념을 찾아왔다는 것이다. 자신 속에서 찾을 수 있다고 믿고 삶의 갈등에 대한 답을 찾을 수 있음을 믿기보다는, 타인이 우리에게 바라는 어떤 것이 되어감을 통해 우리 자신을 팔아버리는 것이다. 우리의 존재는 그들의 기대에 기반을 두게 되고, 우리는 스스로에게 이방인이 되고 만다.

존재를 위한 용기 20세기의 존경받던 기독교 신학자 파울 틸리히(1886-1965)는 우리의 유한성에 대한 인식은 보다 궁극적인 문제들에 대해 관심을 기울이게 한다고 믿었다. 진정한 '우리 존재의 근거'를 발견하고 이 힘을 이용해 세상이 우리를 파괴시키는 데 사용하는 비존재의 측면을 초월해나가는 데에는 용기가 필요하다(Tillich, 1952). 죽음을 직면했을 때와 같이 불안을 유발하는 상황에서도 용기는 앞으로 나아가는 의지를 갖게 한다(May, 1975). 우리는 존재 깊은 곳에서 존재의 핵심을 발견하고, 만들어내고, 또한 유지하기 위해 노력한다. 내담자의 가장 큰 두려움 중의 하나는 자신들에게 중심, 자아, 실체가 없다는 것, 그리고 다른 사람들의 기대를 단순히 반영시키고 있다는 것을 발견하는 것이다. 어떤 내담자는 '나의 두려움은 내가 아무도 아닌 존재라는 것을 발견할 것이라는 것, 나에겐 아무것도 없다는 것을 발견하게 될 것이라는 점입니다. 나는 속이 비어있는 껍데기이고, 마스크를 벗으면 아무것도 존재하지 않음을 발견하게 될 것입니다.'라고 말할 수도 있다. 만약 내담자들이 이런 두려움들을 직면할 수 있는 용기를 드러낸다면, 치료를 마칠 때에는 삶의 불확실성을 더욱 잘 견디게 될 수 있다. 내담자들이 삶이나 자신이 비어있고, 의미가 없다는 두려움에 직면하도록 도움으로써, 치료자는 내담자가 스스로 선택한 의미와 과정이 있는 자기(self)를 만들어낼 수 있도록 도울 수 있다.

실존 치료자들은 내담자들에게 그들은 다른 사람들의 기대에만 충실히 부합하는 삶을 살아왔고 부모와 보호자들의 욕망을 그대로 받아들인 상태가 된 기분을 강하게 느껴보도록 요청하는 것으로 시작할 수 있다. 지금 그들은 어떻게 느끼는가? 이들은 영원히 이러한 방식으로 남아있어야 하는가? 빠져나갈 방법은 없는가? 자아가 하나도 없다는 것을 발견한다면, 자아를 만들어낼 수 있는가? 어디에서 시작할 수 있을까? 내담자가 일단 이런 두려움을 인정하는 용기를 보인다면, 이것을 말로 표현하고 나눌 수 있는 모습을 보인다면, 이러한 상황은 더 이상 극복하기 힘든 것처럼 보이지 않게 된다. 나는 내담자들에게 그들이 이제껏 진정한 자기와는 동떨어진 삶을 살아왔다는 것을 받아들이고 스스로와 단절되었던 방법들을 탐색하도록 이끌면서 작업을 시작하는 것이 가장 최선이라는 것을 알게 되었다.

혼자라는 경험 실존주의자들은 인간 조건의 한 측면이 혼자라는 경험이라고 본다. 하지만 이들은 우리가 스스로에 대해 생각해보고 우리의 분리를 감지하는 경험으로부터 힘을 끌어낸다고 덧붙인다. 고립감은 우리가 자신에 대한 확인을 다른 누군가에게 의존할 수 없다는 사실을 인식할 때, 즉 우리가 홀로 우리 삶에 대한 의미를 부여해야 하고 우리가 홀로 어떻게 살아야 할지를 결정해야 할 때에 경험하게 된다. 만일 우리가 혼자일 때에 스스로를 견딜 수 없다면, 어떻게 다른 사람이 우리와 함께 있는 것으로 풍요로워질 수 있다고 기대할 수 있을까? 다른 사람과 견고한 관계를 가지기 전에, 우리는 스스로와의 관계를 바로 경험해야 한다. 스스로의 소리에 귀 기울이는 것을 배워야 한다. 다른 사람과 진정으로 나란히 설 수 있기 전에 홀로 설 수 있어야 한다.

관계의 경험 사람은 다른 사람과의 관계에 의존한다. 다른 사람의 세계에 중요한 사람이 되길 원하고, 다른 사람의 존재가 자신의 세계에 중요하다고 느끼길 원한다. 우리가 홀로 서고 견고성에 다가갈 수 있을 때, 우리의 관계는 박탈이 아닌 실현에 기반을 둔다. 그러나 만일 개인적으로 박탈되었다고 느껴지면, 다른 사람에게 매달리고 공생적인 관계 외에는 다른 기대를 할 수 없다.

아마도 치료의 기능 중의 한 가지는 내담자가 다른 사람에게 신경증적으로 의존하는 애착관계와 두 사람이 모두 향상되는 삶의 긍정적인 관계를 구분할 수 있도록 돕는 것이다. 치료자들은 내담자에게 그들의 관계에서 무엇을 얻는지, 친밀한 관계를 어떻게 피하는지, 평등한 관계를 갖는 것을 어떻게 막는지, 그리고 치료적이고, 건강하며, 성숙한 인간관계를 어떻게 형성할 수 있을지에 대해 살펴보도록 도전할 수 있다. 실존 치료자들은 상호주관성(intersubjective), 즉 타인과 우리의 상호 관계성과 창의적인 방식으로 이것에 대해 고심해야 할 필요성에 대해 말한다.

정체성에 대한 고심 우리의 혼자라는 느낌에서 비롯된 두려움 때문에, 파르하(Farha, 1994)는 몇몇 사람들이 초기 어린 시절에 획득한 형상 또는 정체성에 접합시키는 의식적인 행동 양상에 사로잡혀있다고 지적한다. 우리는 존재의 경험을 회피하기 위해 끊임없이 무언가를 실행하는 **행동 방식**(doing mode)에 사로잡히게 된다. 치료적 여정의 일부는 치료자들이 내담자에게 정체성과의 접촉을 잃게 된 태도들, 특히 다른 사람이 내담자들의 삶을 설계하도록 놔두게 된 태도들에 대해 살펴보도록 도전하는 것으로 구성된다. 내담자들이 다른 사람에게 자신의 자유를 양도했다는 것과 치료 관계 내에서 그들이 이 자유를 다시 되찾게 될 것이라는 것을 깨달을 때, 내담자에게는 치료 과정 자체가 종종 놀라운 경험일 수 있다. 쉬운 해결책이나 답을 주지 않으므로, 실존 치료자들은 내담자들에게 자신의 답을 반드시 스스로 찾아야 한다는 현실을 내담자에게 직면시킨다.

명제 4: 의미 탐색

인간됨의 명백한 특성은 삶의 목적과 중요성을 위해 고심한다는 것이다. 내 경험에 의하면 사람들을 상담과 치료로 이끄는 근본적인 갈등은 실존적인 문제에 초점이 있다. '나는 왜 여기에 있는가?', '나는 삶에서 무엇을 원하는가?', '어떤 것들이 내 삶에 목적을 주는가?', '삶에서 나의 의미의 원천은 어디에 있는가?'

실존 치료는 내담자들에게 그들 삶 속에서의 의미에 의문을 던질 수 있도록 돕는 개념적인 틀을 제공할 수 있다. 치료자들이 할 수도 있는 질문들은 '당신 삶의 방향을 좋아하십니까?', '지금 당신과 당신이 되어가고 있는 모습에 만족합니까?', '당신이 누구이고 스스로에게 무엇을 원하는지 혼란스럽다면, 명확히 알기 위해 무엇을 하고 있습니까?'와 같은 것들이 있다.

오래된 가치를 버리는 문제 치료 동안 나타나는 문제들 중의 한 가지는 내담자가 이전의 가치를 대체할 대안을 만들지 않은 상태에서 이전(그리고 강요된)의 가치를 버릴 수도 있다는 것이다. 내담자가 실제로 한 번도 도전하거나 내재화하지 않았던 가치들을 더 이상 고수하지 않고, 현재의 진공 상태를 경험할 때에 치료자들은 무엇을 해야 하는가? 내담자들은 방향키 없는 보트처럼 느낀다고 말할 수도 있다. 이들은 새롭게 발견된 자신의 측면에 적절한 새로운 지침과 가치들을 추구하지만, 아직은 제대로 자리잡지 못한 상태이다. 치료적 과정의 과업 중의 하나는 내담자들이 자신의 존재 방식과 일치하는 삶의 방식에 기반을 두고 가치 체계를 형성할 수 있도록 돕는 것이다.

치료자의 과업은 내담자의 내부에서 비롯되어 의미 있는 삶의 기반이 되는 가치 체계를 만들어내는 내담자의 능력을 신뢰하는 것이다. 이들은 틀림없이 때때로 허우적거릴 것이고 명백한 가치들이 부재한 결과로 불안을 경험할 것이다. 치료자들이 보이는 신뢰는 내담자들이 새로운 가치의 원천을 만들 수 있다는 스스로의 능력을 믿도록 돕는 데에 있어서 특히 중요하다.

무의미 프랭클(1963)에 따르면, 인간의 중심 관심사는 삶에 방향성을 줄 수 있는 의미를 발견하는 것이다. 프랭클은 자신의 삶 경험과 임상적 작업을 통하여, 의미의 결여가 현대에 실존적인 스트레스와 불안의 주요한 원천이라고 결론지었다. 그는 **실존적 신경증**(existential neurosis)을 무의미의 경험으로 바라보았다. 우리가 살고 있는 세계가 무의미한 것처럼 보일 때, 우리는 계속 분투하고 심지어는 삶을 계속 하는 것이 가치가 있는지 궁금해질 수 있다. 죽음을 예측하는 것에 직면할 때, 우리는 '내가 결국엔 죽을 것이라면, 지금 내가 하는 것들이 의미가 있는 것인가? 내가 하는 것이 내가 떠나고 나면 다 잊힐 것인가? 죽음을 가정한다면, 왜 나는 스스로를 바쁘게 해야 하는가?'라고 물을 수 있다. 나의 치료 집단 중 하나에 속했던 어떤 남자는 "나는 그 어느 누구도 읽으려고 하지 않는 빠르게 넘겨진 어느 책의 한 페이지처럼 느낍니다."라고 말하며 개인적인 중요성에 관한 생각을 정확하게 담아냈다. 프랭클은 이런 무의미가 현대 삶의 주요 실존적인 신경증이라고 생각했다.

삶의 무의미는 허무와 공허감, 또는 프랭클이 **실존적 진공**(existential vacuum)이라고 불렀던 상태를 이끌어올 수 있다. 이런 상태는 사람들이 일상이나 일로, 스스로를 바쁘게 하지 않을 때에 종종 경험된다. 삶에는 이미 예정된 설계가 없기 때문에, 사람들은 자신들만의 의미를 만들어내는 과업에 직면한다. 삶의 공허함에 사로잡혀 있다고 느끼는 사람들은 때로 목적이 있는 삶을 만들어내기 위한 투쟁을 철회한다. 무의미를 경험하는 것과 의미 있는 삶의 일부인 가치를 정립하는 것은 상담의 핵심이 되는 문제이다.

새로운 의미를 만들기 **로고테라피**(logotherapy)는 내담자들이 삶 속에서 의미를 찾을 수 있도록 돕기 위해 고안되었다. 치료자의 기능은 삶 속에서 무엇이 특별한 의미가 되어야 하는지를 내담자에게 이야기해주는 것이 아니라, 고통 속에서조차도 의미를 만들 수 있음을 알려주는 것이다(Frankl, 1978). 이런 관점은 인간이 고통(삶의 비극과 부정적인 측면들)에 직면했을 때, 어떠한 태도를 취하는지에 따라 고통을 인간 성취로 바꾸어낼 수 있다고 여긴다. 프랭클은 또한 고통, 죄책감, 절망, 죽음에 직면한 사람들은 절망을 효율적으로 다룰 수 있고 또 결국은 승리할 수 있다고 주장한다.

하지만 의미는 우리가 직접 찾거나 얻을 수 있는 무언가가 아니다. 역설적으로, 우리가 의미를 이성적으로 찾을수록, 더 잃게 될 가능성이 크다. 의미는 중요한 무언가와의 개인적인 관계에서 만들어지고, 그리고 이에 대한 참여는 삶을 의미 있게 만드는 목적을 제공한다(Deurzen, 2012). 나는 본트레스(2013)의 설명처럼, 삶의 의미란 삶 전체에 걸쳐 우리가 계속 분투하며 진행해가는 과정이라는 개념을 좋아한다. "어느 날 의미를 제공한 것이 다음 날은 의미를 제공해주지 않을 수도 있고, 삶 전체에 걸쳐 한 사람에게 의미가 있었던 것이 죽음을 앞두고 있을 때에는 무의미해질 수도 있다"(p.147).

명제 5: 삶의 조건으로서의 불안

존재를 존속시키고 유지하고 주장하기 위한 개인적인 노력에서부터 불안이 발생하는데, 불안이 만들어낸 감정들은 인간의 조건에서 피할 수 없는 측면이다. **실존적 불안**(existential anxiety)은 '존재가 주는 것들', 즉 죽음, 자유, 선택, 고립, 무의미와 직면할 때 나타나는 어쩔 수 없는 결과이다(Vontress, 2013; Yalom, 1980; Yalom & Josselson, 2014). 실존적 불안은 우리가 죽음의 현실, 고통과 괴로움에 대한 직면, 생존을 위해 노력해야 하는 필요성, 우리의 기본적인 오류 가능성(fallibility)을 인식할 때에 발생한다. 우리는 자유에 대해 점점 더 인식하고, 이런 자유를 받아들이거나 거절하는 결과를 알아갈수록 이 불안을 경험한다. 삶의 재건을 위한 결단을 내릴 때 수반되는 불안은 우리가 개인적인 변화에 대해 준비되었다는 신호일 수 있고 또한 성장을 위한 자극제가 될 수 있다. 만일 우리가 불안이 주는 미묘한 메시지를 듣는 법을 배울 수 있다면, 삶의 방향성을 변화시키기에 필요한 단계들을 용기 있게 내디딜 수 있게 된다.

실존 치료자들은 정상 불안과 신경증적 불안을 구분 짓고, 불안을 잠재적인 성장의 자원으로 본다. **정상 불안**(normal anxiety)은 직면한 사건에 대한 적절한 반응이다. 결정을 내리고 삶의 선택에 대한 자유와 책임을 받아들이는 것, 의미를 탐색하는 것, 죽음에 직면하는 것은 두려움을 경험하게 할 수 있다. 이런 유형의 불안은 억압되어야 할 필요가 없고, 변화와 성장을 향한 강력한 원동력이 될 수 있다(Ruben & Lichtanski, 2015). 실존적인 관점에서 볼 때, 정상적 불안은 자유로의 초대이다. "불안은 선생이지, 제거되거나 회피되어야 할 장애물 같은 것이 아니다"(Deurzen & Adams, 2011, p.24).

불안을 헤치고 나아가는 것에 실패하면 **신경증적 불안**(neurotic anxiety)이 생겨날 수 있다. 상황에 들어맞지 않는, 구체적인 것들에 대한 불안이다. 신경증적 불안은 전형적으로 의식 밖에 있고, 사람을 움직이지 못하게 하는 경향이 있다. 심리학적으로 건강하다는 것은 가능한 한 적은 신경증적 불안을 가지고 살아가는 동시에, 삶의 일부인 피할 수 없는 실존적인 불안을 받아들이고 이것을 다루기 위해 노력하는 것이다.

상담을 찾는 많은 사람들은 불안을 제거할 수 있는 해결책을 원한다. 삶에는 확실성이 있다는 환상을 만드는 것은 알지 못하는 것들에 대처하도록 도울 수도 있지만, 어느 수준에서는 스스로를 기만하고 있는 것임을 알 수 있다. 덜젠(2012)은 실존적 불안이 인식을 가지고 온전한 존재로 살아가는 일부라고 믿었다. 사실, 온전히 살아가는 용기는 죽음의 현실과 불확실성과 관련된 불안을 받아들이는 것을 수반한다. 실존적 불안에 직면하는 것은 보호를 제공하는 것처럼 보이는 형상화된 확실성 뒤에 숨는 것이 아닌 삶을 모험으로 바라보는 것이다. 새로운 삶을 맞이하는 것은 불안을 받아들이는 것과 같다. 불안을 가벼이 해결하려 할 때에는 그에 대한 대가를 치러야 한다.

실존 치료자들은 내담자들이 애매모호함과 불확실성을 인내하는 방법 그리고 버팀목 없이 살아가는 법을 배우는 것이 의존에서 자율로 가는 여정에서 필요한 과정임을 인식하도록 돕는다. 비록 심하게 손상된 양식에서 벗어나 새로운 삶의 방식을 만드는 그 과정에서 얼마 동안은 더 많은 불안을 경험하겠지만, 치료자는 내담자와 함께 내담자가 더 새롭게 존재하는 방식과 더불어 더 많은 만족감을 경험하면서 불안이 감소할 수 있는 가능성을 탐구할 수 있다. 내담자의 자신감이 높아지면, 재앙에 대한 염려로 나타나는 불안은 줄어들 가능성이 높다.

명제 6: 죽음과 비존재의 인식

실존주의자들은 죽음을 부정적으로 바라보지 않고 죽음을 삶에 중요성을 더해주는(가치를 주는) 기본적인 인간의 조건으로 인식한다. 다른 존재와 구분되는 인간의 특성은 미래의 현실과 죽음의 불가피성을 오롯이 이해할 수 있는 능력이다. 삶을 중요하게 생각하고자 한다면, 죽음에 관해서도 생각해야 할 필요가 있다. 죽음을 위협으로 받아들여서는 안 된다. 죽음은 우리에게 현재의 순간에 감사하게 하는 동기를 부여해준다. 죽음에 대한 두려움으로 움츠러들기보다, 죽음의 현실을 반영하는 것을 통해 우리는 어떻게 온전히 살아가야 하는지를 배울 수 있다.

덜젠과 애덤스(2011)는 다음과 같이 기술하였다. “죽음이 가르침을 주는 스승이라면 삶은 일을 해내는 숙련공이다”(p.105). 만약에 우리가 궁극적인 죽음의 현실에 대해 방어적이 된다면, 삶은 재미없고 의미가 없어지게 된다. 그러나 죽음에 대해 깨닫게 되면, 우리만의 프로젝트를 완수하는 데에는 시간이 무한히 주어지는 것이 아니기에, 현재가 중요하다는 것을 깨닫게 된다. 죽음에 대한 인식은 삶에 대한 열정과 창의성의 근원이 된다. 죽음과 삶은 상호의존적이며, 물리적인 죽음이 비록 우리를 파괴시킬지라도, 죽음에 대한 관념은 우리를 구원한다(Yalom, 1980, 2003).

얄롬(2008)은 치료자들이 내담자들에게 죽음의 현실에 대해 단도직입적으로 말할 것을 권한다. 그는 죽음에 대한 두려움이 표면 아래로 스며들고 삶 전체에 걸쳐 우리의 뇌리에서 떠나지 않는다고 생각한다. 죽음은 치료적 과정에서 항상 찾아오는 방문객이고,

얄롬은 죽음의 존재를 무시하는 태도는 죽음이 우리가 탐색하기에 너무나 압도적이라는 메시지를 전달한다고 생각한다. 이 두려움에 직면하는 것은 본래성 없이 삶을 살아가는 방식에서 더욱 본래성을 따르는 존재로 살아가는 것으로 전환할 수 있게 하는 요인이 될 수 있다. 개인적인 죽음의 현실을 받아들이는 것은 우리가 세계 속에서 살아가는 방식에서 중요한 전환을 이끌어올 수 있다(Yalom & Josselson, 2014). 죽음의 현실을 받아들일 때에 이에 대한 두려움을 긍정적인 힘으로 바꿀 수 있다. 얄롬(2008)은 그의 저서, 『보다 냉정하게, 보다 용기 있게』에서 죽음에 직면하는 것이 더욱 연민어린 방식으로 삶을 살아가게 한다는 생각을 발전시켰다.

실존 치료의 한 가지 초점은 내담자가 어느 정도로 자신이 중요하게 여기는 가치에 맞게 행동하는지 탐색하는 것이다. 항상 존재하는 비존재의 위협에 병적으로 사로잡혀 있지 않으면, 내담자들은 삶에서 하고자 하는 변화는 무엇이고 어떻게 잘 살아갈 수 있을지를 평가하는 방법으로서 죽음에 대한 건강한 인식을 발전시킬 수 있게 된다. 궁극적인 죽음의 현실에 대해 감정적으로 받아들일 때에, 우리는 비로소 우리의 행동이 중요하고, 선택권은 우리에게 있으며, 우리가 얼마나 잘 사는지에 대한 궁극적인 책임을 받아들여야 함을 더욱 명확히 깨닫게 된다(Corey & Corey, 2014).

상담 과정

상담 목표

학습 목표 04 실존 치료는 내담자가 본래성을 따르는 삶을 온전히 살고 있지 않음을 인식하고 그들의 가능성에 따른 존재를 선택해야 함을 인식하도록 초대한다는 설명이 가장 정확할 것이다. 치료의 목표는 내담자가 본래성을 향해 나아가도록 돕고, 스스로를 기만할 때에 이를 인식할 수 있게 하는 것이다(Deurzen, 2012). 실존적 관점에서 보면 우리는 자유로부터 도피할 수 없으며 그래서 동시에 항상 책임져야 하는 위치에 있다. 우리는 자유를 포기할 수 있지만, 자유를 포기함은 궁극적으로 본래성을 포기하는 것과 마찬가지다. 실존 치료는 내담자가 자신의 불안을 바라보고, 존재의 가치를 만들어내는 진정한 목적을 기반으로 하는 행동을 취하도록 돕는 것이 목표이다. 본래성은 우리 행동과 살아가는 방식에 대한 책임을 지는 것으로 삶의 저작권을 주장하는 것이다(Deurzen & Adams, 2011).

메이(1981)는 사람들이 내면에서부터 노예가 된 자신을 다른 사람들(치료자들)이 해방시켜줄 것이라는 자기충족적인 착각을 가지고 치료를 받으러 온다고 주장한다. 실존 치료자들은 이런 사람들이 삶을 되찾도록 돕는 것에 주 관심을 둔다. 실존 치료의 과업은 내담자들이 비록 자신이 알고 있는 것에 따라 살고 있지 않을지라도, 이미 그들 스스로에 대해 알고 있는 사실들에 집중하도록 돕는 것이다. 슈나이더와 크루그(2010)는 실존주의 · 인간중심 치료의 네 가지 근본적인 목표가 다음과 같다고 밝혔다. (1) 내담자들이 자신과 타인들 모두에게 더욱 존재(presence)하도록 돕는다. (2) 내담자가 더욱 온전하게 존재하지 못하도록 스스로를 방해하는 방식을 규명할 수 있게 돕는다. (3) 내담자가 현재의 삶을 설계하는 책임을 지도록 도전한다. 그리고 (4) 내담자가 일상의 삶에서 더욱 열린 방식으로 존재하는 것을 선택하도록 권장한다.

인식의 증가가 실존 치료의 핵심 목표이며, 이는 내담자로 하여금 이전에는 인식하지 못했던 대안적인 가능성이 존재한다는 것을 발견할 수 있게 한다. 내담자들은 스스로가 세상에 존재하는 방식을 바꿀 수 있다는 것을 인식하게 된다.

상담자의 기능과 역할

실존 치료자들은 주로 내담자들이 새로운 이해와 대안적 행동에 대해 알아차릴 수 있도록 돕기 위하여, 내담자의 주관적인 세계를 이해하는 데에 집중한다. 실존 치료자들은 특히 내담자가 책임을 회피하려는 부분에 관심을 둔다. 그리고 지속적으로 내담자가 개인적인 책임을 받아들일 수 있도록 격려한다. 내담자가 그들이 처한 곤경에 대해 불평하고 타인을 비난한다면, 치료자들은 내담자들에게 그 상황에 스스로가 어떻게 기여했는지를 물을 수 있다.

실존주의적 성향을 가진 치료자들은 보통 **제한된 실존**(restricted existence)이라고 불릴 수 있는 상태의 사람들을 치료한다. 이 내담자들은 스스로에 대한 제한된 인식을 가지고 있고 종종 그들이 가진 문제의 근본에 대해 잘 알지 못한다. 이들은 자신의 상황을 다룰 수 있는 대안적 방법이 부족하거나 부재하다. 그리고 갇히거나, 무기력하거나, 꼼짝할 수 없다고 느끼는 경향이 있다. 치료자들의 기능 중의 하나는 내담자가 자신들의 인식을 제약시키는 방식과 이런 제약이 가져다주는 손실에 대해 들여다볼 수 있도록 돕는 것이다(Bugental, 1997). 치료자들은 말하자면, 거울을 들어 내담자들이 점차적으로 자기 직면을 할 수 있도록 도울 수 있다. 이런 방식으로 내담자들은 지금 자신들의 모습이 어떻게 되었는지, 그리고 살아가는 방식을 어떻게 확대시킬 수 있는지를 볼 수 있다. 일단 내담자들이 과거의 요인들과 현 존재의 숨 막힐 듯한 상황을 인식하고 나면, 미래를 변화시키는 책임감들을 받아들이기 시작할 수 있다.

실존 치료자들은 다양한 이론적 성향에서 유래된 기법들을 사용할 수도 있지만, 그 어떤 기법들도 필수적이라고 여기지 않는다. 치료적 여정은 창조적이며 불확실하고, 각 내담자들마다 상이하다. 러셀(2007)은 이런 개념을 잘 담아냈다. “심리치료를 하는 데 있어서 단 하나의 바른 방향이란 존재할 수 없고, 실존주의를 근본으로 하는 기법들에 대한 단 하나의 견고한 원칙도 없다. 중요한 것은 당신의 내담자에게 맞게 조율시키는 당신만의 진정성 있는 방식을 만들어야 한다는 것이다”(p.123). 실존 치료자들은 치료

밖에서의 삶이 중요하다는 신념에 기반을 두고, 치료실 내에서뿐 아니라 치료실 밖의 삶 속에서도 이러한 실험을 하도록 장려한다. 실존 상담사들은 종종 내담자들에게 일상의 삶에서 마주하는 문제적 사건에 대해 반영하거나, 또는 이에 대해 적어보도록 요청한다(Schneider, 2011).

상담에서 내담자의 경험

실존 치료에서 내담자들은 자신의 삶 속에서 자신이 어떻게 존재할지에 대해 스스로 선택함을 통해 책임을 지도록 분명하게 격려받는다. 효과적인 치료는 인식 그 자체로 멈추지 않는데, 왜냐하면 치료자들이 내담자들에게 치료적 과정을 통해 발달시킨 이 통찰력을 기초로 하여 행동할 것을 장려하기 때문이다. 만일 내담자가 변화할 것이라면, 바깥 세계에서 새롭게 행동해보는 실험이 필요하다. 더 나아가, 내담자들은 치료 회기 동안에 그들이 탐색할 두려움, 죄책감, 불안에 대해 결정해야 하기 때문에 치료 과정에서 반드시 적극적인 자세를 취해야 한다.

단지 심리치료를 시작하는 것만으로도 대부분의 사람들은 두려움을 경험한다. 스스로에 대하여 문을 여는 경험은 두렵고, 흥미롭고, 기쁘고, 우울하거나, 아니면 이 모든 기분이 혼합되어 나타날 수도 있다. 내담자가 닫힌 문을 열기 위해 비집고 들어가게 되면 그 과정에서 자신들을 심리적으로 묶여있게 했던, 결정론적인 족쇄를 느슨하게 풀어놓기 시작한다. 점차적으로 내담자들은 지금껏 그들이 어떻게 해왔고 지금은 어떤 사람인지에 대해 인식하고 그들이 원하는 형태의 미래를 더욱 잘 결정할 수 있게 된다. 치료의 과정에 걸쳐, 개개인들은 자신들의 상상을 현실로 만드는 대안들에 대해 탐색할 수 있다.

내담자들이 무력함을 옹호하고 스스로 무기력하다고 설득하려고 할 때, 메이(1981)는 자유를 향한 내담자의 여정은 그 사무실로 오기 위해 치료자 앞에 한 발자국을 떼면서 이미 시작되었다고 상기시켰다. 자유가 아무리 보잘것없고 작은 것이라 해도 개개인은 그 작은 단계들을 밟으며 자유의 범위를 늘려 나갈 수 있다. 다음은 새로운 수평선을 여는 치료적 여정에 관하여 덜젠(2010)이 시적으로 표현한 글이다.

> 실존적 여정에 승선하는 것은 그 길에서 우리가 발견하는 것에 접촉하고 흔들릴 수 있도록 우리를 준비시키는 것이지, 우리의 한계와 약점, 불확실성과 의심을 발견하는 것을 두려워하지 않도록 요구하는 것이 아니다. 그저, 우리가 마주할 수 있는 칠흑 같은 매일의 미스터리에 대해 열린 마음과 호기심 어린 태도가 필요할 뿐이다. 그러면 그 태도는 우리를 집착과 슬픔을 넘어서게 하며 죽음에 직면함으로써 삶을 재발견하게 만들어준다. (p.5)

실존 치료에서 내담자가 경험하는 또 다른 측면은 당면한 문제를 다루는 것이라기보다 궁극적인 걱정에 직면하는 것이다. 실존 치료는 해결 지향적이라기보다는, 의미 있는 삶의 길을 막고 있는 장애물을 걷어내고 내담자가 행동에 책임을 질 수 있도록 돕는 것에 목표를 둔다(Yalom & Josselson, 2014). 실존 치료자들은 용기, 희망, 그리고 삶에서 의미를 찾고자 하는 의지로 삶에 당당히 맞설 수 있도록 돕는다. 덜젠과 애덤스(2011)는 치료자는 반드시 내담자의 경험에 공명(resonance)해야 하고 진정으로 삶에 직면하도록 분투해야 한다고 주장한다. 공명하는 능력은 반드시 끊임없이 연마해야 하고, 치료자가 내담자와 온전히 함께하고, 온전히 관여된 방식으로 치료적 만남에 참여하도록 하는 능력이다.

상담자와 내담자의 관계

학습 목표 05 실존 치료자들은 내담자와의 관계를 가장 중요하게 본다. 이 관계는 그 자체로 중요한데, 그 이유는 치료 환경에서의 사람 대 사람의 대면의 질이 긍정적 변화의 재료이기 때문이다. 내담자의 즉각적이고, 계속되는 경험, 특히 치료자와 내담자 간의 상호작용에서 어떤 것들이 일어나고 있는지에 대해 주의를 기울인다. 치료는 대인관계와 내담자의 실존적 문제가 치료 관계의 '지금 여기'에서 명확해질 것이기 때문에, 사회 생활의 축소판으로 여겨진다(Yalom & Josselson, 2014).

실존주의를 지향하는 치료자들은 내담자에 대한 자신들의 기본 태도, 그리고 정직함, 진실성과 용기라는 특성을 제공해야 한다고 생각한다. 치료는 내담자에 의해 인식되고 경험되는 세계를 철저히 조사하는 치료자와 내담자의 여정이다. 하지만 이런 유형의 탐구는 치료자 자신들의 현상학적인 세계와 접촉해 있을 필요가 있다. 실존 치료는 자기 발견에 대한 항해이고 내담자와 치료자 모두에게 있어서 삶을 발견하는 여정이다(Deurzen, 2010; Yalom & Josselson, 2014).

부버(1970)의 나/너의 관계 개념은 여기에서 중요한 영향을 미친다. 그 자신에 대한 이해는 두 가지의 근본적인 관계 나/그것 그리고 나/너에 기반을 둔다. 나/그것은 시간과 장소와의 관계로 자아에 대한 필수 시작점이다. 나/너는 자아와 정신을 연결하고, 진정한 대화를 달성하도록 하는 데에 필수적인 관계이다. 이런 유형의 관계는 완전한 인간 자아의 패러다임, 즉 부버의 실존적 철학의 목표를 달성하는 것이다. 나/너의 관계는 직접적이고, 상호적이며, 그리고 현재의 상호작용이 있음을 의미한다. 치료적 객관성과 전문적 거리를 중요하게 생각하는 것보다, 실존 치료자들은 내담자들과 배려하는 친밀한 관계를 만들기 위해 노력한다.

치료적 관계의 핵심은 존중으로, 이는 내담자가 자신들의 문제를 진정으로 다룰 수 있는 잠재력과 존재의 대안적인 방식을 발견할 수 있는 능력을 지니고 있다는 데 대한 신뢰를 함축한다. 실존 치료자들은 치료적 관계를 깊게 하는 하나의 방식으로써 진정한 걱정과 공감을 통해 내담자들에 대한 반응을 공유한다. 치료자들은 내담자들이 진정한 행동을 모형화함으로써 성장할 수 있도록 초대한다. 만일 치료자들이 치료 회기 동안 스스로를 숨기거나 진실하지 않은 행동을 한다면, 내담자도 방어하는 자세를 유지하고 진실하지 않은 방식을 고수하게 될 것이다.

부겐탈(1987)은 치료자의 존재가 치료적 관계에서 중요한 역할을 한다고 강조한다. 그의 관점에서 볼 때, 다수의 치료자와 치료적 체계가 그 근본적인 중요성을 간과하고 있다. 그는 치료자들이 내담자가 말하는 내용에 관심을 너무 많이 두기 때문에 자신과 내담자 간의 거리를 인식하지 못한다고 말한다. 슈나이더(2011)는 치료자의 존재가 치료적 변화의 조건이자 목표라고 생각한다. 치료자의 존재는 사람들을 고통에 다시 연결시키고, 사람들이 고통을 바꿀 수 있는 기회에 적응할 수 있도록 돕는 이중 기능을 한다.

적용: 상담 기법과 절차

실존적 접근법은 기술 지향적이지 않다는 면에서 대부분의 다른 치료 접근들과 차이가 있다. 비록 실존주의를 지향하는 치료자들이 다른 모형에서 파생된 다양한 기술들을 포함시켜 활용할 수 있지만, 이런 개입법은 내담자의 주관적인 세계를 이해하기 위한 노력의 맥락에서 이루어진다. 실존 치료자들이 사용하는 이런 개입법은 인간 존재의 본질에 관한 철학적인 견해에 그 기반을 둔다. 이 치료자들은 진단, 치료, 예후에 의존하는 접근에 반하여 내담자의 주관적인 현실을 설명, 이해, 탐색하는 것을 선호한다(Deurzen, 2002). “실존 치료자들은 정신을 고치는 사람들이 아니라, 철학적인 동반자로 여겨지는 태도를 선호한다”(Vontress, 2013, p.150). 얄롬과 요셀슨(Yalom & Josselson, 2014)은 실존 치료자들을 적절한 자기개방을 통해 기꺼이 알려지길 원하는 “동료 여행자”라고 기술하였다. 이것은 치료하는 이론이나 기법이 아니라 내담자와 치료자가 함께 작업하는 가운데 나타나는 만남이다(Elkins, 2007, 2016). 실존 치료자들은 다른 많은 이론들에서 나온 기술들을 끌어내는 데에 자유롭지만, 내담자에 대한 개입법을 이끌어가는 일련의 추측과 태도들을 지니고 있다. 『통합적 상담: 사례중심의 접근』(Corey, 2013) 4장에서는 마이클 러셀(J. Michael Russell)이 루스의 사례에서 몇 가지 주요 주제들을 가지고 어떻게 실존주의적인 방법으로 작업을 했는지를 보여주고 있다.

실존 치료 작업은 치료자와 내담자들의 개별적인 창의적 개방성을 주요 기반 원칙으로 삼는다. 실존 치료자들은 자신의 성격과 양식에 따라 개입법을 조정하고, 또한 각 내담자들이 필요로 하는 것에 민감해야 할 필요가 있다. 실존 치료 상담자들의 개입법은 각 내담자의 고유성에 즉각 반응해야 한다는 것이 핵심 지침이다(Deurzen, 2010).

덜젠(2012)은 치료자들이 그들 자신의 삶과 현존에 대한 관점을 명확하게 하는 것이 실존 치료의 시작점이라고 생각한다. 그녀는 치료자들이 내담자들의 혼탁한 물속에서 길을 잃지 않으면서 모험할 수 있도록, 그들 스스로의 삶에서 충분한 깊이와 개방성에 도달하는 것이 중요하다는 것을 강조하였다. 실존주의적 작업은 광범위한 전문 지식과 편의성을 가지고 살아가는 과정 속에서 사람들을 돕는 것을 근본으로 한다. 덜젠(2010)은 치료자들이 내담자들과 어떻게 차이를 만들어내는지를 발견하였다. "우리는 내담자들이 그들의 삶을 더욱 잘 반영해보고, 딜레마를 다루며, 곤경에 직면하며 스스로를 위해 생각할 수 있도록 돕는다"(p.236). 덜젠은 실존 치료는 만일 내담자와 치료자가 자신들의 삶에 접촉하도록 허용할 때에, 내담자와 치료자가 같이 바뀌게 되는 협동의 모험임을 우리에게 상기시킨다. 치료자의 가장 깊은 곳의 자아가 내담자의 가장 깊은 곳의 내면과 만날 때, 상담의 과정은 최선이 된다. 상담은 창조적이고, 진화하는 발달의 과정이며, 일반적으로 세 단계로 개념화될 수 있다.

실존 상담의 단계

학습 목표 06 상담의 초기 단계 동안 치료자들은 내담자가 세상에 대해 가지고 있는 가정들을 확인하고 이를 명확하게 할 수 있도록 돕는다. 내담자들은 자신들의 존재를 인지하고 이해하는 방식을 정의하고 질문할 수 있게 초대된다. 내담자들은 자신들의 가치, 신념, 가정을 조사하여 그 타당성을 판단한다. 초기에 내담자들은 대부분 그들의 문제가 전적으로 외부적 원인에 있다고 보기 때문에 이런 과업을 매우 어렵게 느끼기도 한다. 이들은 다른 사람들이 '그들이 어떻게 느끼도록 만드는지' 또는 어떻게 타인들이 행동이나 행동을 하지 않음을 통해 책임이 있는지에 초점을 맞추려고 한다. 상담자는 내담자에게 자신의 존재를 반영하고 삶의 문제를 만들어내는 자신들의 역할을 탐색하도록 돕는다.

실존 상담의 중간 단계 동안, 내담자들은 현재의 가치 체계의 출처와 권위를 더욱 철저하게 탐색할 수 있도록 도움을 받는다. 이와 같은 자기 탐색의 과정은 일반적으로 가치와 태도에 관한 새로운 통찰력과 어느 정도의 재구조화를 필요로 한다. 개개인들은 그들이 살기에 어떤 유형의 삶이 가치가 있는지에 대한 더 나은 아이디어를 얻게 되고 내적 가치 처리과정을 더욱 분명히 발달시킨다.

실존 상담의 마지막 단계에서는 스스로에 대해 배우고 있는 것들을 받아들이고 행동에 옮기는 것에 초점을 둔다. 변화는 치료 시간 동안에 일어나는 것에만 국한되지 않는다. 치료 시간은 한 사람이 새롭게 삶에 참여하는 것에 대한 작은 기여이자, 삶을 위한 리허설이다(Deurzen, 2002). 치료의 목표는 내담자로 하여금 회기 중간, 그리고 치료가 종결된 후에 지금껏 탐색하고 내재화시킨 가치를 구체적으로 실행할 수 있는 방법들에 대해 알아볼 수 있도록 돕는 것이다. 내담자들은 일반적으로 삶을 목적성 있게 살 수 있는 방법과 강점들을 발견할 수 있다.

실존 상담에 적절한 내담자

실존주의의 실천은 다양한 환경, 그리고 물질 남용 문제, 인종과 민족, 동성애자, 정신질환 입원환자들과 같은 다양한 인구 집단에 적용되어왔다(Schneider, 2011). 개인적인 성장이 가능한 선택과 경로들에 대해 초점을 맞춘다는 점이 이 관점의 강점이다. 발달적 위기, 슬픔과 상실의 경험, 죽음을 직면, 또는 삶의 주요 결정들에 당면한 사람들에게 실존 치료가 특히 적절하다. 이와 같이 삶을 다른 단계로 이동시키는 몇몇 사례의 중대한 전환점은 청소년기의 정체성에 대한 투쟁, 중년기에서 경험할 수 있는 실망감에 대처하는 것, 아이들이 집을 떠나는 것에 적응하는 것, 결혼과 직장에서의 실패에 대처하는 것, 그리고 나이가 들어가면서 늘어나는 신체적인 한계에 대처하는 것 들이 있다. 이런 발달적 도전 과제에는 위험과 기회가 모두 수반된다. 불확실성, 불안, 그리고 결정을 내리기 위해 노력하는 것들이 모두 이 과정의 일환이다.

덜젠(2002)은 이런 유형의 치료는 삶에 관한 문제를 다루는 데에 전념하는 내담자, 현 사회의 기대에서 소외되었다고 느끼는 사람들, 또는 삶의 의미를 찾는 사람들에게 가장 적절하다고 제안한다. 이는 갈림길에 서있는 사람들과 세상의 정세에 의문을 가지는 사람들 그리고 현재 상황에 기꺼이 도전하고자 하는 사람들과 잘 맞는 경향이 있다. 이는 또한 실존의 나락에 위치한 사람들, 예를 들어 죽어가거나 자살을 생각하는 사람들, 발달 또는 상황적 위기를 겪고 있는 사람들, 주변 환경에 더 이상 속하지 않는다고 느끼는 사람들, 또는 삶의 새로운 단계를 시작하는 사람들에게 유용할 수 있다.

단기 상담에 적용하기

학습 목표 07 실존적 접근법은 개인의 책임감을 가정하는 것, 결정과 행동에 참여하는 것, 그리고 현재 상황에 대한 인식을 확대시키는 것과 같은 중요한 부분에 초점을 둔다. 내담자가 치료의 각 회기에서 적극적으로 온전히 참여하도록 촉매제의 역할을 하기 위한 시간제한적인 접근법도 가능하다. 샤프와 부젠탈(Sharp & Bugental, 2001)은 실존주의 접근법의 단기 적용에는 더욱 구조화되고 명확하게 정의되는 다소 분명한 목표가 필요하다고 주장한다. 단기 치료의 종결 시, 개개인들이 어떤 것들을 달성했고 이후에 다루어야 할 필요가 있는 문제들은 무엇인지 대해 평가하는 것이 중요하다. 치료자와 내담자가 모두 단기 작업이 적절하고, 이로운 결과가 나올 것이라고 판단하는 것이 필수이다.

집단상담에 적용하기

학습 목표 08 실존 치료 집단은 다음의 목표를 가지고 평생 동안의 자기 탐색 여정에 헌신하는 사람들의 모임이다. (1) 집단 구성원들이 스스로에게 정직할 수 있도록 한다. (2) 집단 구성원들이 자기 자신과 그들을 둘러싼 세상에 대한 관점을 넓히도록 한다. (3) 현재와 미래의 삶에 의미를 주는 것이 무엇인지를 명확하게 한다(Deurzen, 2002). 삶에 대한 개방적인 태도가 필수적이고, 또한 알려지지 않은 영역에 대해 탐색하고자 하는 의지도 중요하다. 삶의 경로를 선택할 수 있는 능력, 자유와 불안, 죽음의 현실에 직면하여 어떻게 의미 있는 삶을 사는지, 그리고 어떻게 본래성을 따르는 상호적인 관계를 만들 수 있는지와 같은 실존적인 문제들을 구성원들에게 진지하게 탐색하게 하는 다양한 집단에서는 되풀이하여 발생하는 보편적인 주제들이 점진적으로 발전된다(Leszcz, 2015). 실존 치료 집단의 작업 핵심은 보편적인 실존적인 문제들을 회피하는 것을 줄이는 것인데, 그 이유는 이런 주제들을 다루지 않는 것이 삶에 대한 참여를 감소시키기 때문이다. 집단 지도자들은 일반적으로 베일에 싸인 현자라기보다는 친근한 동료 여행자이며 참여자이자 관찰자이다. 레쉬취(Leszcz, 2015)는 이 집단 지도자들은 적절한 자기개방과 투명성을 보여야 하고, 피드백을 주며, 집단 내에서 자신의 반응을 공유한다고 말한다. 집단 지도자의 노출은 지도자 자신의 욕구나 흥미보다는 구성원들의 관심사에 초점을 둔다.

실존 치료 집단은 책임감에 대한 치료 작업에 최적의 조건을 제공한다. 이 구성원들은 집단 내에서 자신들이 행동하는 방식에 대해 책임이 있고, 이는 세상에서 그들이 어떻게 행동하는지를 보여주는 거울이 된다. 집단은 집단 참여자들이 살며 기능하고 있는 세상의 축소판이다. 집단은 집단 내에서 보여주는 자기 제약적인 방식들의 일부가 일상 삶과 어떻게 유사한지를 볼 수 있도록 돕는 도구가 될 수 있다. 시간이 지나면서 참여자들의 대인관계 및 실존적 문제들이 집단 내의 '지금 여기' 상호작용에서 분명히 드러난다(Yalom & Josselson, 2014). 피드백을 통해 구성원들은 다른 사람의 눈으로 스스로를 보는 법을 배우고, 그들의 행동이 타인들에게 영향을 미치는 방법들을 배운다. 집단 내에서 구성원들이 배우는 자신들의 대인관계 기능들을 기반으로, 일상 삶에서의 변화를 만들려는 책임감을 높여갈 수 있다. 집단 경험은 참여자들이 타인과 의미 있는 양식으로 관계하고, 다른 사람들과 함께 자기 자신이 되는 법을 배우며, 관계를 보상하고 성장시키는 기회를 제공한다.

실존주의 집단상담에서 구성원들은 실존의 역설을 받아들이는 법을 배운다. 즉, 삶은 죽음에 의해 미완성이 될 수 있다는 것, 성공은 위태로운 것이며, 우리는 원래 자유로우며, 우리가 선택하지 않은 삶의 영역들에 대해서도 책임이 있으며, 의문과 불확실 속에서 선택을 해야만 한다는 것이다. 구성원들은 고난과 고통, 생존을 위한 노력의 필요성, 그리고 기본적인 실수를 범하는 본성을 포함하는 인간 조건의 현실을 인식할 때에 불안을 경험한다. 내담자들은 궁극적인 걱정에 대한 궁극적인 답이 없다는 것을 배운다. 집단 내의 지지를 통해, 참여자들은 존재의 방식과 일치하는 내적으로 얻어진 가치 체계를 만들기 위해 필요한 힘을 이용할 수 있게 된다.

집단은 스스로를 바라볼 수 있고, 스스로에게 더욱 본래성을 따르는 선택은 무엇일 수 있는지를 고려할 수 있게 하는 강력한 맥락을 제공한다. 구성원들은 성취감이 없는 방식으로 살아가는 것과 관련된 두려움을 공유할 수 있고 자신들의 본래성을 어떻게 타협시켜왔는지를 인식하게 된다. 구성원들은 점차 자신들이 방향을 잃고 헤매던 패턴들을 발견할 수 있고 스스로에게 더욱 진실하기 시작할 수 있다. 집단은 사람들이 의미 있는 방식으로 함께할 수 있는 장소가 된다. 구성원들은 삶의 중요성과 목적에 관한 질문의 답은 다른 사람들에게서 찾는 것이 아님을 배우게 된다. 실존 치료 집단 지도자들은 구성원들이 더욱 진정한 방식으로 삶을 살 수 있도록 돕고 단순한 해답을 주는 것을 삼간다. 집단상담에 대한 실존주의적 접근법에 관한 더 자세한 논의는 코리(2016) 저서 9장에서 살펴볼 수 있다.

다문화적 관점에서 보는 실존 치료

다양성 관점에서 보는 강점

학습 목표 09 실존주의 접근법은 특정한 관점이나 현실에 관하여 지시하지 않고, 또한 넓은 관점을 지니고 있기 때문에, 다문화적 맥락에서 작업하는 데 매우 적절하다(Deurzen, 2012). 본트레스와 동료들(1999)은 여러 문화에 걸친 상담에 대한 실존주의의 토대에 대하여 다음과 같이 말한다. "실존 상담은 사랑, 불안, 고통, 죽음과 같이 우리 모두가 반드시 불가피하게 직면하는 진지한 문제에 초점을 두기 때문에 모든 문화의 내담자들이 삶의 의미와 조화를 발견할 수 있도록 돕기에 가장 유용한 접근법일 수 있다"(p.32). 이것들은 문화를 구분 짓는 경계선을 초월하는 인간 경험이다.

실존 치료는 존재, 나/너의 관계, 용기를 강조한다. 엄밀히 말해, 다양한 특정 문제들을 가진 광범위한 환경의 다양한 내담자 집단에 효과적으로 적용될 수 있다(Schneider, 2008, 2011; Schneider & Krug, 2010). 슈나이더(2008)의 '실존 통합' 모형은 대단히 중요한 실존적 · 경험적 틀 내의 다양한 치료적 방식들이 조화를 이룬다. 본트레스(2013)는 실존 치료가 보편성, 또는 우리 모두가 공유하는 유사성에 초점을 두기 때문에 문화적으로 다양한 인구를 대상으로 작업할 때에 특히 유용하다고 주장한다. 그는 수련 중인 상담자들에게 우선적으로 내담자의 보편적인 공통성에 우선 초점을 두고 점차적으로 그외의 다양한 영역으로 초점을 확대해갈 것을 장려한다. 문화적 다양성을 가지고 작업할 때, 우리가 어떻게 비슷하고 다른지를 인식하는 것이 필수이다.

주관적인 경험, 또는 현상학에 대한 실존주의적인 초점은 다문화적 관점에서 본 강점이다. 다른 강점은 내담자에게 그들의 행동이 사회적 · 문화적 조건에 의해 영향을 받아온 정도에 대해 탐색할 수 있도록 하는 것이다. 내담자는 그들이 해온 결정에 지불하고 있는 비용을 살펴보도록 도전을 받을 수 있다. 비록 몇몇 내담자들이 자유에 대한 느낌을 알지 못할 수 있다고 해도, 자유는 그들이 마주하는 사회적 한계를 인식할 때에 증대될 수 있다. 내담자들의 자유는 제도에 의해 저해될 수도 있고 가정에 의해 제약을 받을 수도 있다. 실제로, 개인의 자유를 가족 구조의 맥락에서 분리시키는 것은 어려울 수 있다.

전 세계에서 실존주의 접근에 대해 관심을 갖고 있다. 실존주의는 여러 스칸디나비아 사회들, 동유럽 사회(에스토니아, 라트비아, 리투아니아, 러시아, 우크라이나, 벨로루시를 아우르는), 멕시코 및 남아메리카 사회에서 활발하게 번창하고 있다. 더하여, 인터넷 강의인 SEPTIMUS는 아일랜드, 아이슬란드, 스웨덴, 폴란드, 체코 공화국, 루마니아, 이탈리아, 포르투갈, 오스트리아, 프랑스, 벨기에, 영국, 이스라엘, 오스트리아에서 운영되고 있다. 최근에는 제1회 국제 동서 실존심리학(First International East-West Existential Psychology) 컨퍼런스가 미국, 한국, 일본의 대표들과 함께 중국의 난징에서 열렸다. 국제 실존치료 상담심리사와 정신치료사협회(International Collaborative of Existential Counsellors and Psychotherapies: ICECAP)는 온라인에서 찾아볼 수 있으며 국제적 컨퍼런스도 개최한다. 영국에는 실존주의 움직임이 번창하고 있으며, 여러 박사학위 프로그램들이 있다. 이와 같은 국제적인 성장은 실존 치료가 세계 많은 곳의 사람들에게 폭넓게 적용하는 데 큰 장점이 있음을 다시 한 번 보여준다.

다양성 관점에서 보는 약점

체계적 관점을 가진 사람들이 볼 때, 실존주의자들은 과도하게 개인주의적이며 인간 문제를 야기하는 사회적인 요인을 무시한다는 근거로 비판을 받을 수도 있다. 그러나 '실존주의 통합' 모형(Schneider, 2008)의 출현으로 이런 상황은 바뀔 수 있다. 슈나이더(2011)에 따르면, 실존주의적 치료자들은 개인적인 변화를 용이하게 하는 것뿐 아니라, 사회적인 변화에 영향을 미치는 깊이 있는 탐구를 촉진한다. "그 누구도 그들이 떠안고 있는 사회적인 맥락을 무시하면서 사람을 치유할 수는 없다. 책임감 있는 치료자가 되기 위해서는 반드시 개인적인 변화에 대한 관점과 함께 그와 동일한 정도의 사회적인 변화의 책임에 관한 관점을 발달시켜야 한다"(p.281).

상담을 찾는 몇몇 사람들은 그들 삶에 영향을 미치는 자신들의 능력에 환경적인 상황이 심하게 제한을 가하기 때문에 선택권이 매우 적다는 가정을 가지고 있을 수 있다. 그들이 내적으로 변화함에도 불구하고, 인종주의, 차별, 억압이라는 외부 현실이 변화할 것이라는 데에는 그리 큰 희망을 품지 않는다. 그들은 자신 밖의 영역에 대한 변화를 이루고자 할 때에 깊은 절망감과 무기력감을 경험할 가능성이 크다. 12장에서 언급하겠지만, 여성주의 치료자들은 치료의 실천은 내담자의 문제를 만들어내는 외적 요인들을 변화시키기 위해 어떤 형태의 사회적 행동으로 개입할 때에야 효과적이라고 주장한다. 예를 들어, 스페인어 사용자 거주 지역이나 빈민가에서 온 유색 인종들과 작업을 할 때, 그들의 생존 문제에 참여하는 것이 중요하다. 만약 상담자가 이런 내담자들에게 더욱 나은 삶을 만들 수 있는 선택권이 있다는 메시지를 너무 빨리 전달하면, 내담자는 치료자를 깔보거나 자신이 인정받지 못한다고 느낄 수 있다. 이와 같은 현실적인 걱정을 상담자가 기꺼이 다루고자 한다면 상담에 훌륭한 초점을 제공할 수 있다.

실존주의 이론에 있는 잠재적인 문제는, 이 이론이 억압을 받아온 많은 사람들이 반드시 다루어야 하는 복잡한 요인들을 고려하지 않을 수도 있는, 자기 결정에 관한 철학적인 가정에 초점을 많이 두고 있다는 것이다. 다수의 문화권에서는 자신과 자기 결정을 사회 연결망이나 환경적인 상황 맥락과 분리하여 말하는 것이 쉽지 않다. 그러나 내담자가 품고 살아가는 가치에 관한 것일 때는 실존주의가 의식적인 선택을 할 수 있도록 하는 도구가 되는 경우가 있을 수 있다. 실존 치료자들은 내담자의 문화와 동떨어진 자율성을 강압하지 않는다. 치료자들은 내담자가 그들이 문화와 가족의 가치를 비판하지 않고 받아들이기보다는, 선택을 하고 가치의 근원을 비판적으로 평가할 수 있도록 돕는다.

상담에 참여하는 많은 내담자들이 전형적인 실존주의 접근법에서는 찾아볼 수 없는, 구조화되고 문제 지향적인 접근법을 기대한다. 비록 내담자가 말하고 이해받는 기회를 갖게 될 때에 기분이 나아질 수 있을지라도, 내담자들은 상담자가 삶의 상황에서 변화를 초래할 수 있는 무언가를 하기를 기대한다. 실존주의적 관점을 실천하는 상담자의 주요 과업은 이런 내담자들에게 책임감을 없애지 않으면서 충분히 구체적인 방향을 제시하는 것이다.

실존 치료를 적용한 스탠의 사례

실존주의를 지향하는 치료자로서, 나는 스탠이 자기 인식을 높이고 삶의 미래 방향성을 스스로 결정할 수 있는 능력을 가졌다고 믿으며 상담한다. 나는 그 무엇보다도 그가 과거 상황의 희생자가 아니며, 미래를 다시 고안할 수 있는 건축가가 될 수 있음을 인식하기 원한다. 그는 결정론적인 족쇄로부터 자유롭고 자신의 삶을 연출하는 책임감을 받아들일 수 있다. 이런 접근법은 스탠의 세계를 이해하는 것을 중요하게 여긴다. 이러한 접근은 완전한 자기 이해의 수단으로 진정한 관계를 만들어감으로써 이루어진다.

스탠은 개인적인 책임을 받아들이지 않으므로 사르트르가 '나쁜 신념'이라고 부를 만한 것을 보여주었다. 나는 스탠에게 알코올과 약물을 통해 그가 자유로부터 도망치려고 시도하고 있음을 직면시킨다. 결국, 나는 스탠의 수동성에 도전한다. 나는 이제 그가 완전히 그의 삶, 그의 행동, 그리고 행동을 취하지 않는 것에 대해서도 책임이 있음을 재확인한다. 나는 이 모든 과정에서 단호하지만 지지하는 태도를 취한다.

나는 스탠의 불안을 부정적인 어떤 것으로 보지 않고, 불확실성과 자유를 지니고 살아가는 데 필수적인 일부로 바라본다. 어떠한 보장도 없고 개인은 궁극적으로 혼자이기 때문에, 스탠은 건강한 불안감, 외로움, 죄책감, 그리고 심지어는 절망감을 어느 정도 경험할 것으로 예상할 수 있다. 이런 상황들은 신경증적인 것이 아니며, 스탠이 자신의 본래성을 지향하게 해준다. 이런 상황들에 대처하는 것이 필수적이다.

스탠은 때로 자살 감정들에 대해 이야기한다. 틀림없이 나는 그가 스스로에게 즉각적인 위협을 취할 것인지를 판단하기 위해 깊이 탐색한다. 그 생각이 얼마나 위험한지를 판단하기 위한 평가에 더하여, 나는 '죽는 것이 더 나은' 것과 같은 그의 생각의 상징성을 살펴본다. 스탠이 사람으로서 죽는다고 느끼는 것인가? 스탠은 인간 잠재성을 사용하고 있는가? 그는 삶을 긍정하기보다는 단순히 도망치는 것을 선택하고 있는가? 스탠은 그의 가족으로부터 연민을 끌어내기 위해 시도하는 것인가? 나는 스탠에게 그의 삶의 의미와 목적을 탐색해보도록 초대한다. 계속 삶을 살아가기를 원하는 어떤 이유가 있는가? 그의 삶을 풍요롭게 할 수 있는 프로젝트들은 어떤 것들이 있는가? 자신이 더욱 중요하고 살아있다고 느낄 수 있도록 만드는 목적의식을 발견하기 위해 그는 무엇을 할 수 있는가?

스탠은 때로 홀로 있다고 느낄 수 있는 현실을 받아들일 필요가 있다. 스스로를 위해 선택하고 자신의 중심으로부터 살아가는 것은 혼자라는 기분의 경험을 더욱 두드러지게 한다. 그렇다고 그가 다른 사람으로부터 소외되고 고립되며 외로운 삶을 살아가도록 만들어진 것은 아니다. 나는 스탠이 자신의 중심성을 발견하고 스스로를 위해 선택하고 만든 가치를 가지고 살아갈 수 있도록 도울 수 있기 바란다. 그렇게 함으로써 스탠은 더욱 자신이 중요한 사람임을 깨달을 수 있고 스스로를 더 인정하게 된다. 그렇게 될 때 다른 사람, 특히 부모나 대리 보호자와 같은 사람들로부터 인정을 얻고자 하는 그의 욕구가 줄어들게 될 것이다. 의존적인 관계를 형성하는 것 보다 그의 장점을 가지고 다른 사람들과 관계하는 방향을 선택할 수 있을 것이다. 그런 다음에야 개별성과 고립감을 극복할 수 있는 가능성이 있게 된다.

자기 점검을 위한 질문

- 만약 스탠이 현재의 삶의 방향에 대해 스스로가 책임이 있다는 것을 보여주기 위한 여러분의 시도에 저항한다면, 어떻게 개입할 수 있겠는가?
- 스탠은 상당한 정도의 불안을 경험하고 있다. 실존주의 관점에서 볼 때, 여러분은 그의 불안을 어떻게 바라보는가? 도움이 되는 방향에서 그의 불안을 어떻게 치료할 수 있겠는가?
- 만일 스탠이 삶의 무의미함과 절망에 대한 반응으로 자살에 대해 이야기한다면, 여러분은 어떻게 반응하겠는가?

이 관점에서 스탠을 상담하는 나의 접근법을 보기 원한다면 CengageBrain.com에 방문하거나 『심리상담과 치료의 이론과 실제: 스탠의 사례와 해설 DVD』 4회기 '실존 치료'의 DVD 프로그램을 시청하라. 이 회기는 죽음과 삶의 의미라는 주제에 초점을 두고 있다.

실존 치료를 적용한 그웬의 사례*

나는 실존주의 접근법으로 그웬과 작업할 때, 세상에 대한 그녀의 주관적인 경험에 대한 증인이 되기 원하고 그녀가 의미를 만드는 것, 죽음의 불가피성, 자유, 선택, 책임과 같은 삶의 강력한 주제들을 탐색하는 것을 돕기 바란다. 그웬이 이 회기에 가져온 관심사들을 듣고 이해하는 것이 중요하다. 그웬이 내 사무실에 들어올 때, 나는 그녀의 축 쳐진 어깨를 관찰하고 그녀의 감정의 무게를 느낀다.

상담자: 어떤 것을 경험하고 있는지 말해주십시오. [현상학적 탐구]

그웬: 저는 억압되고, 정지한 것처럼 느껴져요. 슬프기도 하고 진이 다 빠진 것만 같아요.

상담자: 지금 말씀하신 기분들은 당신이 상담을 처음 시작했을 때의 기분들과 비슷한 것처럼 들립니다. 마비된 것 같은 느낌, 당신의 삶에는 즐거움이 거의 없이 단조로운 것 같다는 기분이요.

그웬: 맞아요! 저는 폭력이 지긋지긋해요. 저는 제 아들

* 켈리 커크시 박사는 실존주의 관점에서 자신의 사고방식과 상담 실제에 대해 기술하며 이 모형을 그웬에게 적용하고 있다.

같은 흑인 남자애들이 목숨을 잃는 것을 보는 게 너무 고통스러워요. 멈춰야만 해요. 이 나라의 무언가가 변해야 해요. 겉이 아니라 알맹이가요. 무언가가 반드시 변해야 해요.

상담자: 그렇군요.

그웬: 저는 밤에 잠도 잘 수가 없어요. 저는 젊은 사람들이 죽어가는 것이 매일 아무렇지도 않은 일처럼 일어나는 것 같아서 뉴스를 보지 않으려고 해요. 삶은 무지와 부당함으로 갑자기 멈추지요. 제 아이의 소식을 한동안 듣지 못하면, 저는 속이 다 타 들어 가요. 제 아이를 잃어버릴 것 같다고 생각하는 것도 너무 힘들어요.

나는 그웬이 그녀 삶의 어려운 실존적 주제들을 해결하려고 노력할 때 그웬을 위해 그 자리에 실재하는 것에 초점을 둔다. 나는 그웬이 경험한 개인적인 인종차별주의와 불평등 그리고 의미에 대한 탐색에 대해 듣는다. 그녀는 자신의 불안을 항상 존재하고 누구도 어찌할 수 없는 안개와 같다고 표현한다. 그녀의 무력감과 아들의 죽음에 대한 두려움은 현실적이다. 나는 그웬이 그녀 삶에서 발생하는 불평등과 부당함의 경험에 그녀가 어떻게 직면할 것인지에 대한 선택이 있음을 볼 수 있게 돕는다. 자신의 불안과 두려움을 탐색하고 표현함에 따라, 그녀는 삶에서 나타나는 상황들로부터 의미를 창출할 수 있는 힘과 자유가 있음을 인식하기 시작한다. 그녀에게 고통을 가져오는 이런 사건과 경험들조차 더욱 활력이 넘치는 방법으로 그녀의 상황과 삶을 통제할 수 있도록 도울 수 있다.

그웬: 걱정이 수많은 밤 동안 저를 깨어있게 해요. 저는 결국 두렵고 우울함을 느끼게 되고, 그러면 저는 모든 것이 잘못되었다고 느껴지는 소용돌이 속에 들어가게 되요. 삶은 너무 망가지기 쉽고 눈 깜빡할 새에 끝나버리지요.

상담자: 마치 당신이 우리는 유한하다는 것과 시간은 제한된다는 인식에 도달한 것처럼 보이네요. 그리고 그것이 두렵고 불안을 만드는 것이지요.

그웬: 저는 무력함을 느껴요. 제 아들의 삶을 걱정해요. 아들을 보호하기 위해 제가 할 수 있는 것은 아무것도 없는 것 같아요.

상담자: 이런 강력한 무력감, 두려움, 걱정을 경험하면서 당신은 어떻게 하루를 견뎌내나요?

그웬: 저는 많은 것들을 겪어왔고 또 살아남았어요. 저에게 두려움이 있을지라도, 저는 스스로를 다그치면서 결국 다시 회복하지요. 하루의 끝에, 저를 앞으로 나아가게 도와주는 저의 믿음을 아이들에게 가르치면서 세상에 변화를 줄 수 있다고 생각해요.

나는 실존 치료자로서 그웬에게 불안은 삶의 자연스러운 부분이고 죽음에 대한 인식은 우리가 더욱 완전하게 존재할 수 있도록 도와줄 수 있는 강력한 힘이라는 점을 공유한다. 우리가 언젠가는 죽어야 한다는 것을 인식하면서, 우리는 삶에 책임을 지기로 결단할 수 있고 우리의 존재를 강화시킬 수 있는 선택을 할 수 있다. 그웬은 불안의 경험 자체가 자신으로 하여금 삶에서 다른 행동을 할 수 있다는 점을 확실히 보여주는 열쇠가 될 수 있음을 깨닫기 시작한다.

우리의 회기가 종결에 가까워짐에 따라, 나는 그웬에게 그녀의 회기에서 수면 위로 나타난 강력한 주제들과 강하고, 영적이며, 탄력적인 여성으로서의 그녀의 능력에 대해 상기시킨다. 나는 그녀의 삶에서 의미와 기쁨을 주는 것들, 그리고 이런 어려운 시간에 어떻게 변화를 만들 수 있는지에 대해 그녀의 생각과 감정들을 일기로 써보기로 하는 그녀의 결정을 지지한다.

자기 점검을 위한 질문

- 그웬이 그녀의 삶에서 마주한 실존적 질문들은 무엇인가?
- 그웬과의 회기 동안 방 안에서 있는 것을 어떻게 경험할 것인가? 그녀 곁에 앉아 있을 때 여러분에게 어떤 것들이 표면화될 수 있는가?
- 삶의 나약함에 대한 인식이 어떻게 삶을 더욱 완전히

살아가기 위한 결단의 촉매제가 될 수 있을까? 여러분과 가까운 누군가를 잃은 경험이 있는가? 여러분은 어떤 결정을 할 것인가?

- 그웬은 그녀의 외로움과 고립에 대해 이야기를 하였다. 이는 인간 환경의 일부이다. 그웬이 이런 문제들을 다루는 데에 있어 실존적 접근법은 어떤 도움을 줄 수 있을까?

요약과 평가

요약

실존 치료자들은 우리 모두가 자기 인식, 즉 우리가 반영하고 결정할 수 있도록 하는 독특한 능력이 있다고 믿는다. 이런 인식을 통해 우리는 살아가는 방식을 선택하는 책임이 있는 자유로운 존재가 되고, 운명에 영향을 미친다. 자유와 책임감에 대한 인식은 실존적 불안을 일으키게 되는데, 이는 또 다른 기본적인 인간의 특성이다. 우리가 이것을 좋아하든지 그렇지 않든지 간에, 비록 자유에 대한 반영을 피하고자 할지라도 우리는 자유로운 존재이다. 비록 결과가 확실하지는 않을지라도 반드시 선택을 해야 한다는 사실은 불안을 이끈다. 이 불안은 사람은 반드시 죽는다는 현실을 반영할 때에 더욱 고조된다. 피할 수 없는 궁극적인 죽음에 대한 예상에 직면하는 것은 우리의 계획을 완수하기까지 영원한 시간이 주어진 것이 아님을 인식하게 되기 때문에 현재 상황에 중요성을 더해준다. 인간으로서 우리는 삶에 의미를 부여하는 목적과 가치를 위해 노력하는 독특한 존재이다. 우리 삶 속의 의미가 무엇이든지 간에, 이는 삶의 불확실성에도 불구하고 선택을 하는 자유와 참여를 통해 발전한다.

실존 치료는 개인과 개인 간의 관계에 가장 많은 중점을 둔다. 내담자의 성장은 진실한 만남을 통해 나타난다고 가정한다. 실존 치료는 치료자들이 치료적 차이를 만들어내기 위해 사용하는 기술들이 아니라, 치료하는 내담자–치료자 관계의 질인 것이다(Elkins, 2016). 치료자들이 그들 고유의 정체성을 잃지 않으면서 내담자의 주관적인 세계를 탐험할 수 있도록 하기 위해, 자신들의 삶의 충분한 깊이와 개방성에 도달하는 것은 필수적이다. 현존(presence)은 치료를 위해 꼭 필요한 상태이자 동시에 치료의 목표이기도 하다. 실존 치료자들은 치료적 작업에 있어서 진실하고 자기개방을 위해 분투한다. 이 접근법은 치료의 목표, 인간 존재의 기본 조건들, 그리고 공유되는 여정으로서의 치료에 초점을 두고, 치료자들은 구체적인 기술에 얽매이지 않는다. 비록 실존 치료자들이 다른 지향성을 가진 치료자들의 기술들을 적용할 수도 있지만, 이 개입법은 인간이라는 것은 어떤 의미인가에 대한 철학적인 틀을 유지하는 가운데 사용된다.

실존주의 접근법의 공헌

학습 목표 10 실존주의 접근법은 우리로 하여금 핵심 초점을 다시 상기하도록 하는 데에 도움이 되어왔다. 이는 인간 실존의 주요 사실들에 집중한다. 즉, 자아의식과 결과적 자유이다. 실존주의자들에게 있어 죽음은 삶의 의미를 주기 때문에 죽음에 대한 두려움은 소름 끼치는 것이 아니라, 긍정적인 힘으로서 새로운 관점을 제공하기에 긍정적으로 평가한다. 실존주의자들은 불안, 죄책감, 절망, 외로움과 소외감을 이해하기 위해 새로운 차원으로 기여해왔다.

나는 특히 덜젠(2010)이 실존 치료자들을 삶에서 내담자들이 마주하는 문제들을 반영해볼 수 있도록 사람들을 격려하는 멘토나 여행 동반자로 보는 관점을 환영한다. 내담자들이 필요한 것은 "자신들의 길을 다시 찾을 수 있도록 지형을 조사하고 올바른 경로를 결정하는 것에서 얻는 어느 정도의 가이드"(p.30)이다. 실존주의적 접근법은 사람들로 하여금 자신들의 기준과 가치를 따라 살아가도록 격려한다.

실존주의 접근법의 주요 공헌들 중의 하나는 치료적 관계에서 인간성에 강조점을 둔다는 것이다. 이런 측면은 기계적인 과정을 통해 심리치료가 비인간적이게 되는 가능성을 줄여준다. 실존 상담자들은 치료적 객관성과 전문적 거리와 같은 관념들, 내담자들을 쓸모없는 존재로서 바라보는 관점들을 거부한다. 나는 깨달음 속에 선택함을 통해 내담자들이 자신의 삶을 재설계할 수 있다는 인간의 능력과 자유, 책임에 대한 실존주의적 강조점들을 매우 가치 있게 생각한다. 이런 관점은 그 자체가 현대인들의 핵심적인 갈등을 다루기 때문에, 치료자들에게 자기만의 독특한 치료적 스타일을 만들게 하는 견고한 철학적 토대를 제공한다.

심리치료 통합에 대한 공헌 나의 관점에서 볼 때, 실존주의 접근법의 주요 개념은 대부분의 치료학파에 통합될 수 있다. 치료자의 이론적 배경에 관계없이 심리치료의 토대를 실존주의적 주제에 둘 수 있다. 실존 심리치료들은 다양한 심리학적 실천에 지속적으로 영향을 미친다. "사실 실존 심리치료는 가장 널리 영향력을 끼치는 것들 중의 하나이면서 전문적인 현장에서 공식적으로 가장 적게 활용되는 경향을 보인다는 역설적인 위치에 있다"(Schneider, 2008, p.1).

주요 공헌은 실존 치료의 개념적 명제를 이외 많은 치료적 방향들과 창의적으로 통합시킬 수 있다는 가능성에 있다(Bugental & Bracke, 1992; Schneider, 2008, 2011; Schneider & Krug, 2010). 이런 창의적인 통합의 한 가지 예는 다틸리오(Dattilio, 2002)에 의해 제시되었다. 그는 실존주의적 접근법의 주제들을 인지행동적 기법에 통합하였다. 다틸리오는 인지행동 치료자이자 저자로서, 노력의 대부분을 "내담자가 깊은 실존적 전환, 즉 세상에 대한 새로운 이해를 이루도록 돕는"(p.75) 것을 겨냥한다. 그는 신념 체계를 재구조화하는 것, 이완 기법, 그리고 다양한 인지 및 행동 전략들을 사용하였지만, 실제의 변화 과정을 시작할 수 있는 실존적 틀 내에서 이런 전략들을 실행한다. 그의 많은 내담자들은 공황장애나 우울증을 겪고 있다. 다틸리오는 종종 이런 사람들과 실존적 주제인 의미, 죄책감, 무기력감, 불안과 같은 것들을 탐색하고, 이와 동시에 일상의 문제들에 대처할 수 있도록 인지행동적인 도구들을 제공한다. 간략히 말해, 그는 실존적 접근법에 근거해서 증상을 치료한다. 몇몇 사람들은 긍정심리학에 대한 새로운 경향이 실존 치료 접근법과 유사하다고 주장하고 있지만, 이는 이 두 접근법의 피상적인 비교에 기초하는 것이다. 실존 치료자들은 행복을 포함하는 집중적이고 열성적인 경험을 선호하는 반면, 인간 본질의 어두운 측면을 동일하게 중요시하고, 내담자들에게 경험의 두 측면을 모두 중요하게 여기는 것을 배울 수 있도록 격려할 것이다(Deurzen, 2009).

실존 치료 접근의 한계와 비판

이 접근법은 주로 주요 원리들에 대한 체계적인 진술과 심리치료 과정에서의 구체적인 지침이 결여되어있다는 비판을 받는다. 몇몇 치료자들은 실존주의에서 사용되는 신비스러운 언어나 개념과 종종 마찰을 빚는다. 실존주의적 방향성을 고수한다고 주장하는 몇몇 치료자들은 치료적 양상을 자기실현, 대화적 만남, 진실성, 세상 속의 존재와 같은 모호하고 포괄적인 용어로 설명한다. 이와 같은 특정한 언어의 사용은 때때로 혼란을 야기하고 실존 치료의 결과나 과정에 대한 연구를 수행하는 데에 어려움을 준다.

철학적인 사고방식을 가지지 않은 상담자들은 실존주의적 개념들을 범접할 수 없고 이해하기 어려운 것으로 여기는 경향이 있다. 우리가 보아온 것과 마찬가지로, 이 접근법은 내담자의 세계에 대한 주관적인 이해에 주로 강조점을 둔다. 이 접근법은 기법은 이해에 뒤따라온다고 가정한다. 이 접근법에서 발생한 기법이 적다는 사실로 미루어보아 상담자들에게 자기 고유의 참신한 절차를 발전시키거나 다른 치료학파의 기법들을 빌려오는 것은 필수적이다. 효과적인 상담을 위해 특별한 기법들이 필요하다고 믿는 상담자들의 경우, 이 접근법은 한계가 있다(Vontress, 2013).

근거 중심 상담 실천을 선호하는 상담자들은 개념들이 경험적으로 견고해야 하며, 정의들은 수행 가능해야 하며, 가설들은 실험되어야 하고, 치료적 실천들은 상담의 과정과 결과 모두에서 연구의 결과에 기반을 두어야 한다고 주장한다. 확실히, 매뉴얼화된 치료와 근거 중심 실무의 개념들은, 모든 심리치료의 경험들이 독특하기 때문에 실존주의적 관점에 적절치 않다(Walsh & McElwain, 2002). 쿠퍼(2003)에 따르면, 실존 상담자들은 일반적으로 치료적 과정이 수량적이고 경험적 방식으로 측정되고 평가되어야 한다는 관점을 거부한다. 비록 실존주의적 실천이 일반적으로 치료적 효과성에 관한 최근의 연구에 의해 인정되고 있지만(Elkins, 2009), 실존적 접근법을 직접 평가하고 조사한 연구는 적다. 실존 치료는 보통 다른 이론들의 기법을 사용하고, 따라서 이 접근법 고유의 효과성을 연구하는 것은 어렵게 된다(Sharf, 2016).

덜젠(2002)에 의하면, 이 접근법의 주요 한계는 상담자에게 성숙의 정도, 삶의 경험, 집중적인 훈련을 필요로 한다는 점이다. 실존 치료자들은 현명해야 하고 인간이라는 것의 의미에 대한 심오하고 폭넓은 이해를 할 수 있어야 한다. 본래성은 역량 있는 실존 치료자들에게 가장 중요하면서도 기본적인 특성으로, 단순히 일련의 지식을 숙달하고 기법들을 습득하는 것 이상이다. 러셀(2007)은 이런 생각을 훌륭하게 정리해 두었다. "본래성은 당신의 일과 삶에 당신의 이름을 서명할 수 있음을 의미한다. 이는 당신이 치료자가 되는 자신만의 방법을 창출하기 위한 책임을 지기 원하게 됨을 의미한다" (p.123).

자기 점검과 토론을 위한 질문

1. 여러분 삶의 전환점을 적어도 한 가지 찾아보라. 그때에 여러분은 어떤 결정을 하였고, 그것이 지금 현재 여러분이라는 사람에게 어떤 영향을 미쳤는가?
2. 여러분에게 실존적 불안은 무슨 의미인가? 삶에서 이런 유형의 불안을 어떻게 다루는가?
3. 실존 치료는 심리치료를 위한 철학과 틀을 제공하지만, 그에 따라 제공되는 기법은 적다. 실존주의 방향성을 가지면서 동시에 다른 치료 모형의 기법들을 어떻게 통합할 수 있는가?
4. 실존적 주제들은 다양한 환경에서 여러 문제를 가진 다양한 내담자들과 작업하는 데에 적합하다. 오늘날의 많은 사람들의 주요 문제라고 생각하는 한 가지 실존적 주제는 무엇인가?
5. 실존적 주제들을 탐색하고자 하는 흥미가 없고 몇 가지 구체적인 문제들을 어떻게 다룰 것인지에 대한 조언을 구하는 내담자와는 어떻게 작업을 할 것인가?

더 찾아볼 자료

루스를 상담할 때에 내가 실존적 개념을 활용하는 방식을 보여주고 있는 『상담 및 심리치료의 통합적 접근: 루스의 사례와 해설 DVD』 11회기 '과거가 현재와 미래에 미치는 영향 이해하기'를 참고하라. 우리는 루스가 그녀가 다니는 교회의 대변자가 되고 나는 루스의 역할(교회의 특정 신념들에 도전하고자 했던 역할)을 맡는 역할놀이에 참여한다. 이 부분은 어떻게 루스가 새로운 가치를 찾도록 돕는지를 보여준다. 12회기 '의사결정과 행동의 변화를 향해 작업하기'에서 나는 루스에게 새로운 결정에 도전하도록 하는 데, 이는 또한 실존주의적 개념에 속한다.

미국상담학회 회원을 위한 무료 팟캐스트

www.counseling.org 사이트에서 '자료(Resource)' 아이콘을 누르고 '팟캐스트 시리즈(Potcast Series)'를 누르면 미국상담학회 팟캐스트(미리 녹음된 인터뷰)를 무료로 내려받을 수 있다. 6장 실존 치료의 경우, 제럴드 코리 박사의 팟캐스트 14를 보라.

기타 자료들

미국심리학회는 '심리치료 DVD 시리즈'에서 이번 장과 관련한 '실존적 인간중심 치료(Existential-Humanistic Therapy)'라는 제목으로 슈나이더(K. J. Schneider, 2009)의 DVD를 제공하고 있다.

Psychotherapy.net는 어빈 얄롬, 제임스 부젠탈, 롤로 메이를 특별히 포함하는 실존 치료에 관한 비디오와 인터뷰를 통해 학생과 전문가들을 위한 포괄적인 자료들을 제공하고 있다. 매달 새로운 비디오와 콘텐츠들을 이용할 수 있다. 이 장과 관련하여 www.psychotherapy.net에서 볼 수 있는 DVD는 다음과 같다.

Existential-Humanistic Psychotherapy in Action (J. F. T. Bugental, 1995)
Existential-Humanistic Psychotherapy (Psychotherapy with the Experts Series) (J. Bugental, 1997)
James Bugental: Live Case Consultation (J. Bugental, 2008)
Rollo May on Existential Psychotherapy (R. May, 2007)
The Gift of Therapy: A Conversation with Irvin Yalom, MD
Irvin Yalom: Live Case Consultation (I. Yalom, 2006)
Confronting Death and Other Existential Issues in Psychotherapy (I. Yalom, 2011)

어빈 얄롬에 관한 더 많은 정보에 관심이 있는 경우, 그의 웹사이트를 참고하도록 한다.

Irvin Yalom
www.yalom.com

실존적 인간중심 기관(Existential-Humanistic Institute: EHI)의 주요 초점은 교육이다. 이 기관은 세이브룩(Saybrook) 대학교와 연계하여 강의와 실존적 인간중심 치료 및 이론의 새로운 자격 및 프로그램을 제공하고 있다. 이차적인 초점은 커뮤니티 시설이다.

EHI는 1997년 퍼시픽 인스티튜트(Pacific Institute)의 후원 하에 비영리 기관으로 만들어졌고 실존적 인간중심 이론과 실천의 심도 깊은 교육을 추구하는 정신건강 전문가들, 학자들, 학생들을 위한 시설이 되었다. EHI의 1년 자격증 프로그램은 석사 및 박사 학위 학생들에게 실존적 인간중심 치료의 이론과 실천에 관한 기초적인 토대를 마련할 수 있는 기회를 제공한다. EHI는 실존적 인간중심 실제의 원칙에 관한 강의와 실존적 인간중심 이론과 실제에 관한 사례 세미나를 제공한다. 대부분의 EHI 강사들은 제임스 부젠탈, 어빈 얄롬, 롤로 메이와 같은 숙련된 전문가들과 방대한 연구를 해왔고, 커크 슈나이더(Kirk Schneider)와 오라 크루그(Orah Krug)와 같이 오늘날의 실존적 인간중심 운동의 저명한 지도자들이다.

실존적 인간중심 기관
www.ehinstitute.org

실존분석학회(Society for Existential Analysis)는 상담과 치료에 관한 실존적 · 현상학적 접근법에 관한 주제들을 탐구하는 전문 기관이다. 이 접근법에 관심이 있는 누구나 회원이 될 수 있고, 학생, 교육가, 심리치료자, 철학자, 정신과 의사, 상담자, 심리학자들이 포함된다. 회원들은 정규 뉴스레터와 『실존적 분석 학술지(Journal of the Society for Existential Analysis)』 책자를 매년을 받아보게 된다. 이 집단은 참고 목적으로 실존주의 지향의 심리치료자들의 목록을 제공한다. 런던의 리젠트 대학교 치료학회(School of Psychotherapy and Counselling at Regent's University)는 실존주의 심리치료의 고등 학위를 제공할 뿐 아니라 이 분야의 단기 강좌도 열고 있다. 이외의 자세한 사항은 www.dilemmas.org에서 확인할 수 있다.

실존분석학회
www.existentialanalysis.co.uk/

국제실존심리치료상담학회(International Society for Existential Psychotherapy and Counselling)는 2006년 7월 런던에서 세워졌고 이후 국제 실존주의 상담심리사와 심리치료자 협력기구(International Collaborative of Existential Counselors and Psychotherapists)로 이름을 변경하였다(www.icecap.org.uk). 이 기관은 기존의 전국적인 집단들을 한데 모을 뿐만 아니라 이 접근 방법의 발전과 승인을 위한 포럼도 제공하고 있다.

국제실존심리치료상담학회
www.existentialpsychotherapy.net

셉티무스(SPETIMUS)는 인터넷 기반의 강의로 아일랜드, 아이슬란드, 스웨덴, 폴란드, 체코 공화국, 루마니아, 이탈리아, 포르투갈, 오스트리아, 벨기에, 프랑스, 이스라엘, 호주, 영국에서 제공된다. 이외의 자세한 사항은 www.psychotherapytraining.net에서 살펴볼 수 있다.

네이워크상의 심리치료 훈련: 셉티무스
www.septimus.info

심리치료와 상담의 새 학교(New School of Psychotherapy and Counselling: NSPC)는 현재 두 가지의 박사학위를 제공하고 있다. 하나는 실존주의 심리치료이고 다른 한 가지는 실존주의 상담 심리학이다. NSPC는 전 세계 각지에 있는 학생들에게 e-러닝을 포함하여 집중적인 강좌들을 제공한다.

심리치료와 상담의 새 학파
www.nspc.org.uk

더 읽을거리

『**날마다 미스터리: 실용적인 심리치료 핸드북**(Everyday Mysteries: A Handbook of Existential Psychotherapy)』(Deurzen, 2010)은 실존주의적 관점에서 상담을 실천하기 위한 틀을 제공하고 있다. 저자는 불안, 본래성 있는 삶, 한 사람의 세계관을 분명하게 하기, 가치 결정하기, 의미 발견하기, 삶에 관한 합의에 이르기와 같은 주제에 명확한 관점을 더하고 있다.

『**실존 상담과 심리치료 실제**(Existential Counselling and Psychotherapy in Practice)』(Deurzen, 2012)는 유럽 전통의 실존 치료의 이론과 실천에 관하여 훌륭하게 보여주고 있다. 저자는 내담자와 작업하는 기법들보다는 삶의 문제들을 다루기 위한 틀을 제공한다.

『**실존 상담과 심리치료의 기법**(Skills in Existential Counselling and Psychotherapy)』(Deurzen & Adams, 2011)은 실존주의적 태도를 설명하고 치료자라는 사람의 중요성을 강조하며, 실존 치료의 과정을 기술하는 책이다. 이는 실존주의적 생각들을 치료의 실천 현장에 어떻게 적용할 것인지를 이해하기 위한 토대를 제공한다.

『**실존치료**(Existential Therapies)』(Cooper, 2003)는 실존 치료에 관하여 명확하고 유용하게 개관하고 있다. 로고테라피, 영국 실존 치료, 미국식 실존적 인간중심 접근법, 실존 치료 실천의 차원들, 단기 실존 치료들을 각 장에서 개별적으로 다루고 있다.

『**실존 심리치료**』(Yalom, 1980)는 치료에 관련된 문제인 죽음, 자유, 고립, 무의미라는 궁극적인 인간의 관심사들에 관한 최고의 심리치료 서적이다. 이 책은 깊이가 있고 명확하게 쓰였으며, 실존주의적 주제들을 보여주는 많은 양의 임상적 사례들이 포함되어있다.

『**실존적 인간중심 치료**(Existential-Humanistic Therapy)』(Scheneider & Krug, 2010)는 실존적 인간중심 치료의 이론과 실제를 분명하게 보여준다. 이 접근법은 다른 현대적 치료 접근법의 기술들을 포함한다.

『**실존적 · 통합적 심리치료: 실무에 있어 핵심 지침**(Existential-Integrative Psychotherapy: Guideposts to the Core of Practice)』(Schneider, 2008)은 실존주의 통합 치료의 최근과 이후의 동향, 그리고 이 모형의 사례들을 제공하는 책이다.

『**전 생애 발달과 적응**』(Corey & Corey, 2014)은 실존주의적 관점으로 쓰인 자조 관련 서적이다. 자율성을 얻기 위한 노력, 외로움, 죽음, 상실의 의미와 같은 주제, 그리고 우리가 삶의 가치와 철학을 어떻게 선택하는지에 관한 내용이 포함되어있다.

7장 | 인간중심 치료

학습 목표

01. 인간중심 치료의 발전과정을 살펴본다.
02. 정서중심 치료의 주요 주장을 설명한다.
03. 칼 로저스와 에이브러햄 매슬로의 인본주의 심리학에 대한 공헌을 구별한다.
04. 상담 과정에서 상담자 태도의 역할을 이해한다.
05. 공감, 무조건적 긍정적 존중, 진솔성이 어떻게 치료의 과정과 결과의 기초가 되는지를 기술한다.
06. 내담자의 진전에 필수적인 상담자의 개인적 특성을 확인한다.
07. 인간중심 접근을 위기 개입에 적용하는 방안을 검토한다.
08. 인간중심 표현예술 치료의 독특한 특징과 그것이 어떻게 인간중심 철학에 기초하고 있는지를 이해한다.
09. 동기강화 상담의 주요 개념, 원리와 변화 단계를 검토한다.
10. 인간중심 접근이 다양한 문화 배경의 내담자를 이해하고 상담하는 것에 기여한 점과 한계점을 인식한다.
11. 인간중심 접근의 공헌과 한계를 명료화한다.

Carl Rogers

칼 로저스(Carl Rogers, 1902-1987)는 인본주의 심리학의 대표적인 학자로서 반세기 동안 발전시킨 자신의 이론을 잘 보여주는 삶을 살았다. 그는 개인으로서 그리고 전문가로서 항상 탐구하는 자세를 가졌고, 변화에 활짝 열려있었으며, 미지의 세계를 향해 나아가는 용기를 보여주었다. 로저스(1961)는 자신의 가족은 친밀하고 따뜻하지만 한편으로는 종교적 규칙을 엄격하게 따르는 분위기였다고 회상했다. 오락은 억제되고 청교도적 윤리 덕목이 칭찬받았다. 소년시절은 외로웠기에 친구관계보다는 공부에 관심을 기울였다. 로저스는 내성적이어서 독서와 상상, 성찰 등의 활동으로 시간을 보냈다. 대학시절 그의 관심은 농학에서 역사학, 그리고 신학에 이어 최종적으로는 임상심리학으로 바뀌었다.

로저스는 교육, 사회사업, 상담, 심리치료, 집단상담, 평화, 대인관계 등 다양한 분야에서 학문적 권위를 갖고 있으며, 심리치료에서 인본주의 운동을 시작하고 발전시킨 공로를 세계적으로 인정받고 있다. 그의 근본적인 생각, 특히 성장과 변화의 도구로써 내담자-상담자 관계의 핵심적인 역할은 여러 다른 이론적 접근에 받아들여졌다. 로저스의 생각은 심리치료 분야에서 계속 광범위한 영향을 미치고 있다(Cain, 2010).

로저스가 임상 및 상담심리학에 공헌한 바는 매우 의미 깊다. 그는 "자기 시대를 50년 앞섰으며 우리가 따라잡기를 기다리고 있는"(Elkins, 2009, p.20) 용기 있는 개척자였다. 로저스는 종종 '심리치료 연구의 아버지'라고도 불리는데 이는 그가 처음으로 실제 상담 회기 축어록을 분석해서 상담 과정을 심층적으로 연구하였으며, 양적 방법을 사용해서 심리치료에 대한 중요한 연구를 수행한 최초의 임상가였기 때문이다. 그는 최초로 경험적 연구에 근거해서 성격과 심리치료에 관한 종합적인 이론을 만들었으며, 개인의 장점과 자원에 초점을 둔 심리치료 이론을 개발하기 위해 노력했다. 그는 전문가로서 견고한 입장을 취하였고 시대적 문제점에 대해 도전하였다.

로저스는 생애 마지막 15년 동안 인간중심 접근을 세계평화에 적용시켜서 정치가, 지도자, 분쟁중인 집단을 훈련시켰다. 그는 인종 간 갈등 감소에 가장 큰 열정을 쏟으며 세계평화를 이루기 위해 노력했는데 이로 인해 그는 노벨평화상 후보로 지명되기도 했다.

칼 로저스의 생애와 작품에 대한 자세한 영상 자료는 이 장의 후반부에 설명할 『딸이 본 칼 로저스(Carl Rogers: A Daughter's Tribute)』(N. Rogers, 2002)에서 볼 수 있다. 이 위대한 사람과 작품을 심층적으로 살펴보려면 『칼 로저스의 조용한 혁명(Carl Rogers: The Quiet Revolutionary)』(Rogers & Russell, 2002)과 『칼 로저스의 삶과 활동(The Life and Work of Carl Rogers)』(Kirschenbaum, 2009)을 보라.

Natalie Rogers

나탈리 로저스(Natalie Rogers, 1928-)는 인간중심 표현예술 치료 분야의 선구자다. 그녀는 개인과 집단의 인간적 성장을 향상시키기 위해 표현예술을 사용하여 아버지(칼 로저스)의 창조성 이론을 확대하였다. **인간중심 표현예술 치료**(person-centered expressive arts therapy)는 성장과 치료를 촉진하기 위해 지지적인 상황에서 신체 동작, 그림, 조각, 음악, 글쓰기, 즉흥시 등 다양한 기법을 활용한다. 여기에서는 인간중심 이론을 확장하여 창의적인 표현을 통해 개인이 자신의 감정에 다가가도록 돕는다. 나탈리 로저스는 내담자나 집단 구성원이 동작, 소리, 시각적 예술, 글쓰기 등의 일련의 활동을 통해 내적 감정에 접근하는 과정을 의미하는 **창조적 관계 맺기**(creative connection) 개념을 개발했다. 내담자가 이 과정을 거치면서 자아의 숨겨진 또는 무의식적 측면이 드러나게 되고 이 통찰을 상담자와 나누게 된다.

나탈리 로저스의 활동은 그녀가 아버지의 이론에서 부

족하다고 느꼈던 것에서 나왔다. 여성은 남성에게 맞추어 살아야 하는 분위기에서 자라온 여성으로서 그녀는 이등시민인 것에 대해 감추어져있던 분노를 발견하게 되었다. 그녀의 예술은 이 정의롭지 못함에 대한 통찰을 얻고 표현하는 방법이었다. 그녀는 아버지에게도 분노를 표현했는데, 이는 그가 자신도 모르게 가부장적 체계의 일원이었기 때문이었다. 그는 놀랐지만 열린 자세로 배우려고 했다. 여성을 끌어내리는 자신과 다른 남자들의 역할을 알게 된 후에 그는 자신의 태도와 저술을 상당히 많이 변화시켰다.

이제 87세인 나탈리 로저스는 자신의 개인적인 그리고 전문가로서의 삶에 의미를 가져오는 방법을 계속 탐색하고 있다. 그녀는 지난 10년간 미국, 영국, 홍콩, 남미, 러시아, 한국 등에서 강의와 워크숍을 진행했다. 그녀는 북캘리포니아에 있는 소피아 대학에서 6주간의 통합예술 자격 프로그램에서 강의를 계속하고 있다. 표현예술 치료에서의 인간중심 접근에 관심 있다면 이 장 후반부에 있는 '기타 자료들' 부분을 참고하라.

도입

치료적 접근의 기초를 마련한 모든 선구자들 중에 칼 로저스는 상담 이론과 실제의 방향을 혁명적으로 전환시킨 사람으로 가장 영향력 있는 인물이다. 로저스는 이론 발달에 기여했을 뿐만 아니라 지금까지 상담 실무 형성에 계속 영향을 끼치고 있는 '조용한 혁명가'로 알려져 있다(Cain, 2010; Kirschenbaum, 2009; Rogers & Russell, 2002).

인간중심 접근은 6장에서 제시한 실존적 관점과 여러 개념과 가치를 공유한다. 로저스의 기본 전제는 사람에 대한 믿음이다. 사람은 본질적으로 진실하며, 상담자의 지시적인 개입이 없어도 스스로를 이해하고 자신의 문제를 해결할 수 있는 막대한 잠재력을 가지고 있고, 특별한 종류의 상담 관계를 갖게 되면 자기 주도적인 성장을 이룰 수 있다는 것이다. 처음부터 로저스는 상담 과정의 성과에 있어 가장 중요한 결정요소로서 상담자의 태도와 개인적 특성, 내담자-상담자 관계의 질을 강조했다. 그는 일관되게 이론과 기법에 대한 상담자의 지식은 부차적인 것이라고 여겼다. 내담자의 자기 치유 능력에 대한 이런 믿음은 상담자의 기법을 변화의 가장 중요한 요소로 보는 많은 이론들과 대비된다(Bohart & Tallman, 2010). 분명히 로저스는 건설적인 자기 변화의 가장 중요한 요소로 내담자를 중심에 둔 이론을 제안함으로써 심리치료 분야에 혁명을 일으켰다(Bohart & Tallman, 2010; Bozarth, Zimring, & Tausch, 2002; Elkins, 2016).

지금의 인간중심 치료는 변화와 개선에 계속 열려있는 진화적 과정의 결과이다(Cain, 2010; Cain & Seeman, 2002). 로저스는 인간중심 이론을 치료의 최종 완성된 접근으로 제시하지 않았다. 그는 다른 사람이 자신의 이론을 도그마로 보지 말고 상담 과정의 발달에 관한 잠정적인 원리로 보기를 원했다. 로저스는 그의 모형이 진화하기를 기대했고 변화를 열린 자세로 수용했다.

CengageBrain.com에 방문하거나 『심리상담과 치료의 이론과 실제: 스탠의 사례와 해설 DVD』 7장 부분의 DVD 프로그램을 시청하라. 그리고 각 장을 읽기 전에 DVD에 있는 각 장에 대한 간략한 소개 내용을 살펴보라.

이론 발달의 네 시기

학습 목표 01 짐링과 라스킨(Zimring & Raskin, 1992), 보자르스, 짐링, 타우쉬(Bozarth, Zimring, & Tausch, 2002)는 로저스 접근의 주요 전환점을 기준으로 이 접근의 발달 시기를 4단계로 구분하였다.

첫째 시기인 1940년대에 로저스는 당시 실시되던 지시적이고 해석적인 접근에 대한 강력하고 혁명적인 대안이 된 **비지시적 상담**을 개발하였다. 로저스(1942)는 오하이오 주립대학의 교수로 재직하면서 비지시적 상담의 철학과 실제를 보여주는 『상담과 심리치료: 상담 실제의 새로운 개념(Counseling and Psychotherapy: Newer Concepts in Practice)』을 저술하였다. 로저스의 이론은 상담자가 허용적이고 비지시적인 분위기를 만들어야 한다는 점을 강조했다. 로저스는 '상담자가 가장 잘 안다.'는 기본 전제에 도전할 때 이 급진적인 생각이 당시 상담 전문직 사이의 힘의 역동과 정치적 관계에 영향을 미칠 것임을 알고 있었고, 사실 이로 인해 큰 파문이 일어났다(Elkins, 2009).

또한 로저스는 충고, 제안, 지시, 설득, 교육, 진단, 해석 등 일반적으로 받아들여지던 상담 절차의 타당성에 대해서 문제를 제기했다. 진단의 개념과 절차가 부적합하고 편향적이며 때로 잘못 사용되기 때문에 로저스는 자신의 접근에서 이를 빼버렸다. 비지시적 상담자는 자신을 내담자에게 많이 개방하지 않으려고 하며, 대신 내담자의 언어적 의사소통과 그것이 의도하는 의미를 반영하고 명료화하기 위해 노력한다.

두 번째 시기인 1950년대에 로저스(1951)는 자신의 접근을 **내담자 중심 치료**로 변경했는데 이는 비지시적 상담보다는 **내담자**를 강조하는 자신의 입장을 반영한 것이다. 또한 그는 시카고 대학에서 상담센터를 시작했다. 이 시기의 특징은 감정의 명료화에서 내담자의 현상학적 세계에 초점을 두는 것으로 전환한 것이다. 로저스는 사람들이 어떻게 행동하는지를 이해하는 가장 좋은 방법은 그들 자신의 내적 참조 체계를 이해하는 것이라고 생각했다. 그는 내담자를 변화로 이끄는 기본적인 동기로서 실현 경향성을 더 분명하게 강조했다.

1950년대 후반부터 1970년대까지의 세 번째 시기에는 상담의 필요충분조건을 다루었다. 로저스(1957)는 30년 동안 연구 결과로 하나의 가설을 세웠다. 『진정한 사람 되기(On Becoming a Person)』(C. Rogers, 1961)는 키르케고르에게서 빌려온 '진정한 자기 되기'의 특성을 다룬 중요한 저술이다. 로저스는 위스콘신 대학의 심리학 및 정신의학 학과의 겸임교수로 있으면서 이 책을 저술했다. 그는 이 책에서 '자신의 경험이 되어가는' 과정을 설명하였는데 이는 경험에 대한 개방성, 자기 경험에 대한 신뢰, 내적 평가 기준, 지속적 성장 의지 등의 특징을 지닌다. 1950년대와 1960년대에 로저스와 동료들은 심리치료의 과정과 결과에 대한 광범위한 연구를 실시하여 내담자 중심 접근의 기본 가설을 검증하기 위해 노력했다. 그는 어떻게 사람들이 심리치료에서 잘 진전할 수 있는지에 관심을 가졌고, 성격 변화를 이끄는 촉매재로서 내담자–상담자 관계의 특성을 연구했다.

로저스와 동료들은 치료적 변화를 설명할 수 있는 심리치료의 요소들을 밝혀내는 연구를 수행했다. 내담자 중심 접근은 성장의 촉진자로서 상담자의 역할을 강조했고 내담자의 내적 능력을 중요시했다. 연구 결과들은 치료적 변화는 특정 문제를 상담하기 위한 특정 기법보다는 인성적, 대인관계적 요인으로 인한 것임을 확인해주면서 일관되게 이 접근을 지지했다(Elkins, 2016). 이 연구를 기반으로 이 접근은 더욱 수정, 확장되었다(C. Rogers, 1961). 예를 들어, 내담자 중심 철학이 교육에 적용되어 **학생중심 교육**이 되었다(C. Rogers & Freiberg, 1994). 이 접근은 참만남 집단에도 적용되었다(C. Rogers, 1970).

네 번째 시기인 1980년대와 1990년대의 특징은 이 접근이 교육, 커플과 가족, 산업, 집단, 갈등 해결, 정치, 세계평화 추구 등으로 폭넓게 확대된 것이다. 사람들이 권력을 획득하고 소유하며, 공유하고 포기하는 방법에 대한 로저스의 관심과 더불어 계속 확대되는 그의 영향력으로 인해 그의 이론은 **인간중심 접근**(person-centered approach)으로 알려지게 되었다. 이 용어 변경은 이 접근의 적용 영역이 보다 넓어진 것을 보여준다. 비록 인간중심 접근이 개인과 집단상담에 주로 적용되었지만 더 나아가 교육, 가족생활, 리더십과 행정, 조직 발달, 건강관리, 다문화 및 다인종 활동, 국제 관계 등에도 적용되었다. 1980년대에 로저스는 인간중심 접근을 정치, 특히 세계평화 구현에 적용시키려고 노력하였다.

보자르스, 짐링, 타우쉬(Bozarth, Zimring, & Tausch, 2002)는 60년간의 인간중심 치료에 대한 연구를 다음과 같이 요약 정리하였다.

- 초기에 이 접근에서는 상담자보다는 내담자가 상담의 방향과 목표를 결정했고 상담자의 역할은 내담자가 감정을 명료화하도록 돕는 것이었다. 비지시적 상담의 이런 모습은 이해의 확대, 자기 탐색의 증가, 자기개념의 향상 등과 연관된다.
- 이후에 이 접근은 감정의 명료화에서 내담자의 살아있는 경험에 초점을 두는 것으로 방향을 전환하였다.
- 계속 인간중심 치료가 발전하면서 성공적인 상담을 위한 필요충분조건으로 여겨지는 핵심적 조건을 주로 연구하였다. 상담자의 태도, 즉 내담자의 세계에 대한 공감적 이해와 내담자에 대한 비판단적 자세로 의사소통하는 능력이 상담자의 진솔성과 함께 성공적인 상담 성과에 기초가 된다는 것이 밝혀졌다.

- 성공적인 심리치료의 주요 자원은 내담자다. 내담자의 참조 체계에 상담자가 주의를 기울이면 내담자가 내적, 외적 자원을 더 잘 활용하게 된다.

정서중심 치료

학습 목표 02 **정서중심 치료**(Emotion-focused therapy: EFT)는 인간중심 접근이 "인간의 기능과 심리치료적 변화에서 정서의 역할을 이해하는 것으로 알려지면서"(Greenberg, 2014, p.15) 등장하였다. 이 통합적 접근의 발전에 중요한 인물인 레슬리 그린버그(Leslie Greenberg)에 따르면 정서중심 치료는 내담자의 자기 정서에 대한 자각을 증가시키고 그것을 생산적으로 사용하도록 하기 위해 만들어졌다. 인간중심 상담자처럼 정서중심 상담자도 핵심 치료적 조건에 기초한 상담 관계를 형성한다. 그러나 치료적 동맹이 형성되면 정서중심 치료 상담자는 내담자의 자기를 강화시키고, 정서를 조절하며, 새로운 의미를 창조하기 위해 다양한 경험적 기법들을 사용해서 적극적으로 정서에 대한 작업을 수행한다. 과거의 부적응적인 정서 틀을 흔드는 새로운 이야기가 만들어지고 이를 통해 긍정적 정서 경험의 기회가 생긴다.

정서중심 치료 전략은 다음 두 가지 주요 과제에 초점을 둔다. (1) 정서가 너무 부족한 내담자는 자신의 정서에 접근하도록 한다. (2) 정서가 너무 넘치는 내담자는 자신의 정서를 품고 있도록 한다(Greenberg, 2014). 많은 전통적인 상담은 의식적 이해와 인지적, 행동적 변화를 강조하지만 자주 정서적 변화의 기본적인 역할을 무시한다. 정서중심 치료의 주요 목표는 개인이 존재의 새로운 방식을 구성하기 위해 정서에 접근하여 정서를 진행시키는 것이다. 이 접근은 개인의 변화에 있어 정서의 역할, 그리고 정서적 변화가 어떻게 인지적·행동적 변화의 중요한 통로가 되는지를 우리에게 친절하게 알려준다(Greenberg, 2014).

정서중심 치료는 다양한 정서 경험의 자각, 수용, 이해의 중요성을 강조한다. 그린버그(2014)는 우리의 정서는 단지 정서에 대해 이야기하거나 그 근원을 이해하거나 신념을 바꾼다고 해서 변화하지 않는다. 내담자는 자신의 정서를 확인하고, 경험하고, 수용하고, 표현하고, 탐색하고, 변형하고, 조절하도록 격려받는다. 감정을 경험하고, 오래된 감정을 새로운 긍정적 감정으로 대치하는 행동은 교정적 정서 경험을 제공한다. "정서를 받아들이고 경험하고, 그것을 변화시키기 위해 다른 정서로 그것에 저항하며, 새로운 이야기의 의미를 만들기 위해 그것을 깊이 생각함으로써 우리는 정서를 변화시킨다"(p.18).

정신분석과 인지행동 접근도 정서에 더욱 집중하고 있어서 정서중심 치료와 여러 면에서 급격하게 비슷해지고 있다. 게슈탈트 치료는 항상 정서의 경험과 탐색을 강조한다. 맥도날드(McDonald, 2015)에 의하면 정서중심 치료는 불안, 친밀한 파트너의 폭력, 섭식장애, 트라우마 등의 문제에 대해 상담 효과를 보여주는 경험적으로 타당화된 단기 상담 접근이다. 정서중심 치료는 개인, 집단, 커플, 가족 등의 상담과 다양한 문화적 맥락에서의 활동에 적용되고 있다.

여기에서는 정서중심 치료의 이론과 실제에 대해 간략하게만 다루었다. 정서중심 치료의 실제와 관련된 원리와 기법에 대한 심층적인 논의를 위해서는 그린버그(2011)의 『정서중심 치료(Emotion-Focused Therapy)』를 보라.

실존주의와 인본주의

1960년대와 1970년대에 상담자들 사이에서는 정신분석과 행동주의 접근에 대한 대안으로서 치료에서의 '제3세력'에 대한 관심이 증가하였다. 여기에는 실존주의 치료(6장), 인간중심 치료(7장), 게슈탈트 치료(8장), 그리고 여러 다른 경험적이고 관계 지향적인 접근이 포함된다.

실존주의와 인본주의 용어 간의 관계는 학생과 이론가 모두에게 혼란스럽다. 두 관점은 많은 것을 공유하고 있지만 또한 둘 사이에는 중요한 철학적 차이가 있다. 두 접근은 내담자의 주관적 경험과 각 내담자의 고유함과 개성을 존중하고, 긍정적이고 건설적인 의식적 선택을 하는 내담자의 능력을 신뢰하는 공통점을 지닌다. 이들은 자유, 선택, 가치, 개인적 책임, 자율성, 목적, 의미 등의 개념을 강조한다. 둘 다 상담 과정에서 기법의 역할을 크게 보지 않고 대신 진정한 만남의 중요성을 강조한다.

이들은 실존주의자들이 우리는 내적 의미가 없는 세상 속에서 정체성을 창조하기 위해 선택하는 불안에 직면해있다는 입장을 취하는 것에서 차이를 보인다. 실존주의자들은 인간 경험의 냉혹한 실체를 인정하고자 하며, 이들의 저술은 종종 죽음, 불안, 무의미, 고립 등을 다룬다. 반면 인본주의자들은 우리 각자가 실현할 수 있는 천부적인 가능성을 지니고 있으며 이를 통해 의미를 발견할 수 있다는 좀 더 긍정적이고 불안을 덜 일으키는 입장을 취한다. 요즈음의 많은 실존 상담자들은 자신을 실존적 인본주의 상담자라고 말하는데 이는 그들의 뿌리는 실존주의 철학에 있지만 북미 인본주의 심리치료의 여러 측면을 수용하고 있다는 점을 보여주는 것이다(Cain, 2002a; Schneider & Krug, 2010).

이 장에서 명확하게 알게 되듯이 실존적 접근과 인간중심 접근은 내담자–상담자 관계가 상담의 핵심이 된다는 같은 개념을 가지고 있다. 실존주의자들의 접근에서 기본이 되는 현상학적 강조는 인간중심 치료에서도 중요하다. 두 접근은 내담자의 지각에 집중하며, 상담자가 내담자와 온전히 함께해서 내담자의 주관적 세계를 이해할 것을 요구하고, 내담자의 자기 지각과 자기 치유 능력을 강조한다. 상담자는 내담자에게 자기 탐색, 성장, 치유를 촉진하는 안전하고 반응적이며 돌보는 관계를 제공하는 것을 목표로 한다(Watson, Goldman, & Greenberg, 2011).

인본주의 심리학에 대한 에이브러햄 매슬로의 공헌

학습 목표 03 에이브러햄 매슬로(Abraham Maslow, 1970)는 인본주의 심리학의 선구자로서 자기실현하는 개인에 대한 이해를 발전시키는 데 영향력을 미쳤다. 칼 로저스의 많은 생각들, 특히 인간의 긍정적인 측면과 충분히 기능하는 사람에 대한 생각은 매슬로의 기본 철학의 영향을 받았다. 매슬로는 프로이트의 심리학이 인간 특성의 병들고 어두운 측면에 대해서 선입견을 지니고 있다고 비판했다. 매슬로는 불안, 적개심, 신경증 등에 대해서는 너무 많은 연구가 수행되는 반면 즐거움, 창의성, 자기실현 등에 대해서는 연구가 너무 적게 수행되고 있다고 생각했다. 자기실현은 매슬로의 주요 연구 주제였다(1968, 1970, 1971). 최근에 두각을 나타낸 **긍정심리학**은 인간의 건강한 측면에 대한 여러 개념을 인본주의적 접근과 공유한다.

매슬로는 그가 '자기실현을 한 사람들'이라고 부른 인물을 연구해서 그들이 소위 평범한 사람들과 중요한 면에서 다르다는 점을 발견했다. 자기실현을 한 사람들의 핵심 특성은 자기 자각, 자유, 기본적 정직, 돌봄, 신뢰, 자율 등이다. 자기실현을 한 사람들의 또 다른 특성은 자기 삶의 불확실성을 환영하는 능력, 자신과 타인 수용, 자발성과 창의성, 사생활과 고독에 대한 욕구, 자율성, 깊고 집중적인 대인관계 능력, 타인에 대한 진정한 돌봄, 내발적 방향성(타인의 기대에 따라 살아가는 경향성과 반대되는 특성), 자기 안에 인위적인 이분법(일/놀이, 사랑/미움, 약함/강함 등)이 없음, 유머 감각 등이다(Maslow, 1970). 이 모든 개인적 특성은 인간중심 철학과 조화롭게 어울릴 수 있다.

매슬로는 동기의 원천으로서 **욕구 위계**를 제안했는데 여기에서 가장 기본적인 욕구는 생리적 욕구다. 우리가 배고프고 목마르면 우리는 이 기본 욕구를 충복시키는 것에 온통 주의를 집중한다. 다음은 안전 욕구로서 여기에는 안전감과 안정감이 해당된다. 신체적 욕구와 안전 욕구가 충족되면 소속과 사랑의 욕구를 충족시키려고 노력하게 되는데 여기에는 자신과 타인으로부터 존중받고 싶은 욕구가 뒤따라온다. 우리는 이 네 가지 기본 욕구가 충족된 이후에야 자기실현을 위해 노력할 수 있다. 지금 어떤 욕구가 가장 중요하게 나타나는지는 그 이전 욕구가 얼마나 충족되었는지에 의해 결정된다.

인본주의 철학의 비전

인본주의 철학의 기본 비전은 도토리가 적절한 환경이 주어지면 참나무로서의 자기실현을 향해 자연적으로 힘을 받아 '자동적으로' 자란다는 비유에 잘 나타나있다. 반면 실존주의자들에게는 이렇게 우리가 의지할 수 있는 우리의 '존재'나 내적인 '특성'이 없다. 우리는 매순간 이런 조건을 만들기 위해 무엇을 할 것인지를 선택해야 한다. 매슬로가 인간의 건강한 측면과 즐거움, 창의성, 자기실현을 강조한 것은 인간중심 철학의 입장에 서 있기 때문이다. 인간중심 접근이 기초하고 있는 인본주의 철학은 성장을 이끌어 내는 분위기를 만들어내는 태도와 행동으로 표현된다. 로저스(1986b)에 따르면 이런 철학으로 살게 되면 사람들이 자신의 능력을 개발하게 되고 다른 사람들의 건설적인 변화를 촉진하게 된다. 개인은 힘을 얻게 되고 그들은 이 힘을 개인적, 사회적 변혁을 위해 사용하게 된다.

주요 개념

인간관

로저스의 초기 저술에서 시작되어 그의 전체 저작에 계속 스며있는 주제는 내담자의 성장을 촉진하는 조건이 주어지면 건설적인 방향으로 앞을 향해 나갈 수 있는 내담자의 능력에 대한 기본적인 신뢰감이다. 만약 개인의 마음속에 깊이 들어갈 수 있다면 그곳에서 신뢰할 수 있는 긍정적인 중심을 발견할 것임을 로저스는 자신의 전문적 경험을 통해 알게 되었다(C. Rogers, 1987a). 로저스는 인본주의 철학을 고수하면서 사람은 신뢰할 수 있고, 자원이 풍부하며, 자기 이해와 자기 주도 능력이 있으며, 건설적인 변화가 가능하며, 효과적이고 생산적인 삶을 살 수 있다고 강하게 주장하였다. 상담자가 자신의 진실성, 지지, 돌봄, 비판단적 이해를 경험하고 의사소통할 수 있을 때 내담자의 의미 있는 변화가 일어날 수 있다.

로저스는 다음과 같은 상담자의 세 가지 특성이 개인이 자신의 잠재력을 실현하도록 앞으로 나가게 하는 성장촉진적인 환경을 만든다고 주장했다. (1) **일치성**(진솔성과 진실성), (2) **무조건적 긍정적 존중**(수용과 돌봄), (3) **정확한 공감적 이해**(다른 사람의 주관적 세계를 깊이 이해할 수 있는 능력). 로저스에 의하면 상담자가 이런 태도를 의사소통하면 내담자의 방어가 약해지고 자신과 자신의 세계에 대해 개방적인 태도를 갖게 되어 친사회적이고 건설적인 방향으로 행동하게 된다.

실현화 경향성(actualizing tendency)은 현실화, 충족, 자율성, 자기 결정을 이루기 위해 노력하는 일관된 과정이다. 인간의 이 타고난 성향은 매슬로(1970)의 자기실현을 한 사람들의 연구에 기초를 두고 있으며, 상담의 실제에 중요한 의미를 지닌다. 개인이 부적응에서 벗어나 심리적 건강과 성장을 향해 움직이는 내적 능력을 가지고 있다고 믿기 때문에 상담자는 내담자에게 일차적인 책임을 부여한다. 인간중심 접근은 가장 잘 아는 권위자로서의 상담자 역할 및 상담자의 전문성에 의존하는 수동적 내담자 역할을 거부한다. 상담은 내담자의 자각 능력 및 태도와 행동에서 자기주도적으로 변화하는 능력에 기초하고 있다.

인간중심 접근은 내담자가 다른 사람들과 함께하면서 내담자 스스로의 자원을 사용하는 능력을 강조한다. 내담자는 건설적인 방향으로 전진할 수 있으며, 성장을 방해하는 장애물(자기 내부 또는 외부에서 오는)을 성공적으로 다룰 수 있다. 자기 자각과 자기 반성을 증진하게 되면 내담자는 선택하는 법을 배운다. 인본주의 상담자들은 내담자가 자신의 내적 경험에 대한 전문가라는 탐구 지향 접근(discovery-oriented approach)을 강조하며(Watson et al., 2011), 내담자들이 온전하고 진정한 삶을 사는 변화를 이루도록, 그리고 이런 삶은 계속적인 노력이 필요하다는 것을 알도록 격려한다.

상담 과정

상담 목표

로저스는 상담의 목표가 단순히 문제를 해결하는 것이라고 생각하지 않았다. 오히려 상담의 목표는 내담자가 더 높은 수준의 독립과 통합을 이루어서 그들이 당면한 문제에 더 잘 대처해가도록 하는 것이다. 이 목표를 달성하기 위해서는 먼저 내담자가 사회화 과정에서 발달시켜 온 가면을 벗어야 한다. 내담자들은 가면을 사용해 살아왔기에 자기 자신과 만나지 못했다는 것을 깨닫게 된다. 상담 장면의 안전한 분위기에서 내담자는 더 진정한 삶의 방식이 있다는 것을 알게 된다. 상담자가 내담자를 위해 구체적인 목표를 골라주지 않는다. 인간중심 이론의 핵심은 촉진적인 상담자와 관계를 맺은 내담자는 자신의 목표를 정하고 명료화하는 능력을 가지고 있다는 관점이다. 인간중심 상담자들은 내담자가 무엇을 변화해야 할 것인지에 대한 목표를 정해주지 않는다는 점에서는 일치하지만, 내담자가 어떻게 자신의 목표를 성취하고 자신만의 대답을 찾도록 도울 것인지에 대해서는 차이를 보인다(Bohart & Watson, 2011).

상담자의 기능과 역할

학습 목표 04 인간중심 상담자의 역할은 그들의 존재방식과 태도에 있는 것이지 내담자들로 하여금 '무엇인가를 하도록' 하려고 고안된 기법에 있지 않다. 인간중심 연구에 의하면 상담자의 지식, 이론, 기법보다 상담자의 태도가 내담자의 성격 변화를 촉진한다(C. Rogers, 1961). 기본적으로 상담자는 인간 대 인간 수준에서 내담자를 격려함으로써 자신을 변화의 도구로 사용한다. 엘킨스(Elkins, 2016)는 심리치료의 인간적 요소를 검토해서 인간적 영역이 이론과 기법보다 더 강력한 상담 효과 결정 요인이라고 결론지었다. 상담자의 태도와 내담자의 내적 자원에 대한 믿음이 성장을 위한 치료적 분위기를 형성한다(Bazarth et al., 2002).

인간중심 이론에서는 상담자의 기능은 내담자와 함께 있고, 내담자가 접근할 수 있는 상태에 있으며, 내담자의 즉각적인 경험에 집중하는 것이라고 본다. 우선 상담자는 내담자와의 관계에서 진실하기 위해 노력해야 한다. 진솔하고 수용하며 공감적인 태도를 보임으로써 상담자는 변화의 촉매가 된다. 내담자를 사전에 진단된 유형으로 보는 것이 아니라 순간순간의 경험에 기초하여 내담자를 만나고 그들의 세계에 들어간다. 상담자의 진실한 돌봄, 존중, 수용, 지지, 이해를 통해 내담자는 자신의 방어와 경직된 인식을 느슨하게 하고 더 높은 개인적 기능 수준으로 올라가게 된다. 이런 상담자의 태도가 주어질 때 내담자는 지금까지 자각되지 않았거나 부인되었던 자신의 삶을 탐색하기 위해 필요한 자유를 갖게 된다.

상담에서 내담자의 경험

치료적 변화는 상담에서 내담자가 자신의 경험과 상담자의 기본적 자세를 어떻게 인식하는지에 달려있다. 내담자는 상담자가 자기 탐색을 할 수 있는 분위기를 만들면 자신의 경험, 신념, 행동, 세계관 등 경험 전체를 탐색할 기회를 갖는다. 내담자는 대체적으로 상담에서 다음과 같은 경험을 한다.

내담자는 불일치, 즉 자기 인식과 실제 경험 간에 차이가 있는 상태에서 상담자에게 온다. 예를 들어, 대학생인 레온은 자신을 장래 의사로 생각하지만 낮은 성적으로 의과대학에서 탈락할 상황에 있다. 레온이 자신을 보는 것(자기 인식) 또는 자신을 보고 싶은 것(이상적 자기 인식)과 그의 낮은 성적이라는 현실 간의 차이는 불안과 개인적 취약성을 유발하고, 이것이 상담을 받아야겠다는 동기를 제공한다. 레온이 변화의 가능성을 찾으려면 자신에게 문제가 존재한다는 점을, 또는 최소한 자신의 현재 심리적 적응이 불편하다는 점을 인식해야 한다.

내담자가 상담을 찾는 이유에는 기본적인 무기력감이나 힘없음, 결정을 내리거나 자신의 삶을 효과적으로 이끌 수 없는 무능력 등이 있다. 그들은 상담자의 안내를 통해 '길'을 찾고자 한다. 그러나 인간중심 틀에서 내담자는 곧 그들이 관계에서 스스로를 책임질 수 있으며, 자기를 더 이해하기 위해 그 관계를 이용해서 더 자유스러워질 수 있다는 것을 배우게 된다.

상담이 진행되면서 내담자는 광범위한 신념과 감정을 탐색할 수 있게 된다. 그들은 인정하기에는 너무 부정적이라고 보아왔고 이미 자신의 자기 구조에 포함된 자신의 두려움, 불안, 죄책감, 부끄러움, 미움, 분노, 그 밖의 감정들을 표현하게 된다. 상담을 통해 사람들은 갈등하고 혼돈스런 감정을 덜 왜곡하고 더 수용하며 통합하게 된다. 그들은 자신 안에 숨겨진 측면들을 점점 더 발견하게 된다. 내담자는 이해와 수용을 받는다고 느끼면서 덜 방어적이 되고 자신의 경험에 대해 더 개방적이 된다. 이들이 더 안전하고 덜 취약하다고 느끼기 때문에 이들은 더 현실적이 되고, 타인을 더 정확하게 인식하며, 다른 사람을 더 잘 이해하고 받아들이게 된다. 상담받는 사람은 자신을 있는 그대로 보게 되고, 더 유연하고 창의적으로 행동한다. 이들은 타인의 기대를 충족시키는 것에 덜 관심을 갖게 되어 자신에게 진실한 방식으로 행동하기 시작한다. 이들은 대답을 찾기 위해 자기 외부를 바라보기보다는 자신의 삶을 스스로 주도한다. 그들은 현재 순간의 경험에 더 접촉하고, 과거에 덜 매이고 덜 지배를 받으며, 자유스럽게 결정하고, 자신의 삶을 꾸리는 데 있어 자신을 더 신뢰하는 방향으로 움직인다. 즉, 상담에서의 경험은 심리적 감옥에 이들을 묶어두었던 자기가 만든 쇠사슬을 벗어던지는 것과 같다. 더 많은 자유를 가지고 내담자들은 심리적으로 더 성숙하고 자기실현을 더 잘하게 된다.

인간중심 치료는 내담자는 자신의 자기 성장을 창조하는 적극적인 자기 치유자라는 전제에 기초하고 있다(Bohart & Tallman, 1999, 2010; Bohart & Wade, 2013; Bohart & Watson, 2011). 상담 관계는 내담자의 자기 치유 능력이 활성화되는 지지적인 구조를 제공한다. 내담자가 가장 가치 있게 여기는 것은 이해받고 수용받는 것인데 이는 감정, 사고, 행동, 경험을 탐색할 안전한 장을 형성한다. 또한 내담자는 새로운 행동 시도에 대한 지지를 중요하게 생각한다(Bohart & Tallman, 2010).

상담자와 내담자의 관계

학습 목표 05 로저스(1957)는 관계의 질에 근거하여 '치료적 성격 변화의 필요충분조건'의 가설을 세웠다. "만약 내가 누군가와의 관계에서 특정 유형의 관계를 제공한다면 그(녀)는 그 관계를 성장과 변화를 위해 사용할 능력이 자신 안에 있다는 것을 발견할 것이며, 개인적 발달이 일어날 것이다"(C. Rogers, 1961, p.33). 로저스(1967)는 더 나아가 "중요한 긍정적 변화는 관계 밖에서는 일어나지 않는다."(p.73)는 가설을 제시했다. 로저스의 가설은 수년간의 전문적 경험에 기초해서 만들어졌으며, 지금까지 기본적으로 변화하지 않고 유지된다.

1. 두 사람이 심리적 접촉 상태에 있다.
2. 내담자라고 불리는 첫째 사람이 불일치 상태에 있고 취약하거나 불안을 경험하고 있다.
3. 상담자라고 불리는 둘째 사람은 관계에서 일치(진실 또는 진솔)하고 내담자는 이 일치를 인식한다.
4. 상담자는 내담자에 대한 무조건적, 긍정적 존중을 경험한다.
5. 상담자는 내담자의 내적 참조 체계에 대한 공감적 이해를 경험하고 이 경험을 내담자에게 의사소통하기 위해 노력한다.
6. 상담자의 공감적 이해와 무조건적 긍정적 존중이 내담자에게 어느 정도 전달된다.
(Cain, 2002a, p.20)

로저스는 다른 조건은 필요하지 않다고 가정하였다. **핵심 치료적 조건**(therapeutic core conditions)이 일정 기간 동안 존재하면 건설적인 성격 변화는 일어날 것이다. 핵심 조건은 내담자 유형에 따라 변하지 않는다. 이 조건은 심리치료적 변화가 일어나기 위한 필요충분조건이다.

로저스의 관점에서 보면 내담자–상담자 관계는 평등하다. 상담자는 자신의 지식을 비밀로 하거나 상담 과정을 신비화하려고 하지 않는다. 내담자에게서 일어나는 변화 과정은 상당히 이 평등한 관계의 질에 의존한다. 상담자가 수용적으로 내담자를 경청하는 것을 내담자가 경험하면서 내담자는 점차적으로 스스로를 수용적으로 듣는 방법을 배운다. 상담자가 내담자를 돌보고 귀하게 여기는(지금까지 감추어지고 부정적으로 여겨졌던 것조차) 것을 경험하면서 내담자는 자신의 가치와 중요성을 발견하게 된다. 상담자의 진실성을 경험함에 따라 내담자는 가면을 벗고 자신과 상담자에게 진실하게 된다.

이 인본주의적 접근의 특징은 **존재의 방법**(way of being)과 **함께하는 여행**(shared journey), 즉 상담자와 내담자가 자신의 인간성을 드러내고 성장 경험에 동참하는 것이다. 상담자는 이 여행에서 안내자가 된다. 이는 보통 상담자가 내담자보다 이 역할에서 심리적 경험이 더 있기 때문이다. 상담자들은 자신의 인생 경험을 넓히려고 노력해왔고, 자신의 자기 지식을 심화시키기 위해 필요한 것을 기꺼이 하려고 한다.

로저스는 자신의 이론이 매우 도발적이고 급진적이라는 점을 인정했다. 그의 주장은 다른 상담자들이 효과적인 심리치료를 위해 필요하다고 여겼던 많은 조건들을 불필요하다고 했기 때문에 많은 논쟁을 불러일으켰다. 그러나 점차 많은 치료학파에서 진솔성, 무조건적 긍정적 존중, 정확한 공감적 이해라는 상담자의 핵심 조건들을 심리치료적 변화를 촉진시키는 필수적 조건으로 받아들였다. 이 핵심 조건은 상담자의 함께하는 자세와 더불어 학습을 위한 안전한 환경을 조성하는 것에 전체적으로 작동한다(Cain, 2010). 이론적 입장이 어떠한지에 관계없이 대부분의 상담자는 특히 상담 초기 단계에서는 내담자를 충분히 그리고 공감적으로 경청하기 위해 노력한다. 이제 이 핵심 조건이 어떻게 상담 관계의 부분이 되는지를 자세히 살펴볼 것이다.

일치 또는 진솔성 **일치**(congruence)는 상담자가 진실하다는 의미이다. 즉, 상담자가 상담 시간 동안 진실하고 통합되어있으며 참되다는 것이다. 그들은 거짓된 겉치레가 없고, 자신의 내적 경험과 그 경험의 외적 표현이 일치하며, 내담자와의 관계에서 현존하는 감정, 사고, 반응, 태도 등을 솔직하게 표현할 수 있다. 이 의사소통은 상담자 편에서 사려 깊은 성찰과 깊이 고려한 판단과 함께 이루어진다(Kolden, Klein, Wang, & Austin, 2011).

진정성을 통해 상담자는 더 진실함을 위해 분투하는 인간의 모형이 된다. 진솔하면 필연적으로 분노, 좌절, 선호, 관심, 고통 등을 포함하는 광범위한 감정을 표현하게 된다. 그렇다고 상담자가 자신의 모든 반응을 강박적으로 이야기해야 한다는 것은 아니다. 자기개방은 적합하고 때맞게 이루어져야 하며 건설적인 치료적 의도를 지녀야 한다. 상담자가 진실하고자 지나치게 노력하면 실수하기도 한다. 개인적인 내용을 진솔하게 표현하지 않고 단지 내담자에게 좋을 것이라는 이유만으로 이야기하는 것은 부조화를 초래할 수 있다. 인간중심 치료에서는 상담자가 내담자에 대해서 느끼는 것과 다르게 행동하면 상담을 하지 말라고 강조한다. 예를 들어, 상담자가 내담자를 싫어하고 인정하지 않으면서 겉으로는 수용하는 척한다면 상담은 실패할 것이다. 케인(Cain, 2010)은 상담자가 내담자에게서 나타나는 욕구에 맞추면서 그에게 가장 도움이 되는 방식으로 반응해야 한다고 강조한다. 상담자가 이것을 염두에 두면 대부분 올바른 치료적 결정을 할 수 있다.

로저스의 진솔성 개념은 온전히 자기실현을 한 상담자만이 효과적인 상담을 할 수 있다는 의미가 아니다. 상담자도 사람이기 때문에 온전한 진정성을 갖기를 기대할 수 없다. 진솔성은 매우 진솔한 수준부터 매우 진솔하지 않은 수준까지 연속선상에 있다. 이것은 세 특성 모두 마찬가지다.

무조건적 긍정적 존중과 수용 상담자가 의사소통해야 할 두 번째 태도는 내담자를 한 인간으로 깊고 진실하게 돌보는 것이다. **무조건적 긍정적 존중**(unconditional positive regard)은 내담자에 대한 공감적 확인을 통해 가장 잘 이루어질 수 있다(Farber & Doolin, 2011). 돌봄은 비소유적이며, 내담자의 감정, 생각, 행동을 좋거나 나쁘다고 평가하거나 판단하는 것으로 오염되지 않는다. 상담자는 어떤 조건도 달지 않고 내담자를 귀하게 여기고 따뜻하게 받아들인다. 이는 '나는 당신이 ……할 때 수용할 것입니다.'라는 태도가 아니라 '나는 당신을 있는 그대로 수용합니다.'라는 태도다. 상담자는 그들이 내담자를 있는 그대로 가치 있게 여기며 내담자가 자신만의 감정과 경험을 가질 자유가 있다는 것을 자신의 행동을 통해 전달한다.

로저스(1977)에 의하면 비소유적인 방법으로 내담자에게 주어지는 돌봄, 칭찬, 수용, 귀하게 여김 등이 클수록 상담은 성공할 가능성이 크다. 또한 그는 상담자가 항상 수용과 무조건적인 돌봄을 진실하게 느낄 수는 없다고 명시하였다. 그러나 상담자가 내담자를 존중하지 않거나 적극적으로 싫어하거나 혐오한다면 상담 작업이 성공할 수는 없다. 만약 상담자의 돌봄이 사랑받고 칭찬받고 싶은 자신의 욕구에서 비롯된 것이라면 내담자의 건설적인 변화는 이루어질 수 없다. 이 긍정적 존중의 개념은 상담자의 이론적 입장에 관계없이 중요한 의미를 지닌다(Farber & Doolin, 2011).

정확한 공감적 이해 상담자의 중요한 과제 중 하나는 상담 회기 동안 매 순간의 상호작용에 나타나는 내담자의 경험과 감정을 있는 그대로 민감하고 정확하게 이해하는 것이다. 상담자는 내담자의 주관적 경험, 특히 '지금 여기'에서의 경험을 알아차리려고 노력한다. 그 목적은 내담자가 자신에게 더 가까이 다가가서 더 깊고 집중적으로 느끼게 해서 그들 속에 있는 불일치를 인식하고 해결하도록 하는 것이다

공감(empathy)은 내담자 곁에서 내담자에 대해 깊은 주관적 이해를 갖는 것이다. 공감은 동감이나 내담자에게 미안함을 느끼는 것이 아니다. 상담자가 내담자의 감정과 유사한 자신의 경험을 이야기하는 방법으로 내담자의 주관적 세계를 다루는 경우도 있다. 그러나 상담자는 자신과 내담자를 분리할 수 있어야 한다. 로저스는 상담자가 자신의 분리된 정체성을 잃지 않고 내담자가 보고 느끼는 대로 내담자의 사적인 세계를 파악할 수 있을 때 건설적인 변화가 일어날 수 있다고 강조하였다. 공감, 특히 정서에 초점을 둔 공감은 내담자로 하여금 (1) 자신의 경험에 주의를 기울이고 가치를 부여하며, (2) 자신의 경험을 인지적으로 그리고 신체적으로 진행시키고, (3) 이전 경험을 새로운 시각으로 보며, (4) 자신의 선택과 행동을 더 확신하게 한다(Cain, 2010).

클라크(Clark, 2010)는 세 가지 방식의 앎에 기초한 통합적 공감 모형을 제시했다. (1) **주관적 공감**은 상담자가 내담자가 된다는 것이 무엇인지를 경험하는 것이다. (2) **대인관계적 공감**은 내담자의 내적 참조 체계를 이해하고 개인적인 의미를 전달하는 것을 의미하며, (3) **객관적 공감**은 내담자의 내적 참조 체계 이외의 지식을 자원으로 삼는다. 다양한 관점의 공감 모형을 사용하면 상담자는 내담자를 더 넓은 폭으로 이해할 수 있다.

정확한 공감은 인간중심 접근의 핵심이며 효과적인 상담의 필수 요소다(Cain, 2010). **정확한 공감적 이해**(accurate empathic understanding)란 상담자가 내담자의 감정을 마치 자기 것처럼 느끼되 자신을 잃지 않는 것이다. 이는 내담자가 종종 의식 가장자리에 있는 의미를 표현하는 것을 상담자가 파악해내는 것이다. 내담자가 상담자의 공감을 경험하는지를 알아내는 가장 좋은 방법은 내담자로부터 피드백을 받는 것이다(Norcross, 2010).

왓슨(Watson, 2002)에 의하면 충분한 공감은 내담자 경험의 의미와 감정을 모두 다룬다. 이는 '내담자 자신이 된다는 것이 어떤 것인지'를 파악하는 것이다. 공감은 내담자의 인지적 과정과 정서적 자기 조절을 촉진하는 적극적 변화 요소다. 치료적 공감에 대한 왓슨의 종합적인 연구 문헌 검토에 의하면 상담자의 공감은 상담에서 내담자가 보이는 변화의 가장 강력한 예측 요인이다. 공감은 모든 상담 모형에서 성공적인 상담의 핵심 요소다.

내담자가 상담자로부터 이해받았다고 생각하는 것은 상담 성과와 밀접하게 관련된다. 공감적인 상담자는 내담자의 경험의 의미를 발견하고, 내담자의 전반적인 목표를 이해하며, 내담자에 맞추어 반응하려고 노력한다. 효과적인 공감은 내담자에 대한 진정한 돌봄에 기초한다(Elliott, Bohart, Watson, & Greenberg, 2011).

적용: 상담 기법과 절차

감정 반영에 대한 초기의 강조

로저스가 처음에 강조한 것은 내담자의 세계를 파악해서 그 이해를 반영하는 것이었다. 그러나 심리치료에 대한 그의 관점이 발전하면서 그의 초점이 절대적인 비지시적 입장으로부터 전환되어 상담자와 내담자의 관계를 강조했다. 로저스가 내담자와 함께하는 상담자의 관계 태도와 근본적인 방식이 변화 과정의 핵심을 이룬다고 주장했음에도 불구하고 많은 로저스의 추종자들은 그의 반영 방식을 단순히 모방하기만 해서 내담자중심 치료가 주로 반영 기술로 이해되기도 했다. 인간중심 접근의 발전에 기여한 로저스와 여러 사람들은 이 접근이 내담자가 말한 것을 단순히 재진술하는 것이라고 보는 전형적인 관점에 대해 비판했다.

인간중심 접근의 발전

학습 목표 06 현재의 인간중심 치료는 70년 이상의 진화 과정의 산물이며 계속 변화와 수정의 가능성을 열어놓고 있다. 로저스가 상담 분야에 한 큰 공헌 중의 하나는 기법 구사보다는 상담 관계의 질이 내담자의 성장을 이끄는 가장 중요한 요소라는 생각을 제시한 것이다. 내담자와 강한 관계를 형성할 수 있는 상담자의 능력이 성공적인 상담 성과를 결정하는 가장 핵심적인 요인이다.

인간중심 치료에 있어 기본적인 기법이란 없다. 내담자와 '함께 있고' 그들의 인식과 감정의 세계에 깊이 들어가는 것만으로도 변화의 과정을 충분히 촉진시킬 수 있다. 인간중심 상담자라고 해도 제안 기법을 금지하지는 않는다. 다만 어떻게 제안을 하는지가 중요하다. 어떤 내담자는 지시가 있을 때 잘하는 반면 어떤 내담자는 비지시적인 분위기에서 더 잘한다(Cain, 2010). 내담자의 진전에 핵심적인 것은 상담자의 **함께함**(presence)이다. 이는 내담자가 표현한 걱정에 대해서뿐만 아니라 내담자에게 완전히 집중하며 몰입해있는 상태다(Cain, 2010). 경청, 수용, 존중, 이해, 반응 등의 질과 기술은 상담자의 진실한 표현이어야 한다. 기법은 그것이 내담자와 상담자가 공감적인 방법으로 함께하는 것을 도와줄 수 있는 경우 사용된다. 기법은 내담자에게 '아무것이나 하는' 것이 아니다(Bohart & Watson, 2011).

로저스는 인간중심 치료가 계속 발전하고 다른 사람들이 새로운 분야를 개척하는 것을 돕기를 원했다. 인간중심 치료가 발전한 주요 방법은 다양성, 혁신, 개별화다. 이제 인간중심 치료를 실천하는 단일한 방법은 없다(Cain, 2010). 상담자가 자신의 반응을 이야기하고, 돌보는 방식으로 내담자를 직면하고, 상담 과정에 더 적극적이고 온전하게 참여할 여지가 더 많아졌다(Bozarth, et. al., 2002). **즉시성**(immediacy), 또는 내담자와 상담자 사이에 일어나는 일을 언급하는 것은 이 접근에서 매우 가치 있는 것으로 여겨진다. 이런 발달로 인해 다양한 방법을 사용하는 것이 장려받고, 인간중심 상담자들 간에 상당히 다양한 개인적 양식이 허용된다. 진솔성에 집중하게 되면서 상담자가 자신의 성격에 맞는 유연하고 통합적인 방법을 사용할 수 있게 되었을 뿐만 아니라 내담자별로 적합한 상담 관계를 맺을 수 있는 더 큰 유연성을 갖게 되었다(Bohart & Watson, 2011).

케인(2010, 2013)에 따르면 상담자가 각 내담자의 독특한 욕구를 수용하기 위해 자신의 상담 방식을 변화시키는 것이 중요하다. 인간중심 상담자는 내담자를 돕기 위해 다양한 반응과 방법을 사용할 수 있다. 이때 상담자에게 필요한 질문은 '그것이 적합한가?'이다. 케인이 보기에 이상적인 상담자는 자신이 하는 것이 적합한지를 계속 모니터하는데 특히 자신의 상담 방식이 내담자가 문제를 보고 이해하는 방식과 어울리는지를 살펴본다. 케인 박사가 인간중심 방식으로 루스 사례를 상담하는 모습은 『통합적 상담: 사례중심의 접근』(Corey, 2013) 5장을 보라.

오늘날 인간중심 접근을 실천하는 사람들은 이론과 기법의 발전과 각자의 개인적인 방법이 반영된 매우 다양한 방식으로 일한다. 이런 모습은 다행스럽고 바람직한데 왜냐하면 로저스를 모방하면서 우리 자신에게 충실할 수는 없기 때문이다. 로저스를 닮으려고 우리의 방식을 바꾸려고 하는데 그것이 우리에게 맞지 않는다면 우리는 우리 자신이 되지 못하며, 충분히 진솔하지 못하게 된다.

평가의 역할

종종 평가는 상담 과정을 하기 위해 사전에 필수적으로 해야 하는 것으로 여겨진다. 많은 정신건강 관련 기관들은 진단 도구나 내담자의 강점과 취약점 검사 도구와 같은 다양한 도구와 평가 절차를 사용한다. 인간중심 상담자들은 이런 절차들이 내담자에 대한 전문가의 외부 관점을 부추기기 때문에 전통적인 평가나 진단이 유용하지 않다고 본다(Bohart & Watson, 2011). 상담자가 내담자를 어떻게 평가하는지보다는 내담자의 자기평가가 더 중요하다. 인간중심 관점에서 볼 때 내담자에 대한 지식의 가장 좋은 자원은 내담자 개인이다. 로저스는 상담이란 상담자와 내담자가 계속적인 자기이해 과정에 참여하는 공동 평가라고 생각했다.

대부분의 상담 기관에서 단기 상담 시 평가는 중요하게 여겨지며, 내담자는 자신의 상담에 핵심적인 결정을 내리는 데 협력적으로 참여한다. 지금은 평가를 상담 과정에 포함할 것인지보다는 평가와 상담 과정에 내담자를 어떻게 참여시킬 것인지를 고려해야 한다.

인간중심 접근 철학의 적용

인간중심 접근은 개인, 집단, 가족 상담에 적용되어왔다. 보자르스, 짐링, 타우쉬(2002)는 불안장애, 알코올 의존증, 신체화 장애, 광장공포증, 대인관계 문제, 우울, 암, 성격

장애 등 다양한 문제를 다룬 인간중심 치료의 효과성을 보여주는 1990년대에 수행된 연구들을 살펴보았다. 인간중심 치료는 다른 목표 지향적 상담만큼 성공적이었다. 게다가 1990년대에 수행된 성과 연구는 효과적인 상담이 내담자의 내적, 외적 자원과 결합된 내담자–상담자 관계에 달려있다는 점을 보여주었다(Duncan, Miller, Wampold, & Hubble, 2010).

인간중심 접근은 다양한 상황에서 사람들을 상대하는 전문가와 준전문가를 훈련하는 데 광범위하게 사용되었다. 이 접근은 해석을 통해 내담자를 앞서기보다는 내담자와 함께 머무를 것을 강조했다. 심층적인 심리교육을 받지 않은 사람도 진솔성, 공감적 이해, 무조건적 긍정적 존중을 자신의 개인적, 전문적 생활에 활용하여 유익을 얻을 수 있다. 수용적인 태도로 자기 자신을 경청하는 것은 자기가 자신의 상담자가 되는 유용한 기술이다. 기본 개념은 명확하며 이해하기 쉽다. 이 접근은 개인의 통제와 권한을 부인하는 권위적 구조를 강화하지 않고 각 개인에게 힘을 부여한다. 이 핵심 기술들은 이 교재에서 다루는 모든 상담 체계에 적용될 수 있는 핵심 기초를 제공한다. 이런 관계와 의사소통 기술이 부족한 상담자는 내담자를 위한 상담 프로그램을 효과적으로 수행할 수 없다.

인간중심 접근은 상담자에게 많은 것을 요구한다. 효과적인 인간중심 상담자는 든든하고, 중심이 잡혀있으며, 진실하고, 존중하며, 돌보고, 현재에 충실하며, 집중하고, 인내하며, 수용하는 성숙하고 영리한 듣는 사람이 되어야 한다. 인간중심적인 **사람됨**(way of being)이 없다면 기법의 단순한 적용은 피상적인 것이다. 나탈리 로저스(2011)는 인간중심 접근은 머리로 이해하기는 쉽지만 실천하기는 매우 어려운 방법이라고 말한다. 그녀는 또한 진솔성, 긍정적 존중, 공감 등의 핵심 조건은 집단에서 신뢰, 안전, 성장을 이루기 위해서도 중요하다는 점을 계속 강조한다.

위기 개입에 적용하기

학습 목표 07 인간중심 접근은 원하지 않는 임신, 질병, 재난, 사랑하는 사람의 상실 등의 위기 개입에 적용될 수 있다. 인간조력 전문직(간호, 의료, 교육, 종교) 사람들은 다양한 위기 상황에 가장 먼저 가는 사람이므로 이 장에서 다루는 기본 태도를 가지고 있으면 많은 것을 할 수 있다. 위기에 처한 사람은 우선 자신을 충분히 표현할 기회를 갖는 것이 필요하다. 이때 민감한 경청, 잘 들어주기, 이해 등이 필수적이다. 누군가가 들어주고 이해해준다는 것은 위기에 처한 어려운 사람들을 도와 고통 중에서 이들을 진정시키고, 잘 생각해서 최선의 결정을 내릴 수 있게 한다. 개인의 위기가 한두 번 조력자를 만난다고 해결되지는 않지만 이런 만남을 통해 나중에 도움을 받는 것에 대해 열린 마음을 갖게 된다. 위기에 처한 사람이 이해받고 수용받는 경험을 하지 못하면 '정상적인 생활로 돌아갈' 희망을 잃고 나중에도 도움을 받으려고 하지 않는다. 진실한 지지, 돌봄, 비소유적 온정은 위기를 극복하고 해결하기 위해 무엇인가를 하도록 동기를 부여하는 다리를 만들어준다. 깊은 이해감을 전달하는 일은 다른 문제해결 개입보다 항상 먼저 주어져야 한다.

위기 상황에서는 위기를 경험하지 않은 내담자의 경우와는 달리 인간중심 상담자도 구조와 지시를 제공할 필요가 있다. 내담자가 효과적으로 기능하지 못하는 경우에는 제안, 안내, 지시 등도 필요할 수 있다. 예를 들어 자살을 시도하는 내담자는 자해를 막기 위해 입원 조치를 취하는 것이 필요하다.

집단상담에 적용하기

인간중심 접근은 집단 상담자가 지도자가 아닌 촉진자라는 독특한 역할을 할 것을 강조한다. 촉진자의 일차 기능은 안전하고 치유적인 분위기를 만드는 것이다. 여기에서 집단 구성원들은 정직하고 의미 있는 방식으로 상호작용할 수 있게 된다. 이런 분위기에서 구성원들은 스스로를 더 잘 존중하고 신뢰하고, 더욱 자기 주도적이며 스스로에게 힘을 부여한다. 촉진자의 존재 방식이 집단 내의 생산적인 분위기를 만든다.

> 촉진자가 참여자들로 하여금 집단 과정을 신뢰하게 만들 수는 없다. 촉진자는 존중하고 돌보며 사랑하는 것을 통해 신뢰를 얻는다. 효과적인 집단 촉진자가 되는 것은 그의 '사람됨'과 깊은 관계가 있다. 촉진자 자신이 온전히 함께하며, 사려 깊고, 돌보며, 진실하며, 반응적인 역량이 없으면 어떤 방법이나 기법도 신뢰를 일으킬 수 없다. 여기에는 사람들을 건설적으로 도전하는 능력도 포함된다. (N. Rogers, 2011, p.57)

촉진자가 함께하고 구성원들이 지지해주는 것을 경험하면서 참여자들은 변화를 위한 고통을 혼자 경험할 필요가 없으며 집단 전체가 자신의 변화의 자원이라는 점을 알게 된다.

칼 로저스(1970)는 촉진자가 구성원에 대한 깊은 신뢰감을 보여주고 집단을 움직이기 위해 기법이나 연습을 사용하지 않으면 집단이 앞으로 전진한다고 믿었다. 촉진자는 해석이나 집단 과정을 관찰하는 언급을 하지 않아야 하는데 이는 이런 언급은 집단이 자기를 의식하게 하고 진행 과정을 방해하게 되기 때문이다. 집단 과정을 관찰하는 것은 참여자들이 해야 한다. 이것이 참여자들에게 집단 진행에 대한 책임을 부여한 로저스의 철학과 부합한다. 집단 촉진자는 특정한 목표를 향해서 구성원을 이끄는 것이 아니라 구성원들이 진솔성, 수용, 공감의 태도를 발달시키도록 해서 구성원들이 스스로 집단의 방향성을 갖고 치료적 방식으로 상호작용하게 한다.

여기에서 다루는 핵심 조건은 집단 지도자의 이론적 지향에 관계없이 어떤 집단 촉진자의 방식에도 잘 적용될 수 있다. 지도자가 인간중심적인 분위기를 만들 수 있을 때에야 집단 내에서 진전이 있을 것이다. 이 교재에서 다루어지는 모든 이론은 상담 관계의 질을 기초로 하고 있다. 앞으로 살펴보겠지만 집단상담에서의 인지행동 접근도 작업 동맹과 협력적인 관계 형성을 강조한다. 사실 대부분의 효과적인 집단 작업 접근은 인간중심 철학의 핵심 요소를 공유한다. 인간중심 집단상담을 더 자세히 알아보려면 코리의 저서(2016) 10장을 보라. 또한 나탈리 로저스(2011)의 『집단을 위한 창조적 관계 맺기: 치유와 사회 변화를 위한 인간중심의 표현 예술(The Creative Connection for Groups: Person-Centered Expressive Arts for Healing and Social Change)』을 보라.

인간중심 표현예술 치료*

학습 목표 08 나탈리 로저스(1993, 2011)는 개인과 집단에서 성장을 촉진하기 위해 표현 예술을 사용하여 아버지(C. Rogers, 1961)의 창의성 이론을 확장하였다. **표현예술 치료**(expressive arts therapy)로 알려진 나탈리 로저스의 접근은 인간중심 접근을 자발적인 창의적 표현으로 확장시켰는데, 이는 심층적이고 때로는 접근하기 어려운 감정과 정서 상태를 상징적으로 나타내 보여준다. 인간중심 표현예술 훈련을 받은 상담자는 내담자가 몸동작, 시각적 예술, 일기 쓰기, 소리, 음악 등으로 자신의 감정을 표현하고 이 활동들을 통해 통찰을 얻도록 한다.

표현예술 치료의 원리

표현예술 치료는 성장, 치유, 자기 발견 등의 목적을 위해 몸동작, 그림, 조각, 음악, 글쓰기, 즉흥예술 등 다양한 예술 형식을 사용한다. 이는 마음, 신체, 정서, 내적 영적 자원을 통합하는 다차원적 접근이다. 표현예술 치료의 방법은 인본주의 원리에 기초하고 있지만 칼 로저스의 창의성 개념에 더 가깝다. 이 접근의 원리는 다음과 같다(N. Rogers, 1993).

- 모든 사람은 타고난 창조적 능력을 지니고 있다.
- 창조적 과정은 변형적이며 치유적이다. 치유적 측면은 명상, 움직임, 예술, 음악, 일기 쓰기 등과 같은 활동을 포함한다.
- 인격의 성장과 높은 의식 수준은 자각, 자기이해, 통찰을 통해 성취된다.
- 자각, 이해, 통찰은 슬픔, 분노, 고통, 두려움, 즐거움, 환희 등의 감정을 탐색할 때 얻을 수 있다.
- 우리의 감정과 정서는 표현예술을 통해 방출되고 변형되는 에너지원이다.

* 이 절의 많은 자료는 『창조적 관계 맺기: 치유의 표현예술(The Creative Connection: Expressive Arts as Healing)』(N. Rogers, 1993), 『집단을 위한 창조적 관계 맺기: 치유와 사회 변화를 위한 인간중심의 표현 예술』(N. Rogers, 2011)에서 개발된 핵심적인 생각에 기초하고 있다. 이 절은 나탈리 로저스의 긴밀한 협조에 힘입어 썼다.

- 표현예술 치료는 우리를 무의식으로 인도해서 이전에는 알지 못했던 우리의 내면을 표현하여 새로운 정보와 자각을 갖게 해준다.
- 하나의 예술 양식은 다른 양식을 자극하고 풍성하게 해주어서 우리 삶의 에너지인 내면의 중심 또는 핵심으로 이끌어준다.
- 우리 삶의 힘(내면의 중심 또는 영혼)과 모든 존재의 핵심은 연결되어있다.
- 우리의 핵심 또는 온전함을 발견하기 위해 내면으로 여행하게 되면 우리는 우리가 외부 세계와 연관되어있음을 발견하게 되고, 내면과 외부가 하나가 되어간다.

다양한 예술 형식은 나탈리 로저스가 말한 '창조적 관계 맺기'로 서로 연관되어있다. 우리가 움직이면 그것은 우리가 쓰거나 그림 그리는 방식에 영향을 미친다. 우리가 쓰거나 그림을 그리면 그것은 우리의 느낌과 생각에 영향을 미친다.

나탈리 로저스의 접근은 개인과 집단 과정에 대한 인간중심이론에 기초하고 있다. 칼 로저스와 그의 동료들이 촉진적인 상담자–내담자 관계를 강화하는 데 기초가 된다고 제시한 조건들이 여기에서도 창의성이 발휘되도록 돕는다. 인격적 성장은 진실하고 따뜻하며 공감적이고 개방적이며 정직하고 진솔하며 돌보는(우선 경험해야 배울 수 있는 특성들) 상담자 또는 촉진자가 만드는 안전하고 지지적인 환경에서 일어난다. 이런 경험을 성찰하고 평가하는 시간을 갖게 될 때 지적, 정서적, 신체적, 영적 수준에서 인격적 통합이 이루어진다.

창의성과 자극 경험 제공

나탈리 로저스에 의하면 온전히 자신이 되고자 하는 개인의 내적 추동에 대한 깊은 신뢰는 인간중심 표현예술 작업의 기초가 된다. 개인은 적절한 환경만 주어진다면 엄청난 자기 치유 능력을 가지고 있다. 한 개인이 인정받고 신뢰받는 환경에서 개성을 발휘하여 계획을 세우고 프로젝트를 만들며 보고서를 쓰거나 진정성을 갖도록 지지받으면 그 도전은 신나고 새로운 것을 유발하며 개인이 확장되는 경험을 제공한다. 나탈리 로저스는 선천적인 창의성을 포함하여 온전히 잠재력을 발휘하고 실현하려는 경향성이 우리 사회에서 평가절하되고, 무시되며 자주 억눌린다고 보았다. 전통적인 교육기관은 자신만의 생각과 창의적 과정보다는 순응적 태도를 기른다.

인간중심 표현예술 치료는 심층적이고 때로는 접근하기 어려운 감정과 정서 상태를 상징적으로 보여주는 즉흥적인 창의적 표현을 하기 위해 예술을 활용한다. 창의성이 나타나도록 하는 조건은 수용, 무비판적 환경, 공감, 심리적 자유, 자극하고 도전하는 경험의 가능성 등이다. 이런 환경에서야 내담자의 촉진적인 내적 상태가 촉발되어 활성화된다. 내담자는 비방어적인 개방성을 경험하고, 다른 사람의 반응을 받아들이면서도 그것을 지나치게 의식하지 않는 내적 평가 준거를 갖게 된다. 만일 예술가만이 창의성의 영역에 들어갈 수 있다고 생각한다면 우리의 충만하고 즐거운 창의성이라는 자원을 몰라서 버리는 것이라고 나탈리 로저스(1993)는 생각했다. 예술은 천재나 장인만을 위한 것이 아니다. 우리 모두 자기표현과 인격적 성장을 촉진하기 위해 다양한 예술 형식을 사용할 수 있다.

동기강화 상담

학습 목표 09 **동기강화 상담**(Motivational Interviewing: MI)은 윌리엄 밀러(William R. Miller)와 스테판 롤닉(Stephen Rollnick)이 1980년대 초에 개발한 인본주의적이고 내담자 중심적이며 사회심리적이고 약간 지시적인 상담 접근이다. 이 증거 기반 상담의 임상적, 학문적 적용에 대해 최근 관심이 증가했으며, 동기강화 상담은 비교적 단기간의 개입에 효과적인 것으로 나타났다(Corbett, 2016; Dean, 2015). 동기강화 상담은 인본주의적 접근에 기초하고 있으며, 인간중심 치료와 여러 가지 기본적인 면에서 유사하고, 전통적인 인간중심 접근을 확장해주었다.

동기강화 상담은 처음에는 음주 문제에 개입하기 위해 만들어졌지만 최근에는 약물 중독, 도박 강박, 섭식장애, 불안장애, 우울, 자살, 만성 질병 관리, 운동 행동 변화 등 광범위한 임상 현장에서 사용되고 있다(Arkowitz & Miller, 2008; Arkowitz & Westra, 2009). 동기강화 상담은 내담자의 자기책임을 강조하며, 문제행동에 대한 대안적 해결책을 마련하기 위해 내담자와 협조적으로 작업하도록 하는 초대 방식을 사용한다. 동기강화 상담은 내담자가 변화 과정에서 종종 경험하는 교착 상태를 다루는 다양한 방법을 제공한다. 동기강화 상담과 인간중심 상담은 내담자의 능력, 강점, 자원, 역량을 신뢰한다. 그 전제는 내담자는 건강해지기를 바라며 긍정적 변화를 원한다는 것이다.

동기강화 상담의 정신

동기강화 상담은 인간중심 치료의 철학에 뿌리내리고 있지만 '방향 전환'이 있다. 비지시적이고 비구조적인 인간중심 접근과 달리 동기강화 상담은 내담자의 참조 체계에 머물러 있으면서도 신중하게 지시적이다. 우선적인 목표는 변화에 대한 내담자의 양가적 태도를 감소시키고 변화에 대한 내담자 자신의 동기를 증가시키는 것이다. 밀러와 롤닉(2013)에 의하면 "동기강화 상담은 사람들로 하여금 자신의 가치와 관심사에 기초하여 자신과 대화하여 변화에 이르도록 대화를 조정하는 것이다"(p.4). 상담자는 단순히 이 접근의 전략을 적용하기보다는 치료의 관계적 맥락이라는 동기강화 상담의 정신 안에서 활동하는 것이 중요하다. 동기강화 상담의 태도와 기술은 인간중심 철학에 기초하고 있어서 개방 질문을 사용하고, 반영적 경청 기법을 활용하며, 안전한 환경을 조성하고,

내담자를 긍정하고 지지하며, 공감을 표현하고, 직면적이지 않은 태도로 저항에 반응하며, 양가적 태도에 대한 토론을 안내하고, 회기 마지막에 요약과 연결을 하며, '변화 이야기'를 이끌어내고 강화한다(Dean, 2015). 동기강화 상담자들은 내담자와 논쟁하는 것을 피하며, 저항을 건강한 반응으로 본다. 동기강화 상담자들은 내담자를 패배시켜야 할 적군으로 보는 것이 아니라 현재와 장래의 성공에 중요한 역할을 하는 동지로 본다. 상담자는 내담자가 변화를 위해 스스로의 옹호자가 되며 자기 생활 변화의 일차적 책임자가 되도록 돕는다.

인간중심 치료와 동기강화 상담에서 공통적으로 상담자는 정확한 공감과 무조건적인 긍정적 존중의 태도를 의사소통함으로써 성장과 변화의 조건을 제공한다. 동기강화 상담에서 성공적 성과를 얻기 위해서는 상담자가 활용하는 구체적인 이론적 모형이나 심리치료 학파만큼 상담 관계가 중요하다(Miller & Rollnick, 2013). 동기강화 상담과 인간중심 상담은 모두 개인은 변화하려는 내적 동기를 일으키는 능력을 지니고 있다는 전제를 기반으로 한다. 변화에 대한 책임은 상담자가 아니라 내담자에게 있으며, 상담자와 내담자는 변화가 가능하다는 희망감과 낙관주의를 공유한다. 일단 내담자가 자신에게 변화와 치유의 능력이 있다는 것을 믿게 되면 그들에게 새로운 가능성이 열리게 된다.

동기강화 상담의 기본원리

밀러와 롤닉(2013)은 동기강화 상담의 다섯 가지 기본 원칙을 제시하였다.

1. 상담자는 판단이나 비판 없이 내담자의 관점으로 세계를 경험하려고 노력한다. 동기강화 상담은 반영적 경청을 강조하는데 이는 상담자가 내담자의 주관적 세계를 더 잘 이해하는 방법이다. 공감을 표현하는 것은 내담자가 변화에 대한 자신의 양가적 태도를 탐색하게 하는 안전한 환경을 형성하는 기초가 된다. 만약 내담자가 천천히 변화한다면 내담자는 변화할 이유뿐만이 아니라 지금 그대로 남아있어야 하는 이유를 가지고 있는 것이다.
2. 동기강화 상담은 불일치와 양가적 태도를 부추기고 탐색하기 위해 설계되었다. 상담자는 변화의 동기를 일으키기 위해 내담자의 행동과 가치 간의 불일치를 반영해 준다. 상담자는 내담자가 변화하지 않으려는 주장과 비교해서 변화하려는 주장에 특별한 주의를 기울인다. 상담자는 변화에 대한 논의를 잘 하도록 하는 특별한 전략을 사용해서 변화에 관한 이야기를 이끌어내고 강화한다. 상담자는 변화가 일어날 것인지, 그리고 변화가 일어난다면 어떤 종류의 변화가 일어나고 언제 일어날지를 내담자가 결정하도록 한다.
3. 변화하지 않으려는 태도는 상담 과정에서 예견될 수 있다고 본다. 비록 개인이 삶의 변화를 이루는 것의 이익을 알고 있어도 변화에 대한 많은 걱정과 두려움을 가

질 수 있다. 상담을 받으러 오는 사람들은 종종 변화에 대해 양가적 태도를 지니며, 그들의 동기는 상담 과정 동안 오락가락 한다. 동기강화 상담자는 저항을 존중하는 입장에서 내담자의 어떤 거리낌이나 망설임도 치료적으로 다룬다. 동기강화 상담자는 내담자를 거부, 설득, 논쟁하지 않는데, 이는 이런 방법이 저항을 더 견고하게 만들기 때문이다. 대신 상담자는 저항과 함께 지내면서 이를 통해 내담자의 방어를 약화시킨다(Corbett, 2016).

4. 상담자는 내담자가 자기효능감을 갖도록 하는데, 이는 자신의 자원을 사용해서 변화를 성공으로 이끌기 위해 필요한 행동을 하도록 격려하는 것을 통해 이루어진다. 동기강화 상담자는 변화에 있어 내담자의 주도성을 강화하고, 내담자에게 자신의 개인적 목표를 세우고 스스로 결정할 권리와 내적 능력이 있음을 강조한다. 동기강화 상담은 현재와 미래의 조건에 초점을 맞추며 내담자가 자신의 목표를 성취할 방법을 찾도록 힘을 북돋아준다.
5. 내담자가 변화에 대한 저항이 감소되고 변화에 대한 대화가 증가되는 것을 통해 변화할 준비가 되었다는 표시를 보일 때 동기강화 상담의 결정적인 단계가 시작된다. 이 단계에서 내담자는 변화하려는 바람과 능력을 표현하고, 변화에 대한 질문에 관심을 보이며, 회기 사이에 변화하는 실험을 해보고, 일단 변화가 이루어지면 그들의 삶이 어떻게 달라질 것인지를 보여주는 미래에 대한 그림을 그리기 시작한다. 이때 상담자는 변화에 대한 내담자의 결심을 강화하고 그들이 변화계획을 실행하도록 돕는 것에 초점을 두게 된다.

변화 단계

변화 단계 모형은 상담 과정에서 사람들이 일련의 다섯 가지 구별되는 단계를 거쳐 변화한다고 가정한다. **숙고전 단계**(precontemplation stage)에서는 조만간 행동을 변화시키겠다는 의지가 보이지 않는다. **숙고 단계**(contemplation stage)에서는 문제를 인식하게 되어 이를 해결해야겠다는 생각을 하지만 아직 변화하기 위한 행동을 할 만큼 몰두하지는 않는다. **준비 단계**(preparation stage)에서는 즉각적으로 행동하려 하고 작은 행동 변화가 보인다. **행동 단계**(action stage)에서는 문제를 해결하기 위해 행동을 수정하는 단계를 밟아간다. **유지 단계**(maintenance stage)에서는 성과를 공고하게 하고 문제의 재발을 예방하기 위해 노력한다.

사람들은 이 다섯 단계를 직선적으로 통과하지 않으며, 내담자의 준비도는 변화 과정 동안 오르락내리락 한다. 변화가 성공적이지 않으면 초기 단계로 돌아가기도 한다(Prochaska & Norcross, 2014). 동기강화 상담자는 내담자가 경험하는 단계에 맞는 개입을 시도한다. 만약 과정과 단계 간에 불일치가 있게 되면 그 단계 통과가 지연되며 이는 거부 행동으로 나타날 수 있다. 내담자가 거부나 저항을 보인다면 이는 상담자가 내담자의 준비도를 잘못 판단했기 때문일 수 있다.

동기강화 상담은 인간중심 접근의 기본원리와 철학을 기초로 해서 상담 전략이 개발된 한 가지 예일 뿐이다. 사실 대부분의 상담 모형은 핵심 상담 조건이 내담자의 변화를 일으키는 필수 요소라는 점을 보여준다. 전통적인 인간중심 치료에서 동기강화 상담을 비롯한 여러 치료적 접근이 가지를 뻗어나간 곳에는 치료적 요인이 변화를 가져오는 필요충분조건이라는 전제가 있다. 다른 많은 모형은 내담자가 가져오는 특정 관심사를 다루는 특정한 개입 전략을 사용한다.

다문화적 관점에서 보는 인간중심 치료

다양성 관점에서 보는 강점

학습 목표 10 인간중심 접근의 강점으로 다양한 문화 집단에서의 인간관계 분야에 미친 영향력을 들 수 있다. 인간중심 철학과 상담은 유럽의 여러 국가, 남아메리카, 일본 등에서 연구되고 있다. 이 접근이 여러 나라와 문화에서 활용되는 것을 보여주는 몇 가지 사례가 있다.

- 유럽의 몇 나라에서 인간중심 접근의 개념들이 상담 실무뿐만 아니라 교육, 다문화 의사소통, 인종과 정치적 긴장 감소 등에도 중요한 영향을 끼쳤다. 1980년대에 칼 로저스(1987b)는 1948년도부터 개발하기 시작했던 적대적 집단 간의 긴장감소 이론을 정교화하였다.
- 1970년대에 로저스와 동료들은 다문화 의사소통을 증진시키는 워크숍을 진행하기 시작했다. 그는 1980년대 들어서 세계 여러 곳에서 대규모 워크숍을 진행했다. 국제적인 참만남 집단은 참여자들에게 다문화 경험을 제공했다.
- 일본, 오스트레일리아, 남아메리카, 멕시코, 영국 등은 모두 인간중심 접근의 개념들을 수용하여 그들의 문화에 맞게 적용하였다.
- 로저스는 사망 직전에 구소련에서 전문가들을 대상으로 집중 워크숍을 진행했다.

로저스가 세계적 영향을 끼쳤다는 점은 의심의 여지가 없다. 그의 작업은 30개국 이상에 알려졌고, 그의 저술은 12개 언어로 번역되었다. 핵심 조건에 대한 강조로 인해 인간중심 접근은 다양한 세계관을 이해하는 데 유용하게 사용되었다. 내담자중심 치료의 기본 철학은 내담자의 심층적인 메시지를 듣는 것이 중요하다는 점에 있다. 공감, 현재에 존재하기, 내담자의 가치 존중은 문화적으로 다양한 내담자를 상담하기 위해 필요한 핵심 태도와 기술이다. 인간중심 상담자는 내담자 문화의 다양성 측면을 알지만 개인에 관한 선입견을 갖지 않는다(Cain, 2010, 2013). 상담자는 각 내담자의 여정은 독특하기 때문에 자신의 방법을 개인에게 맞추어야 한다는 것을 알고 있다.

인간중심 치료가 다양한 세상에서 너무 이상적으로 내담자에게 맞추려고 한다고 생각하는 학자들이 있다. 보하르트와 왓슨(Bohart & Watson, 2011)은 인간중심 접근이 다양한 내담자들을 상담하는 데 특히 더 적합하다고 주장했는데 이는 상담자가 내담자에게 '올바른 생활방식'을 요구하는 전문가 역할을 하지 않기 때문이다. 대신 상담자는 관심을 가지고 수용하며 열린 태도로 내담자의 현상학적 세계를 이해하려고 노력하며 자신의 이해가 정확한지를 내담자와 확인해가는 '동료 탐색가'이다. 인간중심 철학에 기초하고 있는 동기강화 상담은 성, 연령, 인종, 성적 취향을 포함한 여러 영역의 다양한 특성을 지닌 사람들에게 효과적인 문화적으로 민감한 접근이다(Levensky, Kersh, Cavasos, & Brooks, 2008).

다양성 관점에서 보는 약점

비록 인간중심 접근이 다양한 사회적, 정치적, 문화적 배경의 사람들을 상담하는 데 중요한 공헌을 했지만 이 틀 안에서만 상담하는 것에는 한계가 있다. 지역사회 정신건강센터에 오는 내담자나 외래 상담을 받는 내담자는 이 접근보다는 더 구조화된 틀을 원한다. 위기를 다루고, 정서 문제를 완화시키며, 일상적 문제를 다루는 적응 기술을 가르쳐주는 전문가를 찾는 내담자도 있다. 이런 내담자는 상담자가 안내와 조언을 제공할 것을 기대하며, 이런 비구조화된 접근을 받아들이지 못할 수 있다.

인간중심 접근의 두 번째 단점은 어떤 문화에서는 핵심 치료 조건을 실제 상담으로 실현하기 어렵다는 점이다. 이 핵심 조건에 대한 의사소통은 내담자의 문화적 구조와 일치해야 한다. 예를 들어 상담자의 진솔성과 공감을 고려해보자. 우회적인 의사소통에 익숙한 내담자는 직접적인 공감 표현이나 상담자의 자기개방이 불편할 수 있다.

인간중심 접근을 다양한 문화 배경의 내담자에게 적용할 때 생기는 세 번째 단점은 이 접근이 내적 평가 기준을 최고로 여긴다는 점이다. 인간중심 치료의 인본주의적 토대는 자각, 자유, 자율, 자기수용, 내적 지향성, 자기실현 등의 영역을 강조한다. 케인(2010)은 "집단적 문화에서 온 사람들은 자기실현보다는 다른 사람과의 친밀, 연결, 조화를 추구하며, 공동체와 공공의 이익을 위해 노력한다."(p.143)고 지적하였다. 공공의 이익을 강조하는 문화에서는 개인적 자율이나 인격적 성장의 개발에 초점을 맞추는 것은 이기적인 모습으로 보일 수 있다.

자신의 이익보다는 가족의 이익을 우선시하는 라틴계 내담자인 루페의 예를 생각해보자. 인간중심 관점에서는 그녀가 가족 내에서 다른 사람을 돌보는 역할에 몰두하는 것을 '자신의 정체성을 상실할' 위험에 처한 것으로 여긴다. 상담자는 그녀가 개인적 욕구를 우선시하도록 하기보다는 루페의 문화적 가치가 무엇인지와 이 가치를 얼마나 따르려고 하는지를 탐색해야 한다. 그녀가 어떤 여성이 되어야 할 것인지에 대한 상담자의 의견을 이야기하는 것은 부적절하다(이 주제는 12장에서 더 집중적으로 다룰 것이다).

이런 단점에도 불구하고 인간중심 접근은 다양한 문화의 내담자와 상담할 수 있는 여러 기회를 제공한다. 어느 집단에나 다양성은 존재하며, 다양한 상담 방식이 사용될 수 있다. 문화적으로 다양한 내담자를 상담하기 위해서는 일반적인 인간중심 접근에서보다는 더 구조와 활동이 필요할 수 있지만 문화적으로 다른 내담자에게 공감적으로 반응하는 상담자의 긍정적 영향은 언제나 매우 중요하다.

인간중심 치료를 적용한 스탠의 사례

스탠의 자서전을 보면 그는 자신의 인생에서 무엇을 원하는지를 알고 있다. 인간중심 상담자로서 나는 공식적인 평가나 진단보다는 그가 자신에 대해 이야기한 보고를 활용한다. 나의 관심은 그의 내적 참조 체계로부터 그를 이해하는 것이다. 그는 자신에게 의미 있는 목표에 대해 언급했다. 그는 변화하려는 동기를 가지고 있으며, 이런 원하는 변화를 위해 노력해야 할 만큼 불안한 상태이다. 나는 스탠이 자신의 길을 찾을 수 있는 능력을 가지고 있다는 점을 믿으며, 상담 목표를 이루기 위해 필요한 자원을 가지고 있다고 생각한다. 나는 스탠으로 하여금 그가 생각하는 현재의 자신과 되고 싶은 모습 간의 차이에 대해, 실패하고 부적합한 상태에서의 느낌에 대해, 두려움과 불확실함에 대해, 이따금 일어나는 절망에 대해 자유롭게 이야기하도록 격려한다. 나는 스탠이 자신의 자기개념 중 위협적인 측면을 탐색하도록 자유롭고 안전한 분위기를 만들기 위해 노력한다.

스탠은 자존감이 낮다. 그는 다른 사람이 정말로 자신을 좋아한다고 생각하기가 어렵지만 다른 사람의 사랑을 받고 싶어 한다. 스탠은 "나는 적어도 몇 명만이라도, 특히 여자들을 사랑하는 법을 배우고 싶어요."라고 말한다. 그는 다른 사람과 동등하다는 느낌을 가지며 자신의 존재에 대해 미안해하지 않고 싶지만 여전히 계속 자신이 열등하다는 생각을 한다. 나는 지지하고 신뢰하며 격려하는 분위기를 만들어 스탠이 강점과 한계를 포함한 자기 자신을 수용할 수 있도록 돕고자 한다. 그는 여성에 대한 두려움, 다른 사람과 함께 일하기 어려움, 부적합하고 멍청하다는 느낌 등을 개방적으로 표현하게 된다. 부모나 권위 있는 사람들로부터 판단받았을 때 어떤 느낌이었는지를 탐색한다. 그는 죄책감(그가 부모의 기대에 부응하지 못했으며 부모와 자신을 실망시켰음)을 표현한다. 그는 자신의 상처를 사랑받지 못했고 선호의 대상이 아니었던 경험에 연관시킨다. 그는 그가 자주 경험하는 외로움과 고립감뿐만 아니라 술과 약물로 이런 감정을 무마시키고 싶은 욕구를 표현한다.

스탠은 내가 그의 사적 감정의 세계로 들어가도록 허용하는 위험을 감수하기 때문에 더 이상 전적으로 외롭지 않다. 스탠은 점차 자신의 경험에 예리하게 집중하여 자신의 감정과 태도를 명료하게 표현할 수 있다. 즉, 우리의 상담 관계를 통해 스탠이 자기패배적 방식을 버리게 된다. 우리 관계에서 그가 나로부터 경험하는 돌봄과 신뢰로 인해 스탠의 자신에 대한 신뢰와 확신이 커진다.

나의 공감을 통해 스탠은 자신의 목소리를 듣게 되고 깊은 수준의 자신을 만나게 된다. 스탠은 점차 자신의 내면의 소리에 민감해지고 주위의 다른 사람의 확인에 덜 의존하게 된다. 상담의 모험을 통해 스탠은 자신이 의존할 수 있는 누군가가 있다는 것을 알게 된다. 그 사람은 바로 자기 자신이다.

자기 점검을 위한 질문

- 여러분은 스탠의 깊은 자기 의심에 어떻게 반응할 것인가? 여러분은 스탠의 참조 체계에 들어가서 공감적 태도로 반응해서 여러분이 조언이나 제언을 하지 않으면서 그의 고통과 어려움을 경청하고 있다는 것을 스탠이 알 수 있도록 할 수 있는가?
- 여러분은 스탠의 깊은 어려움과 노력을 어떻게 표현할 수 있는가? 그의 세계에 대해 어떤 생각이 드는가?
- 여러분이 스탠과 형성할 관계가 어느 정도까지 그를 긍정적인 방향으로 나가게 할 것이라고 생각하는가? 여러분이나 그 안에 있는 어떤 것이 상담 관계 형성에 방해가 될 것이라고 생각하는가?

이 관점에서 스탠을 상담하는 나의 접근법을 보기 원한다면 CengageBrain.com에 방문하거나 『심리상담과 치료의 이론과 실제: 스탠의 사례와 해설 DVD』 5회기 '인간중심 치료' 부분의 DVD 프로그램을 시청하라. 이 회기에서는 우리 관계의 친밀성을 탐색하고 스탠이 자신의 길을 찾아가는 것에 초점을 두었다.

인간중심 치료를 적용한 그웬의 사례*

그웬은 매우 천천히 움직이며 상담실에 왔다. 그녀는 지난 며칠간 아팠다고 이야기했다. 몸의 어느 부분이 아픈지를 묻자 온몸이 다 아프다고 이야기했다.

그웬: 밤새 잠을 못자고 한종일 피곤해요. 고통을 견뎌내려 하지만 가끔 주저앉아 일어나고 싶지 않아요.

상담자: 이 감정에 대해 말해보세요.

그웬: 주저앉아 죽겠다는 것은 아니에요. 잠시 삶에서 벗어나 쉰다는 것이지요. 좀 가라앉고 스트레스 받고 있어요.

그웬의 고통이 그녀의 일주일 생활에 어떤 영향을 미치는지 알기 위해 회기 시작할 때 간단한 척도를 실시했다. 결과평가척도(Outcome Rating Scale: ORS)는 스콧 밀러(Scott D. Miller)가 개발한 간단한 질문지로서 지난 1주일간 얼마나 잘 생활했는지(개인적, 대인관계적, 사회적, 전반적 행복)를 평가한다. 나는 이 척도가 그녀의 현재 기능과 감정 수준을 금방 알 수 있게 해줄 것이라고 설명했다. 또한 이 척도는 어떤 생활 영역이 가장 스트레스를 주는지를 알게 해준다. 그웬은 빨리 질문지를 완성했고 그 결과 개인적 행복과 대인관계가 그녀에게 가장 어려운 영역으로 나타났다. 이 평가 결과를 가지고 우리 상담 관계가 그녀의 전반적인 행복에 어떻게 기여하는지를 논의하기 시작했다.

상담자: 그웬, 이 정보가 당신에게 도움이 되면 좋겠어요. 오늘 무엇에 대해 이야기하고 싶나요?

그웬: 개인적 행복을 다루고 싶어요. 바쁜 일상으로 돌아가기 전에 잠시 긴장을 풀고 쉬고 싶어요. 여기저기 뛰어다니느라 정말 피곤했어요. 내가 '과부하' 모드로 살고 있나 봐요. 이런 생활방식을 벗어날 준비는 되어있어요. 내 삶의 균형을 유지할 수 있었는데 그렇게 하지 못해서 그렇게 아팠던 것 같아요. 그것이 내가 가져온 스트레스예요. 긴장이 느껴져요.

상담자: 당신이 이야기한 '과부하'에 대해 좀 더 이야기해보세요.

그웬: 나는 항상 내 집을 정돈하는 것과 엄마의 건강관리 팀이나 보험사와 싸우는 일 속에 왔다 갔다 해요. 나는 고되게 일하고 집에 와서도 집안을 정돈해야 해요. 나는 너무 많은 방면으로 발을 걸치고 있어서 하루를 마칠 때에도 여전히 어디선가 나를 찾고 있어서 나는 쉴 수 없는 거예요. 밤에 누워도 내 마음에서는

* 켈리 커크시 박사는 인간중심 관점에서 자신의 사고방식과 상담 실제에 대해 기술하며 이 모형을 그웬에게 적용하고 있다.

책임감이 요동쳐요. 가끔 머리를 감싸 안고 모든 것이 사라져버리기를 바라는데 그러면 최소한 밤에는 조금 편안해져요. 내가 버리기 전에는 그것들 중 어느 것도 사라지지 않을 거예요. 내 삶에 휴식을 위한 공간을 만들기 위해 노력해야 해요.

상담자: 당신이 '과부하'에 대해 설명하는 것을 들으니 당신이 내 심장을 마구 뛰게 만드는 것 같아요. [즉시성] 당신의 많은 책임이 사라지지 않을 것을 알지만 당신은 그것들을 다룰 방법을 찾고 당신 삶에서 더 평화를 얻고 싶어 하는군요.

그웬: 그래요. 그러나 어디서부터 시작해야 할지 모르겠어요. 쉴 시간을 찾을 수 없어요.

상담자: 무엇부터 해야 할지, 당신을 위한 시간을 찾을 수 있을지 모르겠다는 것이군요. 언제 좀 편안해지나요?

그웬: 내 업무에서 과제를 마치고 나만의 시간을 가질 때가 제일 좋아요. 내가 할 일의 목록에서 어떤 것을 완성했다고 표시할 때가 좋아요. 큰 일을 마쳤을 때 목욕하는 하루를 만들어서 나 자신에게 보상을 주곤 했어요. 오랫동안 그것을 못했어요.

상담자: 지금 당신이 이야기하는 것을 보니 당신이 과제를 마쳐 완성 표시를 하고 자신을 위한 시간을 가질 때 얼마나 당신이 신났는지를 알겠어요. 그때가 당신 자신에 대해 정말 좋게 느끼는 때인가 봐요. 일을 완성한 후 당신 자신도 돌볼 필요를 느낄 때 말이에요.

그웬: 엄마를 돌보기 전에는 일주일에 3일은 체육관에 갔어요. 춤추기와 요가를 좋아해요. 그것은 정말 내 스트레스 수준을 바꿔줘요. 내 생활이 바빠질수록 일만 하고 살지요.

상담자: 정말 지치겠어요. 당신은 엄마, 남편, 크는 아이들, 동료, 다른 모든 사람들을 돌보잖아요. 그런데 당신 스스로는 돌보지 않아요. 지금 당장 당신의 욕구를 충족하면 얼마나 좋겠어요?

그웬: 아니에요. 난 완전히 나 자신을 포기했어요. 다 닳아 없어진 것 같아요.

상담자: 다 닳아 없어진 것에 대해 더 말해보세요.

그웬: 닳아 없어졌다는 표현은 좀 극단적이네요. (그웬이 미소 짓는다) 변화를 위해 천천히 일하고 나에게 집중하라고 내 몸이 명백하게 말해요.

상담자: 한쪽에서는 이 속도를 유지할 수 없으니 자신을 돌보라고 말하는데 다른 한쪽에서는 '그웬, 너에게 주어진 것을 모두 해야 해.'라고 말하는군요.

그웬: 맞아요. 나에게 관심을 가져본 지 오래되었어요. 소리 내어 이런 이야기를 하니 슬프네요. 무엇인가 다른 일을 하고 싶어요. 작은 일이라고 해도요.

상담자: 당신은 휴식의 필요성을 몰랐던 자신에게 실망했는데 이제 작은 변화를 시도하기로 결심했어요. 무엇을 다르게 할지 정해볼까요?

그웬: 나를 우선시하고 싶어요. 일을 잠깐 쉬면서 그 시간에 나를 돌보는 일을 시작할 수 있지요. 전에는 책상에서 스트레칭을 하거나 건물 주위를 산책하곤 했어요. 사실 그렇게 하는 것이 재미있어요. 일하면서 만보기로 도전하기도 해요. 좋았어요. 왜 그 모든 것을 그만두었는지 모르겠어요. 그냥 나보다 모든 사람과 모든 일을 우선시했어요. 우리는 심지어 내가 갈 수 있는 점심시간 댄스 수업도 했어요. 그런 작은 일이 얼마나 나에게 행복을 주었는지를 잊고 있었어요.

상담자: 그런 활동들이 당신 생활에서 사라지게 한 것이 후회스럽군요. 당신을 조금만이라도 우선시하면 어떨 것 같아요?

그웬: 15분 정도 나를 위해 무엇인가 할 시간을 낼 수 있을 거예요. 내 머리를 단장할 수 있겠지요. 일과 중 짧은 휴식이 도움이 될 수 있어요. 나 자신을 돌본 지 오래되었어요.

상담자: 당신이 생활양식을 변화시킬 때 안전하게 하면 좋겠어요. 당신이 경험하는 고통과 신체 증상의 원인을 알기 위해 주치의에게 건강 검진을 부탁해보세요.

그웬: 좋습니다. 그렇게 할게요.

상담자: 가기 전에 회기평가척도(Session Rating Scale: SRS) 질문지를 작성해주세요. 우리 관계, 목표 및 주제, 상담 접근, 오늘 상담 전반 등 네 가지 주제에 대해 오늘

상담을 평가하면 됩니다. 회기 시작할 때 한 양식과 유사합니다.

그웬은 잠시 동안 질문지를 완성하고 제출했다. 그녀는 상담자가 자신의 이야기를 들어주었으며, 논의하고 싶었던 주제를 다루었다고 반응했다. 그녀는 회기에서 놓친 것이 있다고 표시했는데 이를 통해 우리는 그것이 무엇일지를 알아볼 기회를 갖게 되었다. 결과평가척도와 회기평가척도를 사용해서 자신의 성장에 대한 피드백과 상담 회기에 대한 그녀의 인식을 알 수 있다. 나는 상담자로서 이 피드백을 달라고 한다. 이것이 그웬의 관점을 이해하는 유용한 방법이라고 생각한다. 나는 그웬과의 협조적인 관계 속에서 그녀의 피드백에 기초해서 그녀에게 맞추어서 상담을 진행하려고 노력한다. 그웬은 자신이 느끼는 것에 대해 다음과 같이 말하였다.

그웬: 긴장 정도가 처음 여기 왔을 때와는 확실히 달라요. 내 가슴에서 무엇인가 떼어내야 했어요. 내가 다음에 무엇을 해야 할지에 대해 당신의 조언을 듣고 싶었지요. 당신이 마법 같은 답변을 갖고 있지 않다는 것을 알아요. 그러나 그것이 내가 바라는 것이에요.

상담자: 솔직한 피드백 고마워요. 당신이 이 회기와 당신 삶을 지휘하는 지휘자가 되는 것이 이 상담의 목표입니다. 당신이 이끌어가게 되면 당신 자신의 해결책이 떠올라 당신의 문제를 해결하게 도와줍니다. 오늘 상담에서 당신은 스트레스 영역을 명확하게 했고 과거에 평안과 휴식을 주었던 활동을 다시 시작했어요. 당신은 자신 안에 있는 당신의 답변을 찾을 수 있는 능력을 가지고 있었던 것입니다.

인간중심 치료는 내담자가 회기에 가져온 주제에 의해 진행되는 협력적인 여행이다. 나는 그웬을 괴롭히는 것에 대해 그녀가 이끄는 대로 따라갔으며, 그녀가 원한다고 말한 틀 내에서 상담을 진행하였다. 나는 그녀가 자기신뢰를 회복하고 자신의 개인적 힘과 가치에 대한 느낌을 다시 가지려고 노력할 때 그녀의 도전에 대해 공감과 동감을 보여주었다.

자기 점검을 위한 질문

- 결과평가척도나 회기평가척도와 같은 척도를 사용해서 내담자의 피드백을 받는 것에 대해 어떻게 생각하는가?
- 그웬은 상담자에게서 더 많은 제안을 얻고 싶어 했다. 여러분이 그녀의 상담자라면 그녀가 여러분에게서 더 지시를 받고 싶어 할 때 어떻게 개입할 것인가?
- 인간중심 치료가 여러분의 인간됨과 어떤 면에서 어울리는가? 이 회기의 상담자처럼 대부분의 시간 동안 내담자 이면에 있는 메시지를 확인하는 것이 편안한가?
- 인간중심 상담자는 자주 갈등이나 어떤 주제의 대립적 측면을 명확하게 한다. 그웬과의 대화에서 언제 상담자가 이렇게 하였는가?

요약과 평가

요약

인간중심 치료는 자기성장을 향한 내적 추구를 상정하는 인간 본성에 대한 철학을 기반으로 하고 있다. 인간 본성에 관한 칼 로저스의 관점은 현상학적이다. 즉, 우리는 현실에 대한 우리의 지각에 따라 우리를 구조화한다. 우리는 우리가 지각한 현실에서 우리를 실현하려고 노력한다.

로저스의 이론은 내담자는 자신에게 스트레스를 주는 자기 생활의 요인을 알 수 있다는 전제를 근거로 삼고 있다. 내담자는 자기 지시와 건설적인 개인 변화 능력을 지니고 있다. 진솔한 상담자가 불안하고 불일치하는 내담자와 심리적 접촉을 하면 변화가 일어난다. 상담자는 내담자가 진솔하고 수용적이며 이해받는다고 인식하는 관계를 만들어야 한다. 치료적 상담은 '나/너', 또는 인간 대 인간의 관계에 기초해서 내담자가 방어를 벗어버리고 그동안 부인하거나 왜곡해온 측면을 수용하고 통합하도록 하는 안전하고 수용적 환경에서 이루어진다. 인간중심 접근은 이 내담자와 상담자 간의 개인적 관계를 강조한다. 여기에서 상담자의 태도가 지식, 이론, 기법보다 중요하다. 이 관계의 맥락에서 내담자는 자신의 성장 가능성을 촉발시켜서 점차 자신이 될 수 있는 사람이 되어간다. 아주 많은 연구가 상담의 효과와 성과에서 심리치료의 인간적 요소(내담자 요인, 상담자 효과, 치료적 동맹)가 상담 모형이나 기법보다 훨씬 더 중요하다는 점을 지지한다(Elkins, 2016).

이 접근은 상담의 방향에 대한 일차적 책임을 내담자에게 둔다. 상담 맥락에서 개인은 스스로 결정할 기회를 가지면서 자신의 내적 능력을 경험하게 된다. 그 전제는 내담자만큼 그를 아는 사람이 없다는 것이다. 즉, 내담자는 자신의 삶에서 전문가이다(Cain, 2010). 상담의 일반적 목표는 경험에 더 개방적이 되고, 자기 신뢰를 구축하며, 내적 평가 자원을 개발하고, 기꺼이 지속적으로 성장하는 것이다. 내담자에게 특정 목표가 제시되지 않으며, 내담자가 자신의 가치와 목표를 선택한다. 최근에는 이 이론을 적용하면서 초창기보다 상담자의 적극적인 참여를 강조한다. 이제 상담자가 상담 관계에 인간으로서 온전히 관여하는 것을 권장한다. 상담에서 일어나는 일에 적합하다면 상담자가 자신의 반응과 감정을 표현하는 것이 많이 허용된다. 인간중심 상담자는 내담자와의 관계에서 존재하는 지속적인 감정에 투명해지기 위해 노력한다(Watson et al., 2011). 각 내담자에게 가장 잘 맞게 적응하고 동화되는 것은 상담자의 몫이다. 즉, 상담 과정에서 방법을 유연하게 적용하는 것이 필요하다(Cain, 2010).

내담자 중심 접근의 공헌

학습 목표 11 70여 년 전 칼 로저스가 비지시적 상담을 시작했을 때에는 다른 상담 모형이 몇 개 없었다. 이 모형이 이렇게 오래 지속된 점은 그 영향력을 평가하려고 할 때 고려해야 할 요소이다. 로저스와 그의 이론은 상담과 심리치료 분야에 중요한 영향을 끼쳤다. 1940년대에 그가 혁명적인 생각을 도입했을 때 그는 당시 시행되던 정신분석과 지시적 접근에 대한 강력하고 급진적인 대안을 제시했다. 로저스는 상담자의 권위에 대한 의존과 기법에 대한 강조로부터 상담 관계에 대한 강조로 상담의 초점을 전환하게 한 개척자였다.

커센바움(Kirschenbaum, 2009)은 로저스의 업적의 범위와 영향은 그의 죽음 이후에도 계속되어 인간중심 접근이 여전히 살아있고, 활성화되며, 확장된다고 주장하였다. 현재 인간중심 접근은 단일한 접근법이 아니며 계속 진화하는 수많은 인간중심 심리치료들이 있다(Cain, 2010). 어떤 상담자들이 전적으로 인간중심 이론의 접근을 가지고 있다고 주장하기도 하지만 이 접근의 철학과 원리는 대부분의 상담자들의 상담에 녹아있다. 다른 치료학파도 치료적 변화에 이르는 길로서 상담 관계의 중요성을 점차 인정하고 있다.

인간중심 치료는 유럽에서 강력하게 시행되고 있으며, 남미와 극동에서도 지속적인 관심을 받고 있다. 인간중심 접근은 영국 대학에서 확고한 기반을 잡았으며, 인간중심 상담자에 대한 가장 심층적인 훈련이 영국에서 실시되고 있다(N. Rogers, 2011).

앞서 살펴본 대로 나탈리 로저스는 치유와 사회적 변화(특히 집단 상황에서)를 촉진하는 매개로 표현예술을 활용하여 인간중심 접근의 적용에 큰 기여를 했다. 그녀는 개인의 치유와 발전을 위해 비언어적 방법을 사용하여 인간중심 접근이 한층 더 진화하도록 했다. 언어로 자신을 표현하기 어려워하는 많은 사람들이 비언어적 도구와 표현예술을 통해 자신을 표현할 수 있는 새로운 기회를 찾게 되었다(N. Rogers, 2011). 케인(2010)에 따르면 "나탈리 로저스의 예술 치료는 상담의 중요한 혁신을 보여주었으며, 다른 인간중심 상담자들이 상담의 다양성과 범위를 확장할 수 있게 길을 열어주었다"(p.60).

연구에 대한 강조 심리치료 분야에 칼 로저스가 기여한 것 중 하나는 그가 자신의 개념을 검증 가능한 가설로 기술하고 연구를 실시한 점이다. 그는 상담 회기의 축어록을 비판적으로 검토하도록 하고 상담자–내담자 대화를 연구 기법으로 분석하기를 주장한 진정한 개척자였다. 케인(2010)에 의하면 70여 년간의 방대한 연구결과들이 인간중심 접근의 효과를 지지한다. 이 연구는 세계 곳곳에서 계속되고 있으며, 효과적인 심리치료를 구성하는 것이 무엇인지에 대한 우리의 이해를 계속 확장 및 수정해주고 있다. 케인(2010)은 "인간중심 치료는 지금까지 그래왔던 것처럼 살아있고 효과적이며, 앞으로 더 그렇게 되는 방향으로 계속 개발되고 있다"(p.169)고 결론지었다.

로저스의 비평조차도 다른 사람들로 하여금 상담 과정과 성과에 대해 집중적인 연구를 하도록 자극을 주었다. 로저스는 심리학이 인간의 내적이고 주관적인 경험을 다룰 수 있는 새로운 과학적 탐구 방법을 개발해야 한다고 도전하였다. 상담과 성격 변화에 대한 그의 이론은 엄청난 발견적 효과를 보였으며, 그의 업적은 실무자와 이론가들로 하여금 자신들의 상담 방식과 신념을 검토하도록 도전해왔다.

인간중심 접근의 한계와 비판

나는 인간중심 상담자들이 가설과 상담 과정을 과학적 연구 자료로 기꺼이 내놓은 점을 칭찬했지만 어떤 연구자들은 그런 연구들이 가지고 있는 방법론적 오류를 비판하기도 한다. 실제 상담을 받으러 온 사람이 아닌 통제집단을 사용한 점, 비치료 통제집단을 사용하지 못한 점, 플라시보 효과를 고려하지 못한 점, 상담 성과 측정 방법으로 주로 자기보고에 의존한 점, 부적절한 통계 절차를 사용한 점이 과학적 한계로 지적된 것들이다. 공평하게 보자면 이런 비판은 다른 많은 상담 접근들에 대한 연구에도 해당된다.

인간중심 접근과 실존적(경험적) 접근이 함께 가지고 있는 유사한 한계가 있다. 두 상담 모형 모두 내담자 행동 변화를 가져오는 기법의 역할을 강조하지 않는다. 심리치료 매뉴얼이나 특정 장애에 대한 매뉴얼화된 상담 방법을 선호하는 사람들은 이런 경험적 접근이 효과가 증명된 기법과 전략에 관심을 보이지 않는 것이 심각한 한계라고 생각한다. 정신건강 분야에서 증거 기반 상담이 말하는 책무성을 강조하는 사람들도 경험적 접근에 대해 상당히 비판적이다.

그러나 나는 심리치료에서 매뉴얼화된 상담 방법이 황금률이 될 수 없다고 생각한다. 기법은 내담자 성과의 15% 정도만 설명력이 있는 반면(Duncan et al., 2010) 맥락적 요인은 상담에서 일어나는 일에 강력한 영향력을 미친다(Elkins, 2009, 2012, 2016). 연구들에 의하면 관계적인 요인과 내담자 요인이 효과적인 상담의 주요 예측 변인이다. 게다가 증거 기반 상담에 대한 평가는 상담자의 전문성, 내담자의 성격, 문화, 선호 등을 고려한 연구까지 포함하게 되었다(Norcross, Hogan, & Koocher, 2008).

인간중심 접근이 가질 수 있는 잠재적 한계는 훈련 중인 학생이나 이 접근을 사용하는 상담자가 내담자에게 도전하는 일이 없이 지지만 하는 경향을 보일 수 있다는 것이다. 이 접근의 기본 개념에 대한 오해로 인해 어떤 사람들은 상담자 반응과 상담 방식으로 주로 반영과 공감적 경청만 사용한다. 비록 정확하고 깊은 경청, 공감의 전달, 반영 등이 중요하지만 상담은 그 이상의 과정이 있다. 나는 치료적 핵심 조건은 상담을 위해 필요하기는 하지만 모든 내담자에게 항상 충분한 변화 조건은 아니라고 생각한다. 내가 보기에 이 기본 태도들은 상담자가 치료적 개입 기술을 세워나가는 기초가 된다. 예를 들어, 동기강화 상담은 치료적 핵심 조건을 기반으로 해서 내담자가 변화를 위한 행동 계획을 수립할 수 있도록 하는 다양한 전략을 활용한다.

내담자들이 자신만의 길을 찾도록 진정으로 지지하는 것 또한 이 접근을 사용하는 상담자들에게 주어진 도전이다. 상담자들은 가끔 내담자가 스스로 자신의 상담 목표를 정하도록 하는 데 어려움을 겪는다. 내담자가 자신의 길을 찾는 것에 대해 말로는 좋다고 할 수 있지만, 내담자로 하여금 스스로의 목소리를 듣고 자신만의 방향을 따르도록 하는 것은(특히 상담자가 바라지 않는 선택을 내담자가 할 때) 내담자에 대한 상당한 존중과 상담자의 신념이 필요하다.

다른 어떤 특성보다도 상담자의 진솔성이 상담 관계의 힘을 결정한다. 상담자가 자신만의 고유한 정체성과 방식을 수동적이고 비지시적 방식으로 감춘다면 내담자에게 강력한 영향을 주기 어렵다. 상담자가 진솔하게 진짜 자신이 되는 것이 이 접근에서는 매우 중요하기 때문에 이 접근으로 상담하는 사람은 자연스럽게 이렇게 할 수 있어야 하며 내담자에게 진실하게 반응하는 방법을 가지고 있어야 한다. 만약 그렇게 하지 않으면 인간중심 치료는 단조롭고 도전이 없으며 비효과적인 접근으로 전락할 것이다.

자기 점검과 토론을 위한 질문

1. 여러분은 내담자가 상담자의 많은 조언이나 충고 없이도 자신의 문제를 이해하고 해결할 능력을 가지고 있다는 생각을 어느 정도 믿는가?
2. 이 상담은 상담자의 진솔성(참됨 또는 진실성)을 매우 강조한다. 여러분은 내담자와의 관계에서 진실할 수 있다고 얼마나 확신하는가?
3. 이 이론은 상담 관계를 우선시한다. 여러분은 내담자와 어떤 관계를 맺고 싶은가? 여러분이 가장 중요하다고 생각하는 특성을 제시하라.
4. 공감은 인간중심 치료의 핵심 요소이다. 여러분이 보기에 어려움에 처한 내담자를 공감하는 능력을 키우기 위해 여러분이 할 수 있는 일은 무엇인가?
5. 최소한으로 기법에 의존하면서 내담자의 순간순간의 경험에 공명하는 것을 여러분은 어떻게 할 수 있는가?

더 찾아볼 자료

『상담 및 심리치료의 통합적 접근: 루스의 사례와 해설 DVD』에서 내가 함께 작업하는 것의 기초로서 상담 관계를 어떻게 보는지에 대한 구체적인 사례를 볼 수 있다. 특히 1회기(상담 시작하기), 2회기(상담 관계), 3회기(상담 목표 수립하기)에서 인간중심 접근의 원칙을 루스와의 상담에 어떻게 적용하는지를 보라.

미국상담학회 회원을 위한 무료 팟캐스트

www.counseling.org 사이트에서 '자료(Resource)' 아이콘을 누르고 '팟캐스트 시리즈(Potcast Series)'를 누르면 미국상담학회 팟캐스트(미리 녹음된 인터뷰)를 무료로 내려 받을 수 있다. 7장 칼 로저스와 인간중심 접근은 하워드 커센바움(Howard Kirschenbaum) 박사의 팟캐스트 7을 보라.

기타 자료들

미국심리학회는 심리치료 비디오 시리즈에서 다음과 같은 DVD를 제공한다.

Emotion-focused Therapy Over Time (L. S. Greenberg, 2010)
Person-Centered Therapy Over Time (D. J. Cain, 2010)

Psychotherapy.net은 학생과 전문가들에게 나탈리 로저스, 롤로 메이 등을 보여주는 비디오와 인터뷰 등 광범위한 자료를 제공해준다. 매달 새로운 연구물, 인터뷰, 블로그, 치료 만화, 비디오가 출간된다. 이 장과 관련하여 www.psychotherapy.net에서 볼 수 있는 DVD는 다음과 같다.

Person-Centered Expressive Arts Therapy (N. Rogers, 1997)
Rollo May on Existential Psychotherapy (R. May, 2007)

인간중심접근 개발학회(Association for the Development of the Person-Centered Approach: ADPCA)는 인간중심 접근의 개발과 적용을 지지하는 사람들의 네트워크로 구성된 국제적 학제 간 조직이다. 회원은 『인간중심 저널(Person-Centered Journal)』, 학회 소식지, 회원 주소록, 연차대회 소식 등을 받아볼 수 있다. 이 학회는 인간중심 접근의 계속 교육, 슈퍼비전, 훈련 등에 대한 정보를 제공한다. 『인간중심 저널』에 대한 정보는 편집자(Jon Rose)에게 문의하라.

인간중심접근 개발학회
www.adpca.org

인본주의심리학회(Association for Humanistic Psychology: AHP)는 이 시대에 인간이 된다는 것에 대한 여러 도전을 다루기 위해 성격적 통합, 창조적 학습, 적극적 책임을 증진하는 노력을 하고 있다. 『인본주의 심리학 저널(Journal of Humanistic Psychology)』은 인본주의심리학회나 웹사이트에서 구독할 수 있다.

인본주의심리학회
www.ahpweb.org

미국심리학회 32분과인 인본주의 심리학회(Society for Humanistic Psychology)는 최근 개발되는 관점뿐만이 아니라 초기 로저스학파, 초인간주의, 실존적 입장까지 포함하는

'인본주의 심리학자들'의 집합체이다. 32분과는 심리치료, 교육, 이론, 연구, 현상학적 다양성, 문화적 다양성, 조직, 관리, 사회적 책임, 변화 등에 기여하기 위해 노력한다. 이 분과는 질적 연구 방법 개발에 앞장서왔다. 인본주의 심리학회는 학술지 『인본주의 심리학자(The Humanistic Psychologist)』를 발간한다. 회원가입, 학술대회, 학술지 등에 대한 정보는 32분과 웹사이트에서 찾아볼 수 있다.

인본주의 심리학회

www.societyforhumanisticpsychology.com

칼 로저스 CD-ROM은 인본주의 심리학의 창시자의 생애와 저작을 보여주는 아름답고 오래가는 자료이다. 여기에는 그의 16개 저서의 주요 내용과 그의 생애를 보여주는 120개의 사진, 2개의 참만남 집단과 칼 로저스의 초기 상담 회기를 담은 비디오 장면이 들어있다. 이것은 학생, 교사, 도서관, 대학에 필수적인 자료이다. 이것은 20세기의 가장 중요한 사상가이며 영향력 있는 심리학자이고 평화활동가인 로저스에 대한 심오한 헌사이다. 나탈리 로저스가 마인드가든 미디어 주식회사(Mindgarden Media, Inc)에서 개발하였다.

칼 로저스: 딸의 헌사

www.nrogers.com

인간연구센터(Center for Studies of the Person: CSP)는 워크숍, 훈련 세미나, 경험적 소집단, 숙박 워크숍, 지역사회 모임에서 학습 공유 등을 제공한다.

인간연구센터

www.centerfortheperson.org

표현예술 치료 훈련을 받으려면 소피아 대학에서 나탈리 로저스, 수 안 헤론(Sue Ann Herron), 테리 고스린 존네스(Terri Goslin-Jones) 등이 개설한 '치유와 사회변화를 위한 표현예술: 인간중심 접근(Expressive Arts for Healing and Social Change: A Person-Centered Approach)' 과정에 참여하라. 이 16학점의 자격 과정은 샌프란시스코 북쪽에 위치한 휴양소에서 2년여간에 걸친 6주간의 학습을 요구한다. 인간중심 상담 입장에서의 표현예술 프로그램에서는 상담 시연, 상담 실습, 독서, 토론, 보고서, 창의적 프로젝트 등을 통해 경험적, 이론적 방법을 가르친다.

인간중심 표현예술 치료 훈련

www.nrogers.com

소피아 대학

www.sofia.edu/

더 읽을거리

『**진정한 사람 되기**(On Becoming a Person)』(C. Rogers, 1961)는 인간중심 치료에 관해 읽어야 할 첫 번째 책이다. 이 고전적인 책에는 심리상담 과정, 그 성과, 상담 관계, 교육, 가족생활, 의사소통, 건강한 인간의 특성 등에 대한 로저스의 글이 수록되어있다.

『**존재의 방식**(A Way of Being)』(C. Rogers, 1980)은 인간중심 접근의 기초와 적용에 대해서뿐만 아니라 로저스의 개인적 경험과 관점을 담은 일련의 글이 포함되어있다.

『**창조적 관계 맺기: 치유의 표현예술**』(N. Rogers, 1993)은 창의성, 자기표현, 치유, 변형 등을 자극하는 신선한 아이디어와 천연색 활동사진으로 구성된 실제적이고 영감 있는 책이다. 나탈리 로저스는 내담자와 상담자의 의사소통을 활성화하기 위해 아버지의 철학을 표현예술과 결합시켰다.

『**칼 로저스의 삶과 활동**』(Kirschenbaum, 2009)은 칼 로저스의 어린 시절부터 사망에 이르기까지의 생애를 다룬 뛰어난 전기 작품이다. 이 책은 칼 로저스의 위대한 유산과 함께 상담과 심리치료 분야에 끼친 그의 막대한 영향력을 보여준다.

『**인간중심 정신요법**(Person-Centered Psychotherapies)』(Cain, 2010)은 인간중심 이론, 상담 과정, 이 접근에 대한 평가, 향후 발전 등에 대해 명쾌한 논의를 제공한다.

『**인본주의적 심리학: 임상적 선언**(Humanistic Psychology: A Clinical Manifesto)』(Elkins, 2009)은 의학적 심리치료 모델과 경험적으로 지지된 치료 신화에 대한 통찰력 있는 비판을 제공한다. 저자는 개인적이고 사회적인 변혁을 이룰 수 있는 관계 기반 접근의 심리치료를 제안한다.

8장 | 게슈탈트 치료

학습 목표

01. 선구자 프리츠 펄스(Fritz Perls)부터 시작되어 현대의 관계적 접근법에 이르기까지의 발전과정을 이해한다.

02. 게슈탈트 이론과 치료의 기본 철학과 가정을 정의한다.

03. 게슈탈트 접근법의 주요 개념을 파악한다. ('지금 여기', 알아차림, 미해결 과제 다루기, 접촉과 접촉에 대한 저항, 신체적 언어, 상담에서 실험의 역할)

04. 상담의 과정 중 어떻게 '나/너'의 관계가 실험 사용에 중심이 되는지 설명한다.

05. 현대의 관계적 게슈탈트 치료에서 직면의 역할을 이해한다.

06. 기본적인 게슈탈트 치료의 개입을 설명한다. (역할 놀이, 미래 투사, 한 바퀴 돌기, 감정에 머무르기, 꿈 작업, 그리고 '지금 여기'에서 지각된 것을 기반으로 한 실험 만들기)

07. 집단상담에서 게슈탈트 치료의 적용을 이해한다.

08. 다문화 관점에서 게슈탈트 치료의 실제를 설명한다.

09. 게슈탈트 접근법의 공헌, 강점과 한계를 평가한다.

어빙 폴스터(Erving Polster, 1922-)는 여전히 전문적으로 활동하며 강의, 치료 시연, 워크숍을 진행한다. 그는 정기적으로 심리치료 학회나 단기 상담 학회에 참여한다. 어빙 폴스터는 게슈탈트 치료와 관련하여 다음과 같이 저술하였다.*

Erving Polster

> 나는 게슈탈트 치료에 대해 1953년에 처음으로 알게 되었는데, 그 당시 클리블랜드에서 프리데릭 펄스(Frederick Perls)와 함께 워크숍에 참석했다. 그는 그 치료 부문에서는 장인이었고, 워크숍에 참석한 우리에게 게슈탈트 치료에 대해 안내했다. 그 경험의 두 가지 측면이 나를 눈뜨게 하였다. 하나는 그의 개념들과 상담 작업 모두에서 단순함과 힘이 조화를 이루었다는 것이다. 두 번째는 개인적 탐색들의 놀라운 공공성이었다. 이러한 개방성은 감춰진 사생활의 한 과정을 드러내는 것이었다. 이러한 자유는 자연스러운 동시에 대담한 삶의 드라마에 대한 매혹적인 예시 같았다.
>
> 이러한 경험은 클리블랜드의 게슈탈트 연구소의 설립을 이끌었고, 그곳에서 나는 1956년부터 1973년까지 교수회의 의장으로 있었다. 나는 그 연구소에서 관점에 대한 강좌를 개설하였는데, 이 관점은 이후 내 아내인 미리엄(Miriam)과 공동 저술한 『통합된 게슈탈트 치료: 이론과 실제의 윤곽(Gestalt Therapy Integrated: Contours of Theory and Practice)』(1973)의 기초가 된다. 1973년 우리는 샌디에이고로 이동하여 게슈탈트 교육센터를 열었다. 우리와 함께 광범위한 훈련 작업을 하기 위해 세계 여러 나라의 사람들이 이곳으로 방문한 지 약 25년이 되었다. 흥미롭고 생산적인 나날이었고, 미리엄과 나는 우리의 아이디어와 훈련 프로그램 개발에 있어 우리의 파트너십에 감사했다.

몇 년 후, 나는 『모든 사람들의 삶은 소설이 될 가치가 있다(Every Person's Life Is Worth a Novel)』(1987b)와 『자기의 주민: 성격 다양성에 대한 심리치료적 탐색(A Population of Selves: A Therapeutic Exploration of Personality Diversity)』(1995)을 저술하였고 『근심으로부터: 게슈탈트 치료의 핵심(From the Radical Center: The Heart of Gestalt Therapy)』(1999)이라는 제목으로 미리엄과 공동 저술하였다. 미리엄은 2001년에 세상을 떠났고, 그 즈음에 2년 동안 우리는 둘 다 은퇴해있었다. 그녀가 세상을 떠난 후, 은퇴에서 다시 복귀하여 심리치료를 개인 사무실 공간에서 하는 것을 하나의 공공서비스로 진전시키는 일에 노력하고 있다. 나는 이와 관련된 책을 한 권 썼는데, 『흔하지 않은 근거(Uncommon Ground)』(2006)이다. 최근에는 『혁명에 초점을 둔 삶: 삶의 속도에 대한 마음의 대답(A Life Focus Revolution: The Mind's Answer to the Speed of Living)』을 완성했다.

* 나는 첫 번째 사람으로 그와 그의 아내 미리엄의 일대기를 쓰기 위해 어빙 폴스터를 초대했는데, 그는 흔쾌히 수락하였다. 게슈탈트 치료의 발전에 대한 그의 공헌의 이와 같은 밑그림을 제공해 준 것에 대해 어빙에게 감사함을 표한다.

미리엄 폴스터(Miriam Polster, 1924-2001)는 음악 쪽으로 학사 학위를 받았다. 그녀는 클래식한 보컬리스트와 오페라 음악 연주가로 훈련받았다. 그녀의 예술가적 기질은 그녀의 개인적이고 전문적인 삶 전반에 걸쳐 남아있다. 미리엄 폴스터는 내담자가 개인적인 경험을 탐색하는 것을 돕기 위해 음악이 기초 역할을 하는 워크숍을 열었다.

Miriam Polster

그녀는 게슈탈트 치료에 있어서 관계성 차원을 강력히 옹호했는데, 이는 대립적이고 엄밀히 말하면 편협한, 왜곡된 고정관념에 대한 강조였다. 그녀의 신선한 관점, 명료한 언어, 매혹적인 감동들이 상담자의 카리스마를 보여주었고 사람들이 그들의 삶을 살아가도록 하는 매우 단순한 방식에 매혹되도록 하였다. 그녀의 영향력은 여성스러운 솔직함과 일상적인 대화와 같은 상호관계에 의해 발휘되었다. 그것은 강압적인 것보다는 존재와 지성을, 조종하기보다는 관계하는 것을, 차가운 합리주의보다는 낙관주의를, 그리고 마지막으로 자연스러운 경험들에 의해서 지속적으로 만들어지는 긴장에 기초한 지혜를 통해 성취하는 것이었다.

그녀가 남편 어빙 폴스터와 공동 저술한 『통합된 게슈탈트 치료: 이론과 실제의 윤곽』(1973)은 게슈탈트 치료의 혁명에서 고전이자 기준으로 고려되는 책이다. 『이브의 딸에서: 여성에 대한 금지된 영웅주의(In Eve's Daughters: The Forbidden Heroism of Women)』(1992)에서 미리엄 폴스터는 우리 사회에서 여성의 특성과 공헌들에 대한 괄목할 만한 묘사를 했다. 그녀는 여성들의 역사적 역할과 여성들이 사회 발전에 있어서 특별히 영웅적인 공헌을 했음을 자세히 설명했다. 그러나 영웅주의 묘사가 지나치게 멀리 나아가고 말았다. 그녀는 영웅주의를 일상생활의 한 부분이라고 우리에게 상기시킴으로써 그 개념을 밝혔다. '일상생활의 영웅주의'와 '여성' 영웅주의가 뒤얽혀 새로운 사회 규범에 영향을 미치는 여성의 잠재력의 가치를 강조하게 되었다. 여성 영웅주의는 사회적 중요성의 배경으로 당연한 일이 되어갔다. 미리엄 폴스터는 종종 일상적인 삶의 세계에서 봉사의 한 부분이 된 여성 영웅주의의 사회적 확장을 큰 범위에서 사람들의 평범한 영웅주의의 미묘한 역할에 대한 더 생동감 있는 이해와 연결시켰다.

도입

학습 목표 01 게슈탈트 치료는 실존적, 현상학적, 과정중심적 접근으로, 개인은 계속 진행 중인 환경과의 관계적 맥락 내에서 이해되어야 한다는 것을 기본 전제로 만들어졌다. 알아차림, 선택, 책임이 치료의 초석이다. 기본 목표는 내담자가 현재의 순간에 경험하고 있는 것에 대한 **알아차림**(awareness)을 확장시키는 것이다. 이러한 알아차림을 통해서 변화는 자동적으로 일어난다. 이 접근법은 내담자의 현실 지각을 강조하는 점에서 **현상학적이며**, 사람은 언제나 자신을 만들어가고, 개선하고, 재발견해가는 과정에 있다고 보는 점에서 **실존적**이다. 실존적 접근으로서의 게슈탈트 치료는 개인적 경험으로서의 실존에 각별한 주의를 기울이며, 대인관계에서의 접촉과 통찰을 통해 성장하고 치료할 수 있는 개인의 능력을 주장한다(Yontef, 1995). 한마디로, 이 접근은 '지금 여기(here and now)', 경험에 대한 **무엇**(what)과 **어떻게**(how), 관계 속의 '나/너(I/Thou)' 등을 중요시한다(Brown, 2007; Resnick, 2015; Wheeler & Axelsson, 2015; Yontef & Jacobs, 2014).

프리츠 펄스(Fritz Perls)는 게슈탈트 치료의 주된 창시자이자 개발자였다. 펄스는 정신분석의 영향을 받기는 했지만 많은 근거들로 프로이트의 이론에 대해 이의를 제기했다. 인간에 대한 프로이트의 견해는 기본적으로 기계론적이지만, 펄스는 성격에 대한 총체적 접근을 강조했다. 프로이트는 초기 아동기에 억압된 심리내적 갈등을 강조했지만, 펄스는 현재 상황을 중요시했다. 게슈탈트 접근법은 내용보다는 과정을 훨씬 더 중요시한다. 이 과정은 게슈탈트 상담자가 자신이 하나의 개별적이고, 독립적인 존재라는 것을 인식하면서 동시에 어떠한 해석이나 분석, 판단 없이 내담자의 경험 속에 가능한 한 충분히 들어가는 것을 의미한다. 상담자는 내담자가 자신이 **무엇**을 하고 있으며 그것을 **어떻게** 하고 있는지에 대한 알아차림을 높일 수 있도록 설계된 '실험'을 고안한다. 펄스에 의하면 인간이 '지금 하고 있는 행동의 이유'보다 '지금 하고 있는 행동의 **방식**'이 자기이해에 훨씬 더 중요하다. 알아차림은 통찰과 때때로 자기성찰을 수반하지만 게슈탈트 치료 상담자들은 그 이상이라고 본다. 알아차림의 특징을 정의한다면, 그것은 여러분의 경험의 흐름에 주의를 기울이는 것과 여러분이 그 일을 할 때 무엇을 하고 있는지에 대한 접촉을 하는 것이라고 할 수 있다(Resnick, 2015).

자기수용, 환경에 대한 지식, 선택에 대한 책임, **장**(field. 상호관계의 역동적인 체계)에 있는 사람들과 접촉할 수 있는 능력은 중요한 인식과정이며 목표인데, 이 모든 것은 항상 변화하는 '지금 여기에서의 경험'에 뿌리를 두고 있다. 내담자는 상담자가 통찰과 정답을 제공하는 것을 수동적으로 기다리는 것과 반대로, 그들의 고유한 '보기(seeing)', '느끼기(sensing)', '해석하기(interpreting)'를 실행하도록 기대된다.

현대의 관계적 게슈탈트 치료(contemporary relational Gestalt therapy)는 내담자와 상담자 간의 대화와 '나/너' 관계를 강조한다. 상담자들은 상담 관계를 강조하고 이해에 대한 추구로 내담자와 협력적으로 작업한다(Wheeler & Axelsson, 2015; Yontef & Schulz, 2013). 1960년대와 1970년대에 어빙 폴스터와 미리엄 폴스터, 조지프 징커(Joseph Zinker)가 교수진으로 있었던 '클리블랜드 학교'와 로라 펄스(Laura Perls)의 지휘에 따라, 이 모형은 프리츠 펄스의 직면적이고 극적인 방식보다, 상담에서 더욱 큰 지지와 증가된 민감성, 공감을 포함한다(Yontef, 1999). 오늘날의 게슈탈트 상담자들의 대부분은 직면만큼이나 지지, 수용, 공감, 존중, 대화를 강조한다.

게슈탈트 치료는 생생하며, 상황에 관하여 이야기하는 추상성보다 직접적인 경험하기를 촉진한다. 게슈탈트 치료는 내담자가 상담자와 상호작용함에 따라 그들이 무엇을 어떻게 생각하고, 느끼며, 실행하는지를 이해하기 시작한다는 점에서 실험적인 접근이다. 게슈탈트 상담자들은 내담자와 상담자의 진실한 접촉에서 성장이 일어난다는 신념과 더불어, 치료적 만남 동안 충분히 존재하는 것(being fully present)을 지향한다.

CengageBrain.com에 방문하거나 『심리상담과 치료의 이론과 실제: 스탠의 사례와 해설 DVD』 8장 부분의 DVD 프로그램을 시청하라. 그리고 각 장을 읽기 전에 DVD에 있는 각 장에 대한 간략한 소개 내용을 살펴보라.

주요 개념

인간 본성에 대한 관점

학습 목표 02 인간 본성에 대한 게슈탈트 치료의 관점은 실존 철학과 현상학, 장 이론(field theory)에 뿌리를 두고 있다. 참된 지식은 지각하는 사람의 경험 내에서 직접적으로 뚜렷이 나타나는 것의 결과물이다. 상담은 알아차림과 환경과의 접촉을 목표로 하며, 이는 외적 세계와 내적 세계 모두를 구성한다. 외적 세계(예: 타인들) 및 내적 세계(예: 소외된 자아의 일부)와의 접촉의 질을 점검한다. 소외된 자기 자신의 일부를 '재소유하는' 과정과 통합 과정은 내담자가 그들의 고유한 개인적인 성장을 수행할 수 있게 될 때까지 단계적으로 진행된다. 알아차리게 됨으로써, 내담자들은 잘 알고 선택할 수 있게 된다. 따라서 더욱 의미 있는 실존적 삶을 살아갈 수 있게 된다.

인간 본성에 대한 이러한 관점 때문에, 프리츠 펄스(1969a)는 게슈탈트 치료를 온정적 간섭주의 입장을 견지한다. 내담자들은 성장하고, 그들 자신의 두 발로 서야 하며, "스스로 자신의 인생 문제들을 다루어야만 한다"(p.225). 펄스의 상담을 진행하는 방식은 두 개의 개인적인 의제를 포함하고 있는데, 내담자를 환경적 지지에서 자기 지지로 나아가게 하는 것과 성격의 소외된 부분들을 재통합시키는 것이다. 인간 본성에 대한 개념과 이러한 두 가지 의제가 다양한 기법과 상담 진행의 직면적인 방식을 이끌었다. 그는 내담자가 그들의 알아차림을 강화하게 하기 위해 의도적으로 내담자를 좌절시키는 데 통달하였다.

게슈탈트 치료의 기본적인 가정은 개인들이 자신의 내부와 주변에서 무슨 일이 벌어지고 있는지를 알아차릴 때, 자기 조절을 할 수 있는 능력을 지니게 된다는 것이다. 상담은 지지받고 회복될 수 있도록 알아차리기 위한 환경과 기회를 제공한다. 상담자는 상담 과정에서 내담자의 현재 경험과 신념에 주의를 기울이는데, 그렇게 함으로써 내담자가 알아차림과 접촉, 통합의 증진을 향해 나아가는 과정에서 도움을 주게 된다(Brown, 2007).

변화에 대한 게슈탈트 이론은 우리 자신이 아닌 누군가 혹은 무엇이 되는 작업을 진행할수록 우리는 더욱 더 동일한 상태에 머무르게 된다고 가정한다. 프리츠의 좋은 벗이자 심리학자인 아르니 바이서(Arnie Beisser, 1970)는 진실한 변화란 우리가 자신이 아닌 존재가 되기 위하여 노력하는 것보다 나 자신으로서 존재할 때 더 많이 발생한다고 주장하였다. 바이서는 이러한 간단한 신조를 **변화에 대한 역설론**(paradoxical theory of change)이라고 일컬었다. 우리는 '어떤 사람이 되어야만 하는지'와 여기에 '존재하는' 나 사이에서 지속적으로 움직이고 있다. 게슈탈트 상담자들은 내담자들이 되어야만 하는(should be) 존재가 되도록 분투하기보다, 현재 조건에서 충분히 그들 자신에게 투자할 것을 요청한다. 게슈탈트 상담자들은 사람들이 세계 내에서 진정으로 존재하게 되는 경험을 할 때 변화하고 성장한다고 믿는다(Yontef & Schulz, 2013).

게슈탈트 이론의 원리

학습 목표 03 게슈탈트 치료 이론의 기저를 이루는 몇 가지 기본적 원리들은 전체론(holism), 장 이론, 상 형성 과정, 유기체의 자기 조절로 간략하게 설명된다. 게슈탈트 치료의 또 다른 주요 개념들은 다음의 부분에서 더욱 자세하게 소개된다.

전체론 **게슈탈트**(Gestalt)란 전체 혹은 완전함, 혹은 그들의 본질을 잃지 않고 부분으로 분리될 수 없는 형태를 의미하는 독일어이다. 모든 자연은 응집력 있고 통합된 전체로 여겨지며, 전체는 부분의 합과 다르다. 게슈탈트 상담자들은 총체적 인간에 관심을 갖기 때문에 그들은 개인의 하나의 특정한 양상에 더 우월한 가치를 두지 않는다. 게슈탈트 치료는 내담자의 사고, 감정, 행동, 신체, 기억, 꿈을 다룬다.

장 이론 게슈탈트 치료는 **장 이론**(field theory)에 기반을 둔다. 이는 간단히 말해서, 지속적으로 변화하는 장(場)의 일부로서, 유기체는 반드시 유기체가 처한 환경이나 맥락에서 고려되어야만 한다는 것이다. 게슈탈트 상담자들은 인간과 환경 사이의 경계에서 발생하고 있는 것에 주의를 기울이고 탐색한다. 강조점은 **전경**(figure), 즉 매 순간에서 가장 두드러지는 개인의 경험에 대한 양상이나 **배경**(ground), 즉 종종 내담자들의 알아차림에서 벗어나 있는 내담자의 표현에 대한 양상에 있다. 그 배경에 대한 단서는 신체적인 몸짓, 목소리의 어조, 태도, 그 외의 비언어적인 내용에서 발견될 수 있다. 게슈탈트 상담자들은 흔히 이것을 '분명한 것에 관심 주기(attending to the obvious)'로 말한다. 이것은 어떻게 부분들이 서로 잘 맞는지, 어떻게 개인이 환경과 접촉을 맺고 통합을 이루어내는지에 주의를 기울이는 것이다.

상 형성 과정 게슈탈트 심리학자 집단에 의한 시지각 연구에서 비롯된 것으로, **상 형성 과정**(the figure-formation process)은 배경으로부터 출현하는 환경적 장의 어떤 양상에 따라, 개인이 어떻게 시시각각으로 경험을 체계화시키는지, 그리고 개인의 주의와 흥미에 대한 주축이 되는지를 추적한다. 예를 들어, 저 멀리 언덕에 있는 여성을 보고 있다고 상상해보라. 여러분은 그녀를 명확히 보지는 않더라도, 그 형상의 전반적인 표현, 즉 게슈탈트를 받아들인다. 더욱 가까이 다가오면서 여러분은 형상에 대한 더 높은 수준의 알아차림을 얻게 되고, 그녀는 점점 더 명확해지고 더 상세해진다. 여러분은 그녀의 얼굴과 그녀가 자신의 블라우스의 단추를 잠그는 방식을 보게 된다. 상 형성 과정에서 현대 게슈탈트 상담자들은 내담자가 관심을 갖고 있는 형상에 가까워지거나 멀어지는 과정을 촉진하는 데 관심이 있다. 그리고 특정한 순간에 개인의 지배적인 욕구가 이 과정에 영향을 미친다(Frew, 1997).

유기체적 자기 조절 상 형성 과정은 **유기체적 자기 조절**(organismic self-regulation)의 원리와 밀접한 관련이 있다. 이는 균형 상태가 욕구, 감각 혹은 흥미의 발생에 의해 '방해받는' 과정이다. 유기체들은 자신의 고유한 능력과 환경의 자원을 고려하여, 스스로를 조절하기 위해 최선을 다한다(Latner, 1986). 개인들은 균형을 회복하거나 성장과 변화를 위해 접촉하고 행동한다. 치료적 작업에서는 내담자가 관심을 두고 있는 것 혹은 내담자가 균형 상태를 회복하거나 변화하고자 하는 것이 나타난다. 게슈탈트 상담자들은 내담자가 상담 과정에서 배경에 존재하는 형상을 알아차리게 하고, 상담의 초점에 대한 지침으로서 상 형성 과정을 활용한다.

접촉과 접촉에 대한 저항

게슈탈트 치료에서 변화와 성장이 일어나야만 한다면 접촉은 불가피하다. **접촉**(contact)은 보고, 듣고, 냄새 맡고, 만지고, 움직임으로써 생겨난다. 효과적인 접촉은 개성에 대한 감각을 잃지 않으면서도 자연, 그리고 다른 사람들과 상호작용하는 것을 의미한다. 올바른 접촉을 위한 전제조건은 명확한 알아차림, 충분한 에너지, 자신을 표현하는 능력이다. 상담자와 내담자 간의 접촉은 게슈탈트 치료 실제의 핵심이다(Yontef & Schulz, 2013; Zinker, 1978). 미리엄 폴스터(1987)는 접촉이 성장의 생명선이라고 주장하였다. 접촉이란 인간이 자신의 환경에 계속 새롭게 창조적으로 적응하는 것이다. 이는 열정, 상상력, 창조성을 수반한다. 이러한 접촉 유형은 순간순간 일어난다. 그래서 접촉은 성취하고자 하는 마지막 상태라기보다 접촉의 과정이라는 점을 고려해야 한다. 접촉 경험 이후에는, 학습해온 것을 통합하기 위해 일반적으로 철회가 나타나게 된다. 게슈탈트 상담자들은 연결과 분리라는 경계의 두 가지 기능에 관하여 이야기한다. 접촉과 철회는 모두 필수적이며 건강한 기능을 위하여 매우 중요하다.

게슈탈트 상담자들은 또한 접촉 방해, 혼란, 저항(접촉을 중단시키는 것, 접촉 경계 장애, 저항)에 초점을 맞춘다. 저항은 우리가 대처 과정으로 개발했지만, 충분히 그리고 완전히 현재를 경험하는 것을 방해하기도 한다. 저항은 전형적으로 우리의 알아차림의 범위를 벗어나는 적응이며, 만성적인 방식으로 저항할 때 이는 역기능적인 행동에 기여하게 될 수 있다. 저항은 삶의 상황에 대처하기 위한 수단으로서 만들어졌기 때문에 저항은 문제가 많은 만큼 긍정적인 특성들을 지닌다. 그리고 많은 현대의 게슈탈트 상담자들은 이러한 특성들을 '접촉 경계 현상(contact boundary phenomena)'이라고 일컫는다. 폴스터와 폴스터(1973)는 내사, 투사, 반전, 편향, 융합 등의 다섯 가지의 접촉 경계 혼란에 대해 기술하였다.

내사(introjection)는 우리가 누구인지에 관해 타인과 동일시하기 위해, 그들에 대한 완전히 이해 없이 무비판적으로 타인의 신념과 기준을 수용하는 경향성이다. 우리가 받아들인 것을 분석하고 재구성하지 않았기 때문에 이렇게 내사된 것들은 우리에게 맞지 않는 것으로 계속 남아있다. 우리가 내사를 할 때, 우리는 명확하게 우리가 원하는 것이나 필요한 것을 인식하기보다는 환경이 제공하는 것을 수동적으로 통합시킨다. 만약 우리가 이 단계에 머무르게 되면, 우리는 사물을 우리가 생각하는 대로 여기거나, 자신을 위해 일하기보다는 권위자가 나를 위한 최선이 무엇인지 알고 있다고 믿는 데 에너지를 소모한다.

투사(projection)는 내사의 반대이다. 투사할 때, 우리는 자신의 어떤 측면들을 환경 탓이라 돌리며 부인한다. 우리의 자아상과 모순적인 성격 속성을 부인하고, 타인의 속성이라고 여긴다. 그러므로 우리의 많은 문제들을 다른 사람들 탓으로 돌린다. 우리가 자신의 것임을 인정하길 거부한 바로 그 속성이 다른 사람에게 있다고 봄으로써, 우리는 자신의 감정에 대한 책임과 우리 자신이 바로 그 사람임을 회피하게 된다. 이는 우리가 변화를 시작하는 데 있어 계속 무기력하게 만드는 요인이다. 투사를 습관적으로 사용하는 사람들은 그들이 환경에 대한 피해자라고 느끼는 경향이 있고, 사람들은 그들이 말하는 것의 뒤편에 숨겨진 의미를 갖고 있다고 믿는다.

반전(retroflection)은 다른 사람에게도 해주고자 하는 것을 자신의 쪽으로 되돌리는 것 또는 누군가 우리를 위해 해주기를 바라는 것을 자신에게 하는 것이다. 이러한 과정은 특히 경험에서 주로 행동 단계의 장애가 되고, 전형적으로 아주 큰 불안을 동반한다. 반전에 의존하는 사람들은 수치심, 죄책감, 분노에 대한 공포에서 벗어나 행동을 취하는 것을 스스로 금지하는 경향이 있다. 예를 들어, 자기를 비난하거나 자신에게 상처 입히는 사람들은, 다른 사람을 향해 공격성을 직접적으로 드러내는 것을 두려워하여 그것을 자기 내부로 향하게 한다. 우울과 신체화 문제들은 종종 반전을 사용함으로써 생겨난다. 전형적으로, 기능의 이러한 부적응적인 방식들은 우리의 알아차림 밖에서 일어난다. 게슈탈트 상담 과정의 일부는 우리가 자기 조절적인 체계를 발견해서 우리가 세계에 현실적으로 대처할 수 있도록 돕는다.

편향(deflection)은 집중을 방해하거나 방향을 갑작스럽게 한쪽으로 전향하는 과정이라서, 접촉에 대한 지속적인 감각을 유지하기에 어렵다. 편향이 있는 사람은 유머, 추상적 일반화, 진술문이 아닌 의문문을 과도하게 사용하여 접촉을 분산시키거나 완화하려고 시도한다(Frew, 1986). 상황을 편향하는 사람은 다른 사람들을 통하여 말하거나 다른 사람들을 대변하며, 직접적으로 행동하거나 환경과 참여하기보다 모순적이거나 중요하지 않은 근거로 요점을 피해서 말한다. 그 결과 정서적 소모가 일어난다.

융합(confluence)은 자기와 환경 간의 구분이 모호해지는 것이다. 사람들과 잘 지내려고 노력하기 때문에 내적 경험과 외부 현실 간의 경계가 분명해지지 않는다. 관계에서의 융합은 갈등의 부재, 분노의 둔화, 그리고 모든 집단 구성원들이 자신과 동일한 감정과 사고를 경험한다는 신념을 포함한다. 이러한 접촉 양식은 인정이나 사랑을 받고자 하는 욕구가 강하고, 그럼으로써 안전함을 발견하는 내담자들의 특성이다. 이러한 상태는 진실한 접촉을 매우 어렵게 만든다. 상담자는 다음과 같은 질문을 물어봄으로써 이러한 저항의 수단을 활용하는 내담자들을 도울 수 있다. '당신은 지금 무엇을 하고 있습니까?', '당신은 이 순간 어떤 것을 경험하였습니까?', '바로 지금 당신이 원하는 것은 무

엇입니까?'

접촉 방해(interruptions in contact) 혹은 **경계 혼란**(boundary disturbance)과 같은 용어들은 이러한 저항 중 하나를 통해 환경을 통제하고자 시도할 때 사용하는 특유의 양식이다. 게슈탈트 치료의 전제는 접촉은 정상적이면서 건강하다는 것이다. 그리고 내담자들은 접촉을 방해하는 지배적인 양식과 그들이 사용하는 저항에 대해 지각하도록 격려받는다. 오늘날의 게슈탈트 상담자들은 어떻게 내담자들이 접촉을 단절하는지에 주목하는데, 그 접촉 방해 방식이 과거에 중요한 기능을 했다는 것을 알고 있기 때문에 접촉 방해 방식을 존중하며 각 저항의 방식을 진지하게 받아들인다. 저항이 내담자들에게 작용하는 결과, 즉 그들을 무엇으로부터 보호하고 있는지, 그들이 경험하지 못하도록 막는 것은 무엇인지를 탐색하는 것은 매우 중요하다.

지금

게슈탈트 접근의 주요한 공헌들 중 하나는 현재 순간의 중요함을 알아차리고 충분히 경험하는 것을 강조했다는 점이다. 과거와 미래에 대한 초점은 현재를 다루는 것을 회피하는 방식이 될 수 있다. 폴스터와 폴스터(1973)는 "힘은 현재에 있다."라는 가설을 발전시켰다. 내담자는 일반적으로 과거 실수에 대한 비탄, 그리고 어떻게 삶이 달라질 수 있고 달라져야 하는지에 대한 반추나 끝없는 결심과 미래에 대한 계획에 에너지를 쏟는 경향성이 있다. 내담자가 자신의 에너지가 과거나 과거에 있었을지 모를 일, 또는 미래에 대한 환상 속에 사는 쪽으로 가게 되면 현재의 힘은 약해진다.

현상학적인 탐구(phenomenological inquiry)는 현재 발생하는 것에 주의를 기울이는 것을 포함한다. 대부분의 사람들은 현재에 단지 짧은 순간에만 머무를 수 있고, 현재의 흐름을 방해하는 방법들을 찾는 경향이 있다. 내담자들은 '지금 여기'에서 감정을 경험하는 대신, 마치 감정이 현재 경험과 분리되어 있는 것처럼 감정에 **대하여 종종 이야기한다**(talk about). 게슈탈트 치료의 목적 중에 하나는 내담자가 점차적으로 그들의 현재의 경험들을 알아차리도록 돕는 것이다.

내담자들이 현재 순간에 접촉하도록 돕기 위해, 게슈탈트 상담자들은 '왜'라는 질문을 하기보다는 '무엇을'과 '어떻게'라고 질문한다. '지금'에 대한 알아차림을 증진시키기 위해 게슈탈트 상담자들은 다음과 같이 현재형으로 대화하길 격려한다. '지금 무엇이 일어나고 있습니까?', '지금 무엇이 계속되고 있습니까?', '당신이 여기 앉아있을 때, 그리고 이야기하려고 시도할 때 경험한 것은 무엇입니까?', '이 순간에 당신이 알아차린 것은 무엇입니까?', ' 당신의 두려움을 당신은 어떻게 경험하고 있나요?', '이 순간에 당신은 어떻게 철회하려고 시도하고 있습니까?', '지금 이 방 안에 나와 함께 있는 것이 당신에게는 어떻게 느껴집니까?' 현상학적 탐구에는 또한 어떠한 선입견, 가정, 또는 내담자의 경험의 의미에 관련된 해석을 중단하는 것을 포함한다.

예를 들어, 만약 조세핀이 슬픔, 고통, 혼란에 대해 이야기하기 시작했다면, 게슈탈트 상담자는 그녀가 지금 이순간의 슬픔, 고통, 혼란을 경험하도록 초대한다. 그녀가 현재 경험에 주목하게 되면, 상담자는 얼마나 많은 불안이나 불편감이 존재하는지를 측정하고, 그에 맞춰 보다 적절한 개입들을 선택한다. 상담자는 조세핀이 현재 순간으로부터 벗어나게 되면 몇 분 후 또 다른 실험을 제안하기 위해 그 부분에 대해 언급하지 않을 수도 있다. 어떤 감정이 나타난다면, 가령 어디에서 그리고 어떻게 그녀가 경험했는지 탐색하듯이 조세핀이 그 감정을 더욱 알아차리도록 실험을 제안할 수 있다. 마찬가지로 생각이나 사고가 나타난다면, 어떤 실험을 제안함으로써 그녀가 그 생각에 대해 철저하게 파헤치고, 완전히 탐색하고, 그 효과와 가능한 결과들에 대해 생각할 수 있도록 도울 수 있다.

게슈탈트 상담자들은 과거 경험들이 미해결된 채로 다소 남아 있기 때문에 과거가 현재 순간에서 규칙적으로 모습을 드러낸다고 생각한다. 과거가 내담자의 현재 태도나 행동과 관련하여 중요한 의미를 가진다고 여겨질 때, 가능한 한 그것을 현재 순간으로 가져옴으로써 다룰 수 있다. 내담자가 자신의 과거에 대해 말할 때, 상담자는 마치 내담자가 마치 과거에서 느꼈던 것처럼 현재에서 그것을 재연하도록 요청할 수 있다. 상담자는 내담자에게 자신이 이전에 경험했던 것을 재경험할 수 있도록 돕고자 '그 상상을 여기로 가져오세요.' 또는 '마치 지금 꿈속에 있는 것처럼 그 꿈을 나에게 말해주세요.'라고 지시할 것이다. 예를 들어, 그녀의 아버지에 대한 과거 아동기 트라우마에 대해 이야기하기보다는, 내담자가 그 상처받은 아이가 되어 환상 속의 아버지에게 직접적으로 이야기하거나 상담실 빈 의자에 그녀의 아버지가 앉아있다고 상상하게 할 수 있다.

미해결 과제

배경에서 상이 나타나지만 완성되거나 해결되지 않으면, 개인들은 **미해결 과제**(unfinished business) 상태로 남겨지게 된다. 그리고 그것은 수치심, 분노, 증오, 고통, 불안, 비탄, 죄책감, 포기와 같은 암묵적인 감정들로 드러날 수 있다. 인식되지 못한 감정들은 현재에 초점을 맞춘 알아차림을 뒤죽박죽으로 만들어버리는 불필요한 정서적 찌꺼기들을 만들어낸다. 이러한 감정들이 완전히 알아차림 속에서 경험되지 않았기 때문에, 그들은 배경에서 계속 남아있으면서 자신과 타인과의 효과적인 접촉을 방해하는 방식으로 현재의 삶에서 진행된다. "이러한 미완성의 방향들은 완성을 추구하게 되며 이것이 충분한 힘을 얻게 되면 개인은 집착, 강박적인 행동, 경계심, 억압하는 에너지, 자기 패배적인 행동 등으로 괴로워하게 된다"(Polster & Polster, 1973, p.36). 미해결 과제는 개인이 표현되지 못했던 감정들을 직면하고 다루기 전까지 집요하게 계속된다. 미해결 과제의 영향은 종종 신체 내부의 차단 상태로도 나타난다. 그리고 상담자의 과업은 내담자가 그러한 신체 표현들을 탐색할 때 도움을 주는 것이다. 게슈탈트 상담자들은 감정들이 표현되지 않았다면, 어떤 신체적 감각이나 문제들을 야기하는 경향이 있다는 가정 하에 신체 표현에 대해 주의를 집중한다.

교착 상태(impasse) 또는 갇힌 지점은 외부적인 지지를 구할 수 없거나 존재하는 습관적인 방식이 작용하지 않을 때 발생한다. 상담자의 과업은 내담자들을 구제하거나 절망을 느끼게 하지 않고 그러한 교착 상태를 경험할 때 동행하는 것이다. 상담자는 내담자를 도와 자신이 갇혀있는 상태를 충분히 경험하도록 상황을 제공한다. 교착 상태를 온전하게 경험함으로써, 내담자는 자신의 절망과 접촉할 수 있고, 자신이 달라지는 것을 바라기만 하기보다는 무엇이든지 수용할 수 있게 한다. 게슈탈트 상담자는 개인들이 자아실현과 성장을 향해 노력하며, 판단하는 것 없이 자신에 대한 모든 모습들을 수용한다면, 그들은 다른 방식으로 생각하고, 느끼고, 행동할 수 있게 된다는 신념에 기반을 두고 있다.

에너지와 에너지의 차단

에너지가 차단될 때, 미해결 과제가 야기될 수 있다(Conyne, 2015). 게슈탈트 치료에서 특별히 주목하는 것은 어디에 에너지가 위치하는지, 어떻게 그것이 사용되는지, 그리고 어떻게 그것이 차단되는지이다. 차단된 에너지는 방어적인 태도의 또 다른 형태이다. 이것은 신체 일부의 긴장, 자세, 신체의 경직, 얕은 호흡, 대화를 할 때 접촉을 피하기 위해 시선 피하기, 감정 억제, 감정 둔화, 제한된 목소리로 말하기, 거의 말하지 않기 등으로 드러날 수 있다.

내담자들은 그들의 에너지를 알아차리지 못하거나 그것이 어디에 있는지 모를 수 있다. 그리고 그들은 부정적인 방식으로 이 에너지를 경험할 수 있다. 상담자의 과업 중 하나는 내담자의 억압된 에너지에 초점을 맞추어 에너지를 막고 있는 방식을 확인하고, 차단된 에너지를 더 적응적인 행동들로 변화시킬 수 있도록 돕는 것이다. 내담자들은 어떻게 저항이 그들의 몸에서 표현되고 있는지 인식하도록 격려받을 수 있다. 특정한 신체 증상들을 그들 자신에게서 제거하려고 노력하기보다, 내담자들은 완전하게 긴장 상태와 신체 증상들에 머물러 더욱 깊이 탐구하도록 격려받는다. 예를 들어, 입을 굳게 다물고 다리를 흔드는 것을 과장하도록 허락함으로써, 자신이 어떻게 에너지를 전환시키고 있는지, 그리고 생동감을 잃고 무기력해지는지를 내담자 스스로 발견할 수 있다.

상담 과정

상담 목표

게슈탈트 치료는 그 자체로 '목표 지향적인' 방법론에 해당하는 것은 아니다. 하지만 상담자들은 명확하게 기본적인 목표, 즉 내담자가 더 나은 알아차림을 얻고, 이를 통해 더 나은 선택을 하도록 돕는 목표를 가진다. 알아차림은 환경을 아는 것, 자기 자신을 알고 수용하는 것, 접촉할 수 있는 것을 포함한다. 높고 풍부한 수준의 알아차림은 그 자체로 치유력이 있다. 알아차림은 내담자들의 성격 변화를 위한 수단이다. 알아차림과 더불어 내담자들은 그들의 주관성을 충분히 경험할 뿐만 아니라 부인하던 부분들을 직면하고, 수용하며, 통합하는 능력을 갖게 된다. 내담자는 자신이 부인했던 부분들을 알아차려 자신의 경험을 온전히 받아들이는 방향으로 나아감으로써, 통합적이고 총체적인 사람이 될 수 있다. 내담자들이 알아차림 상태에 있을 때, 중요한 미해결 과제가 출현하게 되고, 상담 과정에서 다룰 수 있게 된다. 게슈탈트 접근은 내담자들이 자신의 인식 과정을 알도록 돕는데, 그 결과 그들은 책임을 가지고 선별적 · 분별적 선택을 할 수 있게 된다. 알아차림은 내담자와 상담자 간의 진실한 접촉의 맥락 내에서 출현한다.

실존적 관점(6장 참조)은 우리가 지속적으로 우리 자신을 재구성하고 발견하는 과정과 참여하고 있다고 본다. 우리는 고정적인 정체성을 가지지 않는다. 하지만 새로운 도전에 직면함으로써 우리의 존재에 대한 새로운 국면을 발견하게 된다. 게슈탈트 치료는 기본적으로 실존적인 만남으로, 이 실존적인 만남을 통해 내담자들이 특정한 방향으로 접근해가게 된다. 게슈탈트 과정의 창조적인 개입을 통해, 징커(1978)는 내담자가 다음과 같은 것을 실천하기를 기대한다.

- 내담자 자신에 대한 알아차림을 고양시키는 방향으로 나아간다.
- 내담자 자신의 경험에 대한 주인의식을 점진적으로 갖도록 취한다(내담자들이 사고하고, 느끼며, 실행하는 것에 대해 다른 사람들이 책임지도록 하지 않는다).
- 타인의 권리를 침해하지 않으면서 내담자 자신의 욕구를 만족하게 기술을 개발하고 가치관을 형성한다.
- 자신의 모든 감각에 대해 더 많이 알아차린다.
- 자신의 행동의 결과를 수용하는 것을 포함해 자신이 행하는 것에 대한 책임감을 수용하는 법을 학습한다.
- 다른 사람에게 도움을 요청하거나 요구할 수 있으며, 다른 사람에게 도움을 줄 수 있다.

상담자의 기능과 역할

상담자의 일은 내담자가 새로운 행동을 시도해보고 무슨 일이 일어나는지 살펴보도록 삶에 대한 실험적 태도를 내담자가 채택하게 함으로써 자기자신에 대해 배울 수 있도록 내담자와 적극적인 파트너십을 맺는 것이다(Perls, Hefferline, & Goodman, 1951). 게슈탈트 상담자들은 내담자들의 알아차림, 자유, 자기주도성을 높이기 위하여, 내담자들이 사전에 결정된 목표를 향해 가도록 지시하기보다는 적극적인 기법과 내담자와 개인적인 계약을 활용한다(Yontef & Jacobs, 2014).

현대의 게슈탈트 실무자들은 내담자를 그들의 고유한 경험에 대한 전문가로 여기며, 현재의 순간에서 감각적인 알아차림에 주목하도록 격려한다. 게슈탈트 상담자들은 내담자의 자기발견에 가치를 두며 자신의 알아차림과 경험을 방해하거나 가로막는 방식을 스스로 발견할 수 있다고 가정한다(Watson, Goldman, & Greenberg, 2011). 욘테프(Yontef, 1993)는 비록 상담자가 안내자이자 촉진자로서 기능하고, 실험을 제안하며, 관찰 내용을 공유하더라도, 상담의 기본 작업은 내담자에 의해 이루어진다는 것을 강조한다. 욘테프는 상담자의 작업이란 내담자가 새로운 존재 방식과 행동 방식을 실험해볼 수 있는 분위기를 만드는 것이라고 주장한다. 게슈탈트 상담자들은 직면을 통하여 내담자들이 변화하도록 강요하지 않는다. 대신에, 그들은 '지금 여기'에서 '나/너'의 대화적 맥락에서 작업한다.

게슈탈트 상담자들의 중요한 기능은 내담자들의 신체 언어에 주의를 기울이는 것이다. 이러한 비언어적인 단서들은 내담자가 알아차리지 못하는 것에 대한 감정을 종종 대변함으로써 풍부한 정보를 제공한다. 상담자는 주의와 알아차림에서의 차이, 그리고 말로 표현되는 것과 내담자의 신체로 표현되는 것 사이의 모순에 대해 주목해야 할 필요가 있다. 상담자들은 다음과 같은 질문을 통해 내담자가 자신의 몸짓이나 신체 일부가 되어서, 그것에 대해 말하도록 지시할 수 있다. '당신의 눈은 무엇을 말하고 있습니까?', '만약 당신의 손이 지금 이 순간 말을 할 수 있다면, 무엇이라고 말할까요?', '당신의 오른손과 왼손 사이의 대화를 지속해볼 수 있나요?' 내담자들은 분노를 언어적으로 표현하는 동시에 웃음을 보일 수 있다. 혹은 그들은 고통스럽다고 말하면서 동시에 웃을 수도 있다. 상담자들은 웃음이 의미할 수 있는 것을 알아차리도록 내담자에게 요청할 수 있다. 웃음은 분노나 고통의 감정을 숨기는 것일 수 있으며, 상담자들은 웃음이 그들에게 의미하는 것이 무엇인지를 발견하는 작업을 하도록 촉진할 수 있다.

내담자의 비언어적 언어에 주의를 기울이는 것과 함께, 게슈탈트 상담자들은 언어 패턴과 성격 간의 관계에 주안점을 둔다. 내담자의 언어 패턴은 종종 그들의 감정, 사고, 태도의 표현이 된다. 게슈탈트 접근은 내담자의 언어가 자신이 경험한 것과 일치하는지 또한 자신의 감정과 떨어져 있는지 내담자에게 주목하도록 요청함으로써 내담자의 자신에 대한 알아차림을 증진시키기 위한 언어 습관에 초점을 둔다.

언어는 설명할 수도, 감출 수도 있다. 언어에 집중함으로써, 내담자들은 현재의 순간에 경험하고 있는 것이 무엇인지, 어떻게 그들이 '지금 여기'의 경험과 접촉을 회피하고 있는지에 대한 알아차림을 높일 수 있다. 게슈탈트 상담자들이 초점을 두는 언어의 양상에 대한 예시는 다음과 같다.

- **'그것(it)' 대화**: 내담자가 '나(I)' 대신 '그것(it)'을 말할 때, 그들은 비인격화된 언어를 사용하고 있는 것이다. 상담자는 내담자에게 비인격적인 대명사를 개인적인 대명사로 대체하도록 요청할 수 있으며, 그럼으로써 내담자는 그에 대한 책임감이 증가될 것이다. 예를 들어, 내담자가 '다들 친구를 사귀는 것이 어려워요.'라고 말한다면, 상담자는 '나(I)' 진술로 이것을 다시 고쳐 다음과 같이 말하도록 요청할 수 있다. '나는 친구를 사귀는 데 어려움을 겪고 있어요.'
- **'당신(you)' 대화**: 전반적이고 비인격적인 언어는 자신을 숨기려는 경향이 있다. 상담자는 '당신'이라는 단어를 일반적으로 사용하는 것을 지적하고, 내담자에게 '당신'을 대신하여 '나'로 대체하는 실험을 하라고 요청한다.
- **질문(question)**: 질문은 질문자를 계속해서 숨기고, 보호하며, 알려지지 않도록 하는 경향이 있다. 게슈탈트 상담자들은 종종 내담자들에게 그들의 질문을 진술로 바꾸어보도록 요청한다. 개인적인 진술을 함으로써 내담자들은 그들이 말하는 것에 책임감을 갖기 시작한다. 그들은 질문 장벽을 통해 어떻게 자신 스스로를 숨기고 있었으며, 자신을 표현하는 진술을 못하게 하도록 막았는지에 대해 인식할 수 있다.
- **능력을 부인하는 언어**: 어떤 내담자들은 진술에 수식어구와 부인을 첨가함으로써 개인적인 능력을 부인하는 경향을 나타낸다. 상담자는 또한 어떻게 수식어구가 그들의 효과성을 가감시키는지를 내담자에게 지적할 수 있다. '아마도', '어쩌면', '다소', '내 짐작으로는', '가능한 한', '생각해보면'과 같은 수식어구를 생략해보는 실험은 내담자들이 모호한 메시지들을 명확하고 직접적인 진술로 변화시키도록 도울 수 있다. 이와 같이, 내담자들이 '나는 할 수 없다.'고 말할 때, 그것은 사실 '나는 하지 않을 것이다.'는 의미를 내포하고 있다. 내담자가 '할 수 없다'를 '하지 않을 것이다'라는 말로 대체하도록 격려하는 것은 내담자들이 자신의 결정에 대한 책임감을 가짐으로써 그들의 능력을 수용하고 소유하는 것을 돕는다. 상담자는 내담자들이 그들이 하는 모든 말들이 철저한 검토 대상이라고 느끼지 않도록 상담 개입 시 주의해야 한다. 상담자는 행동을 면밀히 조사하는 것이 아니라, 단어를 통하여 실제로 표현되는 것에 대한 인식을 조성하기를 희망한다.
- **내담자의 비유를 경청하기**: 어빙 폴스터(1995)는 그의 워크숍에서 상담자가 내담자의 비유를 경청하는 방법을 학습하는 것이 중요하다고 강조했다. 비유에 초점을 맞춤으로써, 상담자는 내담자의 내면적인 투쟁에 대한 풍부한 단서를 얻는다. 자세히 설명될 수 있는 비유의 예시는 다음과 같은 내담자 진술을 포함한다. '이곳에서 나의 속마음을 모조리 털어놓는 것은 내게는 어려운 일입니다.' '그때 나는 지탱할 다리가 없는 것처럼 느껴요.' '나는 내 영혼 안에 구멍이 난 것처럼 느껴져요.' '나는 누군가가 나를 비난할 경우에 대비하여 준비할 필요가 있어요.' '당신이 지난주에

날 직면시킨 이후 갈기갈기 찢겨진 것 같아요.' '이 회기 이후에, 나는 마치 내가 고기 분쇄기에서 갈아지는 것처럼 느껴져요.' 이러한 비유 아래 중대한 미해결 과제나 현재의 상호작용에 대한 반응을 나타내는 억압된 내적 대화가 존재할 수 있다. 예를 들어, 자신이 고기 분쇄기에 갈아지는 것처럼 느껴진다고 말하는 내담자에게 상담자는 다음과 같이 질문할 수 있다. '다진 고기가 된 것 같을 때 당신의 경험은 어땠습니까?' 혹은 '누가 분쇄기를 돌리고 있습니까?' 내담자가 자신이 경험하고 있는 것에 대하여 더 말하도록 격려하는 것은 매우 중요하다. 상담의 기술은 내담자가 내담자의 비유에 대한 의미를 해석해서 상담에서 다룰 수 있도록 돕는 것이 들어있다.

- 이야기에 감춰진 언어를 경청하기: 폴스터(1995)는 또한 그가 '구체화하기(fleshing out a flash)'라고 부르는 것의 가치를 강조한다. 그는 내담자가 자신의 삶의 투쟁을 나타내는 모호하지만 중요한 이야기의 단서인 단어를 종종 사용한다고 보고한다. 효과적인 상담자들은 내담자가 말한 사소한 부분을 발견하여 이 부분에 집중하고 발전시켜나가는 방법을 알고 있다. 내담자들은 함축적인 구절을 대충 넘겨버리기 쉽지만, 예민한 상담자는 내담자가 그 부분을 더 구체적으로 이야기하도록 도울 질문을 던질 수 있다. 자기 앞에 앉아있는 사람의 주 관심사가 무엇인지 주의를 기울이고, 그들이 이야기하도록 하는 것은 상담자에게 필수적인 일이다.

나는 공개 워크숍에서 개인 상담 시연에 자원했던 조라는 사람과 어빙 폴스터와의 감명 깊은 대화 모습을 관찰하였다. 비록 조가 그의 독특한 생활양식이 드러나는 멋진 이야기를 했지만, 그의 태도는 생동감도 없었고 활기도 보이지 않았다. 결국 폴스터는 그에게 "당신은 지금 나의 관심을 끌고 싶나요? 내가 당신에게 몰두하는 것이 당신에게 중요한가요?"라고 질문했다. 조는 충격받은 것처럼 보였지만, 곧 요점을 파악했다. 그는 상담자의 관심을 지속적으로 끌 뿐만 아니라 청중의 관심을 지속시키기 위한 방식으로 자신을 표현했다는 것을 확인했기에 폴스터로부터의 도전을 받아들였다. 폴스터는 조가 그가 말하려는 내용보다는 느낌과 삶의 경험을 표현하는 방식에 주의를 기울이게 하였다.

폴스터는 스토리텔링이란 언제나 저항의 형태만을 나타내는 것은 아니라고 믿는다. 대신에, 스토리텔링은 상담 과정의 핵심일 수 있다. 그는 사람들은 이야기하는 존재라고 주장한다. 상담자가 해야 할 일은 내담자가 생생한 방식으로 자신의 이야기를 할 수 있도록 돕는 것이다. 폴스터(1987b)는 많은 사람들이 자기 삶의 이야기를 바꾸기 위해서가 아니라 자신의 이야기의 주제를 바꾸기 위해 상담을 받는다고 믿는다.

상담에서 내담자의 경험

게슈탈트 치료의 일반적인 지향점은 **대화**(dialogue)로서, 그 만남에 자신의 독특한 경험을 가져오는 사람들 간의 연결이다(Yontef & Schulz, 2013). 전통적인 게슈탈트 상담자들은 내담자들이 어떻게 그들이 책임감을 수용하는 것을 회피하는지에 관하여 반드시 직면해야 된다고 가정하였다. 그러나 현대의 게슈탈트 치료의 특징이 되는 대화적 참여는 내담자와 상담자 간의 만남의 공간을 위한 장을 마련한다. 상담에서 핵심이 될 수 있는 다른 주제들로는 내담자–상담자 관계를 비롯하여, 내담자가 상담자와 관계를 맺는 방식과 주변 환경에서 다른 사람들과 관계를 맺는 방식의 유사성이 포함된다.

게슈탈트 상담자들은 내담자의 경험에 대한 전문가가 아니라고 생각하기 때문에 개인의 행동에 대한 역동을 설명하거나 내담자에게 왜 그가 특정한 방식으로 행동하는지에 관하여 해석을 하지 않는다. 게슈탈트 치료에서 내담자들은 그들의 고유한 해석과 의미를 만들어내는 적극적인 참여자이다. 내담자들은 알아차림을 키워가며, 자신의 개인적인 의미에 의해서 무엇을 할 것인지 혹은 무엇을 하지 않을 것인지를 결정하는 존재다.

미리엄 폴스터(1987)는 상담에서 내담자의 성장을 특징짓는 통합의 3단계를 기술하였다. 첫 번째 단계는 **발견**이다. 내담자들은 자신에 관하여 새롭게 이해하거나 오래된 상황에 대한 새로운 관점을 획득하거나, 그들의 삶에서 중요한 사람에 대해 새롭게 보는 시각을 갖게 될지도 모른다. 이러한 발견은 종종 그들에게 놀라움으로 다가온다.

통합의 두 번째 단계는 **조절**이다. 이는 내담자 자신에게 선택권이 있다는 것을 인식하게 하는 것을 포함한다. 내담자들은 상담실의 지지적인 분위기 속에서 새로운 행동을 실험해보기 시작해봄으로써 세상에 대한 자신의 인식을 확장한다. 새로운 선택은 종종 서투르게 나타나지만, 치료적 지지를 통해 내담자들은 어려운 상황에 대처할 수 있는 기술을 얻게 될 수 있다. 내담자들은 상담실 밖에서의 실험 장면에 참여하게 되고, 다음 상담 회기에서 이에 대해 논의할 수 있다.

통합의 세 번째 단계는 **동화**이다. 동화는 내담자가 어떻게 자신의 환경에 영향을 미치는지를 학습하는 단계이다. 이 단계에서 내담자들은 그들이 매일의 삶에서 마주하는 놀라움을 다룰 수 있음을 느끼게 된다. 내담자들은 이제 환경을 수동적으로 받아들이는 것 이상으로 많은 것을 하게 된다. 이 단계에서의 행동은 중요한 주제에 분명한 입장을 취하는 것도 포함된다. 결국 내담자는 향상되고 즉흥적으로 대처하는 자신의 능력에 자신감을 갖게 된다. 즉흥이란 지식과 기술로부터 비롯되는 자신감이다. 내담자들은 그들이 원하는 것을 얻을 수 있는 선택을 할 수 있게 된다. 상담자는 내담자가 무언가를 성취하였음을 주목하고, 내담자의 내부에서 발생한 변화를 인정한다. 이 단계에서 내담자들은 환경에서 필요한 것을 얻는 기회를 최대화하기 위해 그들이 어떻게 해야 하는지를 배운다.

상담자와 내담자의 관계

게슈탈트 치료에서 실존주의적 요소는 상담자와 내담자 사이의 사람 대 사람의 관계이다. 상담자는 자기 현존의 질, 자신과 내담자에 대해 아는 것, 내담자에게 개방성을 유지하는 것에 대해 책임이 있다. 또한 이들은 내담자가 상담에 임할 의욕을 가질 수 있도록 치료적 환경을 수립하고 유지할 책임이 있다. 상담자가 내담자에 의해 영향을 받는 것을 허용하는 것과 지금 여기에서 내담자와 만날 때 자신의 현재의 인식이나 경험들을 내담자와 적극적으로 공유하는 것은 중요하다. 그러나 상담자들이 언제, 어떤 내용을 공유할지에 대해서는 사려 깊을 필요가 있다. 내담자가 삶에서 겪는 어떤 어려움이 상담 장면에서 드러날때, 상담자는 이 문제를 탐색해보도록 내담자를 초청할 수 있다(Wheeler & Axelsson, 2015).

게슈탈트 상담자는 내담자가 있는 그대로의 자신을 드러내도록 허용할 뿐만 아니라, 자기 자신을 유지하면서도 역할 속에서 길을 잃지 않도록 한다. 상담자는 정직하고 즉각적인 반응들을 내담자에게 제공해야 하며, 자신의 개인적 경험과 이야기들을 적절한 방식으로 공유해야 한다. 또한 상담자는 내담자가 자신이 실제로 무엇을 하고 있는지에 대한 알아차림을 개발하도록 피드백을 제공한다. 브라운(Brown, 2007)은 상담자는 내담자와 자신의 반응을 공유하라고 제안했다. 그녀는 또한 존경, 수용, 현재에 집중, 현존의 태도를 보여주는 것이 중요하다고 강조한다.

많은 저자들은 기교적 기법을 강조하는 것을 반대하고, '나/너' 관계와 상담자의 현존의 질을 매우 중요하게 여긴다. 내담자와 작업할 때 기법 중심이 되거나, 스스로의 존재를 잃어버릴 위험성을 경고한다. 현대의 관계적 게슈탈트 치료는 초기의(전통적) 치료적 실제와는 많이 다른 모습이다. 관계(또는 동맹)를 형성하는 것은 치료의 선행조건이 아니라 게슈탈트 치료의 핵심이다. 정립된 상담자의 태도와 행동 그리고 관계는 매우 중요하다(Brown, 2007; Frew, 2013; Melnick & Nevis, 2005; E. Polster, 1987a, 1987b; M. Polster, 1987; Resnick, 2015; Wheeler & Axelsson, 2015; Yontef & Jacobs, 2014).

현대의 많은 게슈탈트 상담자들은 현존, 진실한 대화, 부드러움, 상담자의 더욱 직접적인 자기표현, 정형화된 상담 개입 감소, 내담자의 경험에 대한 깊은 신뢰 등과 같은 요인들을 더 많이 강조한다. 로라 펄스(1976)는 상담자가 사용하는 기법보다는 상담자라는 사람이 더 중요하다는 개념을 강조한다. 그녀는 "상담자와 내담자가 자신을 발견하고 함께 상담 관계를 개발해나가는 방법은 다양하다."(p.223)라고 말한다. 게슈탈트 치료에서 현재 추세는 점점 더 내담자–상담자 관계를 강조하고 있다. 이러한 경향을 지지하는 상담자들은 현재 중심적이고 비판단적인 대화를 강조하는데, 이는 내담자가 더 깊이 있게 그들의 알아차림을 경험하게 하고 다른 사람과 접촉하도록 도와준다(Jacobs, 1989; Wheeler & Axelsson, 2015).

폴스터와 폴스터(1973)는 상담자가 자기 자신에 대해 아는 것과 치료적 도구가 되는 것의 중요성을 강조한다. 자신이 그리고 있는 작품과 교감할 필요가 있는 예술가처럼, 상담자는 새로운 삶을 창조하는 데 참여하는 예술가다. 이 두 사람은 상담자들이 상담 과정의 핵심적 요소로서 그들이 가진 경험을 사용하라고 요청했다. 그들에 따르면, 상담자는 단순한 반응자 또는 감정의 카타르시스를 제공하는 그 이상의 역할을 하는 사람이라고 이야기한다. 상담자가 내담자와 효과적인 접촉을 원한다면 상담자는 내담자와도, 그리고 자기 자신과도 모두 조화를 이루어야만 한다. 치료는 상담자와 내담자 모두가 변화시키는 쌍방의 참여 활동이다. 상담자가 자신의 부드러움과 거침, 동정과 같은 자신의 특성에 그리고 내담자에 대한 반응에 민감하게 맞추지 못한다면, 상담자는 기술자가 될 뿐이다. 실험은 내담자 문제에 대한 단순한 해결책을 제공하는 데 목적이 있는 것이 아니라, 내담자의 알아차림에 목적을 두어야 한다.

적용: 상담 기법과 절차

게슈탈트 치료의 실험

게슈탈트 접근이 명백한 것을 다루지만, 이 단순성이 상담자의 역할이 쉽다는 것을 의미하는 것은 아니다. 다양한 개입 방법을 개발하는 것은 간단하지만, 이 방법들을 기계적으로 사용한다면 이는 내담자가 진솔하지 못한 삶을 살도록 내버려두는 것과 마찬가지이다. 내담자가 진솔해지려면, 진솔한 상담자를 만나야 한다. 게슈탈트 치료의 방법론은 내담자의 욕구에 맞게 조정되며, 실험들은 전형적으로 초청에 의해서 이루어진다. 게슈탈트 상담자인 존 프류 박사(Dr. Jon Frew)는 『통합적 상담: 사례중심의 접근』에서 루스의 사례에 적용함으로써 게슈탈트 개입을 보여주었다(Corey, 2013, 6장).

상담 절차에서 여러분의 레퍼토리에 포함할 수 있는 다양한 게슈탈트 방법들에 대해 논의하기 전에, **연습**(기법)과 **실험**을 구별하는 것은 중요하다. **연습**(exercises or techniques)은 상담 회기에서 어떤 상황을 유발하거나 목표를 성취하기 위해 사용되는 이미 만들어진 기법이다. 이것은 개인 치료의 촉매가 되거나 집단상담 구성원들 간의 상호작용을 촉진하는 데 사용될 수 있다. 대조적으로 **실험**(experiments)은 내담자와 상담자의 상호작용을 토대로 이루어지며, 대화 과정 안에서 발생한다. 실험은 경험적 학습의 초석으로 여겨진다. 프류(2008)는 실험을 "상담의 초점을 주제에 대한 이야기에서 경험을 통해 내담자의 인식과 이해를 높이는 활동으로 옮기는 하나의 방법"(p.238)으로 정의한다. 멜닉과 네비스(Melnick & Nevis, 2005)에 따르면 실험과 기법이 혼동되어 있다. "기법은 구체적인 학습 목표와 함께 수행되는 실험이다. ……반면 실험은 치료 이론에서 바로 나와 '지금 여기'에 존재하는 개개인에게 꼭 맞도록 창조된다"(p.108).

게슈탈트 치료에서 실험은 내담자의 경험에 대한 통합적인 탐색을 가능하게 하는 개입이며, 적극적인 기법이다(Brownell, 2016; Yontef & Schulz, 2013). 실험은 사람들에게 행동을 통해 체계적인 학습을 할 수 있는 기회를 제공하며, 내담자의 경험적 세계를 탐색하는 가장 좋은 방법으로 여겨진다. 내담자는 자신의 알아차림 과정을 탐구하고 어떻게 자신의 사고, 감정, 감각, 행동이 자신에게 작용하거나 작용하지 않는지를 발견한다(Yontef & Schulz, 2013). "(실험의) 목표는 항상 학습하는 것이다. 즉, 보다 유연하고 효과적으로 반응할 수 있는 새로운 이해와 가능성에 대해 천천히 그리고 깊이 있게 경험하는 것이다"(Wheeler & Axelsson, 2015, p.40). 내담자와 상담자 간의 대화를 유지하는 데 중요한 부분은 경험이지, 내담자를 바로잡거나 상담 과정을 더 흥미롭게 만드는 방법이 아니다(Yontef & Schulz, 2013).

실험은 현대 게슈탈트 치료의 근간이다. 징커(1978)에 따르면 상담은 일련의 실험의 과정이며, 실험이란 내담자가 경험적으로 학습해가는 과정이다. 실험으로부터 학습되는 것은 내담자와 상담자 모두에게 하나의 놀라움인데, 발견을 위해 신기한 경험 속으로 들어가는 의도적인 작업이기 때문이다. 가장 역동적인 실험은 내담자와 상담자 간의 작업으로부터 유일하게 가능하다(Brownell, 2016). 게슈탈트 실험들은 창조적인 모험이며 내담자가 자신을 행동적으로 표현할 수 있는 방법이다. 실험은 자발적이며, 독특하고, 특정한 순간과 상 형성 과정의 발달에 적절해야 한다. 실험은 특정한 목표를 달성하기 위해 고안된 것이 아니라 상담자와 내담자가 매 순간 접촉하는 과정 속에서 일어난다. 폴스터(1995)는 실험은 상담자에 의해 설계되며, 욕구, 꿈, 환상, 신체 알아차림과 같은 내담자의 보고를 통해 치료의 주제에서 개발된다. 실험은 모든 게슈탈트 치료에서 고유하게 나타나는 태도이며, 내담자의 완전한 참여가 동반되는 협력적인 과정이다. 내담자는 스스로의 알아차림을 통해 무엇이 자신에게 맞고, 무엇이 맞지 않는지 실험을 검증한다(Yontef, 1993, 1995).

미리엄 폴스터(1987)에 의하면, 실험은 내적 갈등을 밖으로 드러나게 해주는 하나의 과정이다. 실험의 목적은 내담자의 삶에서 교착된 지점에 대한 작업을 통해 내담자의 능력을 키우는 데 있다. 실험은 상담 중에 직접적으로 행동화의 가능성을 제공하기 때문에 자발성과 창의성을 고무시킨다. 비교적 안전한 치료 상황에서 문제가 되는 상황이나 관계를 연출하거나 재연함으로써, 내담자는 행동의 융통성을 확장할 수 있다. 미리엄 폴스터에 따르면, 게슈탈트 실험에는 다양한 형식이 있다. 예를 들면, 미래에 마주칠 수 있는 위협적인 장면 상상하기, 내담자와 삶에서 중요한 타인과의 대화 장면 설정하기, 고통스러웠던 기억 극화하기, 현재에서 특히 심오한 초기 경험을 다시 경험하기, 역할놀이를 통해 본인의 어머니나 아버지가 되었다고 가정하기, 몸짓이나 자세 또는 그 외 내적 표현의 비언어적 신호에 대해 집중하기, 또는 개인 내부에 존재하는 두 가지 갈등 측면들 간에 대화해보기 등이 있다. 실험을 통해 내담자가 현재의 시점에서 삶에서의 갈등을 재현해보도록 함으로써 내담자는 갈등과 연결된 감정을 생생하게 경험할 수 있다. 실험을 개개인에게 맞추고 시기적절하게 사용하는 것은 매우 중요하다. 실험은 또한 지지와 모험이 균형있게 제공되는 환경 속에서 수행되어야 한다. 이때 상담자는 민감성을 가지고 세심한 주의가 필요한데, 그래야만 내담자가 "지나치게 위협적인 실험으로 해를 입지도 않고, 안전하거나 유익하지도 않은 상황에 놓여있게 된다"(M. Polster & Polster, 1990, p.104).

만약 수련 중에 있는 학생들이 이 글을 단순히 읽는 것으로 게슈탈트 치료를 이해하려고 한다면, 게슈탈트 방법이 추상적이고 실험이라는 개념은 생소할 수 있다. 예를 들어, 내담자에게 자신의 꿈에서 나오는 어떤 대상이 되어보라고 하는 것은 바보 같고 황당할 수 있다. 상담자 자신이 게슈탈트에서의 실험의 힘을 개인적으로 경험해보고 편안하게 내담자에게 제안해볼 수 있어야 한다. 이런 면에서 수련생 자신이 내담자가 되어 게슈탈트 치료의 기법들을 경험해보는 것은 매우 유용하다.

내담자를 위해 게슈탈트의 실험 준비하기

학습 목표 04 상담자와 내담자의 관계 수립이 핵심이다. 그래서 게슈탈트의 실험을 통해 새로운 학습에 참여할 수 있을 정도로 신뢰를 형성하는 일이 중요하다. 내담자가 게슈탈트 실험에 대해 사전 지식이 있고 준비되어야 많은 것을 얻을 수 있다. 상담자와의 신뢰 있는 관계를 통해 내담자는 자신의 저항을 인식할 수 있으며 자발적으로 실험에 참여한다.

내담자가 협력하게 하려면, 상담자는 실험을 수행하기 위해 내담자에게 명령적인 방식으로 지시하는 것을 피해야 한다. 대체로 나는 내담자에게 실험을 시도해서 뭔가를 배울 의향이 있는지를 물어본다. 또한 내담자가 원하면 언제든지 중단할 수 있으며 따라서 결정권은 내담자에게 있다고 말한다. 내담자들은 그 시간에 바보가 된 기분이 든다거나 남의 시선이 의식된다고 말하거나, 과제가 인위적이거나 비현실적으로 느껴진다고 말하기도 한다. 이럴 때 나는 다음과 같이 말하곤 한다. "한번 해보지요? 그리고 무슨 일이 일어나는지 봅시다." 내담자가 실험을 해보는 것에 대해 저항하는 방식은 그들의 성격과 세상 속에서 존재 방식에 대해 많은 것을 드러낸다. 게슈탈트 상담자들은 실험에 대해 내담자가 꺼려한다는 것을 충분히 예상하고 존중하며 그들이 어디에 있든 내담자와 접촉한다. 게슈탈트 실험은 상담자가 내담자의 문화적 배경을 존중할 때, 그리고 내담자와 단단한 작업 동맹이 이루어져 있을 때 가장 효과가 좋다. 오랜 시기에 걸쳐 그들의 감정을 억눌려왔던 내담자는 자신의 감정을 드러내게 될 것 같은 실험에 참여하기를 꺼릴 것이다.

현대 게슈탈트 치료에서는 초기 게슈탈트 치료에 비해 저항을 훨씬 덜 강조한다. '알아차림에 대한 저항', '접촉에 대한 저항'이라고 볼 수 있는 가능성이 있더라도, 어떤 게슈탈트 상담자들은 저항이라는 개념을 불필요하다고 간주한다. 프류(2013)는 저항이라는 개념이 게슈탈트 치료의 이론과 실제에서 완전히 이질적이며, 상담자가 원하는 대로 하지 않는 내담자에게 저항이란 용어가 너무 빈번하게 사용된다고 주장하였다. 폴스터와 폴스터(1976)는 상담자에게 최선이란 무언가를 일어나게 하는 것보다 실재하는 것과 현재 일어나고 있는 것을 관찰하는 것이라고 말했다. 이것은 내담자가 저항하는 것이 잘못된 행동이라고 보는 개념으로부터 벗어난 것이다. 폴스터와 폴스터에 따르면, 변화란 노력해야 하는 것이 아니라 접촉과 알아차림을 통해 일어난다고 주장했다. 마우러(Maurer, 2005)는 '저항의 가치 인정하기'에 대해 글을 썼는데, 저항은 극복해야 하는 어떤 것이기보다 상황에 대한 창의적인 적응이라고 보았다. 마우러는 저항을 존중하고 진지하게 다루어야 하며 '적'이 아니라 '에너지'로 봐야 한다고 주장한다.

게슈탈트 실험은 내담자의 알아차림을 확장하고 새로운 행동 방식들을 시험해보도록 고안된 것임을 잘 기억해두어야 한다. 안전한 치료 상황에서 내담자는 기회를 제공받고, 새로운 행동을 '시험해보도록' 격려받는다. 치료적 과정에서 실험적 태도는 내담자의 참여가 중요하며 내담자와 상담자 간에 상호작용을 통해 나타나는 것을 허용함으로써 이를 치료의 방향으로 삼는다(Yontef & Schulz, 2013). 이것은 기능의 어떤 특정한 모습에 대한 알아차림을 고양시켜서 자기 이해의 증가로 이끈다(Breshgold, 1989; Yontef, 1995). 실험은 사람들이 좀 더 알아차리도록 하고, 자신이 가장 갈망하는 변화를 이루어낼 수 있도록 돕는 유일한 수단이다.

직면의 역할

학습 목표 05 학생들은 때때로 게슈탈트 상담자는 직시적이고 직면적이라는 인식을 갖고 있다. 나는 학생들에게 그것이 이론의 창시자와 이론의 실제를 동일하게 보는 데서 오는 실수라고 말한다. 프리츠 펄스의 워크숍에서 사람들은 종종 그가 심하게 내담자를 직면시키는 것을 발견했고, 쇼맨십을 통해 자신의 욕구를 충족시키는 것을 보았다. 욘테프(1993)가 '붐, 붐, 붐 치료(boom boom boom therapy)'라고 일컬은 펄스의 전통적인 스타일은 극적인 요소, 거친 직면과 강렬한 카타르시스와 같은 특징이 있다고 말했다. 욘테프(1993, 1999)는 '무엇이든 허용되는 환경'으로 특징지어지는 1960년대와 1970년대의 게슈탈트 치료를 반지성적이고 개인주의적이며, 연극처럼 과장되어 있으며 직면을 선호한다고 비판했다.

현대 게슈탈트 치료의 실제는 이러한 스타일과는 다르게 진행되었다. 욘테프(1999)에 따르면, 현대의 관계적 게슈탈트 치료는 더 많은 지지와 치료에서 친절함과 동정심을 증가시켰다. 이 접근은 "기존처럼 일관된 공감에 기반을 둔 내담자에 대한 탐구와 신선하고 명확하며 적절한 알아차림을 결합시킨 것이다."(p.10). 펄스는 회피를 다루는 방법으로 강한 직면을 사용했지만, 이러한 기법 중심의 상담 스타일은 오늘날 보다 대화 중심적인 방법론으로 바뀌었다(Bowman, 2005; Frew, 2013; Yontef & Jacobs, 2014; Yontef & Schulz 2013).

현대의 게슈탈트 치료에서, **직면**(confrontation)은 내담자가 그들의 행동, 태도, 생각을 검토하도록 초청(invite)하는 방식으로 시작된다. 상담자는 내담자가 자신의 특정한 모순을 보도록 격려할 수 있는데, 특히 자신의 언어적 표현과 비언어적 표현 간의 차이를 볼 수 있게 한다. 더 나아가, 직면은 약점이나 부정적 특성을 목표로 해야만 하는 것은 아니다. 내담자는 어떻게 자신의 강점을 차단하고 있는지 인식하도록 도전받을 수 있다.

내담자에게 어떤 요구를 할 정도로 보살피는 상담자들은 내담자에게 자신과 그리고 다른 사람들과 더 잘 접촉할 수 있을 것이라 말을 한다. 그러나 궁극적으로, 내담자는 자신에 대해 더 많이 배울 수 있는 초청을 받아들일 것인지는 스스로 결정해야 한다. 이 권고는 이제 이야기하게 될 모든 실험에서 염두에 두어야 한다.

게슈탈트 치료의 개입

학습 목표 06 기법은 정서를 끌어내고 행동을 유발하거나 구체적인 목표를 성취하는 데 사용되는 사전에 계획된 활동들이다. 대조적으로 실험은 치료 과정에서 발생하는 상황에 맞게 자연스럽게 창조된다. 또한 실험은 내담자가 더 완전한 알아차림을 얻고, 내적 갈등을 경험하며, 불일치나 양극성을 해결하며, 미해결 과제의 완성을 방해하는 장벽에 대해 작업한다(Conyne, 2015). 어떤 상담자들은 게슈탈트 치료의 실제가 치료를 정의하는 다양한 기법들로 구성된다고 잘못 생각하지만, 레스닉(Resnick, 2015)은 기법은 게슈탈트 치료에서 가장 중요하지 않은 부분이라고 말한다.

여기 기술된 기법들이 게슈탈트 치료를 정의하는 것도 아니고, 게슈탈트 실제의 필수적인 부분도 아니다. 이러한 기법들이 가장 잘 사용될 때, 그 개입들은 치료적 상황에 잘 맞고 내담자가 어떤 것을 경험하고 있든 부각시킬 수 있다. 아래 내용은 레비스키와 펄스(Levitsky & Perls, 1970)에 기초하였으며, 이와 같은 방법을 사용하는 것에 대해 내 개인적인 의견을 덧붙였다.

내적 대화 기법 게슈탈트 치료의 목표 중 하나는 거부하고 부인해왔던 자신의 성격의 측면들을 통합하고 수용하는 것이다. 게슈탈트 상담자는 성격 기능의 분열에 주목한다. 중요한 구분 중의 하나는 '상전(top dog)'와 '하인(underdog)'이며, 치료는 종종 둘 사이의 대립에 초점을 맞춘다.

상전은 도덕적으로 옳고, 권위주의적이며, 도덕주의자처럼 굴고, 요구적이며, 대장처럼 굴며 다른 사람을 조종하는 데 능하다. 이는 '비판적 부모'로서 '당위성(shoulds)'과 '의무(oughts)'로 못살게 굴고, 파국이라는 것으로 위협하며 조종한다. 하인은 방어적이고, 미안해하며, 무기력하고, 약하며, 힘이 없는 체함으로써 희생자의 역할을 연기한다. 이는 수동적이고 책임감이 없으며 변명을 찾는 모습이다.

상전과 하인은 통제라는 주제로 항상 갈등한다. 이 갈등은 왜 결심과 약속이 종종 이행되지 않는지, 왜 미루는 버릇이 계속 유지되는지를 설명하는 데 도움이 된다. 상전은 '그러므로-그래서'로 요구하는 독재자인 반면, 하인은 반항적이며 순종하지 않는 아동이다. 서로 통제하기 위한 투쟁의 결과, 개인은 지배자와 피지배자로 분열된다. 이 두 측면의 내전은 양측 모두가 자신의 존재를 위해 싸우는 것이므로 계속된다.

성격의 양극 간 갈등은 내사라는 기제에 뿌리를 두고 있는데 내사는 타인, 보통은 부모의 어떤 면을 자신의 성격으로 가져오는 것을 포함한다. 내담자가 자신의 내사를 알아차리는 것이 중요한데 특히 개인에게 독이 되어 성격 통합을 막는 치명적인 작용을 한다.

빈 의자 기법 심리극의 창시자인 야코프 모레노(Jacob Moreno)는 빈 의자 기법을 고안하였다. 그 기법은 이후 펄스에 의해 게슈탈트 치료에 통합되었다. **빈 의자 기법**(empty chair)은 역할 바꾸기 기법인데, '타인'이 생각하거나 느낄 수 있는 것에 대한 환상을 의식의 세계로 가져오는 데 유용하다. 본질적으로, 이것은 역할 연기 기법으로, 모든 부분이 내담자에 의해 연기된다. 이러한 방식으로 내사는 수면으로 올라올 수 있고, 내담자는 더 완전하게 갈등을 경험할 수 있다. 이 기법은 다양하게 적용될 수 있다. 더욱 중요하게 사용되는 것 중 하나는 자신의 사회적 관계 내에 있는 누군가가 느낄 수 있는 것을 탐색하는 데 그리고 그 사람이 겪을 수 있는 더욱 현실적인 어려움을 탐색하는 데에 사용될 수 있다.

2개의 의자를 사용하여, 상담자는 내담자에게 한 의자에 앉아서 온전히 상전이 되어보라고 한다. 그런 다음, 다른 의자로 옮겨 가서 하인이 되어보라고 한다. 대화는 내담자의 두 측면 간에 계속될 수 있다. 이 갈등은 내담자의 두 측면에 대한 수용과 통합을 통해 해결될 수 있다. 이 활동은 내담자가 부인하고 있을지도 모르는 자신의 어떤 감정이나 측면에 접촉하도록 도와주는데 단순히 갈등에 대해 이야기를 해보는 것이 아니고 감정을 격렬하게 격화시켜 충분히 경험하도록 한다. 더 나아가 이 개입은 그 감정이 실제적인 자신의 일부라는 것을 내담자가 깨닫도록 도와줌으로써, 개입은 내담자가 감정을 분리하는 것을 막는다. 이 연습의 목표는 모든 사람들에게 존재하는 양극성이나 갈등을 높은 수준에서 통합시키는 것이다. 인간의 어떤 특성을 제거하는 것이 목표가 아니라 양극성을 수용하며 이것을 가지고 살아가도록 가르치는 것이 목표이다.

미래 투사 기법 미래 투사에서는 예상되는 사건을 현재 순간으로 가져와서 시연해보는 기법이다. 이 기법은 종종 심리극과 관련이 있으며, 내담자가 미래에 대한 걱정을 표현하고 명료화하도록 돕기 위해 고안되었다. 이 걱정은 소망과 희망, 미래에 대한 두려움, 삶에 대한 방향을 제공하는 목표가 포함될 수 있다. 내담자는 선택된 사람과 함께할 미래의 시간과 장소를 창조하여, 그 사건을 현재로 가져와서 문제에 대한 새로운 관점을 얻는다. 내담자는 주어진 상황에서 그들이 바라는 것을 이상적으로 펼치거나, 그들이 예상하는 두려워하는 결과를 시연할 수 있다. 일단 내담자가 희망하는 특정한 결과가 명료화되면, 그들이 바라던 미래가 실현 가능하게 하는데 구체적인 조치를 취할 수 있는 더 좋은 위치에 있을 수 있다.

한 바퀴 돌기 한 바퀴 돌기는 집단 구성원 중의 한 사람이 다른 모든 구성원에게 차례로 다가가 말을 걸거나 각 사람과 함께 어떤 것을 하는 게슈탈트 치료의 한 활동이다. 이 활동의 목적은 자기와의 직면, 모험, 자기개방, 새로운 행동 실험, 성장과 변화 등이다. 나는 한 참여자가 어떤 주제로 집단의 구성원 각자와 직면해볼 필요가 있다고 느낄 때, 이 기법으로 실험한다. 예를 들면, 한 구성원이 다음과 같이 말할 수 있다. '나도 예전부터 이 집단에 참여하고 싶었지만 여기 있는 사람들을 신뢰하는 것이 두려워서 망설였습니다. 또한 집단 안에서의 시간이 저에게 그다지 가치 있는 것으로 느껴지지 않아요.' 나는 다음과 같이 대응할 수 있을 것이다. '당신은 자신을 위한 투자로, 그리고 신뢰와 자신감을 얻기 위한 시작으로, 지금 당장 어떤 것을 기꺼이 할 의향이 있습니까?' 이 사람의 대답이 긍정적이라면, 다음과 같은 제안을 할 것이다. '각 사람들에게 차례로 다가가서 '나는 당신을 믿지 못합니다. 왜냐하면……'이라는 문장을 완성해보십시오.' 이런 방식으로 수많은 기법들이 만들어질 수 있는데 개인이 타인들과 관계하게 하고 그 개인을 공포로 얼어붙게 만든 것들에 대한 작업을 선택할 수 있다.

이 개입에 적합하다고 생각되는 관련된 또 다른 예시는 다음과 같은 내담자들의 말에서 찾을 수 있다. '나는 사람들과 더 많이 접촉하고 싶습니다.', '여기에 있는 사람들 중 나에게 관심이 있는 사람은 없는 것 같습니다.', '나는 당신과 친해지고 싶지만 거부당할까(또는 받아들여질까) 두렵습니다.', '나에 대한 칭찬을 받아들이기 어렵습니다. 나는 항상 나에게 좋게 이야기한 것을 그대로 받아들이지 못합니다.'

반동 기법 어떤 증상과 행동은 때때로 근원적이고 잠재적인 충동에 대한 반동으로 나타난다. 그러므로 상담자는 심한 억제와 과도한 소심함으로 고통을 느끼는 사람에게 과시욕이 강한 사람의 역할을 해보게 할 수 있다. 나는 치료 집단 중 한 집단에서 상대방의 기분을 좋게 하는 말 말고는 다른 말을 하는 데 어려움을 가지고 있었던 한 여성을 기억한다. 나는 그녀에게 틀에 박혀있는 방식을 역으로 바꾸어 가능한 한 부정적인 사람이 되어보라고 했다. 반동은 잘되었다. 곧 그녀는 이 역할을 아주 열정적으로 하였고, 나중에는 자신의 '긍정적인 면'과 마찬가지로 '부정적인 면'도 인식하고 수용할 수 있게 되었다.

반동 기법의 기초가 되는 이론은 내담자가 매우 불안해하는 상황에 들어가게 하여, 숨기고 부인해왔던 자신의 일부분과 접촉하게 만드는 것이다. 이 기법은 내담자가 부인하려고 노력했던 개인적 특성을 수용할 수 있도록 돕는다.

시연 기법 인정을 받기 위해서 우리는 때때로 조용히 시연을 한다. 우리는 자신의 역할을 훌륭하게 수행하지 못할까 두려워하여 무대 공포증이나 불안을 경험한다. 내적 예행연습은 많은 에너지를 소모하므로 새로운 행동을 실험해보고자 하는 자발성과 의지를 빈번하게 억제한다. 내담자에게 자신의 내적 시연을 큰 소리로 이야기하게 함으로써 그 내용을 상담자와 공유하게 되면 내담자가 자신의 사회적 역할을 지탱하는 데 사용하는 많은 사전 조치들에 대해 더 잘 알게 된다. 내담자는 점점 자신이 타인의 기대를 충족시키기 위해 어떻게 노력하는지, 자신이 어느 정도 인정받고 수용되며, 얼마나 호감을 얻기 싫은지, 그리고 달성하고자 하는 인정의 정도에 대해 알아가게 된다.

과장 기법 게슈탈트 치료의 목표 가운데 하나는 내담자가 신체 언어를 사용하여 자신이 보내고 있는 미세한 신호와 단서를 더 잘 알아차리게 하는 것이다. 움직임, 자세, 몸짓은 중요한 의미를 전달하지만 이 단서들이 불완전할 수도 있다. 이 기법에서는, 내담자는 행동이나 몸짓을 반복적으로 과장하게 하도록 요청받는다. 그리고 그것은 보통 행동의 기저에 있는 감정을 심화시키고 내적 의미를 더 분명하게 만든다. 과장기법을 사용하여 다룰 수 있는 행동의 예로는 다리나 손을 떠는 것, 축 늘어뜨린 자세와 구부정한 어깨, 주먹을 꽉 쥐는 것, 찌푸린 눈살, 얼굴 표정을 찌푸리는 것, 팔짱 끼는 것 등이다. 내담자가 다리를 떨고 있다고 말하면, 상담자는 내담자에게 일어서서 더 심하게 떨어보라고 요구한다. 그다음에 내담자에게 떨고 있는 자신의 무릎에게 말을 해보라고 요청한다.

감정에 머무르기 대부분의 내담자들은 두려운 자극에서 벗어나고자 하거나 불쾌한 감정을 피하고 싶어 한다. 내담자가 불쾌한 감정이나 기분에 대해 얘기하고 그 상황에서 도망치고 싶다고 느끼는 그 순간에, 상담자는 내담자에게 이 감정에 머무르라고 말하며 피하고 싶은 감정이나 행동에 더 깊이 들어가 보기를 격려한다. 감정을 직면하고 경험하는 것은 용기를 길러줄 뿐만 아니라, 새로운 단계의 성장을 이루는 데 수반되는 고통을 감내하는 의지의 표현이기도 하다. 강력한 상담 관계는 신뢰를 기반으로 형성되며, 개인적 판단을 배제한 수용은 내담자가 이러한 불쾌한 감정을 견딜 수 있는 안정감을 제공한다.

꿈 작업에 대한 게슈탈트 접근 정신분석에서는 꿈을 해석하고, 지적 통찰력을 강조하며, 자유연상을 통해 꿈의 무의식적 의미를 탐색한다. 게슈탈트 접근에서는 꿈을 해석하거나 분석하지 않는다. 대신에, 꿈을 현재의 삶으로 다시 가지고와서 지금 발생하고 있는 것처럼 다시 재현한다. 꿈은 현재에서 시연되며, 꿈을 꾸는 사람은 자신의 꿈의 일부가 된다. 꿈 작업을 위해 꿈의 모든 세부적인 것들에 대해 목록을 만드는 것, 꿈속의 사람이나 사건, 분위기를 기억해내는 것, 자신을 변형시켜 꿈속의 각 부분이 되어보는 것, 가능한 한 완전하게 행동화하고 대화를 창조해보는 것 등이 있다. 꿈의 각 부분이 자기에 대한 투사로 추정되기 때문에, 내담자는 다양한 인문들 간에 또는 꿈의 각 부분들 간에 만남을 위해 각본을 짠다. 꿈의 다양한 부분들은 모두 내담자 자신의 모순적이며 불일치한 측면의 표출이다. 이러한 상반되는 것들 간에 대화에 참여함으로써 내담자는 점점 자신의 감정의 범위를 더 잘 알아차리게 된다.

투사에 대한 펄스의 개념은 그의 꿈의 형성 이론에서 가장 중요하다. 꿈속의 모든 사람과 물체는 꿈꾸는 사람의 투사된 관점을 나타낸다. 펄스(1969a)는 "사람들에게서 또는 세상에 대해서 우리가 본다고 믿는 것이 무엇이든 단지 투사에 불과하다는 믿기 어려운 가정에서부터 시작한다."(p.67)라고 제시했다. 그는 감각을 인식하는 것과 투사를 이해하는 것이 동시에 이루어진다고 본다. 내담자는 꿈에 대해 생각하거나 분석하지 않지만, 꿈의 다양한 부분에서의 대화가 있는 각본이나 실험으로써 꿈을 사용한다. 내담자가 상반되는 측면 간의 갈등을 행동화할 수 있다면, 결과적으로 내적 불일치를 인정하고 수용할 수 있으므로 양극의 상반되는 힘을 통합하게 된다. 프로이트가 꿈을 무의식으로 가는 왕도라고 한 데 반해, 펄스는 꿈을 "통합으로 가는 왕도"(p.66)라고 했다.

펄스에 따르면 꿈은 인간의 존재에 있어 매우 자연스러운 표현이다. 꿈은 미해결된 상황을 나타내기는 하지만, 모든 꿈은 또 자신에 대한 실존적 메시지와 현재의 갈등을 담고 있다. 꿈의 모든 부분을 이해하고 완전히 소화하게 되면 꿈에서 모든 것을 발견할 수 있다. 꿈은 성격에서 놓친 꿈의 모든 부분을 이해하고 동화하게 되면 꿈에서 모든 것을 발견할 수 있다. 꿈은 성격에서 결핍된 부분이나 내담자의 회피 방법을 밝혀줌으로써 성격의 빈 곳을 발견하는 매우 훌륭한 방법이다. 펄스는 꿈을 제대로 작업할 수 있다면, 실존적 메시지가 더 분명해진다고 했다. 사람들이 꿈을 기억하지 못한다면, 그들은 삶에서의 잘못된 부분에 대해 직면하기를 거부하는 것일 수도 있다. 적어도 게슈탈트 상담자는 내담자에게 놓치고 있던 꿈을 이야기하게 한다. 예를 들면, 한 내담자는 상담자의 지시로 그가 여전히 꿈을 꾸고 있는 것처럼 현재 시제로 아래의 꿈을 보고했다.

> 나는 우리 안에 세 마리의 원숭이를 키우고 있다. 한 마리는 큰 원숭이, 두 마리는 어린 원숭이이다! 세 원숭이가 3개의 분리된 공간으로 나눠진 한 우리에서 크게 소란을 피우고 있지만 나는 이 원숭이들에게 강한 애착을 느낀다. 이들은 서로 싸우고 있다. 큰 원숭이가 어린 원숭이와 싸우고 있다. 원숭이들이 우리 밖을 나오고 있고, 나에게 매달리고 있다. 나는 그들을 나에게서 밀어내고 싶다. 나는 내 주위에서 원숭이들이 일으키는

소란에 완전히 압도된 것 같다. 나는 나의 엄마에게로 방향을 돌려서 그녀에게 내가 도움이 필요하다고 말한다. 나는 더 이상 원숭이들을 다룰 수 없다. 그들이 나를 미치게 만들고 있기 때문이다. 나는 매우 슬프고, 매우 피곤하다. 그리고 절망감을 느낀다. 나는 원숭이들을 사랑하기는 하지만 이제 원숭이들이 없애야겠다고 생각하면서 우리에서 멀어진다. 나도 다른 사람과 마찬가지라고 혼잣말을 한다. 나에게도 애완동물이 있다. 그러나 어쩔 수 없는 상황이 되면 없애버리려고 한다. 나는 원숭이들이 나를 더 이상 괴롭히지 못하게 할 수 있는 해결책을 찾고자 열심히 노력하고 있다. 꿈에서 깨기 전에, 나는 개별적인 우리에 각각의 원숭이를 넣기로 결심한다. 그렇게 하는 것이 원숭이를 지키는 방법일 것 같기도 하다.

상담자는 내담자인 브렌다에게 그녀의 꿈의 다른 부분이 '되어'보라고 했다. 그래서 그녀는 우리가 되었고 원숭이들 각각과 대화를 나눴다. 그다음으로 어머니, 그리고 그 이외의 것들이 되어보았다. 브렌다가 꿈을 지금 일어나는 일인 것처럼 보고하는 것이 이 기법의 가장 강력한 측면이다. 그녀는 꿈이 그녀의 남편과 두 아이와의 싸움을 표현했다는 사실을 재빠르게 인식하게 되었다. 그녀와 대화 작업을 통해, 브렌다는 그녀가 가족에게 고마워하는 한편, 분개하고 있음을 발견하였다. 그녀는 가족들이 그녀의 감정에 대해 알도록 해야 할 필요가 있다는 것과 그들도 지금의 힘든 생활방식을 개선시키기 위해 노력하고 있다는 사실을 깨닫게 되었다. 상담자는 그녀가 꿈의 분명한 메시지를 이해하도록 해석해줄 필요가 없었다.

집단상담에 적용하기

학습 목표 07 장 이론에 근거한 치료로서, 게슈탈트 치료는 집단상담에 매우 적절하다. 게슈탈트 집단상담의 주된 목표는 집단 구성원 서로 간에, 그리고 집단 자체와 상호작용을 통해 알아차림과 자기 조절을 증진시키는 데 있다(Conyne, 2015). 게슈탈트 치료는 갈등과 문제, 감정 등에 대해 단순히 이야기하는(talking about) 것이 아니라 직접 경험하고 행동하도록 격려한다. 집단 구성원이 앞으로 일어날 미래 사건에 대한 걱정을 하면, 이 미래 걱정을 현재로 가져와 현재에서 시연해보게 한다. 이러한 '지금 여기'의 집중은 집단을 활기차게 만들고 집단 구성원이 자신의 걱정을 탐색하도록 돕는다. 이야기만 하는 것에서 행동으로의 이동은 종종 집단에서 실험을 통해서 이루어진다. 게슈탈트 치료는 알아차림을 향상시키기 위해, 집단 구성원이 현재 순간에서 직접적으로 경험하고 있는 것을 강렬하게 경험하도록 고안된 여러 가지 개입 방법을 활용한다. 게슈탈트 집단상담자들은 언어적이고 비언어적인 언어, 자세, 목소리, 대인관계와 관련된 상호작용, 집단 과정 등과 같은 문제들을 다룬다(Conyne, 2015).

한 집단 구성원이 작업의 중심이 되면, 다른 구성원들은 그 개인 작업을 강화시키는 데 활용할 수 있다. 연결하기 기술을 활용하여, 집단 지도자는 많은 집단 구성원을 문제를 탐색하는 데에 끌어들일 수 있다. 나는 게슈탈트 집단상담의 상호작용적 방식을 선호하는데, 대인관계적 차원으로 가져오는 것이 집단 내에서 치유의 힘을 극대화시킨다는 것을 안다. 나는 집단 내에 무언가 일어나게 하기 위해 기법을 도입하는 것을 그다지 좋게 보지 않는다. 이보다는 어떤 구성원이 그 순간에 경험할 것 같은 무언가를 증대시키는 방법으로, 지금까지와는 다른 상이한 행동방식을 시험하기 위해 집단 구성원을 초청하는 경향이 있다. 집단의 형태는 개입하고 실험을 설계하는 데에 많은 창의성을 발휘할 수 있는 맥락들을 제공한다. 이 실험들은 각 집단 구성원에 맞춰져야 하며 시기적절해야 한다. 그리고 실험은 지지와 위험 간에 균형을 제공하는 맥락 내에서 수행되어야 한다. 최고의 실험은 개개 집단 구성원들 안에서 일어나는 것, 그리고 그 순간 집단에서 일어나는 것으로부터 시작해야 한다.

게슈탈트 집단 지도자는 집단 구성원의 알아차림을 증진시키고, 상호간에 관계를 맺는 양식에 관심을 기울이도록 격려하면서도, 지도자는 집단 구성원이 자신의 자원을 확인하도록 돕는 실험을 고안하는 데 적극적이어야 한다. 게슈탈트 집단 지도자는 구성원에게 적극적으로 개입하며, 빈번한 자기개방을 통해 관계를 증진하고 집단 내의 상호성을 만들어낸다. 게슈탈트 집단 지도자는 특히 알아차림과 접촉, 실험을 강조한다(Yontef & Jacobs, 2014).

집단을 안전한 장소로 경험하게 되면, 집단 구성원은 알지 못하는 미지의 세계로 가보는 것에 도전하게 된다. 집단 구성원이 게슈탈트 방법으로 도움을 받으려면, 집단 지도자는 그러한 개입의 전반적인 목표에 대해 이야기하고, 실험의 분위기를 만들어가야 한다. 지도자는 실험의 주제를 밀어붙이려고 노력하기보다 집단 구성원이 자유롭게 새로운 것을 시도해보고 그들 스스로 실험의 성과를 결정하게 한다.

메리엔 슈나이더 코리와 나는 집단상담 훈련 워크숍을 한국에서 시행했는데, 게슈탈트 접근이 매우 잘 받아들여졌다. 집단 구성원은 안전한 분위기가 형성되자 매우 개방적으로 감정을 공유하였다. 현상학적 탐구의 입장에서, 우리는 집단의 구성원들에게 가정을 하지 않으려고 했고, 우리의 세계관이나 가치를 집단 구성원에게 강요하지 않도록 주의했다. 대신에, 우리는 존경과 관심, 동정, 현존(presence)으로 내담자에게 다가간다. 우리는 내담자가 개인 내적으로, 대인관계적 상황에서, 그리고 사회적 상황에서 경험하는 어려움을 해결할 수 있는 방법을 찾는 데 도움을 주기 위해 내담자와 협력하여 작업했다. 여러분이 다른 문화권에 대해 모든 것을 알아야 한다는 것은 비현실적이지만, 세계의 다양한 문화적 환경에서 여러분의 작업을 하기 위해 차이를 존중하고 차이에 대해 감사하는 태도를 가지는 것이 중요하다. 이러한 태도로 우리는 한국인들과 집단 훈련을 하면서 많은 게슈탈트적 개입을 사용할 수 있었다. 어떤 점에서, 이것은 놀라운 일이 아니다. 한국은 집단주의적 가치관을 강조하기 때문에 집단 작업은 한국 문화와 매우 잘 어울린다.

집단에서의 게슈탈트 치료에 관해 더 구체적인 설명을 찾는다면, 페더와 프류(Feder & Frew, 2008), 페더(2006), 코리(2016, 11장)를 보라.

다문화적 관점에서 보는 게슈탈트 치료

다양성 관점에서 보는 강점

학습 목표 08 시기적절하고 융통성 있는 개입이 이루어진다면, 문화적으로 다양한 사람들에게 창의적으로 게슈탈트 방법을 사용할 기회들이 있다. 프류(2013)는 내담자의 상황적 맥락을 고려할 수 있기 때문에, 현대의 게슈탈트 치료가 다양한 배경을 가진 내담자에게 유용하고 효과적일 수 있다는 점에 주목했다. 게슈탈트 실험에 대한 매력적인 이점 중 하나는 개인이 자신의 문화를 인지하고 해석하는 독특한 방식에 맞출 수 있다는 것이다. 대부분의 상담자들이 선입견을 가지고 있지만, 게슈탈트 상담자들은 각각의 내담자에게 개방적인 방식으로 접근하려고 노력한다. 상담자 자신의 가치관에 의해서 보지 않고, 게슈탈트 상담자들은 어떻게 내담자의 현실이 상담자와는 다른지에 대해서 수용적이다. 그들은 내담자와의 대화하면서 자신들의 편견과 관점을 확인한다. 이것은 특히 다른 문화권의 사람들과 작업하는 데 중요하다.

페른바허와 플루머(Fernbacher & Plummer, 2005)는 알아차림을 개발하고자 하는 게슈탈트 수련자들을 돕는 것의 중요성을 이야기하면서 "게슈탈트 관점으로 다문화적 작업을 할 때는 우리는 자신의 문화에 대한 탐색이 필수적이다. 타인과 접촉하고 이러한 접촉을 촉진시키기 위해서는 우리는 우리 스스로에 대해 알고 있어야 한다"(p.131)라고 주장한다.

게슈탈트 치료는 사람들이 그들 내부의 양극성을 통합하도록 도와줄 때, 특히 효과적이다. 두 개의 문화 속에서 자라온 많은 내담자들은 그들이 살아온 두 문화의 다양한 양상에서 충돌하는 것을 조정하기 위해 계속해서 갈등을 경험한다. 일주일에 걸쳐 진행한 한 집단에서 유럽 태생의 한 여성과 역동적인 작업이 이루어졌다. 그녀의 투쟁은 어린 시절 독일에서의 경험과 그녀의 미국인의 측면을 통합하는 것이다. 나는 집단 내에서 집단 구성원들이 마치 그녀의 가족인 것처럼 생각하고 그녀의 가족 구성원을 선택해 '이야기해볼 것'을 제안하였다. 나는 그녀가 8세라고 상상하고, 그 당시 부모님과 형제들에게 절대 표현하지 못했던 것들에 대해 지금 말할 수 있다고 했다. 그녀에게 독일어로 이야기하도록 요청했다(어린 시절 주요 언어였기 때문에). 집단에 대한 그녀의 신뢰, 어린 시절 초기 장면을 현재에 재현함으로써 그것을 재창조하려는 그녀의 의지, 환상을 통한 상징 작업이 함께 이루어지면서 그녀는 상당히 의미있는 변화를 경험했다. 그녀는 게슈탈트 실험에 참여함으로써, 오래되고 미해결된 상황을 드디어 끝낼 수 있었다.

게슈탈트 실험들을 창의적인 방식으로 다양한 내담자에게 적용할 많은 기회들이 있다. 간접 화법이 일반적인 문화권에서 비언어적 행동은 언어적 의사소통에서 말하지 않은 맥락을 강조할 수도 있다. 이러한 내담자들은 그들이 말하는 것보다 그들 자신을 더 의미심장하게 비언어적으로 표현할 수도 있다. 일반적으로 게슈탈트 상담자들은 내담자들에게 그들의 자세, 얼굴 표정, 그리고 신체 내부에서 경험하는 것들에 집중하도록 요청한다. 그들은 내담자들의 문화적 배경을 충분히 이해하려고 하며, 이러한 배경의 어떤 측면이 내담자들에게 중심 혹은 전경이 되는지, 그리고 이러한 전경에 내담자들은 어떤 의미를 두는지에 관심을 갖는다.

다양성 관점에서 보는 약점

대부분의 다른 접근 방법에도 해당되는 사실이지만 게슈탈트 실험을 너무 빨리 적용하는 것이 어떤 내담자에게는 더 큰 문제점을 야기할 수 있다. 게슈탈트 방법은 극도의 격렬한 감정으로 이끈다. 이렇듯 정서 중심의 기법은 감정을 절제하고 개방적으로 표현하지 않도록 문화적으로 조건화된 내담자에게는 명백한 한계가 있다. 앞서 말했듯이 어떤 사람들에게 개방적인 감정 표현은 강하지 못하고 취약하다는 신호라고 믿는다. 변화가 일어나기 위해서 카타르시스가 필수적이라고 생각하는 상담자들은 실험에 점차 참가하기 주저하는 내담자를 발견할 수 있는데, 이러한 내담자는 상담을 조기종결을 할지도 모른다. 또 다른 사람들은 부모에게 직접적으로 그들의 감정을 표현하는 것이 금기시된 문화를 갖고 있다('당신이 부모 때문에 화가 났다는 것을 절대로 부모에게 보여서는 안 된다.' 또는 '평화와 화합을 위해 노력하고 갈등을 피하라.' 등). 나는 상담자로부터 "당신의 아버지를 이 방으로 데리고 오세요."라고 요청을 받은 인도인 내담자가 떠오른다. 그 내담자는 아버지에게 아버지와의 관계에서 느꼈던 실망감에 대해서 상징적으로 말하는 것조차도 매우 어려워하였다. 아버지를 대하는 데 있어 문화적으로 수용되는 방법은 삼촌을 중재자로 활용하는 것이며, 아버지에게 부정적인 감정을 표현하는 것은 매우 부적절한 것으로 여겨진다. 내담자는 만약 자신이 종종 생각하고 느꼈던 것을 아버지에게 상징적으로 말했다면 매우 죄책감을 느꼈을 것이라고 나중에 말했다.

통합적인 게슈탈트 상담자는 융통성 있게 상담할 수 있을 정도로 민감하다. 그들은 내담자의 문화적 틀을 고려하여 받아들여지기 쉬운 방법을 채택할 수 있다. 그들은 내담자들이 가능한 한 온전하게 현재에서 경험하도록 돕기 위해 노력하지만, 규칙에 의해 엄격하게 경계를 두지 않으며 일상적으로 내담자가 현재로부터 벗어날 때마다 개입하진 않는다. 내담자의 경험의 흐름과 민감하게 접촉을 유지하기 위해서는 특정 효과를 위해 기법들을 기계적으로 사용하지 않고 사람에게 초점을 맞추어야 한다.

게슈탈트 치료를 적용한 스탠의 사례

게슈탈트를 지향하는 치료는 스탠과 부모, 형제, 전 부인과의 미해결 과제에 중점을 둔다. 스탠은 미해결 과제가 주로 분노의 감정으로 지속적으로 나타나는데 이 분노를 자신에게 돌린다. 그는 현재 삶의 상황에 주목하고 있지만, 또한 그는 현재 타인과의 친밀감 형성을 방해하는 과거의 감정을 다시 경험할 필요가 있다.

초점은 스탠의 현재 행동에 있었지만, 나는 어떻게 그가 오래된 응어리를 짊어지고 있는지, 그리고 그것이 오늘날 그의 인생을 어떻게 방해하고 있는지 인식하도록 이끈다. 나의 과제는 아동기 시절에 창의적인 적응이 가능했던 맥락을 재창조하도록 스탠을 도와주는 것이었다. 그에게 가장 중요한 내사 중 하나는 '나는 멍청해. 내가 존재하지 않는 게 더 나을 거야.'라는 것이다.

스탠은 그가 받아들였던 문화적 메시지로부터 영향을 받아왔다. 나는 그의 가치와 그의 문화의 특성이 지닌 가치를 포함하여, 그의 문화적 배경을 탐구하는 것에 흥미가 있었다. 이러한 관점에서 나는 스탠이 다음과 같은 몇 가지 문화적 내사들을 찾는 것을 도왔다. '낯선 사람과 너의 가족에 대해 이야기하지 마라, 그리고 공공장소에 너의 더러운 세탁물을 널지 마라.', '부모를 존중하고 부모에게 맞서지 마라.', '너 자신에 대해 너무 걱정하지 마라.', '너의 약점을 보이지 마라. 너의 감정과 약점을 숨겨라.' 나는 스탠의 현재 상황에서 이러한 내사가 유용한지 평가하기 위해 그가 이를 검토하도록 하였다. 스탠은 그가 소중히 여기는 이러한 문화적 요소들을 유지하기로 결정할 수도 있지만, 다른 사람의 문화적 기대를 수정하거나 거절할 수도 있다. 물론 이러한 주제들이 그의 작업의 전경에 나타날 때 가능하다.

나는 상담 회기를 시작할 때, 그가 알아차리게 되는 것에 주목하라고 스탠에게 요청하였다. "우리가 오늘 상담을 시작했을 때 당신이 경험한 것은 무엇이었습니까?" 내가 스탠에게 현재의 경험에 귀를 기울이고 선택적으로 관찰하게끔 격려하면, 수많은 전경들이 출현할 것이다. 스탠이 가장 많은 에너지를 쏟거나 그와 관련된 신경을 많이 쓰는 전경에 초점을 두는 것이 목표이다. 하나의 전경이 확인되면, 나의 과제는 관련된 실험을 통해 이러한 생각, 감정, 신체 감각, 혹은 통찰 등에 대한 스탠의 알아차림을 심화시키는 것이다.

전형적인 게슈탈트 방식에서는 스탠은 우리의 관계의 맥락 안에서, 그리고 실험을 통해서 그의 현재 갈등을 다룬다. 한 가지 가능한 실험은 스탠이 어린아이였을 때 생각하고, 느끼고, 행동하는 방식을 말했던 그 사람들이 되어보도록 하는 것이다. 그런 다음 그는 그때 그 아이가 되어, 그가 가장 혼란스럽고 고통을 느꼈던 장소에서 그들에게 반응할 수 있게 된다. 그는 자기 자신에 대한 신념을 동반하는 감정을 새로운 방식으로 경험하고, 어떻게 감정과 생각이 현재의 자신에게 영향을 미치는지에 대해 더 깊게 인식하게 된다.

스탠은 그의 감정을 드러내기보다 숨기는 법을 배워왔다. 그의 이러한 부분을 이해하고자, '감정을 갖는 것'에 대한 그의 거부와 걱정에 대해 탐색한다. 지금 관심을 갖는 전경은 감정을 경험하거나 표현하는 것에 대한 그의 주저함이다. 이 시점에서 나는 스탠이 그의 감정을 경험하게 하려는 계획은 없지만, 그에게 그의 주저함에 대한 인식을 증진시키고 주저함이 갖는 의미를 탐색하도록 하는 것은 중요하다.

만약 스탠이 그의 감정을 부인하기보다 경험하기를 원한다고 결심한다면, 나는 다음과 같이 물을 것이다. '당신이 했던 일에 대해 말을 하면서 지금 알아차린 것이 있다면 무엇입니까?' 스탠은 자신의 전 부인을 잊을 수 없다고 말했다. 그는 나에게 관계에 대해 느끼는 고통과 또 상처받고 싶지 않아서 다른 사람과 다시 관계를 맺기가 두렵다는 것에 대해 말했다. 나는 그가 자신의 속마음에 대해 집중하면서 지금 이 순간 자신에게 두드러지게 나타나는 감각에 대해 계속해서 물어보았다. 스탠은 말했다. "아내가 나에게 준 고통으로 상처받았고 화가 납니다." 나는 마치 고통스러운 상황이 지금 여기에서 일어나고 있는 것처럼, 그에게 전 부인과 함께했던 이전의 생활 장면 속에서 자신을 상상해보라고 요청했다. 그는 전 부인에게 '직접' 말함으로써, 그 상황을 상징적으로 재연하고 재경험하였다. 스탠은 그의 분노와 상처받은 것을 직접적으로 표현함으로써, 그의 현재 기능을 방해하는 미해결 과제를 해결하기 시작했다. 이 실험에 참여함으로써, 스탠은 그가 현재 무엇을 하고 있고 어떻게 자신을 과거에 계속 가둬두었는지에 대해 알아차릴 수 있었다.

자기 점검을 위한 질문

- 여러분은 스탠과의 상담을 어떻게 시작할 수 있을 것인가? 그가 나아가야 하는 방향을 제시해줄 수 있는가? 여러분은 그가 작업을 시작하기를 기다릴 수 있는가? 여러분은 전 회기에서 그가 중단한 지점에 이어 작업을 계속하도록 요청할 수 있는가? 여러분은 그에게 전경이 될 수 있는 어떠한 주제나 문제를 작업할 수 있는가?
- 스탠의 사례에서 여러분이 확인할 수 있는 미해결 과제는 무엇인가? 떨쳐버리지 못하는 그의 경험이 여러분 자신에게 대해 생각나게 하는 무언가가 있는가? 만약 그가 여러분의 미해결 과제를 불러일으킨다면 여러분은 스탠과 함께 작업할 수 있겠는가?
- 스탠이 그의 감정에 접근하고 표현하는 데 주저함과 저항에 대해 더 학습하도록 도와주기 위해 여러분은 어떤 실험을 제안할 것인가?
- 스탠은 그의 전 부인과의 상황에 대한 고통, 분노, 상처를 다루는 실험에 참여하고 있다. 여러분은 스탠이 불러일으킨 내용을 가지고 작업할 수 있는가? 여러분은 어떤 종류의 실험을 계획할 것인가? 여러분은 어떤 종류의 실험을 사용할지 어떻게 결정할 것인가?
- 여러분은 스탠의 문화적 메시지를 어떻게 다룰 것인가? 여러분은 그의 문화적 가치를 존중하면서 현재의 그에게 영향을 미치는 문화적 요소들에 대해 평가해보도록 계속 그를 격려할 수 있겠는가?

이 관점에서 스탠을 상담하는 나의 접근법을 보기 원한다면 CengageBrain.com에 방문하거나 『심리상담과 치료의 이론과 실제: 스탠의 사례와 해설 DVD』 6회기 '게슈탈트 치료' 부분의 DVD 프로그램을 시청하라. 이 회기는 스탠이 게슈탈트 방식으로 그의 꿈들 중 하나를 탐색하는 것으로 구성된다.

게슈탈트 치료를 적용한 그웬의 사례*

게슈탈트 관점에서 나는 그웬이 '지금 여기'에 그녀 자신을 총체적 인간으로서 더 알아차릴 수 있도록 돕는 것에 관심이 있었다. 나의 일은 그녀가 자신을 아주 명확하게 있는 그대로 보도록 하는 것이다. 나는 그웬이 내 사무실 안으로 걸어 들어올 때, 그녀가 약간 다리를 저는 것을 알아차렸다. 나는 그녀가 다리를 저는 것에 대해 물어보았고 그웬은 지난주에 왼쪽 엉덩이 쪽에 엄청난 통증이 있었다고 말했다. 그녀는 전에 엉덩이에 문제가 있었고, MRI에서 좋지 않은 결과가 나왔다고 설명해주었다. 그녀는 계속 이것이 그녀의 낡은 침대 매트리스 때문이라고 말했다.

상담자: 어디가 아프고 어떻게 느껴지는지 정확하게 설명해주세요.

그웬: 음, 엉덩이 골에서 불편함을 느껴요. 아픈 것은 무뎌졌어요.

상담자: 당신 엉덩이 쪽에서 느껴지는 질감과 색깔을 말해주세요. [그녀의 신체 알아차림과 접촉하기 위해 요청하기]

그웬: 고통은 꺼끌꺼끌하고, 회색이고, 무거워요. (그녀는 이 순간 그녀의 신체와 접촉하기 시작했다.)

상담자: 엉덩이가 당신에게 뭐라고 말하나요?

그웬: 조금 이상해요. 내 엉덩이에게 말해보라고 하는

* 켈리 커크시 박사는 게슈탈트 관점에서 자신의 사고방식과 상담 실제에 대해 기술하며 이 모형을 그웬에게 적용하고 있다.

것이 것이 정말이지 불편해요.

상담자: 이상한 것처럼 보이지만, 나는 당신이 이걸 하면서 배울 수 있는 것이 무엇인지 볼 수 있도록 시도해보길 원해요. 도움이 되지 않는다고 생각할 때, 당신은 항상 멈출 수 있어요.

그웬: 알겠어요. 불편하지만 노력해볼게요. (그녀는 우리의 관계를 신뢰했다.) 엉덩이가 신음소리를 내요!

상담자: (실험이 이 관계를 향상시키는 것 같다.) 조금 이상한 것 같지만, 당신이 엉덩이가 되어서 어떻게 느끼는지 과장하여 표현하도록 노력해보세요.

그웬: (신음소리를 내며 흐느끼고 그녀의 눈에서 눈물이 나오기 시작한다.) 내가 해야만 하는 산더미 같은 일에 지쳤고, 난 성과를 내지 못했어요. 나는 숲속에 떨어진 나무 같다고 느껴요. 나는 떨어졌고 아무도 내가 거기에 있는지 몰라요. 다시 일어서서 다시 가는 것은 나에게 달려있어요.

일상생활에서 보통 그웬은 솔직한 감정을 말하지 않았다. 그녀는 초조함과 승리의 기쁨조차 억누르곤 했다. 그녀는 아이일 때 빈번하게 무시당했기 때문에, 자신의 생각과 정서가 정말로 중요하다고 느끼지 못했다. 직장에서 그녀의 역할은 문제를 해결하는 것이고, 집에서 그녀는 모두를 돌봐주는 사람이다. 그녀는 자신을 상처받기 쉽다거나 완전한 사람이라고 거의 여기지 않았다. 그웬은 자신을 '~을 맡은 책임자'라고 보았고, 자신에게 휴식 시간을 좀처럼 주지 않았다.

그웬: 기본적으로 나는 좋은 나날을 보내고 있다는 것을 알고 있어요. 단지 좋은 것들을 너무 급하게 과거로 보내버렸고, 모든 축복들에 정말로 감사해야 하는 것을 잊고 살았다. 아직 끝내지 못한 일이나 잘못된 느낌이 무엇인지 따라잡을 수 있지만 불평할 수는 없어요. 내 엉덩이가 나에게 천천히 그리고 인생을 즐기라고 말하고 있다는 걸 아니까요. 내가 그렇게 숲속에 떨어진 나무가 될 필요는 없어요. 내가 정말로 필요한 도움에 대해서 요청할 필요는 있는 것 같아요. (그녀는 자세를 바꾸었고 의자에 앉아있는 그녀의 모습이 좀 더 편안해 보였다.)

상담자: 당신의 엉덩이에 다시 주의를 기울여보세요. 지금은 어떤가요?

그웬: 지금은 더 나아졌네요. 천천히 해도 괜찮을 것 같아요. 내가 속한 위원회의 일들에서 벗어나는 것도 괜찮을 것 같아요. (웃음) 아마 내 엉덩이는 해변 어딘가에 앉고 싶어 했거나 충분히 즐기기 위해서 최소한 천천히 하고 싶었나 봐요.

상담자: 순간 동안 잠시 멈추고 당신의 몸을 체크하는 것은 중요합니다. 우리 몸이 감정을 쥐고 있기 때문이죠. 잠시 쉬면서 우리 몸의 감각이 나에게 무엇을 말하고 있는지 듣는 것도 중요해요.

그웬의 알아차림이 높아짐에 따라, 그녀는 기능하는 과거의 어떤 방식들이 더 이상 그녀를 도와주지 않는다는 것을 깨달았고, 이전과는 다르게 행동하기 시작했다. 나는 그웬이 억압된 감정과 육체적 불편함의 연결고리를 볼 수 있기를 원한다. 게슈탈트 치료는 그웬에게 현재 그녀의 마음과 몸에서 무엇이 일어나는지, 감정 표현이 어떻게 그녀의 신체를 편안하도록 만드는지 관심을 기울일 기회를 제공하였다. 게슈탈트 치료는 그웬이 총체적 인간으로서 자신을 더 알아차리게 되도록 도울 수 있다. 그녀로 하여금 직업적으로 성공을 가능하게 했지만 또한 결과적으로 불안으로 압도된 감정을 느끼게 했던 미해결 과제에 도전할 수 있다.

자기 점검을 위한 질문

- 그웬과 함께 신체 감각과 신체적 증상을 탐색하는 데 중요한 것은 무엇인가?
- 여러분이 그웬에게 '자신의 엉덩이가 되어보라.'고 말하도록 요청할 때의 치료적 가치는 무엇인가?
- 상담자가 그웬이 실험을 수행하도록 아이디어를 소개했던 방식에 대해 여러분은 어떻게 생각하는가?
- 만약 여러분이 그웬과 같은 입장이었다면, 여러분은 이 실험을 하면서 어떠했을 것 같은가?

요약과 평가

요약

게슈탈트 치료는 현재의 알아차림과 개인과 환경 사이의 접촉의 질을 강조하는 실험적인 접근이다. 과거 환경에서는 적응적이었던 행동들이 현재 삶에서 효과적으로 기능하고 살아가는 데 어떻게 방해하고 있는지 인식하는 것이 주된 강조점이다. 이러한 접근의 첫 번째이자 가장 중요한 목표는 알아차림을 얻는 것이다.

또 다른 치료적 목표는 내담자가 그들의 환경의 요소들과 어떻게 접촉하는지 탐색하고 돕는 것이다. '무엇인가'에 대한 인식 고양을 통해 변화는 일어난다. 게슈탈트 상담자가 내담자의 알아차림을 높여 그들을 돕는 것 이외에는 계획이 없기 때문에 내담자의 행동을 '저항'으로 이름붙일 필요가 없다. 대신에 상담자들은 저항이 출현할 때, 그 새로운 과정에 단순히 따라간다. 상담자는 자기 조절이란 통제되어서는 안 되는 자연스럽게 전개되는 과정이라는 믿음을 가진다(Breshgold, 1989). 내담자의 환경 내에서 자기 조절의 회복을 위해 알아차림은 필수조건이다(Resnick, 2015). 알아차림이 확장되면 내담자는 자신 안에 있는 양극성과 이원성을 조화시킬 수 있고, 자신에 대한 모든 국면들의 재통합을 향해 계속해서 나아갈 수 있다.

상담자는 내담자의 전경 혹은 개인-환경의 장에서 가장 현저하게 나타나는 양상이 배경으로부터 출현하게 되면, 내담자와 함께 이를 확인하는 작업을 한다. 게슈탈트 상담자들은 그러한 전경들에 개입하고 해결해 다른 것들로 그것을 대체할 수 있다면, 각 내담자는 자기 조절을 할 수 있다고 믿는다. 게슈탈트 상담자의 역할은 가장 억압된 주제들, 욕구, 관심사를 확인하도록 돕는 것과 그러한 전경들을 선명하게 하고 접촉과 알아차림에 대한 저항을 탐색하는 실험을 고안하는 것이다. 게슈탈트 상담자들은 상담 시간에의 '지금 여기'의 반응과 개인적인 경험, 둘 다에 대해 적절하게 자기개방을 하도록 격려받는다. 그 같은 행동이 일어날 때, 치료 과정이 가능해질 것이다(Yontef & Jacobs, 2014; Zahm, 1998).

게슈탈트 접근의 공헌

학습 목표 09 게슈탈트 치료의 한 가지 공헌은 현재와 관련 있는 측면으로 과거를 가져와 생동감 있게 다루는 흥미로운 방식이 있다는 점이다. 상담자들은 현재의 기능을 저해시키고 있는 문제들을 알아차리고 그것을 작업하기 위해 창조적인 방식으로 내담자들에게 도전한다. 나아가, 내담자로부터의 명백한 언어적, 비언어적인 신호에 주의를 기울이는 것은 상담 회기를 진행하는 데 접근하기 위한 유용한 방식이다. 능숙하고 민감한 게슈탈트 개입을 통해 실무자들은 내담자들이 행동하는 것뿐 아니라 생각하고 느끼는 것에 대한 현재 중심의 알아차림을 고조시키도록 내담자를 도울 수 있다.

게슈탈트 방법은 갈등과 투쟁을 삶으로 가져온다. 게슈탈트 치료는 내담자에게 말하는 것에서 행동과 경험으로 옮겨오도록 실험을 사용하는 창의적인 접근이다. 실험의 창의적이고 즉흥적인 사용은 경험적 학습의 통로이다. 장애를 치료하기 위해 기법보다는 성장과 향상에 중점을 두는데 이는 초기 게슈탈트의 모토인 '나아지기 위해서 당신이 아파야만 하는 것은 아니다.'를 반영한다. 내담자들은 자신들의 새로운 양상을 발견하고 그들의 삶의 과정을 바꾸는 것에 대한 결정을 하기 위해, 게슈탈트 실험의 형태로 다양한 도구들을 제공받는다.

꿈 작업에 대한 게슈탈트 접근은 사람들이 삶에서 핵심 주제에 대한 알아차림을 고양하도록 하는 독특한 경로이다. 그들 자신에 대한 투사로 꿈의 각 국면들을 이해함으로써, 내담자들은 꿈을 삶으로 가져와 그것의 개인적인 의미를 해석하고, 그에 대한 책임을 진다.

게슈탈트 치료는 개인의 경험의 각 측면들을 동등하게 가치 있게 여기는 총체론적 접근이다. 상담자들은 전경–형성 과정을 허용하고 내담자를 가이드한다. 그들은 사전에 형성된 편견이나 계획된 의도를 가지고 내담자에게 접근하지 않는다. 대신, 개인과 환경 사이의 경계에서 발생하는 것을 강조한다. 상담자들은 내담자를 다른 곳으로 옮기려 하지 않는다. 주요 목표는 내담자의 '무엇인가'에 대한 알아차림을 증가시키는 것이다. 무언가 일어나도록 의도하는 대신에, 상담자의 역할은 내담자가 스스로 소외시킨 자신의 부분을 재인식하도록 돕는 것이다.

게슈탈트 치료의 핵심 강점은 이론, 실습, 연구를 통합하려는 시도이다. 비록 게슈탈트 치료가 수년 동안 실증적인 연구가 부족했지만 최근에는 성행하고 있다. 두 책은 미래 연구에 영향을 미칠 가능성을 보여주었다. 『게슈탈트 이론, 연구, 실제에 대한 핸드북(Handbook for Theory, Research and Practice in Gestalt Therapy)』(Brownell, 2008), 『전문적인 연구가 되기: 전체론적 질문에 대한 게슈탈트 접근(Becoming a Practitioner Researcher: A Gestalt Approach to Holistic Inquiry)』(Barber, 2006). 스트럼펠과 골드먼(Strumpfel & Goldman, 2002)은 연구 과정과 결과 모두가 게슈탈트 치료의 이론과 실습의 발전을 가져왔다는 사실에 주목했으며, 연구 결과를 기반으로 중요한 많은 결론들을 요약했다.

- 연구 결과는 게슈탈트 치료가 다른 치료적 접근법에 비해 다양한 장애들을 치료하는 데 그 효과성이 동등하거나 더 낫다는 것을 증명하였다.
- 보다 최근 연구는 게슈탈트 치료가 성격 장애, 신체화 문제, 약물 중독에 효과가 있음을 보여주었다.
- 게슈탈트 치료가 치료 종결 후 1~3년의 후속 연구에서 안정적으로 효과가 있다.
- 게슈탈트 치료는 다양한 심리 장애의 치료에 효과성을 증명하였다.

게슈탈트 치료의 한계와 비판

게슈탈트 치료에 대한 나의 비판의 대부분은 직면을 강조하고 성격의 인지적 요소를 강조하지 않은 전통적 관점 혹은 펄스의 스타일과 관련 있다. 게슈탈트 치료의 방식은 내담자를 직면시키기 위해 기법을 사용하거나 그들이 감정을 경험하는 데 많은 관심을 갖는다. 현대의 게슈탈트 치료는 많은 진전이 있었고 전반적으로, 이론교육, 이론적 설명과 인지 요인에 대한 많은 관심을 갖고 있다(Yontef, 1993, 1995).

게슈탈트 치료에서 내담자는 그들의 생각을 명확하게 하고, 신념을 탐색하고, 그들이 치료 장면에서 다시 체험하는 경험에 의미를 부여한다. 내담자는 실험에 참여할 때 적극적인 역할을 해야 하며 경험적으로 배워야 한다. 내담자의 자기 발견과 학습 과정을 촉진하는 것을 강조한다. 경험적이고 자기주도적인 학습의 과정은 유기체의 자기 통제에 대한 근본적인 믿음을 근거로 하는데, 이는 내담자가 알아차림과 환경과의 개선된 접촉을 통해 자기 자신에 대한 신뢰에 도달한다는 것을 의미한다. 그러나 나는 내담자가 스스로 자기발견을 할 수 있고, 동시에 상담자의 적절한 가르침으로부터 도움을 받을 수도 있다고 생각한다. 경험적 학습의 이점에 더하여, 내담자는 시기적절하게 유용한 정보를 얻을 수 있고, 심리교육의 초점은 학습 과정을 향상시킬 수 있다.

현대의 게슈탈트 실습은 상담자와 내담자 간의 접촉과 대화에 높은 가치를 부여한다. 효과적인 게슈탈트 치료를 위해, 상담자는 높은 수준의 개인적 개발에 도달해야 한다. 현재 자신의 욕구를 알아차리고, 내담자의 과정을 방해하지 않고, 현재 순간에 존재하며, 방어적이지 않으면서 자기개방을 하려는 태도 등 이 모두가 상담자에게 요구된다. 제대로 훈련받지 않은 상담자들은 주로 내담자를 압박하는 데 관심이 있는데 이는 위험한 일이다.

몇 가지 주의 사항 일반적으로 게슈탈트 상담자들은 매우 능동적이며 내담자에 대한 민감성, 시기적절성, 창의성, 공감, 존중의 자질을 보인다(Zinket, 1978). 만약 상담자가 이러한 자질이 부족하다면, 그들의 실험은 쉽게 해로운 결과를 낳을 수 있다. 몇몇 상담자들은 게슈탈트 기법을 완전히 이론적 근거를 이해하지 못한 상황에서 적용하였다. 미숙한 상담자는 강력한 기법을 사용해서 내담자의 감정을 휘저어놓고 내담자가 완전한 알아차림에 이르지 못한 문제를 개방한 뒤, 내담자가 가까스로 역동적인 카타르시스를 경험하고 나서는, 그들을 단순히 유기해버릴 수 있다. 내담자와 머물면서 그들이 경험했던 것에 대해 작업하는 것을 돕고, 그 경험에 대해 종결을 하지 못하면 내담자에게 해가될 수 있고 비윤리적으로 간주될 수 있다.

게슈탈트 치료의 영향력 있는 전문가들은 게슈탈트 치료의 이론과 실제에서의 전문적인 임상경험과 훈련뿐 아니라 성격 이론, 정신 병리학, 정신역동의 지식을 요구한다(Yontef & Jacobs, 2014). 숙련된 전문가들은 그들 자신의 개인적 치료도 받아야 하며,

임상적인 훈련과 슈퍼비전 경험을 할 필요가 있다. 이러한 상담자들은 본질적으로 내담자들에 존중을 바탕으로, 시기적절한 실험들을 가지고 현상학과 대화적 접근을 조화롭게 사용하는 것을 배운다.

자기 점검과 토론을 위한 질문

1. 내담자에게 '지금 여기'에서 경험하고 있는 걱정과 문제를 가져오도록 요청하는 것은 어떤 장점이 있는가?
2. 치료 장면에서 나타나는 상담자의 능력은 게슈탈트 치료에서 핵심이다. 여러분의 내담자를 위해 충분히 현존하려고 할 때 직면할 수 있는 도전은 무엇인가? 여러분은 어떻게 이 도전을 다룰 수 있는가?
3. 여러분은 게슈탈트 치료에서 실험과 기법 간의 차이점이 무엇이라고 이해했는가?
4. 에너지와 에너지 차단은 게슈탈트 치료에서 주어지는 중요한 문제이다. 여러분은 내담자에 대한 해석이 없는 상태에서, 내담자의 에너지를 작업하기 위해 어떤 아이디어가 있는가?
5. 여러분을 게슈탈트 상담자와 함께 있는 내담자로 상상해보라. 여러분에게 이러한 경험은 어떠할 것 같은가?

더 찾아볼 자료

CengageBrain.com에 방문하거나 『상담 및 심리 치료의 통합적 접근: 루스의 사례와 해설 DVD』 7회기 '정서중심 상담' 부분의 DVD 프로그램을 시청하라. 이 회기에서 나는 내가 루스의 알아차림을 높이는 실험을 어떻게 창조했는지를 보여주었다. 루스와 작업한 게슈탈트 작업에서 나는 그녀가 지금 여기에서 무엇을 경험하는지에 관한 단서를 찾는다. 그녀가 언어적으로 그리고 비언어적으로 표현하는 것에 개입함으로써, 나는 회기 동안 실험을 제안할 수 있었다. 이 특정 회기에서 나는 루스에게 내가 마치 그녀의 남편인 존처럼 질문하는 게슈탈트 실험을 사용하였다. 이 실험 동안 루스는 꽤 정서적으로 되었다. 여기서 여러분은 정서적인 부분들을 조사하는 방식과 인지 구조를 통합하는 방식을 보게 될 것이다.

기타 자료들

Psychotherapy.net은 학생과 전문가를 위해 성인과 아동들을 대상으로 게슈탈트 치료를 시연하는 비디오 등 광범위한 자료를 제공해준다. 매달 새로운 기사, 인터뷰, 블로그, 치료 만화, 비디오가 출간된다. 이 장과 관련하여 www.psychotherapy.net에서 볼 수 있는 DVD는 다음과 같다.

Gestalt Therapy with Children (V. Oaklander, 2001): Child Therapy with the Experts Series

Psychotherapy With the Unmotivated Patient (I. Polster, 1997)

훈련 프로그램과 협회

만약 게슈탈트 치료의 더 많은 지식과 기법에 관심 있다면, 워크숍 참석 등을 포함한 게슈탈트 훈련 찾아보기, 게슈탈트 상담자에게 개인 치료 받기, 자료 읽기, 실습, 슈퍼비전 등이 포함된 게슈탈트 훈련 프로그램에 등록하기 등을 고려해볼 수 있다.

이 자료들의 종합적인 목록은 웹사이트와 함께 월트와 토먼의 교과서 부록(Woldt & Toman, 2005)에서 이용 가능하다. 가장 저명한 교육 프로그램과 협회들은 아래에 제시하였다.

클리브랜드의 게슈탈트 협회(Gestalt Institute of Cleveland. Inc.)

www.gestaltcleveland.org

태평양 게슈탈트 협회(Pacific Gestalt Institute)

www.gestalttherapy.org

심리치료와 훈련을 위한 게슈탈트 센터(Gestalt Center for Psychotherapy and Training)

www.gestaltnyc.org

게슈탈트 국제 연구 센터(Gestalt International Study Center)

www.GISC.org

북서부 지역의 게슈탈트 치료 훈련 센터(Gestalt Therapy Training Center Northwest)

www.gttcnw.org

로스 앤젤리스의 게슈탈트 협회 훈련(Gestalt Associates Training, Los Angeles)

www.gatla.org

국제적인 회의를 주최하는 가장 저명하고 전문적인 게슈탈트 치료 협회들은 다음과 같다.

게슈탈트 치료의 진보를 위한 협회(Association for the Advancement of Gestalt Therapy: AAGT)

www.AAGT.org

게슈탈트 치료에 대한 유럽 연합(European Association for Gestalt Therapy: EAGT)

www.EAGT.org

게슈탈트 호주 뉴질랜드(Gestalt Australia New Zealand)

www.ganz.org.au

게슈탈트 리뷰(Gestalt Review)

www.gestaltreview.com

영국 게슈탈트학회지(British Gestalt Journal)

www.britishgestaltjournal.com

『게슈탈트 안내 책자(The Gestalt Directory)』는 전 세계의 게슈탈트 실무자들과 교육 프로그램에 관한 정보를 포함하고, 게슈탈트 발전을 위한 센터(Center for Gestalt Development, Inc.)에 신청하면 무료로 이용 가능하다. 또한 이 센터는 게슈탈트 실습을 다룬 많은 책, 오디오 테이프, 비디오테이프를 소장하고 있다.

게슈탈트 발전을 위한 센터

www.gestalt.org

더 읽을거리

『**게슈탈트 치료 테라피**(Gestalt Therapy Verbatim)』(Perls, 1969a)는 프리츠 펄스가 작업한 방식을 직접 경험한 사람들의 이야기를 제공한다. 이것은 워크숍에서 실시했던 설명을 그대로 기록한 것을 포함하고 있다.

『**게슈탈트 치료**(Gestalt Therapy)』(Wheeler & Axelsson, 2015)는 이론, 발전, 연구, 게슈탈트 치료 실습의 훌륭한 도입을 제공한다. 이 책은 활동적이고, 현재에 초점을 맞추었고, 상담자의 부분에 대한 관계적인 태도를 격려하는 원리에 기반을 둔다.

『**게슈탈트 테라피: 역사, 이론 및 실습**(Gestalt Therapy: History, Theory, and Practice)』(Woldt & Toman, 2005)은 게슈탈트 치료의 역사적 기반과 주요 개념, 치료적 실습에 적용하는 특징들을 소개하고 있다. 교육적인 학문 활동과 실험, 질문 리뷰, 모든 공헌자들의 사진을 담은 이 출간물은 게슈탈트 치료 분야에서 중요하다.

『**통합된 게슈탈트 치료: 이론과 실제의 윤곽**』(E. Polster & Polster, 1973)은 이 분야의 고전이며 게슈탈트 치료의 더 진보적이고 치료적인 기술을 배우기 원하는 사람들에게는 훌륭한 자료이다.

9장 | 행동 치료

학습 목표

01. 행동 치료의 출현과 관련된 주요 사건을 이해한다.

02. 행동 치료의 발달을 영역별로 이해한다. (고전적 조건형성, 조작적 조건형성, 사회인지 이론, 인지행동 치료)

03. 다양한 유형의 행동 치료가 공유하고 있는 특성과 가정을 이해한다.

04. 상담 과정에 영향을 미치는 상담자의 기능과 역할을 이해한다.

05. 행동 접근에서 내담자–상담자 관계의 기능을 이해한다.

06. 다양한 유형의 행동 기법과 절차, 그리고 그 요소들이 증거 기반 운동을 어떻게 만족시키는지를 이해한다.

07. 안구운동 민감소실 재처리의 주요 개념과 활용, 효과 등에 대하여 이해한다.

08. 사회기술 훈련의 핵심 요소를 이해한다.

09. 자기관리 프로그램의 주요 단계에 대하여 이해한다.

10. 네 가지 유형의 마음챙김 및 수용 기반 행동 치료의 주요 개념을 이해한다.

11. 단기 개입과 집단상담에 행동 원리 및 기법을 적용한다.

12. 문화적 다양성을 가진 내담자와 작업할 때 행동 치료가 갖는 강점을 이해한다.

13. 현대 행동 치료에 대하여 평가한다.

B. F. Skinner

스키너(B. F. Skinner. 1904–1990)는 따뜻하고 안정적인 가정환경에서 자란 것으로 알려져 있다.* 어린 시절 그는 물건 만드는 것을 좋아했는데, 이러한 특성은 전문가로 성장한 후에도 지속되었다. 1931년에 하버드 대학에서 심리학 박사학위를 받았고, 여러 대학에서 가르치다가 결국 하버드 대학으로 돌아갔다. 두 딸을 두었으며, 그 중 한 명은 교육심리학자이고, 다른 한 명은 예술가다.

스키너는 행동주의의 대변인이자 행동주의 심리학의 아버지로 불린다. 스키너는 행동에 미치는 환경의 효과를 강조하는 급진적 행동주의자로 활동했다. 또한 그는 결정론자였기 때문에 인간이 자유의지를 가지고 선택할 수 있는 존재라고 믿지 않았다. 느낌과 생각이 존재함을 인정했지만 그것들이 우리 행동을 **야기한다**는 주장은 부정했다. 대신에, '객관적이며 관찰 가능한 환경적 조건(원인)'과 '행동(결과)' 사이의 관계가 인과관계라는 점을 강조했다. 스키너는 그간의 심리학이 내적 마음 상태나 동기에 너무 많은 관심을 기울인 반면, 눈으로 직접 관찰 가능한 환경 조건의 변화(차이)에는 너무 무관심했다고 주장했다. 그는 본인의 생활에 직접 활용한 강화라는 개념에 상당한 관심을 가지고 있었다. 예를 들어, 몇 시간 일을 하고 난 뒤 그는 헤드폰을 끼고 클래식 음악을 들으러 텐트 모양의 집에 들어가곤 했다(Frank Dattilio, 개인적 교신, 2010년 9월 24일).

스키너의 작업은 대부분 실험을 통해 이루어졌지만, 자신의 생각을 강연을 통해 밝히거나 인류의 문제를 다루고 사회적 변화를 꾀하기 위한 저술 활동을 하기도 했다. 가령 『과학과 인간행동(Science and Human Behavior)』(1953)이라는 책에서 그는 행동주의 사상이 어떻게 인간행동의 모든 영역에 적용될 수 있는지 설명하고 있으며 『웰덴 투(Walden II)』라는 책에서는 그가 실험실에서 가져와서 사회에 적용한 유토피아에 대해 소개하고 있다. 1971년 출간된 『자유와 존엄을 넘어서(Beyond Freedom and Dignity)』라는 책에는 우리 사회가 생존하기 위해 필요한 급격한 변화에 대해 언급하고 있다. 그는 과학과 기술이 더 나은 미래를 보장한다고 믿었다.

* 위에 소개한 내용은 B. F. 스키너의 급진적 행동주의에 관한 나이(Nye, 2002)의 글을 주로 참고하여 작성한 것이다.

Albert Bandura

앨버트 반두라(Albert Bandura. 1925–)는 캐나다 북부 알바타 지역에서 태어났다. 그는 동유럽 가문의 6형제 중 막내였다.* 선생님도 부족하고 시설도 좋지 못한 그곳에서 초등학교와 고등학교를 다녔다. 이처럼 열악한 교육 환경은 오히려 그에게, 이후 연구 주제 중 하나가 된, 자기주도 기술을 학습할 수 있는 기회를 제공했다. 1952년에 아이오와 대학에서 임상심리학 전공으로 박사학위를 받았으며, 1년 후에 스탠퍼드 대학의 교수가 되었다. 반두라와 동료들은 다양한 유형의 학습을 설명할 수 있는 유용한 과정 요인으로서 사회적 모델링에 관한 선도적 연구를 수행했다(Bandura 1971a, 1971b; Bandura & Walters, 1963). 이들은 스탠퍼드 대학에서 사회학습 이론과 관찰 학습 및 사회적 모델링이 인간의 동기, 사고, 행위에 미치는 영향에 관한 연구를 수행했다. 1980년대 중반에 자신의 이론적 접근을 사회인지 이론(social cognitive theory)이라고 명명했다. 그의 이론은 우리가 어떻게 자기 자신을 조직화하고 행위하며 돌아보고 조절하는지 이해할 수 있는 틀을 제공했다(Bandura, 1986). 우리가 단지 환경적 힘에 의해 조형되거나 내적 충동에 내몰린 수동적 존재가 아니라는 인식은 행동 치료 발전에 큰 영향을 끼쳤다. 그는 인간행동을 동기화하는 내적 힘인 인지–정서 요인을 탐구함으로써 행동 치료의 영역을 넓혔다.

사회인지 이론은 실존적 특성을 내포하고 있다. 반두라

는, 인생의 모든 순간이 선택 가능한 요소들로 구성되어있다는 것을 입증하는 다양한 경험적 증거를 제공했다. 『자기효능감(Self-Efficacy: The Exercise of Control)』(Bandura, 1997)이란 책에서 그는 인간발달, 심리학, 정신의학, 교육, 의료와 보건, 운동, 사업, 사회와 정치적 변화, 국제정세 등과 같은 분야에 자기효능감 이론을 포괄적으로 적용하였다.

그는 다음 네 가지 연구 분야에 집중하였다. (1) 사고, 정서, 행동을 조형하는 심리적 모델링의 힘, (2) 집행 기능(human agency)의 메커니즘 혹은 사람들이 선택을 통해 자신의 동기와 행위에 영향을 미치는 과정, (3) 삶에 영향을 미치는 사건들을 관리하는 데 기여하는 지각된 자기효능감, (4) 스트레스 반응과 우울증 사이의 인과적 관계에 대한 이해. 반두라는 지금도 여전히 거대 이론을 발전시키고 있다. 반두라에 따르면, 성공적 삶을 위해 그리고 삶에서 만나게 되는 불가피한 역경과 장애물에 대처하기 위해 인간은 자기효능감과 탄력성을 갖춰야 한다.

반두라는 9권의 책을 썼는데 그 책들은 다양한 언어로 번역되었으며, 2004년에 미국심리학회로부터 '공로상(Outstanding Lifetime Contribution to Psychology)'을 수상하기도 했다. 그는 지금도 하이킹, 오페라, 가족여행, 나파 및 소노마 벨리에서 와인 감별 등을 하며 삶을 즐기고 있다.

* 위에 소개한 내용은 반두라의 삶과 업적에 관한 판자레스(Panjares, 2004)의 글을 주로 참고하여 작성한 것이다.

도입

행동 치료(behavior therapy) 전문가들은 관찰 가능한 행동, 현재 행동의 결정 요소, 변화를 증진시키는 학습 경험, 각 내담자에 맞는 상담 전략, 그리고 엄밀한 검사와 평가에 초점을 맞춘다. 행동 치료는 다양한 내담자를 대상으로 여러 유형의 심리적 장애를 다뤄왔다. 이 접근을 통해 불안장애, 우울증, 외상 후 스트레스 장애, 물질남용, 섭식장애, 성 문제, 통증 관리, 고혈압 등을 성공적으로 치료했다(Wilson, 2011). 행동주의적 절차는 발달장애, 정신적 질병, 교육과 특수교육, 사회심리, 임상심리, 재활, 사업, 자기관리, 스포츠 심리, 건강 관련 행동, 의료, 노인 관련 분야에 활용되고 있다(Miltenberger, 2012; Wilson, 2011).

행동 치료의 역사적 배경

학습 목표 01 행동적 접근은 1950년대와 1960년대 초에 출현했는데, 당시 우세했던 정신분석적 관점과 큰 차이를 보였다. 행동 치료 운동은 다양한 문제행동을 치료하기 위해 고전적 조건형성과 조작적 조건형성 원리를 활용했다는 점에서 다른 상담 접근과 구분되었다. 물론 현대 행동 치료는 더 이상 그렇게 단순히 정의할 수 없게 되었는데, 왜냐하면 이 분야는 거대하고 복잡해졌으며 다양한 견해들이 출현하고 있기 때문이다. 현대 행동 치료는 더 이상 고전적인 학습 이론에 머물지 않고(Antony & Roemer, 2011b), 다양한 이론적 접근을 통합하고 있는 추세다(Antony, 2014). 행동 치료 상담자들은 인지 치료를 포함하여 사회기술 훈련, 이완 훈련, 마음챙김 전략 등 다양한 증거 기반 기법들을 활용하고 있다. 지금부터 소개할 행동 치료의 간략한 역사는 주로 스피글러(Spiegler, 2016)를 참고하여 기술하였다.

전통적인 행동 치료는 1950년대에 미국, 남아프리카, 영국에서 동시에 출현했다. 정신분석 기반 심리치료자들의 거친 비판과 저항에도 불구하고 이 접근은 살아남았다. 이는 행동 조건형성 기법들이 효과적이며, 정신분석 치료의 대안이 될 수 있다는 것을 입증하는 것이었다.

1960년대에 앨버트 반두라는 고전적 조건형성과 조작적 조건형성을 관찰 학습과 결합시켜 사회학습 이론을 개발했다. 반두라는 행동 치료의 핵심 성분에 인지를 포함시켰다. 1960년대 출현한 **인지행동 접근**은 객관적인 환경 자체보다 그 환경에 대한 인지적 표상을 강조했다.

현대 행동 치료는 1970년대에 심리학 분야의 주류가 되었으며 교육학, 심리학, 심리치료, 정신의학, 사회복지학에 중요한 영향을 끼쳤다. 행동 기법들이 발전하고 확장되었으며 사업, 산업, 아동 양육 문제에도 적용되었다. 행동 치료 상담 기법은 다양한 심리적 문제에 유효한 상담 방법으로 간주되었다.

1980년대는 초기 학습 이론을 넘어서 새로운 개념과 기법을 찾는 시기로 특징지을 수 있다. 행동 치료 상담자는 그들이 사용한 방법을 경험적으로 연구하고 내담자와 사회에 미치는 영향을 탐색했다. 심리장애에서 생물학적 요인의 역할뿐만 아니라, 치료적 변화에서 정서의 역할에도 많은 관심을 기울였다. 행동 치료 분야의 발전과 관련된 두 가지는 핵심 요인은 (1) 주요 세력으로서 인지행동 치료가 부상한 것과 (2) 행동 기법을 의학적 장애의 예방과 치료에 적용한 것이다.

1990년대 후반에 행동인지치료학회(the Association for Behavioral and Cognitive Therapies: ABCT. 이전 학회명은 the Association for Advancement of Behavior Therapy)는 4,500명의 회원을 보유한 단체로 성장했다. 행동인지치료학회는 현재 6,000명 이상의 회원을 보유하고 있으며, 이 회원들은 모두 경험적 기반을 가진 행동 치료나 인지행동 치료에 관심이 있는 정신보건 전문가와 학생들로 구성되어있다. 학회 이름의 변화는 행동 치료와 인지 치료를 통합한 시대정신을 반영하고 있다.

2000년대 초반에 행동 치료 전통은 연구와 임상 조망의 확장을 포함하여 거대한 변화를 맞이했다. 행동 치료의 '제3세대' 혹은 '뉴웨이브'로 불리는 이 변혁은 변증법적 행동 치료(Dialectical Behavior Therapy: DBT), 마음챙김 기반 스트레스 감소(Mindfulness-Based Stress Reduction: MBSR), 마음챙김 기반 인지 치료(Mindfulness-Based Cognitive Therapy: MBCT), 수용 전념 치료(Acceptance and Commitment Therapy: ACT) 등을 포함하고 있다. 오늘날 행동 치료는 심리적 · 행동적 문제를 상담할 때 가장 널리 활용되는 기법이다(Antony, 2014).

CengageBrain.com에 방문하거나 『심리상담과 치료의 이론과 실제: 스탠의 사례와 해설 DVD』 9장 부분의 DVD 프로그램을 시청하라. 그리고 각 장을 읽기 전에 DVD에 있는 각 장에 대한 간략한 소개 내용을 살펴보라.

행동 치료 발전의 네 영역

학습 목표 02 현대 행동 치료는 주로 (1) 고전적 조건형성, (2) 조작적 조건형성, (3) 사회학습 이론, (4) 인지행동 치료 등 네 영역에서 발전한 것으로 볼 수 있다.

고전적(반응적) 조건형성(classical conditioning, respondent conditioning)은 자극 간 연합을 통해 반응을 형성하는 학습이 어떻게 나타나는지 살펴보는 이론이다. 이 분야의 중요한 인물은 이반 파블로프(Ivan Pavlov)이다. 그는 개 실험을 통해 고전적 조건형성을 소개했다. 먹이를 줄 때 개에게서 침이 나오는 것은 반응 행동이다. 먹이를 반복적으로 중립 자극(특별한 반응을 불러일으키지 않는 어떤 것, 이를테면 벨소리)과 함께 제시하면 개는 마침내 벨소리만 울려도 침을 흘리게 된다. 그러나 벨이 먹이와 짝지어지지 않은 상태에서 계속 울리게 되면, 침을 흘리는 반응은 약해지다가 결국 소거된다. 고전적 조건형성 모형을 응용한 절차 중 하나로 조셉 울프(Joseph Wolpe)의 체계적 둔감법이 있는데, 이 장의 뒷부분에서 설명할 것이다. 이러한 기법은 실험실에서 발견된 학습 원리가 어떻게 임상 장면에서 활용되는지를 보여준다. 체계적 둔감법은 비행기를 탈 때 강렬한 공포 반응을 보이는(고전적 조건형성이 된) 환자에게 적용할 수 있다.

기술적 측면에서 보면 개인적으로 위험 상황을 경험한 적 없는 사람도 비행에 대한 강한 공포 반응을 형성할 수 있다. 예를 들어, 브라질 해안에 비행기가 추락한 장면을 본 사람은 지금까지 단 한 번도 비행기를 타본 적이 없더라도 비행에 대한 두려움을 갖게 될 것이다. 물론 일부 연구자들은 비행에 대한 공포가 일차적으로 폐소공포증에 의한 것이라고 주장하기도 한다(Frank Dattilio, 개인적 교신, 2010. 9. 24.).

일상생활을 구성하는 주요 반응들 대부분은, 예를 들어 읽기, 쓰기, 운전하기, 포크 등 도구를 사용한 밥 먹기 등은 조작적 행동이다. **조작적 조건형성**(operant conditioning)에는, 행동의 결과에 주로 영향을 받은 유형의 반응 학습이 포함된다. 행동이 이끌어낸 환경 변화가 강화 형태라면, 즉 유기체에게 어떤 보상을 제공하거나 혐오 자극으로부터 피할 수 있는 기회를 제공하면 그 행동이 다시 일어날 가능성이 증가한다. 환경 변화가 강화를 만들어내지 못하거나 혐오 조건을 만들어낸다면 그 행동이 다시 일어날 가능성은 줄어든다. 정적 강화, 부적 강화, 처벌, 소거 기법 등은 나중에 설명하겠지만, 조작적 조건형성은 어떻게 친사회적이고 적응적인 행동이 발달할 수 있는지 설명하는 데 유용하다. 행동 치료의 조작적 기법들은 부모 교육과 체중조절 프로그램 등에 활용되고 있다.

고전적 조건형성과 조작적 조건형성을 강조하는 행동주의자들은 모두 사고과정, 태도, 가치의 역할과 같은 매개적 개념은 언급조차 하지 않았다. 이는 통찰 지향적 정신역동 접근에 대한 반발에서 나온 것이다. 앨버트 반두라와 리처드 윌터스(Bandura & Walters, 1963)가 발전시킨 **사회학습 접근**(social learning approach) 혹은 **사회인지 접근**(social-learning approach)은 교호적, 학제적, 중다양식적 접근이다(Bandura, 1977, 1982). **사회인지 이론**은 환경, 개인 요인(믿음, 선호도, 기대, 자기 인지, 해석), 개인행동 등 3요소 간의 상호작용을 강조한다. 사회인지 접근에 따르면, 환경 요인이나 사건은 그 경험에 대한 개인의 지각이나 해석과 같은 인지적 처리 과정을 통해 행동에 영향을 끼친다. 즉, 사람은 자기주도적으로 행동을 변화시킬 수 있으며 그 변화의 주체(agent)라고 가정한다. 반두라(1982, 1997)에 따르면 **자기효능감**(self-efficacy)은, 상황에 잘 대처하고 바라는 변화를 이끌 수 있다고 믿는 개인의 신념이나 기대다. 사회학습의 예는, 사람들이 대인관계를 잘하는 누군가와 상호작용한 후 그 사람의 효과적인 대인관계 기술을 배우는 것이다.

인지행동 치료(cognitive behavior therapy: CBT)는 현대 행동 치료의 주류에 해당하며 심리학자들이 선호하는 이론적 지향이다. 인지행동 치료는 개인의 신념이 행동과 정서에 영향을 미친다고 가정한다. 1970년대 초 이래로 행동주의 내부에서도 생각(thinking)의 역할을 인정하기 시작했으며, 심지어 인지적 요소가 행동 문제에 대한 이해와 상담에 핵심 역할을 한다고 인정하는 단계까지 이르렀다. 1970년대 중반부터 **인지행동 치료**는 **행동 치료**를 대체하기 시작했는데 이때부터 감정, 행동, 인지적 요인 간 상호작용의 중요성이 강조되기 시작했다.

현대 행동 치료는 일반적으로 인지(행동 변화를 위한 생각의 수정)와 행동(행동 변화를 위한 외적 조건의 수정)의 변화 과정을 강조하는 인지행동 치료 형태를 띠고 있다(Follette & Callaghan, 2011). 사회기술 훈련, 인지 치료, 스트레스 관리 훈련, 마음챙김, 수용 기반 훈련 모두 인지행동주의 전통을 따르고 있다. 이번 장에서는 전통적인 행동주의 관점을 넘어서, 지금까지 소개한 주요 변화들도 다룰 것이다. 다만, 심리적 문제를 지속시키는 내담자의 인지(사고와 믿음) 변화에 초점을 맞추는 인지행동 접근은 다음 장(10장)에서 본격적으로 소개할 것이다.

주요 개념

행동 치료의 최신 동향

현대 행동 치료는 인간 행동에 대한 과학적 관점에 기초하고 있으며 이는 체계적이고 구조화된 상담을 가능케 했다. 현대 행동 치료는 내담자에게 통제력을 넘겨줘서 자유로운 선택을 강조하는 방향으로 발전하고 있다. 행동 치료의 목표는 내담자들이 다양한 대처 기술을 습득하도록 돕는 것이다. 즉, 제한된 선택으로 인한 문제행동을 극복하기 위해, 이전에는 할 수 없었던 다양한 선택을 자유롭게 할 수 있도록 돕는 것이다.

기본 특징과 가정

학습 목표 03 행동 치료의 주요 특징과 가정 일곱 가지를 소개하면 다음과 같다. 행동 치료는 과학적 방법의 원리와 절차에 근거한다. 실험에서 도출된 학습 원리들은 부적응 행동 변화를 위해 체계적으로 활용된다. 행동 치료 상담자의 두드러진 특징은, 정확성과 경험적 평가를 강조하며 일관성 있는(재현 가능한) 치료적 개입을 제공할 수 있도록 구체적이고 객관적인 용어로 기술된 상담 목표를 설정한다는 것이다. 상담 목표는 내담자와 상담자의 합의를 통해 설정한다. 상담 과정 내내 상담자는 문제행동과 문제행동을 지속시키는 조건을 평가한다. 평가 전략은 검사와 개입 절차의 효과를 확인하기 위해 활용된다. 활용된 상담 기법들은 그 효과가 입증되어야 한다. 따라서 행동주의 개념과 절차는 명확하게 기술되고, 개념적 틀과 일치하는지 경험적으로 검증되며 지속적으로 수정된다.

행동 치료에서 활용하는 '행동'이라는 개념 속에는 밖으로 드러나는 개인의 행위뿐만 아니라 인지나 이미지, 신념, 정서와 같은 내적 반응이 포함되어있다. 행동의 개념은 **조작적으로 정의**한 것이다.

행동 치료는 과거를 중요시하지 않으며, 내담자의 현재 문제를 다루고 현재 문제에 영향을 주는 요인들을 다룬다. 현재 기능에 영향을 주는 요인과 행위를 변화시키기 위해 활용할 수 있는 요인을 강조한다. 행동 치료 상담자는 문제행동을 지속시키는 현재 환경 요인(조건)을 찾고, 울프(Wolpe, 1990)가 '행동 분석'이라고 부르기도 했던 **기능 평가**(functional assessment)를 통해 내담자의 환경 조건을 변화시킴으로써 행동 변화에 이를 수 있도록 돕는다. 행동 치료는 개인과 개인의 환경, 그리고 그 둘 간의 상호작용에 초점을 맞춰 변화를 유도한다.

행동 치료에서는 내담자에게 자신의 문제를 다루기 위해 구체적 행동을 하도록 요구한다. 내담자들은 자신의 처지에 대해 이야기하는 것을 넘어 변화를 가져올 수 있는 무언가를 한다. 상담 장면 안에서나 밖에서 자신의 행동을 관리하고 대처 기술을 배우고 실습하며 새로운 행동을 연습한다. 내담자들이 일상생활에서 실행해야 할 치료적 과제 혹은 과제물은 행동 치료의 기본에 해당한다. 행동 치료는 행동 지향적이며 교육적 접근에 가깝다. 그리고 학습은 상담의 핵심 요소로 간주된다. 내담자들은 이전에 가지고 있던 부적응 행동을 새롭고 적응적인 행동으로 교체해가는 것을 배운다.

행동 치료는 심리적 문제의 근원에 대한 역동적 통찰 없이도 변화가 가능하다고 가정한다. 행동 치료 상담자들은 행동 변화가 자기 이해와 동시에 혹은 그 전에 일어난다고 보며, 행동 변화 자체가 높은 수준의 자기 이해를 이끈다고 가정한다. 문제를 악화시키는 우연적 사건에 대한 통찰과 이해가 변화 동기를 강화할 수 있다 하더라도, 문제가 있다는 것을 아는 것과 그것을 변화시킬 방법을 아는 것은 별개다(Martell, 2007).

평가는 문제행동 확인과 변화 평가를 포함하여 행동에 영향을 미치는 요인들을 관찰하고 자기 감찰하는 지속적인 과정이다. 평가를 통해 상담 과정에 대한 정보를 모을 수 있고 내담자의 사회적 환경(예: 목표 행동과 관련된 사회적 지지 자원)에 해당하는 문화적 특성을 파악할 수 있다. 신중한 평가와 검사를 통해 행동 변화가 치료적 개입의 효과에 의한 것인지 확인할 수 있기 때문에, 평가는 행동적 접근에서 매우 중요한 위치를 차지한다.

행동 치료는 개별 내담자가 가진 문제에 맞게 세부 내용을 구성할 수 있는데, 특정 내담자가 가진 문제를 다룰 때 여러 기법을 혼합해서 사용할 수도 있다. 어떤 기법을 사용할지 선택하는 데 도움이 되는 핵심 질문은 다음과 같다. "내담자는 구체적으로 어떤 환경에서 어떤 문제를 호소하고 있는가? 그 문제에는 어떤 기법이 누구에 의해서 제공되는 것이 가장 효과적인가?"(Paul, 1967, p.111).

상담 과정

상담 목표

행동 치료에서 상담 목표는 매우 중요하다. 행동 치료의 일반적인 목표는 개인의 선택을 증가시키고 새로운 학습 조건을 형성하는 것이다. 상담자의 도움을 받아 내담자가 상담 과정 초기에 목표를 설정한다. 평가와 상담은 동시에 이루어지지만 변화의 결과가 되는 목표 행동을 결정하기 위해 평가가 상담에 앞서 이루어진다. 상담 과정에서 반복적인 평가를 통해 목표 달성 정도를 점검한다. 경험적 근거를 가지고 목표 달성 수준을 타당하게 측정할 수 있는 방법을 고안하는 것이 중요하다.

현대 행동 치료는 상담 목표 설정 과정에서 내담자의 능동적인 역할을 강조한다. 치료자들은 내담자가 측정 가능한 목표를 설정하도록 돕는다. 목표는 분명하고 구체적이며, 내담자와 상담자 사이에 합의된 것이어야 한다. 상담자와 내담자는 목표와 관련된 행동, 변화를 위해 필요한 환경, 하위 목표의 성격, 목표 달성을 위한 작업 계획 등에 대해 의견을 나눈다. 상담 목표를 설정하는 과정은 내담자와 상담자 사이에 협의를 필요로 하고, 이것은 상담 과정을 안내하는 계약으로 이어진다. 행동 치료 상담자와 내담자는 상담 과정 중이라 하더라도 필요할 때마다 목표를 수정한다.

상담자의 역할

학습 목표 04 행동 치료 상담자들은 **기능 평가**(functional assessment) 혹은 **행동 분석**(behavioral analysis)을 통해 선행 사건과 문제행동 수준, 문제행동의 결과 등에 대한 정보를 체계적으로 수집해서 문제행동이 유지되는 조건을 확인한다. 이것을 **ABC 모형**(ABC model)이라고 부르는데, A는 **선행사건**(antecedents), B는 **행동**(behaviors), C는 **결과**를 의미한다. ABC 모형에 따르면 행동은 발생 이전에 특정 사건에 의해, 즉 선행사건에 의해 영향을 받고, 결과라고 부르는 특정 조건에 의해서도 영향을 받는다. **선행사건**(antecedent event)이란 특정 행동을 유발하는 조건이다. 예를 들어, 잠을 못 자는 내담자에게는 이완 음악을 듣는 것이 수면을 유도하는 신호가 될 수 있다. 불을 끄거나 텔레비전을 침실에서 없애는 것도 수면 행동을 촉진할 수 있다. **결과**(consequences)는 강화나 소거 등의 기능을 통해 행동을 유지시키는 결과물을 의미한다. 예를 들어, 내담자가 제시간에 오는 것과 과제를 마친 것에 대해 칭찬을 듣는다면 그 내담자는 상담 받는 행동을 유지할 가능성이 높아진다. 반면, 상담자가 계속 시간을 어긴다면 내담자는 더 이상 상담 받고 싶지 않을 것이다. **행동 평가 면담**(assessment interview)을 할 때, 상담자는 개인의 행동에 영향을 미치거나 기능적으로 관련이 있는 특정 선행사건과 결과물(보상)을 확인해야 한다(Cormier, Nurius, & Osborn, 2013).

행동 지향적 상담자들은 적극적이고 지시적인 문제해결사가 되기 쉽다. 그들은 특정 문제에 행동 기법을 적용하는 것의 효율성에 대한 다양한 경험적 근거가 있다는 확신을 가지고 있다. 행동주의 상담자들은 상담 기법을 선택하고 적용하는 기술을 습득해야만 한다. 상담자들은 내담자가 제공하는 단서에 주의를 기울이며 임상적 직관을 따라간다. 행동 치료 상담자들도 요약, 반영, 명료화, 개방형 질문 등 일반적인 상담 기법을 활용한다. 이들은 종종 지시적이고 교육적인 자세를 취하기도 하지만(Antony, 2014), 전형적인 상담자로서의 기능을 잘 수행하기도 한다(Miltenberger, 2012; Spiegler, 2016).

- 상담자는 내담자 행동이 문제 발생과 지속에 어떤 기능을 하는지 이해하기 위해 노력해야 한다. 이와 같은 이해를 바탕으로 상담자는 초기 개입 목표를 설정하고 그 목표를 달성하기 위한 상담 계획을 수립한다.
- 행동주의적 임상가는 구체적인 문제에 적용된 연구를 통해 효과가 검증된 전략을 활용한다. 이러한 증거 기반 전략은 행동 변화의 확산과 유지에 효과를 발휘한다. 이 장의 후반부에 다양한 유형의 전략을 소개할 것이다.
- 임상가는 상담 기간 동안 목표를 향한 변화, 즉 예후를 측정함으로써 상담의 성공 여부를 평가한다. 상담 초기에 기저 수준을 측정하고 전략과 상담 계획의 효과를 확인하기 위해 상담 중기와 후에 정기적으로 반복 측정을 한다. 측정 결과 효과가 없는 것으로 나타나면 전략을 수정한다.
- 상담자의 중요한 과제 중 하나는 상담 후에도 변화가 지속되는지 추수 평가를 실시하는 것이다. 내담자들은 문제의 재발 여부를 확인할 수 있는 방법과 재발했을 경우 이에 대처하거나 그 전에 예방할 수 있는 행동적 · 인지적 전략을 학습한다.

행동 치료 상담자의 상담 과정에 대한 예를 들어보기 위해, 집을 떠나는 것에 대한 두려움으로 상담을 받고 싶어 하는 내담자가 있다고 가정해보자. 상담자는 내담자의 공포에 대해 구체적 분석을 시작할 것이다. 실제로 상담자는 내담자가 그 상황에서 무엇을 하는지를 포함하여 집을 떠나는 것에 대한 두려움을 어떻게 경험하는지를 묻는다. 상담자는 이 두려움에 관한 정보를 체계적으로 수집한다. 두려움이 언제부터 있었는가? 어떤 상황에서 일어나는가? 그때 무엇을 하는가? 그 상황에서 내담자의 느낌과 생각은 어떠한가? 불안을 경험할 때 함께 있는 사람은 누구인가? 불안을 줄이기 위해 무엇을 하는가? 현재의 두려움이 실제 삶에 어떻게 영향을 끼치는가? 평가가 이루어진 후에 구체적인 행동 목표가 정해지고, 이완 훈련과 체계적 둔감법, 노출 치료 등과 같은 전략을 조합하여 내담자가 자신의 불안을 다룰 수 있는 기술을 습득하도록 치료 계획을 수립한다. 상담자는 내담자가 구체적 목표 달성을 위해 작업하도록 유도하고, 치료 기간 중에 반복적으로 목표 달성 수준을 평가한다.

평가와 개입에 행동주의 전략을 적용한 실제 사례를 보고 싶다면, 『통합적 상담: 사례중심의 접근』(Corey, 2013) 7장에서 쉬리 코미어(Sheery Cormier) 박사가 내담자 루스에게 제공한 행동적 개입을 참고하라.

상담에서 내담자의 경험

행동 치료의 독특한 공헌 중의 하나는 상담자가 활용할 수 있는 잘 정의된 절차를 제공한다는 것이다. 상담자와 내담자의 역할이 분명하며 상담 과정에 대한 내담자의 인식과 참여를 강조한다. 행동 치료는 상담자와 내담자 모두가 적극적인 역할을 한다는 점이 특징이다. 상담자의 주요 역할은 역할놀이, 모방, 행동 시연과 피드백을 통해 구체적인 기술을 가르치는 것이다. 내담자는 기술을 잘 익힐 때까지 피드백을 받으면서 행동 시연에 참여하고 회기 사이에는 일반적으로 행동적 과제를 수행해야 한다(예: 문제행동의 자기 조사). 행동주의 임상가들은 상담 과정 중에 나타난 변화들이 내담자의 일상으로 확장되어야 한다는 점을 강조한다.

내담자는 변화하려는 동기를 가져야 하며, 심리치료를 받을 때나 실생활 모두에서 변화를 위해 노력해야 한다. 내담자가 이런 노력을 기울이지 않으면 치료는 성공하지 못한다. 동기강화 면담(Motivational interviewing, 7장 참조)은 경험적 근거를 가진 행동전략을 통해 내담자의 변화 동기를 강화하거나 지속시키는 데 기여한다(Miller & Rollnick, 2013).

상담자는 내담자의 적응 행동 목록을 확장시키기 위해 다양한 실험을 해보도록 격려한다. 상담은 말로 한 것이 행동으로 이어져야 완전해진다. 실제로, 변화가 치료 장면에서 일상생활로 확장되고 치료 효과가 종결 후까지 지속될 때 비로소 성공적인 치료라고 할 수 있다. 상담자가 목표 달성 시점과 치료 종결 시점을 고민하는 것처럼 내담자도 그것을 인식해야 한다. 내담자는 무언가 깨닫는 것(통찰) 이상을 해야 하는데, 변화하고자 하는 의지를 가져야 하고 공식적인 상담 회기가 끝난 후에도 새로운 행동을 유지해야 한다.

상담자와 내담자 관계

학습 목표 05 행동주의 상담자들도 상담 관계의 중요성과 상담자의 행동이 상담 과정 및 결과에 큰 영향을 끼친다는 것을 인식하기 시작했다. 앞서 본 것과 같이, 경험적 치료들(실존 치료, 인간중심 치료, 게슈탈트 치료)은 상담자와 내담자의 관계의 질을 강조한다. 오늘날 대부분의 행동주의 상담자들도 내담자와 협력 관계를 유지하는 것의 가치를 인정하지만, 온정, 공감, 신뢰, 진실성, 수용 등의 관계 요인이 행동 변화를 유도하기 위한 필수 조건은 아니라고 생각한다. 내담자와 상담자의 관계는, 내담자가 원하는 방향으로 변화하도록 돕기 위한 상담 전략 수립의 기초가 된다.

적용: 상담 기법과 절차

학습 목표 06 행동 치료의 강점은 행동 기법이 객관적으로 효과가 있다는 것을 보여주는 구체적 절차를 만들어왔다는 것이다. 지속적으로 내담자의 반응을 직접 확인하기 때문에 행동 치료의 효과는 명백하다. 행동 치료의 특징은 상담 기법을 실증적으로 검증한다는 것, 즉 증거 기반 치료의 가치와 부합한다는 것이다. 행동 치료는 다양한 유형의 내담자와 정신건강 문제에 효과가 있는 것으로 알려져 있다. 행동 기법은 여러 다른 접근법에 쉽게 접목시켜 활용할 수 있다.

행동 치료 상담자들은 상담 기법을 무작위로 선택하는 것이 아니라, 각 내담자에게 가장 효과적일 것으로 예상되는 기법을 선택해서 적용한다. 상담자는 종종 창의성을 발휘하기도 한다. 지금부터 상담자에게 유용한 행동 기법인 응용행동 분석, 이완 훈련, 체계적 둔감법, 노출 치료, 안구운동 민감소실 재처리 기법(EMDR), 사회기술 훈련, 자기주도 행동, 중다양식 치료, 마음챙김과 수용 기반 접근법 등에 대해 소개할 것이다. 이 기법들이 행동 치료의 전부는 아니지만 현대 행동 치료 상담 기법 중에서 가장 많이 활용되는 것들이다.

응용행동 분석: 조작적 조건형성 기법

여기에서는 조작적 조건형성의 몇몇 주요 원리들, 즉 정적 강화, 부적 강화, 소거, 정적 처벌, 부적 처벌 등에 대해 설명할 것이다. 현대 행동수정 영역에서 구체적인 조작적 조건형성 방법을 보고 싶다면 밀텐버거(Miltenberger, 2012)와 스피글러(2016)의 글을 참고하라.

응용행동분석의 핵심은, 내담자의 문제를 이해하기 위해 기능적 접근을 제공하고 선행 사건과 결과를 변화시킴으로써 문제를 개선하는 것이다(ABC 모형). 행동주의자들은, 사람들이 일반적으로 보상을 얻거나(정적 강화) 불쾌한 결과를 피하는(부적 강화) 방향으로 반응(행동)한다고 믿는다. 따라서 특정 (문제)행동이 가져다주는 강화물(내담자가 그렇게 행동하는 목적)을 구체적으로 평가해야 한다. 강화(그것이 정적이든 부적이든)로 인해 표적 행동이 유지되고 있기 때문이다. **정적 강화**(positive reinforcement)란 특정 행동에 대한 결과로 칭찬, 관심, 돈 혹은 음식과 같이 개인에게 가치 있는 것이 획득되는 것을 뜻한다. 즉, 유지되고 있는 문제행동의 결과가 바로 정적 강화물로 기능할 수 있다는 것이다. 예를 들어, 한 여자아이가 우수한 점수를 받고 그 결과로 부모로부터 칭찬을 받는다면 그리고 그녀가 칭찬에 가치를 부여한다면, 미래에 공부할 가능성이 커질 것이다. 상담의 목표가 바람직하지 않은 행동을 줄이거나 소거하는 것이라면, 바람직하지 않은 행동을 바람직한 행동으로 대치하는 빈도가 높아지도록 정적 강화 전략을 활용할 수 있다. 위에 제시한 예에서 부모의 칭찬은 아이가 더 자주 공부를 하고 더 좋은 성적을 받도록 만드는 정적 강화물이다. 하지만 주목해야 하는 것은 아이가 부모의 칭찬을 가치 있게 생각하지 않는다면 그것은 강화물로서 기능하지 못한다는 것이다. 따라서 강화물이란 그 자체가 가진 물리적 속성으로 정의할 수 있는 것이 아니라, 행동의 빈도를 증가시키거나 유지시키는 기능적 속성으로 정의할 수 있다.

부적 강화(negative reinforcement)는 혐오(불쾌한) 자극을 피하거나 벗어나는 것을 포함한다. 사람은 불쾌한 상태를 피하는 방향으로 행동한다(동기화된다). 예를 들어, 내 친구 중 한 명은 날카로운 알람 소리를 듣고 잠을 깨려고 시계를 맞추지만 알람 소리를 듣기 전에 일어나곤 한다. 왜냐하면 그녀는 알람 소리라는 혐오 자극을 피하기 위해 그 소리 몇 분 전에 스스로 일어나도록 훈련(조건형성)되었기 때문이다.

행동을 변화시키는 또 다른 조작적 방법으로 기존 강화 반응을 억제하는 **소거**(extinction)가 있다. 임상 장면에서 소거는 정적 혹은 부적 강화물에 의해 지속된 행동에 이용할 수 있다. 예를 들어 자주 짜증을 내는 아이의 경우, 부모가 기울이는 관심이 짜증 반응을 강화한다. 문제행동을 다루는 방법 중 하나는 그 행동(짜증)과 정적 강화(부모 관심) 사이의 관계를 제거하는 것이다. 예를 들어 부모가 아이의 분노 폭발 행동에 관심을 주지 않는다면, 그 행동은 소거 과정을 통해 줄어들거나 사라질 것이다. 물론 소거는 분노나 공격성 같은 부작용을 초래할 수 있다는 것을 기억해야 한다. 원치 않는 행동에 대한 소거 과정 중에 일시적으로 표적 행동이 증가하는 현상이 나타날 수도 있다. 소거는 특정 행동을 줄이거나 제거할 수 있지만 다른 반응으로 대체할 수는 없다.

행동을 제거하는 또 다른 방법은 **처벌**(punishment)을 활용하는 것이다. 때로 혐오 통제라고 부르는 처벌은, 행동의 결과 때문에 그 행동이 줄어드는 것을 뜻한다. 강화의 목표는 표적 행동을 증가시키는 것이지만, 처벌의 목표는 표적 행동을 줄이는 것이다. 밀텐버거(Miltenberger, 2012)는 행동의 결과로 나타날 수 있는 두 가지 유형의 처벌(정적 처벌과 부적 처벌)에 대해 소개했다. **정적 처벌**(positive punishment)은 빈도를 줄이기 위해 혐오 자극을 제공하는 것이다(예: 잘못된 행동을 할 경우 타임아웃을 시키는 것).

부적 처벌(negative punishment)은 표적 행동의 빈도를 줄이기 위해 결과에 해당하는 강화물을 제거하는 것이다(예: 시간을 지키지 못할 경우 월급을 삭감하는 것, 아이가 잘못된 행동할 때 TV 보는 시간을 박탈하는 것). 두 종류의 처벌을 통해 표적 행동의 발생 가능성을 낮출 수 있다. 이들 네 가지 조작적 절차들은 부모 기술 훈련을 위한 행동 치료 프로그램의 기반을 이룬다. 이 절차들은, 나중에 다시 설명하겠지만, 자기관리 절차에도 활용된다.

일부 행동주의 상담자들은 혐오나 처벌 활용에 반대하며 정적 강화 활용을 권장한다. 응용행동분석 접근의 중요한 원칙 중 하나는 행동 변화 과정에서 혐오나 처벌의 활용을 최소화해야 한다는 것이다. 정적 강화는 매우 강력한 변화 요인이다. 문제행동을 대치할 수 있는 적응적 행동을 유도하는 것이 강화의 본질이다.

점진적 근육이완

점진적 근육이완(progressive muscle relaxation)은 생활 스트레스에 대처할 수 있도록 돕는 방법으로 인기를 끌고 있다. 근육과 마음의 이완을 목표로 하고 있으며 쉽게 배울 수 있다. 효과를 극대화하기 위해서는 이완 훈련의 기초를 배우고 난 후, 매일매일 연습을 해야 한다.

제이콥슨(Jacobson, 1938)은 점진적인 이완절차를 처음 개발한 인물이다. 이완절차가 소개된 이래로 여러 차례 수정 보완이 이루어졌으며, 현재는 다양한 행동 기법과 결합되어 사용된다. 내담자들은 긴장을 푸는 교육을 받는다. 조용한 환경에서 근육을 긴장시켰다가 이완시키는 행동을 반복하면서 수동적이고 이완된 자세를 취한다. 상담자는 내담자에게 점진적으로 근육을 이완시키는 구체적인 방법을 가르친다. 깊고 규칙적인 호흡도 이완을 유도한다. 동시에 내담자는 즐거운 생각이나 심상에 초점을 맞추는 것을 통해 근심이나 걱정을 '내려놓는(let go)' 법을 배운다. 내담자로 하여금 고조되는 긴장 상태를 생생하게 느끼도록 만들기 위해 근육이 팽팽해지는 것에 주목하게 하고, 이 긴장 상태를 유지하며 탐색하고 충분히 경험할 수 있도록 유도한다. 이를 통해 내담자는 긴장 상태와 이완 상태의 차이를 명확하게 구분할 수 있게 된다. 그 후 내담자는 얼굴부터 시작해서 신체 각 부위로 주의를 이동해가면서 모든 부위의 근육을 이완시키는 방법을 배운다. 팔 근육을 먼저 이완하고, 다음에는 머리, 목, 어깨, 등, 배, 가슴, 다리순으로 이완한다. 매일 25분씩 이완 훈련을 실시하여 습관화시키면, 필요할 때 자동적으로 이완 반응이 나타난다.

이완 절차는 독립된 기법으로 또는 다른 접근법과 결합되어 다양한 임상 문제에 적용되어왔다. 종종 신체화가 명백하게 드러나는 스트레스와 불안 관련 문제들에 가장 자주 활용되었다. 이완 훈련은 수술을 기다리는 환자를 안정시키는 데 도움이 되고, 만성 통증에 대처하거나 편두통을 감소시키는 데 도움이 된다(Ferguson & Sgambati, 2008). 이완 훈련은 천식, 두통, 고혈압, 불면증, 과민성 장증후군, 공황장애 등 다양한 문제를 다루는 데 도움이 된다(Cormier et al., 2013).

점진적 근육이완 절차를 직접 연습해보고 싶다면, 『심리상담과 치료의 이론과 실제 학생용 매뉴얼』(Corey, 2017)을 참고하거나 퍼거슨 스감바티(Ferguson & Sgambati, 2008)를 참고하라.

체계적 둔감화

체계적 둔감화(systematic desensitization)는 고전적 조건형성 원리에 근거하고 있으며 행동 치료의 선구자 중의 한 명인 조셉 울프가 개발한 기본적인 행동 절차다. 내담자는 불안을 느끼는 상황을 상상하면서 불안에 맞서는 행동한다. 내담자는 점차(점진적으로 혹은 체계적으로) 불안을 일으켰던 상황에 덜 민감해진다(둔감해진다). 이 절차는 불안 감소를 위해 내담자 스스로가 불안을 느끼는 심상에 자신을 노출시키기 때문에 노출 기법의 일종으로 볼 수 있다.

이 행동 치료 절차는 경험적 연구를 통해, 부적응적 불안을 감소시키고 특정 공포증을 포함한 불안 관련 장애를 개선하는 데 효과가 있는 것으로 확인됐다(Cormier et al., 2013; Spiegler, 2016). 둔감법을 사용하기 전에 상담자는 불안에 대한 구체적 정보와 내담자에 대한 정확한 배경 정보를 수집하기 위해 초기 면접을 실시한다. 이 면접은 몇 회기 동안 지속될 수 있는데, 내담자가 어떤 사람인지에 잘 이해할 수 있게 해준다. 상담자는 내담자에게 조건화된 공포를 일으키는 특정 환경에 대해 질문한다. 예를 들어, 어떤 상황에서 주로 불안을 느끼는가? 사회적 상황에서 불안해진다면 사람들이 얼마나 있는지에 따라 불안 수준이 달라지는가? 동성과 이성 중 누구와 있을 때 더 불안한가? 등을 묻는다. 내담자에게 일주일 동안 불안했던 상황을 관찰하고 기록하도록 요구하는 자기관찰을 활용하기도 하고, 어떤 상담자는 불안 유발 상황에 대한 부가 정보를 얻기 위해 질문지를 활용하기도 한다.

둔감법을 활용하기로 결정했다면 상담자는 내담자에게 상담 절차에 대한 이론적 배경과 근거, 실제로 어떤 과정을 통해 상담이 진행되는지 간략하게 설명해준다. 둔감화 절차는 (1) 이완 훈련, (2) 불안 위계 목록 작성, (3) 이완된 상태에서 불안 위계에 따라 체계적 둔감화 실시의 3단계를 거친다(Head & Gross, 2008).

첫 번째 단계에는 앞에서 소개한 **점진적 근육이완법**을 훈련한다. 상담자는 매우 부드럽고 차분한 목소리로 단계적 근육이완을 가르친다. 내담자에게 호숫가에 앉아있거나 아름다운 초원을 거니는 것과 같은 상상을 하도록 하여 고요하고 평화로운 상태에 도달하게 한다. 상담자는 내담자에게 상담(둔감화) 과정뿐만 아니라 일상에서도 이완 훈련을 하도록 지시한다.

상담자는 내담자와 함께 표적 증상과 관련된 **위계 목록**을 작성하기 위해 거부, 질투, 비판, 무시, 공포 등과 같이 불안을 유발하는 조건들을 분석한다. 상담자는 불안이나 회피 수준에 따라 상황(조건)에 대한 순위 목록을 만든다. 내담자가 생각할 수 있는 매우 나쁜 상황에서부터 가벼운 불안을 일으키는 상황까지 순서대로 정렬하여 위계 목록을 만든다. 예를 들어, 내담자가 거절에 대한 두려움이나 불안 문제를 가지고 있다면, 가장 높은 유발 상황은 배우자의 거절, 그보다 덜한 상황은 친한 친구의 거절, 그보다 덜한 상황은 직장 동료의 거절순이 될 것이며, 가장 낮은 상황은 파티에서 마주친 낯선 사람이 내담자에게 관심을 보이지 않는 상황일 것이다.

초기 면접 후 몇 회기가 지나고 나서야 **둔감화**를 실시한다. 내담자가 상담실에서 이완을 배우고 집에서 연습하며 불안 위계를 구성할 충분한 시간이 필요하기 때문이다. 둔감화 과정은 눈을 감고 완전히 이완된 상태에서 실시한다. 처음에는 불안이 없는 중립적인 장면을 제시하고 상상을 하도록 한다. 내담자가 충분히 이완 상태에 머물고 나면, 불안 위계표에 있는 가장 낮은 단계의 불안 유발 장면을 상상하도록 지시한다. 상담자는 내담자가 불안 신호를 보낼 때까지 단계적으로 장면을 변경하되, 불안을 경험하고 있다는 신호를 보내면 둔감화 개입을 중단한다. 중단된 후 내담자를 다시 이완시키고 충분히 이완된 후 다시 위계에 따라 둔감화 과정을 진행한다. 이전에 가장 혼란스럽고 가장 많은 불안을 경험했던 장면을 상상하는 동안에도 내담자가 이완 상태를 유지할 수 있게 되면 둔감화 과정이 끝난 것이다. 체계적 둔감화의 핵심은 부정적 결과 없이 (이완 상태로) 불안 유발 상황에 반복적으로 노출되는 것이다.

과제와 과제에 대한 확인은 성공적인 둔감화의 필수 구성요소다. 내담자는 이전 회기에서 완수한 장면을 떠올리며 매일매일 몇몇 장면들을 선택해서 이완 절차를 연습한다. 충분히 훈련되고 나면 불안을 더 깊이 다루기 위해 실제 상황에 자신을 노출시키는 과제를 수행하기도 한다. 상담이 끝난 후에도 불안 대처 전략을 지속적으로 활용하는 내담자가 더 큰 효과를 보는 것으로 나타났다(Head & Gross, 2008).

체계적 둔감화는 경험적 연구를 통해, 특히 불안 문제를 상담하는 데 효과적인 것으로 나타났다. 체계적 둔감화는 두려움 감소뿐만 아니라 분노, 천식, 불면증, 멀미, 악몽, 몽유병 증상 개선에 활용되고 있다(Spiegler, 2016). 내담자는 불안 유발 상황에 단계적으로 노출되기 때문에 체계적 둔감화 과정도 쉽게 받아들인다. 체계적 둔감화에 대한 좀 더 자세한 논의를 보고 싶다면 헤드와 그로스(Head & Gross, 2008), 스피글러(2016), 코미어 등(2013)을 참고하라.

실제 노출 및 홍수법

노출 치료(exposure therapy)는 주의 깊게 통제된 조건에서 공포나 부적 정서를 유발하는 실제 상황에 내담자를 노출시켜 공포나 부적 정서 반응들을 다루도록 고안되었다. 노출은 공포 및 불안과 관련된 다양한 문제를 치료하는 중요한 과정으로 볼 수 있다. 노출 치료는 상상 혹은 실제 자극을 활용하여 체계적으로 직면시키는 것이다. 상상을 활용한 노출은 실제 노출을 실시하기 전에 활용할 수 있는데, 특히 내담자의 공포가 너무 강해서 실제 상황을 마주할 수 없을 때 활용한다(Hazlett-Stevens & Craske, 2008). 어떤 형태를 활용하든 노출은 내담자가 두려운 상황과 마주하도록 하는 것이다. 앞에서 소개한 체계적 둔감화는 여러 노출 기법 중 하나다. 전통적인 체계적 둔감화를 변형시킨 노출법으로 **실제 노출**과 **홍수법**이 있다.

실제 노출 실생활에서의 노출(in vivo exposure)은 내담자가 단순히 상황을 상상하기만 하는 것이 아니라 불안이 유발되는 실제 상황에 들어가는 것이다. 실제 노출은 지난 수십 년간 행동 치료의 기반 역할을 했다. 해즐릿-스티븐스와 크레이스크(Hazlett-Stevens & Craske, 2008)는 실제 노출의 과정을 구성하는 핵심 요소를 소개했다. 특히, 상담은 두려워 피하고 싶은 대상이나 상황에 관한 기능 분석으로부터 시작한다. 상담자와 내담자가 함께, 내담자가 마주하기 힘든 순서대로 상황의 위계를 만든다. 실제 노출은 위계의 가장 낮은 단계부터 공포를 유발하는 대상에 반복적이고 체계적으로 노출한다. 내담자는 명확한 공포 상황과 단계적으로 마주하게 된다. 체계적 둔감화처럼, 내담자는 불안과 공존할 수 없는 근육이완 상태를 학습한다. 내담자는 이 과정을 통해 회피하지 않고 가장 두려운 상황까지 들어가도록 격려를 받는다. 회기와 회기 사이에 내담자는 자기주도적인 노출 훈련을 수행해야 한다. 내담자가 해온 과제를 검토하며 상담자는 내담자가 다루기 어려워했던 부분에 대해 조언한다.

어떤 경우에 상담자는 내담자가 두려워하는 실제 상황 속으로 함께 들어가기도 한다. 예를 들어, 상담자는 엘리베이터에 타는 것에 대한 공포를 가진 환자와 함께 엘리베이터에 오를 수도 있다. 물론 상담실 밖으로 나가는 경우에는 안전과 적절한 윤리적 경계에 관한 점검이 필요하다. 특정 동물에 대해 극도의 공포를 가지고 있는 내담자도 치료자와 함께 안전한 장면에서 해당 동물을 실제로 마주하도록 할 수 있다. 한편 상담자가 실생활에서 함께하지 못할 때에는 내담자 주도로 실생활 노출을 실시하기도 한다. 이는 내담자가 불안 유발 상황에 스스로를 노출시키는 과정이다.

홍수법 노출 치료의 또 다른 형태는 **홍수법**(flooding)이다. 실제로 혹은 상상을 통해 유발된 불안 자극에 오랫동안 노출시키는 방법이다. 모든 노출 기법의 특징처럼 홍수법에서도 내담자는 노출 동안 불안을 경험하지만, 두려워했던 결과가 실제로는 일어나지 않는다는 것을 체험한다.

실생활에서의 홍수법(in vivo flooding)은 실제 불안 유발 자극에 집중적으로 오래 노출하는 것이다. 어떤 불안 감소 행동도 하지 않으면서 오랫동안 불안 자극에 노출된 채 그대로 있도록 하여 불안이 저절로 감소되도록 만든다. 불안 수준이 높은 내담자는 일반적으로 부적응적 행동을 통해 불안을 억제하려는 경향이 있다. 홍수법에서는 내담자가 불안 상황에 대해서 평소에 하던 부적응적 행동을 하지 않게 한다. 실생활에서의 홍수법은 불안을 빨리 감소시키는 효과가 있다.

상상 홍수법(imaginal flooding)은 실생활 속에서가 아니라 상상을 통해 노출시킨다는 것을 제외하고는 실생활에서의 홍수법과 동일한 원칙과 절차를 따른다. 실생활에서의 홍수법이 아닌 상상 홍수법을 사용하는 이점은 불안 상황의 특성에 제한이 없다는 것이다. 실제 외상 사건, 예를 들어 비행기 추락이나 강간, 화재, 홍수 등에 대한 노출은 윤리적이고 실제적인 이유에서 부적절하고 불가능하다. 상상 홍수법은 내담자에게 불리한 결과를 가져오지 않는 방식으로 외부 환경을 재창조할 수 있다. 예를 들어, 비행기 추락의 생존자는 여러 증상으로 고통을 받는데, 이들은 재난에 대한 악몽을 꾸거나 플래시백을 경험하고, 비행기 여행을 피하거나 모든 여행에 대해 죄의식, 불안, 우울과 같은 고통스러운 증상을 다양하게 경험할 수 있다. 홍수법과 같은 실제 그리고 상상 노출은 불안 관련 장애, 특정 공포증, 사회공포증, 공황장애, 강박장애, 외상 후 스트레스 장애, 광장공포증 등에 대한 행동 치료에 종종 활용된다(Hazlett-Stevens & Craske, 2008).

지속적이고 강렬한 노출과 관련된 불편 때문에 어떤 내담자들은 이러한 노출 치료법을 택하지 않는다. 그러므로 행동 치료 상담자들이 내담자 스스로 노출할 동기를 가지고 준비하도록 도와주는 것이 중요하다. 윤리적 관점에서 내담자들은 상담에 참여하기로 동의하기 전에, 지속적이고 강렬한 노출 치료에 대한 정확한 정보를 가지고 있어야 한다. 내담자들이 자신의 불안을 줄이는 방법으로 불안 노출이 활용된다는 것을 이해하는 것이 중요하다. 내담자들은 자신을 스트레스 상황에 일시적이나마 노출시키는 상담에 대한 긍정적 측면, 부정적 측면 모두를 고려한 후에 결정을 내릴 필요가 있다. 내담자는 높은 수준의 불안을 경험할 때 노출 과정을 중단할 수 있다는 사실을 알아야 한다.

여러 장애에 노출 치료의 효과가 지속적으로 확인되는 이유는 불안장애에 관한 행동치료에 종종 노출 치료가 활용되기 때문이다. 스피글러(2016)에 따르면 노출 치료는 불안 관련 장애에 가장 유용한 전략이며 지속적인 효과를 볼 수 있는 전략이다. 그러나 그는 단독 상담 절차로 노출을 사용하는 것은 충분치 않다고 덧붙였다. 특히 외상 후 스트레스 장애(posttraumatic stress disorder: PTSD)와 같이 심각한 수준의 여러 증상을 보이는 장애의 경우에는 하나 이상의 행동적 개입이 필요하다는 것이다. 상상과 실생활에서의 노출을 결합시키는 형태가 늘어나고 있다. 이는 행동 치료에서 상담 효과를 강화시키는 방법으로 여러 기법을 병행해서 사용하는 경향에 따른 것이다.

안구운동 민감소실 재처리

학습 목표 07 **안구운동 민감소실 재처리**(Eye Movement Desensitization and Reprocessing: EMDR)는 외상적 기억을 가진 개인을 상담하기 위해 평가, 준비, 상상 노출, 인지 재구성 등의 절차를 활용하는 노출 상담 기법 중 하나다. 샤피로와 솔로몬(Shapiro & Solomon, 2015)에 따르면, "안구운동 민감소실 재처리는 현재 정신건강 문제를 과거 경험이 신경생리적 측면에서 잘못 저장되어 처리되지 못한 기억으로 남아 발생하는 것으로 개념화하고, 이를 다루기 위해 개발한 통합적 심리치료 전략이다"(p.303). 안구운동 민감소실 재처리는 빠르고 리드미컬한 안구 운동과 양측 자극을 활용하여 내담자가 경험한 외상 수준의 스트레스를 다룬다. "안구운동 민감소실 재처리는 (1) 현재 문제의 근원에 해당하는 과거 스트레스 경험에 대한 기억과, (2) 문제를 촉진하는 현재 상황, (3) 내담자의 미래 행동의 기초가 될 행복한 기억을 유도할 수 있는 기술 등을 확인하고 다루기 위한 8단계와 3개의 전략으로 구성되어있다"(p.389). 프랜시스 샤피로(Francine Shapiro, 2001)에 의해 개발된 이 상담 절차는 다양한 행동주의 전략을 포함하고 있다. 외상 후 스트레스 장애를 가진 내담자를 상담하기 위해 개발된 안구운동 민감소실 재처리는 아동, 부부, 성학대 피해자, 퇴역 군인, 범죄 희생자, 강간 목격자, 사고 희생자를 포함하여 불안장애, 공황장애, 우울장애, 재난, 중독, 공포증 등을 겪고 있는 사람들에게 널리 적용되고 있다.

샤피로(2001)는 이 접근을 사용할 때 내담자의 안전과 복지를 신경 써야 한다고 강조했다. 안구운동 민감소실 재처리의 시행은 간단해 보이지만, 일반적인 노출 치료가 그러하듯 윤리적 실천을 위해서는 훈련과 임상적 지도감독을 필요로 한다. 내담자 증상의 심각성 때문에 상담자들이 안전하고 효과적으로 내담자의 반응을 관리해나가는 방법을 익히는 것이 필수이다. 상담자들은 공인된 안구운동 민감소실 재처리 강사로부터 적절한 훈련과 지도감독을 받지 않으면 이 절차를 시행해서는 안 된다. 이러한 행동적 절차에 대한 더 자세한 논의는 샤피로(2001, 2002a)에서 볼 수 있다.

안구운동 자체가 치료적 효과를 내는 것인지 아니면 다른 요인들(예: 인지적 기술)이 효과를 내는 것인지에 대한 논란이 있다. 양측 안구운동의 기능에 대한 명확한 설명과 증거는 여전히 불충분한 상태인데, 심지어 일부 연구 증거는 안구운동이 불필요하다는 주장을 지지한다(Prochaska & Norcross, 2014; Spiegler, 2016). 외상 치료에 활용된 안구운동 민감소실 재처리에 관한 통제된 연구를 개관한 후 샤피로(2002b)는 다른 치료에 비해 월등한 효과를 보이는 것을 확인했다고 보고했다. 샤피로와 솔로몬(2015)은 무선할당된 엄격한 통제 연구를 통해 안구운동 민감소실 재처리의 효과와 효능이 확인되었다고 보고했다. 외상 후 스트레스 장애로 진단받은 참전 군인을 대상으로 12회기의 안구운동 민감소실 재처리를 실시한 결과, 참여자의 77% 이상이 상담 효과를 본 것으로 나타났다. 프로체스카와 노크로스(2014)는 "25년의 역사를 지난 안구운동 민감소실 재처리는 외상 분야에서 그 어떤 상담보다 많은 통제된 연구 결과를 가지고 있다."(p.210)고 기록했다. 안구운동 민감소실 재처리의 미래에 관한 글에서 프로체스카와 노크로스는 다음과 같이 예측했다. 안구운동 민감소실 재처리 훈련을 받은 임상가 수는 점차 증가할 것이며, 통제된 연구를 통해 외상에 대한 다른 상담 대비 안구운동 민감소실 재처리의 효과가 어떠한지 점차 명확해질 것이고, 지속적인 연구와 임상 적용을 통해 외상 후 스트레스 장애 이외에 다른 장애에 안구운동 민감소실 재처리가 적용 가능한지 분명해질 것이다.

사회기술 훈련

학습 목표 08 **사회기술 훈련**(social skills training)은 여러 종류의 사회적 상황에서 다른 사람들과 효과적으로 교류하는 다양한 기술을 훈련시키는 기법이다. 내담자로 하여금 대인관계 역량을 강화하는 기술을 익히도록 돕는다. **사회적 기술**은 타당하고 효과적인 방법으로 타인과 소통할 수 있게 만들어주는 과정을 포함한다. 부적응적 대인관계에서 야기된 심리사회적 문제들을 경험하고 있는 사람들이 사회기술 훈련의 대상이 된다. 특히, 사회기술 훈련은 정신교육, 모방, 강화, 행동 리허설, 역할 연기, 피드백을 포함한다(Antony & Roemer, 2011b). 사회기술 훈련은 내담자의 대인관계 기술을 증가시켜 심리사회적 문제를 해결한다(Kress & Henry, 2015; Segrin, 2008). 사회기술 훈련의 장점은 개별 내담자의 욕구나 필요에 맞춰 다양한 응용이 가능하다는 것이다.

사회기술 훈련의 핵심 요소에는 평가, 직접적인 지시와 코칭, 모델링, 역할 연습, 과제 등이 포함된다(Segrin, 2008). 내담자는 다양한 대인관계 상황에 활용할 수 있는 정보를 학습하고, 상담자라는 본보기를 통해 실제 그 기술을 어떻게 적용하는지 배운다. 핵심 단계는 내담자가 필요한 정보를 취득하기 위해 실제 행동에 나서는 것을 포함하며, 역할 연기를 통해 실제 대인관계 행동을 훈련하는 것을 포함한다. 상담자는 피드백과 강화를 통해 내담자의 새로운 사회 기술 이해와 활용을 지원한다. 만약 훈련 상황에서 자신의 문제행동을 수정할 수 있게 되면, 내담자는 그 기술은 일상생활에 직접 적용하는 단계로 넘어간다(Kress & Henry, 2015). 내담자가 다양한 사회적 상황에 그 기술(효과적인 행동)을 확장시킬 수 있도록 돕기 위한 추수 단계는 꼭 필요하다.

사회기술 훈련의 증거 기반 활용의 몇몇 예는 알코올 · 물질 남용, ADHD, 학교폭력, 사회불안, 아동의 정서 행동 문제, 커플을 위한 행동 치료, 우울증 등에서 찾아볼 수 있다(Antony & Roemer, 2011b; Segrin, 2008). 잘 알려진 사회기술 훈련 중 하나가 바로 공격 행동 문제가 있는 개인을 위해 개발된 **분노 관리 훈련**이다.

자기관리 프로그램과 자기주도적 행동

학습 목표 09 한때 '대중을 위한 심리학'이 유행한 적이 있었다. '소비자'인 대중들이 자신의 문제를 전문가에게 의뢰하지 않고 자기주도적(self-directed) 삶으로 나아가길 바라는 마음으로 지식을 공유했던 심리학자들이 주도했던 흐름이다. 이런 견해를 가진 심리학자들은 사람들에게 삶을 효과적으로 관리하는 기술을 가르치는 것에 관심이 많다. 자기관리 기술의 장점은 전통적인 치료적 접근으로는 할 수 없었던 방식으로 대중에게 상담을 확산시킨다는 것이다. 또 다른 이점은 비용을 최소화할 수 있다는 것이다. 또한 내담자가 상담과정에 주도적인 역할을 하기 때문에 자기 변화 목표를 가지고 상담에 적극 참여하게 만드는 이점이 있다.

자기관리 평가와 개입의 기본 전제는 사람들에게 문제 상황에 대한 대처 기술을 가르치면 변화가 일어난다는 것이다. **자기관리**(self-management) 전략은 내담자로 하여금 현실적인 목표를 설정하고 그 목표를 실현 가능한 표적 행동으로 구체화하며 변화를 위한 계획을 수립하고 그 행위를 감찰하고 평가하는 방법을 익히게 하는 것이다(Kress & Henry, 2015). 내담자가 일상생활에서 이러한 전략을 수행할 책임이 있다는 것을 인정하도록 격려하면 그 효과는 지속되고 확산된다.

자기관리 프로그램에 참여한 사람들은 조절하거나 변화시키길 원하는 구체적인 행동 목록을 작성한다. 사람들이 자신의 목표를 달성하지 못하는 주된 이유는 관련 기술이 없거나 비현실적인 기대(목표) 탓이다. 희망은 변화를 이끄는 치료적 요소이지만 비현실적 희망은 자기 변화 프로그램의 실패 요소로 기능할 수 있다. 자기주도적 접근은 성공적인 변화를 위한 기준과 현실적인 계획(전략)을 제공할 수 있다.

이와 같은 프로그램을 효과적으로 활용하기 위해서는 행동 방식의 맥락에 대한 조심스러운 분석이 필수적이다. 왓슨과 타프(Watson & Tharp, 2014)가 제시한 다음의 몇 가지 기본 단계들을 따를 것을 제안한다.

1. **목표 선택**: 목표는 한 번에 하나씩 세워야 하며, 측정 가능하고 달성 가능하며 긍정적이고 개인에게 중요한 것이어야 한다. 기대 목표는 반드시 현실적이어야 한다.
2. **목표를 표적 행동으로 만들기**: 변화를 위해 표적이 되는 행동을 정한다. 일단 변화를 위한 표적이 선택되면 장애물을 예상하고 그것들을 뛰어넘을 방법을 생각해야 한다.
3. **자기 감찰**: 자신의 행동을 체계적으로 관찰하고, 선행사건과 결과에 관한 코멘트와 함께 행위, 생각, 감정에 대한 일기를 작성하라. 이 일기는 변화를 위해 필요한 것이 무엇인지 알려줄 것이다.
4. **변화를 위한 계획의 실천**: 좋은 계획은 비효율적인 생각과 행동을 대치할 새로운 생각과 행동을 포함한다. 목표와 관련된 실제 변화를 가져다줄 실행 프로그램을 고안

하라. 목표 달성을 위한 다양한 계획을 수립할 수 있으며 각각은 효과적이어야 한다. 강화는 현대 행동 치료의 초석이기 때문에 자기 강화 체계를 수립하는 것은 필수적이다. 자기 강화는 새로운 행동을 일상생활에 성공적으로 정착시킬 때까지 사용하는 일시적 전략이다. 여러분이 성취하고 싶은 새로운 행동을 훈련하고 그 행동이 유지될 수 있도록 단계적인 전략을 취하라.

5. **실행 계획 평가**: 목표 달성 여부를 확인하기 위해 변화 계획을 평가하고, 필요시 계획을 수정 보완하라. 상황이 달라질 수 있기 때문에 기꺼이 계획을 수정할 수 있어야 한다. 평가는 한 번만 하는 것이 아니라 반복적으로 해야 하며, 자기 변화는 평생 훈련하는 것이다.

자기관리 전략은 다양한 집단을 대상으로 공황 발작을 포함하여 완벽주의 감소, 아동의 어둠에 대한 공포증 개선, 창조적 생산성 증가, 사회적 상황에서의 불안 조절, 수업 시간에 앞에서 말하기, 운동 촉진, 직장 동료와의 갈등 감소, 공부 습관 기르기, 흡연 조절, 우울증 개선 등에 성공적으로 활용되었다(Watson & Tharp, 2014). 자기관리는 다양한 건강 문제에 적용되었는데, 예를 들어 관절염, 천식, 암, 심장병, 물질남용, 당뇨병, 두통, 실명, 우울증, 영양, 자기 건강관리 등에 활용되었다(Cormier et al., 2013).

중다양식 치료: 임상행동 치료

중다양식 치료(multimodal therapy)는, 임상행동 치료의 선구자인 아놀드 라자루스(Arnold Lazarus, 1989, 1997, 2005, 2008a)에 의해 개발된 포괄적이고 체계적이며 전체론적 접근을 지양하는 행동 치료다. 중다양식 치료는 인지학습 이론에 기초하고 있다. 평가 과정은 중다양식 전략을 취하지만 상담은 인지행동 전략을 포함하여 경험적 근거가 있는 기법을 활용한다. 이 접근은 개방적인 태도로 다양한 행동 기법을 통합 활용하므로 여러 종류의 문제를 다룰 수 있도록 고안되었다. 중다양식 상담자들은 가능한 경험적 근거가 있는 증거 기반 상담 기법을 활용하기 위해 노력한다(Lazarus & Lazarus, 2015). 이 접근은 초기 행동 치료를 대체한 인지행동적 접근과 행동주의 원리를 연결하는 고리 역할을 한다.

중다양식 상담자들은 다양한 상담 체계로부터 기법들을 빌려 쓰지만, 라자루스와 라자루스(2015)는 그 기법들을 무턱대고 활용해서는 안 된다고 지적한다. "분명한 논리적 근거 없이 기법들을 조합하는 것은 혼합주의가 초래하는 혼란만 야기할 뿐이다"(p.682). 중다양식 상담자들은 각 내담자와 그들이 처한 환경 속에서 최선의 치료적 효과를 낼 수 있는 기법과 관계는 무엇인지 고민하고 결정해야 한다. 이러한 접근의 기저에는, 각 내담자가 가진 문제에는 고유한 특성이 있기 때문에 변화를 위해서는 다양한 전략이 필요하다는 전제가 깔려있다. 상담 과정의 유연성과 융통성이 강조되기 때문에 중다양식 상담자들은 내담자의 목표를 달성하기 위한 목적으로 상담 절차를 수정하기도 한다. 치료자는 내담자의 욕구에 따라 언제 어떻게 도전하고 지지할지 그리고 관계 양상을 어떻게 수정할지 결정할 필요가 있다. 상담 관계는 기술 적용의 기반이 되기 때문에, 중다양식 상담자들은 작업 동맹을 잘 맺는 것이 바로 효과적인 상담의 기본이라는 사실을 기억해야 한다(Lazarus & Lazarus, 2015). 중다양식 상담자들은 상담 과정에서 다양한 역할을 하는데, 트레이너 역할을 하기도 하고 교사, 조력자, 코치, 역할 모델 등을 하기도 한다. 이들은 정보를 제공하거나 지시를 하기도 하고, 주장 행동의 모델 역할을 통해 피드백을 제공하기도 한다. 또한 제안을 하기도 하고 정적 강화물을 제공하거나 적절한 자기개방을 하기도 한다.

라자루스 박사가 루스라는 인물을 대상으로 BASIC I.D. 평가 모형과 다양한 기술을 적용한 구체적인 사례를 보고 싶다면 『통합적 상담: 사례중심의 접근』(Corey, 2013) 7장을 참고하라.

마음챙김 및 수용 기반 접근

학습 목표 10 행동 치료의 제3세대(뉴웨이브) 접근은 기존 행동 치료 상담자들이 관심을 기울이지 않았던 마음챙김, 수용, 상담 관계, 영성, 가치, 명상, '지금 여기'에 존재하기, 정서 표현 등을 강조한다(Hayes, Follette, & Linehan, 2004; Herbert & Forman, 2011). 제3세대 행동 치료는 다섯 가지 핵심 주제를 공유한다. (1) 심리적 건강에 대한 확장된 관점, (2) 상담에 있어서 수용 가능한 효과에 대한 확장된 관점, (3) 수용, (4) 마음챙김, (5) 일상생활의 가치에 대한 인식(Spiegler, 2016).

마음챙김(mindfulness)이란 "목적에 주의를 기울이고 지금 이 순간에 머물며 무비판적으로 순간순간의 경험을 자각하는 것"(Kabat-Zinn, 2003, p.145)이다. 마음챙김 개입에서는 "수용적 태도로 현재의 경험을 바라보도록"(Siegel, 2010, p.27) 내담자를 훈련시키고, 호기심과 자비로운 태도를 가지고 현재의 경험을 대하도록 훈련시킨다.

마음챙김은 우울증과 불안장애, 대인관계 문제, 물질남용, 심리생리적 장애 등 다양한 임상적 문제를 상담하는 데 효과적인 것으로 알려져 있다(Germer, Siegel, & Fulton, 2013). 마음챙김은 퇴역군인들의 외상 후 스트레스 장애를 상담하는 데도 효과적이었는데, 마음챙김 훈련을 통해 퇴역군인들은 반복적으로 떠오르는 부정적인 생각을 좀 더 잘 관찰하여 부적응적인 회고 반응에 집착하는 것을 줄일 수 있었다(Vujanovic, Niles, Pietrefesa, Schmertz, & Potter, 2011). 종교적 관상 훈련과 유사하게 여러 치료적 접근에서 마음챙김과 명상을 활용하는데, 상담 과정에 이러한 전략이 활용되는 흐름은 지속될 것으로 보인다(Worthington, 2011).

수용(acceptance)은 현재의 경험을 호기심과 친절한 자세로, 판단이나 선호 없이 마주하며 지금 이 순간을 충분히 자각하기 위해 노력하는 과정이다(Germer, 2013). 수용은 내적 경험에 반응하는 대안적 방법이다. 판단과 비판, 회피 등을 수용으로 대치하면 적응적 기능이 향상되는 효과가 나타난다(Antony & Roemer, 2011b). 마음챙김과 수용 접근은 상담 과정에 영성을 통합할 수 있는 방법 중 하나다.

마음챙김 및 수용에 관한 좀 더 깊이 있는 논의를 보고 싶다면 『인지행동 치료에서 수용과 마음챙김(Acceptance and Mindfulness in Cognitive Behavior Therapy: Understanding and Applying the New Therapies)』(Herbert & Forman, 2011)을 참고하라.

행동주의 전통을 발전시킨 최근의 네 가지 중요한 접근은 다음과 같다. (1) **경계성 성격장애**에 효과적인 상담법으로 검증된 **변증법적 행동 치료**(Linehan, 1993a, 1993b, 2015), (2) 스트레스에 대처하고 신체적 · 정신적 건강을 증진시키려는 목적으로 8~10주 동안 진행되는 집단 프로그램인 **마음챙김 기반 스트레스 감소 프로그램**(Kabat-Zinn, 1990, 2003), (3) 우울증 상담을 위해 개발된 **마음챙김 기반 인지 치료**(Segal, Williams, & Teasdale, 2013), (4) 내담자의 불쾌한 감각을 통제하거나 변화시키지 않고 수용하도록 격려하는 **수용 전념 치료**(Hayes, Strosahl, & Houts, 2005; Hayes, Strosahl, & Wilson, 2011). 이러한 네 접근은 모두 경험적 기반을 가진 마음챙김 전략을 활용하며, 행동주의 전통을 이어가고 있다는 특징이 있다.

변증법적 행동 치료 변증법적 행동 치료(Dialectical Behavior Therapy: DBT)는 경계성 성격장애로 진단받은 만성적 자살 위험을 가진 내담자를 상담하기 위해 개발되었으며, 현재 그와 같은 문제를 가진 내담자를 위한 주요 심리치료로 인식되고 있다. 자살을 고려할 만큼 정서적 고통이 심한 사람들을 돕고 싶어 했던 리네한(1993a, 1993b, 2015)에 의해 개발된 변증법적 행동 치료는 물질의존, 우울증, 외상 후 스트레스 장애, 섭식장애, 자살행동, 자해 등 다양한 정신건강 문제에 효과적인 것으로 나타났다(Linehan, 2015).

변증법적 행동 치료는 경계성 성격장애 치료를 위해 행동주의와 정신분석 기법을 효과적으로 조합한 치료다. 분석 치료와 같이 변증법적 행동 치료는 상담 관계, 내담자에 대한 검증(validation), 아동기에 부적응적 환경을 경험한 내담자 요인, 저항에 대한 직면 등을 강조한다. 변증법적 행동 치료는 수용과 변화 지향 전략을 모두 포함하고 있다. 마음챙김 절차는 수용적 태도를 기르기 위해 제공된다(Fishman, Rego, & Muller, 2011; Kuo & Fitzpatrick, 2015). 상담 프로그램은 내담자가 현재 상태에 대한 수용적 의사소통을 통해 자신의 행동과 환경을 변화시킬 수 있도록 돕는 방향으로 진행된다(Kuo & Fitzpatrick, 2015; Robins & Rosenthal, 2011). 정서 조절 문제를 가진 내담자를 돕기 위해 변증법적 행동 치료는 동시에 존재할 수 있는(모순처럼 보이지만) 정/반의 힘(예: 다가가고 싶으면서도 피하고 싶은 욕구)을 인식하고 수용할 수 있도록 교육한다. 이와 같은 변증법적 관계(예: 특정 행동을 하고 싶어 하지 않는 마음이 존재하는 것과 동시에 원하는 목표를 달성하기 위해서는 그 행동을 해야만 한다는 것을 알고 있는 상태)에 대한 근본적 이해를 바탕으로 내담자는 수용과 변화라는 양 극단을 통합하는 방법을 배우게 되며, 이를 통해 상담자는 내담자에게 정서와 행동을 조절하는 방법을 가르칠 수 있다.

변증법적 행동 치료 기술 훈련은 '즉석에서 문제를 해결해줄 수 있는' 전략이 아니다. 일반적으로 최소 일 년의 상담 기간이 소요되며, 개인 상담과 집단에서의 기술 훈련이 포함된다. 변증법적 행동 치료는 경험적 근거를 갖춘 상담법이며, 내담자가 자기 파괴적 행동 없이 정서적 고통을 견딜 수 있도록 돕는 노출 치료를 포함하여 행동주의적이고 인지행동적인 기술로 구성된 상담법이다. 변증법적 행동 치료는 선불교(Zen)의 가르침과 마음챙김 및 수용 기반 훈련을 통합시킨 치료법이다(Kuo & Fitzpatrick, 2015). 선불교의 원리와 실천은 다음과 같은 내용을 포함하고 있다. 지금 이 순간에 머물기, 왜곡 없이 실체를 바라보기, 판단 없이 현실을 수용하기, 고통을 초래하는 애착(집착)을 내려놓기, 자신과 타인에 대한 수용 능력을 키우기, 살아 움직이는 현실과 상호작용하는 현재 활동 속에 자신을 온전히 침잠시키기(Robins & Rosenthal, 2011).

변증법적 행동 치료는 구조적이고 예측 가능한 상담 환경을 조성한다. 상담 목표는 각 개인의 특성에 맞게 설정한다. 상담자는 내담자가 위기 상황을 좀 더 효과적으로 극복하고 문제행동 파악에 도움이 되는 기술을 활용하고 학습하도록 지원한다(Robins & Rosenthal, 2011). 기술은 마음챙김, 대인관계 효율성, 정서조절, 고통에 대한 인내와 같은 네 가지 모듈을 통해 학습한다(Kuo & Fitzpatrick, 2015).

세상을 있는 그대로 자각하고 수용하여 매 순간마다 효과적으로 반응할 수 있도록 가르치는 **마음챙김**은 변증법적 행동 치료의 핵심 기술이다. 마음챙김을 통해 내담자는 고통스러운 상황에서 경험하는 강한 정서를 견디고 수용하는 방법을 배운다. **대인관계 효율성**은, 내담자가 자신을 존중하며 타인과 관계를 맺을 수 있도록 자신의 필요는 어떻게 표현하고 거절은 어떻게 하는지 가르치는 것이다. 이 기술은 관계를 손상시키지 않으면서 내담자의 목표를 추구할 수 있는 가능성을 높여준다. **정서 조절**은 정서를 확인하고, 정서 변화의 장애물을 확인하며, 취약성을 약화시키고, 긍정적 정서를 증가시키는 것을 포함한다. 내담자는 분노나 우울, 불안과 같은 정서를 조절하는 것의 이익을 배운다. **고통에 대한 인내**의 목적은 부적 정서와 관련된 상황에 압도당하지 않으면서 정서를 차분히 자각할 수 있도록 돕는 것이다. 내담자는 고통이나 불편감을 효과적으로 인내하는 방법을 배운다.

변증법적 행동 치료는 내담자로 하여금 상담 기간 중에 배우고 익힌 기술을 일상생활에서 활용할 수 있도록 돕는다(Kuo & Fitzpatrick, 2015). 변증법적 행동 치료는 교훈적 지시문과 마음챙김 기술 교육을 매우 강조하기 때문에, 상담자들은 이러한 기술을 활용하는 데 유능성을 발휘할 수 있도록 스스로 훈련해야 하며 내담자를 위해 구체적인 전략과 태도를 보여주는 본보기가 될 수 있어야 한다. 마음챙김 전략을 활용하고 싶은 상담자는 내담자를 효과적으로 훈련시키기 위해 이 기법에 대한 개인적 이해 수준을 높여야 한다.

변증법적 행동 치료에 대한 좀 더 자세한 정보를 얻고 싶다면 구체적인 지시문과 다양한 기술에 대한 자세한 소개가 담겨있는 『변증법적 행동 치료 기술 훈련 매뉴얼(DBT skills Training Manual)』(Linehan, 2015)을 참고하라. 변증법적 행동 치료에 대해 좀 더 자세한 논의를 위한 유용한 자료가 필요하다면 로빈스와 로젠탈(Robins & Rosenthal, 2011)을 참고하라.

마음챙김 기반 스트레스 감소 프로그램 매사추세츠 대학의 존 카밧진(Jon Kabat-Zinn)은 1979년에 스트레스와 통증, 질병 등으로 인해 고통받는 환자들을 돕기 위한 훈련 프로그램으로 마음챙김 기반 스트레스 감소 프로그램(Mindfulness-Based Stress Reduction: MBSR)을 개발했다. 8주로 구성된 집단 프로그램인 마음챙김 기반 스트레스 감소 프로그램은 사람들에게 마음챙김 명상을 가르치는데, 프로그램 진행자는 정신건강 분야 임상가가 아닌 경우가 종종 있다. 마음챙김 기반 스트레스 감소 프로그램은 기본적으로 사람들이 자신의 안녕에 대해 좀 더 책임을 지도록 돕고, 신체 건강 문제를 다룰 수 있는 내적 자원을 개발도록 돕기 위해 설계되었는데(Kabat-Zinn, 2003), 이 프로그램 자체는 심리치료가 아니지만 상담과 결합해서 활용할 수 있다.

마음챙김 기반 스트레스 감소 프로그램의 핵심은, 인간이 경험하는 괴로움과 고통은 사람들이 현재에 충실하기보다 과거에 대한 집착과 미래에 대한 과도한 걱정에 마음을 쓰기 때문에 발생하는 것이라는 이해에 기초하고 있다. 마음챙김 기반 스트레스 감소 프로그램은 인지를 수정하는 방법을 가르치거나 특정 인지에 '역기능적'이라는 꼬리표를 붙이지 않는데, 이는 마음챙김 훈련을 통해 길러내야 할 비판단적 태도와 배치되기 때문이다.

마음챙김 기반 스트레스 감소 프로그램에 활용된 마음챙김 접근은 공식적 혹은 비공식적 명상을 통해 내담자가 지속적이고 능동적인 주의력을 개발하도록 돕는다. 마음챙김은 경험적 학습과 내담자 스스로 발견해가는 과정을 강조한다(Dimidjian & Linehan, 2008). 마음챙김 기반 스트레스 감소 프로그램은 마음챙김 훈련(수행) 전략으로 좌선과 요가를 포함하고 있다. 이 프로그램 안에는 내담자가 신체의 모든 감각을 관찰하도록 하는 바디스캔 명상도 포함된다. 내담자는 모든 일상 활동에 마음챙김을 적용할 수 있도록 훈련하는데, 이와 같은 비전형적 훈련에는 서기, 걷기, 먹기, 허드렛일 마음챙김 등이 포함된다. 이 프로그램에 참여한 사람들은 매일 45분 동안 정식 마음챙김 명상 수행을 해야 한다.

마음챙김 기반 스트레스 감소 프로그램은 참여자가 스트레스의 외적 내적 근원과 구성주의적 방법으로 관계하도록 가르치고, 매순간 요구되는 핵심 원리를 훈련하고 따르는 데 지속적으로 헌신하도록 설계된다. 마음챙김을 적용하며 사는 것은 단순히 행동 기술을 익히는 것을 넘어 일상에서 마음을 다해 수행하는 삶을 사는 예술과 같은 것이다. 카밧진(2003)은 마음챙김을 어딘가에 도달하거나 무언가를 고치는 것이 아니라 "이미 존재하고 있던 그곳에 스스로를 초청하는 것이고, 매 순간의 직접적인 경험에 대한 내적 · 외적 실체를 자각하는 것"(p.148)으로 보았다.

마음챙김 기반 스트레스 감소 프로그램은 병원과 의원, 학교, 직장, 사무실, 법학대학, 감옥, 도시에 있는 보건 기관 등에서 제공되고 있다(Kabat-Zinn, 2003). 마음챙김 기반 스트레스 감소 프로그램은 다양한 형태의 임상적 활용이 가능한데, 앞으로 불안이나 스트레스, 우울과 같은 부정적 심리 상태를 다루는 형태로 확장될 것으로 기대된다. 마음챙김 기반 스트레스 감소 프로그램은 건강과 행복, 건강한 생활양식을 촉진하는 영역에서 다양한 형태로 활용되고 있다. 수많은 연구를 개관하고 메타분석을 실시한 결과 마음챙김, 수용, 자비 기반 개입이 신체적 · 심리적 건강 증진에 효과적인 것으로 나타났다(Germer, 2013). 일부 연구에서는 마음챙김 기반 스트레스 감소 프로그램 훈련이, 스트레스 상황에서 나타나는 부적 정서 반응에 좀 더 잘 대처할 수 있는 형태로 뇌를 변화시키는 것으로 나타났다(Kabat-Zinn, 2003).

카밧진(1990, 1994)의 책에 마음챙김 기반 스트레스 감소 프로그램에 관한 자세한 내용이 쉽게 소개된다. 마음챙김 기반 스트레스 감소 프로그램를 활용한 상담법에 관한 좀 더 자세한 자료를 보고 싶다면 샐먼, 셉턴, 드리븐(Salmon, Sephton, & Dreeben, 2011)을 참고하라.

마음챙김 기반 인지 치료 이 프로그램(Mindfulness-Based Cognitive Therapy: MBCT)은 우울증 상담에 마음챙김의 원리와 기술을 통합 적용한 것이다(Segal et al., 2013). 마음챙김 기반 인지 치료는 매 회기 2시간씩 8주 동안 진행하는 집단상담 프로그램으로 카밧진(Kabat-Zinn, 1990, 2003)의 마음챙김 기반 스트레스 감소 프로그램을 참고하여 개발한 것이다. 이 프로그램은 마음챙김 기반 스트레스 감소 프로그램과 인지행동 기술을 통합하여 내담자를 훈련시킨다. 일차 목표는 부정적인 생각에 대한 내담자의 자각을 키우고 그 생각을 대하는 내담자의 태도를 변화시키는 것이다. 참여자들은 자신의 자동적인 부정적 사고방식에 기술적이고 의식적인 형태로 반응하는 방법을 배운다(Hammond, 2015).

시걸, 윌리엄스, 티즈데일(Segal, Williams, & Teasdale, 2013)에 따르면 마음챙김 기반 인지 치료의 핵심 요소는 친절과 자기 자비다. 마음챙김은 어려운 상황을 만났을 때 스스로를 돌보는 태도인 **자기 자비**(self-compassion)를 개발하는 방법이다. 마음챙김은 순간순간의 경험에 집중하는 방법을 익히도록 내담자를 훈련시키며, 그 경험에 비판적으로 다가가기보다 열린 자세로 자각하고 수용하는 태도를 취하도록 돕는다. 우리가 자신의 단점을 비판단적 태도로 인식할 수 있다면, 스스로에게 좀 더 **친절**(kindness)해질 수 있을 것이다. 우리는 분노와 불안, 우울과 같은 정서를 경험하는 순간에도 의식적으로 자신과 타인에게 친절함을 유지할 수 있다. 연구결과에 따르면 자기 자비는 정서적 안녕감과 정적 상관이 있고 불안 및 우울과 부적 상관이 있는 것으로 나타났다(Morgan, Morgan, & Germer, 2013; Neff, 2012). 자기 자비와 정서적 안녕감의 관계를 연구한 네프(Neff, 2012)에 따르면 다음과 같다.

- 자기 자비 수준이 높은 사람들은 고통스러운 경험을 할 때 스스로에게 좀 더 친절하다.
- 자기 자비 수준이 높은 사람들이 더 지혜롭고 정서 지능 또한 높다.
- 자기 자비 수준이 높은 사람들이 삶에 더 만족하고 더 많은 사람들과 삶을 공유한다.
- 자기 자비 수준이 높은 사람들은 더 많이 행복해하고 낙관성과 호기심, 긍정적 정서 수준 또한 높다.
- 자기 자비 수준이 높은 사람들이 타인에게 더 자비롭다.

모건, 모건, 거머(Morgan, Morgan, & Germer, 2013)는 마음챙김 명상이 주의 집중과 지속 능력을 향상시킨다는 증거가 있다고 보고했다. 현재 경험에 머무는 것이 바로 자신과 타인을 자비롭게 대하는 방법을 개발하는 길이다. 마음챙김은 누군가 **가르쳐줄 수 있는 것이라기보다 스스로 깨달아야 하는** 것이다. 마음챙김 기반 인지 치료 집단의 진행자 혹은 촉진자의 태도와 행동은 참여자로 하여금 습관적인 자기비판과 판단을 내려놓고 수용의 길로 나아가는 데 도움이 되어야 한다.

시걸, 윌리엄스, 티즈데일(2013)에 따르면 8회기 마음챙김 기반 인지 치료 프로그램의 핵심은 다음과 같다.

- 상담은 우울증을 겪고 있는 사람들의 부정적인 자동적 사고를 확인하고 마음챙김의 기초를 소개하는 것으로 시작한다.
- 두 번째 회기에서, 참여자들은 일상의 경험에 반응하는 방법을 배우고 마음챙김 훈련에 참여한다. 내담자는 자신과 타인에게 친절과 자비를 베푸는 것의 중요성을 배운다.
- 세 번째 회기는 흐트러진 마음을 모으는 데 초점을 맞춘다. 참여자들은 호흡법과 현재 경험에 주의를 집중하는 방법을 배운다. 내담자는 경험에 자신을 개방하며 호흡에 집중하고 생각을 바라보는 훈련을 한다.
- 네 번째 회기에서는 결과에 집착하지 않고 순간을 경험하는 것을 배운다. 참여자들은 정좌 명상과 마음챙김 걷기를 훈련한다.

- 다섯 번째 회기에서 참여자들은 집착 없이 경험을 수용하는 방법을 배운다. 참여자들은 수용과 내려놓기의 가치를 배운다.
- 여섯 번째 회기는 생각을 '그저 생각일 뿐'이라는 자세로 바라보는 훈련을 한다. 내담자는 생각이 떠오른다고 해서 행동으로 옮겨야 하는 것은 아니라는 것을 배우며, 스스로에게 '생각은 생각일 뿐 내가 아니다.'라고 말하거나 '생각은 실체 혹은 사실이 아니다.'라고 말하는 법을 배운다.
- 일곱 번째 회기에서 참여자들은 스스로를 돌보는 방법을 배우고 재발의 위험을 다루는 전략을 개발한다.
- 여덟 번째 회기는 배운 것을 유지하고 확장하는 데 초점을 맞춘다. 내담자는 훈련한 마음챙김 기법을 일상의 삶으로 확장하는 방법을 배운다.

마음챙김 기반 인지 치료는 경험적 학습과 회기 내에서 직접 훈련하는 것, 피드백을 통해 배우는 것, 과제를 완수하는 것, 실생활에서 마주하는 위기 상황에 배운 것을 활용하는 것 등을 강조한다. 마음챙김 기반 인지 치료의 간결함은 이 접근이 효율적이고 비용 효과 면에서 우수한 상담이 되도록 해준다. 마음챙김 기반 인지 치료에 관한 좀 더 자세한 내용을 읽고 싶다면 『우울증에 대한 마음챙김 기반 인지 치료(Mindfulness-Based Cognitive Therapy for Depression)』(Segal et al., 2013)를 참고하라.

수용 전념 치료 또 다른 마음챙김 기반 접근법으로 수용 전념 치료(Acceptance and Commitment Therapy: ACT)(Hayes et al., 2005, 2011)가 있다. 수용 전념 치료는 수용 및 마음챙김 기법을 전념 및 행동 수정 전략과 결합시켜 심리적 유연성 증진에 기여하도록 개발한 독특한 증거 기반 심리적 개입법이다. 현재 경험을 온전히 수용하고 장애물을 온전히 내려놓는 것을 뜻한다. 이 접근에서 말하는 "수용은 단순한 인내가 아니라, '지금 여기'에서의 경험을 적극적이고 무비판적으로 마주하는 것"(Hayes, 2004, p.32)이라고 할 수 있다. 수용은 상담을 시행하는 마음 자세이자 내담자가 생활을 영위하는 자세이며, 현대 인지행동 치료의 한계를 지적하고 논박하는 대안이다. 10장에서 다루게 될 인지행동 치료가 역기능적인 생각을 확인하고 변화시키는 데 초점을 맞추고 있는 것과 달리 수용 전념 치료는 내담자가 가진 생각의 내용을 바꾸는 것을 강조하지 않는다. 헤이즈는 부적응적인 인지와 싸우는 것이 그 인지를 약화시키기보다 오히려 강화시킨다는 것을 발견했고, 그 결과, 투쟁 대신 수용(비판단적 자각)을 강조하게 되었다. 수용 전념 치료의 목표는 내담자로 하여금 자신의 생각을 자각하고 시험해보도록 하는 것이다. 내담자는 생각을 대하는 자세를 바꾸는 방법을 배운다. 그들은 부인하려 노력했던 모호한 생각과 감정을 우선 수용하는 방법을 배운다.

가치는 상담 과정의 핵심 요인 중 하나인데, 수용 전념 치료 작업은 개인의 바람

(wants)과 가치를 중시한다. 내담자와 상담자는 직업이나 관계, 영성, 안녕 등의 영역에서 추구하는 가치를 함께 확인한다(Batten & Cairrochi, 2015). 수용 전념 상담자는 내담자에게 '당신의 삶의 근간이 되는 가치는 무엇입니까?'라고 질문해야 한다. 내담자는 상담 과정에서 추구하는 가치를 선택하고 구체적인 목표를 설정하며 그 목표를 달성하기 위한 실천을 시작하게 된다(Spiegler, 2016).

내담자가 가치 있고 의미 있는 삶을 기꺼이 선택하는 마음챙김 형태의 의사결정을 하며, 일상의 삶에 전념하도록 돕는 것이 핵심이다. 구체적인 과제와 행동 훈련을 통해 내담자가 일상의 삶에 전념하도록 도울 수 있다. 과제물의 예를 들면, 내담자에게 다양한 삶의 관점에서 가치 있다고 느끼는 것이나 삶의 목표를 적도록 하는 것이다. 내담자는 의미 있는 삶을 성취할 수 있도록 다양한 경험을 하는 방법을 배운다.

수용 전념 치료는 행동 치료의 실천에 지속적으로 영향을 줄 수 있는 효과적인 상담이다. 거머(Germer, 2013)는 다음과 같이 말했다. "마음챙김은 임상 이론과 연구, 실천을 통합하는 데 유용한 도구이며 상담자의 개인적 삶과 전문적 삶을 통합하는 데 도움을 주는 개념이다"(p.13). 수용 전념 치료는 임상적 장애 전반에 적용 가능한 공통적인 절차를 강조하기 때문에 상담의 핵심 기술을 배우기가 쉽다. 상담자들은 수용 전념 치료의 기본 원리들을 다양하고 창의적인 방식으로 실행할 수 있다. 경험적 연구에 따르면 수용 전념 치료는 물질남용과 우울증, 불안, 공포증, 외상 후 스트레스 장애, 만성 통증과 같은 다양한 장애를 상담하는 데 효과적이다(Batten & Cairrochi, 2015).

상담 과정 중에 마음챙김의 역할에 대한 깊이 있는 글을 읽고 싶다면 다음에 소개한 책을 참고하기 바란다. 『인지행동 치료를 위한 수용과 마음챙김』(Herbert & Forman, 2011), 『마음챙김과 수용(Mindfulness and Acceptance: Expanding the Cognitive-Behavioral Tradition)』(Hayes et al., 2004), 『마음챙김과 심리치료(Mindfulness and Psychotherapy)』(Germer et al., 2013)와 『심리치료에서 지혜와 자비(Wisdom and Compassion in Psychotherapy: Deepening Mindfulness in Clinical Practice)』(Germer & Siegel, 2012).

집단상담에 적용하기

학습 목표 11 행동주의 집단상담은 고전적 조건형성과 조작적 조건형성, 사회학습 이론을 참고한 전통적인 행동 치료의 원리를 집단에 적용한 것이다. 행동 집단은 구체적인 표적 행동의 변화를 위해 가르치고 본을 보이며 과학적 원리를 적용하는 데 초점을 맞추고 있다(Kress & Henry, 2015). 집단 행동주의적 접근은 내담자의 사고를 재구성하는 것뿐 아니라, 자기관리 기술과 일련의 새로운 대처행동들을 가르치는 것도 강조한다. 내담자는 자신의 삶을 통제하고 현재와 미래의 문제들을 효과적으로 다루며 집단 경험을 마친 후에도 잘 활용할 수 있는 기법들을 배울 수 있다. 많은 집단 프로그램이 주로 일상생활의 구체적인 면들에 대한 내담자의 통제력과 자유를 증가시키기 위해 개발되었다.

행동주의 틀 속에서 활동하는 집단 지도자들은 다양한 이론적 관점을 활용하여 기법을 개발할 수 있다. 행동주의 상담자들은 경험적 근거가 있는 개념과 기법이 반영된 간단하고 활동적이며 지시적이고 구조화되며 협동적이고 심리교육적인 상담 모형을 활용한다. 집단 지도자는 개입 과정 전반에 걸쳐 지속적으로 자료를 모으며 집단 구성원들의 역동을 따라간다. 이러한 자료를 활용하여 집단 지도자와 구성원 모두에게 상담 과정에 대한 지속적인 피드백을 제공할 수 있는데, 오늘날 많은 지역사회 속 집단들은 이런 식을 피드백을 제공할 의무가 있다.

행동주의 집단상담은 다른 집단들과 구별되는 특징이 있다. 행동주의 치료의 뚜렷한 특징은 구체화와 측정에 관한 체계적 접근이라고 할 수 있다. 행동주의 집단상담은 다음과 같은 독특한 특징들을 가지고 있다. (1) 행동 평가 시행, (2) 협동적 상담 목표의 정확한 기술, (3) 특정 문제에 적절한 구체적인 상담 과정 공식화, (4) 상담 결과에 대한 객관적 평가. 행동주의 집단상담자들은 집단 구성원들이 효율적이고 효과적으로 문제를 해결하고 새로운 기술을 개발하도록 돕기 위해 단기 개입을 선호한다.

행동주의 집단 지도자들은 교사의 역할을 하며, 집단 구성원들이 일상생활에 적용할 수 있는 기술을 집단에서 연습하고 익힐 수 있게 격려해준다. 집단 지도자들은 활동적이고 지시적이며 지지적인 역할을 한다. 그리고 문제해결을 위해 그들이 가진 행동주의적 원리와 기술을 활용한다. 지도자들은 안건을 제안하고 과제를 설계하며 새로운 행동과 기술을 가르치는 데 참여하고 협력하는 것을 통해 집단 구성원들에게 모범을 보인다. 또한 특정 문제와 관련된 조건 및 변화 촉진 조건을 결정하기 위해 조심스럽게 내담자를 관찰하고 그들의 행동을 평가한다. 행동주의 집단에서 집단 구성원들은 그들에게 부족하거나 향상시키고 싶은 구제적인 기술들을 확인한다. 표현 훈련과 사회기술 훈련은 집단 형식에 잘 맞는다. 이완 절차, 행동 시연, 모방, 코칭, 명상, 마음챙김 기법 등은 행동주의 집단에 통합될 수 있다. 마음챙김 상태에 대한 경험은 집단 회기 내에서 뿐만 아니라 다른 삶의 영역으로 확장될 수 있다. 이 책의 앞 장에 소개되었던 나머지 기법들도 집단 작업에 활용될 수 있다.

오늘날, 대부분의 행동 치료 집단은 인지와 행동 개념 및 기술을 혼합하여 활용하고 있으며 행동에만 초점을 맞춘 경우는 드물다(Kress & Henry, 2015). 특정 집단을 위해 행동주의 방법이나 인지적 방법을 혼합한 다양한 형태의 집단이 존재한다. 심리교육적인 주제를 가진 구조화된 집단들은 오늘날 여러 장면에서 좋은 평판을 듣고 있다. 최소한 다음 네 가지의 일반적인 접근이 행동주의 집단의 실천에 활용될 수 있다. (1) 사회기술 훈련 집단, (2) 특수 주제에 관련된 심리교육 집단, (3) 스트레스 관리 집단, (4) 마음챙김과 수용 기반 행동 치료 집단.

인지행동적 집단상담에 관한 자세한 논의는 코리(Corey, 2016)의 저서 13장을 참고하라.

다문화적 관점에서 보는 행동 치료

다양성 관점에서 보는 강점

학습 목표 12 행동 치료는 문화적 다양성을 가진 내담자들을 다루는 데 있어서 다른 이론들보다 몇 가지 분명한 이점을 가지고 있다. 문화적, 인종적 배경 때문에 어떤 내담자는 감정을 자유롭게 표현하지 못하고, 개인적 관심을 말하지 못하는 경우도 있다. 행동주의적 상담은 감정의 정화를 강조하지 않는다. 행동 치료는 구체적인 행동과 문제해결 기술을 개발하는 데 초점을 맞춘다. 다문화 내담자들을 상담하는 데 있어서 행동주의적 접근의 강점은 전문성, 문제 지향, 객관성에 초점 맞추기, 인지와 행동에 초점 맞추기, 행동 지향, 과거보다 현재 다루기, 단기 개입의 강조, 대처 전략 가르치기, 문제해결 지향 등을 강조한다는 것이다. 일상에서 새로운 행동을 유지하기 위한 학습과 원칙, 전략 등에 주의를 기울여야 한다. 행동 계획과 구체적 행동 변화를 추구하는 내담자들은 이 접근방식에 협력할 것이다. 왜냐하면 삶의 문제를 다루는 데 활용할 수 있는 구체적인 도구를 제공하기 때문이다.

행동 치료는 내담자에게 문제를 야기한 환경 요인에 초점을 맞춘다. 사회적, 정치적 영향이 차별적인 관습과 경제적 문제들을 통해 유색 인종의 삶에 큰 영향을 미친다. 그런 까닭에 행동주의적 접근은 내담자의 사회문화적 차원을 고려한다. 행동 치료는 내담자가 처한 사회적 환경에서 행동의 실험적 분석에 기초하고 있으며, 내담자가 처한 구체적인 상황에 대해 특별한 관심을 기울인다. 예를 들어, 내담자 스스로 가지고 있는 문제행동에 대한 문화적 관념이라든지, 구체적 상담 목표 설정, 성공적인 상담에 대한 내담자의 기대감 증진 조건의 배열, 적절한 사회적 영향요인의 활용 등을 들 수 있다(Tanaka-Matsumi, Higginbotham, & Chang, 2002). 윤리적 수련 과정에는 평가와 진단, 상담 전략 등을 세울 때 이러한 지식을 유용하게 활용하는 것뿐만 아니라, 상담자가 내담자의 문화에 익숙해지는 것도 포함된다.

행동주의적 접근은 내담자의 구체적 증상이나 행동 문제를 개선하는 것 이상을 추구하고 있다. 이 접근은 내담자에게 문제를 일으키는 상황이 무엇인지뿐 아니라, 목표 행동이 변화될 수 있는 것인지, 그러한 변화가 내담자의 삶 전체에 긍정적인 변화를 가져다줄 수 있을 것인지 등을 확인하기 위해서 개인의 생활환경을 총체적으로 평가하는 데 강조점을 두고 있다.

다양한 배경의 내담자들을 위한 변화 프로그램을 설계하면서 행동 치료 상담자들은 문제 상황을 기능적으로 분석한다. 기능 분석(평가)에는 문제행동이 발생하는 문화적 맥락, 내담자와 내담자의 문화적 환경에 미치는 결과, 변화를 촉진할 수 있는 환경 자원, 변화가 내담자의 주위에 있는 다른 사람에게 미치는 영향 등이 포함된다. 평가 방법은 내담자의 문화적 배경을 고려해서 선택해야 한다(Spiegler, 2016; Tanaka-Matsumi et al., 2002). 상담자들은 다음과 같은 쟁점들에 대해 열린 자세로 관심을 기울일 뿐만 아니라 잘 알고 있어야 한다. 내담자의 문화 맥락에서 무엇이 정상 행동이고 무엇이 비정상 행동인가? 문제에 내포된 문화적 관념은 무엇인가? 내담자의 삶에서 영성 혹은 종교의 잠재적 역할은 무엇인가? 내담자에 대한 정확한 평가를 위해 필요한 핵심 정보는 무엇인가?

다양성 관점에서 보는 약점

비록 행동 치료에서 내담자 개인의 특성에 대한 민감도를 높이는 것이 중요하다 하더라도 행동 치료 상담자는 여러 문화 속 내담자들이 공통적으로 가지고 있는 특성에 더 많은 관심을 기울일 필요가 있다. 인종, 성별, 민족성, 성적 지향 등은 상담 과정과 결과에 중요한 영향을 끼치기 때문에 행동 치료 상담자들이 이러한 요인들을 주의 깊게 살피고 내담자 치료와 관련된 사회적 정의 문제에 관심을 기울이는 것이 필요하다.

물론 어떤 행동 치료 상담자는 구체적 행동문제를 상담하기 위해 여러 기법을 활용하는 데에만 관심을 두기도 한다. 이러한 상담자는 내담자가 처한 사회문화적 환경이라는 맥락은 고려하지 않은 채 내담자의 문제에만 과도한 관심을 기울인다. 그렇게 할 경우 실제보다 문제를 더 부풀릴 위험성이 있고, 결국 내담자는 그 상담자로부터 제대로 된 도움을 받지 못할 수 있다.

다문화 상담에서는 행동적 개입이 효과적일 경우 흥미로운 문제가 발생하기도 한다. 내담자가 의미 있는 변화를 경험하면, 내담자와 삶을 공유하는 타인들이 그에게 다르게 반응하는 일이 벌어지기도 한다는 것이다. 상담 목표를 서둘러 결정하기 전에 상담자와 내담자는 변화에 내재해 있는 복잡성에 대해 논의할 필요가 있다. 상담자는 문제가 내포하고 있는 대인관계 차원과 문화적 차원을 철저히 검토해야 한다. 새로 획득한 사회적 기술이 가져올 결과를 제대로 평가해야 내담자를 안전하게 도울 수 있다. 일단 목표가 설정되면 본격적인 상담에 앞서, 내담자가 집과 일터에서 전과 다르게 행동함으로써 발생할 수 있는 문제에 대해서 이야기를 나눠야 한다.

행동 치료를 적용한 스탠의 사례

기능적 평가를 통해 스탠의 사례에서 구체적 주 호소 문제를 찾을 수 있다. **행동적인 면**에서 그는 방어적이며 시선을 피하고 말할 때 머뭇거리며 술을 지나치게 마시고 잠을 잘 못자며 여러 가지 회피 행동을 한다. **정서적인 면**에서 그는 불안, 공황장애, 우울, 비판이나 거부에 대한 공포, 무가치하고 바보 같다는 느낌, 고립되고 이질적이라는 느낌 등 구체적인 문제를 가지고 있다. 졸림, 심박항진, 두통 등 여러 신체 증상을 가지고 있다. **인지적인 면**에서 죽음에 대해 걱정하고 여러 가지 자기 패배적 사고나 신념을 가지고 있으며 당위적이고 절대적 의무의 지배를 받고 숙명론적 생각을 하며 다른 사람과 자신을 비교할 때 주로 부정적인 면을 본다. 대인관계 측면에서 스탠은 자기표현을 잘 못하고 부모와의 관계가 만족스럽지 못하며 친구가 별로 없고 이성과 친해지는 것을 두려워하며 사회적 관계에서 열등감을 느낀다.

스탠에 대한 평가가 끝난 후, 상담자는 그가 변화시키고자 하는 구체적 영역을 규정하도록 도왔다. 상담 계획을 세우기 전에, 스탠으로 하여금 자기 행동의 목표를 이해하도록 도운 다음 상담자는 스탠에게 상담 그리고 상담 시간의 행동이 목표달성에 어떤 도움을 줄 수 있는지를 교육했다. 상담 초기에 일반적 목표를 구체적이고 측정 가능한 목표로 전환하도록 돕는다. 스탠이 '나 자신에 대해 더 나은 느낌을 갖고 싶다.'라고 말하면 상담자는 목표를 좀 더 구체적으로 설명하도록 요구한다. 스탠이 '열등감을 버리고 싶습니다.'라고 말하면 상담자는 '좀 더 구체적으로 말해주시겠습니까? 당신은 주로 어떤 상황에서 열등하다고 느끼십니까? 무엇이 당신으로 하여금 열등감을 느끼게 만듭니까?'라고 묻는다. 스탠의 구체적 목표에 약이나 술 없이도 잘 생활할 수 있기를 바라는 것도 포함될 수 있다. 그에게 술을 마시게끔 만든 사건을 기록하라고 할 수도 있다. 내 바람은 스탠이 부정적 형태가 아닌 긍정적 진술 형태로 목표를 수립하는 것이다. 스탠이 어떤 문제로부터 벗어나는 데 집중하기보다 무언가를 얻고 개발하는 데 관심을 갖기를 바랐다.

스탠은 자신이 쓸모없는 존재라는 느낌에서 해방되고 싶어 했다. 상담자는 스탠이 상사나 동료와의 대화에 어려움이 있으므로 행동 기술 훈련을 소개했다. 직접적이고 자신감 있게 접근할 수 있도록 구체적 기술에 대한 시범을 보여줄 수도 있다. 여기에는 모델링, 역할 연습, 행동 시연 등이 포함된다. 스탠은 상사 역할을 하는 상담자에게 더 효과적인 행동을 연습해볼 수도 있고, 상담자는 스탠의 표현이 얼마나 강한지 혹은 그 이야기가 변명조로 들리지는 않는지 등에 대해 피드백해 줄 수 있다.

실패에 대한 스탠의 공포에는 상상 노출과 체계적 둔감화가 적절하다. 상담자는 상담을 시작하기 전에 노출 절차를 스탠에게 설명하고 서면 동의를 받는다. 노출에 대한 사전 준비로 먼저 이완 훈련을 하고 매일 집에서 연습한다. 다음으로 실패와 관련된 공포를 구체적으로 적고 공포 위계 목록도 만든다. 스탠은 이성과 데이트할 때 가장 큰 불안을 느낀다고 말했고, 매력 없는 여학생과 함께 있을 때는 거의 불안을 느끼지 않는다고 말했다. 먼저 스탠의 위계를 참고하여 체계적 둔감화를 실시한다. 먼저 가장 적은 불안을 느끼는 상황에 반복적이고 체계적으로 노출시킨다. 노출된 불안 자극에 대해 아주 가벼운 불안만을 느끼게 되었을 때 다음 단계의 불안 자극에 대해 반복적 노출을 실시한다. 상담실을 떠나 일상에서 마주할 수 있는 다양한 상황에서 노출 훈련을 반복하도록 유도한다.

상담의 목표는, 스탠에게 죄책감과 불안을 야기하는 행동을 수정하는 것이었다. 그가 더 적절한 문제해결 행동을 배우고 비현실적인 불안과 죄책감을 버리며 더 적응적인 반응을 획득하게 되면 현재의 증상은 감소하게 되고 더 만족스러운 삶을 향유하게 될 것이다.

자기 점검을 위한 질문

- 상담의 방향을 결정하는 구체적인 행동 목표를 설정할 때, 스탠과 어떻게 협력할 것인가?
- 스탠의 문제해결에 가장 적절한 행동 기법은 무엇인가?
- 스탠은 자신이 쓸모없는 존재라는 느낌에서 해방되기를 바랐다. 어떻게 그의 소망을 구체적인 행동 목표로 변형시킬 수 있는가? 그를 돕기 위해 어떤 행동 기법들을 활용할 것인가?
- 여러분은 스탠에게 어떤 과제를 내줄 것인가?

이 관점에서 스탠을 상담하는 나의 접근법을 보기 원한다면 CengageBrain.com에 방문하거나 『심리상담과 치료의 이론과 실제: 스탠의 사례와 해설 DVD』 7회기 '행동 치료' 부분의 DVD 프로그램을 시청하라. 이 자료에는 과제에 대한 협동 작업과 주장 행동의 반복 행동 실험이 소개되어있다.

행동 치료를 적용한 그웬의 사례*

평소에 그웬은 어느 누구로부터도 도움을 받지 않으려는 경향을 가지고 있다. 이전 회기에서 그녀는 집에서나 일터에서 타인에게 도움을 요청하는 것을 목표로 설정하기로 합의했다. 우리는 그웬에게 도움을 요청하는 역할을 하도록 행동 실현을 요구했다. 그웬은 매우 어렵다고 하면서도 도움을 청하는 새로운 행동을 시도해보겠다고 답했다. 그녀의 과제는 집이나 일터에서 누군가에게 도움을 청하는 것이다. 그녀는 상담에 늦었고 매우 지쳐보였다.

그웬: 미안해요. 늦었죠. 엄마를 병원에 모셔다 드리느라 일찍 나왔는데 대기 시간이 생각보다 너무 길었어요.

상담자: 그래도 상담에 와줘서 기뻐요. 하지만 오늘 상담은 좀 더 짧아지겠네요. 지난주에 남편과의 관계 문제에 대해 이야기했지요. 남편에게 그웬의 일상을 공유하고 격려해주도록 요청하기로 했지요. 그리고 그것이 당신의 대인관계 상호작용에 도움이 될 것이라고 말했고요. 집에서 그런 요구를 하고 이야기를 나눌 수 있었나요?

그웬: 일이 다 끝난 후에야 직장 동료에게 도움이 필요하다는 말을 했네요. 그리고 남편에게는 전처럼 침묵으로 일관한 것 같아요.

상담자: 전과 같은 침묵에 대해 좀 더 이야기해주세요.

그웬: 엄마를 좀 도와드리라고 남편에게 부탁하려했는데요, 생각해보면 엄마는 내가 책임져야 할 분이라서. 남편은 내가 뭐하고 있는지 보고 있고 필요한 도움을 줘요.

상담자: 남편에게 도움을 요청해보려 노력하신 것 같은데, 아마도 중간에 무언가가 당신을 멈추게 했군요. 무엇이 당신을 멈추게 했나요? [ABC 모형 활용]

그웬: 나는 부탁하는 게 싫어요. 내가 책임져야 할 일이잖아요. 그 일을 해야 할 사람은 바로 나라고 생각해요. 내가 남편에게 부탁을 하면 그 짐을 떠넘기는 느낌이 들어요.

상담자: 많은 것에 대해 홀로 책임을 져야 하기 때문에 힘들겠어요.

그웬: 그래요, 힘들다는 느낌이 들어요.

상담자: 알겠어요. 이해가 되네요. 엄마를 도와드리는 것은 당신이 홀로 책임져야 할 것이지 남편의 몫은 아니라는 생각이 들었군요. [사건 A] 그래서 당신은 남편에게 부담을 준다는 느낌이 들었고 결국 그래서 부탁을 하지 못하게 된 것이고요. [행동 B]

그웬: 그래요, 집에 돌아와서 이야기를 하고 싶었지만 내가 사랑하는 남편에게 부담을 주고 싶지 않았어요. 그래서 결국 부탁을 하지 못했죠. [결과 C]

평가는 행동 치료의 주요 구성 요소이며 과제를 부여하고 살펴보는 것은 상담이 효과적인지 확인하는 데 도움이 된다. 그웬은 집에서 침묵이 반복되고 있다는 것을 인식하고 있었지만, 행동을 수정하지 못했고 자신의 감정을 남편에게 표현하지 못했다.

나는 그웬에게 스트레스를 유발하는 자동적 행동을 멈추는 데 도움이 되는 마음챙김 전략에 대해 소개하기로 마음먹었다. 그웬은 순간에 머무는 것을 어려워했지만, 천천히 자신을 돌보는 활동을 통해 도움을 받기 시작했다. 마음챙김 훈련은 그녀의 삶에 평화와 안정을 가져다주었고 복잡했던 마음도 차분해졌다. 나는 그웬이 집에서 간단히 따라할 수 있는 기법을 소개했다.

상담자: 그웬, 잠시만 조용히 앉아있는 시간을 가져볼게요. 생각은 자연스럽게 흘러가게 놔두고 지금 이 순간에 주의를 기울여보세요. 기분이 어떤가요? (그녀는 신체 감각에 주의를 기울이기 시작했다) 그웬,

* 켈리 커크시 박사는 행동 치료 관점에서 자신의 사고방식과 상담 실제에 대해 기술하며 이 모형을 그웬에게 적용하고 있다.

머리에서부터 시작해서 당신의 몸 전체의 감각 하나하나를 천천히 느껴보세요. 긴장하고 있는지 어떤지 말입니다. 무엇이 느껴지나요?

그웬: 가슴 쪽이 조여 온다는 느낌이 들어요. 스트레스 덩어리 같은 기분이에요.

상담자: 가슴 쪽 감각에 주의를 집중해보세요. 그리고 스스로에게 편안해진다고 말해보세요. 그리고 그 느낌에 대해 아무런 평가도 내리지 말고 그 자체를 느껴보세요. 어떤 느낌이 드세요?

그웬: 좀 낯선 느낌이에요. 하지만 상담을 시작하기 전보다는 좀 더 편안한 느낌이 드네요.

상담자: 이번 주에 집에서 마음챙김 훈련을 해볼 수 있을까요? 그리고 당신이 바라는 것이 무엇인지 주의 깊게 살펴볼 수 있을까요?

그웬: 남편과 좀 더 잘 대화했으면 좋겠고 도움을 요청할 수 있으면 좋겠어요. 지금 편안한 기분이 드는데, 집에서도 연습해볼게요. 차분하게 가라앉히고 지금 이곳에 머물러 보는 것은 새로운 경험이네요.

상담자: 마음챙김에 대한 훌륭한 경험을 한 겁니다. 집에서 얼마나 연습을 잘 해올지 기대하며 지켜볼게요.

그웬: 좋아요, 지금 이 순간에 편안한 상태로 머무니까 스트레스도 덜 받는 것 같아요. 집에 돌아가면 매일매일 연습해볼게요. [목표 설정은 행동 치료의 핵심 요소다]

나는 그웬 자신의 행동에 주의를 집중하는 연습을 하도록 격려했고 그녀가 진정으로 원하는 것이 무엇인지 알아차릴 수 있도록 마음챙김 훈련을 권했다. 나는 그녀가 마음챙김 훈련을 통해 스트레스를 줄이고, 자신의 삶에 좀 더 집중할 수 있기를 바랐다.

자기 점검을 위한 질문

- 그웬이 행동을 바꾸지 않을 경우 어떤 결과들이 발생할 것인가?
- 여러분이라면 그웬에게 어떤 종류의 과제를 부여할 것인가?
- 여러분이라면 평소에 어떤 종류의 마음챙김 훈련을 해보고 싶은가?

요약과 평가

요약

학습 목표 13 행동 치료는 내담자가 구체적인 문제에 대처하는 데 활용 가능한 기본적인 원리뿐만 아니라 다양한 기법을 가지고 있다. 행동주의 발전 과정에는 고전적 조건형성, 조작적 조건형성, 사회학습 이론, 행동에 영향을 미치는 인지적 요소들에 대한 관심의 증가(10장 참조)와 같은 네 가지 주요 영역이 있다. 제3세대의 행동 치료는 최근 발전한 영역으로 마음챙김과 수용 기반 행동 치료를 포함한다. 행동 치료의 특징은 엄격한 과학적 방법의 원리를 따른다는 것이다. 개념과 절차를 명확하게 진술하며, 실증적으로 검증하고, 지속적으로 수정한다. 상담과 측정은 상호 관련이 있으며 동시에 진행된다. 연구는 행동 치료의 근간을 이루며, 상담 기법은 지속적으로 발전하고 있다.

상담 과정 초기에 구체적 목표를 확인하는 것은 행동 치료의 기초가 된다. 내담자의 목표 성취를 돕는 데 있어서 행동 치료 상담자들은 적극적이고 지시적 역할을 한다. 어떤 행동을 변화시킬지는 일반적으로 내담자들이 결정하지만, 그 행동을 적절히 수정할 수 있는 '방법'은 상담자가 결정한다. 행동 치료 상담자들은 다양한 상담 체계로부터 기술과 절차를 가져와서 각 내담자의 독특한 요구에 맞게 상담 계획을 수립한다.

현대 행동 치료는 개인과 환경의 상호작용을 강조한다. 행동 전략은 개인의 목표와 사회적 목표 모두를 달성하는 데 활용할 수 있다. 인지적 요인이 행동 치료 실천에 활용되기 때문에 각 전략은 인본주의적 결론에 도달할 수 있다. 최근 들어 자기관리에 대한 관심과 마음챙김, 수용 기반 접근이 행동주의적 실천과 결합되면서 인본주의 상담과 행동 치료 간 교류가 가능해졌다. 마음챙김 훈련은 교훈적인 지시문을 따르는 것이 아니라 내담자가 스스로 발견하고 경험적으로 학습하는 것이다. 마음챙김은 성장과 정화를 위한 지속적인 노력 그 자체다(Kabat-Zinn, 2003). 자기 자비는 행동 치료의 새로운 흐름을 구성하는 주요 요소에 해당하며 안녕감 증진과 관련 있다. 이와 같은 새로운 흐름은 동양의 수행과 서양의 방법론이 결합해서 나타난 것이다. 현대 행동 치료는 단순히 문제를 다루던 좁은 관점에서 벗어나 개인 기능의 복잡한 측면을 다루는 방향으로 확장되고 있다.

행동 치료의 공헌

행동주의자들은 상담에 대한 추상적인 접근을 개선하도록 자극했다. 내담자가 '나는 사랑을 받지 못하고 있습니다. 삶은 의미가 없습니다.'라고 말할 때 어떤 사람들은 자신이 그 의미를 안다고 가정한다. 인본주의자는 그런 문장을 수용하지만, 행동주의자는 '누가 특히 당신을 사랑하지 않습니까?', '당신의 생활에서 일어난 무슨 일이 무의미를 가져옵니까?', '당신의 현 상태를 바꾸기 위해서 지금 하고 있는 일에는 구체적으로 어떤 것들이 있습니까?', '가장 변화되어야 할 것은 무엇입니까?' 등 구체적인 것에 초점을 맞춘다. 행동 치료의 핵심 강점은 구체적인 목표와 표적 행동, 절차 등을 강조한 것이다. 행동주의 접근의 구체성은 내담자가 불명확한 목표를 구체적인 행동 계획으로 바꾸도록 도와주며 상담자와 내담자가 이 계획에 집중하게 한다. 레들리, 마르크스, 하임베르그(Ledley, Marx, & Heimberg, 2010)는 상담자들이 내담자에게 자신의 문제 사고와 행동을 유지시키는 유관 사건들을 알아차리도록 도와주고, 원하는 변화를 만들 수 있는 방법들을 가르쳐야 한다고 말한다. 역할 연기, 이완 절차, 행동 시연, 코칭, 유도된 연습, 모델링, 피드백, 성공적인 접근에 의한 학습, 마음챙김 기술, 과제물과 같은 기법들은 모두 이론적 지향에 관계없이 상담자라면 누구나 활용하는 것들이다.

행동 치료의 강점은 다양하고 구체적인 기법이 있다는 것이다. 행동 치료는 문제에 대해서 말이나 통찰만 하는 상담과 달리 '행위'를 강조하기 때문에, 상담자들은 내담자의 행동 변화를 위한 계획을 공식화함으로써 내담자들을 돕기 위해 많은 행동 전략들을 사용한다. 인간중심 상담자들이 주장하는 기본적인 상담 조건들인 적극적 경청, 정확한 공감, 긍정적 태도, 진솔성, 존경, 수용, 즉각성은 행동주의적 틀 안에서 통합될 필요가 있다.

행동 치료의 중요한 공헌은 상담의 성과에 대한 연구와 평가를 강조한 것이다. 이는 상담이 효과적이라는 것을 입증하려는 상담자들 덕분이다. 진전이 없으면 상담자들은 초기 분석 결과와 상담 계획을 주의 깊게 살펴본다. 이 책에 제시된 모든 상담 중 그 어떤 접근이나 기법도 행동 치료만큼 경험적 연구가 많이 수행된 것은 없다. 행동주의 상담자들은 효과가 입증된 구체적인 개입 전략을 확인하기 위해 지속적으로 연구한다.

행동 치료와 인지행동 치료는 전형적인 증거 기반 치료법이다. 따라서 행동 치료 상담자들은 본인들이 제공하는 치료적 서비스의 효과가 일반화 가능한지, 의미 있는지, 지속성 있는지 등을 검증하는 데 주저함이 없다. 대부분의 연구에서 행동 치료는 상담을 받지 않는 것에 비해 효과적인 것으로 나타난다. 더하여 행동 및 인지행동 개입은 우울증, 강박장애, 공황장애, 사회공포증, 건강염려증, 범불안장애, 외상 후 스트레스 장애, 섭식장애, 경계성 성격장애, 양극성장애, 아동기 장애를 상담하는 데 가장 효과적인 전략으로 알려져 있다(Hollon & DiGiuseppe, 2011).

새로운 흐름인 마음챙김과 수용 기반 치료는, 단순하고 개별적인 문제를 주로 다루던 행동 치료를 행동주의 원리에 기초한 복합적이고 완전한 심리치료로 발전시켰다(Prochaska & Norcross, 2014). 프로체스카와 노크로스는 심리치료의 뉴웨이브가 더욱 확산될 것이라고 예측하며, 이 흐름은 "확장된 증거 기반 인지행동 치료 형태로 견고하게 자리 잡을 것"(p.314)이라고 말했다.

행동적 접근의 또 다른 강점은 윤리적 책임을 강조하는 것이다. 행동 치료는 윤리적으로 가치중립적이어서, 내담자에게 특정한 변화의 방향을 지시하거나 강요하지 않는다. 최소한 자발적 상담의 경우 행동 치료 상담자는 내담자가 변화시키고자 하는 행동을 변화시킬 수 있는 방법을 제시할 뿐이다. 행동 변화의 통제력은 내담자가 가지고 있으며 상담의 목표가 무엇인지 결정할 자유도 가지고 있다. 내담자는 목표와 상담 절차를 선택할 수 있고 일상에서 활용할 기법 역시 선택할 수 있기 때문에 행동 치료에서 비윤리적인 행동이 발생할 가능성은 낮다(Spiegler, 2016).

행동 치료의 한계와 비판

행동 치료는 다양한 이유로 비판받아왔다. 지금부터 일반적으로 자주 언급되는 네 가지 유형의 비판과 행동 치료에 대한 오해 등을 저자의 의견과 함께 소개하고자 한다.

행동은 변화시킬 수 있을지 모르지만, 감정은 변화시키지 못한다 어떤 비판가들은 행동이 변화되기 위해서는 감정이 먼저 변해야 한다고 주장하지만 행동 치료 상담자들은 감정이 먼저 변해야 한다는 것을 보여주는 경험적 증거가 없다고 반박한다. 행동주의 임상가들도 상담 과정 중에 상당한 양의 감정을 실제로 다룬다. 행동 접근과 인지 접근 모두에 대한 일반적인 비판은 내담자가 정서를 경험하도록 격려하지 않는다는 것이다. 내담자들이 어떻게 행동하고 생각하는지에 집중하는 상담자들은 정서적 문제를 통해 작업하는 것을 경시한다. 일반적으로 나는 내담자의 정서적 경험에 초점을 맞추고, 그다음 행동적 · 인지적 차원으로 넘어가 작업하는 것을 좋아한다. 내담자가 자신의 감정을 솔직하게 경험하고 표현하기 시작할 때가 본격적인 행동 치료에 들어갈 수 있는 시점이라고 생각한다. 나는 내담자가 느끼는 감정이 무엇이며 그 감정이 어떻게 행동에 영향을 미치는지 논의한 후 인지에 대해 다룬다.

행동 치료는 통찰을 제공하지 않는다 이 주장이 사실이라 하더라도 행동 치료 상담자들은 통찰이 행동 변화에 필수 요건은 아니라고 답할 것이다. 폴레트와 캘러헌(Follette & Callaghan, 2011)에 따르면 현대 행동 치료 상담자들은, 수정과 통제가 가능하고 원인 요인에 해당하는 것으로 인식되는 통찰의 역할에 대해 회의적인 시선을 가지고 있다. 어떻게 변화가 일어나는지 내담자가 알아차리지 못해도 상담은 진행될 수 있다. 비록 변화를 경험했다 하더라도 내담자는 어떻게 그런 변화가 발생했는지 명확히 설명하지 못할 수 있다. 더 나아가 통찰은 내담자의 행동에 변화가 일어난 후 찾아올 수도 있다. 종종 행동의 변화가 이해나 통찰의 변화를 유도하고 정서적 변화 역시 일으키기도 한다.

행동 치료는 원인보다 증상을 다룬다 정신분석에서는 초기(어린 시절) 외상 사건에 의해 현재 기능장애가 발생한 것으로 가정한다. 행동 치료 상담자들도 이상 반응(행동)의 근원은 과거에 있다는 것을 인정하지만 과거는 선행 조건 및 결과와 같은 환경 요인에 비해 현재 문제의 유지에는 그다지 중요치 않다고 주장한다. 행동 치료 상담자들은 행동을 바꾸기 위해 현재의 환경을 변화시킬 것을 강조한다.

유사한 맥락에서 현재 행동의 과거 원인을 상담을 통해 다루지 않으면 제거된 증상은 새로운 다른 증상으로 대치될 것이라는 비판이 있다. 행동주의자들은 이론적 경험적 차원에서 이러한 주장을 반박한다. 이들은 행동 치료가 문제행동(증상)의 유지 조건에 간접적 변화가 아닌 직접적인 변화를 준다고 주장한다. 더구나 이들은 행동 치료가 원치 않는 행동을 야기하는 조건들을 변화시키기 때문에, 이런 행동이 성공적으로 소거된 후 증상 대치가 일어났다는 경험적 증거는 없다고 답한다(Spiegler, 2016).

행동 치료는 상담자의 통제와 사회적 영향력을 배제할 수 없다 모든 상담자들은 내담자와 위계 관계를 갖기 때문에 상담은 사회적 영향력을 포함하고 있다. 윤리적 쟁점은 치료자가 이러한 영향력을 어느 정도 인식하고 상담에 참고하는지에 관한 것이다. 행동 치료는 사회적 영향력이 행사되는 과정이 투명하게 공개되어야 한다는 것을 강조하고, 행동 목표 설정 또한 내담자가 주도해야 한다는 점을 강조한다. 상담 효과는 지속적으로 점검되며 필요에 따라 내담자의 목표에 맞게 수정되기도 한다.

행동 치료 상담자는 상담의 기초인 심리교육 절차를 통해 윤리적 문제를 다룬다. 행동 치료 초기에 내담자는 상담의 본질과 상담이 초래할 수 있는 이익 및 위험에 대해 배우고, 주 호소 문제에 특화된 형태로 상담 절차에 관한 안내를 받는다. 좀 더 나아가서 내담자가 자기 문제를 다룰 상담 기법을 직접 선택하는 경우도 있다. 이러한 정보는 내담자로 하여금 자발적 참여자가 되도록 유도하여 상담자와 함께 모험을 떠나도록 만든다.

행동 치료와 관련된 문헌은 다양한 개념과 기법에 대한 깊이 있고 포괄적인 논의를 담아내는 형태로 확장되고 있다. 이 장의 말미에 복잡한 행동 치료를 더 깊이 이해하기 위한 읽을거리를 소개했다.

자기 점검과 토론을 위한 질문

1. 행동 치료 상담자는 경험적 타당성을 가진 개념과 기법으로 구성된 간단하고 활동적이며 주도적이고 협동적이며 현재 중심적이고 지시적이며 심리교육적인 상담 모형을 활용한다. 이와 같은 모형이 가진 주요 강점과 한계점은 무엇인가?
2. 행동 치료가 공통적으로 가지고 있는 독특한 특징은 무엇인가? 이 상담법을 여러분의 현장에서 어떻게 활용할 수 있는가?
3. 제3세대 행동주의 접근은 마음챙김과 수용 기반 개념을 포함하고 있다. 이러한 개념의 어떤 측면이 내담자와의 협력 작업에 유효하겠는가?
4. 어떻게 여러분의 일상에 마음챙김 기법을 적용하겠는가? 마음챙김을 잘할 수 있게 되는 것의 가치는 무엇인가?
5. 여러분의 평소 삶에 적용해볼 만한 행동 전략은 무엇인가? 여러분이 상담 장면에서 활용해보고 싶은 구체적인 행동주의 기법은 무엇인가?

더 찾아볼 자료

CengageBrain.com에 방문하거나 『상담 및 심리치료의 통합적 접근: 루스의 사례와 해설 DVD』 8회기 '행동주의 상담' 부분의 DVD 프로그램을 시청하라. 내가 행동주의 훈련 프로그램을 통해 루스라는 인물을 돕는 과정을 볼 수 있을 것이다. 루스가 자신이 추구하는 구체적인 행동 목표를 직접 선택하는 것은 매우 중요하다. 나는 그녀와 함께 작업하면서 그녀 스스로 이완 전략을 개발하고 자기효능감을 기르며 훈련 계획을 수립하도록 도왔다.

기타 자료들

미국심리학회에서 제공하는 DVD의 목록 중 이번 장에서 소개한 내용과 부합하는 것은 다음과 같다.

Behavioral Therapy Over Time (M. M. Antony, 2009): APA Psychotherapy Video Series
Acceptance and Commitment Therapy (S. C. Hayes, 2011): Systems of Psychotherapy Video Series

Psychotherapy.net은 학생과 전문가를 위해 행동 치료에 관한 비디오와 인터뷰 등 포괄적인 자료를 제공해준다. 매달 새로운 비디오와 정보가 제공된다. 이 장과 관련하여 psychotherapy.net에서 볼 수 있는 DVD는 다음과 같다.

Behavioral Couples Therapy (R. Stuart, 1998): Couples Therapy With the Experts Series

만약 행동 치료에 대한 전문적 훈련을 받고 싶다면 행동인지치료학회(Association for Behavioral and Cognitive Therapies: ABCT)를 활용하라. 행동인지치료학회는 행동 치료와 인지행동 치료, 행동주의적 평가, 응용행동 분석 등에 관심이 있는 4,500명 이상의 정신건강 전문가와 학생으로 구성된 학술단체다. 학회의 회원이 되면 행동인지치료학회에서 발행하는 자료(아래 참조)를 저렴하게 구독할 수 있다.

- 『행동치료와 실험임상심리 대학원 훈련(Directory of Graduate Training in Behavior Therapy and Experimental-Clinical Psychology)』은 행동훈련을 강조하는 프로그램에 관한 정보를 원하는 학생들이나 직업을 구하는 사람에게 좋은 자료를 제공한다.
- 『심리학 수련 목록: 행동 훈련을 제공하는 프로그램(Directory of Psychology Internships: Programs Offering Behavioral Training)』은 행동 치료를 포함하는 훈련 프로그램 목록을 기술하고 있다.
- 『행동 치료(Behavior Therapy)』는 실험, 임상적 연구, 이론과 실제에 초점을 둔 연 4회 간행되는 국제 저널이다.
- 『인지행동 치료(Cognitive and Behavioral Practice)』는 임상 논문을 수록한 연 4회 간행되는 저널이다.

정회원과 준회원의 회비는 199달러다. 회비에는 저널 구독료(『행동 치료』 또는 『인지 행동 치료』 중 1권)와 『행동 치료』(논문 관련 소식, 훈련 프로그램 정보, 학회 소식 제공)의 구독료가 포함되어있으며 매년 개최되는 행동인지치료학회의 워크숍, 임상 전문가 프로그램, 학술대회, 기타 교육 등을 위한 감면된 등록비와 교육과정 비용도 포함되어 있다. 학생 회원은 49달러다.

행동인지치료학회

www.abct.org

마음챙김 및 수용 기반 접근

만약 마음챙김과 수용 기반 프로그램에 관심이 있거나 관련 상담자들에 대한 정보를 얻고 싶다면 아래 웹사이트를 방문해보라.

명상 및 심리치료 연구소

www.meditationandpsychotherapy.org

마음챙김 기반 스트레스 감소 프로그램

www.umassmed.edu/cfm

변증법적 행동 치료

www.behavioraltech.com

수용 전념 치료

www.acceptanceandcommitmenttherapy.com

자기 자비 관련 정보

www.self-compassion.org

더 읽을거리

『**행동 치료**(Behavior Therapy)』(Antony & Roemer, 2011a)는 행동 치료의 핵심에 관한 최신 정보를 개관하고 있다.

『**현대 행동 치료**(Contemporary Behavior Therapy)』(Spiegler, 2016)는 행동 치료의 기본 원리와 응용에 대해 포괄적으로 소개하고 있다.

『**조력자를 위한 면담과 변화 전략**(Interviewing and Change Strategies for Helpers)』

(Cormier, Nurius, & Osborn, 2013)은 훈련 경험과 기술 개발을 다루는 포괄적이고 읽기 쉬운 교과서다. 이 책은 임상가에게 평가절차, 목표 선정, 적절한 프로그램 개발, 효과 평가 방법 등 다양한 주제에 관한 풍부한 자료를 제공한다.

『**마음챙김과 심리치료**』(Germer, Siegel, & Fulton, 2013)는 마음챙김과 활용에 대한 실용적인 개론서다. 이 책은 마음챙김 명상의 기초와 상담 관계의 중요성, 마음챙김 훈련을 통해 수용과 공감 능력을 키우는 방법 등을 소개하고 있다.

『**심리치료에서 지혜와 자비**』(Germer & Siegel, 2012)는 다른 사람이 나를 대해주길 바라는 것처럼 스스로를 대해야 한다는 메시지를 전하는 책이다. 지혜의 의미에 대한 탁월한 논의를 포함하여 서양 심리치료와 불교심리학의 융합을 통해 임상적 함의를 도출한 내용을 담고 있다.

『**함께 앉기: 마음챙김 기반 심리치료를 위한 필수 기법**(Sitting Together: Essential Skills for Mindfulnss-Based Psychotherapy)』(Pollak, Pedulla, & Siegel, 2014)은 마음챙김을 심리치료 현장에 적용한 훌륭한 개론서다. 이 책은 상담자와 내담자 모두에 대한 마음챙김의 가치와 상담을 더욱 풍부하게 만들어주는 명상 수련의 가치에 대해 명료하게 기술하고 있다.

『**우울증에 대한 마음챙김 기반 인지 치료**』(Segal, Williams, & Teasdale, 2013)는 우울증을 위한 마음챙김 기반 인지 치료의 기초와 응용에 대해 관심 있는 독자를 위한 훌륭한 책이다.

『**인지행동 치료를 위한 수용과 마음챙김**』(Herbert & Forman, 2011)은 행동 치료의 새로운 변화와 앞으로의 방향에 관한 훌륭한 논의가 담겨 있는 자료다.

『**마음챙김 해결책: 일상의 문제를 위한 매일 연습**(The Mindfulness Solution: Everyday Practices for Everyday Problems)』(Siegel, 2010)은 의미 있는 삶을 위한 탁월한 마음챙김 훈련서다. 내담자에게 일상의 도전을 다루는 마음챙김을 가르치고 싶다면 이 책을 참고하라. 이 책은 개인이나 전문가 모두에게 유용할 만큼 잘 쓴 책이다.

10장 | 인지행동 치료

학습 목표

01. 모든 인지행동 치료가 공유하고 있는 특성을 이해한다.
02. 기분과 생각, 행동 간의 상호작용을 설명하는 ABC 모형을 이해한다.
03. 생각과 행동 변화를 위한 인지 전략을 이해한다.
04. 인지 치료 발전에 미친 에런 벡의 독창적 공헌을 이해한다.
05. 인지 치료의 기본 원리를 이해한다.
06. 강점 기반 인지행동 치료의 기본 원리를 이해한다.
07. 마이켄바움의 행동 변화 과정 3단계를 이해한다.
08. 마이켄바움의 스트레스 면역 훈련의 주요 개념과 단계를 이해한다.
09. 다문화 관점에서 보는 인지행동 치료의 강점과 약점을 이해한다.
10. 상담 과정에서 잘못된 신념을 다루는 합리적 정서행동 치료와 인지 치료의 전략 차이를 이해한다.
11. 인지행동 치료 실행에 관한 엘리스와 벡, 패디스키, 마이켄바움의 주요 차이를 이해한다.

도입

학습 목표 01 9장에서 살펴보았듯이 전통적 행동 치료는 주로 인지행동 치료 형태로 확장되었다. 이번 장에서는 초기 인지행동 접근 중 일부를 소개할 것이다. 앨버트 엘리스(Albert Ellis)의 합리적 정서행동 치료(rational emotive behavior therapy: REBT), 에런 벡과 주디스 벡(Judith Beck)의 인지 치료(cognitive therapy: CT), 크리스틴 패디스키(Christine Padesky)의 강점 기반 인지행동 치료(strengths-based CBT: SB-CBT), 도널드 마이켄바움(Donald Meichenbaum)의 인지행동 치료. 이 모든 접근은 인지행동 치료라는 공통 범주로 묶을 수 있다.

모든 인지행동 접근들은 9장에서 기술한 전통적 행동 치료의 기본 특징과 가정을 공유하고 있다. 전통적인 행동 치료처럼 인지행동 접근 역시 다양하지만 다음과 같은 특징을 강조한다는 점에서 유사성이 있다. (1) 내담자와 상담자의 협력적 관계, (2) 심리적 어려움은 주로 인지 과정의 혼란으로 인해 발생한다는 관점, (3) 감정과 행동의 적응적 변화를 생성하기 위한 인지적 변화 강조, (4) 현재를 강조하고 단기 상담 지향, (5) 상담자의 적극적이고 능동적인 태도, (6) 구조화된 구체적인 표적 문제에 초점을 맞추는 교육적 개입(A. Beck & Weishaar, 2014). 더하여 인지 치료와 인지행동 치료는 일반적으로 구조화된 심리교육 모형에 기초하고 있으며, 과제(숙제)의 기능을 강조하고 상담 회기 동안 혹은 일상생활에서 내담자가 적극적인 역할을 하는 내담자 책임성을 강조하며 강력한 치료적 동맹 관계를 강조하고 변화를 이끌어내기 위해 다양한 인지적 전략과 행동적 전략을 사용한다. 상담자는 내담자가 자신과 세상을 어떻게 이해하고 있는지 점검해보도록 돕고 새로운 생각과 행동을 실험해보도록 격려한다(Dienes, Torres-Harding, Reinecke, Freeman, & Sauer, 2011).

일반적으로 인지 치료와 인지행동 치료 모두 신념과 행동, 정서, 신체적 반응이 긴밀하게 연결되어 상호작용한다고 가정한다. 특정 영역에서의 변화는 다른 영역의 변화를 이끈다. 신념만이 상담의 유일한 표적은 아니지만, 일반적으로 변화가 지속되려면 신념이 바뀌어야 한다. 인지행동 치료는, 자기 진술을 재구조화하면 행동 역시 재구조화할 수 있다고 가정한다. 인지행동 상담자들은 사고의 주관적 과정과 내적 대화를 변화시키는 전략에 더해서 조작적 조건형성과 모델링, 행동 연습과 같은 행동주의 기법들을 활용한다. 상담자들은 내담자가 상담 과정 중에 다양한 행동실험을 통해 자신의 신념을 직접 점검해볼 수 있도록 돕는다. 인지행동 접근에는 다양한 행동적 전략들(9장에서 논의한)이 통합되어있다.

CengageBrain.com에 방문하거나 『심리상담과 치료의 이론과 실제: 스탠의 사례와 해설 DVD』 10장 부분의 DVD 프로그램을 시청하라. 그리고 각 장을 읽기 전에 DVD에 있는 각 장에 대한 간략한 소개 내용을 살펴보라.

Albert Ellis

앨버트 엘리스(Albert Ellis, 1913-2007)는 피츠버그에서 태어나서 4세 때 뉴욕으로 이주한 후 1년간 뉴저지에서 살았던 것을 제외하고는 평생 뉴욕에서 살았다. 어렸을 때 신장염으로 9회나 병원에 입원했고 19세 때 신장 당뇨가 발병하기 시작했으며 40세에는 당뇨병으로 고생했다. 건강을 잘 챙겨 건강 문제로 힘들어하지 않기로 결심한 후 93세에 세상을 떠날 때까지 강건하고 활력 있는 삶을 살았다.

엘리스는 자신이 상담을 잘하고 즐거워한다는 것을 깨달으면서 심리학자가 되기로 결심했다. 그는 정신분석이 상담의 매우 심오한 형태라고 생각해 분석 전문가로부터 정신분석과 지도감독을 받았다. 그러나 정신분석을 받은 내담자들의 회복이 더딘 것에 실망하면서 오히려 내담자가 자신과 문제에 대해 생각하는 방식을 바꾸자 더 빨리 회복된다는 것을 발견하게 되었다. 1955년 초에 그는 합리적 상담이라 부른 심리치료를 개발하였으며 그 후 합리적 정서 치료로 명칭을 수정했다가 최종적으로 합리적 정서행동 치료로 명명하였다. 엘리스는 인지행동 치료의 창시자로 불린다.

엘리스는 청년기에 자기 문제를 해결하면서 자신만의 접근법을 개발했다. 예를 들어, 엘리스는 사람들 앞에서 말하는 것에 대해 강한 공포를 느꼈고 청소년기에는 여성이 주변에 있기만 해도 심하게 부끄러워했다. 19세 때 스스로 용기를 내서 한 달 동안 처음 보는 100명의 여성에게 힘들지만 억지로 말을 걸기도 했다. 이 짧은 만남들이 데이트로 연결되지는 않았지만 여성의 거부에 대한 공포를 감소시킬 수 있었다고 회고했다. 엘리스는 인지행동 기법을 적용하여, 자신이 가진 최악의 정서적 어려움을 극복했다(A. Ellis, 1994, 1997).

엘리스의 강연을 들은 사람들은 화려하지만 거칠고 유머러스한 표현에 대해 지적하기도 했다. 그는 워크숍에서 비속어를 써가며 강연을 하는 것과 같이 자신의 별난 점을 드러내는 것을 즐겼다. 상담과 합리적 정서행동 치료 교육을 매우 즐겼으며 그 일에 열정을 쏟고 헌신했다. 그가 가는 곳마다 워크숍을 진행했는데 심지어 다음과 같이 말하기도 했다. "그곳이 (인도) 타지마할이라 할지라도 워크숍 진행을 부탁하는 것이 아니라면 나는 가지 않겠다."

엘리스는 호주 출신 심리학자인 데비 조프(Debbie Joffe)와 2004년 11월에 결혼했으며 그녀를 "내 생애에서 가장 위대한 사랑"이라고 불렀다(A. Ellis, 2008). 두 사람은 삶의 목표와 이상을 공유했으며 워크숍에서 한 팀으로서 활동했다. 앨버트 엘리스와 합리적 정서행동 치료 역사에 대해 더 자세하게 알고 싶다면, 『합리적 정서행동 치료(Rational Emotive Behavior Therapy: It works for Me—It Can Work for You)』(A. Ellis, 2004a)와 『전심을 다해! 자서전(All Out! An Autobiography)』(A. Ellis, 2010)을 보라.

앨버트 엘리스의 합리적 정서행동 치료

도입

합리적 정서행동 치료(Rational Emotive Behavior Therapy: REBT)는 최초의 인지행동 치료 중 하나였으며, 지금도 중요한 인지행동 접근 중 하나로 활용되고 있다. 합리적 정서행동 치료는, 사고와 판단, 의사결정, 분석, 행동 등을 강조하며 인지와 행동을 지향하는 여러 상담들과 공통점이 많다. 합리적 정서행동 치료의 기본 가정에 따르면, 사람들은 사건과 상황에 대한 딱딱하고 극단적인 해석 때문에 구체적인 증상과 심리적 문제를 갖게 된다. 합리적 정서행동 치료는 인지와 정서, 행동이 중요한 방식으로 서로 영향을 미치며 호혜적 인과관계를 형성한다고 가정한다. 합리적 정서행동 치료는 일관성 있게 이 세 양상 모두와 이들의 상호작용을 강조하는 통합적 접근이라는 특징을 갖고 있다(A. Ellis & Ellis, 2011, 2014; D. Ellis, 2014).

일반적으로 합리적 정서행동 치료가 현대 인지행동적 접근의 모체로 인정받고 있기는 하지만, 그 전에도 이런 관점을 가진 학파는 존재했다. 엘리스는 아들러를 합리적 정서행동 치료의 개념적 틀 형성에 기여한 선구자로 보았고, 카렌 호나이(1950)의 '당위의 횡포' 개념 역시 합리적 정서행동 치료의 개념적 틀 형성에 기여했다고 말했다. 엘리스는 자신이 고대 그리스 철학자, 특히 스토아학파의 에픽테토스(Epictetus)의 영향을 받았다고 말했다. 에픽테토스는 2,000여 년 전에 다음과 같이 말했다. "인간은 사건 때문이 아니라 그것을 받아들이는 관점 때문에 고통받는다"(Ellis, 2001a, p.16). 엘리스는 에픽테토스의 격언을 다음과 같이 수정할 수 있다고 말했다. "사람들은 사건 자체보다 그 사건과 관련된 딱딱하고 극단적인 신념 때문에 고통받는다."

합리적 정서행동 치료의 기본 가설은 정서가 주로 신념과 평가, 해석, 생활 사건에 대한 반응을 통해 유발된다는 것이다. 상담 과정을 통해 내담자는, 과거에 획득되어 자기 구조화되고 지금은 자기 암시를 통해 유지되는 비합리적 신념(irrational belief)들을 규명하고 논박하기 위한 기술을 배운다. 내담자는 비효율적인 사고방식을 효율적이고 합리적인 것으로 대체하여 그 상황에 대한 정서적 반응을 변화시키게 된다. 이러한 상담 과정을 통해 내담자는 지금 경험하는 문제뿐만 아니라 삶의 다른 문제들과 미래에 닥칠 수 있는 많은 문제들에도 합리적 정서행동 치료의 원리를 적용할 수 있게 된다.

상담 과정의 상당 부분을 **교육 과정**이 차지하고 있다. 상담자는 여러 면에서 '교사' 역할을 하는데, 특히 과제를 도와주고 일관성 있는 사고 전략을 가르친다. 내담자는 학생이 되어 상담 과정 중에 배운 새로운 기술을 일상생활에서 실천한다.

주요 개념

정서장애에 대한 관점

합리적 정서행동 치료에 따르면 우리는 아동기에 중요한 타인으로부터 비합리적 신념을 처음 배우기는 하지만 스스로 비합리적 독단이나 근거 없는 믿음을 만들어내기도 한다. 그것은 자기 암시와 반복의 과정을 통해 자기 패배적 신념을 강화하고, 비합리적 신념이 유용한 것처럼 행동함으로써 강화된다. 따라서 역기능적 태도가 지금도 우리에게 영향을 미치는 것은 부모들이 여전히 비합리적 신념을 주입하고 있기 때문이라기보다, 초기 삶에서 학습한 비합리적 사고를 우리 스스로가 반복하고 있기 때문이다.

엘리스에 따르면 대부분의 정서장애의 핵심은 비난이다. 만약 심리적으로 건강해지고 싶다면 자기 자신이나 타인에 대한 비난을 멈추고, 불완전한 자기 자신을 온전히 그리고 무조건적으로 수용하는 것을 배워야 한다. 엘리스(A. Ellis & Blau, 1998; A. Ellis & Harper, 1997; A. Ellis & Ellis, 2011)는 우리가 소망하거나 선호하는 것에 대해서는 '하지 않으면 안 된다', '반드시 해야 한다', '당연히 해야 한다' 등의 당위적 신념을 갖고 있다는 가설을 세웠다. 우리가 정서적 혼란에 빠져 있다면 '반드시 해야 한다'와 '당연히 해야 한다' 등의 드러나지 않는 신념이 작동하고 있는지 주의 깊게 살펴야 한다. 이러한 요구들은 분열적 감정과 역기능적 행동을 만들어낸다(A. Ellis, 2001a, 2004a)

필연적으로 자기 패배감을 일으키는 내면화된 **세 가지 기본 당위적**(비합리적) **신념들**이 있다(A. Ellis & Ellis, 2011).

1. '나는 언제나 잘해야 하고 다른 사람들로부터 사랑과 인정을 받아야 한다.'
2. '다른 사람들은 내게 언제나 공정하고 친절하며 잘해야 한다.'
3. '세상과 내 삶의 조건은 언제나 편안하고 만족스러워야 하며 내가 원하는 방식대로 구성되어야 한다.'

우리가 일상에서 심리적 건강을 성취하고 유지하는 것이 어려운 이유는 이런 자기 패배적 신념들을 내면화하여 스스로를 정서적으로 혼란스럽게 만드는 경향이 강하기 때문이다(A. Ellis, 2001a, 2001b).

ABC 모형

학습 목표 02 ABC 이론은 합리적 정서행동 치료 이론과 실제의 핵심이다. 이 모형은 내담자의 감정과 사고, 사상, 행동 등을 이해할 수 있는 유용한 틀을 제공한다(A. Ellis & Ellis, 2011). A는 사실, 발생한 사건, 개인의 행동이나 태도 등이며, C는 그 사람의 정서적이고 행동적인 결과 혹은 반응이다. 반응은 적절할 수도 있고 부적절할 수도 있다. A(발생한 사건)가 C(정서적 결과)의 직접적 원인이 아니다. A에 대한 개인의 해석에 활용되는 B(신념)가 주로 정서 반응인 C의 원인이 된다.

예를 들어, 어떤 사람이 이혼 후에 우울증에 걸렸다면 우울 반응을 일으킨 것은 이혼 그 자체가 아니라 자신의 인생이 실패했다는 해석 혹은 믿음이다(D. Ellis, 2014). 엘리스는 이혼이라는 실제적 사건(A)이 아니라 거부와 실패에 대한 신념(B)이 우울증이라는 결과(C)를 일으킨다고 주장한다. 사람 그 자체가 정서적 반응과 혼란의 주원인이라는 믿음을 가지고, 혼란스런 정서적 반응의 직접적 '원인'이 되는 비합리적 신념을 변화시킬 수 있는 방법을 제시하는 것이 합리적 정서행동 치료의 핵심이다(A. Ellis & Ellis, 2011; A. Ellis & Harper, 1997).

A, B, C 다음에 D(논박)가 있다. 본질적으로 D는 내담자가 비합리적 신념에 도전하

도록 돕는 과학적 방법이다. 이러한 논박 과정의 3요소로 탐지, 반박, 변별이 있다. 내담자는 자기 파괴적인 비합리적 신념들을 합리적인 신념들과 구분하는 방법을 배운다(A. Ellis & Ellis, 2011). 당위적 형태의 비합리적 신념을 자각할 수 있게 되면, 그 신념들을 논리적으로 논박하며 경험적이고 실용적인 측면에서 검토하는 방법을 배운다. 이를 통해 내담자는 비합리적인 신념과 행위로부터 스스로 벗어나기 위해 노력한다. 합리적 정서행동 치료는 내담자의 비합리적 신념을 최소화하기 위해 다른 많은 인지적, 정서적, 행동적 기법들을 사용하기도 하지만, 상담 장면과 일상에서 논박하기(D) 과정을 강조한다. 결국 내담자는 유용한 측면을 가지는 효율적 철학인 E에 도달한다. 새롭고 효율적인 신념체계가 건강하지 못한 사고를 건강한 사고로 대체한다. '과제(숙제)'는 상담 목표 달성과 개인적 통찰을 촉진하고 유지하는 데 도움이 된다.

상담 과정

상담 목표

합리적 정서행동 치료에서 사용하는 많은 방법들은 내담자가 더 현실적이고 실현 가능한 인생철학을 습득함으로써 정서적 혼란과 자기 손상 행동을 최소화하는 것을 목표로 한다. 합리적 정서행동 치료의 과정에는 내담자와 상담자가 협력하여 현실적이고 자기 고양적인 상담 목표를 선택하는 노력이 담겨 있다. 상담자의 과제는 내담자가 현실적 목표와 비현실적 목표를 구분하고 자기 손상 목표와 자기 고양 목표를 구분하도록 돕는 것이다. 기본 목표는 내담자에게 역기능적 정서 및 행동을 건강한 정서 및 행동으로 변화시키는 방법을 가르치는 것이다. 엘리스와 엘리스(A. Ellis & Ellis, 2011)에 따르면 합리적 정서행동 치료의 또 다른 목표는 내담자의 **무조건적 자기 수용**(unconditional self-acceptance: USA)과 **무조건적 타인 수용**(unconditional other-acceptance: UOA), **무조건적 인생 수용**(unconditional life-acceptance: ULA)을 돕는 것이다. 내담자가 자신을 수용할 수 있게 될 때 타인과 인생 또한 무조건적으로 수용할 수 있게 된다. 엘리스는 다음과 같은 유명한 말을 남기기도 했다. "인생에 즐거움이 있는 만큼 고통도 있게 마련이다. 현실적인 생각을 통해 당신이 할 수 있는 만큼 인생의 즐거움을 느끼고 향유하되, 변화시킬 수 없다면 고통도 받아들이라"(A. Ellis & Ellis, 2011, p.48).

상담자의 기능과 역할

상담자의 구체적인 역할은 다음과 같다. 첫 번째 단계로 '……하지 않으면 안 된다', '반드시 ……해야 한다'와 같은 비합리적 신념을 내담자가 얼마나 많이 가지고 있는지 볼 수 있게 도와야 한다. 상담자는 내담자의 비합리적 신념을 논박하고, 내담자가 자기 손상 신념에 맞서 '반드시 ……해야 한다'를 '……할 수도 있다'로 대체할 수 있도록 격려해야 한다.

두 번째 단계에서 상담자는 내담자가 비합리적이고 비현실적인 생각을 통해 자신의 정서장애를 지속시키고 있다는 것을 보여준다. 다시 말해서, 내담자 자신이 재교육을 통해 스스로 심리적 문제를 만들어내고 있다는 것이다. 엘리스는 우리의 정서적 운명에 대한 책임이 결국 자신에게 있다는 것을 강조한다(A. Ellis, 2004b, 2010).

비합리적인 생각을 자각하는 것을 넘어 내담자를 성장시키기 위해서 상담자는 세 번째 단계를 통해 내담자가 신념을 수정하고 비합리적인 생각을 포기하도록 돕는다. 우리가 비합리적으로 생각하는 방식을 모두 없앨 수는 없지만 그러한 생각을 줄여가는 노력은 지속할 수 있다. 상담자는 내담자가 자동적으로 따랐던 비합리적 신념을 자각하고 그 신념이 어떻게 지속되는지 이해하며 지속적인 노력을 통해 변화시킬 수 있다는 것을 기억하도록 돕는다.

네 번째 단계에서는 미래에 또 다른 비합리적 신념의 희생자가 되는 것을 피할 수 있도록 합리적인 인생철학을 개발하도록 격려한다. 구체적 문제나 증상만 상담하는 것으로는 새로운 비논리적 공포가 생기지 않을 것이라 보장할 수 없다. 따라서 상담자는 비합리적 사고의 핵심을 논박하고 내담자에게 비합리적 사고를 합리적 신념과 태도로 대체하는 방법을 가르치는 것이 바람직하다.

상담에서 내담자의 경험

상담 과정은 내담자의 현재 경험에 초점을 맞춘다. 인간중심 치료와 실존주의 치료와 마찬가지로 합리적 정서행동 치료는 주로 '지금 여기'의 경험과, 내담자가 이전에 구성했던 사고나 정서를 변화시키기 위해 내담자의 현재 능력을 강조한다. 상담자는 내담자의 초기 생활사를 탐색하거나 과거와 현재 행동을 연결시키는 데에 많은 시간을 할애하지 않는다. 합리적 정서행동 치료는 자유연상이나 꿈 해석, 전이 현상 등에 가치를 부여하지 않는다는 면에서 다른 치료적 접근과 차별화된다. 엘리스와 엘리스(A. Ellis & Ellis, 2014)는 전이를 강조하지 않았는데, 만약 전이가 발생하더라도 그것은 내담자의 욕구를 반영하고 있는 것이기 때문에 마주할 수 있도록 격려하면 된다는 입장을 취했다. 내담자가 추구하는 욕구가 비록 건강하지 않은 것이라 할지라도 상담자의 격려를 통해 변화될 수 있다.

내담자는 상담 회기 밖에서도 능동적으로 행동해야 한다. 행동 과제를 열심히 실천함으로써 내담자는 혼란스러운 감정과 행동을 야기한 부질없는 사고를 최소화할 수 있다는 것을 학습할 수 있다. **과제**(homework)는 상담자와 내담자의 합의하에, 정서와 태도 변화를 가져올 긍정적 행동을 실천하는 데 그 목표를 두고 세심하게 고안된다. 과제는 그다음 회기에서 점검되며, 이를 통해 내담자는 자기 손상 사고를 논박하는 데 효과적인 방법을 배운다. 상담 종결을 위해서 내담자는 상담 과정을 돌아보고 계획을 세우며, 지속되고 있거나 잠복하고 있는 문제에 대한 대처 전략을 확인한다.

상담자와 내담자의 관계

합리적 정서행동 치료는 본질적으로 인지적이고 능동적인 행동 과정을 강조하기 때문에 상담자와 내담자의 친밀한 관계를 요구하지 않는다. 로저스의 인간중심 치료에서와 마찬가지로, 합리적 정서행동 상담자는 내담자를 무조건적으로 수용해야 하며 내담자에게 자기 자신과 사람들을 무조건적으로 수용하도록 교육해야 한다. 상담자는 상담 과정을 숙지하고 있어야 하며 고통에 대한 인지가설을 내담자에게 교육할 수 있어야 하고 내담자 스스로 문제가 지속되는 과정과 변화를 위해 무엇을 할 수 있는지 이해할 수 있도록 도와야 한다. 통찰만으로 치료적 변화가 유발되는 것이 아니며 행위 또한 필요하다. 상담자는 내담자가 노력을 통해 성취한 변화에 대해서 지속적으로 격려해야 한다. 합리적 정서행동 상담자는 내담자(물론 상담자 자신도!)가 교육이나 독서 치료, 행동 수정 등 다양한 기법을 통해 도움을 받을 필요가 있는 불완전한 존재라고 가정한다(A. Ellis & Ellis, 2011, 2014; D. Ellis, 2014).

적용: 상담 기법과 절차

합리적 정서행동 치료의 실제

합리적 정서행동 상담자들은 중다양식적이며 절충적인 입장을 취한다. 합리적 정서행동 상담자는 내담자가 자기 손상 인지를 수정하고 합리적인 접근을 배우도록 돕기 위해 다양한 양식(인지적, 정서적, 행동적, 대인관계적)을 활용한다. 상담자는 기법 활용 과정에서 유연하고 창의적인 태도를 취해야 하며, 각 내담자의 독특한 욕구에 맞게 기법을 수정 적용할 수 있어야 한다(A. Ellis & Ellis, 2011; D. Ellis, 2014).

엘리스 박사가 구체적으로 인지 기법과 정서 기법, 행동 기법 등을 활용하여 어떻게 내담자인 루스를 상담했는지 보고 싶다면 『통합적 상담: 사례중심의 접근』(Corey, 2013) 8장을 참고하라. 중요한 인지 기법과 정서 기법, 행동 기법 등을 간단히 소개하면 다음과 같다(A. Ellis, 2004a; A. Ellis & Crawford, 2000; A. Ellis & Ellis, 2011).

학습 목표 03 **인지 기법** 합리적 정서행동 상담자는 상담 과정에서 강력한 인지적 기법을 사용한다. 상담자는 내담자가 스스로에게 끊임없이 말하고 있는 내용이 무엇인지 빠르고 직접적인 방법으로 보여준다. 그 후 현실에 기반을 둔 철학을 획득하도록 격려하면서 내담자가 이런 자기 진술을 더 이상 믿지 않도록 만들기 위해 자기 진술을 다루는 방법을 가르친다. 합리적 정서행동 치료는 생각하기와 논박, 논쟁, 도전, 해석, 설명, 교육 등의 전략을 주로 사용한다. 감정과 행동 변화를 지속시키는 가장 효율적 방법은 내담자의 사고방식을 바꾸는 것이다(A. Ellis & Ellis, 2011, 2014).

상담자가 활용할 수 있는 인지적 전략은 다음과 같다.

- **비합리적 신념 논박하기:** 가장 많이 사용되는 인지적 방법은 상담자가 내담자의 비합리적 신념을 적극적으로 논박하여 내담자 스스로 자신의 신념에 도전하는 방법을 학습시키는 것이다. 내담자가 비합리적 신념을 버릴 때까지 또는 적어도 강도가 약해질 때까지 '해야 한다', '하지 않으면 안 된다', '당연히 해야 한다'라는 등의 당위적 명제를 구체적으로 검토한다. 내담자가 자신에게 말하도록 배워야 하는 질문이나 진술의 예는 다음과 같다. '사람들이 나에게 왜 정당한 대우를 해야만 하는가?', '노력한 일이 성공적으로 마무리되지 못했다고 해서 완전히 실패한 것인가?'. '내가 원하는 직장을 구하지 못하면 실망스럽겠지만 충분히 견딜 수 있다.', '인생이 뜻대로 되지 않더라도 끔찍한 상황에 처한 건 아니다. 단지 불편할 뿐이다.'
- **인지 과제 수행하기:** 내담자는 문제 목록을 만들고 절대적 신념을 찾아내며 그 신념을 논박해야 한다. 내담자는 자신의 신념이 어떻게 문제를 일으키는지 생각하고 기록해야 하며 자기 손상 신념의 뿌리를 파헤치기 위해 노력해야 한다. 과제는 일상화된(내면화된) 당위적 자기 지시문을 찾아내는 데 도움이 된다. 이와 같은 방법을 통해 내담자는 단계적으로 불안을 감소시키고 기본적인 비합리적 신념에 도전하는 방법을 배우게 된다. 내담자는 코리(2017)의 『심리상담과 치료의 이론과 실제 학생용 매뉴얼』에 소개된 합리적 정서행동 치료 자조 매뉴얼을 활용할 수 있다. 내담자는 상담 회기 중에 이 양식들을 활용해서 자신의 신념을 비판적으로 평가할 수 있다. 내담자는 자신을 위험 상황에 노출시켜서 자기 제한적 신념에 도전하게 된다. 예를 들어, 상담자는 실패에 대한 공포 때문에 관객들 앞에서 연기하는 것에 대해 두려움을 느끼고 있는 배우에게 실제 무대에서 신념에 도전하도록 요구한다. 회기 중에 내담자는 실제 삶에서 시도해야 할 도전 과제에 잘 대응할 수 있도록 준비되어야 한다. 변화란 매우 어려운 과제다. 실제 삶에서 이와 같은 시도를 해보는 것은 내담자의 생각과 느낌, 행동을 변화시키는 데 매우 중요하다.
- **독서 치료:** 합리적 정서행동 치료와 나머지 인지행동 치료 접근들은 상담의 보조수단으로 독서 치료를 활용할 수 있다. 독서 치료는 비용-효과 측면에서 우수하고, 다양한 집단에 폭넓게 적용할 수 있다는 장점이 있다. 독서 치료 접근은 우울증을 포함하여 다양한 불안장애 문제에 효과가 있는 것으로 알려져 있다(Jacobs, 2008). 상담은 교육 과정과 유사하기 때문에, 내담자들은 『합리적 정서행동 치료(Rational Emotive Behavior Therapy: It Work for Me-It Can Work for You)』(A. Ellis, 2004a)나

엘리스의 다른 책(Ellis, 1999, 2000, 2001a, 2001b, 2005, 2010; A. Ellis & Ellis, 2011)과 같은 합리적 정서행동 치료 자조 관련 서적을 통해 도움을 받을 수 있다.

- **내담자 언어를 변화시키기**: 부정확한 언어가 왜곡된 사고과정의 원인 중 하나다. 내담자는 '반드시 해야 한다', '당연히 해야 한다', '하지 않으면 안 된다'라는 말들을 '하고 싶다', '하지 않는다면 좀 불편할 텐데' 정도의 표현으로 대체하는 법을 배운다. 무력함과 자기 비난적 언어를 사용하는 내담자는 새로운 자기 진술을 학습할 수 있고 그것은 그들이 다르게 사고하며 행동하도록 돕고, 그 결과 그들은 다르게 느끼기 시작한다.
- **심리교육적 방법**: 합리적 정서행동 치료 프로그램은 내담자에게 다양한 유형의 책과 DVD, 자료 등을 소개한다. 상담자는 내담자에게 문제의 본질과 어떻게 상담이 진행되는지 가르친다. 상담자들은 내담자에게 상담의 개념과 원리, 방법 등을 소개하는데, 그 내용과 과정, 필요성 등을 내담자가 잘 이해할 경우 상담 과정에 더 적극적으로 참여하게 된다(Ledley, Marx, & Heimberg, 2010).

정서 기법 합리적 정서행동 상담자는 무조건적 수용, 합리적 정서역할 연습, 모델링, 합리적 정서 상상, 수치심 공격 훈련 등을 포함하는 다양한 정서 기법을 활용한다. 여러 가지 정서적 기법들을 문제의 본질을 생생하게 드러내는 효과를 내지만, 결국 최종 목표는 내담자의 비합리적 신념을 논박하는 것이다. 이러한 기법은 상담 시간에 활용하기도 하지만 과제로 제공되기도 한다. 정서 기법의 목표는 단순히 정화를 돕는 것이 아니라 내담자의 사고, 정서, 행동을 변화시키는 것이다(A. Ellis, 2001b; A. Ellis & Ellis, 2011). 정서 유발 상담 기법은 다음과 같은 전략을 포함하고 있다.

- **합리적 정서 상상**: 이 기법은 새로운 정서 방식을 확립하도록 설계된 강렬한 정신 훈련이다(A. Ellis, 2001a, 2001b). **합리적 정서 상상**(rational emotive imagery: REI)에 참여한 내담자는 자신에게 일어났던 최악의 사건 중 하나를 생생하게 기억해내고 그 당시 경험한 부정적 기분을 자세히 묘사한 후, 스스로 부정적인 기분을 건강한 기분으로 변화시키는 방법을 훈련하여 그 상황에서 더 나은 행동을 선택할 수 있는 기회를 갖게 된다. 이 기법은 대인관계 및 개인에게 문제가 될 수 있는 여러 상황에서 유용하게 활용될 수 있다. 내담자가 일주일에 몇 번씩 몇 주일간 합리적 정서 상상 훈련을 한다면, 더 이상 부정적 사건으로 인해 과도한 분노를 경험하지 않게 될 것이다(A. Ellis, 2001a; A. Ellis & Ellis, 2011; D. Ellis, 2014).
- **유머**: 엘리스는 과도한 진지함 때문에 정서적 고통이 발생한다고 보았다. 그는 100개가 넘는 '합리적 유머송(Rational Humorous Songs)'(A. Ellis, 2005)을 만들고, 워크숍을 진행할 때마다 참여자들과 함께 이 노래를 불렀다. 합리적 정서행동 치료가

내세울 만한 것 중 하나는 상담을 통해 내담자가 좀 더 유머러스해지고 건강한 세계관을 갖게 된다는 것이다(A. Ellis 2004a, 2010). 유머는 인지적 정서적 측면의 변화를 이끄는 장점이 있다. 유머는 내담자가 고수하려는 생각의 불합리한 면을 드러내고, 내담자 자신이 아닌 그 생각(자기 손상 신념)을 웃어넘길 수 있도록 도와준다.

- **역할 연습**: 역할 연습에는 정서, 인지, 행동 요소가 모두 포함된다. 상담자는 내담자의 자기 대화가 고통을 만들어낸다는 것과 부적절한 감정을 건강한 감정으로 변화시킬 수 있다는 것을 보여주기 위해 개입할 수 있다. 또한 문제 상황에서 내담자가 어떻게 느끼는지 알아보기 위해 행동 시연을 해볼 수 있다. 예를 들어, 도순이라는 내담자가 시험에 떨어질까 두려워 대학원 응시를 미루려 한다고 가정해보자. 선택한 학교가 그를 받아주지 않았다는 생각은 '어리석은 존재'라는 평가와 함께 강한 수치심을 불러일으킬 것이다. 이와 같은 감정을 불러일으킨 비합리적 신념을 다루는 것에 상담 초점을 맞추게 되는데, 꼭 합격해야만 한다는 신념과 합격하지 못한 것이 바로 자신의 어리석음과 불완전함을 말해주고 있다는 생각을 논박하게 된다.
- **수치심 공격 훈련**: 엘리스는 행동에 따른 수치심과 불안을 감소시키는 것을 도울 수 있는 훈련법을 개발했다. 엘리스에 따르면 누군가 우리를 보고 멍청하다고 생각하더라도 이것이 비극적 일은 아니라고 스스로에게 말함으로써 수치심에 저항할 수 있다. **수치심 공격 훈련**(shame attacking exercises)은 수치심, 죄책감, 불안, 우울 등을 예방하거나 경감시키는 데 도움이 된다(A. Ellis, 1999, 2000, 2001a, 2001b, 2005, 2010; A. Ellis & Ellis, 2011, 2014). 이 훈련을 통해 내담자의 수치심이 경험 자체가 아닌 해석 때문에 나타난다는 것을 이해할 수 있도록 도울 수 있고 내담자의 자기수용과 책임감을 촉진할 수 있다. 내담자는 평소 두려워했던 행동을 실제로 수행하는 모험(과제)을 해야 할 수도 있다. 과제 훈련을 통해 내담자는 타인의 반응이나 거절에 영향을 받을지 여부를 스스로 선택하는 법을 배울 수 있다. 예를 들어, 내담자는 주의를 끌 만한 '화려한' 옷을 입을 수도 있고, 목청껏 노래를 부를 수도 있으며, 강의실에서 바보스러운 질문을 할 수도 있고, 식품점에서 왼손잡이용 렌치를 요구할 수도 있다. 이러한 과제를 실행함으로써 내담자는 사람들이 자신의 행동에 실제로 그렇게 많은 관심을 기울이지 않는다는 것을 알게 된다. 한 가지 기억할 것은, 이러한 훈련에 불법적이거나 자신 혹은 타인에게 해가되는 행동은 포함될 수 없다는 것이다!

행동 기법 합리적 정서행동 상담자는 대부분 표준적인 행동 치료 절차, 즉 조작적 조건 형성, 자기관리 원리, 체계적 둔감화, 이완 기법, 모델링 등을 활용한다. 실생활에서 실천하도록 요구하는 과제는 특히 중요하다. 과제는 체계적으로 수행되며 서식에 맞춰 기록되고 분석된다. 과제는 내담자에게 실생활에서 새로운 기술을 연습해볼 수 있는 기회를 제공하는데, 그 경험은 상담 회기 중 경험보다 가치 있다(Ledley et al., 2010). 과제에는 실생활에서 수행하는 둔감법(A. Ellis & Ellis, 2011)과 실제 상황에서의 노출이 포함되어있다. 내담자는 새롭고 어려운 행동을 실천하고, 이를 통해 자신의 통찰을 구체적인 행동으로 실현한다. 다르게 행동함으로써 내담자는 기능적 신념을 갖게 된다.

단기 상담에 적용하기

엘리스는 처음부터 합리적 정서행동 치료를 다른 치료 체계보다 더 효율적인 형태로 만들려고 노력했다. 합리적 정서행동 치료는 흔히 단기 상담으로 활용된다. 엘리스는 항상, 최고의 상담은 내담자에게 실제 삶의 문제를 다루는 효율적인 방법을 빠르게 가르치는 것이라고 주장했다. 합리적 정서행동 치료는 적용 대상(개인, 부부 또는 가족)에 관계없이 단기개입 형태로 활용하는 데 최적화되어있다. 내담자는 상담 과정을 통해 일상에서 활용 가능한 자가 상담 기술을 배운다(A. Ellis & Ellis, 2011).

집단상담에 적용하기

인지행동 치료(CBT) 집단은 상담센터와 지역 상담소에서 매우 인기가 높은 프로그램 중 하나다. 가장 많이 활용되는 인지행동 치료 집단 중 하나는 바로 합리적 정서행동 치료 원리와 기술을 활용한 집단이다. 합리적 정서행동 치료 집단 상담자는 집단 구성원들이 회기 중에 학습한 것을 일상에서 연습하도록 격려하는 적극적인 역할을 한다. 상담자는 내담자가 상담 회기 중에 경험하는 것도 가치 있게 여기지만, 회기와 회기 사이 그리고 집단이 종결된 후에도 이어지는 작업을 더 중요시한다. 집단이라는 맥락은, 내담자가 일상에서 새로운 문제를 만났을 때 스스로를 위로하고 자신과 타인을 무조건적으로 수용할 수 있도록 돕는 동료(집단 구성원)와 기술을 제공한다.

집단상담에서 구성원들은 서로서로에게 합리적 정서행동 치료 원리의 적용 방법을 가르친다. 엘리스는 개인 상담을 받고 있는 일부 내담자들에게 집단상담에 참여해볼 것을 권하기도 했다. 집단 구성원들은 (1) 신념이 어떻게 기분과 행동에 영향을 끼치는지 배우고 (2) 여러 구체적인 상황에서 자기 파괴적인 생각을 변화시키는 방법을 탐색하며 (3) 세계관(철학)을 변화시켜 증상을 경감시키는 방법을 배운다. 엘리스와 엘리스(A. Ellis & Ellis, 2011, 2014)는 집단 합리적 정서행동 치료가 주장 기술을 연습해볼 수 있는 기회와 다른 행동을 했을 때 발생할 수 있는 위험을 경험해볼 수 있는 기회, 자기 파괴적인 생각에 도전해볼 수 있는 기회, 타인과의 경험으로부터 배울 수 있는 기회, 치료적이고 사회적인 상호작용을 상담 회기 이후에도 경험해볼 수 있는 기회 등을 제공한다는 점에서 자주 활용될 필요가 있다고 말했다. 9장에서 소개한 행동 치료 기술을 포함하여 이번 장에서 소개한 인지적, 정서적, 행동적 기술 모두 집단상담에 적용 가능하다. 행동

Courtesy of Beck Institute for Cognitive Behavior Therapy. Bala Cynwyd, PA.
Aaron T. Beck

에런 벡(Aaron Temkin Beck, 1921-)은 로드아일랜드 주 프로비던스에서 태어났다. 그의 어린 시절은 비록 행복했지만, 8세 때 찾아온 신체 질병으로 위협받았다. 그 결과 혈관 손상의 공포와 질식에 대한 두려움, 건강에 대한 근심에 사로잡히기도 했다. 벡은 개인적 경험을 타인을 이해하고 인지 치료를 개발하는 데 활용했다.

브라운 대학을 졸업한 후 예일대 의대를 졸업하고 신경학자로서 수련을 시작했지만 수련의로 있는 동안 정신의학으로 전공을 변경했다. 벡은 프로이트의 우울증 이론을 타당화하려고 시도했지만 연구 결과는 프로이트의 동기 모형과 우울을 '자신을 향한 분노'로 보는 견해를 반박하는 것으로 나타났다. 따라서 벡은 관찰 결과를 근거로 새로운 우울증 모형을 만들려고 시도했고 이로 인해 수년 동안 정신의학계 동료들로부터 배척되고 고립되는 고통을 겪었다. 벡은 지속적인 연구를 통해 우울증에 대한 인지이론을 개발했는데 이 이론은 새롭고 포괄적인 개념을 담고 있다. 벡은 우울한 사람들의 인지에서 '인지적 왜곡'이라 부를 수 있는 논리적 오류가 작동하고 있음을 발견했다. 벡의 이론에 따르면, 부정적 사고는 기본적으로 역기능적 신념 및 가정을 반영한다. 이 신념이 상황적 단서에 의해 촉발되었을 때 우울 방식이 작동하기 시작한다. 벡은 역기능적 사고를 수정하는 과정에서 내담자가 적극적인 역할을 할 수 있으며 그렇게 함으로써 정신건강 문제에서 벗어날 수 있다고 주장했다. 벡은 정신병리 영역과 인지 치료의 활용에 대한 끊임없는 연구를 통해 미국 과학계에서 확고한 위치를 차지했다. 벡은 가장 영향력 있고 탄탄한 경험적 근거를 갖춘 심리치료 접근인 인지 치료의 창시자다. 그는 과학자로서 심리치료와 자살 연구 분야에 끼친 공로를 인정받아 다양한 상을 수상했으며 노벨의학상 후보에 오르기도 했다.

벡은 1954년 펜실베이니아 대학 정신의학과에 부임했으며 현재는 명예교수로 있다. 벡의 선구적인 연구는 우울증에 대한 인지 치료의 효율성을 확립했다. 그는 인지 치료를 우울증, 일반화된 불안과 공포장애, 자살, 알코올 의존증과 약물남용, 섭식장애, 부부 문제와 대인관계 문제, 정신증적 장애, 성격장애 등에 성공적으로 적용시켰다. 또한 우울증, 자살 위험, 불안, 자기개념, 성격에 대한 평가 척도를 개발했다.

그는 연구를 수행하고 수련을 제공하는 벡 연구소의 창시자인데, 이 연구소는 현재 벡의 네 자녀 중 한 명인 주디스 벡(Judith Beck)이 관리하고 있다. 벡은 60년이 넘는 결혼생활을 통해 9명의 손자와 5명의 증손자를 두었다. 벡은 전 세계에 수만 명이 넘는 상담자들의 인지 치료 기술을 발전시키는 데 관심을 기울이고 있다. 그들이 세계 각지에서 다양한 형태의 인지치료센터를 설립 운영하고 있기 때문에, 벡은 인지 치료 공동체가 전 세계적으로 협력하며 온정적이면서도 강력한 힘을 가진 집단으로 성장하길 바라는 비전을 가지고 있다. 활발한 저술 및 연구 활동을 통해 24권의 책과 600편 이상의 논문, 여러 편 저작물을 집필했다. 에런 벡에 대해 더 자세히 알고 싶다면 『에런 벡(Aron T. Beck)』(Weishaar, 1993)이나 『에런 벡: 마음, 사람, 멘토(Aron T. Beck: Mind, Man and Mentor)』(Padesky, 2004)를 보라.

Courtesy of Beck Institute for Cognitive Behavior Therapy. Bala Cynwyd, PA.
Judith S. Beck

주디스 벡(Judith S. Beck, 1954-)은 필라델피아에서 에런 벡의 둘째 딸로 태어났다. 그녀의 부모는 모두 전문 영역에서 두각을 나타낸 인물이었는데, 아버지는 인지 치료의 창시자였으며 어머니는 펜실베이니아 고등법원의 첫 여성 판사를 지낸 인물이다. 어린 시절 벡은 교사가 되고 싶어 했고 그 결과 특수아를 가르치는 일로 전문적인 직업 활동을 시작했다. 복잡한 주제를 쉽게 풀어내는 그녀의 능력은 학습이 어려운 아동들을 교육할 때뿐만 아니라 이후 그녀가 몸담은 전문 활동 전반에서 드러난 특성이다.

벡은 대학원 과정에 입학해서 교육학과 심리학을 전공했으며, 펜실베이니아 대학 인지행동 치료센터에서 박사 후 과정을 이수했다. 1994년 그녀와 그녀의 아버지는 필라델피아 인근에 비영리 벡 인지 치료 연구소를 설립했고 현재 그녀는 이 연구소의 대표로 활동하고 있다. 최고의 훈련 기관인 이 연구소는 미국뿐만 아니라 전 세계에 있는 군 가족, 보건 및 정신건강 분야 훈련생과 전문가들에게 다양한 단계의 인지 치료 워크숍과 슈퍼비전을 제공하는 데 헌신하고 있다.

벡은 미국 내뿐만 아니라 세계 곳곳을 다니며 인지행동 치료를 전파하고 있으며 인지 치료 프로그램을 개선하고 강화하는 다양한 기관들을 지원하고 있다. 그녀는 인지 치료 관련 블로그에 다양한 글을 쓰고 『인지 치료 투데이(Cognitive Therapy Today)』의 편집과 e-뉴스레터 발간을 책임지고 있다. 그녀는 널리 활용되고 있는 자기보고식 성격신념척도(Personality Belief Questionnaire)와 7~18세 아동들의 우울증, 불안, 품행, 자기개념, 분노 문제 등을 선별할 수 있는 벡 청소년 척도 II(Beck Youth Inventories II)의 공동 개발자다.

벡은 펜실베이니아 대학의 임상 부교수로 재직 중이며 전 세계 인지 치료 조직의 모체에 해당하는 인지 치료 아카데미 설립에 주된 역할을 했다. 그녀는 인지 치료에 관한 100편에 이르는 논문과 글을 썼으며, 『인지행동 치료(Cognitive Behavior Therapy: Basics and Beyond)』(Beck, 2011a), 『도전적 문제들의 인지 치료(Cognitive Therapy for Challenging Problems: What to Do When the Basics Don't Work)』(Beck, 2005), 식습관 조절을 위한 대표적인 인지행동 프로그램이 소개된 『인지 치료 워크북(Cognitive Therapy Worksheet Packet)』(Beck, 2011b) 등을 집필했다. 주디스 벡은 34세에 결혼했고 성인이 된 3명의 자녀를 두었는데 그중 한 명은 인지 치료에 전문성을 갖춘 사회복지사로 일하고 있다.

과제와 기술 훈련은 집단 형태로 실행하기 좋은 전략이다. 집단상담에 합리적 정서행동 치료를 적용하는 방법에 대해 좀 더 자세히 알고 싶다면 코리(2016)의 저서 14장을 보라.

에런 벡의 인지 치료

도입

학습 목표 04 에런 벡은 엘리스가 합리적 정서행동 치료를 개발한 시점과 유사한 시기에 **인지 치료**(Cognitive therapy: CT)를 개발했다. 벡과 엘리스는 그 당시 서로를 알지 못했고, 둘은 독립적으로 상담법을 개발한 것이다. 엘리스는 철학 교의에 기초해서 합리적 정서행동 치료를 개발한 반면, 벡은 경험적 연구에 기초해서 인지 치료를 개발했다(Padesky & Beck, 2003). 합리적 정서행동 치료처럼 인지 치료도 교육과 예방을 강조하지만 특정 문제에 최적화된 구체적 기법을 사용한다. 인지 치료의 특수성 덕분에 상담자는 평가와 개념화, 상담 전략을 체계적으로 연결해서 활용할 수 있다.

에런 벡(1963, 1967)은 우울증을 위한 증거 기반 치료 개발에 착수했는데, 경험적 연구를 통해 이론적 구성개념을 검증했고, 우울증에 적용되던 기존 심리치료 및 약물 치료와 인지 치료의 효과를 비교하기 위해 통제된 연구를 수행했다. 전 세계에 있는 동료 연구자들 역시 벡의 신중한 경험적 접근을 따랐다. 증거 기반 인지 치료 접근은 우울증을 포함하여 공황장애, 사회불안, 공포증, 외상 후 스트레스 장애, 조현병 및 기타 정신증, 건강염려증, 신체이형장애, 섭식장애, 불면증, 분노 문제, 스트레스, 만성통증 및 피로, 암과 같은 일반적인 의학적 상태로 인한 고통 등에 광범위하게 적용되었다(Hofmann, Asnaani, Vonk, Sawyer, & Fang, 2012; White & Freeman, 2000).

우울증에 대한 벡의 초기 연구에 따르면 우울한 내담자는 인지적 왜곡을 통해 삶의 경험들을 부정적으로 해석하는 경향을 가지고 있다(A. Beck, 1967). 이러한 이해는 벡으로 하여금 우울한 내담자를 상담할 때 부정적 생각을 자각하고 변화시키도록 돕는 것이 효과적이라고 믿게 만들었다. 엘리스와 다르게 벡은 부정적인 생각이 우울증의 유일한 원인은 아니라고 생각했다. 벡의 연구에 따르면 우울증은 부정적인 생각뿐만 아니라 유전적, 신경생물학적, 환경적 변화 요인에 의해서도 발생한다. 벡의 초기 업적 중 하나는, 누군가 우울증에 걸렸고 아직 그 이유를 알지 못한다 하더라도 자신(자기 비난)과 세상(비관주의), 미래(무망감)에 대한 부정적 관점, 즉 **인지삼제**(negative cognitive triad)라 부르는 비합리적 신념들을 가지고 있을 것이라는 예측이 가능하도록 해준 것이다. 벡은 부정적 생각이 우울증 발생의 원인이 아닌 경우에도 인지삼제로 인해 우울증이 지속된다고 믿었다(A. Beck, 1967; A. Beck, Rush, Shaw, & Emery, 1979).

인지 치료는 합리적 정서행동 치료 및 행동 치료와 유사점이 많다. 이 상담법들은 모두 활동적이고 지시적이며 단기 접근을 지향하고 현재 중심적이며 문제 지향적이고 협력적이며 구조화되어있고 경험적이다. 모두 과제를 수행해야 하며 내담자 스스로 문제 및 관련 상황을 파악할 수 있어야 한다(A. Beck & Weishaar, 2014). 합리적 정서행동 치료와 유사하지만 행동 치료와는 다르게 인지 치료는 경험을 어떻게 지각하고 구조화했는지에 따라 각 개인이 느끼고 생각하는 방식이 결정된다는 이론적 가정에 근거하고 있다. 인지 치료의 이론적 가정은 (1) 내적 의사소통은 내성법을 통해 접근 가능하고, (2) 내담자의 신념은 개인적으로 매우 의미가 있으며, (3) 이 의미는 상담자가 해석해주거나 가르쳐주지 않아도 내담자가 스스로 발견할 수 있다(Weishaar, 1993).

벡은 초기에, 불안이나 우울, 분노 문제를 가지고 있는 사람들에게 동일한 철학적 원리를 교육했던 엘리스와 다르게 문제별로 특화된 상담 프로토콜을 만들었다. 이와 같은 차이에도 불구하고 현재 행동 치료나 합리적 정서행동 치료, 인지 치료를 활용하고 있는 임상가들은 서로에게서 배우고 있으며, 임상 현장에서는 각 학파가 활용하고 있는 기법들이 공유되고 있다. 오늘날 가장 권장되는 방식은 그 기원이 어디에 있든 간에 연구를 통해 특정 문제에 가장 효과적인 것으로 밝혀진 '증거 기반 치료법'을 제공하는 것인데, 예를 들어 공포증을 치료할 때는 행동 기법이 권장되고 공황장애를 치료할 때는 인지 기법이 권장된다. 많은 상담자들은 본인들이 초기에 행동 치료와 합리적 정서행동 치료, 인지 치료, 그 어느 것으로 훈련받았는지에 관계없이 스스로를 인지행동 치료 상담자로 규정한다.

포괄적인 인지 모형

인지 치료에 관한 지난 50년간의 연구와 임상 경험을 근거로 벡은 정신증과 물질 사용을 포함하여 우울증과 불안장애 상담을 위한 인지 치료 원리를 담은 **포괄적 인지 모형**(generic cognitive model)을 제안했다(A. Beck & Haigh, 2014). 적응적 인간 반응과 심리적 문제 사이의 관계를 살핀 후 벡은 포괄적 인지 모형이 "유일하게 경험적 근거를 갖춘 보편 정신병리 이론"(A. Beck & Haigh, 2014, p.21)이라고 믿게 되었다. 포괄적 인지 모형은 심리적 문제에 관한 종합적인 이해의 틀을 제공하는데 지금부터 핵심 원리를 소개하고자 한다. 벡은 인간의 인지와 행동, 정서를 가능한 한 정확히 이해하기 위해 동료 연구자들이 포괄적 인지 모형의 구성 요소들을 탐색해보도록 격려했다. 지금부터 포괄적 인지 모형을 구성하고 있는 주요 원리에 대해 살펴보자.

심리적 고통은 인간의 정상적인 적응 기능이 과도하게 활동해서 발생한 것으로 이해할 수 있다. 사람들이 정상적으로 기능할 경우에는 여러 상황에서 다양한 정서를 경험하며 적응적인 방향으로 문제를 풀어가고 목표를 성취하며 위험으로부터 자신을 보호할 수 있게 행동한다. 때때로 관계를 단절하고 통제할 수 없는 상황으로부터 벗어나며 답을 찾기 위해 고민하는 것은 정상적이다. 이와 같은 정상적인 정서 및 행동이 너무 자주 나타나서 기질과 같이 될 경우 심리적 장애가 발생하기 시작한다. 예를 들어, 어떤 사람이 대부분의 시간을 근심하면서 보내기 시작하면, 일반적으로 사람들이 쉽게 넘어가는 상황에서도 그는 범불안장애 증상을 보일 수 있다.

잘못된 정보처리는 적응적 정서 및 행동 반응을 과도하게 만드는 주요 원인이 될 수 있다. 우리의 생각은 정서적 반응과 행동, 동기와 직접적으로 연결된다. 어떤 일에 대해 오류가 있는 뒤틀린 방식으로 생각할 경우, 정서나 행동 반응 역시 과도해지거나 뒤틀릴 것이다. 벡은 일반적인 인지적 왜곡의 유형을 구분하여 소개했다.

- **근거 없는 추론**은 지지할 만한 적절한 증거 없이 결론에 도달하는 것이다. 이는 대부분의 상황에 대해 '파국' 혹은 극단적 시나리오를 생각하는 것이다. 예를 들어, 여러분은 유능한 상담자가 될 수 없을 거라는 확신을 가지고 상담자로서의 첫 직무를 시작할 수도 있다. 여러분은 교수님들을 속여서 그럭저럭 성적을 받을 수 있었지만 지금은 사람들이 여러분을 꿰뚫어볼 것이라고 확신하고 있을 수도 있다.
- **선택적 추론**은 경험의 일부를 근거로 결론을 내리는 것으로, 이 과정에서 다른 정보가 무시되고 전체적 맥락의 중요성이 간과되기도 한다. 문제가 되는 기본 가정은 실패와 박탈에 관한 것이다. 예를 들어 성공이 아니라 약점과 실수를 기초로 상담자인 자신의 가치를 평가하는 경우를 들 수 있다.
- **과잉 일반화**는 단 하나의 사건을 근거로 형성된 극단적 신념을 다른 상황이나 장면에 부적절하게 적용하는 것이다. 예를 들어, 어떤 청소년을 상담하면서 어려움을 경험한 후 청소년 상담에는 소질이 없다는 결론에 이르거나, 더 나아가 상담 자체에 소질이 없는 것 같다는 결론을 내리는 경우에 해당한다.
- **확대와 축소**는 어떤 경우나 상황을 실제 가치보다 크게 또는 작게 지각하는 것이다. 예를 들어 상담할 때 행한 작은 실수가 내담자를 위기에 빠뜨렸다고 믿거나 내담자에게 심리적 손상을 입혔다고 추측하는 경우를 들 수 있다.

- **개인화**는 관련지을 만한 근거가 없는데도 외적 사건과 자기 자신을 관련짓는 경향성이다. 내담자가 두 번째 회기에 오지 않은 경우, 첫 회기에서 자신이 잘못했기 때문이라고 믿는 경우를 예로 들 수 있는데, 여러분은 스스로에게 이렇게 말할지도 모른다. '이것은 내가 내담자를 실망시켰고 다시는 도움을 청하지는 못하게 만들었다는 증거다.'
- **꼬리표 달기와 낙인찍기**는 불완전성과 과거 실수에 근거해서 정체감을 묘사하고 이를 자신의 진정한 정체감으로 정의하는 것이다. 예를 들어 내담자의 기대에 부응하지 못했다는 생각이 들 때 이렇게 생각하는 것이다. '나는 전혀 가치 없는 인간이고 지금 당장 상담자 자격증을 반납해야 해.'
- **이분법적 사고**는 경험을 어느 한 극단으로 범주화하는 것이다. 이런 극단적 사고를 하게 되면 경험들을 흑백논리에 따라 분류하게 된다. 예를 들어 모든 내담자를 성공적으로 상담할 수 있는 완벽하고 유능한 상담자가 될 수 없다면, 그저 실패자일 뿐이라고 생각하는 경우를 들 수 있다.

신념은 우리가 어떤 심리적 고통을 경험할지 결정하는 주요 요소다. 정서 및 행동장애는 해당 문제를 유발하는 독특한 신념을 내포하고 있다. 대학에 지원했지만 합격하지 못한 두 명의 학생이 있다고 가정해보자. 한 명은 우울해졌고 다른 한 명은 불안해졌다면, 우울해진 학생은 '나는 실패했어.', '내 미래는 암울해.', '나는 절대 의대에 갈 수 없을 거야.'와 같은 생각을 했을 가능성이 높다. 반면, 불안해진 학생은 '내가 그 대학에 합격하지 못한 걸 사람들이 알면 나를 깔볼 거야.'(부정적 결과에 대한 과대평가), '사람들에게 뭐라고 말해야 할지 모르겠어.'(대처 능력에 대한 과소평가), '다른 의대에 지원해봐야 소용없을 거야.'(자원에 대한 과소평가)와 같은 생각을 했을 가능성이 높다.

인지 치료의 핵심은 '신념의 변화가 행동과 정서의 변화를 수반한다.'는 경험적 관찰 근거다(A. Beck & Haigh, 2014, p.14). 앞에서 예로 든 학생들이 처음 선택한 대학에서 입학하지 못한 경험을 다르게 해석할 수 있다면 그들의 우울과 불안은 감소할 것이다. 즉, 첫 번째 학생의 경우 불합격 통보를 받았을 때 '좀 더 준비된 학생들이 지원했던 모양이군. 내가 불합격했다고 해서 완전히 실패한 건 아니야. 내겐 다시 도전해볼 기회가 있어.'라고 생각한다면 우울한 기분은 감소할 것이다. 유사하게, 불안을 경험한 두 번째 학생도 '내가 처음으로 선택한 의대에 입학하지 못한 것이 얼마나 실망스러운지 다른 사람들에게 이야기할 수 있어. 당연히 나를 부정적으로 보는 사람들도 있겠지만, 나를 진심으로 아끼는 사람들은 누구나 실패할 수 있다고 말해주며 오히려 나를 격려해줄 거야.'라고 생각한다면 불안한 기분은 감소할 것이다.

신념이 바뀌지 않는다면 문제를 일으키는 또 다른 조건(상황)을 만나게 된다. 물론 상담을 받지 않거나 신념을 바꾸지 않더라도 우울하거나 불안한 기분을 떨쳐버리고 일상의 건강한 기능 상태를 회복할 수 있다. 그러나 기본적인 신념이 변하지 않았다면 새로운 스트레스 상황이나 실망스러운 일이 발생했을 때 심리적 문제가 다시 찾아올 가능성이 높다. 우울증과 불안장애 치료에 인지 치료나 인지행동 치료를 적용한 장기 추적 연구에 따르면 다른 치료법에 비해 재발률이 제일 낮은 것으로 나타났다(Hollon, Stewart, & Strunk, 2006). 이는 신념의 변화가 가져다주는 효과다.

인지 치료의 기본 원리

학습 목표 05 인지 치료에 따르면 심리적 문제는 일상에서 작동하는 인지적 왜곡의 결과가 누적되어 발생한다. 합리적 정서행동 치료처럼 인지 치료는 비현실적인 생각과 부적응적인 신념을 자각하고 변화시키는 것을 강조하는 심리교육적 요소를 내포한 통찰 중심 치료다. 인지 치료는 내담자의 적극적인 협력을 요구하고, 생각과 행동, 정서, 신체 반응, 상황 간의 관계를 내담자가 이해할 수 있도록 돕는 구체적인 학습 경험을 포함하고 있다(Greenberger & Padesky, 2016). 인지 치료의 목적은 내담자가 자신의 생각과 행동, 정서를 변화시키고 지속시키는 데 활용할 수 있는 실용적 기술을 학습하도록 돕는 것이다.

인지 치료를 통해 내담자는 자신이 가지고 있는 역기능적인 생각을 확인하는 방법을 배운다. 내담자가 인지적 왜곡을 확인하고 나면 그 생각과 관련된 증거를 검토하여 수정 여부를 판단하게 된다. 핵심 신념을 비판적으로 검토하는 과정에는 소크라테스식 대화에 적극 참여하기, 신념을 경험적으로 검증하고 과제 수행하기, 내담자의 가정에 관한 자료 수집하기, 활동 기록하기, 대안적 해석하기 등이 포함된다(Dattilio, 2000a; Freeman & Dattilio, 1994; Tompkins, 2004, 2006). 상담 초기부터 내담자는 자신의 행동에 대한 가설을 세우고 구체적인 문제해결 기술이나 대처 기술을 배운다. 상담자의 안내를 받으며, 내담자는 자신의 생각과 행동 및 정서 간의 연관성을 통찰하게 된다.

인지 치료는 내담자가 어떤 진단을 받았는지에 관계없이 현재 문제를 강조한다. 핵심 역기능적 신념이 언제, 어떻게 형성되었는지 확인해야 할 경우와 이 신념들이 개별 도식에 어떻게 영향을 주는지 확인해야 할 경우 상담자는 내담자의 과거를 다룰 수 있다(Dattilio, 2002a). 단기 치료적 속성을 가진 인지 치료의 목표는 내담자의 증상을 완화시키고 가장 고민스러운 문제를 해결할 수 있도록 지원하며 문제 유지에 기여하는 신념과 행동의 변화를 촉진하고 재발을 예방할 수 있는 전략이나 기술을 가르치는 것이다.

인지 치료와 합리적 정서행동 치료의 차이점 벡의 인지 치료와 합리적 정서행동 치료는 체계적인 현실 검증을 강조한다. 내담자는 상황을 잘못 해석했다는 사실을 경험적 수준에서 깨닫게 된다. 그러나 합리적 정서행동 치료와 인지 치료는 몇 가지 중요한 차이, 특히 상담 기법과 양식에서 차이가 있다.

합리적 정서행동 치료는 매우 지시적이고 설득적이며 직면적이다. 또한 상담자의 가르치는 역할을 중요시한다. 상담자는 합리적으로 생각하는 모형이 되고 내담자로 하여금 비합리적 신념을 발견해 논박하도록 돕는다. 반면에, 인지 치료는 소크라테스식 대화를 이용해 개인적 주제를 되돌아보고 자신만의 결론에 도달하게 하는 목표를 이루기 위해서 내담자에게 개방형 질문을 한다. 인지 치료는 합리적 정서행동 치료와 달리 내담자 스스로 잘못된 생각을 찾아내 확인하도록 격려하는 것을 강조한다. 인지 치료는 **협력적 경험주의**(collaborative empiricism) 원칙을 기초로 사려 깊은 질문을 통해 상담자는 내담자와 협력하여 신념(생각)의 타당성을 검토한다. 치료적 변화는 내담자가 모으고 평가한 증거와 신념이 서로 상반됨을 알아차릴 때 나타난다.

엘리스와 벡이 오류를 보는 관점에서도 차이가 나타난다. 합리적 논박 과정을 통해 엘리스는 내담자가 신념 중 일부를 비합리적이며 역기능적인 것으로 보도록 설득한다. 벡의 관점에 따르면 내담자의 왜곡된 신념은 비합리적 신념뿐만 아니라 인지적 오류에 의해서도 발생한다. 벡은 내담자에게 자신의 신념이 타당한지 스스로 검토해볼 수 있도록 행동 실험을 요구한다(Hollon & DiGiuseppe, 2011). 인지 치료 상담자는 역기능적인 신념이 전체 그림을 왜곡시키거나 너무 절대적이고 광범위하고 극단적일 때 문제가 된다는 관점을 취한다(A. Beck & Weishaar, 2014). 벡의 관점에 따르면 사람들은 규칙(전제나 공식)에 따라 살고 있다. 따라서 비현실적 규칙에 따라 분류하고 해석하고 평가할 때 또는 부적절하거나 과도하게 규칙을 사용할 때 어려움에 빠지게 된다. 자신을 불행으로 이끄는 규칙에 따라 살고 있다는 결론에 내담자 스스로 도달하게 되면, 상담자는 대안 규칙을 교육하는 것이 아니라 내담자 스스로 그 대안을 생각해보도록 격려한다. 인지 치료는 내담자의 참조 체계를 확인하는 것으로부터 시작하며, 상담자는 그 신념 체계의 타당성에 대한 증거를 지속적으로 요구한다.

상담자와 내담자의 관계

상담 관계는 인지 치료의 기초가 된다. 에런 벡에 따르면 효율적인 상담자가 되기 위해서는 기술적 능력과 함께 공감 능력과 민감성을 가져야 한다(A. Beck, 1987). 인간중심 접근에서 로저스가 말한 핵심 상담 조건이 충분조건은 아니지만, 인지 치료 상담자가 최고의 상담 효과를 얻기 위해 필요한 조건이다. 특히 까다로운 내담자와 작업할 때, 인지 치료의 첫 번째 단계는 상담 관계를 형성하는 것이다. 작업 동맹을 형성하지 못하면 상담 기술의 효과를 발휘하지 못한다(Dattilio & Hanna, 2012; Dienes et al., 2011). 상담자는 반드시 인지 중심의 사례 개념화를 해야 하며, 창조적이고 적극적인 자세를 취해야 하고, 내담자로 하여금 소크라테스식 문답 과정에 참여하도록 격려해야 하며, 내담자 스스로 자기 발견을 통해 변화에 이르도록 돕는 인지적이고 행동적인 전략에 익숙해져야 한다(A. Beck & Weishaar, 2014).

인지 치료 상담자는 항상 능동적인 자세로 내담자와 상호작용 하여 검증 가능한 가설 형태로 생각과 신념을 다루고 결론에 이르도록 도와야 한다. 상담자는 내담자의 신념과 태도가 감정과 행동에 어떻게 영향을 미치는지 이해하도록 돕는 분석가와 지도자 역할을 한다. 내담자는 자신이 가지고 있는 생각 중에서 왜곡된 부분을 확인하고 상담 과정을 통해 핵심을 요약하며, 실행하기로 약속한 과제를 수행해야 한다. 인지 치료 상담자는 내담자의 능동적인 역할을 강조한다. 내담자의 변화된 생각과 행동이 유지되려면 솔선과 이해, 인식, 노력 등이 필요하다(A. Beck & Weishaar, 2014; J. Beck, 2005, 2011a; J. Beck & Butler, 2005).

인지 치료 상담자는 구체적이고 측정 가능한 형태의 목표를 확인하고 내담자를 괴롭히는 핵심 영역을 직접 다룬다(Dienes et al., 2011). 특히 상담자들은 내담자에게 문제의 본질과 경과, 인지 치료 상담 과정, 그리고 생각이 정서와 행동에 어떻게 영향을 미치는지 등에 대해 교육한다. 내담자를 교육하는 방법 중 하나로 독서 치료를 들 수 있는데, 인지 치료의 원리와 기술을 이해할 수 있는 보충자료를 읽도록 하는 것이다. 이와 같은 읽을거리는 상담의 보조 자료로 활용될 수 있고, 교육적 초점을 통해 상담 과정을 촉진하는 데 도움이 되는 형태로 설계할 수 있다(Dattilio & Freeman, 2007; Jacobs, 2008). 이와 같은 용도로 활용하기 좋은 자조(self-help) 관련 서적의 예로 『기분 다스리기(Mind over Mood)』(Greenberger & Padesky, 2016)를 들 수 있다.

과제(숙제)는 실제 삶에서 인지행동 기술을 연습해볼 수 있는 기회를 제공하여 상담 효과를 촉진하기 때문에 인지 치료의 일부로 자주 활용된다(Dienes et al., 2011). 과제는 내담자에게 새로운 기술을 가르치는 것뿐만 아니라 자신의 신념을 일상 환경에서 검증해볼 수 있게 하는 데 그 목적이 있다. 과제는 일반적으로 내담자의 개방성을 증가시키는 실험 형태로 제시된다. 상담 회기에서 언급된 문제를 지속적으로 다룰 수 있는 자조 과제가 중요하다(Dattilio, 2002b). 내담자의 욕구에 과제가 부합하거나 내담자가 직접 과제 선정에 참여했거나 상담 회기 중에 이미 과제가 시작되었거나, 과제를 완성하지 못했을 경우 생기는 문제에 대해 이야기를 한 경우 내담자가 과제를 수행할 가능성이 더 높아진다(J. Beck, 2005). 탐킨스(Tompkins, 2004, 2006)에 따르면 내담자와 상담자가 협력적 방식으로 상호 동의하에 과제를 수행하는 것이 내담자와 상담자 모두에게 유익하다. 치료적 동맹 수준을 확인할 수 있는 지표 중 하나는 내담자가 과제를 얼마나 해오는지와 얼마나 잘하는지이다(Kazantzis, Dattilio, Cummins, & Clayton, 2014).

인지 치료의 적용

초기 인지 치료는 우울증을 치료하기 위해 개발되었지만, 이후 다양한 연구를 통해 여러 정신장애에 적용되었다. 인지 치료가 대중적 인기를 얻은 이유 중 하나는 인지 치료의 이론적 참조 틀에 대한 “강력한 경험적 지지와 임상적 모집단을 대상으로 한 많은 연구 결과들”(A. Beck & Weishaar, 2014, p.260) 때문일 것이다. 인지 치료에 관한 수많은 연구들이 이론적 기초의 타당성을 탐색했으며, 다양한 정신질환과 심리적 문제, 심리적 요소를 포함한 신체적 문제에 인지 치료가 효과적인지 탐색했다(Hofmann et al., 2012).

인지 치료는 우울증 상담뿐만 아니라 불안장애, 대마초 의존, 건강 염려증, 신체이형 장애, 섭식장애, 분노문제, 조현병, 불면증, 만성 통증에도 효과적인 것으로 나타났고(Chambless & Peterman, 2006; Dattilio & Kendall, 2007; Hofmann et al., 2012; Riskind, 2006), 자살 시도 행동, 경계성 성격장애, 자기애성 성격장애, 조현장애 등에도 유효했으며(Dattilio & Freeman, 2007), 부부 및 가족 상담이나(Dattilio, 1993, 1998, 2001, 2005, 2010; Dattilio & Padesky, 1990; Epstein, 2006) 아동학대 대상자 및 이혼 상담, 기술 훈련, 스트레스 관리 등(Dattilio, 1998; Granvold, 1994; Reinecke, Dattilio, & Freeman, 2002)에도 유효한 것으로 나타났다. 특히 아동 청소년의 우울증과 불안장애의 경우 약물 치료보다 더 효과적인 것으로 나타났다. 분명, 인지 치료 프로그램은 다양한 유형의 내담자와 모든 연령대에 적용 가능하다.

더하여 우울증과 불안장애에 대한 인지 치료의 효과는 다른 치료에 비해 지속성이 높은데, 특히 행동 치료와 함께 제공될 경우 긍정적 변화의 지속성이 높다. 인지 치료를 잘 활용한 사람일수록 약물 치료나 다른 치료적 개입을 받은 사람들에 비해 재발 위험성도 낮은 것으로 나타났다(Hollon et al., 2006). 다양한 유형의 장애와 내담자에게 인지 치료를 적용한 예를 확인하고 싶다면『현대인지 치료(Contemporary Cognitive Therapy)』(Leahy, 2006a)를 보라.

인지 기법의 적용 벡과 웨이셔(Beck & Weishaar, 2014)는 인지 기법과 행동 기법 모두를 인지 치료 상담자가 사용하는 일반적 절차의 일부로 본다. 인지 기법은 내담자의 신념을 확인하고 조사하며 그 기원을 탐색하여 내담자가 그 신념을 더 이상 지지할 수 없다면 바꾸도록 돕는다. 특히 인지 치료에서 활용되는 행동 기법은 능동적인 계획 세우기, 행동 실험, 기술 훈련, 역할 연기, 행동 시연, 노출 치료 등이다. 내담자가 가지고 있는 구체적인 문제의 본질이 무엇이든 간에 인지 치료 상담자는 주로 내담자가 일상 사건을 재해석하고 자신의 목표와 가치에 따라 행동하도록 돕는 데 초점을 맞춘다.

치료적 접근 인지 치료 회기의 길이와 과정은 매우 다양한데, 주로 어떤 진단을 받았는지에 따라 결정된다. 예를 들어, 우울증에 대한 인지 치료는 일반적으로 16~20회기로 구성되며, 행동 활성화 기법으로 시작한다. 특히 내담자가 즐겁고 목표 지향적이며 적극적인 활동을 할 때, 그 활동은 항우울제 효과를 낸다. 내담자는 하루 동안 자신의 활동과 관련된 기분을 평정해야 하고, 그 평정 결과는 이어지는 한 주간 기분을 전환시켜줄 활동을 찾는 데 활용된다. 우울한 기분이 개선되기 시작하면 상담자는 내담자의 부정적인 **자동적 사고**(thought records)를 기록하고 점검하는 **사고 기록**(automatic thoughts) 기술을 소개한다. 살펴본 증거가 자동적 사고를 지지하지 않을 경우 내담자는 덜 우울한 대안적 해석을 찾아보는 방법을 배운다. 하지만 증거가 그 사고를 지지하는 것으로 나타난다면 내담자는 사고 속에 빠져있기보다 그 문제를 해결할 수 있는 **실행 계획**(action plan)을 세우도록 도움을 받는다(Greenberger & Padesky, 2016). 상담을 종결하기 전에, 재발 위험성을 높이는 완벽주의 가정('내가 실수를 한다면 나는 가치 없는 존재다.')을 내담자가 가지고 있지는 않은지 점검해야 한다. 그 가정은 행동 실험을 통해 평가할 수 있는데, 예를 들어 완벽주의 성향이 있는 내담자라면 특정한 일을 할 때 의도적으로 실수를 저지른 후, 나머지 성과를 살펴보며 그 성과가 여전히 가치 있게 느껴지는지 평가해볼 수 있다.

대조적으로 공황장애를 위한 인지 치료는 대부분 6~12회기 정도로 구성되며 신체 감각에 대한 파국적 해석에 초점을 맞춘다(Clark et al., 1999). 내담자는 공황 발작을 촉발하는 감각 경험과 그 경험에 대한 파국적 해석을 확인하는 방법을 배운다. 예를 들어, 내담자는 '심장이 빠르게 뛰기 시작(감각 경험)하는 걸 보니 심장마비가 오는 것 같다(파국적 신념).'라고 생각할 수 있다. 상담자는 내담자가 두려운 감각 경험을 설명할 수 있는 대안적 가설을 만들어낼 수 있도록 돕는다. 예를 들어, 내담자는 '심장이 빨리 뛰기 시작하는 것은 위험한 게 아니야. 운동이나 불안, 카페인 혹은 다른 이유 때문에 그럴 수 있어. 심장은 근육으로 구성되어있어서 일반적으로 운동을 하면 빠르게 뛰기 시작하고 그건 건강한 거라고 의사 선생님이 말씀하셨어.'라고 생각한다. 그 후 상담자는 회기 중 실시한 일련의 실험을 통해 내담자가 찾아낸 증거들이 파국적 가설과 대안적 가설 중 어느 가설을 더 지지하는지 탐색하도록 돕는다. 이와 같은 과정을 통해 내담자가 대안적 가설을 더 신뢰하게 되면, 그리고 일상에서 이와 같은 경험을 반복하게 되면 공황 발작은 줄어들거나 사라진다.

가족 상담 접근 인지행동 접근은 가족들의 상호작용 양상 및 가족관계와 인지, 정서, 행동 등에 초점을 맞춘다. 인지 이론(A. Beck, 1976; A. Beck & Haigh, 2014)은 상담 과정의 핵심 요인에 해당하며 핵심 신념으로 정의되는 **도식**(schema)을 강조한다. 상담자는 가족들이 왜곡된 신념(혹은 도식)을 재구조하여 역기능적 행동을 변화시킬 수 있도록 돕는다. 일부 인지 치료 상담자들은 '가족 도해(family schemata)'로 불리는 가족 구성원 개인의 인지를 평가하는 것을 강조한다(Dattilio, 1993, 1998, 2001, 2010). 이것은 수년간 가족 구성원들이 상호작용한 결과로 만들어진 것이며 가족 신념을 형성한다. 도식은 일반적으로 원가족으로부터 유래한 기대와 지각으로 직계 가족과 방계 가족 모두에게 영향을 미친다. 이런 도식들은 개개인이 가족체계 안에서 생각하고 느끼며 행동하는 방식에 큰 영향을 미친다(Dattilio, 2001, 2005, 2010).

다틸리오 박사가 인지적 원리를 적용하여 가족 도식을 수정하는 방식에 관한 구체적인 예를 보려면, 『통합적 상담: 사례중심의 접근』(Corey, 2013) 8장에서 루스의 가족 상담을 위한 인지행동적 접근을 살펴보라. 인지행동 가족 상담의 근거 없는 믿음과 잘못된 개념에 대한 논의를 보고 싶다면 다틸리오(Dattilio, 2001)를 참고하고, 가족 상담에 대한 인지행동적 모형을 개관하고 싶다면 다틸리오(2010)를 보라. 또한 부부와 가족을 상담한 인지행동적 접근의 확장을 보려면 다틸리오(1998)를 보라.

크리스틴 패디스키와 캐서린 무니의 강점 기반 인지행동 치료

도입

강점 기반 인지행동 치료(strengths-based CBT: SB-CBT)는 에런 벡의 인지 치료를 기초로 크리스틴 패디스키와 그녀의 동료 캐서린 무니가 개발한 인지 치료다(Padesky & Mooney, 2012). 강점 기반 인지행동 치료는 에런 벡과 동료들에 의해 개발된 모든 원리와 증거 기반 기술을 포함하고 있다. 제목이 시사하는 것과 같이 강점 기반 인지행동 치

Christine Padesky

Christine A. Padesky

크리스틴 패디스키(Christine A. Padesky, 1953-)는 미국 중서부 지방에서 나고 자랐다. 예일 대학교 학부시절 자연과학을 전공하다가 심리학 과목 수강을 계기로 과학과 사회의 변화를 연결할 수 있는 분야에 흥미를 느끼게 되었다. LA에 있는 캘리포니아 대학에서 임상심리학 박사과정 중이던 패디스키는 연구 슈퍼바이저와 함께 우울증 증상의 성차에 관한 논문을 출간했는데, 그 논문은 에런 벡의 관심을 끌었다. 이를 계기로 벡은 패디스키가 경력을 쌓아가는 길에 멘토이자 친구가 되어주었다(Padesky, 2004). 1980년대에 벡과 패디스키는 미국 여러 나라에서 20개가 넘는 워크숍을 공동 운영했다.

벡의 초청으로 패디스키는 1983년에 미국 서부 지역에 최초의 인지 치료 센터를 개소했다(지금은 캘리포니아 헌팅턴 해변에 위치해있다). 그녀는 이 과정에 캐서린 무니(Kathleen Mooney)와 함께했는데, 무니는 상담자 교육과 인지 치료 혁신에 기여한 창의적인 인지행동 상담자다. 그 둘은 훗날 세계적인 수련 기관으로 성장한 그 센터에서 임상가들을 교육했다. 패디스키와 무니는 구조화된 질문을 활용하고 변화를 위한 이미지와 비유를 강조하며 내담자의 강점을 강조한 혁신적 인지 치료 실천 기술을 개발했다. 이와 같은 혁신은 강점 기반 인지행동 치료(SB-CBT)로 알려진 치료적 접근의 기초가 되었다.

1995년에 그린버거와 패디스키(Greenberger & Padesky, 2016)는 대중적인 인지 치료 자조(self-help)서 『기분 다스리기(Mind over Mood: Change How You Feel by Changing the Way You Think)』를 출간했다. 이 책은 전 세계 23개국에서 번역되어 백만 부 이상 판매되었는데, 패디스키는 이를 통해 사람들이 전문가의 도움 없이도 기분을 다스리는 기술을 익힐 수 있기를 바랐다.

패디스키는 미국뿐만 아니라 세계 곳곳에서 강연과 워크숍을 진행하고 있다. 그녀는 강점 기반 인지행동 치료 프로그램 연구에 참여하고 상담자 및 임상가에게 자문을 제공하는 활동을 하고 있다. 그녀는 2013년에 개최된 컨퍼런스(심리치료의 진화)에서 주 발표자로 활약했고 2014년에 개최된 단기 치료 컨퍼런스에서 발표하기도 했다. 그녀는 『기분 다스리기』뿐만 아니라 4권의 전공 서적과 인지행동 치료에 관한 수많은 논문 등을 집필했다. 그녀는 평점이 높은 인지행동 상담 사례 비디오를 제작했으며 정신건강 분야 전문가와 대학원생을 위한 오디오 훈련 프로그램을 개발하기도 했다.

료는 상담 회기마다 내담자의 강점을 파악하여 통합하는 것을 강조한다. **강점 기반 인지행동 치료의** 핵심 아이디어는, 내담자의 강점을 고양시키는 전략이 상담 효과를 높이고 변화를 위한 추가적 이점을 제공한다는 것이다.

강점 기반 인지행동 치료는 기존 인지행동 치료 모형에 내담자의 긍정적 특성 개발 전략을 포함시켜 확장한 것이다. 그 전략은, 행복이나 탄력성, 이타심, 긍정적 정서와 행동의 기능 등을 강조하는 긍정심리학(Lopez & Snyder, 2011)과 함께 발전한 것이다. 국제 컨퍼런스의 기조강연에서 패디스키(Padesky, 2007)는 차세대 심리치료는 단순히 인간의 고통을 경감시키는 것보다 경험과 강점을 고양시키는 방법을 개발하는 방향으로 나아가야 한다고 제안했다. 강점 기반 인지행동 치료는 그와 같은 여정을 위한 발걸음이다.

강점 기반 인지행동 치료의 기본 원리

학습 목표 06 기존 인지 치료와 같이 강점 기반 인지행동 치료 역시 경험주의에 기초하고 있다. 그 의미는 (1) 상담자가 내담자의 이슈에 관해 이야기할 때 증거에 기초한 접근을 해야만 한다는 것과 (2) 내담자는 상담 과정 중에 구체성 있는 실제 경험을 기초로 객관적인 증거를 확인하는 노력을 기울여야 한다는 것이며 (3) 상담자와 내담자는 목표를 달성하기 위해 상호 협력하여 신념을 검증하고 새로운 행동 실험을 수행해야 한다는 것이다.

강점 기반 인지행동 치료는 초기 면접부터 강점을 각 상담 단계에 통합시킨다. 상담을 찾게 된 계기를 이야기한 후 강점 기반 인지행동 상담자는 내담자 삶의 긍정적 측면에 대해 관심을 기울인다. 강점 기반 인지 치료 상담자는 다음과 같이 이야기한다. '찾아오게 된 이유를 설명해줘서 고맙습니다. 힘든 시간을 보내셨겠습니다만, 그럼에도 불구하고 당신의 삶을 풍성하고 행복하게 해준 경험이 있었을 것 같습니다. 괜찮으시다면 이야기를 해주실 수 있을까요? 그러면 제가 당신을 깊이 이해하는 데 도움이 될 것 같습니다.'

『협력적 사례 개념화(Collaborative Case Conceptualization: Working Effectively With Clients in CBT)』(Kuyken, Padesky, & Dudley, 2009)라는 책은 상담 초기에 긍정적 관심과 강점에 대해 파악하는 것이, 상담자와 내담자가 협력하여 사례 개념화 및 상담에 강점을 통합하도록 돕는 데 어떻게 활용될 수 있는지 설명하고 있다. 예를 들어, 내담자는 고통을 경험하고 있는 영역보다 흥미를 느끼고 있는 영역에서 발생한 문제에 더 탄력적으로 대처하고 있다는 것을 알게 되고, 그 대처 전략을 문제 영역으로 가져와 활용할 수 있게 된다. 우울한 내담자는, 거의 즐거움을 느끼지 못했던 시절보다 과거 즐거웠던 경험으로부터 기분 향상 활동을 찾아내는 것이 더 쉽다는 것을 배우게 된다.

강점 기반 인지행동 상담자는 내담자가 세상과 긍정적인 방식으로 상호작용하는 새로운 방법을 배울 수 있도록 돕는다. 개인의 탄력성을 개발하고 강화하는 강점 기반 인지행동 치료 모형은 그 자체로 혹은 기존 증거 기반 인지행동 치료에 통합되어 다양한 정신건강 문제를 상담하는 데 활용할 수 있다(Padesky & Mooney, 2012). 강점 기반 인지행동 치료에 따르면 변화에 저항하는 만성적인 문제를 가지고 있는 내담자의 경우에는 완전히 새로운 길을 찾는 것이 일부를 수정하거나 풀어내는 것보다 쉽다. 내담자가 공통으로 '새로운 패러다임'을 창조해내면 그것은 내담자의 존재와 새로운 삶을 위한 비전이 된다.

상담자와 내담자의 관계

벡의 인지 치료처럼 강점 기반 인지행동 상담자는 협력적이며 능동적이고 '지금 여기'를 강조하며 내담자 중심적인 태도를 취한다. 강점 기반 인지행동 상담자는 내담자의 협력을 독려하며, 진솔하고 염려하는 마음으로 기꺼이 내담자의 전 존재 및 경험과 상호작용한다. 강점 기반 인지행동 상담자는 '전문가'로서의 태도를 취하기보다 내담자의 능동적인 회복 및 성장 여정에 동참하는 호기심 가득한 지원자 혹은 가이드와 같은 자세를 취한다.

강점 기반 인지행동 치료 임상가는 내담자에게 긍정적인 경험과 부정적인 경험 모두를 기술할 수 있는 이미지와 비유를 활용하도록 요청한다. 언어적 기술보다는 이미지와 비유가 경험의 정서적, 인지적, 생리적, 행동적 측면을 포착하고 통합하는 데 유리하다. 신념과 문제를 재구성하는 것에 더해서 강점 기반 인지행동 치료는 소크라테스식 문답법의 구성주의적 활용을 강조한다. 강점 기반 인지행동 상담자는 '당신은 어떻게 하고 싶습니까?', '당신의 삶이나 관계가 어떻기를 바랍니까?'와 같은 구성주의적 질문을 활용한다. 내담자가 반복되는 방식에 빠져있다면 강점 기반 인지행동 치료는 그 방식의 순기능에 대해 교육하고, 내담자가 심지어 파괴적인 행동(예: 스트레스를 받을 때 회피하는 행동)에도 자기 보호 기능과 일종의 대처 기능('회피하면 정서적 안정을 되찾을 수 있다.')이 있다는 것을 이해하도록 돕는다.

강점 기반 인지행동 치료의 활용

현재 강점 기반 인지행동 치료가 내포하고 있는 세 가지 특징은 (1) 기존 인지행동 치료를 발전시켰다는 것, (2) 탄력성 및 긍정적 특성을 개발할 수 있는 4단계 모형을 포함하고 있다는 것, (3) 만성적인 문제와 성격장애를 위한 새로운 패러다임을 제시했다는 것이다. 강점 기반 인지행동 치료는, 내담자가 문제성 기분(우울, 불안, 분노)과 행동(섭식장애, 물질오용), 혹은 또 다른 어려움(정신증, 건강염려증)을 해결하기 위해 찾아왔을 때, 이미 효과가 확인된 고전적인 인지행동 치료 절차를 활용한다. 다만 강점 기반 인지행동 상담자는 내담자가 자신의 강점을 확인하도록 돕고, 어떤 상담 전략을 선택할지 결정하는 데 그 강점을 활용하도록 돕는다.

탄력성 개발을 위한 4단계 모형은 긍정적 특성을 강화할 수 있는 틀을 제공한다(Padesky & Mooney, 2012). 4단계에는 (1) 탐색, (2) 구성, (3) 적용, (4) 실천이 포함된다. 패디스키와 무니는, 심리적 장애가 발생하는 경로는 몇 가지에 불과하지만 탄력성을 기르는 방법은 수천 가지에 이른다고 보았다. 따라서 패디스키와 무니는, 상담자가 특정한 방법을 가르치기보다 실제 삶에서 적용 가능한 방법을 내담자에게 직접 묻는 것이 바람직하다고 주장했다. 내담자를 동기화하는 일상의 활동이 바로 **강점 영역**이며, 이와 같은 강점을 탐색하는 것이 바로 모형의 첫 번째 단계다.

두 번째 단계에서는 일상의 활동을 할 때 만날 수 있는 장애물을 발견하고 그 장애물을 관리하는 방법을 배운다. 두 번째 단계의 전제는, 우리는 매일의 삶에서 장애물을 만난다는 것과, 심지어 즐거운 활동을 하고 있을 때도 장애물을 만나게 되는데 그것을 자각하지 못하면서도 처리하는 경우가 많다는 것이다. 예를 들어, 요셉은 비디오 게임을 좋아한다. 그는 게임을 할 때 마주하게 되는 장애물(예: 게임 기계의 배터리가 나갔을 때)을 처리하는 다양한 전략을 가지고 있다. 요셉의 전략은 문제해결 기술 활용이나 친구에게 도움 구하기, 전에 이런 일을 처리했던 방법이 무엇이었는지 회상하기, 에너지를 유지하기 위한 음악 듣기 등을 포함할 수 있다. 이러한 전략들로 구성된 것이 바로 탄력성의 개인 모형(Personal Model of Resilience: PMR)이다.

세 번째 단계는 요셉에게 탄력성의 개인 모형을 활용하여 좀 더 어려운 일들(예: 데이트)에 탄력성을 활용할 수 있도록 창의성을 발휘하게 돕는 것을 포함한다. 요셉은 데이트 중에 사람을 만나는 것을 도울 수 있는 전략에 대해 계획한 후 이를 적용하여 이전 방식이 아닌 새로운 전략으로 다양한 데이트 문제를 해결해본다.

네 번째 단계는 여러 종류의 데이트 실험을 실시하여 탄력성에 초점을 유지하는 것을 훈련하고 실천하는 것이다. 이 상담 단계의 핵심은, 요셉의 목표가 데이트 성공에 있는 것이 아니라 '위기 상황에 탄력적으로 대처할 수 있게' 되는 것에 있다는 것이다. 그의 목표는 '탄력성을 유지'하는 것이기 때문에 긍정적인 데이트 경험을 더 많이 하게 될 것이다. 심지어 데이트가 성공적이지 않았더라도, 그는 탄력적으로 대처하므로 더 나은 기분을 느낄 수 있다. 이러한 경험은 요셉이 어떤 상황에서도 동기를 유지할 수 있도록 돕는다. 시간이 지날수록 그의 탄력성은 내구성(예: 문제해결, 친구로부터의 도움)과 수용성(예: 모든 데이트가 성공적일 수는 없고, 어떤 상황이든 음악을 즐길 수 있다는 것)을 통해 드러날 것이다.

같은 원리가 이타성이나 창조성, 용기 등과 같은 긍정적 특성을 기르는 데 적용될 수 있다. 핵심은 이미 그 특성이 활용된 일상에서 긍정적 특성을 찾아야 한다는 것이다. 예를 들어, 심지어 이기적인 사람도 애완동물이나 특정 인물에게는 친절을 베풀거나 관심을 기울일 수 있다. 일상의 경험으로부터 그는 'X(예: 이타성)에 대한 개인 모형(Personal Model of X)'을 찾아낼 수 있고, 그것을 다른 삶의 영역에 어떻게 적용하고 실천할지 고민할 수 있다.

강점 기반 인지행동 치료 활용의 마지막 유형은 만성적인 문제와 성격장애에 새로운 패러다임을 적용하는 것이다. 이러한 접근은 내담자에게 좀 더 포괄적인 형태로 새로운 느낌과 생각, 행동을 경험하고 시도해보도록 요청한다. 이 모형은 (1) 내담자에게 자신의 행동이나 증상의 기능성을 이해할 수 있도록 돕는 '옛(OLD) 시스템' 개념화 단계, (2) 내담자가 지향해야 할 새로운 체계 구성 단계, (3) 원하는 방향에 맞춰 새로운 행동 실험을 촉진하고 새로운 태도 형성을 강화하는 단계, (4) 재발 관리 단계 등의 총 4단계로 이루어져있다. 상담자는 옛 체계가 내담자의 학습을 방해하지 않는지 주의 깊게 살펴야 하기 때문에 새로운 패러다임에 익숙해야 한다. 상담자는 내담자가 모든 일상 경험을 통해 옛 것이 아닌 새로운 체계를 학습할 수 있도록 도울 수 있어야 한다.

도널드 마이켄바움의 인지행동 수정

도입

도널드 마이켄바움의 **인지행동 수정**(cognitive behavior modification: CBM)은 내담자의

Courtesy of Donald Meichenbaum, University of Waterloo, Department of Psychology

Donald Meichenbaum

도널드 마이켄바움(Donald Meichenbaum, 1940-)은 뉴욕 시(브롱크스)에서 출생했으며 세상물정에 대해 이른 나이에 눈을 뜨게 되었고 위험한 환경 속에서 자랐다. 그는 뉴욕 시립대에 입학했고, 임상심리 전공의 박사학위는 일리노이 대학에서 취득했다. 그 후 캐나다 온타리오에 있는 워털루 대학에서 인지행동 치료의 발전에 관한 연구를 수행했다. 그는 인지행동 치료의 기초를 닦은 인물 중 하나이며, 임상가들이 뽑은 20세기 가장 영향력 있는 심리치료자 중 한 명이다. 그는 자살 예방에 관한 업적으로 미국심리학회 임상심리 분과에서 수여하는 공로상을 받았다. 1995년 마이켄바움은 워털루 대학에서 은퇴한 후 폭력을 줄이고 폭력 피해자를 상담하기 위해 과학적 재능을 공유하는 비영리 조직 '멜리사 폭력예방 연구소(Melissa Institute for Violence Prevention)'의 수석연구원으로 일하고 있다.

마이켄바움은 일상 이야기에 생각과 기분, 부연 설명 등을 더해 준 어머니 덕분에 인지행동 치료를 개발하게 되었다고 한다. 이와 같은 어린 시절 경험 덕분에 마이켄바움은 내담자가 어떤 삶을 살았고 '생존과 대처'를 위해 무엇을 했는지를 강조하는 구성주의적 이야기 치료 관점을 갖게 되었다. 마이켄바움은 현재 아이팟(iPod)이라는 기기를 활용하여 탄력성을 보강하는 후속 서비스를 실시하고 있다. 상담이 성공적으로 끝났음을 확인할 수 있는 시점은, 내담자가 자신이 성취한 변화를 인정할 때라고 마이켄바움은 확신했다. 마이켄바움은 "내담자가 내 제안보다 한 걸음 더 앞으로 나아갔을 때, 내 상담은 가장 성공적이었다."라고 말했다(도널드 마이켄바움과의 개인적 교신, 2010년 10월 21일).

마이켄바움은 여러 권의 책을 출간했다. 『인지행동 치료-통합적 접근(Cognitive Behavior Therapy: An Integrative Approach)』(1997), 『스트레스 면역 훈련(Stress Inoculation Training)』(1985), 『분노조절 문제와 공격행동을 가진 개인을 위한 상담(Treatment of Individuals With Anger-Control Problems and Aggressive Behaviors)』(2002), 『탄력성 길라잡이(Roadmap to Resilience)』(2012). 그는 미국이나 캐나다, 그리고 국제무대에서 여러 차례 강연하였는데, 2013년 심리치료의 진화에 관한 컨퍼런스와 2014년 단기상담에 관한 컨퍼런스에서 주요 강연자로 활동했다.

자기 대화(self-talk)를 변화시키는 데 초점을 맞춘다. 마이켄바움(1977)에 따르면 자기 진술은 다른 사람의 진술과 같은 방식으로 그 사람의 행동에 영향을 미친다. 인지행동 수정의 기본 전제는, 행동 변화가 일어나기 위해서 내담자의 생각과 느낌, 행동, 그리고 자신이 다른 사람들에게 미치는 영향을 먼저 확인해야 한다는 것이다. 행동 변화가 일어나려면 도식화된 행동 특성을 중단시켜서 다양한 상황에서 자신의 행동을 평가해야 한다(Meichenbaum, 1993, 2007).

이 접근은 합리적 정서행동 치료나 벡의 인지 치료와 마찬가지로 고통스런 정서가 대개 부적응적 사고에서 나온 것이라고 가정한다. 합리적 정서행동 치료는 비합리적 사고를 드러내고 논박하는 데 있어서 더 지시적이고 직접적인 반면, 마이켄바움의 **자기 지시 훈련**(self-instructional training)은 내담자가 자기 대화와 자신에 대한 이해의 틀을 인식하도록 돕는 데 더 초점을 둔다. 합리적 정서행동 치료와 인지 치료 모두 생각의 과정을 변화시키는 데 초점을 맞추는 반면, 마이켄바움은 생각보다 행동을 바꾸는 것이 더 쉽고 효과적이라고 주장한다. 더하여 우리의 정서와 생각을 동전의 양면으로 보는 입장을 취한다(느끼는 방식이 생각에 영향을 주는 것처럼 생각하는 방식도 느낌에 영향을 준다). 상담 과정은, 내담자가 마주하는 문제들을 좀 더 효과적으로 처리할 수 있도록 안내서를 수정하는 자기 진술을 교육하고 훈련하는 것으로 구성된다. 인지 재구조화는 마이켄바움(1977, 1993)의 자기 지시 훈련 접근에서 핵심 기능을 한다. 그는 인지구조를 사고의 조직화 측면에서 기술했으며, 그것이 사고의 선택을 관리하고 방향을 결정하는 것으로 보았다. 인지 구조는 '실행 기제'를 의미하는데, 이것은 사고를 지속하거나 중단하거나 변화시킬 시기를 결정하는 '사고 계획'을 담당한다. 더불어, 상담자와 내담자는 일상에서 마주할 수 있는 문제 상황 역할놀이를 통해 자기 지시와 바람직한 행동을 연습한다. 충동적이고 공격적 행동, 사회적 상황에서의 불안, 면접 시험 공포, 섭식 문제, 대중 앞에서의 연설에 대한 두려움 등과 같은 문제 상황에서의 실제적 대처 기술을 획득하는 것을 강조한다.

행동 변화 전략

학습 목표 07 마이켄바움(1977)은 "행동 변화는 내적 언어, 인지 구조, 행동과 그 결과의 상호작용을 포함하는 연속적 개입 과정을 통해 일어난다."(p.218)고 말했다. 그는 세 가지 측면이 결합된 3단계 변화 과정을 기술했다. 그에 따르면 한 가지 측면만을 강조하는 것은 충분하지 않을 수 있다.

- **1단계: 자기관찰:** 변화 과정의 시작 단계는 내담자가 자신의 행동을 관찰하는 방법을 학습하는 것이다. 상담을 시작할 때, 내담자의 내적 대화는 부정적 자기 진술과 상상이라는 특징을 보인다. 결정적 요소는 자기 자신을 경청하는 내담자의 의지와

능력이다. 이 과정에는 자신의 사고, 감정, 행동, 생리적 반응, 대인관계 반응에 대한 높은 민감성이 필요하다. 예를 들어, 우울한 내담자가 건설적으로 변하고 싶다면, 내담자는 먼저 자신이 부정적 사고나 감정의 '희생자'가 아니라, 오히려 스스로에게 하는 말을 통해 실제로는 우울의 발생에 기여하고 있다는 것을 깨달아야 한다. 자기관찰이 변화를 위한 필요조건이긴 하지만 충분조건은 아니다.

- 2단계: 새로운 내적 대화의 시작: 내담자와 상담자의 초기 계약에 따라 내담자는 자신의 부적응적 행동을 알아차리는 것을 배우고, 적응적인 대안 행동에 주목하기 시작한다. 내담자가 자기 대화 방식을 바꾸기를 원한다면, 부적응적 행동과 양립할 수 없는 새로운 행동 훈련을 시작해야만 한다. 내담자는 심리적 고통이 인지와 정서, 행동의 상호의존성과 관련 있고 그 조합에 의한 결과물이라는 것을 배워야 한다. 내담자는 상담을 통해 내적 대화(internal dialogue)를 변화시키는 방법을 배우게 되고, 내담자의 새로운 내적 대화는 새로운 행동을 유도한다.

- 3단계: 새로운 기술의 학습: 내담자는 생각과 감정, 행동이 서로 악순환의 고리를 형성하는 것을 끊는 법을 배우고, 상담자는 내담자의 자원을 동원하여 좀 더 적응적인 대처 방식을 활용할 수 있도록 교육한다. 내담자는 좀 더 효과적인 대처 기술을 익히고 실제 삶을 통해 훈련해야 한다. 다르게 행동함에 따라 내담자는 일반적으로 타인들에게 다른 반응을 얻게 된다. 내담자가 새롭게 획득한 행동과 그 결과에 대해 스스로에게 말하는 것은 학습의 효과를 높이는 데 큰 영향을 미친다.

스트레스 면역 훈련

학습 목표 08 내담자에게 대처 기술 프로그램을 구체적으로 적용한다는 것은 **스트레스 면역 훈련**(stress inoculation training: SIT)으로 불리는 스트레스 조절 기법을 가르치는 것이다. 마이켄바움(1985, 2007, 2008)은 인지적 기법을 사용해서 생물학적 면역에 비유할 수 있는 심리적이고 행동적인 스트레스 예방 절차를 개발하였다. 비교적 가벼운 스트레스를 성공적으로 다룰 수 있게 되면 점차적으로 강한 자극에 대해서도 내성을 갖게 된다. 이 훈련은 긴장 상황에서의 수행에 대한 신념이나 자기 진술을 수정함으로써 스트레스에 대처하는 능력을 높일 수 있다는 가정에 근거한다. 마인켄바움의 스트레스 예방 훈련은 구체적 대처 기술을 단순히 가르치는 것 이상을 담고 있다. 마이켄바움의 프로그램은 내담자가 개입을 준비하고 변화하도록 동기화되게끔 설계되었고, 저항이나 재발과 같은 문제들을 다룬다.

스트레스 면역 훈련은 정보 제공, 소크라테스식 문답법, 인지 재구조화, 문제해결, 이완 훈련, 행동 시연, 자기 감시, 자기 주도, 자기 강화, 환경 상황의 수정 등으로 구성된다(Meichenbaum, 2008). 희망을 기르고 자기 주도적 기술을 획득하며 수용 기반 대처 기술을 익히는 것이 공통 목표로 설정된다. 이 접근은 현재 문제와 미래의 어려움에 적용할 수 있는 대처 기술들을 가르치도록 설계된다. 내담자는 이 과정에서 배운 기술을 일상에서 활용할 수 있도록 훈련하며 재발을 예방하는 전략을 배운다. 마이켄바움(2008)은 스트레스 면역 훈련을 예방과 치료 모두에 활용할 수 있는 복합적이고 다면적인 속성을 가진 인지행동 개입이라고 소개했다.

내담자는 자신의 인지적 '틀'과 신념을 수정하는 방법을 학습하여 스트레스 상황을 다루는 좀 더 효과적인 전략을 획득할 수 있다. 좀 더 자세한 대처 기술 학습 절차는 다음과 같다.

- 역할 연습이나 상상을 통해 불안이 유발되는 상황에 내담자를 노출시킨다.
- 내담자에게 불안 수준을 평가하도록 요청한다.
- 유발된 스트레스 상황에서 어떤 생각이 불안을 촉진하는지 자각하도록 내담자를 교육한다.
- 내담자 스스로 자기 진술을 재평가하여 그 생각을 시험하도록 돕는다.
- 재평가 과정이 끝나면 다시 불안 수준을 평가한다.

스트레스 면역 훈련의 단계 마이켄바움(2007, 2008)은 (1) 개념 교육 단계, (2) 기술 획득 및 확립 단계, (3) 적용 및 활용 단계라는 스트레스 면역 훈련에 대한 3단계 모형을 제시했다.

개념 교육 단계의 핵심은 내담자와의 관계 수립에 있다. 관계 수립은 내담자가 스트레스의 본질을 정확히 이해하고 사회적 상호작용 맥락에서 개념화할 수 있도록 돕는 과정이다. 상담자는 그 과정에서 내담자의 협조를 구하고 문제의 본질을 내담자와 함께 검토한다. 초기에는 다양한 스트레스 상황에 반응하는 방식을 내담자에게 교육시키기 위해 고안된 간단한 용어와 개념적 틀을 제공한다. 내담자는 교육과 호기심 가득한 질문, 스스로 발견해가는 방법 등을 통해, 스트레스가 유발되고 지속되는 과정에 인지와 정서가 어떤 역할을 하는지 학습한다. 초기 단계를 통해 협력적 관계를 형성하고, 문제의 본질을 이해하기 위해 내담자와 상담자가 함께 스트레스를 재평가한다.

내담자는, 자신이 통제할 수 없는 외부 환경과 사고, 감정, 행동의 희생자라고 느끼며 상담 장면에 찾아온다. 내담자의 주관적 세계에 대한 이해를 통해 상담자는 내담자 자신의 이야기를 이끌어낸다. 훈련은, 스트레스를 받고 삶의 이야기가 만들어지는 과정에 내담자 자신의 역할이 있었음을 인식하도록 가르치는 것을 포함한다. 내담자는 내적 대화에서 나오는 부적응적 행동을 검토할 뿐만 아니라, 내적 자기 진술의 체계적 관찰을 통해 스트레스를 만들어내는 자신의 역할을 인식하게 된다. 이러한 자기 감시는 모든 단계에서 지속된다. 모든 인지 치료가 그러하듯 내담자는 매일매일 구체적인 생각과 느낌, 행동을 기록한다. 이러한 대처 기술을 교육하는 데 있어, 상담자는 기법을 융통성 있게 사용하면서 내담자의 개인적 · 문화적 · 상황적 환경에 민감하도록 노력한다.

기술 획득 및 확립 단계의 핵심은 내담자에게 스트레스 상황에 적용시키기 위한 여러 가지 행동적 · 인지적 대처 기술을 교육하는 것이다. 이 단계에는 두려움에 대한 정보 모으기, 스트레스를 일으키는 구체적 상황 파악하기, 다른 방식으로 행동함으로써 스트레스를 경감할 수 있는 방법 나열하기, 물리적 · 심리적 이완 기법 학습하기 등의 직접적 행동 기법이 포함된다. 이 단계는 인지적 대처를 포함하고 있으며, 내담자는 적응 행동과 부적응 행동이 내적 대화와 관련이 있음을 학습하고, 이 단계를 통해 새로운 자기 진술을 획득하고 시연한다. 마이켄바움(1986)은 이 단계의 스트레스 면역 훈련에서 시연되는 대처 진술의 몇 가지 예를 제시하였다.

- '스트레스 요인에 대해 어떻게 준비하겠는가?'('무엇을 해야 하는가? 스트레스를 처리할 계획을 세울 수 있는가?')
- '스트레스를 주는 것에 어떻게 직면하고 대처할 수 있는가?'('스트레스 요인을 다룰 수 있는 방법은 무엇인가? 이 난관을 어떻게 대처할 수 있는가?')
- '압도당하는 감정에 대처할 수 있는가?'('지금 내가 할 수 있는 것은 무엇인가? 어떻게 두려움에 대처할 수 있는가?')
- '어떻게 자기 진술을 강화할 수 있는가?'('나 자신을 어떻게 신뢰할 수 있는가?')

스트레스 관리 프로그램의 한 부분으로 내담자는 다양한 행동 개입에 참여하기도 하는데, 행동 개입에는 이완 훈련, 사회기술 훈련, 시간관리 교육, 자기 지시 훈련 등이 있다. 내담자는 우선순위를 재평가하고 지지 체계를 개발하며 스트레스 상황을 변화시키는 직접적인 행동을 하게 된다. 교육과 시범, 지도를 받으며 연습함으로써 내담자는 점진적인 이완 기술을 배우고 훈련해야 한다.

적용 및 활용 단계의 핵심은 치료적 상황에서 생긴 변화를 일상생활로 전달하여 잘 유지하는 것이다. 내담자는 자기 진술을 연습한 후 실제 상황에서 그 기술을 적용해야 한다. 훈련 회기 동안 학습한 내용을 확립하기 위해 내담자는 다양한 활동을 해야 하는데, 그 활동에는 심상과 행동 시연, 역할놀이, 모델링, 실제 상황 연습 등이 포함된다. 내담자가 인지 · 행동적 대처 기술에 숙달되면 행동 과제를 수행하게 되며 과제는 점점 많아진다. 내담자는 과제를 기록해야 하는데, 기록한 결과는 다음 만남에서 꼼꼼하게 체크한다. 만약 과제를 완성하지 못했다면 상담자와 내담자는 그 이유를 함께 찾아본다.

재발 예방(relapse prevention)은 학습한 내용을 일상에 적용하면서 경험하게 되는 필연적인 실수나 재발을 다루는 절차로 구성된다(Marlatt & Donovan, 2005). 내담자는 어떤 형태의 재발이든 그 경험을 '재앙에 가까운 실패'로 보기보다 '배움의 기회'로 보는 방법을 학습한다. 내담자는 다양한 형태의 고위험 상황과 스트레스 상황을 탐색한다. 상담자와 함께 그리고 또 다른 집단 구성원들과 함께 상담 과정에서 획득한 것들을 유지할 수 있도록 연습하고 훈련한다. 추후 회기와 격려 회기는 일반적으로 내담자가 계속해서 자신의 대처 기술을 적용하고 다듬게 하기 위한 유인물로서 3개월, 6개월, 12개월 주기로 실시된다. 스트레스 면역 훈련은 그 효과를 지속시키고 확장시키는 스트레스 관리 프로그램의 하나라 할 수 있다.

스트레스 관리 훈련은 치료 교육과 예방 전략을 내담자의 다양한 문제에 적용할 수 있는 잠재적 유용성이 있다. 스트레스 면역 훈련은 분노 조절, 통증 조절, 불안 관리, 주장 훈련, 창조적 사고의 증진, 우울증 치료, 건강 문제나 외과적 수술을 준비하는 과정 등에 활용할 수 있다. 스트레스 면역 훈련은 신체건강 문제와 정신건강 문제 모두에 활용되고 있다. 마이켄바움(2007)은 스트레스 면역 훈련 틀의 유연성이 다양한 효과를 지속시키는 데 기능한다고 했다. 스트레스 면역 훈련은 분노 문제를 가졌거나 불안장애, 공포증, 사회적 무력감, 중독, 알코올 의존증, 성기능장애, 사회적 위축 혹은 전쟁 외상을 경험한 퇴역 군인 등이 겪는 외상 후 스트레스 장애 등을 가진 아동과 청소년, 성인에게도 성공적으로 활용되었다(Meichenbaum, 1993, 1994a, 1994b, 2007, 2008, 2012).

인지행동 치료에 대한 인지적 이야기 접근

마이켄바움(2015)은 중요한 인생사를 중심으로 자신과 타인의 삶을 기술한 이야기의 플롯과 캐릭터, 테마 등에 초점을 맞춘 인지적 이야기 접근을 옹호했다. 상담자는 내담자가 상담 과정에서 이야기를 탐색하도록 유도해야 한다. 이 접근은 다중적인 현실이 있다는 가정에서 시작한다. 치료적 과제의 하나는 내담자가 세상을 보는 자신만의 방식과 자신의 이야기를 어떻게 만들고 있는지를 깨닫게 돕는 것이다(13장 참조). 마이켄바움은 우리 모두가 '이야기하는 사람들'이며, 자신과 타인에 대한 이야기를 자각할 수 있어야 한다고 주장했다. 예를 들어 어떤 내담자는 자신을 '과거라는 감옥에 감금된 사람' 혹은 '회복되기 어려운 피해자'로 규정하고 있을 수 있다. 이러한 관용구는 유효한 비유가 될 수 있는데, 이들은 자신과 세상, 미래를 바라보는 개인적 관점에 따라 자신의 도식을 구성하기 때문이다. 상담자는 내담자가 세상을 어떻게 구성해가는지 스스로 평가해볼 수 있도록 돕고, 그 구성물(이야기)의 결과와 활용에 대해 평가해보도록 도와야 한다. 내담자가 어떻게 생존했고 대처했는지 '나머지 이야기'에 대해 말해보는 것은 내담자의 강점을 강화하고 탄력성을 강화하는 행동을 발전시키도록 돕는다. 이러한 방법을 통해 내담자는 '회복되기 어려운 피해자'에서 '강한 생존자'로 아니면 '인상적인 성공을 한 인물'로 자신에 대한 인식을 변화시킬 수 있다. 마이켄바움(2012)은 이러한 상담 목표를 달성하기 위해 필요한 대처 기술을 내담자와 함께 개발할 것을 강조한다. 그는 소크라테스식 발견 지향 접근을 활용하며 내담자가 그 목표에 도달하도록 예술적인 질문을 통해 지원하는 전략을 활용한다.

마이켄바움(1997)은 상담 효과를 평가하기 위해 다음과 같은 질문을 활용한다.

- 내담자는 현재 자신과 세상에 대해 새로운 이야기를 만들어낼 수 있는가?
- 내담자는 자신을 묘사하는 데 더 긍정적 비유를 사용하는가?
- 내담자는 위험한 상황을 예측하고 발생할 수 있는 문제를 다루는 대처 기술을 활용할 수 있는가?
- 내담자는 자신이 만들어낸 변화에 대해 인정하고 있는가?

상담이 성공적일 경우 내담자는 자신만의 소리를 가질 수 있고 성취한 것에 자부심을 느끼며 자신이 일으킨 변화를 자신의 것으로 받아들인다. 요약하면 내담자는 스스로 상담자가 되어 자신을 향해 치료적 목소리를 들려줄 수 있게 된다.

다문화적 관점에서 보는 인지행동 치료

다양성 관점에서 보는 강점

학습 목표 09 인지행동 접근은 다문화, 다인종 배경을 가진 내담자와 상담할 때 강점이 있다. 상담자가 문화적으로 다양한 내담자의 핵심 가치관을 이해한다면, 상담자는 내담자가 이러한 가치관을 탐색하고 갈등하는 감정에 대해 충분히 인식하도록 도울 수 있다. 그러고 나서 내담자와 상담자는 선택된 신념과 행동을 수정하기 위해 협력 할 수 있다. 인지행동 치료는 개인의 신념체계 또는 세계관을 자기 도전의 수단으로 활용하기 때문에 문화적으로 민감한 경향을 가진다.

인지행동 지향을 가진 상담자는 교사로서 기능하기 때문에, 내담자가 삶의 문제를 다루는 기술을 익히도록 하는 데 초점을 둔다. 문화적으로 다양한 집단을 상담하는 동료들과의 대화에서, 나는 그들이 만난 내담자들이 대인관계 문제의 중요성뿐만 아니라 인지와 행동의 중요성을 이해하려 한다는 것을 알게 되었다. 인지행동 치료의 합동 지향성은 내담자에게 구조화된 상담 프로그램을 제공하지만, 상담자는 내담자의 적극적 협력과 참여가 이루어지도록 모든 노력을 쏟는다. 스피글러(2013)에 따르면 인지행동 치료의 기본 특성과 방식 때문에 다양한 내담자들을 상담하는 데 잘 적용할 수 있다. 스피글러가 밝힌 인지행동 치료의 다양성 관련 효과는 개별화된 상담과 외적 문화에 대한 강조, 적극적 특성, 학습에 대한 강조, 경험적 증거의 중요성 강조, 현재 행동에 초점을 맞춤, 간결성 등에 의해 나타난다. 인지행동 치료의 강점은, 내담자의 관점을 존중하는 의사소통을 통해 신념과 정서적 반응, 행동선택 등에 대한 평가를 통합하는 것이다.

헤이즈(2009)는 인지행동 치료와 다문화 상담이 통합 가능한 가정을 공유하고 있기 때문에 거의 완벽하게 어울린다고 주장한다. 통합을 가능케 하는 구체적인 요소는 다음과 같다.

- 개인의 독특한 욕구와 강점에 맞춰 개입할 수 있다.
- 내담자는 일상생활에 적용할 수 있는 구체적인 기술을 학습할 수 있는데(인지행동 치료), 내담자 개인이 가진 독특성은 문화적 요인에 의해 영향을 받는다(다문화 상담).
- 내담자의 내적 자원과 강점은 변화를 통해 활성화된다.
- 내담자는 스트레스원을 최소화하고 개인의 강점과 지원을 강화할 수 있으며 신체적 · 사회적(문화적) 환경을 효과적으로 다룰 수 있는 기술을 익힐 수 있다.

다양성 관점에서 보는 한계

가치관과 핵심 신념을 검토하는 것이 인지행동 접근에서 중요한 역할을 하며, 상담자가 내담자의 문화적 배경을 이해하고 고통을 잘 감지해내는 것은 중요하다. 합리적 정서행동 상담자들은 내담자의 신념과 행동을 마주할 때 어떤 언어와 표현을 선택할지 신중하게 결정한다. 합리적 정서행동 상담자들은, 내담자에게 역기능적 정서와 행동을 유발하지만 이미 익숙해져버린 문화적 가치를 비판적으로 검토할 수 있도록 돕는다. 그러나 합리적 정서행동 치료의 한계는 의존성을 부정적 관점에서 바라본다는 것이다. 많은 문화권에서 상호의존성을 정신건강에 유익한 것으로 본다. 상호의존성을 중요한 가치로 여기는 문화권에서 성장한 내담자는 독립성을 강조하는 개입이나 전략에 반응하지 않을 것이다. 숙련된 합리적 정서행동 상담자는 내담자의 문화를 고려한 의사소통과 단어 선택, 스타일, 방법 등을 활용할 것이다.

헤이즈(2009)는 내담자가 자신의 문화적 가치를 명확하게 드러내기 전까지 핵심 문화적 신념에 도전하는 작업은 미룰 것을 권한다. 인지행동 접근이 추구하는 바와 같이, 저항을 극복하고 협력을 이루기 위해 상담자는 내담자를 무시하는 태도를 버려야 한다. 헤이즈는, 역기능적 인지를 수정하는 방법을 배우는 과정에서 내담자의 문화적 강점을 부각시킬 것을 제안했다. 예를 들어, 최선 다하기, 협동하기, 상호의존하기, 열심히 일하기 등의 가치를 강조하는 문화권 출신인 아시아계 미국인 내담자인 성(Sung)을 살펴보자. 성은 가족과 사회가 자신에게 거는 기대와 기준에 도달하지 못하고 있다는 생각으로 인한 부끄러움과 죄책감으로 괴로워한다. 그녀는 자신이 이혼을 하면 가족에게 수치심을 안겨줄 것이라고 생각한다. 성은, 협력과 상호의존을 가치 있게 여기는 그녀의 문화가 이혼이라는 고통스러운 기간 동안 그녀의 가족들이 그녀를 지지하도록 만드는데 얼마나 유용할지 생각해보아야 한다. 성이 속한 문화에서 그녀에게 적용되는 규칙은 남성에게 적용되는 규칙과 다르다. 상담자는 성별과 문화가 왜 이 상황에서 고려되어야 하는지를 성이 이해하고 탐색하도록 도와야 한다. 성이 사람들의 기대나 규칙에 따라서 자신의 삶을 살고 있다는 것을 성급하게 직면하게 만들면, 역효과가 생길 수 있다. 성은 이해받지 못한다는 느낌으로 상담을 중단해버릴 수 있다.

주장성과 독립성, 언어적 능력, 합리성, 인지, 행동 변화에 대한 인지행동 치료의 강조는 자기주장보다 소통을 강조하고 독립성보다 상호의존성을 강조하며 말하기보다 듣고 관찰하기를 강조하고 행동 변화보다 수용을 강조하는 문화권에서 적용할 경우 한계에 부딪칠 것이다(Hays, 2009). 인지행동 치료에서는 초점이 현재에 맞춰져 있기 때문에 상담자는 내담자의 발달사에 포함된 과거의 역할을 놓칠 수도 있다. 인지행동 평가는 내담자의 개인사 탐색을 포함하고 있다. 만약 상담자가 내담자의 과거에 뿌리를 두고 있는 문화적 신념을 파악하지 못한다면 내담자의 개인적 경험을 정확히 해석하기 어려울 것이다.

다문화 관점에서 볼 때 인지행동 치료의 또 다른 한계는 개인주의적 지향성이다. 초보 상담자는 인지적 재구성을 너무 강조하다가 환경 요인을 무시하는 우를 범할 수 있다. 헤이즈(2009)는 이러한 잠재적 한계가 인지행동 치료와 다문화 상담의 통합을 방해하지 못하게 해야 한다고 지적하며, 그 대신 이러한 한계를 자각하고 "다시 생각하며 재검토하고 심리치료의 효과와 타당성을 증가시키는 기회"(p.356)로 삼아야 한다고 말했다.

인지행동 치료를 적용한 스탠의 사례

인지행동 관점에서 상담자는 스탠이 자기 패배적 신념에 도전하여 이를 수정할 수 있도록 돕는 데 관심을 가진다. 그 결과 스탠은 더 효과적 행동을 할 가능성이 높아진다. 상담자는 목표 지향적이며 문제 중심적이다. 상담자는 초기 회기부터 문제점을 명확히 하여 구체적 목표들을 설정하도록 요구할 것이다. 더욱이 상담자는 해결책을 발견할 기회를 증가시키는 방식으로 문제점을 재개념화하도록 스탠을 도울 것이다.

상담자는 매 회기마다 명확히 구조화된 형태로 상담을 진행한다. 상담에 대한 기본 절차는 다음과 같다. (1) 상담의 인지적 논리를 제공하여 상담의 신비를 제거함으로써 스탠을 준비시킨다, (2) 스탠 스스로 스트레스를 수반하는 사고를 검토하도록 격려한다, (3) 행동 · 인지 기법을 이행한다, (4) 기본 신념과 사고를 밝혀내어 도전하도록 격려하면서 스탠과 함께 작업한다, (5) 신념과 가정을 현실을 통해 검증하면서 그것을 점검하는 방법을 교육한다, (6) 예전 양식으로 돌아가지 않도록 기본 대처 기술을 가르친다.

상담 회기를 구조화하기 위해, 상담자는 스탠에게 지난 한 주간을 간략하게 회고하도록 하여 이전 회기에 대한 피드백을 이끌어내며, 과제를 검토하고 협력하여 회기에 대한 예정표를 만들고 예정표 안에 있는 의제들을 논의하며 새로운 과제를 제공한다. 스탠은 문제 상황에서 직접 대처 기술을 활용해보도록 격려받을 것이다.

스탠은 여성에 대한 두려움을 떨쳐버리고 싶고 매력적인 여성을 덜 위협적으로 느끼길 원한다고 말했다. 대부분의 여성에게 두려움을 느끼며 특히 강한 여성에게는 더 그렇다. 상담자는 스탠의 두려움을 네 단계로 구분하여 다루었다. 네 단계는 자기 언어에 대한 교육, 잘못된 신념에 대한 조사와 평가, 인지행동적 개입 활용, 일상생활에서 새로운 행동 연습 기회를 갖기 위한 과제 계획 등을 포함한다.

첫째, 상담자는 스탠의 자동적 사고, 자기 대화, 무

분별하게 받아들인 '……하지 않으면 안 된다', '당연히 ……해야 한다', '반드시 ……해야 한다'를 재검토하는 것이 왜 중요한지 교육한다. 스탠과 협력적인 관계를 유지하며 상담자는 스탠의 기본 인지가 말하고 느끼며 행동하는 방식에 영향을 미친다는 것을 발견하도록 돕는다. 다음은 스탠의 자기 대화의 일부다.

- '항상 강하고, 강인하고, 완벽해야 한다.'
- '약해 보이면 남자가 아니다.'
- '모든 사람들에게 사랑받고 인정받지 못한다면, 모든 것이 무의미하다.'
- '여성이 나를 거부한다면, 정말로 '아무것도 아닌' 존재가 될 것이다.'
- '실패한다면, 나는 인간으로서 낙오자다.'
- '다른 사람들과 똑같이 느끼지 못하는 걸 보면, 내 존재는 하찮다.'

둘째, 상담자는 스탠 스스로 자기 패배적 진술을 사용하는 방식을 검토하고 평가하도록 도와준다. 상담자는 구체적 문제를 확인하도록 돕고, 잘못된 사고를 비판적으로 검토하는 방법을 학습할 수 있도록 돕는다.

상담자: 당신은 당신 아버지가 아닙니다. 당신이 아버지와 닮았다고 끊임없이 말하는 이유가 궁금합니다. 당신의 진정한 가치에 대한 부모님의 판단을 의심 없이 계속해서 수용해야 된다고 생각하시나요? 당신에 대한 그분들의 평가가 옳다는 증거가 있습니까? 당신은 그러한 실패가 열등감을 느끼게 한다고 말합니다. 현재 당신의 행동이 이러한 사실들을 뒷받침해주나요? 당신이 자기 자신을 그렇게 괴롭히지 않는다면, 당신의 삶이 어떻게 달라질 수 있을까요?

셋째, 스탠이 인지 왜곡과 자기 파괴적 신념의 본질을 충분히 이해하고 나면 그 신념들을 확인하고 평가하며 처리하는 데 활용할 수 있는 다양한 인지행동 기술을 훈련시킨다. 상담자는 스탠의 핵심 신념들을 지지하거나 반박하는 증거를 검토하기 위해 **소크라테스식 문답**과 **안내된 발견**, **인지 재구성** 등을 활용한다. 이 과정을 통해 스탠은 자신과 세계에 대한 신념을 드러낼 수 있게 될 것이다. 상담을 통해 스탠은 기본 신념과 자동적 사고를 검증해야 할 가설로 인식하게 될 것이다. 이런 식으로 스탠은, 개인적 문제를 초래한 많은 결론과 기본 가정이 타당한지 따져보는 과학자가 된다. 안내된 발견을 통해 스탠은 신념과 결론의 타당성과 기능성을 평가하는 방법을 배우게 된다. 스탠은 또한 여러 상황에서 행동을 관찰하여 얻은 인지 재구성의 이점을 발견할 수 있다. 예를 들어, 문제가 되는 특정 상황이 일어난 그 한 주 동안, 특히 자신의 자동적 사고와 내적 대화에 관심을 기울일 수 있다. 어려운 상황에 놓였을 때 나는 자신에게 무슨 말을 하고 있었는가? 자신의 생각과 행동에 주의를 기울이는 방법을 학습하고 나면, 자신에게 한 말이 나에 대한 타인의 평가에도 영향을 미친다는 것을 알게 될 것이다. 또한 사고와 행동 문제의 관련성을 알게 된다. 이러한 이해를 통해 새롭고 기능적인 내적 대화를 배울 수 있게 된다.

넷째, 상담자는 두려움을 처리하는 데 도움이 되는 구체적 과제를 스탠과 협력하여 고안해낸다. 스탠은 과제를 통해 새로운 대처 기술을 배우게 되며, 이 대처 기술은 먼저 상담 회기에서 배우고 나서 일상생활에서 연습해볼 수 있다. 물론 스탠이 자신에게 새로운 내용을 말하는 것만으로 충분하지 않다. 스탠은 새로운 인지와 행동 대처 기술을 다양한 일상생활에 적용시켜야 한다. 어느 순간 상담자는 스탠에게, 강한 여성에 대한 공포를 탐색하면서 자신에게 지속적으로 '그 여자는 내가 강하고 완벽한 남자이기를 바라고 있어. 조심하지 않는다면 지배당할지도 몰라.'라는 말을 하는 이유를 찾아보도록 요청할 것이다. 그가 해야 할 과제에는 여성에게 데이트 신청하기도 포함된다. 데이트에 성공한다면, 나쁜 일이 일어날 것이라는 자신의 파괴적 기대에 도전할 수 있게 된다. 그녀가 스탠을 좋아하지 않거나, 데이트를 거절하는 것이 그렇게 끔찍한 일일까? 스탠은 끊임없이, 자신은 모든 여성에게 인정을 받아야 하고 여성의 거부는 견딜 수 없는 일이라고 말해왔다. 과제를 통해서 스탠은 왜곡이라는 이름표를 붙일 수 있고 자동적으로 자신의 역기능적 사고를 탐지할 수 있으며 인지적 방식을 확인할 수 있게 된다. 다양한 인지 기법과 행동 기법을 통해서 스탠은 새로운 정보를 획득할 수 있으며, 자신의 기본 신념이나 도식을 바꿀 수 있고 새롭고 더 효과적 행동을 실천할 수 있다.

자기 점검을 위한 질문

다음 질문들은 스탠을 상담하는 방법에 대해 생각해보는 데 도움이 될 것이다.

- 스탠을 상담할 때 상담 양식은 인지행동 치료의 통합적 형식이라는 특징이 있다. 상담자는 엘리스, 벡, 마이켄바움의 접근 기법과 개념을 빌려온다. 상담자가 각 접근에서 빌려온 구체적 개념들은 무엇인가? 각 인지행동적 접근에서 사용할 기법은 무엇인가? 통합적 인지행동 접근을 상담에 적용할 때의 이점은 무엇인가? 패디스키와 무니의 강점 기반 인지행동 치료로부터 얻을 수 있는 이점이 있는가?
- 인지행동 치료가 어떻게 진행되는지와 관련해서 스탠에게 꼭 가르쳐주고 싶은 것은 무엇인가? 치료 동맹이나 협력적 상담 관계에 대해 스탠에게 말하고 싶은 것은 무엇인가?
- 스탠의 생활 방식에서 두드러진 잘못된 신념은 무엇인가? 그의 핵심 신념을 검토하도록 돕기 위해 어떤 인지적 · 행동적 기법을 사용하겠는가?
- 스탠은 '하지 않으면 안 된다.'와 '당연히 해야 한다.'로 살아간다. 그의 자동적 사고는 그가 원하는 것을 얻는 방식처럼 보인다. 스탠의 입장에서, 발견을 유도하기 위해 어떤 기법을 사용할 것인가?
- 스탠이 수행할 수 있는 유용한 과제는 무엇인가? 어떤 방식으로 여러분은 스탠과 협력해서 과제를 설계할 것인가? 스탠이 자신의 사고와 결론의 타당성을 검증할 수 있는 행동 계획을 개발할 수 있도록 격려하려면 어떻게 해야 하는가?

코리 박사가 인지행동 치료로 스탠을 상담하는 장면을 직접 보고 싶다면 온라인이나 DVD에 있는 『심리상담과 치료의 이론과 실제: 스탠의 사례와 해설 DVD』의 8회기 '인지행동 치료'를 보라. 이 자료에는 역할 바꾸기와 인지재구성 기법을 통해 스탠의 잘못된 신념을 탐색하는 과정이 소개된다.

인지행동 치료를 적용한 그웬의 사례*

그웬은 들어와 자리에 앉은 후 사무실에서 겪게 될 걱정거리를 이야기하기 시작했다. 그녀는 다른 사람들로부터 인정을 받고 관계를 맺고 싶었음에도 불구하고 스스로를 고립시키고 있어서 사회적 관계 형성이 어렵다고 호소했다.

그웬: 나는 앞으로 8시간 동안 사람들과 함께 보낼 것을 생각하니 두려워요. 나는 일을 할 때 이런 것에 신경 쓰고 싶지 않거든요! 정말 끔찍한 일이에요.

상담자: 잠시 멈춰서 동료들과 함께 있을 때 떠오르는 생각에 주의를 기울여보세요. 그 모임에 참석할 때 그런 일이 벌어질 거라고 믿을 만한 근거가 있나요? [인지적 왜곡 탐색]

그웬: 나는 동료와 상호작용을 해본 적이 없어요. 그리고 그 모임이 즐거울 거라는 건 상상할 수가 없군요. 동료들에 둘러싸여 있는 모습을 상상하면 불안해져요. 나는 그들과 함께 있을 때 불안을 느끼고 싶지 않아요. 그들이 나를 평가하고 비판할 거라는 느낌이 들어요.

* 켈리 커크시 박사는 인지행동 관점에서 사고하고 작업하는 자신의 방법들에 대해 저술하고 이 모형을 그웬에게 적용시킨다.

그웬의 잘못된 가정과 인지적 왜곡이 불안을 촉진하고 있다. 나는 그웬이 오래된 비합리적 생각을 알아차리고, 그러한 생각들이 불안을 유발한다는 것을 이해할 수 있도록 돕고 싶었다. 곧 닥칠 사회적 사건은 그녀를 더욱 불안하게 만들 것이며 더욱더 혼자 있고 싶게 만들 것이다. 만일 그웬이 자각 능력을 키울 수 있다면 자신의 잘못된 신념을 논박할 수 있게 될 것이다.

상담자: 당신은 자신에게 그 모임이 괴로운 시간이 될 거라고 말하고 있군요. 동료들이 당신을 평가할 거라고 믿고 있고요. 혹시 그렇게 민을 만한 근거가 있나요? 아니면 반대로 당신을 평가하지 않을 동료들이 있을 수도 있나요? 그 모임에 참석하고 있다고 상상해보고 그 장면을 액자 속 사진이라 생각해보죠. 그런데 사진을 둘러싼 액자가 너무 오래되고 더러워서 새로운 액자로 그림을 옮긴다고 생각해봅시다. 그렇게 하면 어떤 일이 벌어질까요? 다시 말해서 그 모임에 참석할 때 벌어질 일이라고 생각하는 것들을 새로운 관점에서 바라보고, 동료들과의 상호작용이 긍정적일 수도 있다는 생각을 해볼 수 있을까요?

그웬: 글쎄요, 그 모임이 괴로울 거라고 말하지 않을 수도 있겠지요. 내가 생각하는 바가 나를 두렵게 만드는 것 같군요. 솔직히 말하면 어떤 일이 벌어질지 모르는 거죠. 실제로 어떤 일이 벌어질지 보기 전까지는 스스로에게 아무 말도 하지 말아야겠네요. 내가 가끔 부정적인 생각을 한다는 것을 알겠어요.

상담자: 당신 안에서 부정적인 생각이 떠오른다면 그 생각을 취소하기로 결심해보세요. 부정적인 생각을 논박하고 당신이 느끼며 생각하고 싶은 바를 지지하는 생각으로 대치해보세요. 당신을 불안하게 만드는 인지적 왜곡에 대해 이야기해보세요.

그웬: 나는 스스로에게, 동료들은 내가 실수하기를 바라고 있고 내가 까다로워서 관계하고 싶지 않다고 생각하는 것 같다고 말한 것 같아요. 하지만 실제로 그들이 어떤 마음인지 알아보려 노력하지 않았죠.

상담자: 일터에서 불안을 줄이기 위해 동료들과의 관계를 개선하려면 무엇을 해야 할까요?

그웬: 나는 그들을 봤을 때 그냥 지나치지 말고 인사를 나눠야 할 것 같아요. 나는 솔직히 이방인 취급을 당하기보다 동료들과 좋은 관계를 맺고 싶어요.

상담자: 모두가 당신을 적대시한다는 잘못된 생각에 어떻게 대응하면 좋을까요?

그웬: 우선 동료들이 나를 평가하고 비판할 거라는 생각을 지지하는 증거가 없다는 것을 알아차려야 할 것 같아요. 나는 그들이 나를 배척할 것이 두려워서 내가 먼저 그들을 거부하는 전략을 택했던 것 같아요.

상담자: 그렇다면 이번 주에 해볼 과제를 이야기해봅시다. 사무실에서 동료들이 나를 판단하고 비난하는 것 같다는 느낌이 들 때 그런 가정을 지지하지 않는 증거가 있는지 살펴보기로 하죠.

그웬: 아마도 그런 가정들과 부정적인 생각의 목록을 만들 수 있을 것 같아요. 그러고 나서 그런 부정적 생각을 지지하지 않는 증거 목록을 만들어볼게요.

상담자: 노력해주겠다고 말해서 기뻐요. 그 노력이 당신의 불안을 줄이는 데 도움이 될 거라고 생각합니다.

그웬: 그리고 직장에서 좀 더 친절하게 행동하도록 노력해볼게요.

상담자: 스스로를 고립시키지 못하게 하시고, 동료들과 대화할 때 어떤 기분이 드는지 잘 살펴보세요.

나는 그웬에게 과제를 기록하고 새로운 행동이 불안 감소 수준에 얼마나 영향을 미쳤는지 기록할 수 있는 용지를 제공했다. 그리고 그녀가 자동적 생각을 자각하여 논박하는 훈련을 지속하도록 격려했다. 다음 회기에서 우리는 과제를 검토했고 직장에서 경험한 불안 수준을 점검했다.

자기 점검을 위한 질문

- 고립을 경험하는 과정에서 그웬은 어떤 역할을 했는가?
- 상담자는 그웬이 자신의 부정적 생각에 대한 증거를

찾는 것을 돕기 위해 어떻게 해야 하는가?
- 그웬이 과제를 완수하도록 용기를 주려면 어떻게 해야 하는가?
- 상담자는 그웬이 인종차별을 받거나 사무실에서 배척당하고 있다는 것을 알게 되었다면 어떻게 반응해야 하는가? 이런 사례에 인지행동 치료는 어떤 기능을 하겠는가?
- 그웬의 상담에 추가적인 인지행동 치료 기술을 적용한다면 어떤 기술을 추천하겠는가?

요약과 평가

합리적 정서행동 치료는 사고, 판단, 결정, 행동, 자비 등을 강조하는 포괄적이며 통합적인 접근으로 발전하고 있다. 이 접근은 사고, 감정, 행동이 연결된다는 가정에 기초하고 있다. 상담은 내담자의 문제행동과 정서를 먼저 확인하며 이 문제들을 직접적으로 만들어내는 사고를 논박한다. 자기주입 과정에 의해 강화되는 자기 패배적 신념을 막기 위해 합리적 정서행동 상담자는 교육, 제안, 설득, 과제 등과 같은 능동적이고 직접적 기법들을 활용하고, 이를 통해 비합리적 신념을 합리적 신념 체계로 바꾸도록 힘쓴다. 상담자는 역기능적 신념이 부정적 정서 및 행동을 초래하는 과정과 이유를 실례로 들어 제시한다. 상담자는 내담자에게 앞으로 발생할 수도 있는 자기 패배적 신념이나 행동들을 논박하는 방법을 가르친다. 합리적 정서행동 치료는 행위, 즉 상담에서 얻은 통찰에 따른 구체적 행동을 강조한다. 변화는 주로 오래되고 비효율적인 행동을 대치하는 새로운 행동을 꾸준히 실천할 때 나타난다. 무조건적인 자기 수용과 무조건적인 타인 수용, 무조건적인 인생 수용 역시 강조된다. 합리적 정서행동 상담자는 상담 전략을 선택적으로 통합해 활용한다. 그들은 개인의 특성에 맞는 상담 전략을 개발하거나 기존 전략을 수정하여 창의적으로 활용한다.

인지 치료 상담자 역시 내담자가 생각과 정서, 행동, 신체, 상황 사이의 관계를 이해할 수 있도록 돕는 여러 전략을 통합적으로 활용한다. 인지 치료는 내담자와 상담자의 적극적 협력, 상담자의 주도적 기능, 상담의 구조화 및 심리교육적 속성, 각 회기별 의제 설정, 단기 개입 등을 강조하는 특징을 가지고 있다(Freeman & Freeman, 2016). 작업 동맹은 인지 치료에서 협력적 상담 관계를 형성하는 핵심 요소다. 벡 역시 내담자와 상담자 관계에 라포 형성이 필요하다고 보았지만 성공적 상담의 충분조건은 아니라고 보았다. 인지 치료는, 내담자의 숙련된 인지 행동적 전략 활용과 일상 과제 수행 등을 통해 효과를 발휘한다. 상담자는 내담자의 개인적 경험을 가장 효과적인 증거 기반 개입 전략과 연결시켜, 내담자로 하여금 문제(증상)를 개념화할 수 있도록 돕는다.

모든 유형의 인지행동 접근은 인지적 처리 과정과 정서, 행동이 서로 연결된다는 것을 강조한다. 사람이 어떻게 느끼고 실제로 어떤 행동을 하는가 하는 것은 주로 상황에 대한 자신의 주관적 평가에 영향을 받는다. 삶의 상황에 대한 수용이 신념과 가정, 내적 대화 등에 영향 받기 때문에 이런 인지는 상담에서 주된 관심의 대상이 된다.

인지행동 치료의 공헌

학습 목표 10 이 책에서 논의한 대부분의 상담은 자신과 세계에 대한 내담자의 주관적 관점을 변화시키는 것을 목표로 하기 때문에 일반적으로 '인지적'일 수 있다. 인지행동 접근은 가정과 신념을 검토하고, 문제를 다루는 데 필요한 대처 기술을 내담자에게 가르치는 데 초점을 맞춘 체계적이고 정교한 심리치료 형태로 발전했다. 인지행동 치료의 기본 원리는 인지의 변화를 통해 정서와 행동을 변화시킬 수 있다는 것인데, 정서와 행동의 변화는 인지의 변화 역시 초래할 수 있다(Freeman & Freeman, 2016).

엘리스의 합리적 정서행동 치료와 벡의 인지 치료는 인지행동 치료를 대표한다. 합리적 정서행동 치료와 인지 치료는 모두 다양한 유형의 인지행동 기술을 포함하고 있으며 실천 계획을 따른다. 이 둘은 상대적으로 짧고 구조화되며 효과와 효율, 비용 대비 효과, 증거 기반 실천 등을 추구한다(Hollon & DiGiuseppe, 2011). 인지행동 치료와 합리적 정서행동 치료의 심리교육적 특징은 다양한 임상적 문제를 다루고 다양한 유형의 내담자를 돕는 과정에서 명백한 강점으로 기능한다(A. Ellis & Ellis, 2011). 인지행동 치료의 효과를 지지하는 증거 기반 평가는 상담 효과 평가의 '표준(gold standard)'으로 받아들여지고 있다.

엘리스의 합리적 정서행동 치료 합리적 정서행동 치료의 장점 중 한 가지는 상담자의 직접적인 개입 없이도 내담자 스스로 치료를 이행할 수 있는 방법을 교육한다는 점이다. 특히 나는 합리적 정서행동 치료가 테이프 듣기, 자조 관련 서적 읽기, 행동하고 사고하는 것 기록하기, 과제 수행하기 등과 같은 추가 전략을 강조하는 것을 높이 평가한다. 이렇게 함으로써 내담자는 상담자에게 지나치게 의존하지 않고 스스로를 변화시킬 수 있다.

벡의 인지 치료 벡의 주요 개념은 엘리스와 매우 유사한 면이 있지만 이론의 기초가 되는 철학과 상담의 진행과정 면에서는 엘리스와 차이가 있다. 벡은 불안, 공포, 우울의 치료에 선구자적 역할을 했다. 벡은 현재에 초점을 맞추고 문제 지향성을 갖춘 구조화된 상담이 비교적 짧은 기간 안에 우울증과 불안 문제를 효과적으로 상담할 수 있다는 것을 보여줬다. 오늘날 불안 문제와 우울증에 대한 경험적으로 입증된 상담은 현장에서 혁명을 일으켰으며, 연구는 다양한 문제에 대한 인지적 상담의 효율성을 입증하고 있다

(Leahy, 2002; Scher, Segal, & Ingram, 2006; Hofmann et al., 2012). 벡은 우울한 내담자의 기본 가정이나 신념에 도전하고, 낙천적 태도나 변화된 행동을 유도하는 새로운 인지적 관점을 제공하는 데 더 도움이 되는 구체적인 인지 절차들을 개발했다. 우울이나 무력감에 대한 인지 치료의 효과는 치료 후 최소한 1년 이상 유지되는 것으로 보인다. 벡 역시 처음에는 인지 치료가 적합하지 않을 것이라고 생각했던 외상 후 스트레스 장애나 조현병, 망상장애, 양극성 장애, 성격장애 등을 포함하는 광범위한 임상적 문제 영역에도 인지 치료가 적용되고 있다(Hofmann et al., 2012). 인지 모형의 신뢰성은 인지 치료의 명제들이 경험적으로 검증되고 있다는 데서 나온다.

패디스키와 무니의 강점 기반 인지행동 치료 벡의 인지 치료는 패디스키와 무니의 강점 기반 인지행동 치료 접근을 통해 확장되었다. 상담 과정 중에 강점을 통합 적용하는 강점 기반 인지행동 치료는 인지행동 치료 개입 전략을 이미지나 비유, 이야기, 신체운동 경험 등으로 확장시켰다. 강점 기반 인지행동 치료 역시 내담자 문제에 대한 증거 기반 상담을 지향하며 내담자의 긍정적 특성과 강점 개발이 가능한 인지행동 치료 확장 모형을 제공한다. 강점 기반 인지행동 치료는 기존 신념 점검에 초점을 맞추는 것뿐만 아니라 내담자가 '어떻게 생각하고 행동해야 하는지' 그 목표에 해당하는 새로운 신념과 행동을 구성할 수 있도록 돕는 체계적인 방법을 제공한다.

마이켄바움의 인지행동 수정 자기주도 치료와 스트레스 면역 훈련에 대한 마이켄바움의 상담은 다양한 내담자 집단과 여러 구체적 문제들에 성공적으로 적용되었다. 특히 스트레스가 내적 대화를 통해 어떻게 유발되는지를 이해하는 데 기여하였다. 마이켄바움의 통합된 인지 이야기 조망은 그의 상담이 갖는 핵심 강점이다. 그는 내담자의 인지행동적 개념 틀을 활용하여 인지, 정서, 행동의 변화를 유도할 수 있는 포스트모던 관점의 이야기 요소를 상담에 통합시켰다.

모든 인지행동 접근은 통찰에서 행동을 강조하는 방향으로 상담의 관점을 이동시키는 데 기여했다. 과제 수행은 내담자가 새로운 행동을 일상에서 실천하여 좀 더 효과적인 대처 기술을 학습할 수 있도록 돕는 데 유용했다. 특히 내담자와 합력하여 과제를 구성하고 상담 회기 밖에서 이를 실천해가는 것이 중요하다. 엘리스의 합리적 정서행동 치료, 벡의 인지 치료, 패디스키와 무니의 강점 기반 인지행동 치료, 마이켄바움의 스트레스 면역 훈련 모두 상담 회기뿐만 아니라 일상에서 실천하는 것의 중요성을 강조했고, 과제가 학습 과정의 핵심을 구성한다고 보았다. 내담자는 새로운 대처 기술을 다양한 문제 상황에 적용하는 방법을 배우고, 습득한 그 기술을 통해 재발을 예방할 수 있게 된다.

엘리스, 벡, 패디스키와 무니, 마이켄바움은 모두 상담 과정을 객관화(demystification) 시키는 데 기여했다. 인지행동 접근은 상담자와 내담자의 작업 동맹을 강조하는 교육 모형에 기초를 두고 있다. 이러한 모형은 내담자의 자조 활동을 격려하고 상담 전략이 잘 적용되도록 지속적 피드백을 제공하며 결과에 대한 평가를 가능하게 해주는 상담의 방향과 구조를 제공한다. 내담자는 상담 과정의 동반자이기 때문에 상담 방향을 정하는 데 적극 참여할 의무가 있다.

인지행동 치료의 한계와 비판

학습 목표 11 인지행동 접근은 상담 과정 중에 정서의 역할에 거의 관심을 기울이지 않는 것이 문제라는 비판을 받아왔다. 초기 인지행동 치료는 과도한 정서적 각성 문제를 가진 내담자를 돕기 위해 개발되었는데, 이러한 배경을 살펴보면 좀 더 균형 잡힌 이해가 가능하다. 내담자가 심각한 우울이나 불안 증상을 경험할 때 정서로부터 관심을 돌려서 신념과 행동을 통해 균형을 잡으려 하는 것은 기능성이 있다. 그러나 정서로부터 일정 거리를 두고 있는 내담자와 작업할 경우에는 인지행동 상담자 역시 이미지나 역할극, 정서 표현 등을 통해 그 정서를 상담 장면에서 직접 다룰 수 있도록 유도한다. 비록 인지행동 치료가 다른 치료에 비해 정서를 직접적인 대화 주제로 삼는 빈도는 낮지만, 매 회기마다 정서와 그 결과물을 직접적으로 다루고 있다. 다양한 인지행동 치료의 좀 더 근본적인 한계는 다음과 같다.

엘리스의 합리적 정서행동 치료 나는 과거를 탐색하는 것이 거짓된 사고와 행동을 변화시키는 데 별다른 효과가 없다고 보는 합리적 정서행동 치료의 가정에 동의할 수 없다. 내가 보기에 과거 유년기를 탐색하는 것은, 과거의 경험이 현재의 기능과 관련이 있을 경우 엄청난 영향력을 끼친다. 사실, 앨버트 엘리스(그리고 데비 조프 엘리스 역시)는 첫 회기나 초기 회기에 내담자의 어린 시절 경험에 대해 듣곤 했다. 그 이야기는 내담자가 현재 가지고 있는 비합리적 신념의 근원이 무엇인지 확인하는 데 도움이 된다. 이야기를 듣고 나면 확인된 신념을 탐색하고 논박하며 대체하는 방향으로 주제를 이동한다.

또 다른 한계는 상담자의 권한이 합리적 사고를 구성하는 관념을 강요하는 형태로 남용될 수 있다는 것이다. 이 접근의 적극적이고 지시적 성질 때문에 상담자는 자신에 대해 잘 알고 있어야 하고, 내담자에게 자신의 인생 철학을 강요하지 않도록 주의하는 것이 필요하다. 숙련된 합리적 정서행동 상담자는 합리적 정서행동 치료가 정의하고 있는 합리적 신념과 비합리적 신념, 건강한 부적 정서와 건강하지 않은 부적 정서를 명확히 구분할 수 있다(A. Ellis & Ellis, 2011).

일부 내담자는, 특히 치료적 동맹이 형성되지 않았을 때, 직면을 강조하는 합리적 정서행동 전략의 특징으로 인해 어려움을 겪을 수 있다. 하지만 합리적 정서행동 치료를 엘리스가 사용하던 방식과 다르게 사용할 때 그러한 위험을 줄일 수 있다. 앨버트 엘리스는 상담자들이 본인(엘리스)의 방식을 따를 필요 없이 자신만의 레퍼토리를 가지고 합리적 정서행동 치료를 효과적으로 활용하라고 말하곤 했다. '엘리스'의 합리적 정서행동 치료 접근에 대해 가르치고 글을 쓰는 데비 조프 엘리스는, 상담자들에게 합리적 정서행동 치료의 요소와 원리를 자신만의 방법과 스타일에 접목해서 활용하도록 격려하고 있다(D. Ellis, 2014).

벡의 인지 치료 인지 치료는 긍정적 사고의 힘을 지나치게 강조하고 너무 피상적이며 극단적으로 단순하고 과거의 중요성을 부정하며 지나치게 기법에 의존한다는 비판을 받고 있다. 또한 상담 관계를 제대로 활용하지 못하고 증상 제거에만 관심을 기울이며 문제의 근원을 탐색하지 않고 무의식적 요인의 역할을 무시하며 감정의 역할을 부정했다고 비판받았다(Freeman & Dattilio, 1992; Weishaar, 1993).

인지 치료 상담자들은 복잡한 해결책보다 간결하고 직접적인 해결책을 선호하지만 이것이 인지 치료의 실제가 단순하다는 것을 의미하지는 않는다. 인지 치료 상담자는 실제 경험에 기초한 생각을 강조하지 단순히 긍정적 생각을 강조하는 것이 아니다. 이들은 무의식 세계가 접근하기 어렵다고 믿지 않는다. 직접적이고 안내된 질문을 통해서 내담자는 의식 아래에서 작용하는 가정과 신념을 확인할 수 있고, 그와 같은 신념은 행동 방식 및 정서 반응과 연결된다. 인지 치료 상담자들 역시 내담자의 인생 초기 경험이 현재 문제와 연결된다는 것을 알고 있고 그 경험을 현재 문제와 연결시켜 탐색하기도 한다.

패디스키와 무니의 강점 기반 인지행동 치료 강점 기반 인지행동 치료에 대한 가장 큰 비판은 경험적 근거가 아직 미흡하다는 것이다. 일부 인지행동 상담자들은 내담자의 강점을 강화하는 전략이 인지행동 치료 효과를 높이는 기능을 하는지 의문을 가지고 있다. 현재 유럽과 영국에서 강점 및 탄력성에 초점을 맞추는 것이 상담 효과를 지속시키는 데 도움이 된다는 주장에 대해 연구하고 있다. 그뿐만 아니라 만성적인 문제를 상담할 때 현재 신념이나 행동을 검토하는 것보다 새로운 신념과 행동을 구성하는 것이 더 효과적인지 연구하고 있다.

마이켄바움의 인지행동 수정 마이켄바움은 워크숍을 진행할 때 카리스마가 넘친다. 그의 접근이 성공적인 것은 기본적으로 남을 돌보려는 동기가 강하고 인지행동 치료 개입을 할 때 매우 창의적이기 때문일 것이다. 임상가가 유머나 에너지 개인적 재능, 주도적인 상담 스타일 등에 있어서 마이켄바움과 유사성을 가지고 있지 않다면 그의 상담 절차를 따른다고 해도 동일한 결과를 얻지는 못할 것이다. 이는 각 상담자가 자신만의 상담 스타일을 갖는 것이 중요함을 보여준다.

인지행동 접근의 잠재적 한계는 상담자의 개인적 성장 수준과 훈련, 지식, 기술, 조망, 치료 동맹 형성 능력에 따라 그 효과가 달라진다는 것이다. 이는 모든 상담이 가지고 있는 한계이기도 하지만, 특히 삶의 기술을 가르치고 구조화를 강조하며 내담자에게 유용한 정보를 제공해야 하는 인지행동 치료 임상가들에게 더욱 두드러진다. 상담자가 어떤 종류의 사람인가 하는 것은 지식이나 기술만큼이나 중요하다. 상담자는 내담자에게 자신이 가지고 있는 모형을 소개할 수밖에 없다. 데비 조프 엘리스(Debbie Joffe Ellis, 2014)는 상담자들에게 마음챙김을 훈련하고 자신의 생각을 점검하며 내담자에게 가르친 것들은 자신도 실천하도록 격려한다. 상담자는 이를 통해 내담자를 위한 건강한 모형을 가질 수 있고 더 나은 삶의 경험과 만족을 누릴 수 있다.

자기 점검과 토론을 위한 질문

1. 대부분의 인지행동 치료 모형에서 상담자는 교사로서의 기능을 한다. 그렇다면 여러분의 상담 현장에 심리교육 모형을 어떻게 적용할 수 있는가?
2. 인지행동 임상가는 단기적이고 적극적이며 주도적이고 협력적이며 현재에 초점을 맞추고 교훈적이며 심리교육 모형에 입각하여 개념과 기술에 경험적 타당성을 갖춘 상담을 활용한다. 이러한 특성이 주는 이익과 불이익 무엇이라고 생각하는가?
3. 앨리스, 벡, 패디스키, 마이켄바움은 서로 다른 방식으로 상담을 진행하지만 모두 인지행동학파에 속한다. 여러분은 이들 중 누구에게 가장 마음이 끌리며 그 이유는 무엇인가?
4. 인지행동 치료는 다양한 기법을 제공한다. 여러분 스스로에게 적용해본다면 어떤 기술을 활용해보고 싶은가? 또한 내담자와 협동 작업을 한다면 어떤 기술을 활용해보고 싶은가?
5. 현대 임상가들 중에서는 인지행동 상담자가 가장 많다. 인지행동 치료에 대한 관심의 증가는 무엇 때문이라고 생각하는가?

더 찾아볼 자료

『상담 및 심리치료의 통합적 접근: 루스의 사례와 해설 DVD』에서 나는 인지행동 관점으로 여러 회기 루스를 상담했다. 6, 7, 8회기에서 인지적 초점, 정서적 초점, 행동적 초점을 가지고 루스와 상담하는 나의 기술을 보여주고 있다. 또한 9회기 '통합적 조망'에서 사고와 감정, 행동 수준의 상호작용 전략을 보여주고 있다.

기타 자료들

이번 장과 관계된 미국심리학회 '심리치료의 체계 비디오 시리즈' 목록은 다음과 같다.

Cognitive Therapy (J. Beck, 2005)
Rational Emotive Behavior Therapy (D. J. Ellis, 2014)
Cognitive Behavioral Therapy With Donald Meichenbaum (D. Meichenbaum, 2007)
Rational Emotive Behavior Therapy Over Time (A. Vernon, 2010)
Cognitive Therapy Over Time (K. S. Dobson, 2010)
Cognitive-Behavioral Therapy (J. Persons, 2006)
Cognitive-Behavioral Therapy for Perfectionism Over Time (K. S. Dobson, 2008)
Cognitive-Behavioral Therapy Strategies (K. S. Dobson, 2011)

이번 장과 관련하여 패디스키가 웹사이트(www.padesky.com)를 통해 제공하는 오디오 워크숍과 비디오 목록은 다음과 같다.

Cognitive Therapy for Panic Disorder (C. A. Padesky, 1993)
Guided Discovery Using Socratic Dialogue (C. A. Padesky, 1996)
Testing Automatic Thoughts With Thought Records (C. A. Padesky, 1996)
Collaborative Case Conceptualization (C. A. Padesky, 1997)
Constructing NEW Core Beliefs (C. A. Padesky, 2003)
Constructing NEW Underlying Assumptions Behavioral Experiments (C. A. Padesky, 2004)
CBT for Social Anxiety (C. A. Padesky, 2008)
A Four-Step Approach to Building Resilience (C. A. Padesky, 2015)

www.Psychotherapy.net은 학생과 전문가에게 인지 치료에 관한 광범위한 비디오와 인터뷰 등 광범위한 자료를 제공해준다. 매달 새로운 비디오와 정리된 정보가 제공된다. 이 장과 관련하여 psychotherapy.net에서 볼 수 있는 DVD는 다음과 같다.

엘버트 엘리스의 작업에 관한 정보와 합리적 정서행동 치료 수련을 위한 최신 정보를 보고 싶다면 다음 사이트를 방문하라.

Debbie Joffe Ellis
www.debbiejoffeellis.com

합리적 정서행동 치료에 관심이 있다면 아래 웹사이트를 참고하라.

www.ellisrebt.com
www.rebtnetwork.org

『인지치료 국제 학술지(International Journal of Cognitive Therapy)』는 인지 치료에 관한 이론과 실제, 연구 관련 정보를 제공한다. 이 논문집이 보고 싶다면 다음 사이트를 방문하라.

『인지치료 국제 학술지』
www.guilford.com

캘리포니아 헌팅턴 비치에 있는 패디스키와 무니의 인지 치료센터(Center for Cognitive Therapy)는 전문가와 일반인을 위한 웹사이트를 구분해서 제공하고 있다. 전문가를 위한 웹사이트에서는 패디스키와 무니의 글을 내려받을 수 있고 패디스키의 블로그를 볼 수 있으며 다양한 형태(책, 오디오, 비디오 등)의 인지 치료 관련 자료와 정보를 접할 수 있다. 일반인을 위한 웹사이트에서는 인지행동 치료 상담자를 만날 수 있는 주소와 일반인이 흥미를 느낄 만한 논문, 22개국어로 번역된 『기분 다스리기』를 구매할 수 있는 웹사이트 주소 등이 소개된다.

인지치료센터
www.padesky.com (전문가용)
www.MindOverMood.com (일반인용)

인지행동 치료 워크숍과 슈퍼비전, 블로그, 뉴스레터 등을 더 보고 싶다면 다음 웹사이트에 방문하라.

인지행동 치료를 위한 벡 연구소(Beck Institute for Cognitive Behavior Therapy)
www.beckinstitute.org

전 세계 인지 치료 상담자들의 '고향'과 같은 단체는 에런 벡과 주디스 벡이 설립한

'인지 치료 아카데미(Academy of Cognitive Therapy)'이다. 공인된 전 세계 인지 치료 상담자들과 만나고 다양한 연구물과 전문 서적에 관한 정보를 확인하고 싶다면 다음 웹사이트를 방문하라.

인지 치료 아카데미

www.academyct.org

도널드 마이켄바움은, 폭력을 줄이고 폭력 피해자를 상담하기 위해 과학적 재능을 공유하는 비영리 조직 '멜리사 폭력예방 연구소(Melissa Institute for Violence Prevention)'의 수석연구원이다. 이 연구소는 교육과 지역사회 서비스, 연구 지원, 자문 등을 통해 폭력 연구 및 예방 사업을 수행하고 있다.

멜리사 폭력예방 연구소

www.melissainstitute.org

더 읽을거리

『**합리적 정서행동 치료**(Rational Emotive Behavior Therapy)』(A. Ellis & Ellis, 2011)는 합리적 정서행동 치료에 대한 최신 정보를 담고 있는 훌륭한 개론서다.

『**앨버트 엘리스 다시보기**(Albert Ellis Revisited)』(Carlson & Knaus, 2014)는 다양한 주제에 관한 엘리스의 영향력 있는 글을 담고 있다. 이 책의 각 장에는 엘리스의 논문에 대한 편저자들의 논평이 실려 있다.

『**인지 치료: 기초와 그 너머**(Cognitive Therapy: Basics and Beyond)』(J. Beck, 2011a)는 인지 치료 전반을 소개하고 있는 교과서와 같은 책이다. 이 책의 첫 판은 20개국에 번역 판매되었다.

『**도전적인 문제를 위한 인지 치료**(Cognitive Therapy for Challenging Problems)』(J. Beck, 2005)는 다양한 행동문제를 가진 내담자들을 위한 인지 치료 절차를 포괄적으로 소개하고 있다. 이 책은 다양한 유형의 내담자와 문제에 대한 인지 치료 연구에 기초하여 균형 잡힌 정보를 제공하고 있다.

『**기분 다스리기**(Mind Over Mood: Change How You Feel by Changing the Way You Think)』(Greenberger & Padesky, 2016)는 기분을 확인하는 방법 및 문제해결 전략과 우울, 불안, 분노, 죄책감, 수치심 등과 관련된 생각을 검증하는 단계적 전략 및 도구를 제공하고 있다. 이 책은 대중적인 자조 관련 서적이며 상담자와 내담자 모두에게 유용한 인지 치료 입문 서적이다.

『**기분 다스리기를 위한 임상 안내서**(Clinician's Guide to Mind Over Mood)』(Padesky & Greenberger, 1995)는 상담자가 『기분 다스리기』라는 책을 특정 장애의 상담 과정에 어떻게 활용할 수 있는지 소개하는 책이다. 이 책은 문화적 이슈를 포함하여 개인, 부부(연인), 집단을 위한 상담에 적용할 수 있는 명쾌한 해설과 가이드를 제공한다.

『**협력적 사례 개념화**(Collaborative Case Conceptualization: Working Effectively With Clients in CBT)』(Kuyken, Padesky, & Dudley, 2009)는 상담자가 회기 중에 내담자와 협력하여 사례 개념화를 해나가는 방법과 그것을 활용하여 상담 계획을 수립하는 방법을 소개하고 있다. 이 책은, 주 호소 문제를 다루는 과정에서 내담자의 탄력성을 고양시키기 위한 강점 활용을 강조한다.

11장 | 선택 이론과 현실 치료

학습 목표

01. 현실 치료와 관련된 핵심 내용을 확인한다.

02. 선택 이론이 어떻게 현실 치료의 근간이 되는지를 설명한다.

03. 총체적 행동의 개념과 임상에의 적용을 이해한다.

04. 현실 치료의 기본 가설, 고유한 특성, 목표를 파악한다.

05. 성공에 도움 되는 상담환경 조성에 상담자 개입의 역할을 이해한다.

06. WDEP 체계가 임상에 어떻게 적용되는지를 설명한다.

07. 현실 치료의 집단상담에의 적용을 설명한다.

08. 다문화적 관점에서 보는 현실 치료의 강점과 약점을 확인한다.

09. 현실 치료적 접근의 공헌과 한계를 파악한다.

윌리엄 글래서(William Glasser, 1925-2013)는 오하이오 주 클리블랜드에 있는 케이스웨스턴리저브 대학교에서 교육받았다. 처음에는 화학공학자였지만 심리학(석사, 임상심리학, 1948)으로 전환하고 정신과 의사가 되기 위해 의학대학원(의학박사, 1953)에서 정신의학을 공부하였다. 1957년 전문가협회와 로스앤젤레스 캘리포니아 대학교(UCLA)에서 정신과 수련을 마치고, 1961년에 정신과 전문의 자격증을 취득했다. 글래서는 나오미(Naomi)와 결혼해 47년 동안 살았으며, 그녀는 1992년 사망할 때까지 윌리엄 글래서 연구소에서 열심히 일했다. 1995년 글래서는 연구소 강사이며 그의 다양한 책의 공저자인 칼린(Carleen)과 재혼했다.

Courtesy of The William Glasser Institute, Courtesy of Robert E. Wubbolding Chatsworth, CA

William Glasser

초기의 글래서는 프로이트 모형을 거부했는데, 이는 프로이트 원칙을 수행하지 않는 것처럼 보이는, 정신분석학으로 훈련된 상담자들을 보았던 것이 한 이유였다. 오히려 그들은 사람들에게 행위에 대한 책임을 지게끔 하는 경향이 있었다. 글래서는 경력 초기에 캘리포니아 청소년국이 운영하는 벤트라 학교(Ventra School)의 상담자로 일한 적이 있다. 글래서는 정신분석적 훈련이 이런 젊은이들을 상담하는 데 한계가 있다는 것을 확신하게 되었다. 이러한 관찰로부터 글래서는 내담자의 정신적 장애가 있는 부분이 아니라 온전한 부분에 대해서 말하는 것이 좋다고 생각했다. 또한 글래서는 정신과 전문의이면서 멘토인 해링턴(G. L. Harrington)의 영향을 받았다. 해링턴은 현실세계 계획에 환자들을 관련시켜야 한다고 믿었으며, 레지던트 과정이 끝날 무렵 글래서는 실제로 그렇게 했고 이는 현실 치료로 알려지게 되었다.

글래서는 1962년에 '현실 정신의학'에 관한 공개 강의를 시작했는데, 수강생 중에 정신과 전문의는 극소수였다. 수강생의 대부분은 교육학자, 사회복지사, 상담자, 교정 업무 종사자였고, 이러한 이유로 글래서는 '현실 치료'로 명칭을 변경했다. 이것은 1965년에 출간된 글래서의 획기적인 저서의 제목이 되었다. 교육학자들은 현실 치료의 원리가 유용하다는 것을 발견하고 글래서에게 기관으로서 학급과 학교에 현실 치료를 적용해달라고 했다. 이러한 경험의 결과로, 글래서는 1968년에 『실패 없는 학교(Schools Without Failure)』를 출간했는데, 이는 학교 행정, 교사 연수, 학교에서의 교육 방식에 지대한 영향을 주었다. 글래서는 학생들이 '실패 정체성'이 아니라 '성공 정체성'을 갖도록 학교가 구성되어야 한다고 생각했다. 그는 학습자의 삶에 맞는 교육 과정을 주장했다. 글래서는 교사와 관리자를 대상으로 한 직무 워크숍을 통해 지대한 공헌을 했다. 1960년대 후반 이후 현실 치료는 교육 장면에 더 적용되었고 사실상 다른 모든 인간관계, 특히 친밀 관계에 적용되었다. 가장 최근에는 현실 치료가 경영과 관리, 지도, 가족 치료, 육아에도 적용이 되었다. 이제는 남극을 제외한 모든 대륙에서 가르침이 전해지고 깊이 뿌리내렸다.

글래서는 내담자가 자신의 행동에 대한 책임을 받아들이는 것이 매우 중요하다는 것을 확신하게 되었다. 1980년대 초반 글래서는 자신의 모든 업적을 설명할 이론을 찾고 있었다. 그는 윌리엄 파워스(William Powers)에게서 '통제 이론'을 배웠으며, 이 이론은 매우 강력한 잠재력을 가진 이론이라고 생각했다. 그 후 10년 동안 그가 가르쳤던 초기 이론을 확장하고 수정하여 명료화했다. 1996년에 글래서는 이론이 너무 많이 수정되었기 때문에 더 이상 통제 이론으로 부를 수 없게 되었다고 생각하고, 자신이 발전시킨 것을 모두 반영해서 '선택 이론'이라고 명명했다. 현재 전 세계에 걸쳐 교습되는 현실 이론의 핵심은 우리가 선택한 행동에 대한 책임이 전적으로 우리에게 있다는 것이다. 우리는 현재의 필요와 욕구에 의해 내적으로 동기화되며, 자신의 현재 행동 선택을 통제한다.

Robert E. Wubbolding

로버트 우볼딩(Robert E. Wubbolding, 1936-)은 오하이오 주 신시내티에서 여섯 형제 중 막내로 태어났다. 그는 신시내티 대학교에서 상담학 박사학위를 받았으며, 다수의 전문기관의 회원으로 상담자 자격증과 심리사 자격증을 취득했다. 그는 고등학교에서 역사를 가르치고 초등학교와 고등학교 상담자로 근무했으며, 미국 해군과 공군의 약물과 알코올 남용 프로그램의 자문을 받았다. 밥 우볼딩은 원래 천주교 신부였지만, 나중에 '성직을 홀가분하고 영광스럽게 떠났다.' 그는 프랑스어 선생님이었던 샌드라 트리필리오(Sandra Trifilio)와 결혼했다. 그녀는 우볼딩의 일에 대한 열정을 공유했으며, 현실 치료센터의 관리자이자 우볼딩의 저서의 편집자이다.

우볼딩은 현재 신시내티에 있는 현실 치료센터의 센터장으로 있으며, 존스홉킨스 대학교의 부교수이다. 그는 또한 32년 동안 상담자 교육을 가르쳤던 자비어 대학교의 명예교수이다. 그는 가르치는 것을 좋아했으며 학생들이 매우 동기부여되고 학구열 넘치며 숙련되었다. 그의 가장 의미 있는 경험 중의 하나는 자비어 대학교에서 상담학과 대학원생들을 가르친 일이었다.

박사학위를 마치고 우볼딩은 다양한 상담 접근을 접할 수 있는 수련 과정을 밟았지만 현실 치료가 자신에게 가장 잘 맞는다고 생각했다. 그는 윌리엄 글래서가 로스앤젤레스에서 진행한 집중 수련 워크숍에 참석했고, 1988년에 글래서는 그를 윌리엄 글래서 센터의 수련 관리자로 임명했다.

우볼딩은 서던캘리포니아 대학교의 방문교수로서 일본, 한국, 독일의 해외 프로그램에 참여했으며, 다른 나라를 여행하면서 살고 싶어 했던 소원을 성취했다. 그는 국제적으로 현실 치료의 유명한 교수, 작가, 상담자가 되어 유럽과 아시아, 중동에서 현실 치료와 선택 이론을 소개하고 있다. 그의 업적으로는 선택 이론과 현실 치료가 다양한 문화와 민족에게 맞도록 한 것을 들 수 있다. 그는 영국에 현실 치료를 소개하여 공로상을 받았고(2009), 유럽 심리치료학회로부터 현실 치료 심리치료자 자격증을 받았다(2009).

우볼딩은 현실 치료의 이론과 실제를 WDEP(희망-행위-평가-계획) 체계로 개념화하여 확장하였다. 이 체계는 본문에 설명된다. 그는 이 장 말미의 '더 찾아볼 자료' 에 제시한 비디오/DVD를 포함해 20여 편 이상의 영상물을 만들었을 뿐 아니라 14권의 저서와 150여 편 이상의 논문, 에세이, 그 외 저서의 일부를 저술했다. 그의 종교적 헌신과 타인을 위해 봉사하는 삶은 그의 업적에서 분명히 나타나며, 교수, 상담자, 심리학자, 교회의 적극적 신도로 계속 활동하고 있다.

도입

학습 목표 01 현실 치료 상담자들은 내담자들의 근원적인 문제가 같다고 믿는데, 이 문제는 현재의 인간관계가 불만족스럽거나 인간관계라고 할 만한 것이 없다는 것이다. 내담자의 문제 중 많은 부분이 타인과 접촉하고 친밀해지거나, 자신의 인생에서 적어도 의미 있는 한 명과 성공적이거나 만족스러운 관계를 만드는 것에 어려움을 느끼면서 야기되는 문제들이다. 상담자는 내담자를 만족스러운 인간관계로 이끌고, 내담자에게 현재 행동 방식보다 효과적인 방식으로 행동하도록 가르친다. 내담자들이 사람들과 접촉하는 것이 가능해질수록 행복을 경험할 기회가 더 많아진다.

대부분의 내담자들은 자신의 문제, 즉 불행이 자신의 행동 선택 방식에 달려 있다는 것을 잘 이해하지 못한다. 내담자들이 알고 있는 것은 자신이 극심한 고통을 느끼거나 불행하다는 것인데, 이는 대개 판사, 학교 당국, 고용인, 배우자, 부모 등 권위를 가진 누군가가 내담자의 행동이 불만족스러워 내담자에게 강제로 상담을 받도록 했기 때문이다. 현실 치료 상담자들은 내담자들이 불만족스러운 관계에 의해 생긴 좌절감을 다루는 방법으로 자신의 행동을 선택한다고 생각한다.

글래서(Glasser, 2003)는 보험 때문에 필요한 경우 외에는 내담자에게 진단명을 붙이지 말아야 한다고 주장한다. 글래서의 관점에서 진단은 사람들이 불만족스러운 현재 관계에서 오는 많은 고통과 좌절을 해결하기 위해 선택하는 행동에 대한 기술이다. 그러므로 비효과적인 행동을 정신적 질병으로 진단한다는 것은 잘못된 일이다. 글래서는 알츠하이머 치매, 간질, 두뇌 외상, 뇌 감염과 같이 명백한 뇌 손상과 관련된 경우만을 정신적 질병이라고 제한한다. 이 경우에는 뇌가 비정상이어서 고통을 받고 있기 때문에 신경의학자로부터 먼저 치료를 받아야 한다고 생각한다. 우볼딩은 이런 생각을 완화시켜, 상담자들에게 표준 방식과 진단에 관련된 상담의 표준, 정신약물 이용의 표준을 따르도록 조언한다.

현실 치료는 글래서의 여러 저서(1998, 2001, 2003에 발간된 저서)에서 설명하듯이 선택 이론에 근거한다(이 장에서 다루는 글래서의 개념에 대한 논의는 이 3권의 책에 근거한 것이며, 다른 곳에서는 상세히 기술되지 않는다). **선택 이론**(choice theory)은 현실 치료의 이론적 토대가 되고, 우리가 활동하는 이유와 방식을 설명한다. **현실 치료**(reality therapy)는 자신의 삶을 더 효과적으로 조정하도록 돕기 위한 다양한 체계를 제공한다. 선택 이론이 고속도로라면, 현실 치료는 생산물을 운반하는 자동차이다(Wubbolding, 2011a). 상담은 내담자로 하여금 자신의 삶에서 필요한 사람들을 대하면서 더 효과적으로 선택할 수 있도록 돕거나 가끔은 가르치는 것으로 주로 이루어진다. 효과적인 상담의 선행 조건으로 상담자는 내담자와 만족스러운 관계를 확립하는 것이 필수적이다. 일단 이런 관계가 형성되면 경청자로서, 그리고 교사로서 상담자의 기술은 최고로 발휘된다.

현실 치료는 다양한 환경에서 사용되었다. 이 접근은 상담, 사회복지, 교육, 위기 개입, 교정과 재교화, 기관의 운영, 공동체 개발에 적용된다. 현실 치료는 학교, 주 정신병원, 사회복귀 훈련 시설, 알코올과 약물남용 치료센터 등에서 인기가 있다. 약물남용을 치료하는 많은 군 병원에서도 치료 접근으로 현실 치료를 선호하여 사용하고 있다.

CengageBrain.com에 방문하거나 『심리상담과 치료의 이론과 실제: 스탠의 사례와 해설 DVD』 11장 부분의 DVD 프로그램을 시청하라. 그리고 각 장을 읽기 전에 DVD에 있는 각 장에 대한 간략한 소개 내용을 살펴보라.

주요 개념

인간관

학습 목표 02 **선택 이론**(choice theory)에서는 우리가 '주변 세계에 내재된 힘에 의해 외적으로 동기화되기를 기다리는 공백 상태'로 태어나지 않는다고 한다. 대신 우리는 우리의 삶 전체를 운용하는 다섯 가지 유전적 욕구, 즉 생존(자기보호), 사랑과 소속, 힘(권력), 자유(독립), 즐거움(기쁨)을 갖고 태어난다. 인간이라면 누구나 이 다섯 가지 욕구를 갖고 있지만 강도에 차이가 있다. 예를 들면, 누구에게나 사랑과 소속 욕구가 있지만 어떤 사람은 다른 사람보다 더 많은 애정을 필요로 한다. 선택 이론은 우리가 본래 사회적 창조물이기 때문에 사랑을 주고받기를 필요로 한다는 것을 전제로 한다. 글래서(2001, 2005)는 사랑하고 소속되고자 하는 욕구가 기본 욕구라고 믿었는데, 왜냐하면 우리는 다른 욕구를 만족시키기 위해 사람들을 필요로 하기 때문이다. 이 욕구를 충족시키기 위해서는 협조적인 사람이 있어야 하기 때문에 만족시키기가 매우 어렵다.

우리의 뇌는 통제 체계로서 기능한다. 뇌는 우리가 이러한 욕구들을 충족시키기 위해 얼마나 잘 노력하는지 판단하기 위해 기분을 주시한다. 기분이 나쁘다면 이 다섯 욕구 중 하나 또는 그 이상이 충족되지 못한 것이다. 또한 자신의 욕구를 깨닫지 못한 경우에도 우리는 스스로 더 나은 기분을 바라고 있음을 알고 있다. 괴로움 속에 있을 때 우리는 기분을 더 낫게 하는 방법을 찾으려고 한다. 현실 치료 상담자는 내담자에게 선택 이론을 가르쳐 내담자로 하여금 (때로는 미묘하고 간접적으로) 자신의 충족되지 않은 욕구를 확인하고 이를 충족시키기 위해 노력할 수 있게 한다.

선택 이론은 우리가 우리의 욕구를 직접 충족시키지는 않는다고 한다. 태어나면서부터 평생 동안 우리는 자신을 기분 좋게 해주던 어떤 것에 가까이 있고자 노력한다. 우리는 마음속에 정보를 저장하고 우리 삶의 핵심인 **행복 세상**(quality world)이라고 불리는 소원의 목록을 만든다. 이것은 가능하다면 우리가 개인적으로 살고 싶어 하는 세계(Shangri-la)이다. 이것은 우리가 소원하는 것과 욕구에 기초하지만 일반적인 욕구와는 달리 매우 구체적이다. 행복 세상은 우리의 욕구를 채워주는 사람들, 활동, 사건, 믿음, 소유, 상황 등의 구체적인 상들로 구성된다(Wubbolding, 2000, 2011a). 행복 세상 안에서 우리는 욕구를 충족시키기 위한 정밀한 방법을 발전시킬 뿐 아니라 구체적으로 소원하는 바의 내적인 **사진 앨범**(picture album)을 현상한다. 우리는 우리의 삶을 가장 효과적으로 통제를 하는 방식으로 행동하고자 한다. 몇몇 사진들은 흐릿할 수 있기에 상담자의 역할은 내담자가 사진을 명확하게 하도록 돕는 것이다. 대부분의 사람들에게 사진의 우선순위가 존재하지만 내담자들은 우선순위를 확인하는 것이 어려울 수 있다. 현실 치료 상담 과정의 한 부분은 내담자가 원하는 바의 우선순위를 정하고 자신에게 가장 중요한 것을 드러내도록 도와주는 것이다(Wubbolding, 2011a).

우리와 가장 가까우며 함께해서 즐거운 사람들은 행복 세상의 가장 중요한 구성요소이며, 우리는 이런 사람들과 이어지고 싶어 한다. 상담을 받으러 오는 사람들은 대개 행복 세상에 아무도 없거나 누군가 있더라도 만족스러운 방식으로 관계를 맺지 못하는 경우가 대부분이다. 성공적인 상담이 되기 위해서 먼저 상담자는 내담자가 자신의 행복 세상 안에 둘 수 있는 사람이 되어야 한다. 내담자의 행복 세상 안으로 들어가는 것은 상담의 기술이다. 상담자와의 관계를 통해 내담자는 원하는 사람들에게 가까이 다가갈 수 있는 방법을 배운다.

행동의 선택 이론적 해설

학습 목표 03 선택 이론에서는 우리가 태어나서 죽을 때까지 하는 모든 것이 행동이며, 예외가 있기는 하지만 우리가 하는 모든 행동은 선택되거나 최소한 우리로부터 생성된다고 설명한다. 모든 전체 행동은 자신이 만족하고자 하는 것을 얻기 위한 최선의 시도이다. **전체 행동**(total behavior)은 모든 행동이 분리될 수는 없지만 구별되는 4개의 구성 요소(활동하기, 생각하기, 느끼기, 생리적 반응)로 이루어지고, 이것은 반드시 행위, 사고, 감정을 동반한다. 선택 이론에서는 인지행동 치료의 토대가 되는 생각하기와 활동하기를 강조한다. 내담자가 무슨 행동을 하는지, 그리고 그 행위의 요소가 어떻게 전체 행동의 다른 요소들에 영향을 주는 지를 중요하게 본다. 행동은 바라는 것과 얻었다고 인지하는 것 간의 간격을 줄이기 위해 고안된 것이기에 목적의식이 있다. 구체적인 행동은 항상 이런 불일치에 의해 유발된다. 행동은 내부에서 유발되므로 우리는 우리의 운명을 스스로 선택하는 것이다.

글래서에 따르면 우울하다, 머리 아프다, 화가 나다, 불안해지다라고 말하는 것은 수동성과 개인적 책임감의 결여를 암시하며, 이런 말들은 부정확하다. 이런 것들은 전체 행동의 일부이며, 우울 행동하기, 두통 행동하기, 화내는 행동하기, 분노 행동하기와 같은 동사의 형태를 사용하는 것이 더 정확하다. 사람들이 우울 행동을 하고 분노 행동을 한다고 생각하는 것이 이런 행동들이 외부에서 그들에게 주어졌다고 생각하는 것보다 더 정확하다. 사람들이 '고통을 주는' 행위(paining behavior)를 전개함으로써 불행을 선택하는 것은 그것이 당시에 생각할 수 있는 최선의 행동이며, 이러한 행동은 보통 그들이 원하는 것을 얻을 수 있게 하기 때문이다.

현실 치료 상담자가 선택 이론을 가르치면 내담자들은 '나는 고통받고 있습니다. 내가 이 고통을 선택하고 있다고 말하지 마세요.'라고 항의하는 경우가 많다. 우울은 고통스러우므로, 상담자는 사람들이 고통이나 괴로움을 직접적으로 선택하지 않는다고 말한다. 이런 행동은 '전체 행동에서 선택되지 않은 부분'이라고 설명한다. 사람들의 행위는 '욕구를 만족시키지는 못했지만' 욕구를 만족시키기 위한 최상의 노력이다.

로버트 우볼딩(개인적 교신, 2015년 4월 4일)은 선택 이론에 새로운 개념을 덧붙였다.

그는 행동은 일종의 언어이며, 우리가 하는 행위로 메시지를 보내고 있다고 믿는다. 행동의 목적은 세상에 영향을 주어서 우리가 원하는 것을 얻는 것이다. 상담자는 내담자들에게 그들의 행동 방식으로 세상에 보내고 있는 메시지가 무엇인지를 묻는다. '당신은 다른 사람들이 어떤 메시지를 받기를 원합니까?', '당신이 그들에게 보내려는 의도가 있든지 없든지 다른 사람들은 어떤 메시지를 받습니까?' 내담자가 다른 사람에게 보내는 메시지를 고려함으로써, 상담자는 내담자가 의도하지 않은 채 다른 사람에게 보내는 메시지에 대해 올바르게 인식하도록 간접적으로 도울 수 있다.

현실 치료의 특징

학습 목표 04 정서건강을 조성하는 데 있어서 의미 있는 관계의 역할은, 불만족스럽거나 부족한 관계에 주력하는 현대 **현실 치료**(reality therapy)의 이목을 끌고 있다. 내담자들은 직장을 가질 수 없는 것, 학교에서 잘 못하는 것, 의미 있는 관계를 갖지 못하는 것과 같은 문제에 대해 불평할 수도 있다. 다른 사람들이 어떻게 고통을 주는지에 대해 내담자가 불평을 하면, 상담자는 내담자에게 본인의 선택이 얼마나 효과적이었는지 생각하라고 한다. 이러한 선택이 그들의 삶에 의미 있는 사람들과의 관계에 영향을 미쳤을 때 특히 그렇다. 선택 이론은 내담자가 통제할 수 없는 것에 대해 말하는 것은 아무런 의미가 없다고 가르치면서, 내담자들이 관계 안에서 조절할 수 있는 것이 무엇인지를 강조한다. 선택 이론의 기본 공리를 내담자들이 이해하는 것이 중요한데, 이는 '당신이 통제할 수 있는 유일한 사람은 바로 당신 자신'이라는 것이다.

현실 치료 상담자는 불평과 비난, 비판에 거의 귀를 기울이지 않는다. 이러한 것들은 행동 목록 중에서 매우 비효과적인 행동이기 때문이다. 그렇다면 현실 치료 상담자들은 어떤 문제에 초점을 맞추는가? 다음은 현실 치료의 몇 가지 기본 특성에 대한 설명이다.

선택과 책임을 강조하라 현실 치료 상담자들은 내담자들이 보통 믿는 것보다 자신의 행동에 더 많은 통제가 가능하기 때문에 스스로의 선택에 책임이 있다고 본다. 이는 법을 어기지 않았는데도 비난을 받거나 처벌을 받는다는 것을 뜻하는 것이 아니라, 상담자들은 내담자들이 본인의 선택에 책임이 있다는 사실을 직시하도록 한다는 것을 뜻한다. 선택 이론은 책임의 초점을 선택으로 바꾼다.

현실 치료 상담자는 사람들을 대할 때, 그들 스스로 선택권이 '있는 것처럼' 대한다. 상담자는 내담자가 선택권이 있는 분야에 초점을 맞추는데, 이는 내담자가 필요로 하는 사람들과 내담자를 더 가깝게 만들기 때문이다. 예를 들어, 일과 같은 의미 있는 활동에 열중하는 것은 타인의 존경을 받는 좋은 방법이고, 일은 내담자의 권력 욕구를 충족시킬 수 있다. 성인들이 의미 있는 활동에 열중하지 못한다면 그들 자신에 대해 좋은 감정을 갖기가 무척 어렵다. 내담자가 자신에 대해 좋은 감정을 느끼기 시작하면 스스로 비효율적이고 자기 파괴적인 행동을 계속해서 선택할 필요성이 줄어든다.

전이를 거부하라 현실 치료 상담자는 자신의 직업적인 일 속에서 진정한 자신이 되려고 노력한다. 진정한 자신이 됨으로써 상담자들은 내담자들이 삶에서 타인과 어떻게 관계하는지를 가르치는 데 관계를 사용할 수 있다. 글래서는 전이란 상담자와 내담자 둘 다에게 스스로의 존재와 지금 당장 하고 있는 것을 인정하는 것을 회피하는 방식이라고 주장한다. 상담자가 자신을 자기 자신 외의 누구라고 생각하는 것은 비현실적이다. 내담자가 '당신은 나의 아버지, 어머니처럼 보이네요. 그게 바로 제가 이렇게 하던 대로 행동하는 이유입니다.'라고 말하는 경우를 가정해보자. 이런 상황에서 현실 치료 상담자는 '저는 당신의 엄마도, 아버지도, 어느 누구도 아니며 저는 제 자신입니다.'라고 단호하고 분명하게 말할 수 있을 것이다. 우볼딩(개인적 교신, 2015년 4월 4일)은 이와 같은 주제로 자신의 내담자들과 심도 있게 토론한다고 기술한다.

현재에서의 치료를 유지하라 일부 내담자들은 도움을 받기 위해서는 과거를 재경험해야 한다는 생각을 가지고 상담을 받으러 온다. 많은 상담 모형들은 현실에서 제기능을 하기 위해서는 자신의 과거를 이해하고 재경험을 해야 한다고 가르친다. 글래서(2001)는 이에 반대하며 과거에 행한 어떠한 잘못도 현재와 관련이 없다고 주장한다. 선택 이론의 공리는 과거가 현실의 문제에 기여할 수는 있지만 절대로 과거가 문제는 아니라는 것이다. 효과적으로 기능하기 위해서는 현실에 있으면서 계획하고 보다 더 나은 미래를 위해 단계를 밟아 나가야 한다. 우리는 현실에서만 우리의 욕구를 충족시킬 수 있다.

현실 치료 상담자는 과거를 완전히 부정하지는 않는다. 내담자가 성공한 과거에 대해서나 과거의 좋은 인간관계에 대해 말하고 싶어 하면 그것이 현재에 반복될 수 있기 때문에 상담자는 귀를 기울일 것이다. 현실 치료 상담자는 내담자를 거부하지 않는다는 것을 내담자에게 확인시키기 위해 과거의 실패에 필요한 만큼의 시간만 투자할 것이다. 가능한 한 빨리 상담자는 내담자에게 '이미 벌어진 일은 지나갔고 바꿀 수 없습니다. 과거를 돌아보는 데 더 많은 시간을 보낼수록 미래를 바라보기가 더 힘들어집니다.'라고 말할 것이다. 우볼딩은 "역사는 운명이 아니다."(개인적 교신, 2015년 4월 4일)라고 기술한다. 비록 과거가 우리를 현재로 인도했지만, 우리의 미래를 결정할 필요는 없다. 우리는 외부의 세계가 선택을 제한할지라도 자유롭게 선택할 수 있다(Wubbolding, 2011b).

증상에만 관심을 기울이지 말라 전통적인 상담에서는 내담자들이 어떻게 느끼고 왜 그렇게 집착하는지 물어보는 등 증상을 물어보는 데 많은 시간을 허비했다. 과거에 관심을 기울이는 것이 내담자가 불만족스러운 현재의 관계를 직면하는 것으로부터 내담자를 '보호'하듯이 증상에 관심을 기울이는 것도 마찬가지이다. 사람이 우울하거나 고통스러우면 자신이 경험하는 것이 실제로 발생한다고 생각하는 경향이 있다. 이러한 경우 자신의 고통이 스스로 선택한 전체 행동에서 기인한다는 현실을 받아들이는 것을 거부한다. 이때 증상은 자신이 선택하는 행동이 본인의 기본 욕구를 만족시키지 못하고 있다는 것을 스스로에게 경고하는 몸의 방식으로 간주할 수 있다. 현실 치료 상담자는 증상에 관해 가능한 한 시간을 덜 할애한다. 왜냐하면 증상은 불만족스러운 인간관계나 기본 욕구의 좌절을 다루는 데 필요한 만큼만 유지될 것이기 때문이다.

글래서에 따르면, 상담자가 내담자의 증상에 대해 듣기를 원하고 내담자의 과거에 대해 이야기하며 시간을 보내고 싶어 한다고 믿는다면 더 기꺼이 응한다고 한다. 과거로의 긴 여정에 관여하거나 증상을 찾으려 하면 상담 기간이 길어진다. 글래서(2005)는 거의 모든 증상들이 현재의 불행한 관계에 기인한다고 주장한다. 현재의 문제, 특히 사람 간의 문제에 집중함으로써 상담은 대부분 상당히 단축될 수 있다.

정신병의 전통적 관점에 도전하라 선택 이론은 문제가 될 만한 신체적이고 심리적인 증상이 있는 사람은 정신이 병들었다는 전통적 개념을 부정한다. 우볼딩(개인적 교신, 2015년 4월 4일)은 정신질병을 진단하는 것을 포함해 *DSM-V*를 창의적으로 사용하며 정석을 고수하는 것에 확고한 입장을 취한다. 그러나 글래서(2003)는 신체적, 정신적 건강 모두에 위험할 수 있는 정신의학을 조심하라고 경고해왔다. 그는 진단과 처치 모두를 *DSM-V*(미국정신의학회, 2013)에 의지하고 있는 전통적인 정신 의학에 대해 비판한다. 글래서(2003)는 정신질병과 약물 치료(특히 종종 신체적, 정신적으로 부작용을 일으키는 널리 사용되는 정신 치료 약물)를 받아들이는 전통적 관점에 도전한다. 우볼딩(개인적 교신, 2015년 4월 4일)은 현실 치료가 교정 체계가 아니라 정신건강 체계라고 강조한다. 그는 에릭슨학파의 '사람들은 문제를 가지고 있지 않고, 아직 적용되지 않은 해결책을 가지고 있다.'는 주장을 받아들인다. 진단 범주와 부정적 행동을 다시 구성함으로써 상담자는 내담자가 다른 관점에서 자신의 행동을 바라보도록 하여 좀 더 효과적인 해결책과 선택을 연구하도록 촉진한다.

상담 과정

상담 목표

오늘날 현실 치료의 중요 목표는 내담자들이 자신의 행복 세상에서 자신이 선택한 사람들과 관계를 맺거나 다시 관계를 맺도록 도와주는 것이다. 사랑과 소속의 욕구가 충족되는 것에 덧붙여 현실 치료의 기본 목표는 성취감, 힘 또는 내적 통제, 자유 또는 독립, 즐거움을 포함하는 모든 욕구를 충족시키기 위한 더 좋은 방식을 배우도록 돕는 것이다. 인간의 기본 욕구는 상담 계획을 세우고 장 · 단기 목표를 설정하는 데 집중하도록 한다. 현실 치료 상담자는 내담자가 자신의 욕구와 관련하여 더 효과적이고 책임 있는 선택을 하도록 돕는다.

많은 경우 내담자들은 자발적으로 상담을 받으러 오며, 이들은 돕기가 매우 쉽다. 하지만 상담자와 상담 과정에 강하게 저항하는 내담자들(수가 증가하고 있다)을 상담할 때의 목표도 있다. 이런 사람들은 난폭한 행동, 중독, 기타 반사회적 행동을 하므로, 상담자가 비자발적인 내담자와 관계를 맺을 수 있는 무언가를 하는 것이 중요하다. 상담자가 관계를 맺을 수 없으면 의미 있는 도움을 주는 것이 불가능하다. 상담자가 내담자와 관계를 맺을 수 있어야 욕구를 충족시키는 방법을 내담자에게 가르친다는 목표를 이룰 수 있다.

상담자의 역할

학습 목표 05 상담이란 상담자가 교사가 되고 내담자가 학생이 되는 지도 과정으로 생각할 수 있다. 현실 치료 상담자들은 내담자에게 다음과 같이 질문함으로써 스스로를 평가하는 법을 가르친다. '당신이 원하는 것을 성취하기 위해 무엇을 선택하고 있습니까?' 상담자가 다음과 같이 내담자에게 질문할 수 있다.

- 당신의 삶을 어떻게 변화시키고 싶습니까?
- 당신의 삶에서 얻지 못한 것 중에서 원하는 것이 무엇입니까?
- 당신이 변화했다면 당신의 삶에서 무엇을 가지고 있겠습니까?
- 변화를 위해 당신은 지금 무엇을 해야 합니까?

현실 치료 상담자의 역할은 내담자를 평가하는 것이 아니라 내담자가 자신의 행동을 검토하도록 독려하는 것이다. 현실 치료 상담자는 내담자가 자신의 행동 방향, 구체적인 활동, 욕구, 지각, 관여 수준, 새로운 방향의 가능성, 활동 계획을 평가하도록 돕는다. 그러고 나서 내담자는 변화시킬 것을 결정하고, 바라는 변화를 촉진하기 위한 계획을 수립한다. 그 결과는 더 나은 인간관계, 행복의 증진, 자기 삶에 대한 내적 통제감의 증진이다(Wubbolding, 2011b).

상담자의 일은 아무리 상황이 나빠도 희망이 있다는 생각을 불어넣어 주는 것이다. 상담자가 희망을 줄 수 있으면 내담자는 더 이상 혼자가 아니며 변화가 가능하다고 느낄 것이다. 상담자는 옹호자로서 내담자의 편에 서있는 사람으로 기능한다. 그들은 함께 창조적으로 관심사와 선택사항을 다룰 것이다.

상담에서 내담자의 경험

내담자는 과거로 회귀하거나 증상에 대해 이야기하여 곁길로 새지 않아야 한다. 또한 내담자가 직접 조정해온 전체 행동의 부분인 활동과 생각에서 분리된 다른 느낌에 대해 이야기하며 많은 시간을 보내지 않아야 한다. 행동이 중요하다. 내담자가 행동을 변화시킬 때, 보통 느낌과 생각에 따라 변화시킨다.

상담자는 내담자를 부드럽게 그러나 단호하게 직면시킨다. 현실 치료 상담자는 내담자에게 다음과 같은 질문을 한다. '지금 당장 당신이 친해지고 싶은 사람과 친해지기 위해 당신은 무엇을 할 것입니까?', '당신이 모든 사람과 멀어져 있다면, 새로운 사람과 가까워지기 위해 무엇을 하고 있습니까?' 이 질문들은 자기평가의 일부분이며, 현실 치료의 주춧돌이다.

내담자는 상담 과정에서 약간의 절박함을 경험해야 한다. 모든 회기가 마지막 회기일 수도 있으며, 시간은 매우 중요하다. 내담자가 '나는 오늘 대화한 것을 내 삶에서 사용할 수 있어. 나의 문제는 현재에 있고 상담자는 내가 그 사실로부터 도망치지 못하도록 할 것이니 나의 현재 경험을 상담 장면으로 가져올 수 있어.'라고 스스로에게 말할 수 있어야 한다.

상담자와 내담자의 관계

현실 치료는 이해와 지지적인 관계 혹은 치료적 협력을 강조하며 이것은 효과적인 결과를 위한 기본이 된다. 진솔한 관계를 확립하는 상담자의 기술이 중요하다. 상담자가 유능하고 상당한 지식이 있는 것으로 내담자가 지각하는 것도 중요하다. 하지만 치료적 협력이 아무리 중요하다 하더라도 그 자체가 목적이 아니며 그것만으로 자동적으로 치료되거나 치유되지는 않는다(Wubbolding, 2011a).

상담자와 내담자 사이에 연계가 이루어지려면 상담자는 온화함, 성실함, 일치성, 이해심, 수용, 관심, 내담자에 대한 존중, 개방성과 타인에 의해 도전받을 수 있는 자발성 등의 인간적 자질을 갖추고 있어야 한다(다른 인간적 특성에 대해서는 2장을 참고하라). 우볼딩(2011a, 2011b; 2015a)은 상담자가 내담자에게 깊이 관여하는 환경을 만드는 구체적인 방식을 밝혔다. 이 방법 중 일부는 행동을 살피고, 내담자의 말을 경청하고, 내담자를 판단하지 않고, 예기치 않은 행동을 하고, 유머를 적절히 사용하고, 스스로 상담자로서 행동하고, 자신을 드러내는 것을 돕는 데 관여하고, 내담자의 자기표현 속의 은유를 경청하고, 주제를 경청하고, 요약하고, 집중하고, 결과를 수용하고, 침묵을 수용하고, 윤리적인 상담자가 되는 것이다. 치료적 개입이 효과적으로 작용하기 위해서는 공정하고, 확고하며, 친근하고 신뢰할 수 있는 환경이 필수적이다. 일단 관계가 확립되면 상담자는 내담자가 자신의 현재 행동의 결과를 더 깊이 이해하도록 돕는다.

적용: 상담 기법과 절차

현실 치료의 실제

학습 목표 06 현실 치료의 실시는 두 가지 요소로 구성된 **상담 사이클**(cycle of counseling)이라는 단어로 매우 잘 개념화할 수 있다(Wubbolding, 2015a). (1) 상담 환경 만들기, (2) 행동 변화를 이끄는 구체적 절차 이행하기. 상담 기술은 내담자가 자신의 삶에 가치를 부여하고 효과적인 방향으로 나아가도록 이끄는 방식으로 두 구성 요소를 짜 맞추는 것이다.

상담 과정에서 이런 요소를 어떻게 섞을 것인가? 상담 사이클은 내담자와의 작업 관계 형성에서 시작되며 내담자가 원하는 것, 내담자의 욕구, 지각의 탐색을 통해 진행된다. 내담자는 전체 행동을 탐색하고, 원하는 것을 얻는 데 효과적이었는지를 스스로 평가한다. 내담자가 새로운 행동을 시도하기로 결정하면 변화를 가져올 계획을 세우고 스스로 실천한다. 상담 사이클은 내담자가 얼마나 잘 행동하고 있는지를 추수 지도하고, 필요한 경우에는 더 많은 자문을 제공하는 것을 포함한다.

이러한 개념은 단순해 보이지만, 이들을 실제 상담 장면에서 실행하는 데는 상당한 기술과 창조성이 있어야 한다는 것을 명심해야 한다(Wubbolding, 2007, 2011b). 현실 치료 상담 자격을 가진 모든 상담자가 사용하는 원리는 똑같지만, 그것을 적용하는 방식은 상담자의 스타일과 개인적 특성에 따라 다를 수 있다. 이러한 원리들은 발전적인 방식으로 적용되기 때문에 명확하게 구분되거나 경직된 범주로 생각해서는 안 된다. 현실 치료를 실시하는 기술은 요리책을 따라 하는 것처럼 단순히 단계를 따라서 진행하는 것 이상이다. 선택 이론을 배경으로, 상담자는 내담자마다의 상황에 맞추어 상담을 한다. 상담자가 내담자에게 의미 있는 방식으로 작업할 준비가 되었다 하더라도 만족할 수 있는 관계로의 이동은 여전히 전면에 남는다.

로버트 우볼딩은 현실 치료 발전에 중요한 역할을 담당했으며, WDEP 체계(희망–행위–평가–계획 체계)를 개발하면서 현실 치료의 임상 영역을 확장했다(Wubbolding, 2009). 나는 현실 치료를 가르치고 치료적 절차를 개념화하는 것에 관한 우볼딩의 공헌을 높이 평가한다. 그의 생각은 선택 이론을 상담자들이 활용하기에 유용하고 편리하게 만들었으며, 그의 시스템은 이론을 적용하고 개념화하는 데 기초를 제공한다. 『심리상담과 치료의 이론과 실제 학생용 매뉴얼』에는 WDEP 모형을 도표화한 우볼딩(2015a)의 차트가 소개된다. 여기에는 지도하기, 다루기, 감독하기, 자녀 교육하기를 설명하고 상담의 과정에서 성취해야 할 주제와 일들을 강조한다. 다음 섹션들은 다양한 원 자료의 설명을 기반으로 한다(Glasser, 1992, 1998, 2001; Wubbolding, 1988, 1991, 2000, 2007, 2011a, 2011b, 2013, 2015a; 2015c; Wubbolding et al., 1998, 2004).

상담 환경

현실 치료의 실제는 지지적이고 도전적인 환경이 내담자들의 삶을 변화로 이끈다는 가정에 근거한다. 상담 관계는 효과적 실제를 위한 기본으로, 이것이 부족하면 구조가 성공적으로 이행될 수 없다. 치료적 협력 관계를 만들어가고자 하는 상담자는 논쟁하기, 공격하기, 비난하기, 비하하기, 탓하기, 좌지우지하기, 비판하기, 결점 파헤치기, 강제하기, 변명 조장하기, 적대감 갖기, 두려움 심어주기, 쉽게 포기하기 등의 행동을 피하려고 노력한다(Wubbolding, 2011a, 2011b, 2015a). 내담자는 강제하지 않고 보살피며 수용하는 선택 이론 환경을 금방 알아차린다. 이렇게 다소 직면적이지만 항상 보살핌이 있는 환경으로부터 내담자들은 성공적인 관계로 이끄는 만족스러운 환경을 만드는 법을 배우게 된다. 이런 강제에서 벗어난 분위기 안에서 내담자들은 마음껏 창조적으로 변화하며 새로운 행동을 시도하기 시작한다.

변화를 이끌어내는 절차

현실 치료 상담자는 인간이 (1) 현재 행동으로는 자신이 원하는 것을 얻지 못한다고 확신했을 때와 (2) 자신이 원하는 것에 다가갈 수 있는 다른 행동을 선택할 수 있다고 믿을 때 변화하려는 동기부여가 생긴다고 가정한다. 현실 치료 상담자는 내담자에게 상담을 통해서 그들이 얻고자 하는 것이 무엇인지를 물어봄으로써 시작한다. 상담자는 상담 과정에서 신비와 불확실성을 제거한다. 그들은 내담자가 관계에서 하고 있는 선택에 대해서도 질문한다.

첫 회기에서 유능한 상담자는 내담자가 원하는 것을 찾고 정의한다. 상담자는 배우자, 아이, 부모, 고용인과 같은 사람들과 관련된 현재의 핵심적인 불만족스러운 관계를 찾는다. 상담자는 '당신은 누구의 행동을 통제할 수 있습니까?'라고 물을 수 있다. 이 질문은 내담자가 자신의 행동을 주시하는 것에 대한 저항을 다루는 다음 몇 회기 동안 여러 번 되풀이될 필요가 있다. 내담자로 하여금 자신이 통제할 수 있는 것에 집중하도록 격려하는 것을 강조한다.

내담자가 자신의 행동을 통제할 수 있다는 사실을 깨달았을 때에는 상담이 잘 진행된다. 남은 상담은 내담자가 어떻게 더 나은 선택을 하느냐에 초점을 맞춘다. 내담자가 아는 것보다 더 많은 선택이 있고, 상담자는 이런 가능한 선택을 탐색한다. 내담자가 비참함과 비난, 과거에 빠져있을지라도, 관계 안에서 다른 사람이 변하지 않을지라도 변화를 선택할 수 있다. 우볼딩(2011a)은 내담자들이 타인에 의해 좌지우지되지 않고, 희생자가 아니고, 내적 통제감을 가지며, 자신에게 열려있는 많은 선택이 있음을 배울 수 있다는 것을 강조한다. 요약하면, 현실 치료에서 내담자는 더 좋은 미래에 대한 희망을 품게 된다.

현실 치료 상담자는 내담자와 함께 내담자가 자신의 기본 욕구를 인식하고 행복 세상을 발견하는 것을 도우며, 마침내 자신의 증상을 포함한 행동 전체를 선택하고 있다는 것을 이해하도록 도우면서 선택 이론을 펼친다. 모든 사례에서 내담자가 변화할 때 그것은 그들의 선택이다. 상담자의 도움으로 내담자가 혼자서 선택을 했을 때보다 나은 선택을 하는 것을 배운다. 선택 이론을 통해 내담자들은 성공적으로 관계를 형성하고 유지할 수 있다.

'WDEP(희망-행위-평가-계획)' 체계

우볼딩(2000, 2015a, 2015c)은 현실 치료 실제에서의 중요 절차를 설명하기 위해 'WDEP(Want: 희망, Doing: 행위, Evaluation: 평가, Plan: 계획)'이라는 머리글자를 사용한다. WDEP 체계는 내담자 자신이 *원하는 것*과 자신이 할 수 있는 *가능한 것*, *자기 평가*의 기회를 탐색할 수 있도록 도우며, 개선을 위한 *계획*을 세우는 데 사용될 수 있다(Wubbolding, 2007, 2011a, 2011b, 2015b, 2015c). 선택 이론에 근거한 WDEP 체계는 기본 욕구를 충족시키는 데 도움이 된다. 각 철자는 방략의 과정을 일컫는다(W: 희망, 욕구, 지각, D: 방향과 행위, E: 자기평가, P: 계획). 이런 방략들은 변화를 촉진하기 위해 설계된 것이다. 각각에 대해 자세히 살펴보자.

희망(희망, 욕구, 지각의 탐색) 현실 치료 상담자는 내담자가 자신이 원하는 것, 즉 희망을 발견하는 것에 대해 지지한다. 모든 희망은 다섯 가지 기본 욕구와 관련된다. 핵심적으로 묻는 질문은 '무엇을 원합니까?'이다. 상담자의 숙련된 질문을 통해 내담자는 상담 과정과 자신을 둘러싼 세계로부터 원하는 것이 무엇인지 정의하도록 격려받는다. 내담자가 상담자와 자신에게 기대하는 것과 원하는 것을 정의하는 것은 유용하다. 상담의 일부는 내담자의 '사진 앨범' 또는 **행복 세상**(quality world)의 탐색과 어떻게 내담자의 행동이 내부의 소망 세계에 더 가까운 외부 세계에 대한 지각으로 옮겨가게 할 것인지의 탐색으로 구성된다.

내담자는 자신의 가족, 친구, 직장에서 원하는 것을 포함한 삶의 모든 국면을 탐색할 기회를 갖게 된다. 나아가 이러한 소망, 욕구, 지각의 탐색은 내담자의 그림 변화에 따른 상담 과정을 통해 계속되어야 한다.

다음 질문들은 내담자가 자신이 원하는 것을 정확히 집어내도록 하는 데 도움이 된다.

- 당신이 되고 싶었던 사람이 된다면 당신은 어떤 사람이 될 것 같습니까?
- 당신과 가족들이 원하는 것이 같았다면 지금 당신의 가정은 어떤 모습이겠습니까?
- 당신이 원하는 방식대로 살고 있었다면 당신은 무엇을 하고 있겠습니까?
- 당신은 정말 삶을 변화시키고 싶습니까?
- 당신이 원하지만 삶으로부터 얻지 못하는 것이 무엇입니까?

- 당신이 원하는 변화를 막고 있는 것은 무엇이라고 생각합니까?

우볼딩과 브리켈(Wubbolidng & Brickell, 2009) 그리고 저디스와 우볼딩(Gerdes & Wubbolidng, 2012, p.51)은 지각에 초점을 둔 질문들을 포함시킨다.

- 당신은 그 상황을 어떻게 보십니까?
- 당신의 통제가 어디에 있다고 보십니까?

사람들은 자신이 지각하는 것보다 더 많이 통제를 하고 있으며, 이러한 질문들은 내담자가 외적 통제감에서 내적 통제감으로 옮겨가도록 돕는다. 이러한 질문들은 현실 치료에서의 다른 절차에 대한 준비 단계에서 이루어진다. 상담자가 무엇을 질문해야 할지, 어떻게 질문할지, 언제 질문할지 아는 것은 하나의 기술이다. 적절한 질문을 통해 내담자는 통찰하고 계획과 해결책에 도달하게 된다. 시기적절하고 개방적인 질문은 내담자가 상담 목표를 확인하도록 도와줄 수 있지만, 과도한 질문은 저항과 방어를 낳을 수 있다. 이 상담 단계에서 내담자들은 자신의 행동에 변화를 만들려고 노력하기 시작한다.

행위와 방향 현재에 초점을 두는 것은 현실 치료 상담자들이 자주 묻는 다음과 같은 질문에 나타나있다. '당신은 무엇을 하고 있습니까?' 문제가 과거에 뿌리를 두고 있다고 하더라도 내담자는 자신이 원하는 것을 더 효과적으로 얻을 수 있는 방법을 학습함으로써 그 문제를 현재에서 다루는 방법을 배워야 한다. 문제는 현재에 혹은 미래의 계획을 통해 해결될 수 있다. 상담자의 임무는 내담자가 욕구 충족적인 선택을 할 수 있도록 도와주는 것이다

상담 초기에는 내담자가 어디로 가고 있고, 자신의 행동이 자신을 어디로 끌고 가는지 등 생활의 전반적 방향을 논의하는 것이 필수적이다. 이런 탐색은 바람직한 방향인지에 대한 계속적 평가보다 우선적인 것이다. 상담자는 내담자 앞에서 거울을 들고 '현재의 당신에 대해서 어떤 생각이 듭니까? 그리고 미래의 당신에 대해서는요?'라고 묻는다. 이러한 반영이 내담자에게 명백해져서 그들이 자신의 인식을 말로 표현할 수 있기 위해서는 시간이 필요하다.

현실 치료는 현재의 총체적 행동을 자각하고 변화시키도록 하는 데 초점을 맞춘다. 이를 달성하기 위해 현실 치료 상담자는 다음과 같은 질문에 초점을 둔다. '지금 무엇을 하고 있습니까?', '지난주 당신이 실제로 한 일은 무엇입니까?', '지난주와 다르게 하고 싶은 것은 무엇입니까?', '당신이 하려는 말을 못하도록 하는 것은 무엇입니까?', '내일 무엇을 할 것입니까?'

감정에 대해 내담자가 하는 이야기를 경청하는 것은 생산적일 수도 있지만, 감정이 내담자가 지금 하고 있는 행동과 연결될 때에만 그렇다. 자동차의 계기판에 경고등이

켜지면 운전자는 잘못된 문제를 바로잡기 위한 즉각적인 행동이 필요하다고 느낀다. 마찬가지로 내담자가 문제 있는 감정에 대해 이야기하면 대부분의 현실 치료 상담자는 이 느낌을 확인하고 인지한다. 하지만 이러한 감정에 초점을 맞추는 것이 아니라, 현실 치료 상담자는 내담자가 지금 하고 있는 행동이나 사고를 변화시키도록 격려한다. 감정을 변화시키기보다 생각하고 행동하는 것을 변화시키는 것이 더 쉽다. 선택 이론 관점에서 감정에 초점을 둔 논의는 사람들이 행동하고 생각하는 것과 강하게 연관 짓지 않는다면 비생산적인 일이다.

자기평가 **자기평가**(self-evaluation)는 현실 치료 절차의 초석이다. "면밀하고 대담한 자기평가의 수행은 행동의 변화 정도이다"(Wubbolding, 2015c, p.860). 내담자들은 다음과 같은 자기평가를 하도록 요구된다. '당신의 현재 행동이 원하는 것을 얻을 수 있는 바람직한 기회를 만들어주고 있는가? 그리고 현재 행동이 당신을 원하는 방향으로 가도록 하고 있는가?' 이와 같은 자기평가는 내담자가 행동 방향, 구체적 행동, 소망, 지각, 새로운 방향과 계획을 검증하는 것을 포함한다(Wubbolding, 2011b, 2015b). 우볼딩은 내담자들이 흔히 자신의 많은 불만의 원인이 되는 의미 있는 관계에서 문제를 나타낸다고 믿는다. 상담자는 이렇게 질문함으로써 내담자가 자신의 행동을 평가하도록 도울 수 있다. '현재 당신의 행동이 당신에게 중요한 사람과 더 가까워지게 합니까, 아니면 더 멀리 떨어지게 합니까?' 숙련된 질문을 통해 상담자는 내담자가 현재 자신의 행동이 스스로를 돕는지 여부를 판단하는 것을 돕는다.

기술적인 질문은 내담자로 하여금 스스로의 현재 행동과 이 행동이 자신을 이끄는 방향을 평가하도록 돕는다. 우볼딩(2000, 2011a, 2015b)은 다음과 같은 질문을 제안한다.

- 당신이 지금 하고 있는 행동은 당신에게 도움이 됩니까, 아니면 해가 됩니까?
- 당신이 지금 하고 있는 행동은 당신이 하고자 하는 행동입니까?
- 당신이 하고 있는 행동은 지금 당신에게 도움이 됩니까?
- 당신이 하고 있는 행동과 당신의 신념 간에 건강한 일치성이 있습니까?
- 당신이 하고 있는 행동은 규칙에 어긋나는 것입니까?
- 당신이 원하는 것은 현실적이며 달성할 수 있는 것입니까?
- 그런 방식으로 바라보는 것이 당신에게 도움이 됩니까?
- 현재 당신의 상황을 스스로 통제할 수 없다는 게 정말 사실입니까?
- 당신은 상담 과정과 생활 변화를 위해 얼마나 열심히 노력했습니까?
- 당신이 원하는 것을 조심스럽게 검토해본 후에도, 그것은 당신에게 최선이고 타인에게도 최선인 것으로 여겨집니까?

내담자가 전체 행동의 각 요소를 평가하도록 하는 것은 현실 치료의 중요 과제이다.

상담자의 임무는 내담자가 자신의 행동의 질을 평가하고 책임 있는 선택을 하며 효과적인 계획을 수립하도록 돕는 것이다.

변화하는 것이 더 이롭다고 처음 결정하기 전까지 개인은 변하지 않을 것이다. 즉, 정직한 자기평가 없이 내담자는 변화하지 않을 것이다. 그러므로 내담자가 각각의 행동 요소에 대한 명백한 자기평가를 하는 것을 돕기 위한 현실 치료 상담자의 노력은 집요하다. 상담자가 우울 행동을 하는 내담자에게 그 행동이 도움이 되는지를 물을 때, 그들은 내담자에게 선택에 대한 개념을 소개한다. 전체 행동의 활동하기, 생각하기, 느끼기, 생리적 구성 요소 등의 평가 과정은 내담자의 책임 능력 범위 안에서 이루어진다.

현실 치료 상담자는 상담 초기에 어떤 내담자에게 지시적이 될 수 있다. 이는 내담자에게 어떤 활동들이 효과적이지 않다는 것을 인식시켜주기 위한 것이다. 예를 들어, 위기에 처한 내담자와 작업하는 경우, 어떤 행동이 효과가 있고 어떤 행동은 효과가 없는지를 직설적으로 말해주는 것이 때로는 필요하다. 알코올 의존증 환자와 알코올 의존증 환자의 자녀 같은 내담자는 자신의 삶이 효과적인 통제를 심각하게 벗어났을 때 일관적인 평가가 가능하도록 하는 통제 체계 내에서 사고 활동을 할 수 없는 경우가 있기 때문에 상담 과정 초기에 방향 설정이 필요하다. 이러한 내담자들은 흐릿한 사진 앨범을 갖고 있으며, 자신이 원하는 것이나 자신의 욕구가 현실적인지를 분명하게 인식하지 못한다. 성장하면서 상담자와 계속 상호작용을 함에 따라 이들은 상담자의 도움을 덜 받으면서 평가하는 것을 배운다(Wubbolding, 2011a; Wubbolding & Brickell, 2005).

계획과 활동 상담 과정의 중요한 과제 중 많은 부분은 내담자가 자신의 소망과 욕구를 충족시키는 구체적인 방법을 찾도록 돕는 것이다. 일단 내담자가 무엇을 변화시키고 싶어 하는지를 결정하면 내담자는 다른 가능한 행동을 탐색하거나 활동 계획을 수립할 준비가 되었다. 여기서 핵심 질문은, '당신의 계획이 무엇입니까?'이다. 계획을 수립하고 실천하는 과정은 자신의 생활을 효과적으로 통제할 수 있도록 한다. 만약 어떠한 이유에서든지 계획이 제대로 진행되지 않으면 상담자와 내담자는 함께 다른 계획을 수립한다. 계획은 내담자에게 출발점, 즉 삶의 발판을 제공하지만 필요에 따라 수정될 수 있다. 계획하기 단계를 통해 상담자는 내담자가 자신의 선택과 행동의 결과를 기꺼이 받아들이도록 계속해서 촉구한다. 계획은 '내담자를 개인적으로 어떻게 도와줄 것인가라는 관점'뿐만 아니라, '내담자의 삶에서 다른 사람에게 어떻게 영향을 줄 것인가라는 관점'에서도 논의된다.

우볼딩(2000, 2007, 2011a, 2011b, 2013, 2015b)은 계획과 참여의 주요 역할에 대해 논했다. 상담 주기의 점검은 행동 계획에 달려 있다. 계획이 중요하긴 하지만, 내담자가 자기평가를 하고 스스로 행동을 변화하기를 결정한 경우에만 효과적이다. 우볼딩은 좋은 계획의 본질을 포착하기 위해 알파벳 앞 글자를 따서 SAMIC이라는 용어를 사용했다. 이는 단순하고, 달성 가능하고, 평가 가능하고, 즉각적이고, 설계자에 의해 통제되며, 참여하고, 지속적으로 실천한다는 뜻이다(Simple, Attainable, Measurable, Immediate, Involved, Controlled by the planner, committed to, and consistently done). 우볼딩은 내담자가 다음의 특징을 가진 계획으로 삶에서 좀 더 효과적으로 통제하게 된다고 한다.

- 계획은 각 내담자의 동기나 능력의 한계 내에 있다. 숙련된 상담자는 내담자가 더 큰 욕구 만족을 가져다 줄 수 있는 계획을 세울 수 있도록 내담자를 돕는다. 내담자에게 '더 만족스러운 삶을 위해 지금 세울 수 있는 계획은 무엇입니까?'라고 물을 수도 있다.
- 좋은 계획은 단순하고 이해하기 쉬워야 한다. 좋은 계획은 현실적으로 실현 가능하고, 부정적이지 않고 긍정적이며, 설계자가 구상하고, 구체적이고, 즉시적이고, 반복 가능해야 한다. 계획은 구체적이고 확고하고 평가 가능해야 하지만, 내담자가 스스로 변화시키기를 원하는 구체적 행동을 더 깊이 이해함에 따라 수정될 수 있도록 융통성이 있어야 한다.
- 계획은 긍정적 행동을 포함해야 하며, 내담자가 기대하는 방식으로 만들어져야 한다. 아주 작은 계획일지라도 내담자가 원하는 변화를 위한 중요한 단계가 되도록 도울 수 있다.
- 상담자는 내담자가 다른 사람이 어떤 행동을 하든지 관계없이 실천할 수 있는 계획을 세우도록 격려한다. 다른 사람에 따라서 결정되는 계획은 자신의 배를 스스로 조종하는 것이 아니라 바다 물결에 떠밀려 다니는 것이다.
- 효과적인 계획은 반복적이며 매일 할 수 있는 것이다.
- 계획은 되도록 빨리 실천해야 한다. 상담자는 '당신의 생활을 변화시키기 위해 오늘은 무엇을 하겠습니까?'와 같은 질문을 할 수 있다.
- 계획은 과정 중심 활동이다. 예를 들면, 내담자는 직업을 구하기 위해 지원하는 것, 친구에게 편지를 쓰는 것, 요가 수업을 받는 것, 열량만 높은 식품 대신 영양가 높은 음식으로 대체하는 것, 일주일에 두 시간씩 자원봉사를 하는 것, 바라던 휴가를 가는 것과 같은 행동을 하기로 계획을 세울 수 있다.
- 내담자는 계획을 실천하기 전에, 계획이 현실적이고 실현 가능한 것인지, 필요로 하거나 원하는 것과 관계가 있는 것인지를 상담자와 함께 평가하는 것이 좋다. 계획을 실생활에서 실천한 후에 다시 평가를 하거나 필요하다면 수정하는 것이 좋다. 계획이 실제 삶에 적용되었을 때는 다시 계획을 평가하여 필요한 수정을 가하는 것이 유용하다.
- 내담자가 자신이 계획한 것을 실천하도록 하기 위해서는 서면으로 확실히 해두는 것이 좋다.

결심과 계획은 실천이 뒤따르지 않으면 쓸모가 없다. 계획을 제한된 상담 장면 밖 일상생활로 어떻게 가져갈지 결정하는 것은 내담자에게 달려있다. 효과적인 상담은 자기주도적이고 책임감 있는 생활을 하도록 하는 촉매제가 된다.

내담자에게 스스로 원하는 것을 결정하고, 자기평가를 하고, 행동계획에 따르라고 요구하는 것은 내담자가 원하는 변화를 이루기 위해 스스로 얼마나 열렬히 작업하려는지를 결정하는 것을 돕는 것을 포함한다. 실천(commitment)은 실무율의 문제가 아니고 정도의 문제이다. 우볼딩(2007, 2011a, 2011b)은 상담자가 내담자의 실천 수준에 대해 묻거나 변화를 일으키기 위해 얼마나 기꺼이 작업할지에 대해 묻는 것이 중요하다고 주장한다. 이는 내담자에게 스스로의 삶을 책임질 수 있는 힘을 갖고 있다는 것을 암묵적으로 전달한다. 실천을 꺼리는 내담자들은 실패의 두려움을 표현하고 탐색하는 것이 필수적이다. 내담자가 항상 계획을 완수하지 못하더라도 내담자가 더 나은 선택을 할 수 있다는 믿음을 포기하지 않는 상담자로부터 내담자는 도움을 받는다. 우볼딩은 자신의 워크숍에서 현실 치료의 격언인 '계획을 실패하는 것은 실패를 계획한 것이다.'를 종종 언급한다.

집단상담에 적용하기

학습 목표 07 인간적 연결이나 대인관계를 강조하는 현실 치료는 다양한 집단상담 장면에 잘 들어맞는다. 집단은 집단 안에서 형성된 관계를 통해 구성원들이 자신의 욕구를 충족시키는 방법을 탐색할 수 있는 많은 기회를 제공한다. 실제로 WDEP(희망-행위-평가-계획) 체계는 집단 구성원들이 자신의 기본 욕구를 만족시키도록 돕는 데 적용될 수 있다. 집단 구성원들이 자신의 과거 경험을 말하거나 혹은 현재의 자기 행동을 변명하면 집단의 지도자는 그들이 현재 하고 있는 것으로 그들을 다시 이끈다. 집단의 시작에서부터 구성원들은 자신들이 하고 있는 것을 정직하게 바라보고, 그들의 행동이 그들이 원하는 것을 얻고 있는지 여부를 명확히 하도록 요구받을 수 있다. 일단 집단 구성원들이 현재 자신의 삶 안에서 가지고 있는 그림과 앞으로 달라지고 싶어 하는 그림을 보다 선명하게 한다면, 행동을 바꾸는 과정을 탐색해보는 장소로 집단을 사용할 수 있다.

이 모형에서는 구성원들이 집단 모임 사이에서 과제를 실행해야 한다. 하지만 자신의 행동을 평가하고 자신의 어떤 부분들을 바꾸고 싶은지를 결정하는 것은 구성원(지도자의 도움을 받지만)이다. 구성원들은 또한 자신의 목표를 달성하기 위한 방법으로 자신에게 부과될 과제를 결정하는 일에서도 주도적이다. 집단 지도자들은 구성원들이 어떻게 해야 삶을 가장 잘살 것인지에 대해 시기적절하지 않은 제안과 계획을 만들면 종종 저항에 부딪힌다. 자신의 책임 하에 현실 치료 상담자들은 구성원들이 자신이 하고 있는 행동이 원하는 것을 얻게 하는지를 스스로 평가하도록 계속해서 촉구한다. 구성원들이 자신이 하고 있는 일이 자신을 위한 일이 아니라는 것을 인정하면 저항은 훨씬 더 많이 줄어들 것이고 다른 행동을 시도하는 데 더 개방적이 된다.

일단 구성원들이 약간이라도 변화를 하면 현실 치료 상담자는 행동에 관한 구체적 계획을 수립하고 그들의 성공 수준을 평가하도록 구조를 제공한다. 구성원들과 집단 지도자의 피드백은 개인들이 현실적이고 달성할 수 있는 계획을 세우는 것을 도울 수 있다. 상당한 시간이 집단 회기 동안 계획을 개발하고 실행하는 데 소요된다. 사람들이 계획을 실행하지 않으면 무엇이 실행을 막는지 논의하는 것이 중요하다. 아마도 비현실적으로 높게 목표를 두었거나 그들이 변하기를 원한다는 말과 변화를 위해 스스로 감수하려는 단계 사이에 불일치가 있을 것이다.

나는 '통찰만으로는 변화가 오지 않는다.'는 현실 치료 상담자들의 주장도 좋아한다. 구성원들이 일단 행동이 자신에게 효과가 없다고 결정하면 다른 무언가를 시작해야만 한다. 나는 억압된 감정의 해소가 인식의 틀 안으로 들어가고 행동 계획으로 연결되지 않는다면 치료적 도구로서 정화의 가치에 대해 회의적이다. 내가 촉진하는 집단에서는 집단 구성원들에게 삶에서 의미 있는 사람들이 변하지 않을 수도 있다고 가정해보라고 한다. 그것은 자신의 운명을 그리는 데 자신이 더 능동적인 태도를 취해야 함을 의미한다. 나는 현실 치료 상담자가 자신이 통제할 수 있는 삶은 자신의 삶뿐이라는 사실을 내담자에게 가르치는 것을 강조하며, 집단 구성원들이 행동하고 생각하는 본인의 방식을 변화시키도록 돕는 일을 높이 평가한다.

집단 현실 치료에 대한 더 세부적인 논의에 대해서는 코리(Corey, 2016) 15장을 참고하라.

다문화적 관점에서 보는 선택 이론과 현실 치료

다양성 관점에서 보는 강점

학습 목표 08 선택 이론과 현실 치료의 핵심 원리는 다문화 상담에 많은 공헌을 하고 있다. 다문화 치료에서는 상담자들이 그들과 내담자 사이의 세계관 차이를 존중하는 것이 중요하다. 상담자는 내담자의 현재 행동이 내담자 자신과 타인들을 얼마나 만족시키고 있는지를 탐색하도록 내담자를 도움으로써 내담자의 문화적 가치를 존중한다는 것을 보여야 한다. 내담자가 이런 평가를 하게 되면 자신의 문화적 가치와 일치하는 현실적인 계획을 수립할 수 있다. 상담자가 어떤 행동을 변화시킬 것인지에 대해 결정하지 않는 것은 더 깊은 존중의 표시가 된다. 다양한 민족적 배경을 지닌 내담자들은 상담자의 숙련된 질문을 통해 자신이 어느 정도 지배 사회 속에 문화적으로 적응되었는지를 알 수 있다. 내담자가 지배 집단의 가치나 관습을 통합하면서 자신의 윤리적 정체감이나 가치를 유지하도록 균형을 잡는 것이 가능할 것인가? 다시 말해, 상담자가 내담자를 위해 균형을 잡아

주는 것이 아니라 내담자 스스로 자신의 답을 찾도록 촉구한다. 감정을 탐색하는 것보다는 행동이나 사고에 초점을 맞춤으로써 많은 내담자들이 상담에 대한 저항을 덜하게 된다.

우볼딩(2007, 2011a, 2011b)은 현실 치료가 모든 사람에게 적용 가능한 이론을 만드는 보편 진리 원칙에 근거한다고 단언한다. 우리는 모두 같은 종이며 같은 유전적 구조를 가지고 있다. 따라서 관계 문제는 모든 문화에 해당된다. 우리 모두는 내적인 욕구를 갖고 있고, 우리 모두는 선택을 하며, 우리를 둘러싸고 있는 세계에 영향을 주기를 원한다. 선택 이론의 원리를 행동으로 옮길 때는 창조성과 문화와 개인에 대한 민감성 및 현실 치료 절차를 실천하는 데 유연함이 필요하다. 현실 치료의 원리와 절차는 문화에 따라 다르게 적용되어야 하고 개인의 심리적 수준과 발달적 수준에 맞추어져야 한다(Wubbolding, 2011b).

현실 치료는 북미지역 이외의 다른 지역 사람들의 문화적 맥락에 맞게 변화되어야 한다는 생각에 기반을 두고 우볼딩(2000, 2011a), 우볼딩과 동료들(1998, 2004)은 다문화적인 상황으로까지 현실 치료를 확장해왔다. 우볼딩은 일본, 대만, 홍콩, 싱가포르, 한국, 인도, 쿠웨이트, 모로코, 몰타, 루마니아, 호주, 슬로베니아, 크로아티아와 유럽의 여러 나라에서 가진 현실 치료 워크숍을 통해 다른 문화에 현실 치료를 일반화하기가 어렵다는 것을 체감했다. 우볼딩(2000)은 이런 다문화 경험을 통해 시야를 넓혔고, 일본인 내담자와 작업하면서 상담의 주기를 수정했다. 그는 일본과 서구 문화 사이의 기본적인 언어 차이를 지적한다. 북미 사람들은 의사표현을 잘하며 자기주장이 강하다. 일본 문화에서는 부모와 자녀 사이 혹은 감독자와 고용인 사이에서 자기주장이 강한 언어 사용이 부적절하다. 의사소통의 방식은 더 간접적이다. 어떤 일본 내담자에게 무엇을 원하는지 묻는 것은 무례하고 주제넘게 참견하는 것으로 보일 수도 있다. 이런 양식의 차이 때문에 다음과 같은 구체적인 수정이 일본 내담자와의 현실 치료 상담에 필요하다.

- 직접적인 질문을 하는 현실 치료 상담자의 경향은 간접적이거나 더 정교하게 질문하는 식으로 부드러워져야 한다. 특정한 행동이 내담자의 필요를 충족시키는지 알아보기 위해 개인적인 질문을 하는 것은 실례이다. 맥락을 주의 깊게 살핀 후에 직면이 이루어져야 한다.
- 일본 말에는 정확하게 '계획(plan)'이라는 단어가 없고, '책임(accountability)'의 정확한 번역어도 없지만 둘 다 현실 치료 실제에서 중요한 요소이며 일본 문화의 중심이 된다.
- 내담자에게 계획하고 수행하기를 요구하는 데 있어서 서구 상담자들은 '나는 할 것이다.'라는 반응에서 멈추지 않고 끝까지 수행하겠다는 분명한 서약을 하게 하는 경향이 있다. 그러나 일본 문화에서 상담자는 '나는 할 것이다.'를 확실한 약속으로 받아들이는 듯하다.

현실 치료를 비서구권 내담자들에게 적용할 수 있는 방식에 대해 설명하였다. 모든 사람들은 동일한 기본 욕구(생존, 사랑과 소속, 힘, 자유, 즐거움)를 갖고 있지만, 이런 욕구들이 표현되는 방식은 문화적 맥락에 따라 크게 다르다. 다양한 문화적 배경을 가진 내담자와 작업을 하면서 상담자는 이 욕구들을 충족시키기 위한 행동에 대해 폭넓게 수용할 수 있는 태도를 가져야 한다. 다른 이론들과 거기에서 파생된 기법에서도 유연성은 매우 중요하다.

현실 치료의 핵심적인 강점은 내담자들이 원하는 변화를 성취할 수 있는 도구를 내담자에게 제공하는 것이다. 이것은 특히 현실 치료 상담 과정의 중심인 계획하기에 맞는데, 할 수 없는 것에 대해서가 아니라 실천할 수 있는 긍정적 단계에 초점을 맞춘다. 내담자들은 자신에게 일어나고 있는 문제를 확인하고 그 문제를 변화의 목표로 삼는다. 구체성을 갖고 효과적인 계획으로 방향을 제시하는 것은 다양한 내담자 집단과 작업하는 데 확실한 장점이 된다. 현실 치료는 문화적으로 다양한 개인들의 욕구를 기반으로 유연하게 적용될 수 있는 열린 체계이다.

현실 치료 상담은 기술적으로 사용하고, 내담자에 따라 각기 다른 방식으로 적용될 필요가 있다. 현실 치료의 원리와 개념의 많은 부분은 상담자의 스타일에 따라 역동적이고 개인적인 방식으로 통합될 수 있다. 또 이 책에서 다루고 있는 대부분의 다른 치료 접근과 이 개념을 통합하기 위한 근거도 있다.

다양성 관점에서 보는 약점

소수민족 내담자와 작업할 때의 약점 중 하나는, 내담자의 일상생활에서 해를 끼치는 방향으로 작용할 수 있는 매우 실제적인 환경의 힘을 충분히 고려하지 않을 수 있다는 것이다. 상담자들은 폭넓게 훈련받아야 하고 모든 상담 이론들에 내재하는 한계를 상쇄할 수 있어야 한다. 현실 치료에서는 사람들이 환경적 · 사회적 문제를 설명하도록 하는 데에 제한적인 관심만을 둔다. 차별 대우, 인종 차별, 성 차별, 동성애 혐오증, 이성애주의, 노인 차별, 무능력에 대한 부정적 태도 등의 사회적 편견은 불행한 현실이며, 이러한 편견들은 많은 이들이 생활에서 원하는 것을 얻는 것을 제한한다. 상담자는 사람들이 다양한 형태의 차별과 억압의 희생자가 되기를 선택하지 않는다는 것을 인식하는 것이 중요하다. 상담자가 이러한 환경적 제약을 인정하지 않거나 개인적 변화에 더하여 사회정의에 관심을 갖지 않는다면 내담자는 이해받지 못한다고 느낄 수 있다. 일부 현실 치료 상담자들이 내담자에게 자신의 삶을 책임지도록 과하게 강조하거나, 선택을 제한할 수 있는 체계적이고 환경적인 요인을 충분히 고려하지 않는 것은 위험하다.

일부 현실 치료 상담자들은 너무 성급하게 혹은 너무 강압적으로 내담자에게 생활을 책임지도록 하려는 잘못을 저지를 수도 있다. 이 점에 관해 우볼딩(2013)은 압박과 차별로 인해 어떤 사람들은 선택지가 별로 남아있지 않을 수 있지만, 그래도 선택을 할 수 있다고 말한다. 내담자가 갖고 있는 선택지에 초점을 맞추는 것이 유용하기는 하지만, 나는 내담자가 자신의 선택이 환경적 요인에 의해 제약을 받는 방식에 대해 설명하는 것이 필요하다고 믿는다. 상담자는 여성주의 상담자들이 하는 것처럼, 어떻게 상담자와 내담자 모두가 사회적 변화를 일으킬 수 있는 작은 걸음이라도 내디딜 수 있는지 생각하는 것이 좋을 것이다(12장 참조).

현실 치료의 또 다른 단점은 어떤 내담자는 원하는 것을 직접적으로 말로 표현하기를 아주 꺼린다는 것이다. 그들의 문화적 가치와 규준은 그들이 원하는 것을 분명하게 요구하도록 강화하지 않는다. 실제로 그들은 개인이 원하는 것보다 사회 집단에 유익한 것을 먼저 생각하도록 사회화되었다. 이런 가치를 가진 사람들과 작업할 때, 상담자는 현실 치료를 어느 정도 '부드럽게' 만들어야 한다. 현실 치료가 다른 문화의 내담자에게 효과적으로 사용되려면 절차가 다양한 문화의 구성원들의 가치관과 삶의 경험에 맞춰져야 한다(Wubbolding, 2000, 2011a; Wubbolding et al., 2004).

현실 치료를 적용한 스탠의 사례

현실 치료 상담자로서 나는 스탠의 행동 역학을 규명하고, 그가 나아가야 할 방향을 제시하며, 그가 원하는 것을 얻을 수 있는 좋은 대안을 가르치기 위해 선택 이론의 주요 개념을 가져갈 것이다. 스탠은 자신이 원하는 만족스러운 관계에 효과적이지 못했다.

스탠은 희생자의 역할을 했으며, 다른 사람을 비난하고 미래 대신에 과거를 보았다. 처음에 그는 나에게 자신의 주요 증상인 우울증, 불안, 수면장애, 그 외 신체화를 열거하며 자기 삶의 부정적인 양상에 대해 말하고 싶어 했다. 나는 스탠의 걱정을 주의 깊게 듣지만, 다르게 행동할 많은 선택이 있다는 것을 깨달았으면 한다. 나는 '상담이 성공, 생산적인 시간, 목표, 미래에 대한 희망 등 스탠이 수립할 수 있는 것들에 대해 그와 탐색할 기회를 준다.'는 전제 위에 작업을 한다.

스탠과 관계를 형성하고 나서 나는 스탠이 그렇게 되기로 선택하지 않는 한 자기 과거의 희생자가 아니라는 것을 그에게 보여줄 수 있고, 또 충분히 자기 과거의 비참함을 우려먹어왔음을 확인시킨다. 상담이 진행되면서 스탠은 대부분의 문제가 실제로 어린 시절에 시작되었더라도 어린 시절을 되돌릴 수 없다는 것을 알게 된다. 하지만 그는 다른 관점을 도입해 과거 경험과 현재 그 과거가 그에게 뜻하는 바를 바라볼 수 있다. 그는 마침내 지금 스스로에게 할 수 있는 것이 많다는 것을 깨닫게 된다.

나는 스탠에게 증상이 해소된다면 자신의 삶이 어떻게 달라질 수 있을지 말하도록 한다. 나는 그가 소속, 성취와 권력, 자유, 즐거움의 욕구를 충족시키려면 무엇을 해야 할 것인지 아는 데 관심이 있다. 나는 그에게 아직 그가 자신의 욕구를 충족시키기 위한 효과적인 행동을 하지는 못하지만, 그의 삶이 되기를 원하는 이상적 그림이 그에게 있음을 말한다. 그의 모든 기본적인 심리적 욕구에 대해 말하고, 이 상담 방식이 어떻게 효과적으로 그를 만족시킬지도 말한다. 또한, 그의 전체 행동은 행위하기, 생각하기, 느끼기, 신체 반응으로 구성된다는 것을 설명한다. 대부분의 시간 동안 불안을 느끼는 것이 싫다고 말하더라도, 스탠은 자신이 행하고 생각하는 많은 것들이 자신이 원하지 않는 느낌과 생리적 반응을 직접적으로 이끌고 있다는 것을 알게 된다. 그가 우울감, 밤에 느끼는 불안감, 공포 발작에 대해 불평하면, 스탠이 행위하고 생각하는 것에 대해 더 관심이 많다는 것을 그가 알도록 한다. 왜냐하면 이러한 것들이 직접적으로 변화시킬 수 있는 행동 요소이기 때문이다.

나는 스탠의 우울이 자신이 선택한 느낌이라는 것을 그가 이해하도록 돕는다. 그가 자신의 감정, 신체 감각, 사고에 대해 거의 통제할 수 없다고 생각하더라도, 스탠이 우울 경험을 변화시킬 다른 행동을 취할 수 있다는 것을 이해시키고 싶다. 나는 자주 이런 질문을 한다. '당신이 선택하는 행동이 당신이 원하는 것을 가져다줍니까?' 나는 스탠이 자신의 감정을 조금이라도 간접적으로 통제하고 있다는 것을 인식하기 시작하도록 끌고 간다. 이것은 그가 지금까지 해온 것과는 다른 무언가를 하기로 선택한 후에라야 잘 이루어진다. 이 지점에서 그는 행위 선택이 감정을 더 나아지게 한다는 것을 이해하기 위한 좋은 장소에 있는 것이다. 이는 그에게 변화하기 위한 힘이 있다는 것을 이해하도록 돕는다.

스탠은 나에게 자신의 머릿속에 있는 그림, 즉 상담자가 되는 것, 사람을 만날 때 자신 있게 행동하는 것, 자신을 가치 있는 사람으로 생각하는 것, 인생을 즐기는 것 등의 몇 가지에 관해 이야기한다. 상담을 통해 그는 자신의 행위가 자신이 원하는 그림에 가까이 가거나 그가 원하는 것을 얻도록 해주지 않는다고 평가한다. 그가 달라지기 위해 스스로 작업하기로 결정하면 대부분의 상담 시간은 계획을 세우고, 그 계획을 실천하기 위한 논의를 하는 데 소요된다. 그와 함께, 그가 원하는 변화를 이루기 위해 지금 당장 실천할 수 있는 여러 단계에 초점을 둔다.

현실 세계에서 계획을 실천해 감에 따라 스탠은 점차적으로 성공 경험을 한다. 그가 퇴보할 때도 우리는 이에 대해 토의하고 함께 그의 계획을 약간 조정하도록 돕는다. 나는 스탠이 크게 발전을 하지 못하더라도 그를 포기하지 않을 것이며, 나의 지지가 스탠에게 계속해서 작업을 해나가도록 하는 실제 영감의 원천이 된다.

나는 스탠에게 선택 이론을 가르치고, 그가 그의 인생의 변화에 대한 사고를 자극할 수 있는 책들을 읽도록 격려한다. 스탠은 책에서 얻은 것들을 상담 회기에 가져오고 결과적으로 그의 몇몇 목표를 달성한다. 현실치료 상담자와의 작업, 독서, 실제를 통해 배운 것을 새로운 행동에 적용하려는 그의 의지가 결합해서 스탠은 비효율적인 선택을 긍정하는 선택으로 바꿀 수 있게 된다. 스탠은 자신의 운명을 조정할 수 있는 사람은 자신뿐이라는 사실을 인정하게 된다.

자기 점검을 위한 질문

- 스탠이 대부분의 시간에 우울을 느낀다고 호소하고 여러분이 '교정'해주기를 원한다면 여러분은 어떻게 상담을 진행할 것인가?
- 스탠이 자신의 기분이 나름대로 최선을 다한 결과이고, 항불안제를 줄 수 있는 의사와 상담하고 싶다고 말하면서 저항할 때, 여러분은 무슨 말을 하고 무슨 행동을 할 것인가?
- 스탠의 충족되지 않은 기본 욕구는 무엇인가? 스탠이 원하는 것을 얻을 수 있는 더 나은 방법을 찾도록 돕기 위해 여러분은 어떤 행동 계획을 생각할 수 있는가?
- 여러분은 스탠에게 알코올 의존증 검사지를 제공할 생각이 있는가? 그렇다면, 혹은 그렇지 않다면 그 이유는 무엇인가? 만약 그가 알코올 의존증이라고 판단되면 여러분은 함께 상담을 진행하면서 알코올 의존증 방지 모임과 같은 프로그램에 참가하라고 권할 것인가? 그렇다면 혹은 그렇지 않다면 그 이유는 무엇인가?
- 스탠이 그의 전체 행동을 탐색하는 것을 돕기 위해 여러분은 어떤 개입을 할 것인가?

이 관점에서 스탠을 상담하는 나의 접근법을 보기 원한다면 CengageBrain.com에 방문하거나 『심리상담과 치료의 이론과 실제: 스탠의 사례와 해설 DVD』 9회기 '현실 치료' 부분의 DVD 프로그램을 시청하라. 9회기에서는 스탠이 활동 계획을 수립하도록 지원하는 것을 다룬다.

현실 치료를 적용한 그웬의 사례*

그웬은 오랫동안 상담 치료는 약하고 제정신이 아닌 사람들을 위한 것이며, 강한 믿음을 지닌 흑인 여성을 위한 것은 절대 아니라고 믿어왔다. 그웬이 한 번도 상담 치료를 받아본 적이 없었기에 나는 믿음과 존중의 분위기를 형성해 그녀가 자신의 감정을 표현하는 데 안정감을 느끼도록 해야 했다. 우리가 작업 동맹을 형성함에 따라 나는 그웬이 다른 행동을 하고 상담 치료를 위해 온 것만으로 이미 변화 과정을 시작했다는 것을 그녀가 이해하도록 도왔다.

상담자: 당신이 원하는 삶에 대해 설명해주시겠어요? [행복 세상에 대한 질문]

그웬: 전 인정을 받고 편안함을 느끼고 싶어요. 일이 제 삶에서 가장 중요한 것이 되는 것을 원치 않아요. 그리고 몸이 건강하고 힘이 넘쳤으면 좋겠어요. 아프고 위축되고 싶지 않아요. 전 가족에게 존중과 사랑을 받고 싶어요. 모든 것을 혼자 해야 한다고 느끼는 것에 지쳤어요.

상담자: 지난 몇 주간을 돌아보고 당신이 원하는 삶에 가까워지기 위해 노력한 일에 대해서 말해주세요.

그웬: 요가 초급반에 등록해서 마음에 안정을 찾는 데 도움이 됐어요. 다음날 몸이 아프지 않아 8주 수업에 등록했어요. (그웬이 새로운 행동을 시도했다.)

상담자: 정말 잘했어요. 당신이 자랑스러워요! 이제 의지가 느껴져요.

그웬은 이제 그녀의 희망과 꿈을 향해 운전대를 잡는 것이 아니라 삶이 흘러가는 대로 받아들이게 되었다. 진정한 변화가 일어나기 위해서 그웬은 무언가 다른 '행동'을 해야 한다. 요가 수업은 그녀의 계획에 좋은 시작이다.

상담자: 이제 삶의 다른 부분에서 이상적인 장면에 다가가기 위한 다른 행동들을 생각해보세요.

그웬: 이미 많이 하는 거처럼 느껴지네요.

상담자: 많이 하고 있는 게 맞아요. 이런 식으로 계속하고 싶지 않으세요? [현실 확인]

그웬: 제 삶을 제일순위로 놓고 저를 먼저 생각해야 된다는 거는 알고 있어요. 제가 너무 많은 것을 감당한다는 것도 알고 있고요. 이건 안 좋은 습관이고 저를 지치게 하고 있어요. [자기평가]

상담자: 희생하는 역할을 하는 게 잘 작용하고 있나요? (비판적인 어조가 아니다.)

그웬: 전혀요! 전 할머니가 온 가족을 돌보느라 지치는 것을 지켜봤어요. 전 좀 물러날 필요가 있어요.

나는 그웬이 그녀의 목표를 이루지 못하거나 계획이 성공적이지 않더라도 그녀를 포기하지 않을 것이다. 나는 그녀가 다시 상담 과정으로 돌아오게 하기 위해 공감하고 지지하는 방식으로 그녀를 도전할 것이다. 나는 계속해서 그웬에 전념할 것이고 그녀가 원하는 서서히 증가하는 변화를 만들도록 도울 것이다.

상담자: 이번 주에는 어떤 행동을 다르게 해보겠습니까?

그웬: 제 스스로의 시간을 확실히 더 가질 거예요. 유연성과 스트레스 관리를 위해 일주일에 최소 두 번은 요가를 할 거예요. 그리고 엄마를 위해 음식을 배달해줄 거예요. 이를 위한 시간은 낼 수 있어요.

상담자: 첫 단계를 잘 밟았어요. 당신의 삶을 위해 건강한 행동 계획을 세우는 방향으로 잘 가고 있어요. 이런 단계를 밟아가는 것은 당신이 느꼈던 걱정을 해소하는 데 도움이 될 겁니다. 당신이 얼마나 계획을 잘 실천했는지 다음 주 회기가 시작할 때 확인할게요.

그녀가 떠나기 전에 나는 그웬에게 책을 하나 추천해

* 켈리 커크시 박사는 현실 치료 관점에서 사고하고 작업하는 자신의 방법들에 대해 저술하고 이 모형을 그웬에게 적용시킨다.

주었다. 우리는 다음 회기 때 그녀의 행동 계획을 세울 것이다.

상담자: 쉽게 읽히는 짧은 책을 읽을 시간을 낼 수 있겠어요? (나는 그녀에게 우볼딩의 『마음을 다스리는 지침서(A Set of Directions for Putting and Keeping Yourself Together)』라는 책을 주었다.) 이 책은 삶의 다른 부분에서 밟고 싶은 행위 단계에 대한 생각을 하게 해줄 수 있어요. 당신이 사용할 수 있겠다 싶은 활동 한두 개 정도를 골라보세요.

그웬: 제가 바꿔야 할 다른 부분들은 없을까요?

우리가 함께하는 작업의 성공여부는 그웬과 관계를 형성하는 나의 기술과 능력뿐만 아니라 그녀의 행동에 대한 스스로의 책임과 대체적인 선택을 하고자 하는 그녀의 의지에도 달려있다. 그녀의 질문에 대한 스스로의 답변을 찾을 때까지 난 그웬을 돕고 싶다. 그녀의 행동 계획으로 무엇을 고를지 말해주는 것은 삼가고 있다. 그녀의 성공은 그녀 자신의 삶에서 무엇을 바꿔야 하는지에 대한 스스로의 평가로부터 나와야 한다.

상담자: 이것이 당신의 여정이며, 어떤 변화가 당신에게 가장 이로운지는 스스로 알 겁니다. 당신의 삶의 운전대에서 손을 떼지 마시고 당신의 건강과 행복에 '예'라고 대답하는 습관을 가질 때 어떤 느낌을 갖기 시작하는지 확인하세요. 서두를 필요도 없고 많은 변화를 바로 가져갈 필요도 없습니다.

나는 그웬이 그녀의 행동 계획을 이행하기 시작하면서 걱정의 정도가 달라지는 것을 느꼈으면 한다. 그녀가 자신의 삶을 조정하는 것에 편안함을 느끼면 아이 같은 어른들에게 명확한 경계를 설정하는 등 더 확실한 변화를 스스로 만들 수 있을 것이다. 그웬은 새로운 길을 걷기 시작했다. 그녀는 개인적 책임의 새로운 단계를 밟고 있으며 그녀의 삶이 처한 환경의 수동적인 희생자가 되는 것으로부터 떠나기 시작했다.

자기 점검을 위한 질문

- 그웬이 자신의 현재 행동을 평가하는 것을 돕기 위해 상담자는 어떤 개입을 했는가?
- 그웬과 작업하면서 다음 질문의 유용함을 평가하라. '당신이 하는 행위가 스스로 원하는 것을 가져다주고 있는가?'
- 여러분은 그웬이 행동 계획을 세우기 위한 준비가 어느 정도 되어 있다고 보는가?
- 상담자와 그웬의 상호작용과 관계를 어떻게 설명할 것인가?

요약과 평가

요약

학습 목표 09 현실 치료 상담자는 교사, 멘토, 본보기로서 기능하며, 내담자들이 하고 있는 것과 그들의 행동이 자신이나 타인에게 해를 끼치지 않으면서 자신의 기본 욕구를 충족시키는지의 여부를 평가하게 함으로써 내담자를 직면시킨다. 현실 치료의 핵심은 개인이 보다 좋고 효과적인 선택을 하고 잘 통제하도록 돕는 것이다. 사람들은 통제할 수 없는 상황의 희생자가 아니며 자신의 삶을 통제한다. 현실 치료 상담자는 내담자가 자신의 행동을 변화시키기 위해 현재 무엇을 할 수 있는지, 무엇을 할 의지가 있는지에 초점을 둔다. 상담자는 내담자에게 다른 사람과 의미 있는 관계를 형성하는 방식을 가르친다. 상담자는 내담자에게 자신의 선택이 효과적인지를 계속 평가하도록 하여 더 좋은 선택을 하게 한다.

현실 치료의 실제는 행동 변화를 이끄는 두 요소, 즉 상담 환경과 행동 변화를 가져다줄 구체적 절차로 이루어진다. 이 상담 과정은 내담자가 자신이 원하는 것을 얻는 방향으로 움직일 수 있도록 해준다. 현실 치료의 목표는 행동 변화와 효과적인 의사 결정하기, 의미 있는 관계 개선, 삶을 향상시키기, 효과적으로 심리적 욕구 만족시키기 등을 포함한다.

선택 이론과 현실 치료의 공헌

현실 치료의 장점은 비교적 단기적인 상담이고 의식적인 행동 문제를 다룬다는 것이다. 통찰이나 인식만으로는 부족하며 내담자의 자기평가, 행동 계획, 뒤따르는 실천이 상담 과정의 핵심이다. 나는 내담자가 자기평가에 참여하도록, 자신의 행동이 잘 이루어지는지와 그렇지 않은지를 결정하고, 변화를 일으킬 수 있는 것을 하도록 강하게 독려하는 데 초점을 두고자 한다. 선택 이론의 실존적 토대는 이 접근의 주된 장점이며, 이렇게 함으로써 자신의 행동에 대해 책임 능력을 갖는다. 사람들을 희망 없고 대책 없는 우울한 존재로 보지 않는다. 대신에 사람들은 자신이 할 수 있는 최선을 다하거나 자신의 욕구를 충족시킬 선택을 할 수 있다고 본다. 책임 능력과 선택에 대한 강조로 내담자는 자기 방향과 역량을 느낄 수 있게 된다.

상담자가 내담자를 예정표에 따라 대하면 상담이 실패하기 십상이다. 현실 치료 상담자는 내담자가 자신이 하고 있는 것에 대한 탐색 목록을 작성하도록 돕는다. 만약 내담자가 자신의 현재 행동이 효과적이지 않다고 결정하면 새로운 행동 목록을 만들게 될 것이다. 상담에 대해 의심을 품고 접근하는 내담자들이 많다. 현실 치료는 머뭇거리거나 변화에 대한 저항이 심한 내담자에게 효과적으로 사용될 수 있다. 예를 들어, 중독된 사람들을 상담할 때 현실 치료 상담자는 내담자가 자신의 행동이 자신을 어디로 이끌어 가고 있는지 평가하도록 하기도 하고 긍정적 변화를 위한 선택을 제공할 수도 있다. 현실 치료는 중독 치료와 회복 프로그램에 30년 이상 유용하게 사용되어왔다(Wubbolding & Brickell, 2005). 이런 상황에서 무의식 역동을 파헤치고 과거를 탐색하는 장기 상담을 하는 것은 대개의 경우 부적절하다. 내담자들이 현재 무엇을 하는지 묻거나 내담자에게 자신이 원하는 변화를 평가하라고 요구하는 것은 다양한 경우에 잘 들어맞는다. 현실 치료는 효과적이고 단기적인 접근이며, 보통 10회 이내의 회기를 요구하며, 긴 상담 과정을 거치지 않고서 삶의 변화를 이끌어낼 수 있다.

선택 이론과 현실 치료의 한계와 비판

나의 관점에서, 현실 치료의 주된 한계 중 하나는 상담 과정에서 다음의 역할을 경시했다는 것이다. 통찰의 역할, 무의식, 과거의 힘과 초기 아동기 외상 경험의 영향, 꿈의 치료적 가치, 전이의 장소. 현실 치료는 거의 의식에만 초점을 맞추고 있기 때문에 우리가 사고하고, 느끼고, 행위하고, 선택하는 방식에 영향을 미치는 억압된 갈등이나 무의식적 힘을 고려하지 않는다.

꿈을 다루는 것은 현실 치료 상담자의 역할이 아니다. 글래서(2001)에 따르면 꿈을 탐색하는 것은 치료적으로 유용하지 않다(나는 이 접근이 한계가 있다고 생각한다). 그에게는 꿈에 대해 토론하며 시간을 보내는 것은 행동에 관한 이야기를 회피하기 위해 사용되는 방어일 수 있으므로 시간 낭비이다. 나의 생각으로는 꿈은 사람들이 자신의 내적인 갈등을 인식하도록 돕는 강력한 도구이다. 나는 꿈에 풍부함이 있다고 믿으며, 꿈은 내담자의 중요 갈등, 욕망, 희망, 미래에 대한 전망의 요약된 정보일 수 있다. 내담자에게 상담 회기 중인 '지금 여기'에서 꿈을 회상하고, 보고하고, 나누고, 다시 살게 하는 것은 그들을 해방시켜서 다른 행동을 할 수 있도록 길을 열어주는 데 도움이 된다.

마찬가지로 나는 전이를 잘못된 개념으로 보는 글래서의 관점도 수용하기 어렵다. 왜냐하면 삶에서 주요한 인물이 현재 내담자들이 타인을 지각하고 타인에게 반응하는 방식에 영향을 미친다는 것을 발견했기 때문이다. 타인에 대한 정확한 인식을 왜곡시키는 전이에 대한 탐색을 배제하는 것은 편협해 보인다.

나는 현실 치료가 상담자에게 다른 사람이 인생을 어떻게 살아야 하고 무엇이 책임 있는 행동을 구성하는지를 결정하는 역할을 하도록 할 위험이 있다고 생각한다. 우볼딩(2013)도 현실 치료가 문제를 고정하고(특히 경험이 없고 제대로 훈련을 받지 못한 상담자들에 의해), 내담자에게 상담자의 가치를 부과할 수 있다고 인정한다. 우볼딩은 내담자의 행동을 평가하는 것은 상담자의 역할이 아니라고 덧붙인다. 일반적으로 내담자는 어떤 행동이 어떻게 수행되는지와 그들이 무슨 변화를 원하는지 결정하기 위해 자기평가의 과정에 참여해야 한다. 상담자가 내담자의 행동을 판단하기 위해 모든 경향을 관찰하는 것은 매우 중요하다. 그러나 이렇게 하는 것은 내담자로 하여금 자신의 행동에 대해 스스로 평가할 수 있도록 하기 위함이다.

마지막으로, 현실 치료는 명확한 언어와 간단한 개념을 사용한다. 이것은 높은 수준의 능력이 필요 없는 간단한 접근으로 잘못 보이게 할 수도 있다. 왜냐하면 현실 치료는 이해하고 실행하기에 쉬워 보일 수 있기 때문이다. 하지만 효과적인 현실 치료의 실제는 연습과 슈퍼비전, 지속적인 배움을 필요로 한다(Wubbolding, 2007b, 2011a). 유능한 현실 치료 상담자는 선택 이론을 철저하게 이해하고 현실 치료 절차를 다양한 임상적 문제에서 다양한 내담자와 상담에 적용하는 데 숙련되어있다.

자기 점검과 토론을 위한 질문

1. 현실 치료가 현재에 집중하고 과거에는 적은 관심을 보이는 것에 대해 어떻게 생각하는가?
2. 여러분의 내담자가 자신이 하는 행동이 도움이 되는지 판단하기 위해 자기평가를 할 수 있도록 어떻게 도와줄 수 있는가?
3. 만약 여러분이 비자발적인 내담자와 작업을 한다면 상담 프로그램에서 내담자의 협조를 이끌기 위해 선택 이론과 현실 치료의 원리를 어떻게 사용하겠는가?
4. 여러분이 배운 다른 치료들과 현실 치료를 융합하는 데 어느 정도의 가능성을 보는가? 현실 치료와 융합하고자 하는 최고의 치료는 어떤 치료인가?
5. 여러분이 바꾸고자 하는 행동을 생각해보라. 여러분이 원하는 것을 얻기 위한 행동 계획을 세우는 데 어떤 단계를 밟겠는가?

더 찾아볼 자료

루스가 스스로의 변화를 위해 확실한 행동으로 구체화하는 것을 내가 돕는 것을 보려면 CengageBrain.com에 방문하거나 『상담 및 심리치료의 통합적 접근: 루스의 사례와 해설 DVD』 8회기 '행동중심 상담' 부분의 DVD 프로그램을 시청하라. 이 회기에서 나는 루스가 원하는 변화를 이루기 위한 행동 계획을 개발하도록 지원하면서 현실 치료의 원칙을 활용하였다.

미국상담학회 회원을 위한 무료 팟캐스트

www.counseling.org 사이트에서 '자료(Resource)' 버튼을 누르고 '팟캐스트 시리즈(Potcast Series)'를 누르면 미국상담학회 팟캐스트(미리 녹음된 인터뷰)를 무료로 내려받을 수 있다. 11장 현실 치료는 다음과 같은 팟캐스트를 찾아보라.

Podcast ACA088, "Reality Therapy, Choice Theory: What's the Difference?" (Dr. Robert Wubbolding)

Podcast ACA194, "William Glasser: A Retrospective and Why His Groundbreaking Work Will Continue to Matter in Professional Counseling" (Dr. Robert Wubbolding)

기타 자료들

이 장과 관련하여 미국심리학회에서 제공하는 DVD는 다음과 같다.

Reality Therapy (R. Wubbolding, 2007)

psychotherapy.net은 학생과 교수를 위해 중독자, 성인, 아동을 대상으로 한 현실 치료에 관한 비디오와 인터뷰 등 광범위한 자료를 제공해준다. 매달 새로운 비디오와 정리된 정보가 제공된다. 이 장과 관련하여 psychotherapy.net에서 볼 수 있는 DVD는 다음과 같다.

Reality Therapy (R. Wubbolding, 2000): Psychotherapy With the Experts Series

Reality Therapy for Addictions (R. Wubbolding, 2000): Brief Therapy for Addiction Series

Reality Therapy With Children (R. Wubbolding, 2002): Child Therapy With the Experts Series

Choice Theory/Reality Therapy Demonstraton: Couple Counseling "Elroy and Judy" (R. Wubbolding, 2014): Center for Reality Therapy

윌리엄 글래서 인터내셔널(William Glasser International)에서는 선택 이론의 개념과 현실 치료의 실제를 배울 수 있는 프로그램을 제공한다. 7,800명 이상의 상담자들이 현실 치료와 선택 이론을 훈련받았다. 기관에서는 자격증 과정을 운영하고 있고, 이 과정은 참여자들의 토론, 시연, 역할 연기로 3일 동안 실시되는 '기본 훈련'으로 시작한다. 고급 훈련을 받고 싶어 하는 사람들을 위해 기관에서는 5단계 과정을 거쳐 현실 치료 자격증을 주는데, 이는 기본 훈련, 기본 실습, 고급 훈련, 고급 실습, 자격 주간으로 구성된다. 이 18개월 훈련 프로그램은 자격증 수여로 끝난다. 이 프로그램에 대한 구체적 정보는 다음 기관에 문의해보라.

윌리엄 글래서 인터내셔널

www.wglasserinternational.org

현실치료센터(Center for Reality Therapy)에서는 상담, 코칭, 교실 관리, 중독, 수정, 가족에 적용되는 선택 이론/현실 치료의 원리 안에서의 훈련을 제공한다. 로버트 우볼딩은 주, 국가, 국제 주관 학회에서 발표자로 자주 선다. 3일 동안 진행되는 워크숍은 현실 치료 자격증에 적용된다.

현실 치료 센터(Robert E. Wubbolding, EdD, Director)

www.realitytherapywub.com

『국제 선택 이론과 현실 치료 저널(International Journal of Choice Theory and Reality Therapy)』(온라인 학술지)는 다양한 장면에서의 선택 이론과 현실 치료 원리의 연구, 개발, 실제적인 적용에 대한 강조와 함께 내적 통제 심리학의 개념에 초점을 맞춘다. 학술지에 관한 더 많은 정보는 아래 연락처를 참조하라.

Tom Parish, PhD, Editor
Email: Parishts@gmail.co

더 읽을거리

『**선택 이론을 이용한 상담: 새로운 현실 치료**(Counseling With Choice Theory: The New Reality Therapy)』(Glasser, 2001)는 선택 이론에 대한 저자의 최근의 생각을 싣고, 우리의 전체 행동으로부터 선택하는 실존주의 테마를 발전시킨다. 사례들은 선택 이론의 원리가 사람들이 더 나은 관계를 만드는 데 도움을 주는 것에 어떻게 적용되는지 보여준다.

『**현실 치료**(Reality Therapy)』(Wubbolding, 2011a)에서는 선택 이론과 현실 치료에 관한 기존의 판본을 개정하고 확장한다. 심리치료 시리즈의 미국심리학회(APA) 이론의 일부로서, 선택 이론과 현실 치료에 대해 잘 쓰여 있으며 이해가 쉬운 개요로 이루어져 있다.

『**통합적 상담: 사례중심의 접근**』(Corey, 2013)에서는 현실 치료 상담자인 윌리엄 글래서(Drs. William Glasser)와 로버트 우볼딩이 얼마나 탁월하게 선택 이론과 현실 치료의 각기 다른 관점으로 루스를 상담하는지 보여준다.

12장 | 여성주의 치료

– Barbara Herlihy, Gerald Corey 공동 저술*

학습 목표

01. 여성주의 치료 발전에서 주요 인물과 이들의 공헌점을 이해한다.

02. 다양한 형태의 여성주의 치료를 설명할 수 있다.

03. 여성주의 치료와 관련되는 여섯 가지 원리의 차이점을 이해한다.

04. 여성주의 치료의 상담 목표를 이해한다.

05. 상담 과정에서 성과 권력의 역할을 이해한다.

06. 상담 과정에서 평등의 중요성과 협력의 효과를 설명할 수 있다.

07. 표준 여성주의 치료 절차(상담자 자기개방, 재구성, 재명명, 성 역할 분석과 개입, 권력 분석 및 개입, 사회운동)를 이해한다.

08. 기본 전략으로서 힘북돋우기의 가치를 이해한다.

09. 상담에서 사회적 행동의 역할을 설명할 수 있다.

10. 집단상담에 여성주의 원리 적용을 설명할 수 있다.

11. 여성주의 치료와 다문화 치료의 관계를 이해한다.

12. 여성주의 치료의 공헌점과 제한점을 이해한다.

---

* 나는 이 장을 공동으로 집필하기 위해 친구이자 동료인 뉴올리언스 대학의 상담자 교육 담당 교수 바버라 헐리(Barbara Herlihy)를 초대하였다. 우리는 책 두 권(Herlihy & Corey, 2015a, 2015b)을 공동 집필했는데 이 책은 우리가 가치 있다고 보는 프로젝트를 공동으로 하기 위한 자연스러운 기초로 보인다.

현대 여성주의 심리치료자

여성주의 치료의 창안자는 한 사람이 아니며, 많은 사람들의 협동적 노력의 결과이다. 여기서는 여성주의 치료에 중요한 공헌을 한 사람 중 몇 명에 대해 소개하고자 한다. 물론 여기에 소개되지 않은 사람들 중에도 이 분야에서 이들만큼 크게 기여한 사람들도 있다. 여성주의 치료는 수렴 이론에 토대를 두고 있다.

진 베이커 밀러 / 캐럴린 엔스 / 올리버 에스핀/ 로라 브라운

Courtesy, Jean Baker Miller Training Institute

Jean Baker Miller

진 베이커 밀러(Jean Baker Milier, 1928-2006)는 보스턴 의과대학교의 정신과 교수이자 웰즐리 대학 스톤센터에 있는 진 베이커 밀러 연구소의 책임자였다. 밀러는 『새로운 여성 심리학(Toward a New Psychology of Women)』(1996)을 저술했고 『치유적 관계: 여성의 치료와 삶에서 관계 맺기(The Healing Connection: How Women Form Relationships in Therapy and in Life)』(Miller & Stiver, 1997)와 『관계에서 여성의 성장(Women's Growth in Connection)』(Jordan et al., 1991)을 공동 저술했다. 밀러는 다양한 학파와 동료들과의 공동 작업으로 관계적 · 문화적 이론을 계속 발전시켰다. 밀러는 이 이론을 치료나 그 외 분야에서의 복잡한 문제에 적용하려고 시도했는데, 여기에는 다양성, 사회운동, 직장 환경 변화 등의 문제가 포함되었다.

Courtesy of Carolyn Zerbe Enns

Carolyn Zerbe Enns

캐럴린 저브 엔스(Carolyn Zerbe Enns)는 아이오와 주 마운틴 버논에 위치한 코넬 대학교의 심리학과 교수이며, 여성 연구 프로그램 참여자이다. 엔스는 산타바버라에 있는 캘리포니아 대학교의 상담심리학 박사과정 동안 여성주의 이론에 관심을 갖게 되었다. 엔스는 상담자가 치료하는 방식에 여성주의 치료가 미치는 영향을 주로 연구하였다. 가장 최근에는 다문화 여성주의 치료의 중요성을 설명하는 데 심혈을 기울이고 있는데 세계(특히 일본)의 여성주의 치료 임상 현장을 탐방하고 다문화 여성주의 교육에 대해 저술하고 있다. 최근 편집한 두 권의 책이 이러한 관심사를 반영한다. 이 두 책은 『여성주의 다문화 상담 치료의 옥스퍼드 핸드북(Oxford Handbook of Feminist Multicultural Counseling Psychology)』(Elizabeth Nutt Williams와 공동 편집, 2013), 『여성 심리 실습 지침, 다양성, 권한 부여(Psychological Practice With Women Guidelines, Diversity Empowerment)』(Joy K. Rice and Roberta L. Nutt와 공동 편집, 2015)인데 미국심리학회 지침(2007)을 다양한 집단의 여성에 적용하는 데 초점을 두고 있다.

Courtesy of Dr. Oliva Espin, Professor Emerita of Women's Studies, San Diego State University

Oliva M. Espin

올리버 에스핀(Oilva M. Espin)은 샌디에이고 주립대학교의 여성학과 교수이자 알리안트 국제대학교의 전문심리학 캘리포니아 교실 교수이다. 쿠바 태생인 에스핀은 코스타리카 대학교 심리학과를 졸업하였고 플로리다 대학교에서 다문화 여성의 심리상담 및 치료와 라틴 문학의 박사학위를 받았다. 에스핀은 다양한 문화적 배경을 가진 여성들을 대상으로 여성주의 치료의 이론과 실제를 실시한 선구자이며 심리학에서 다문화와 관련된 문제에 대한 광범위한 연구, 교육, 훈련을 하고 있다. 에스핀 박사는 라틴계 사람들, 여성 이민자와 피난민을 대상으로 한 심리치료와 라틴계 사람들의 성, 이중 언어 사용자 치료에서의 언어, 다문화 집단상담을 위한 임상가 훈련 등에 대한 책을 저술했다. 에스핀은 『도망친 여인들의 정신건강: 산산조각난 삶(Refugee Women and Their Mental Health: Shattered Lives)』(Cole, Espin, & Rothblum, 1992)을 공동 편집했다. 에스핀은 『라틴 치유(Latina Healers: Lives of Power and Tradition)』(1996), 『라틴 현실(Latina Realities: Essays on Healing, Migration, and Sexuality)』(1997)과 전 세계에서 온 여성 이민자들에 대한 연구에 근거한 『경계를 넘은 여성들(Women Crossing Boundaries: A Psychology of immigration and the Transformation of Sexuality)』(1999)을 저술했다.

Laura S. Brown

로라 브라운(Laura S. Brown)은 여성주의 치료에서의 발전된 실제를 지원하는 데 도움을 준 기관인 여성주의 치료 연구의 창립 회원이며, 여성주의 치료에서의 교육과 훈련에 대한 국제회의의 이론 워크숍 회원이다. 브라운은 심리치료와 상담에서 여성주의 치료에 중요한 핵심으로 여겨지는 여러 권의 책을 저술했다. 『파괴적 대화: 여성주의 치료 이론(Subversive Dialogues: Theory in Feminist Therapy)』(1994)은 여성주의 치료에서 이론을 사용하는 방식을 다룬 기본 교재이다. 최근에는 『여성주의 치료(Feminist Therapy)』(2010)를 저술했다. 브라운은 우리가 윤리와 장벽, 작은 공동체들에서의 윤리적 실제의 복잡성에 대해 생각하도록 하는 데 특히 기여했다. 현재는 여성주의 법정 심리학과 외상을 겪은 사람의 치료에 여성주의의 원리를 적용하는 문제에 관심을 갖고 있다.

도입

학습 목표 01 광범위한 여성주의 사상은 문화적 성을 고려하는 것 이상이다. 다문화 정의와 사회정의가 상담에 똑같이 중요하다. 앞으로 보겠지만 **여성주의 상담**(feminist counseling)은 문화적 성과 권력을 상담의 중심에 둔다. 한 사람을 이해하려면 개인의 문제를 일으킨 사회적·문화적·정치적 맥락을 고려하는 것이 필수임을 전제한다. 이러한 견해는 상담 이론 발달에 매우 중요하며, 또한 많은 전문가들로 하여금 다양한 내담자를 상담하는 데도 매우 중요하다.

여성주의 심리치료(feminist psychotherapy)는 여성주의, 다문화, 사회정의 개념을 다양한 심리치료 접근과 통합하는 철학 경향이다(Enns, Williams, & Fassinger, 2013). 여성주의 치료의 중요 개념은 심리적 억압을 이해하고 인정하는 것이 중요하다는 것과 여성, 즉 잘 드러나지 않고 소외된 사람들이 격하된 사회정치적 지위로 제한점이 있다는 것이다. **여성주의 관점**(feminist perspective)은 다양한 사회적 동일성과 경험을 가지고 있는 여성과 남성이 사회화된 역할을 이해하는 데 독특한 접근법을 제시하며 이러한 이해를 상담 과정에 받아들이도록 한다. 다양한 사회적 동일성을 가지고 있는 여성의 사회화는 필연적으로 정체성 발달과 자기개념, 목표와 포부, 정서적 안녕에 영향을 미친다(Gilligan, 1982; King, 2013; Turner & Werner-Wilson, 2008). 나탈리 로저스(1995)가 관찰한 것과 같이 사회화 방식은 여성으로 하여금 인간관계에서 부지불식간에 자신의 힘을 약화시키는 결과를 초래했다. 여성주의 치료는 모든 내담자와 상담에서 성 사회화, 성차별, 그리고 이와 관련한 '주의(ism)'에 대한 지식을 염두에 두고 있다. 어떤 여성에게는 민족이나 인종이 문화적 성보다 더 중요한 정체성으로 경험할 수도 있지만 또 어떤 여성은 문화적 성과 연관된 정체성과 억압이 인종차별과 혼재될 수도 있다.

상담에서 내담자의 다수가 여성이며, 석사 수준의 상담 전문가도 여성이 많다. 따라서 여성이 생각하고 경험하는 것에서 나온 이론의 필요성은 자명한 것 같다. 이 책에 있는 다른 이론을 모두 포함하여 대부분의 이론은 미국이나 유럽의 서구 문화 출신의 백인 남성이 만든 것이며, 아들러만이 초기 이론 발달에서는 유일하게 친여성적이다. 여성의 사고와 경험으로부터 나온 이론의 필요는 자명한 일이다. 이론은 개발자의 경험에서 '개발되는데' 여성주의 치료는 다수의 경험을 포괄하기 위하여 여러 여성의 합동 노력으로 탄생한 첫 번째 이론이다.

여성주의 치료는 무엇이 정신적으로 건강한 개인을 구성하는지에 대한 남성 지향적 가정에 도전한다. 초기 여성주의 치료는 여성의 경험을 가치 있게 여기고 정치적 현실을 인식하며 가부장제도 내에서 여성이 부딪치는 문제를 이해하는 데 초점을 두고 있다. 현대 여성주의 치료는 내담자와 상담할 때 성 사회화를 가장 우선시한다. 현대 여성주의는 또한 다양한 억압, 권력, 특권, 다문화 역량, 사회정의 그리고 소외된 사람들이 받는 억압을 이해하는 것을 포함하는 다양한 접근을 강조한다(American Psychological Association, 2007; Enns & Byars-Winston, 2010). 여성주의자들은 문화적 성이 종족, 민족, 사회경제적 지향 등 다른 정체성과 분리된 것으로 볼 수 없다고 생각한다. 심리학에서 사회정의와 관련된 최근 발달 동향은 다문화주의와 여성주의의 통합이다(Enns, Williams, & Fassinger, 2013). 상담에 대한 여성주의 최신 이론과 다문화적 접근, 사회정의 접근 사이에는 많은 공통점이 있다(Crethar, Torres Rivera, & Nash, 2008). 세 접근 모두 내담자의 삶에 대한 사회적 맥락을 이해해야 한다는 체계적 관점을 제시하고 사회 변화가 개인 변화에 영향을 준다고 본다.

CengageBrain.com에 방문하거나 『심리상담과 치료의 이론과 실제: 스탠의 사례와 해설 DVD』 12장 부분의 DVD 프로그램을 시청하라. 그리고 각 장을 읽기 전에 DVD에 있는 각 장에 대한 간략한 소개 내용을 살펴보라.

역사와 발달 과정

여성주의 치료의 역사는 비교적 짧다. 이 접근의 창립자라고 할 수 있는 사람은 한 사람이 아닌데, 이는 협동이라는 여성주의의 주제를 반영하는 것이다. 여성주의 치료는 몇몇 여성주의 상담자에 의해 발전되었는데, 이들은 같은 비전, 즉 여성을 위한 정신건강 치료를 개발하겠다는 것이었다(Evans & Miller, 2016). 여성주의는 1800년대 후반부터 자취를 찾을 수 있지만, 여성주의 치료의 시작은 1960년대의 여권 운동으로 거슬러 올라갈 수 있다. 이 시기에 여성들은 한목소리로 전통적 여성 역할의 한계와 제한에 불만족을 표현하기 시작했다. 여성들은 자신의 경험과 지각을 나누기 위해 함께한 의식화 집단에서 자신의 견해가 혼자만의 것이 아니라는 것을 깨닫게 되었다. 자매 정신이 발전하면서, 사회를 향상시키려는 여성들의 집단적 요구에서 나온 서비스 기관으로 지친 여성을 위한 보호소, 강간위기센터, 여성건강/임신건강센터 등이 나타나게 되었다.

개인 상담이 효과적인 변화를 일으키는 합리적인 방법이라고 생각하면서 여성주의 상담자들은 치료를 동등한 사람 간의 동업으로 보았고 상호성과 협력을 상담 과정에 구축하였다. 이들은 정신내적인 정신병리학적 관점(여기서는 여성 불행의 원천이 그녀 안에 있다고 본다)에서 남성뿐만 아니라 여성에게 해를 가하고 억압하며 제약하는 사회 세력과 정치 세력, 문화 세력을 이해하는 데 초점을 두는 관점으로 바뀌었다.

여성의 양육, 도덕 발달에 대한 길리건(Gilligan, 1982)의 연구와 **관계에서의 자기**(self-in-relation) 모형 발달에 대한 밀러(Miller, 1986)와 스톤센터 학자의 연구 모형(지금은 '관계 · 문화' 모형이라고 부른다)은 여성 성격 이론의 발전에 큰 영향을 미쳤다. 여성 경험의 관계와 협동을 중요시하는 새로운 이론들이 등장했다(Enns, 1991, 2000, 2004). 여성주의 상담자들은 전통적 치료 체계와 여성주의 치료의 관계, 그리고 기존의 다양한 체계들에 여성주의 치료를 통합하는 데 대해 검토했다. 어떤 상담자들은 자신을 정신분석 여성주의 상담자라고 하거나 두 가지 통합된 점을 언급하기 위하여 아들러학파-여성주의 상담자라고 하기도 했다.

1980년대에 여성주의 집단상담은 극적으로 변해서 신체 이미지, 학대 관계, 섭식장애, 근친상간, 성적 학대 등과 같은 문제와 주제에 대한 관심이 증가하면서 다양해지기 시작했다(Enns, 1993). 상담을 인도하는 여성주의 철학 또한 다양해졌다.

여러 가지 여성주의 이론은 다른 점도 있지만 중복되는 관점도 있다(Enns & Sinacore, 2001). 브라운(Brown, 2010)은 변화를 촉진하기 위한 전략으로 여성주의 치료를 성, 권력, 사회적 지위의 분석을 강조하는 포스트모던, 기법적 통합 접근으로 정의한다. 여성이나 남성이나 할 것 없이 여성주의 상담자들은 성별이 성 역할의 원형과 힘을 이해하고 직면하는 것이 상담 실제의 핵심이고, 내담자 문제를 이해하기 위해서는 사회적 · 문화적 관점을 고려해야 한다고 생각하다. 다시 말해서 내담자가 살고 있는 사회와 문화의 영향에 대해서 이해해야 한다.

주요 개념

여성주의 치료의 구성 개념

학습 목표 02 워렐과 리머(Worell & Remer, 2003)는 전통적 이론에 대비되는 것으로 여성주의 이론을 들었으며, 개념은 성별에 무관하고 유연성이 있으며 상호 교류적이고 전 생애를 포괄한다고 기술했다. **성 평등 접근**(gender-fair approaches)은 남성과 여성의 행동 차이를 '선천적인' 본성에 근거한 것이라기보다 사회화 과정에 의한 것으로 설명한다. 따라서 성 평등 접근에서는 사회적 역할과 대인 행동에서 이분화된 고정 관념을 피하게 된다. **유연한 다문화주의 관점**(flexible-multicultural perspective)은 인종 · 나이 · 문화 · 성 · 성적 경향에 관계없이 개인과 집단에 다 적용되는 개념과 전략을 사용한다. **상호 교류**(interactionist) 관점은 인간 경험의 사고 · 감정 · 행동 차원에 대한 명확한 개념과 상황 · 환경 요인에 대한 설명을 포함한다. **전 생애 관점**(life-span perspective)에서는 인간 발달이 생애 전체에 걸쳐서 진행되는 과정이며, 성격 양상과 행동 변화는 초기 아동기에 정해지는 것이 아니라 언제든지 일어날 수 있다고 본다.

여성주의 치료에서 보는 성격 발달

여성주의 상담자는 사회적 성 역할 기대는 태어나는 순간부터 또는 태어나기 전이라도 성이 분별되는 순간부터 그 사람의 정체성에 깊은 영향을 주며 성인 성격에 깊게 새겨진다는 점을 강조한다. 길리건(1977)은 인간 발달에 대한 이론이 거의 다 소년과 남성에 대한 연구에 토대를 둔다는 것을 인식하면서 여성의 도덕 발달과 심리사회적 발달에 대한 연구를 실시했다. 길리건은 남성 발달이 표준으로 제시되어 여성 발달이 다름에도 불구하고 남성 발달에 맞추어 평가되고 있다는 사실을 처음 인식한 사람이었다. 연구 결과 길리건은 여성의 자아감과 도덕심이 타인을 책임지고 돌보는 것에 근거하며 문화적 맥락에 깊이 새겨져 있다고 믿게 되었다. 그녀는 남성 위주의 발달 이론에서 무시되었던 연대와 상호 의존의 개념이 여성 발달의 핵심이라고 가정하였다.

카샥(Kaschak, 1992)은 성이 사람의 삶에서 조직화된 원리라는 자신의 믿음을 기술하기 위해 **성 역할이 강요된 삶**이라는 용어를 사용했다. 카샥은 여성과 남성의 정체성을 형성하는 데 성이 어떤 역할을 하는지 연구했으며, 남성성이 여성성을 정의한다고 믿는다. 예를 들어, 남성이 여성의 신체에 관심을 많이 갖기 때문에 여성의 외모는 서구사회에서 엄청나게 중요해졌다. 이러한 관점은 섭식장애와 우울이 나타나는 방식을 알기 쉽게 한다. 더구나 지배계층인 남성들이 여성의 역할을 정의하며 결정한다. 여성은 종속적 위치에 있으므로 살아남기 위해서는 지배 집단의 욕구나 행동을 해석해야 한다. 우월한 집단으로서 남성은 여성의 역할을 결정한다. 열등한 위치에 있기 때문에 여성은 우월한 집단의 요구와 행동을 해석할 수 있는 능력을 갖추고 있어야 한다. 이를 위해 여성은 '여성의 직감'을 발달시키고 여성은 남성보다 중요하지 않다는 신념을 성 도식에 넣게 된다.

여성은 성 차별적 문화에서 자랐으며 억압을 내면화한다. 이렇게 내면화된 억압을 알아내고 찾아내는 것이 여성주의가 해야 할 핵심 역할이다. 소외계층과 마찬가지로 여성도 이중문화에 처해있다. 여성들은 다른 여성들과 자기 자신의 문화를 공유하면서도 가부장제를 영속시키는 남성 문화에 대해서도 잘 알고 있다. 이와 달리 남성들은 살아남기 위해 여성의 문화를 이해할 필요가 없다.

여성주의 임상가들은 전통적 성 역할 고정관념이 여전히 현재 문화에 만연하다고 말하며, 내담자에게 전통적 역할의 무비판적 수용이 자유를 제한할 수 있다고 가르친다. 오늘날 다수의 여성이나 남성은 너무 좁게 규정된 개념에 반발한다. 상담 장면에서의 남성과 여성은 자신들이 결정에 의해 상호 의존적일 수 있다고 수용하거나 생각하고 느낄 수도 있으며, 부드럽거나 억셀 수도 있는 상호적 행동 특성을 경험할 수 있다고 배운다. 특정 행동 양식에 고정되지 않고 전통적인 역할을 거부하는 여성과 남성은 각 상황에 어울리는 여러 행동 특성을 표현할 수도 있고 인간으로서의 취약함을 인정하기도 한다.

관계 문화 이론

대부분의 인간 발달과 성장 모형에서는 독립성과 자율성을 달성하는 데 초점을 두고 있지만 여성주의 치료에서는 많은 여성이 자율성뿐만 아니라 다른 사람과 유대감도 추구하고 있다는 사실을 인정하고 있다. 여성주의 치료에서 여성의 관계를 중요시하는 특성은 강점으로 보고 있으며 약하거나 결함이 있다고 보지 않고 건강한 성장과 발달을 위한 과정으로 보고 있다.

관계 문화 이론(relational cultural theory: RCT)을 창안한 학자는 관계와 유대감이 여성의 삶에서 하는 중대한 역할에 대해 상세히 설명하였다(Jordan, 2010; Jordan et al,, 1991; Miller, 1986, 1991; Miller et al., 1999; Miller & Stiver, 1997; Surrey, 1991; Trepal, 2010). 이 학자들은 여성의 정체감과 자기개념은 관계 맥락에서 발달한다고 제안하고 있다. 이들은 관계상 변동 과정에 대해 설명하고 있는데 여성들은 일생 동안 연결, 단절, 그리고 이전과는 다른 향상된 관계를 경험해간다. 상담자들은 관계의 흐름에 기여하는 진실성과 투명성의 질을 강조하고 있는데 내담자의 고통에 공감하는 자세로 함께하는 것이 상담의 핵심이다(Surrey & Jordan, 2012). 상담자들은 단절과 고립에서 오는 고통을 줄이고 내담자의 관계 회복력을 증가시키며 상호 공감과 상호 역량을 발달시키고 사회정의를 증진시킨다(Jordan, 2010). 조단에 따르면 상호 공감을 통해 사람들은 자기 자신의 많은 부분을 관계로 끌어들일 수 있다는 것을 발견하는데 이 과정에서 이들은 학습과 변화에 더 개방을 할 수 있게 된다고 한다. 조단은 관계 문화 치료가 환경에 적응하도록 돕는 것은 아니고 내담자의 유대감 욕구를 증진시키고 관계망과 공동체를 구축하는 것이라고 언급하고 있다. 성장을 촉진하는 관계는 세계에 참여하고 있다는 느낌과 다른 사람의 복지에 기여하고 있다는 느낌을 느끼게 한다. 관계 문화 치료 상담자들은 상호 공감과 내담자에 대한 깊은 존중을 강조하고 단절이 개인에게 어떤 영향을 미치는지 이해하며, 치유하는 상담 관계를 형성한다(Surrey & Jordan, 2012). 공감이 치유를 하고 고립을 감소시키기 위해서는 내담자가 상담자의 공감 반응을 느낄 수 있어야 한다. 여러분도 알게 되겠지만 대다수의 여성주의 상담 기법은 관계 내의 상호성, 동등성, 관계 역량, 성장을 촉진한다.

여성주의 치료의 원리

학습 목표 03 많은 여성주의 저자들은 상호 연관되고 중복되는 핵심 원리를 명확하게 하였는데 이 원리는 여성주의 치료를 하는 데 기초를 이루고 있다.

1. **개인적이라는 것은 정치적이면서도 중요한 자각이다.** 이 원리는 개인이 상담실로 가져오는 개인적 문제는 사회적 · 정치적 맥락에서 생긴 것이라는 가정에 근거하고 있다. 여성에게 있어 이것은 종종 소외계층, 억압, 종속, 고정관념의 맥락이다. 개인의 삶에 대한 정치사회적 영향을 아는 것이 여성주의 치료의 핵심에 자리 잡고 있는 기본 정신이다.
2. **사회 변화를 위한 참여.** 여성주의 치료는 개인 변화뿐만 아니라 사회 변화도 목표로 삼는다. 여성주의 치료의 독특한 특징은 사회 변화를 위해 직접 행동하는 것은 상담자의 책무 가운데 하나라는 가정이다. 여성 성폭행 피해자를 상담하는 상담자들은 우리가 살고 있는 강간하는 문화를 교육시키고 바꾸기 위해서 사회정의를 바로잡는 일을 한다. 상담을 받는 내담자들이 종속 집단의 구성원으로서 억압으로 얼마나 고통받고 있는지를, 그리고 잘못된 것을 바로잡기 위해 다른 사람들과 협력할 수 있다는 사실을 자각하는 것뿐만 아니라 자신의 사회적 정체성의 일부가 어떻게 자신의 부당한 특혜와 이득을 주었는지도 자각하는 것이 중요하다. 만일 내담자가 이러한 정체성이 자기 자신의 삶에 어떻게 영향을 미쳤는지 이해하지 못한다면 상담자는 내담자가 자신의 특혜와 억압을 이해하도록 돕기는 어렵다. 목표는 성 역할 그리고 사회계층과 관련된 기대가 부과한 제약에서 여성과 남성을 모두 자유롭게 하는 사회 조직의 비전을 제기하는 것이다. 개인 내 변화에 초점을 두는 것에서 사회 활동과 사회 변혁의 영역으로 옮겨가는 여성주의 치료의 상담 목표는 기존 상담과 구분이 되는 점이다.
3. **소외당하고 억압당하는 사람들의 목소리와 더불어 여성과 소년의 목소리, 그리고 이들이 이해하는 방식은 가치가 있으며 존중받는다.** 전통적인 심리상담은 백인 중산층 이성애자 가

치에 내재된 남성 중심의 이성애자 규준에서 작동하고 있으며 여성과 다른 소수자들은 일탈로 기술하고 있다. 여성주의 상담자들은 가부장적인 '객관적인 진실'과 다른 형태의 '객관적인 진실'을 여성주의 인식과 사회정의 인식으로 바꾸는데, 이들은 내담자들이 무엇이 '진실'인지 결정하는 시금석으로 자신의 개인적인 경험을 이용하도록 격려한다. 여성의 경험을 무시당하고 가치를 인정받지 못하는 것에서 추구하고 가치를 인정받는 것으로 변형시키는 것은 여성주의 상담자들이 매우 고무하는 것이다(Evans & Miller, 2016). 여성의 목소리가 권위 있고 가치 있는 지식의 원천이라고 인정받을 때 여성과 다른 소외당하는 사람들도 한 정치적 사회의 심대한 변화에 기여할 수 있는 것이다.

4. 상담 관계는 평등한 것이다. 권력에 대한 관심은 여성주의 치료의 핵심이며, 상담 관계는 평등한 관계로 간주된다. **평등한 관계**(egalitarian relationship)는 진실성, 상호성, 존중이 특징인데 이 관계는 여성주의 치료의 핵심이다(Pusateri & Headley, 2015). 여성주의 상담자들은 상담 관계에 불균형이 있다는 것을 인정한다. 그래서 이들은 권력과 특권을 상담자에게서 내담자의 목소리와 경험에 두려고 노력한다. 상담 관계에서의 권력과 역할의 차이에 대한 개방적 논의는 권력의 역학 관계가 상담 과정이나 기타 관계에 끼치는 영향을 이해하도록 하며 권력의 차이를 줄인다(Enns, 2004; Evans & Miller, 2016).
5. 강점에 초점을 두며 심리적 스트레스를 다시 정의한다. 여성주의 치료는 진단이나 '질병 모형'과 '상충되고 상반된 관계'를 갖는다(Brown, 2010, p.50). 심리적 스트레스를 질병이 아니라 공정하지 못한 체계의 표현으로 재정의한다. 환경 변수를 고려하면 증상은 생존 전략이다. 여성주의 상담자들은 문제를 병리적으로 해석하지 않고 대처 전략으로 보며 삶의 맥락에서 바라본다(Enns, 2004; Worell& Remer, 2003). 예를 들면 아동기에 성적 학대를 받은 내담자는 해리를 보일 수 있는데 이렇게 해리를 보이는 것은 살아남기 위해 대처한 방식으로 이해한다.
6. 모든 유형의 억압은 억압 간 연결 고리와 함께 인식된다. 내담자들은 사회문화적 환경 속에서 매우 잘 이해될 수 있다. 여성주의 상담자들은 사회정치적 불평등이 모든 사람에게 부정적 영향을 끼친다고 말한다. 여성주의 상담자들은 내담자 개인 삶의 변화도 도모하지만 고정관념, 사회적 소외, 억압으로부터 모든 사람을 자유롭게 하는 사회적 변화를 위해서도 노력한다. 중요한 목표는 역기능적 사회정치 환경을 변화시키는 것이다. 내담자를 상담에 오게 한 문제를 이해하기 위한 근거로 단지 성 차별만이 아니라 다양한 억압의 원천이 있음이 밝혀지고 드러난다. 문화적 맥락 안에서 내담자의 문제를 이해하는 것은 내담자의 역량 강화로 이어지며, 사회적 변화를 통해 실현될 수 있다(Evans & Miller, 2016; Worell & Remer, 2003).

상담 과정

상담 목표

학습 목표 04 엔스(Enns, 2004)에 따르면 여성주의 치료의 목표에는 역량 강화, 다양성의 중시와 지지, 적응보다는 변화를 위한 노력, 평등성, 독립성과 상호 의존성의 균형, 사회적 변화, 자기 돌봄 등이 있다. 여성주의 치료의 핵심 목표는 자신을 위해서든 다른 사람을 위해서든 자기 자신을 활동의 주체로 보도록 내담자를 돕는 것이다. 개인 차원에서 여성주의와 그 외 사회정의 치료 상담자들은 개인이 자신의 힘을 인식하고 요구하며 받아들이도록 노력한다. 이와 관련된 목표는 개인이 집단적인 힘을 강화시키기 위해 서로 합치도록 돕는다. 역량 강화를 통해 내담자들은 사회적 성 역할 제약에서 벗어나 제도적 억압에 계속 도전할 수 있게 된다.

워렐과 리머(2003)에 따르면 여성주의 상담자의 역할은 다음과 같다.

- 자신의 사회화 과정을 깨닫도록 내담자를 돕는다.
- 자신의 내면화된 성 역할 메시지를 확인하여 자신만의 건설적 신념과 대체하도록 내담자를 돕는다.
- 남성 중심주의와 억압적인 사회의 신념이 자신에게 어떻게 부정적 방식으로 영향을 주는지 이해할 수 있도록 돕는다.
- 환경 변화를 일으킬 수 있는 기술을 습득하도록 내담자를 돕는다.
- 남들이 차별적 행동을 하지 못하게 제도를 수정하도록 내담자를 돕는다.
- 자유롭게 선택할 수 있는 행동 범위를 넓히도록 내담자를 돕는다.
- 생활에 대한 사회적 요인의 영향을 평가하도록 내담자를 돕는다.
- 개인적 능력감과 사회적 능력감을 기르도록 내담자를 돕는다.
- 대인관계와 유대감의 힘을 깨닫도록 내담자를 돕는다.
- 자신의 경험과 직관을 신뢰하도록 내담자를 돕는다.

여성주의 상담자들이 목표로 하는 것은 모든 사람들에게 힘을 부여하여 이들이 개인 차원, 대인간 차원, 기관 차원, 국가 차원, 세계 차원에서 세계를 평등하게 만들도록 하는 것이다(Enns & Byars-Winston, 2010). 억압을 명료하게 하는 것이 첫 단계이지만 궁극적인 목표는 소외 계층을 위해 성차별, 그리고 다른 형태의 차별과 억압을 이들에게 힘을 주는 것으로 대체하는 것이다(Brabeck & Brabeck, 2013; Worell & Remer, 2003). 여성주의 상담은 각 내담자와 사회의 변화를 위해 노력한다.

상담자의 기능과 역할

대다수의 상담 이론에서는 여성, 그리고 억압받고 소외된 집단에 대한 편향된 가정이 없는 상담 환경에 대한 믿음을 명시하고 있다. 상담 이론에서는 대체로 모든 내담자는 존중받아야 한다고 주장한다. 이러한 기존 접근과 여성주의 치료 간 차이는 여성주의 치료가 내담자의 정신건강 상태의 사회문화적 맥락을 중요시하는 여성주의 철학에 굳건한 토대를 두고 있다는 점이다.

이론과 기법은 성과 다른 불평등을 지지하고 있는 연구에도 토대를 두고 있지만 개인의 삶과 경험에도 토대를 두고 있다(Evans, Kincade, & Seem, 2011). 여성주의 상담자들은 상담에 대한 가정을 공유하고 있지만 이들의 배경과 인생 경험은 다양하여 이러한 배경과 경험이 내담자를 개념화하고 기법을 적용하는 데 영향을 줄 수 있는 것이다. 『통합적 상담: 사례중심의 접근』(Corey, 2013) 10장에서 세 명의 여성주의 상담자인 에반스(Evans), 킨케이드(Kincade), 심(Seem)이 팀을 이루어 루스와의 상담에서 다양한 여성주의 개입 방법을 보여준다. 이들은 또한 루스 사례를 여성주의 치료 관점에서 개념화한다.

여성주의 치료는 여성주의, 다문화주의, 그 외 사회정의 관점을 자신들의 상담과 생활에 통합시켰다. 이들의 행동과 신념은 개인으로서 삶과도 일치하지만, 전문가로서 삶과도 일치한다. 이들은 자신의 편견과 왜곡, 특히 여성 경험의 사회문화적 특성과 관련된 편견과 왜곡을 열심히 관찰한다. 여성주의 상담자는 또한 억압의 모든 형태인 성 차별, 인종 차별, 동성애 차별주의를 이해하고 심리적 안녕감에 대한 억압과 차별의 영향을 염두에 둔다. 그들은 내담자와 정서적으로 함께 있고, 상담 시간 동안 감정을 진솔하게 표현해주며, 좋은 행동을 모방하고, 의식 향상 과정을 추구한다(Evans, Kincade, Marbley & Seem, 2005).

여성주의 상담자는 사회적 평등과 사회적 관심을 강조한다는 점에서 아들러 상담자와 비슷하고, 상담을 상담자와 내담자 양쪽 모두의 생활을 변화시키는 동반 여행으로 보며, 긍정적이고 건설적인 방향으로 나아갈 수 있는 내담자의 능력을 믿는다는 점에서 실존주의 치료와 같은 기반을 가지고 있다고 할 수 있다(Bitter, Robertson, Healey, & Cole, 2009). 여성주의 상담자는 상담 관계가 위계가 없는, 즉 인간 대 인간의 관계여야 한다고 생각하고, 내담자가 자신의 가치관에 따라서 삶을 살고 자신에게 옳은 일을 결정할 때 외부 또는 사회적 통계가 아닌 내적 통제를 따르도록 내담자의 역량 강화를 목표로 한다. 인간중심 상담자처럼 여성주의 상담자는 자신의 진솔함을 전달하고 내담자와 상담자의 상호 공감을 위해 노력한다. 그러나 인간중심 상담자와 달리 여성주의 상담자는 상담 관계만으로 변화를 일으킬 수 있다고 생각하지는 않는다. 통찰, 내성, 자기 인식은 단지 행동을 위한 계기를 제공할 뿐이다.

포스트모던 상담자(13장 참조)처럼 여성주의 상담자는 상담 과정에서의 정치와 힘의 관계를 강조하고, 실생활에서 힘의 관계에 대해서도 관심을 갖는다. 여성주의 상담자와 포스트모던 상담자는 상담자가 사회적 권력의 불균형을 재현해서는 안 되며 내담자의 의존성을 키워서도 안 된다고 생각한다. 상담자와 내담자는 목표와 과정을 함께 결정하는 능동적이고 평등한 역할을 한다. 여성주의와 포스트모더니즘에서는 상담자가 '모든 것을 아는 전문가가 되어야 한다.'고 생각하지는 않는다.

상담에서 내담자의 경험

학습 목표 05 내담자는 상담 관계에서 파트너이다. 내담자가 자신의 이야기를 하고 자신의 경험을 이야기하는 것이 중요하다. 내담자는 상담에서 무엇을 원하는지 결정하는데, 이는 자신의 삶에서는 자신이 전문가라는 말이다. 예를 들어, 한 남자 내담자는 성 역할 사회화로 인해 어떻게 불이익을 받았는지 그리고 어떤 특혜를 받았는지 탐색하고 싶어 할 수도 있다. 상담 시간이라는 안전한 환경에서 슬픔, 부드러움, 불확실성, 공감 등과 같은 감정을 깊게 경험할 수 있다. 그가 새롭게 배운 것을 일상생활로 가져간다면 가족, 사교 모임, 직장에서의 인간관계가 변한다는 것을 알 수 있다.

여성주의 상담자들은 성은 단지 하나의 정체성이고 소외와 억압의 원천이라는 사실을 인식하고 있어서 여러 정체성이 한 사람의 관심사와 선호를 형성하는 복합적인 방식을 가치 있게 여긴다. 워렐과 리머(2003)는 내담자는 자신의 세계를 보고 반응하는 완전한 새로운 방식을 습득한다고 하였다. 이들에 따르면 역량 강화라는 공유의 여행이 내담자와 상담자 모두에게 두렵고 흥분을 일으키는 것일 수 있다. 내담자는 자신의 주변 세상을 보는 관점에서 일어날 변화, 자신을 지각하는 방식의 변화, 변화된 대인관계 등에 준비를 해야 한다.

상담자와 내담자의 관계

학습 목표 06 여성주의 치료에서는 바로 이 내담자–상담자 관계 구조가 힘을 확인하고 이용하는 방식을 결정한다. 내담자–상담자 관계를 정의하는 테마는 평가와 상담 과정에 내담자를 포함시키는 것인데 이때 상담 관계는 가능한 평등한 관계를 유지한다. 여성주의 상담자들은 가치관 투입의 가능성을 줄이기 위해 사전 동의 절차 동안 자신의 가치관을 명확하게 이야기한다. 이렇게 하면 내담자는 상담자와 상담을 할지 또는 그만둘지를 결정할 수 있다. 그것은 또한 상담 과정의 신비화를 제거하는 단계이기도 하다.

언급한 것처럼, 상담 관계에 내재한 권력 차이가 있기는 하지만 여성주의 상담자는 상담 관계에서 자기 자신의 힘을 남용할 수 있음을 인식하고 있다. 남용하는 예로는 진단을 불필요하게 또는 내담자가 참여하지 않고 진단하기, 해석하거나 충고하기, '전문가' 역할 뒤에 숨어서 멀찌감치 있기, 상담자와 내담자 간 불균형적인 힘의 영향을 무시하기 등이 있다. 이들은 상담 관계에서 일어나는 것을 내담자와 나누고 내담자가 자기 삶에서 주인공이라는 사실을 명확하게 전달하며 적절한 자기개방을 통해 상관관계를 이해하기 쉽게 설명해준다.

적용: 상담 기법과 절차

평가와 진단의 역할

학습 목표 07 여성주의 상담자들은 현 *DSM-V*뿐만 아니라 이전의 *DSM* 분류 체계(*DSM-III*부터 *DSM-IV-TR*)를 강하게 비판했다(Marecek & Gavey, 2013). 이러한 비판은 성, 문화, 인종이 내담자 증상을 평가하는 데 영향을 준다는 연구 결과에 바탕을 두고 있다(예: Enns, 2000; Eriksen & Kress, 2005). 감지하기 힘든 형태의 성차별, 인종차별, 민족주의, 동성애 편견, 노인 차별, 또는 계급 차별이 개념화와 평가에 영향을 주는 정도에 따라 의미 있는 개념화, 평가 또는 진단을 하는 것이 매우 중요하다.

여성주의 치료 관점에서 보면 진단은 정상에 대한 주류 문화의 관점에 토대를 두고 있어서 문화 차이를 설명하지 못한다(Pusateri & Headley, 2015). 여성주의 상담자는 정신병리학보다는 스트레스로 보고(Brown, 2010) 진단명을 매우 조심해서 사용한다. 여성주의 상담자들은 다음과 같은 이유 때문에 진단명을 붙이는 것이 한계가 있고 본다. 첫째, 진단명은 역기능적 행동의 원인인 사회적 요인은 무시한 채 개인의 증상만을 강조한다. 둘째, 진단명은 주류 문화의 규준을 강화하는 제도인 정신과 내에서 주로 발달된 체계의 일부여서 억압의 도구가 된다. 셋째, 진단명은 상담 관계에서 힘이 부적절하게 적용되는 것을 반영하고 있는 것이다. 넷째, 진단명은 사회가 변화되는 것보다는 개인이 문제해결하는 것을 지나치게 강조할 수 있다. 다섯째, 진단명은 낙인을 통해 내담자를 비인간화할 가능성이 있다.

여성주의 상담자들은 내담자의 호소 문제를 이해하는 데 있어 외부 요인과 맥락 요인이 내적인 역동과 마찬가지로 중요하다고 생각한다(Evans & Miller, 2016). 여성주의 접근에서는 많은 증상이 병리의 증거로 보기보다는 대처 내지 살아남기 위한 전략으로 이해될 수 있다는 점을 강조하고 있다(Bitter, 2008; Worell & Remer, 2003). 진단의 문화적, 그리고 성적인 한계로 인해 에릭슨과 크레스(Eriksen & Kress, 2005)는 상담자에게 "내담자에게 진단을 뒤집어씌우지 말고 내담자를 진단할 때는 잠정적 태도로 하고, 보다 평등한 관계에서 내담자와 함께 문제를 이해하라."(p.104)고 독려한다. 증상을 생존을 위한 기술이나 전략으로 보고, 문제의 원인을 환경에 두는 것은 피해자를 비난하지 않도록 해준다. 평가는 내담자와 상담자 사이에 진행 중인 작업으로 보며 상담 개입과 연결된다. 여성주의 치료에서 진단은 부차적인 것이며 강점, 기술, 자원에 대한 확인과 평가가 일차적이다(Brown, 2010).

여성주의 치료에서는 질병보다는 참살이를, 결핍보다는 회복력을, 그리고 다양한 강점을 경축하는 것을 강조하고 있다(Brabeck & Brabeck, 2013). 진단을 이용할 때는 내담자와 상담자가 서로 대화를 충분히 나눈 후 진단을 내린다. 상담자는 진단을 하는 의미에 대해 내담자와 주의 깊게 살펴봄으로써 내담자는 정보를 알고 선택할 수 있고 진단에 사회화와 문화가 하는 역할을 내담자가 이해할 수 있도록 하는 데 초점을 두고 이야기를 할 수 있다.

기법과 전략

여성주의 치료에서는 특정 개입법을 처방하는 것이 아니라 여성주의 의식을 일깨워 내담자의 역량을 강화하고자 하는 목표를 갖고 개입법을 내담자의 강점에 맞춘다(Brown, 2010). 그래도 여성주의 상담자들은 독특한 여러 기법을 개발해왔으며 전통적 접근에서 빌려와 여성주의 치료에 적용한 기법도 있다. 여성이 사회적으로 인정되는 것이나 바람직하다고 배운 것과 여성 자신에게 실제로 건전한 것을 구분하는 데 도움을 주는 의식화 기법이 특히 중요한 기법이다. 워렐과 리머(2003), 엔스(1993, 2004), 에반스 킨케이드와 심(2011), 에번스와 밀러(Evans & Miller, 2016)가 기술한 몇 가지 기법이 있는데 알마의 사례를 통해 이 기법이 어떻게 적용되는지 보여주고자 한다.

> 22세인 알마는 한 달 전부터 다니기 시작한 새로운 직장에 대한 일반적 불안으로 상담을 받으러 왔다. 그녀는 14세에 자신이 동성애자임을 공식적으로 밝힌 이후로 친구들의 왕따와 가족의 거부로 인해 생긴 우울증으로 힘들며, 인생 내내 어려움을 겪고 있다고 말한다. 알마는 도미니카 사람이고 가족 안에서 자신의 자리를 잃어버려 계속 고통을 겪고 있다. 지금 그녀는 동성애자임을 밝힌 것이 이기적인 실수였다고 믿고 있고, 성적 취향과 관련된 자신의 감정을 숨김으로써 문제를 해결하려 노력하고 있다. 과거 경험으로 그녀는 직장 동료에게 자신이 동성애자임을 밝히면 회사로부터 해고당하지 않을까 걱정하고 있다. 알마는 "관리하기 쉽게 머리카락을 다시 짧게 자르고 싶고요, 남자처럼 옷을 입고 싶지만 직장 동료들이 저의 여성성에 의문을 제기할까봐 걱정돼요. 저는 제 직장이 정말 좋아요. 이 직장을 가지기 위해 정말 열심히 일했어요. 직장 동료들에게 저의 진짜 모습을 보이면 더 이상 저를 가까이 하지 않을까봐 걱정이에요."라고 말한다.

학습 목표 08 **역량 강화** 여성주의 전략의 핵심은 내담자에게 역량 강화를 해주는 것이다. 여성주의 상담자도 각 내담자에게 맞춘 역량 강화 전략을 사용하고 평등주의 방식으로 상담한다(Brown, 2010; Evans et al,, 2011). 상담자는 알마가 상담에서 매우 많은 이득을 볼 수 있는 방법에 대해 기대, 목표 설정, 상담 과정을 이끌어줄 계약 체계 등 서면 동의에 대해 주의를 기울인다.

서면 동의는 평등하고 협력적인 관계를 시작할 수 있는 기회를 제공한다. 상담의 효과에 대해 설명하고, 알마를 능동적인 협력자로 참가시킴으로써 상담 과정을 신비화하지 않으며, 알마는 동등한 참여자가 된다. 알마는 상담의 방향, 길이, 과정에 대해 주도적으로 행동해야 함을 알게 된다. 알마의 상담자는 알마에게 '당신이 지금 할 수 있는 가장 강력한 것은 무엇입니까?'라고 질문할 수 있다. 이 질문의 목적은 "무기력감을 중단시키기"(Brown, 2010, p.35) 위한 것이다. 알마의 문화적 배경을 볼 때 상담 관계에서 역량을 설명하는 것은 매우 중요할 수 있다. 왜냐하면 알마가 상담자를 자신이 원하는 답을 갖고 있는 전문가로 볼 수 있기 때문이다.

자기개방 여성주의 상담자들은 내담자의 최상의 이익을 위해 내담자와 치료의 평등한 관계, 모델링 제공, 여성 집단 경험의 표준화, 내담자의 역량 강화, 서면 동의로 치료적 자기개방을 한다. 상담자는 자기개방이 내담자에게 도움이 된다고 판단될 때 자기개방을 한다. 예를 들면, 알마의 상담자는 부모나 형제와 겪은 어려움이 대해 간단히 개방하지만 때로는 개방하지 않는 것이 내담자에게 도움이 될 수 있다는 것을 인정한다. 상담자는 사적인 생활을 개방할 때와 개방하지 않을 때를 어떻게 결정하는지 이야기할 수도 있다. 그러고 나서 상담자는 알마와 함께 이성애를 이상적으로 보도록 한 사회 압력이나 문화 압력을 어떻게 경험했는지 이야기할 수 있겠다. 알마는 여성의 행동과 외모를 기대하는 사회의 기준을 맞추지 않고 자신이 계발해온 이미지와 이 이미지가 자신에게 작용한 방식에 편안해하는 여성을 모델링하여 이득을 얻게 되는 것이다. 상담자의 개방은 시간이 지나면서 나타나는데 이는 상담받으러 온 문제를 내담자가 탐색하는 시간을 상담자가 차지하지 않는 것이 중요하기 때문이다.

자기개방은 정보와 경험을 나누는 것 이상인데 자기개방은 현재성이 수반된다. 효과적인 상담자 자기개방은 진실성과 같이 한다는 느낌에 기초하고 있는 것이다. 상담자는 사용할 치료 개입법에 대해 알마에게 설명한다. 알 것은 알아야 하는 소비자로서의 알마는 이 방법이 얼마나 효과적인지 혹은 자신의 개인적 목표가 어느 정도 달성되었는지를 평가할 수 있어야 한다.

성 역할 또는 사회적 동일성 분석 여성주의 치료의 특징인 성 역할 분석(gender-role analysis)은 내담자 자신의 성 역할 사회화가 자신의 가치, 사고, 행동에 미친 영향을 내담자가 인식하도록 돕는다(Evans & Miller, 2016). '사회 정체성 분석'이 사회적 약자 혹은 특권 집단 내담자의 정체성의 중요 부분을 반영해주기 때문에 이를 선호하는 여성주의 상담자도 있다. 예를 들어, 알마는 여성으로 동성애자로 그리고 도미니크 사람으로 자신의 정체성으로 가지고 있는데, 이들 정체성은 모두 주로 문화에서는 소외된다. 사회적 정체성과 성 역할 분석은 여성과 남성이 행동해야 하는 방식에 대해 자신들이 받은 사회적 메시지를 내담자가 파악하도록 하는 데서 시작하는데 사회적 메시지가 정체성의 다른 중요한 부분과 상호작용하는 방식을 파악하는 것은 물론이다(Remer, 2013). 상담자는 알마에게 알마의 문화, 사회, 또래, 대중매체, 가족에게서 성, 인종/민족, 외모와 관련하여 받은 메시지를 파악해보도록 하면서 시작한다. 상담자는 우리 문화에서 여성과 남성에게 기대하는 신체 이미지 차이와 다른 문화와 우리 문화에서 차이에 대해 이야기한다. 상담자는 직장 환경과 관련된 알마의 문화, 가족, 사회에서 외모와 관련된 기대가 동성애자 혹은 이성애자에 대한 믿음과 상충될 수 있다는 것을 설명한다. 알마가 이러한 자신의 머리에서 작용하고 있는 이 메시지와 메시지 이면의 목소리를 찾아내면서 알마는 자신의 내면화된 억압을 충분히 자각하면서 살게 되는 것이다. 알마는 어떤 메시지를 마음속에 간직하기를 바랐는지 결정하고 자신의 머리에서 격하하는 메시지가 작동하면 열린 의식(open awareness)을 유지한다. 목표는 알마가 현실적이고 긍정해주는 메시지를 수용하도록 하는 것이다.

성 역할 개입 성 역할 개입(gender-role intervention)을 이용해 상담자는 여성에 대한 사회적 역할 기대 맥락에 얼마의 관심이 놓여있다고 반응한다. 목표는 사회적 문제가 알마의 문제에 어떻게 영향을 끼쳤는지를 알마가 깨닫게 하는 것이다. 상담자는 '우리 사회는 정말 날씬함을 강조하지요. 대중매체는 여성에게 날씬해야 하며, 긴 생머리를 해야 하고, 매력적인 옷을 입어야 한다는 메시지를 퍼붓고요. 이러한 성 역할 개입 메시지가 너무 강하게 주입되어 많은 소녀들은 초등학교 때부터 괴롭힘을 당하지 않기 위해 외모와 관련하여 자기존중감 함양을 위한 노력을 해야 하지요.'라는 말로 반응한다. 알마의 관심을 사회적 기대라는 맥락에서 봄으로써, 상담자는 알마에게 이 기대가 심리적 상황에 영향을 미쳐 다른 사람의 판단에 대한 우울증과 불안을 겪게 되었다는 것을 통찰하게 한다. 또한 상담자의 이야기를 통해 알마가 다른 여성들과의 일체감을 더 긍정적으로 생각할 수 있도록 길을 열어주고, 그녀가 미래에 다른 여성들에게 어떤 역할 모형이 될 것인지에 대해서 생각하게 한다. 알마는 여성에 대한 과대한 성적 이미지를 유지시키는 데 대중매체가 하는 강한 역할과 이 이미지가 자신의 자기존중감에 미치는 영향에 대한 자각을 늘려간다. 알마는 중대한 변화를 이루기 위한 방법을 상의하고자 다른 여성과 이야기해보기로 결심할 수도 있다.

권력 분석 권력 분석(power analysis)은 권력과 자원에 대한 불평등한 접근이 개인적 현실에 미치는 영향을 내담자가 이해할 수 있도록 도와주는 것을 목표로 하는 방법이다. 상담자와 내담자가 함께 주류 집단과 종속 집단의 각종 권력이 자기 정의와 복지를 어떻게 한정지었는지 분석한다(Enns, 2004; Pusateri & Headley, 2015). 알마는 우리 사회에서 성적 취향과 민족 지위와 관련된 권력 차이뿐만 아니라 여성과 남성의 권력 차이를 자각하게 될 것이다. 구체적 이슈는 알마의 문화적 관점을 탐색하는 것과 관련된다. 알마의 사례에서 권력 분석은 알마가 행할 수 있는 권력의 대안적 유형을 확인하여 권력 연습을 금지하는 성 역할 메시지에 도전하는 법을 배우도록 하는 데 초점을 둔다. 알마가 자신의 삶에서 하기 원하는 변화를 연출하는 것이다. 개입의 목표는 알마가 그녀 자신을 좋아하도록, 자신의 성격 특질에 근거한 자기 확신을 얻도록, 그녀의 문화적 가치의 맥락에서 스스로를 풍요롭게 하도록 만드는 것이다.

독서 치료 비소설류, 심리학이나 상담 책, 자서전, 자기개발 도서, 교육용 비디오, 영화, 소설 등이 독서 치료 자료로 이용될 수 있다. 근친상간, 강간, 구타, 성희롱 등 여성 삶에서의 일반적 문제에 대해 자신을 비난하지 않도록 할 수 있다(Remer, 2013). 상담자는 날씬함에 대한 사회적 중시의 결과를 다룬 다수의 책들을 나열하고, 알마는 다음 몇 주 동안 읽을 책 한 권을 선택한다. 알마에게 읽을거리를 주는 것은 알마의 전문성을 증가시키고 상담자와의 권력 불균형을 줄인다. 독서는 상담 시간에 배운 것을 보충하며, 알마는 책에 대한 자신의 반응을 탐색함으로써 상담을 향상시킬 수 있다. 다양한 사회 정체성이 있는 여성에게 유사한 정체성이 있는 여성이 쓴 책, 전기, 회고록은 확고한 역량 강화의 예를 제공할 수 있으며 성장을 촉진할 수 있다.

주장 훈련 주장 행동을 가르치고 촉진함으로써 여성은 자신의 대인관계에서의 권리를 인식하고, 고정관념적 성역을 뛰어넘고, 부적 믿음을 변화시켜 일상생활에서의 변화를 실현할 수 있음을 깨닫게 만든다. 알마는 성차별이 여성을 수동적으로 만드는 데 어떻게 영향을 끼쳤는지 알게 될 수 있다. 예를 들어 주장을 하는 여성은 종종 '공격적'이라고 명명되지만 남성은 '주장적'으로 비춰진다. 상담자와 내담자는 무엇이 문화적으로 적합한지 생각해보고 내담자가 처한 맥락 내에서 주장하는 이득과 손해의 균형을 맞추어 언제 그리고 어떻게 주장할지 결정한다. 상담자는 알마가 주장하는 행동한 결과를 평가하고 예측하도록 돕는데 이것은 비난을 받을 수도 있고 알마가 원하는 것을 얻을 수도 있다.

주장 행동과 의사소통을 배워서 실행하는 것을 통해서 알마는 자신만의 권력을 증가시킬 수 있으며, 그녀가 경험하는 우울증을 줄일 수 있다. 알마는 자신이 원하고 필요로 하는 것에 대해 요구하는 권리도 배울 것이다.

재구성하기와 재명명하기 독서 치료, 상담자의 자기개방, 표현 훈련과 마찬가지로 재구성하기가 여성주의 치료에만 있는 것은 아니다. 그러나 재구성하기가 여성주의 치료에 특히 응용된다. **재구성하기**(reframing)란 문제를 내부로 돌리고 '희생자를 비난하는' 것에서 내담자 문제의 원인이 될 수 있는 환경의 사회적 요인을 고려하도록 생각을 이동하는 것이다. 심리내적 요인보다는 사회적 차원이나 정치적 차원을 강조한다. 따라서 알마는 우울증과 불안을 자신 안에 있는 어떤 결함에서 나온 것이 아니라 '이성애 · 규범적 성 역할 기대'에 따라 행동하고 이러한 '문화적 · 사회적 이상'에 맞는 외모를 하도록 하는 사회적 압력과 관련이 있다는 것을 볼 수 있게 된다.

재명명하기(relabeling)는 행동 특징에 적용된 명명이나 평가를 바꾸려는 개입법이다. 알마는 날씬하지 않기 때문에 자신이 부적합하다거나 매력이 없다는 식으로 스스로에게 붙인 명명을 변화시킬 수 있다. 알마는 자신을 '이기적' 혹은 너무 '남성적'이라기보다 튼튼하고 건강하고 여성으로 이야기하도록 독려받는다.

학습 목표 09 **사회 활동** 사회 활동(social action) 또는 사회 활동주의는 여성주의 치료의 기본 요소이다(Enns et al., 2013; Evans et al., 2011; Evans & Miller, 2016). 상담자는 내담자가 성폭력 상담소의 자원봉사 활동, 압력 단체의 입법 운동가, 또는 성 이슈에 관한 지역 교육을 통해 여성주의를 이해하는 데 기초가 될 수 있다고 제안한다. 이러한 교육의 참여는 내담자의 역량을 강화하고 내담자들이 개인적 경험과 그들이 살고 있는 사회적·정치적 맥락을 살펴보게 한다. 알마는 여성의 몸매에 대한 사회적 고정관념을 변화시키려는 모임에 참가하겠다는 결심을 할 수 있다. 이런 종류의 사회 활동은 알마에게 자신이 권한을 가지고 있다는 느낌을 갖게 하는 또 다른 방법이다. 사회 활동에 참여하는 것은 자기존중감과 개인적인 힘에 대한 느낌을 증진시킬 수 있다.

학습 목표 10 **집단상담** 여성주의 상담자는 개인 상담을 받는 내담자에게 지지 집단이나 정치 활동 집단에 참여해보라고 종종 격려한다(Herlihy & McCollum, 2011). 집단이 아주 다양해도 그들은 여성 경험에 대해선 공통된 지지를 보낸다. 문헌에 따르면 여성들은 집단에 참여함으로써 자신은 혼자가 아니며 자신의 경험이 타당하다는 생각을 하게 되었다고 말한다. 또한 그들은 법적 유효성을 획득할 수 있게 된다는 사실을 깨달았다고 말한다. 이러한 집단은 사회적 관계망 제공, 고립감 감소, 경험을 나눌 환경 창조, 경험상 자신은 혼자가 아니라는 사실을 여성들이 이해하도록 도와준다(Eriksen & Kress, 2005). 집단은 의견을 나눌 수 있고 자기 가치감이나 자기 위치에 대해 내면화한 내용을 비판적으로 탐색할 수 있는 지지적 환경을 제공해준다. 집단 구성원과 지도자의 자기개방은 더욱 깊이 있는 자기탐색을 촉진하며, 보편적 사랑과 집단 응집성을 증가시킨다. 구성원들은 서로 효과적으로 지지하고, 행동 기술을 훈련하고, 사회정치적 활동을 고려하고, 안전한 장소에서 대인관계 모험을 해봄으로써 힘을 효과적으로 사용할 수 있게 된다(Enns, 2004). 집단 참여를 통해 여성들은 그들의 개별적 경험이 제도 내의 근본적 무제에 뿌리가 있는 경우가 많다는 것을 배운다. 집단 참여 경험은 여성들이 사회 활동에 참여하도록 격려한다. 실제로 과제는 여성들이 집단에서 배운 것을 집단 밖 삶의 변화로 이어가도록 하기도 한다.

알마와 상담자는 개인 상담을 종료하는 과정의 한 부분으로 알마가 여성 지지 집단이나 다른 유형의 집단에 참여하는 문제에 대해 의견을 나눌 수 있다. 집단에 참여하는 것은 알마의 공동체감을 증진시킬 수 있다. 알마가 지지자이며 격려자이고 교사인 집단에 더 참여하면서 개인적인 변화와 성장, 그리고 집단의 변화와 성장의 여정을 목격하게 된다. 집단의 여성 내담자들이 알마에게 영양분과 지지를 제공할 것이고, 알마도 상담 과정에 참여하는 다른 여성에게 중요한 사람이 될 수 있다.

여성주의 치료에서 남성의 역할

남성도 여성주의 상담자가 될 수 있고, 남성 내담자에게도 여성주의 치료를 실시할 수 있다. 여성주의 치료가 여성에 의해 여성만을 위해 실시된다거나 여성에게 호의적이라는 이유로 반남성적이라는 것은 잘못된 생각이다(Herlihy & McCollum, 2011). 초기에 여성주의 상담자는 여성뿐이었지만 지금은 남성도 있다. 여성주의 상담자인 남성은 자신의 남성 특권을 이해하고 소유하기, 자신이나 다른 사람들이 남성중심적 행동에 직면하기, 전통적 가치에 따른 남성성과 여성성 재정의하기, 평등한 관계 형성하기, 정의로운 사회를 만들기 위한 여성의 노력을 적극적으로 지지하기 등을 실천해야 한다.

여성주의 상담자의 이론과 실제는 다양한 민족과 문화적 배경을 가진 사람이나 남성, 상담 실제에서의 사회적 정의에 관심 있는 사람을 상담할 때에도 유용하다(Enns, 2004; Worell & Remer, 2003). 감정 억제, 권력과 통제에 대한 과대평가, 감정 표현의 성차별, 성취에 대한 강박 등의 남성다움에 대한 사회적 요구는 남성에 대한 제약일 수 있다(Englar-Carlson, 2014).

남성 내담자와 상담하는 여성 상담자들은 남성 내담자가 자기 자신의 욕구, 기회, 과거와 현재의 고통, 미래에 대한 바람을 생각해볼 수 있는 수용적이고 신뢰할 수 있으며 안전한 분위기를 형성할 수 있는 기회를 만나게 된다. 관계-문화 상담을 이용하여 여성 상담자들은 남성 내담자들이 자신을 이루는 데 도움이 되는 맥락을 생각해보도록 토론의 장을 제공한다(Duffey & Haberstroh, 2014). 남성 내담자가 제시하는 어떤 문제도 여성주의 치료 관점에서 다룰 수 있다. 특정 모형과 특정 상황, 특정 집단과 특정 문제 영역에서 남성 내담자를 상담하는 포괄적인 상담에 대해서는 엥글러-칼슨과 듀피(Englar-Carlson & Duffey, 2014)를 참고하기 바란다.

다문화적 관점과 사회정의 관점에서 보는 여성주의 치료

다양성 관점에서 보는 강점

학습 목표 11 이 책의 상담과 심리치료에 대한 모든 이론적 접근 가운데 여성주의 치료는 다문화 및 사회정의 관점과 공통점이 많다. 역사적으로 다문화 접근은 유색인들이 접하는 많은 문제들의 원천으로서 억압, 차별, 인종 차별을 지적한다. 시간이 흐르면서 다문화 상담은 더 포괄적으로 되었고, 현대 다문화 상담은 인종 차별뿐만 아니라 사회 구성원들을 제한하는 다른 '사상, 관점, 주의(ism)'로 발생되는 불평등도 설명한다. 사회정의 상담의 목표는 개인에게 사회의 불평등과 불공정에 직면하도록 하는 것뿐만 아니라 역량을 강화하도록 하는 것이다.

다문화, 여성주의, 사회정의 상담은 상이한 모형으로 보일 수 있지만 공통점이 많다(Crethar et al., 2008). 이 세 접근에서는 상담에서도 사회적 · 정치적 · 환경적 변화를 촉진할 필요가 있다고 강조한다. 이 세 접근의 상담자는 내담자와 협력하여 목표를 설정하고 전략을 선택하며 맥락적 관점에서 내담자와 같이 문제를 재구성하는 평등한 관계를 형성하기 위해 노력한다. 이 세 접근에서는 '질병 모형'을 거부한다. 내담자의 문제를 심리내적 원인이 아니라 불공정한 사회에서의 생활 경험에 나타난 증상으로 본다.

'개인적이라는 것은 또한 정치적인 것이다.'라는 여성주의 치료의 중요한 교리는 다문화 관점과 사회정의 관점에서도 받아들이고 있다. 어떤 관점도 온전히 개인 변화에만 치중하지는 않는다. 이들은 모두 상담자 역할의 중요한 일부로 사회 변화를 위한 직접적인 행동을 강조하고 있다. 윌리엄스와 엔스(2013)는 상담자가 사회 변화에 참여하는 운동가가 되라고 권고하고 있다. "정치적인 것으로 개인적인 것으로 하라. 즉, 자기 자신의 역사와 뿌리를 이해하고 자기 자신의 특권을 찾기 위해 노력하라는 것이다. 가장 중요한 것은 여러분이 자기 자신을 위해 사회정의에 부합하는 일을 해야 한다는 것이다."(p.488)

문화는 힘 있는 지배 집단(백인, 신도교, 이성애자, 부유한 남성)이 다른 집단을 대하는 방법 등 사회정치적 현실세계를 포함한다. 여성주의 상담자는 심리치료는 태생적 문화와 묶여 있다고 보며, 점차적으로 상담 실제에서 의식 있는 지도자를 중심으로 뭉치고 있다.

문화적으로 유능한 여성주의 상담자는 결과와 방법을 탐색하여 내담자 문화 내에서 상담하기 위한 방법을 찾는다. 그들은 문화를 신성불가침으로 보지는 않지만 내담자의 문화적 맥락 안에서의 다양한 변화를 추구한다(Worell & Remer, 2003). 다양한 문화에 대한 이해와 존경은 중요하지만, 대부분의 문화적 배경에는 긍정적인 면과 독소적인 면이 있으며 일단의 사람들을 억압하고 소외시키는 이 독소적인 면은 탐색할 필요가 있다. 여성주의 상담자는 집단의 힘에 반하거나 힘을 종속시키거나 힘을 제한하는 문화적 신념이나 실제에 도전한다.

다양성 관점에서 보는 약점

여성주의 상담자는 사회 구조의 변화, 특히 불공평, 관례에서의 힘, 자기결정권, 집 안팎에서 직업의 자유, 교육의 권리 등 변화를 주장한다. 이러한 주장은 이 신념을 신뢰하지 않는 여성들과 함께 일할 때 문제를 일으킬 수 있다. 리머(Remer, 2013)는 상담자가 다양한 집단에서 온 내담자의 가치를 충분히 이해하고 존경하지 않는다면 이는 자신의 가치로 덮어씌우는 위험이 있다는 사실을 인정한다. 리머는 "여성주의 상담이 잠재적 위험은 상담자의 가치관이 너무 강하게 영향을 미치거나 내담자의 가치관과 대립할 수 있다는 것이다."(p.404)라고 주장한다.

여성주의 상담자가 여성의 복종적 위치에 두고 문화적으로 규정된 역할을 하도록 하는 문화나 가부장적 문화에서 온 여성을 상담할 때 특히 문화적 환경에 깨어있어야 한다. 다음의 계획안을 고려해보라. 여러분이 여성주의 상담자로서 자신의 문화에 진실한 길을 찾고자 노력하며, 또한 자신만의 교육적 포부와 직업적 포부를 따르고자 하는 베트남 여성을 상담한다고 하자. 여러분의 내담자는 남을 돕는 전문직을 가질 학생인데 집으로 돌아와 가족을 돌보라는 아버지의 심한 압력에 굴복하려고 한다. 그녀는 학위를 받아서 베트남 사회에서 사람들을 돕고 싶지만, 가족이 그녀를 필요로 할 때 자신이 '이기적으로' 공부를 계속하는 것에 대해 아주 많은 죄책감을 느끼고 있다.

이러한 복잡한 상황에서 상담자는 내담자의 집단주의적인 문화적 가치를 무시하거나 폄하하지 않으면서 그녀의 개인주의적 목표를 고려할 수 있도록 내담자와 함께 작업해야 한다. 상담자의 임무는 그녀의 고통이나 갈등을 사라지게 하는 것도 아니고 내담자를 위해 대신 선택하는 것도 아니며, 내담자 자신을 위해 결정할 권한이 자신에게 있음을 깨닫도록 길을 제시하는 것이다. 여성주의 상담자는 '이 여성이 사회적 기대에 저항하기로 선택하는 것이 매우 가치 있는 일이고 궁극적으로 자신이 갈 길을 결정할 수 있는 것'이라고 생각한다. 이 예를 통해서도 볼 수 있는 것처럼, 내담자에게 문화적 가치관을 강요하는 잠재적 단점을 최소화하기 위해서 상담자는 다양한 문화적 배경을 가진 내담자를 상담할 때 자신의 문화적 관점이 자신의 개입에 어떤 영향을 미칠 수 있는지를 이해할 필요가 있다. 가치 갈등을 피하기 위해 여성주의 상담자는 상담 초반에 내담자들에게 상담자의 가치를 분명하게 알려서 내담자들이 관계를 유지할지에 대해 알고 선택할 수 있도록 한다(Remer, 2013).

여성주의 치료를 적용한 스탠의 사례

여성에 대한 공포와 성 역할 사회화 기대 때문에 스탠은 여성주의 치료에서 이득을 얻을 수 있는 최고의 당사자이다. 스탠을 존중하고 그에게 권한을 주지만 그의 가치를 형편없게 만드는 강한 여성을 사귀는 스탠에게는 평등주의적인 상담 관계가 새로운 경험이 될 것이다.

스탠은 자신이 변하고자 하는 의지와 갈망이 있다는 것을 계속 표현했다. 그의 낮은 자존감과 부정적 자기평가에도 불구하고 스탠은 긍정적 특성을 알아내는 능력이 있다. 스탠의 긍정적 특성에는 투지, 자신의 감정을 표현할 수 있는 능력, 아동과 상담할 수 있는 재능 등이 있다. 스탠은 자신이 상담 외적으로 원하는 것을 알고 있으며 분명한 목표를 갖고 있다. 술 끊기, 자신을 더 기분 좋게 느끼기, 여성과 평등한 관계 맺기, 자신과 타인을 사랑하고 신뢰하는 방법 배우기, 여성주의에 입각해서 나는 이 강점에 토대를 둘 것이다.

첫 상담 회기에 나는 스탠이 자신의 개인적 힘을 다

시 얻도록 돕기 위해 평등한 상담 관계를 확립하는 데 초점을 둔다. 상담 관계가 스탠의 삶에서 여성들, 특히 엄마, 전처와 가진 관계를 반복해서는 안 된다는 것이 중요하다. 나는 의식적으로 상담 관계를 명확히 하여 관계를 평등하게 만들며, 이는 상담이 나아갈 방향에 대해 스탠 스스로가 책임져야 한다는 것을 전달한다. 나는 상담 과정에 대한 내 견해와 상담 방식을 설명하는 데 많은 시간을 할애한다.

성 역할 분석은 스탠이 자신의 문제 발생에 대한 성 역할 기대의 영향을 인식하도록 돕는다. 성 역할 분석의 첫 단계에서 그가 자라면서 부모, 교사, 친구를 포함한 다양한 사회적 원천에서 받은 성 역할 메시지를 조사한다. 자서전에서 스탠은 부모가 준 메시지에 대해 이미 기술했으며, 이것은 분석에서 중요한 자연적 출발점을 제공한다. 스탠은 아버지가 자신을 '바보'라고 불렀고 어머니는 "왜 남자로 성장하지 않니?"라고 말한 것을 기억했다. 어머니는 '계속 불평했고' 남편이 자신에게 상처를 너무 많이 줬고 결혼하지 않았으면 좋았을 것이라고 했다. 스탠은 어머니와의 관계에서 아버지를 약자로 그리고 소극적이고 겁이 많았다고 기술했으며, 아버지가 자신을 형제들과 바람직하지 않게 비교한 것으로 기억하고 있다. 스탠은 이 메시지를 내면화했으며, 이 때문에 잠을 자면서 자주 울었고 매우 절망감을 느끼게 되었다.

나는 스탠에게 이 초기 메시지에 근거해 새롭게 자기 진술을 확인하게 한다. 자신의 글을 보고 나서 스탠은 부모가 준 메시지가 오늘날 자신을 '남자답지 않은' 그리고 '사람들을 많이 실망시키는 사람'으로 보게 만들었다는 것을 알게 된다. 우리는 그의 자서전이 '내사'되거나 또는 흡수된 것으로 보이는 사회적 메시지를 조명할 수 있는 방식을 알아낸다. 예를 들어, 그는 자신이 성적으로 부적절하며 그가 잘하지 못할까봐 걱정한다고 기술했다. 남성은 성관계를 항상 주도해야 하며, 성에 대해 항상 준비해야 하고 발기를 유지할 수 있어야 한다는 사회적 규준을 내사한 듯하다. 스탠은 또한 이미 자신을 탐색하여 이 메시지를 어떻게 바꾸고 싶어 하는지에 대해 기술했으며, 이는 '다른 사람과 평등하다는 것을 느끼고 싶고' 자신의 존재에 대해 '사과하고 싶지 않고' 여성과 사랑하는 관계를 발전시키고 싶다고 한 그의 글에서 잘 나타난다. 상담을 받으러 오기 전에 스탠이 이미 했던 중대한 노력을 인정했을 때 스탠은 할 수 있고 그런 역량이 있다는 느낌을 느끼기 시작했다.

나는 사회적 역할 기대라는 맥락에 스탠의 문제를 두기 위해 성 역할 개입법으로 성 역할 분석을 따른다.

상담자: 사실 항상 강해야 하고 터프해야 한다는 사회적 관념에 맞추어 살려고 하는 것은 부담스럽지요. 때로는 진정으로 강한 힘은 우리의 약함에서 나옵니다. 당신이 가치를 두고 싶어 하는 자기 자신의 일부, 즉 감정을 느끼고 아동과 잘 지내는 능력이 사회에서 '여성적'이라고 명명하는 경향이 있지요.

스탠: (아쉬운 듯이 말한다.) 예. 여성이 강하다는 것을 지배적이라고 보지 않고 남성이 민감하고 보살펴주는 특성이 있는 것을 약하다고 보지 않는다면 더 좋은 세상이겠어요.

상담자: 그게 불가능하다고 확신하는 건가요? 그런 남성이나 여성을 만나보지 못했나요?

스탠은 잠시 동안 생각하고 나서 약간의 활기를 띠고 적응심리학 수업을 가르치는 대학 교수를 묘사했다. 스탠은 자서전에서 그녀를 아주 성취적으로 보았으며 자신의 표현을 발견하도록 격려함으로써 자신에게 힘을 준 사람으로 여겼다. 또 청소년기의 일부를 보낸 보호원에서 만난 상담자를 강하면서도 민감하고 보살펴주는 남성으로 기억했다. 나는 스탠에게 자신의 양성성을 더 수용하고 확신하고자 하는 자신의 노력을 지지해줄 수 있는 다른 사람이 있는지 물었다.

첫 상담 회기를 마감하면서 나는 스탠에게 함께한 시간에서 얻은 것이 무엇인지 물어보았다. 스탠은 두 가지가 두드러진다고 했다. 첫째, 자신을 비난할 필요가 없다는 것을 믿기 시작했다. 남자에게 의미가 있는 것에 대해 부모와 사회가 준 메시지의 대부분은 비현실적이고 단일 차원적이라는 것을 깨달았다. 그는 성 역할 사회화로 제한을 받고 제약을 당한다는 것을 인식했다. 둘째, 부모와 사회가 준 정의에 대한 대안이 있기 때문에 그는 희망을 가질 수 있다고 느꼈다. 그가 존경하는 사람들은 성공적으로 '여성성' 특질과 '남성성' 특질을 조합할 수 있는 능력이 있다. 그들이 할 수 있다면 그도 할 수 있다. 나는 스탠에게 다른 회기로 넘어갈지를 묻는다. 그의 확신에 찬 대답에 나는 그에게 『진정한 소년(Real Boys)』(Pollack, 1998)이라는 책을 주면서 다음 회기까지 읽어올 것을 제안했다. 나는 이 책이 많은 소년들이 경험하는 성 역할 사회화를 사실적으로 표현했다고 설명했다.

스탠은 과제에 대해 말하고 싶어서 다음 회기에 왔다. 그는 나에게 책을 읽으면서 자신의 태도와 신념에 대해 진정한 통찰을 얻었다고 말했다. 이 책을 통해 스탠은 엄마와의 관계에 대해 더 나은 탐색을 하게 되었다. 스탠은 부모를 계속 비난하기보다는 사회적 기대와 양식의 맥락에서 부모의 행동을 이해하는 방법을 찾는 것이 낫다고 생각한다. 심리치료는 스탠으로 하여금 '엄마는 극단적으로 완벽하지도 않고 극단적으로 보도록 하는 경향이 있다.'는 것을 알게 한다. 엄마와의 관계를 재구성하면서 스탠은 점차 엄마에 대한 실제적 모습을 볼 수 있게 된다. 그는 또한 아버지 역시 도저히 이룰 수 없는 사회적 기대와 남성다움의 이상주의적 관점에 억눌렸다는 것을 알게 된다.

스탠은 자신이 만나는 여성의 강점뿐만 아니라 자신의 온정과 세심함의 가치를 배우는 작업을 계속한다. 자신이 만나는 여성의 강점, 즉 '남성다움'의 가치뿐만 아니라 자신의 '여성다움'의 가치도 배운다. 그는 남성이 된다는 것의 의미에 대한 자기의 말을 관찰하고 변화시킨다. 그는 매체 그리고 친구와 같은 현재 자원에서 전달되는 메시지를 자각하면서 이 메시지가 어떻게 전송되고 있고 자신이 이 메시지를 어떻게 바꾸고 있는지 일기에 매일 쓰고 있다.

상담 관계를 통해 우리는 상담 시간 동안 우리가 어떻게 소통하고 있고 관계를 맺고 있는지 바로 이야기한다. 나는 자기개방을 하면서 스탠을 동등하게 대하고 있으며 자신의 인생에 있어서는 자신이 '전문가'라는 사실을 줄곧 인정하고 있다.

자기 점검을 위한 질문

- 지금까지 공부한 치료적 접근에서 스탠을 상담하는 것과 대립되는 것으로서 여성주의 관점에서 스탠을 상담한다면 여러분이 중요시하게 되는 것은 무엇인가?
- 스탠의 상담을 계속한다면, 남성으로서 자신에 대한 스탠의 견해를 고려한 자기 진술 중 여러분은 어떤 진술에 관심을 둘 것이며, 어떻게 그의 신념에 도전할 것인가?
- 스탠의 경우에 인지적 행동 치료와 여성주의 치료를 어떤 방식으로 통합할 것인가? 게슈탈트 치료법에 여성주의 치료를 통합하는 데 어떤 가능성이 있는가? 여성주의 접근에 조합할 다른 치료로 어떤 상담적 접근이 있다고 생각하는가?

이 관점에서 스탠을 상담하는 나의 접근법을 보기 원한다면 CengageBrain.com에 방문하거나 『심리상담과 치료의 이론과 실제: 스탠의 사례와 해설 DVD』 10회기 '여성주의 치료' 부분의 DVD 프로그램을 시청하라. 이 회기에서는 스탠이 남성성에 대해 자신이 받아들인 성 역할 동일성과 메시지를 탐색하는 것을 다루고 있다.

여성주의 치료를 적용한 그웬의 사례*

무기력이 상담 시작할 때 그웬에게서 들은 주제이다. 그웬은 자신이 어렸을 때 겪었던 일을 손녀가 겪는 것을 보는 게 슬프다고 얘기했다. 그웬은 무시당하고 무가치한 느낌을 느낀다. 나는 성 역할 사회화가 자신에게 미친 영향을 자각하고 자신의 힘을 되찾게 도와주고 싶다.

그웬: 저는 하루에도 몇 번이나 제 자신에게 나는 쓸모없는 사람이라고 말하는지 모르겠어요.

상담자: 당신에게 일어나는 예하고 당신의 내면의 메시지를 말씀해주시겠어요?

그웬: 예, 파트너와 회의할 때 저는 제안을 했는데 무시당했어요. 백인인 조는 같은 제안을 조금만 바꾸어서 했는데 받아들여졌어요.

상담자: 당신의 말은 듣지 않았는데 백인의 말은 들었네요. 그웬 씨는 스스로에게 뭐라고 말했나요?

그웬: 저는 너무 화가 났어요. 제가 뭐라고 말한다면 '늘 인종에 대해 말한다'고 비난받을 거예요. 그러고 나면 저는 '대부분 인종에 대한 것이기 때문에 그들이 옳아.'라고 말해요. 저는 보통 '여기서 다시 하자.'라고 생각해요.

상담자: 그들의 메시지를 밀쳐내기는 했지만 일부분은 당신의 제안이 거절된 것으로 소동을 벌이고 있다는 그들의 말을 믿고 있네요.

그웬: 아니요. 저는 그 말을 믿지는 않아요. 어떤 것들은 흑인 여성이라는 것에 대한 것이어서 듣지를 않아요. 그런 거죠. 사회가 무시해요. 하지만 그건 사실이죠. 누군가가 무시당하고 귀기울여주지 않는 것이 어떤 건지 모른다면 그 사람은 기득권이 있는 거죠. 이건 저에게 오래되고 진부한 이야기예요.

상담자: 자라면서 자기주장하는 것과 소녀로서, 그리고 젊은 여성으로서 자기 자신의 가치에 대해서는 어땠습니까?

그웬: 남자아이들은 여자아이들보다 더 대우받는다는 것을 알았습니다. 여자아이라는 것은 힘도 세지 못하고 똑똑하지도 못하다는 메시지와 식사 후 부엌에서 설거지해야 한다는 메시지를 받았습니다.

나는 그웬에게 다음 회기까지 성 역할 분석을 써보도록 하였다. 성 역할 분석에서 그웬은 자라는 동안 가정에서 그리고 지역사회에서 성 역할 기대가 어떠했는지 더 많은 정보를 주었다. 그웬은 또한 사촌이 자신을 부당하게 만진다는 사실을 어른에게 이야기했다는 것도 말하고 있다. 그러나 어른들은 그 사실에 대해서는 말하지 말라고 했고 그웬은 그후 성적 학대에 대해서는 다시는 말하지 않았다. 그웬은 자신의 목소리가 중요하지 않다는 것을 일찍이 알았다. 이 상담 시간에 나는 그웬의 경험과 자기 목소리가 가치 있다는 사실을 일깨워주려고 노력했다. 나는 그웬의 고통을 인정하였고 전 세계적으로 여성과 소녀에 대해 불평등하고 격하시키는 시각을 사회가 유지하고 있다는 사실을 알게 해주었다.

상담자: 그웬, 나는 당신의 성 역할 분석을 꼼꼼하게 봤어요. 그리고 나에게 그런 이야기를 한 데 대해 감사해요.

그웬: 힘들었어요.

상담자: 그랬을 거예요. 내 목소리는 중요하지 않고 내 몸은 내 것이 아니라는 너무도 많은 소녀들이 알게 되는 교훈을 아주 어린 나이에 알게 된 데 놀랐어요. 어린 시절에 성 학대를 당한 것이 너무 안됐어요. [내담자의 경험을 회피하지 않고 실제를 밝히는 것이 중요하다.]

그웬: 저는 지금 이 순간까지 그날 저에게 전달된 강한 메시지가 뭔지도 몰랐어요. 저에게 일어난 일을 어머니에게 말했던 그날 말이에요.

상담자: 어떤 메시지를 받았나요?

그웬: 어머니가 "정말 그랬니? 나는 네가 사촌 오빠를 골탕 먹이려고 꾸며내는 것 같은데."라고 말씀하셨어요.

상담자: 남성들이 여성보다 더 대우를 받고 남성이 더 많은 권력을 가지고 있는 문화에서는 학대당했다는 사실을 말할 때 당신이 어머니에게 받은 반응을 직접

* 켈리 커크시 박사는 여성주의 관점에서 사고하고 작업하는 자신의 방법들에 대해 저술하고 이 모형을 그웬에게 적용시킨다.

적으로 또는 간접적으로 받게 되지요.

그웬: 저는 어머니가 저를 믿어 주고 지지해준다고 생각했어요.

상담자: 당신이 믿었던 사람인 어머니가 당신에게 말하지 못하게 하여 실망하였고 지금도 실망하고 있어요. 그리고 여성으로서 어머니가 왜 그랬는지 혼란스러워하고 있어요.

그웬: 네, 그래요

상담자: 당신 어머니도 같은 문화에서 자랐다는 사실을 명심해야 해요. 남성들이 듣는 여성을 비하하는 말을 똑같이 들어요.

그웬: 아시다시피 직장에서 남성들보다 여성들에게 더 화가 나요. 제가 무시당할 때, 그리고 너무 화가 나서 '인종 카드'를 사용하려고 할 때 남성보다 여성에게 더 화가 나요.

상담자: 무엇 때문에 그런가요?

그웬: 아마도 제 편을 들어주지 않는데 실망해서 그런다고 생각해요. 아니면 어머니와 같이 저도 남성을 더 우월하게 보기 때문인지도 모르겠어요. 그게 사실일지도 모른다고 믿는 게 더 상처가 돼요.

그웬의 문제를 좀 더 큰 사회적 맥락에 둠으로써 그웬은 자신의 경험이 다른 여성의 경험과 꼭 들어맞는다는 사실을 이해하기 시작한다. 이는 그웬 자신도 여성보다는 남성이 더 대우받는 곳에서 일하고 있을 수 있다는 사실을 이해하는 데 도움을 준다. 그웬이 이러한 사실을 명확히 이해한다면 그웬은 더 쉽게 자기 자신의 가치를 진정으로 믿을 수 있게 된다.

그웬은 일류 대학에서 MBA를 마친 전문직 여성이다. 그웬은 계속해서 인종차별, 성차별, 그리고 복합적인 형태의 불평등을 겪어야 했다. 기관의 인종차별은 그웬이 경험하는 억압을 계속 유지시켜서 계속 경험해야 했지만 자신의 목소리를 내는 것은 이러한 사회의 불의에서 입은 자신의 상처를 치유하는 과정을 시작하게 하는 것이다. 나는 현재 그웬이 처한 환경에서 자신의 목소리를 낼 때, 즉 거침없이 말할 때 있을 수 있는 위험성을 그웬과 이야기하였다.

그웬: 저는 늘 화를 느끼는데 진짜 지쳤어요. 하지만 '못한' 사람 취급받는 것도 진짜 지쳤어요.

상담자: 못한 취급을 받는 경험에 대해 이야기해주시겠어요?

그웬: 제가 직장에서 제 목소리를 높이거나 좌절감을 표시하면 저는 지나치게 감정적이라거나 화가 나 있다는 말을 들어요. 저는 '화난 흑인 여자'로 찍히는 것 같은 느낌이 들어요. 좌절이나 제 목소리가 아무리 적합했다고 하더라도 '다시 화난 흑인 여자'가 되어버려요.

상담자: 그래서 직장 사람들이 당신에게 화난 흑인 여자라는 이야기를 썼군요. 그리고 당신이 하는 많은 일들이 이 이야기의 렌즈를 통해 걸러졌군요.

그웬: 예, 바로 그래요.

상담자: 당신이 당신의 생각을 적절하게 말하고 당신의 좌절을 나누었던 때를 생각해봅시다. 자신을 어떤 말로 표현하겠어요?

그웬: (침묵) 가끔 저는 화가 나는데 그럴 권리가 있다고 생각해요. 하지만 저는 열정이 있고 주장을 잘한다고 말하고 싶어요.

상담자: 아주 좋아요. 그 메시지를 당신 머리에 다시 쓴다면 어떨까요. '그웬. 너는 열정적이고 주장을 잘해.'라고 말이지요. 이것이 당신 자신을 정의하는 방법입니다.

그웬: 정말 제가 해보고 싶은 거예요.

상담자: 50년 동안 사소한 다툼으로 얼룩진 길을 걸어온 거예요. 때때로 그런 유독한 메시지를 하루에도 몇 번씩 경험하면서 말이지요. 흑인 여성으로서 유색 인종과 여성을 깎아내리는 문화에서 그 메시지를 받은 거지요. 우리보다 앞서 왔던 사람들의 장점을 의지할 수 있지요. 유색 인종으로서 여성으로서 우리의 권리를 위해 싸웠던 사람들의 어깨 위에 우리가 서있는 겁니다. 우리 사회라는 천 위에는 불평등이 있다는 것을 압니다. 당신에게 중요한 변화를 위해 무엇을 하겠습

니까?

그웬: (주의를 기울여 듣고 어떻게 업신여김을 당했는지 생각해본다.) 얘기해보는 게 좋겠네요.

상담자: 당신은 똑똑하고 열정적이고 창조성 있고 강한 여성입니다. 당신이 되고 싶은 삶을 디자인하기 위해 이런 당신의 장점을 어떻게 이용할지 궁금합니다.

그웬: 확실하지는 않지만 지역사회에서 주도적으로 하고 싶고 어머니에 대해서도 더 잘 견디고 싶어요. 어렸을 때 분노가 아직도 있다는 것을 알게 되었어요. 그래서 이 분노를 떠나보내고 싶어요.

상담자: 좋은 시작점이 될 것 같군요.

그웬: 또 직장에서 제 목소리와 좌절을 적절하게 처리하고 있다고 확신하고 싶어요. 내 말을 들어주었으면 좋겠어요. 어쩌면 사람들이 저를 방해하기 시작할 때 방해하지 말라고 말할 수도 있어요. 누군가가 내 아이디어로 공적을 인정받는다면 저는 그들에게 제가 이미 가지고 있던 거라는 사실을 일깨워주고 싶어요. 내가 제안했을 때는 왜 안 들었는지 물어볼 거예요. 저는 조용하게 하지만 끈질기게 물어볼 거예요.

상담자: 좋은 생각입니다.

그웬은 너무도 오랫동안 자신의 인생의 밖에 앉아서 다른 차들이 왔다 갔다 하는 것만 봐온 것이다. 변화를 일으킬 수 있는 자기 자신의 장점을 깨닫지 못하고 있다. 나는 그웬에게 인종차별에 대하여 문제제기를 했다. 내 자기개방의 의도는 그웬의 억압 경험은 사실상 타당하다는 것을 인정한다는 점에서 그웬과 함께하고자 하는 것이었다. 그웬은 자신이 혼자가 아니고 일어나 자신의 목소리를 이용하기 시작할 수 있다는 이야기를 들었기 때문에 의식적인 행동을 통해 사회의 변화를 위해 다른 사람과 손잡을 수 있다는 사실을 깨닫기 바랐다.

나는 그웬과 협력하여 자신의 자원을 찾고 일상생활에서 이 자원을 어떻게 충분히 이용할 수 있는지 결정한다. 사회 변혁과 개인 변혁을 위한 행동 계획을 세우기 시작하면서 나는 동지이자 지원자가 되는 것이다.

상담자: 직장에서 당신이 무시당하지 않고 일상생활에서 자기주장을 할 수 있는 방안 몇 가지를 이야기했어요. 당신은 또 어머니를 다르게 대할 몇 가지 방안에 대해 이야기를 나누었어요. 지역사회에서 당신이 유대감을 더 느낄 수 있고 참여한다는 느낌을 더 느낄 수 있는 당신이 가입할 수 있는 사회단체가 있는지 모르겠군요. 당신이 지지를 얻을 수 있고 또 줄 수 있는 강한 여성을 알고 있나요?

그웬: 제가 다니는 교회에 전문직 여성으로 구성된 단체가 있어요. 제가 바쁘기도 하고 제가 맞을지 확신이 없어서 피하고 있었어요. 그 단체에 제가 신뢰하는 여성이 있는데 그분과 제 삶을 다시 꾸밀 수 있는 방법에 대해 이야기해보고 이 단체가 저에게 적합하다고 생각하는지 이야기해보려고 해요.

상담자: 그분이 잠시 동안 당신에게 거울과 같은 역할을 하겠네요. 당신이 그 단체 여성과 어울릴 때 그분이 당신을 어떻게 지각하는지 알려줄 수 있겠네요.

그웬: 저는 그런 식으로 생각하지 않았어요. 그 단체에 제가 아는 사람이 있게 된다는 것이 좋고 안도감을 느껴요.

이후 상담 시간에 이야기를 계속해가면서 내 목표는 그웬이 자신의 힘을 되찾고 자기존중감을 향상시키는 것이며 궁극적으로는 지역사회에서 가치 있고 중요한 구성원으로서 자신의 잠재력을 발휘하는 것이다.

자기 점검을 위한 질문

- 그웬에 대한 상담자의 개입에 대해 여러분의 반응은 어떤가?
- 여성주의 관점에서 그웬과 상담할 때 다른 관점으로 상담할 때와는 어떤 차이가 있는가?
- 상담자의 자기개방에 대해서는 여러분 반응은 어떤가?
- 그웬이 직장에서 자기 생각을 점점 더 많이 이야기한다면 있을 수 있는 위험은 무엇인가?

요약과 평가

요약

학습 목표 12 상담의 전통적 모형이 초기 상담 이론가들의 편파성으로 생긴 기본 한계 때문에 어려움이 있다는 여성들의 인식에서 여성주의 치료가 출현했다. 여성주의 치료는 다음 개념을 강조한다.

- 문제를 개인적 수준보다는 사회정치적이며 문화적인 맥락에서 보기
- 내담자가 자신의 인생에서 최선이 무엇인지를 알고 있고, 자신이 자기 삶의 전문가라는 것을 인식하기
- 자기개방과 서면 동의 과정을 통해 평등한 상담 관계 만들기
- 가능한 한 모든 평가와 처치에 내담자를 참여시켜 상담의 신비성을 제거하여 내담자의 능력 강화하기
- 여성과 다른 소외되고 억압된 집단의 경험을 그들의 관점에서 생각하기
- 성은 정체감의 다른 측면과 분리되어 존재하지 않는다는 사실을 이해하기
- 다양한 여성들, 그리고 다른 소외되고 억압된 집단의 삶과 관점을 이해하고 인정하기
- 여성과 다른 소외되고 억압된 집단의 심리적 건강을 평가하는 전통적 방법에 도전하기
- 촉진자뿐만 아니라 옹호자로서 상담자의 역할 강조하기
- 내담자가 환경의 억압적 측면을 다루는 사회적 행동을 하도록 격려하기

여성주의 치료는 일반적으로 개인적 변화와 사회적 변화에 목표를 둔다. 이 이론 경향은 끊임없이 발전하고 성숙해간다. 중요한 목표는 현재의 가부장제를 여성주의 의식으로 대치해 인간관계에서 형평성을 중요하게 여기고, 다양성을 존중하며, 독립보다는 의존을 강조하고, 남성과 여성이 사회의 고정관념에 의해 자신을 정의하지 않고 스스로 정의하도록 장려하는 사회를 만드는 것이다.

다양한 목소리에서 발전하고 확장되어서 여성주의 임상가들은 다양하다. 여성 치료가 성숙된다면 자기비판적이고 더 다양해질 것이다. 여성주의 상담자들은 많은 가정과 역할을 공유한다. 이들은 적절한 자기개방을 하고, 내담자가 상담 과정을 분명하게 이해하도록 자신의 가치관과 신념을 분명하게 만든다. 내담자와 평등한 관계를 맺고 내담자의 역량을 강화하기 위해 작업한다. 다양한 삶의 경험을 존중하면서 동시에 여성들 사이의 공통성을 강조한다. 사회적 변화를 일으키기 위한 안건을 갖는다.

여성주의 임상가는 다양한 개입법를 사용하여 상담 관계에서 권력 위계를 적극적으로 파괴하는 데 참여한다. 이 전략 중에는 여성주의 치료에만 있는 독특한 전략이 있다.

이 전략에는 성 역할 분석과 개입, 권력 분석과 개입, 여성에 맞는 역할에 대한 관습적 태도에 도전하는 데 있어 주창자의 역할 가정하기, 내담자에게 사회적 활동에 참여하도록 격려하기 등이 있다. 많은 치료 전략은 다양한 치료 모형에서 빌려온 것이다. 이러한 개입 방법에는 독서 치료, 주장 훈련, 인지적 재구성, 재구성하기, 재명명하기, 상담자의 자기개방, 역할 놀이, 심리 드라마 기법, 확인되지 않은 신념을 확인해 도전하기, 신문 기사 쓰기 등이 있다. 여성주의 치료 원리와 기법은 개인 상담, 부부 상담, 가족 상담, 집단상담, 지역사회 개입법 등과 같은 범위의 다양한 치료 형태에 적용될 수 있다. 어떤 기법이 사용되는지와 상관없이 최우선 목표는 내담자의 역량 강화와 사회 변화이다.

여성주의 치료, 다문화 접근, 사회정의 접근법의 공헌

여성주의가 상담과 심리치료 분야에서 한 중요한 공헌은 남녀평등과 문화적 맥락이나 다양한 억압의 영향을 염두에 둔 치료를 하는 길을 닦은 것이다. 성과 문화에 대한 우리의 태도와 편향에 관심을 집중함으로써, 여성주의 상담자는 사회정의가 내담자에게 영향을 주는 것과 관련하여 다른 이론을 지향하는 상담자의 인식을 확장시켰다. 여성주의 치료의 중요한 공헌점은 사회 변화에 초점을 두었다는 것인데 이는 사회의 변혁으로 이끌 수도 있다. 여성주의 상담자들은 상담 실제에서 상당한 이론적 · 전문적 진보를 가져왔다. 이러한 기여는 내담자의 힘의 공유, 평가와 상담에서의 문화적 고려, 그리고 여성과 여성의 규범적 경험의 타당화 등을 포함한다. 여성주의 상담자들은 전통적인 상담 이론과 인간 발달 모형에 의문을 제기한다. 대부분의 이론에서는 문제의 원인을 외부적인 상황이나 환경보다는 개인에 둔다. 문제를 일으킨 사회정치적 현실에 대해서 거의 인식하지 못한 채 개인이 문제에 대해 책임을 지도록 한다. 여성주의자들의 핵심적인 기여는 기대되는 역할 행동을 단지 따라하는 것보다 상담이 사회의 압박적인 요소를 다루는 데 적절히 관심을 가져야 함을 상기시키는 것이다. 이렇게 사회정의 문제에 대한 강조는 내담자를 옹호하는 상담자의 역할을 확장시켰다. 전통적인 접근의 여성 상담 적용에 대한 논의는 엔스(2003)을 보라.

여성주의 운동의 또 다른 중요한 공헌은 심리학과 상담 실제에서의 윤리(Brabeck & Brabeck, 2013) 영역이다. 통일된 여성주의 목소리는 아동 학대, 근친상간, 강간, 성적 학대, 가정폭력 등의 광범위한 영역에 관심을 갖게 했다. 여성주의자들은 아동과 여성이 신체적 학대, 성적 학대, 심리적 학대를 당하는 사례를 인식하지 못함으로써 행동을 취하지 못했을 경우의 결과를 지적한다.

남성 상담자는 여성 내담자들이 자신들에게 준 신뢰를 오용했지만, 여성주의 상담자는 성적 비행의 사례에서 행동을 요구했다. 얼마 전까지만 해도 중요한 전문기관들의 윤리 강령은 상담자와 내담자의 성적 접촉이라는 문제에 대해 침묵하고 있었다. 지금 모든 전문적 윤리 강령은 현재 내담자와 성적으로 친해지는 것을 금지하며 일정 기간 상담자와 과거의 내담자가 성적으로 가까워지는 것도 금지한다. 더욱이 많은 전문가들은 성적 관계가 나중에 상담 관계로 돌아갈 수 없다는 것에 동의한다. 윤리위원회에서 주로 여성의 노력에 힘입어 현재 강령들은 성적 학대와 내담자, 학생, 지도 감독자와의 성적 관계와 관련하여 더 명확한 규준을 제시한다(Herlihy & Corey, 2015b).

여성주의 치료 원리는 심리치료 실제뿐 아니라 슈퍼비전, 교육, 자문, 윤리, 연구, 이론 설정에도 적용된다. 공동체 구축, 진실한 상호 공감관계 제공, 사회의식의 고양, 사회 변화의 강조는 이 접근의 강점이다.

여성주의 치료의 원리와 기술은 여러 치료 모형에 활용할 수 있고 그 반대도 마찬가지이다. 여성주의와 아들러학파는 상담 관계를 평등 관계로 본다. 여성주의와 인간중심 상담자는 상담자의 진솔성, 모델링, 자기개방의 중요성에서 일치하며, 역량 강화는 두 접근의 기본 목표이다. 사람의 존엄성에 대한 결정을 하게 될 때, 실존주의 상담자와 여성주의 상담자는 삶은 사회적 명령에 의해서가 아니라 자신의 힘으로 결정할 수 있음을 강조한다.

정신분석이 성 차별적이어서 비판적일지라도 여성주의 상담자 중에는 정신분석이 여성을 돕는 적절한 접근이라고 믿는 사람도 많다. 대상관계 이론은 내담자가 부모와의 관계를 기반으로 한 내면화된 대상 표상을 검토하도록 도울 수 있다. 정신역동 접근에서는 성 역할이 왜 그렇게 뿌리박혀 변하기가 어려운지에 대한 통찰을 주기 위해 모녀 관계를 통해 여성의 역할에 대한 무의식적인 학습을 검토하는 것 등이 있을 수 있다.

인지행동 치료와 여성주의 치료도 상담 관계를 협동관계로 보고 내담자가 목표를 정하며, 변화 전략을 선택하는 책임을 진다는 면에서 상통한다. 둘 다 치료를 신비화하지 않고, 내담자가 자기 삶을 책임지도록 한다. 인지행동 상담자와 여성주의 상담자는 정보를 제공하고 내담자가 상담 과정에 적극적으로 참여하도록 한다. 여성주의 상담자는 표현 훈련 등 활동 지향적 전략을 쓸 수도 있고 일상생활에서 수행해야 할 과제를 줄 수도 있다. 워렐과 리머(2003)의 연구는 여성주의 인지행동 치료의 유용한 자료이다.

여성주의 치료의 한계와 비판

여성주의 상담자는 중도적 입장을 취하지 않고 상담을 가치 지향적 과정으로 본다. 상담자가 자신의 개인적·전문가적 가치를 분명히 알고, 이 가치관이 내담자에게 미칠 영향을 알고 있어야 함을 강조한다. 그러나 상담자의 가치관이 내담자에게 부당하게 영향을 줄 가능성이 여전히 존재하며, 상담자가 자신의 가치관을 인식하지 못했을 때는 더욱 그렇다. 여성주의 상담자는 자신의 가치에 대해 인식하고 있어야 하며 적당히 시기적절하게, 존중하는 마음으로 명백하게 내담자와 이러한 가치를 나누어야 한다.

여성주의 상담자는 내담자의 검증되지 않은 선택에 주의를 환기시키지만 내담자의 현명한 선택은 존중해야 한다. 내담자가 자신의 선택에 대한 성과 문화의 영향을 안다면, 상담자는 내담자의 성장을 향한 특정한 방향을 제시하는 것을 조심해야 한다. 여성주의 상담자는 내담자들이 현재 삶의 선택에서 손해와 이익을 검토하도록 하겠지만 준비되지 않은 내담자를 너무 빨리 변화하도록 밀어붙이지는 않는다. 레노어 워커(Lenore Walker, 1994)는 학대받은 여성을 상담할 때 이 문제를 제기한다. 워커는 여성들이 이러한 상황을 새로운 시각으로 바라보고 '안전한 계획'을 세울 수 있도록 돕는 데 초점을 맞추기는 하지만, 여성의 삶에서 변화를 어렵게 만드는 요소에 대한 이해가 중요하다는 것도 강조한다.

여성의 문제에 기여한 환경요인을 조사하고 심리내적 영역을 조사하는 것에서 벗어나는 것은 강점일 수도 있고 한계일 수도 있다. 여성의 우울증에 대해 비난하지 않고, 내담자가 억압받는 외적 현실을 이해할 수 있다. 그러나 내담자의 문제 원천을 환경에서 찾는 것은 불공정한 세상에 맞서서 행동할 책임이 없다는 뜻으로 내담자가 받아들이게 할 수 있다. 내담자는 대개 외적 현실이 그녀의 문제를 야기하는 그와 같은 환경에서도 내적 변화를 만들 수 있다. 상담자는 내담자가 자신의 환경에서 행동할 방법을 찾도록 내담자의 외부 세상과 내적 세상의 탐색이 균형을 유지하도록 해야 한다.

여성주의 치료의 성장을 방해하는 요인으로는 비체계적 방식으로 산발적으로 훈련을 제공하고 질 관리가 부족하다는 것을 들 수 있다(Brown, 2010). 자격을 갖춘 여성주의 상담자를 공식적으로 인정하는 기관이 없으므로 앞으로 공식적인 훈련과 자격증을 부여할 필요가 있다. 추가적으로, 여성주의 치료의 효율성에 대한 증거에 근거한 연구가 부족하고, 다양한 이론적 지향을 가진 상담자들을 위한 상담 실제를 알릴 수 있는 통합적 접근으로 여성주의 치료를 이해한다. 여성주의 치료와 다른 사회정의 치료는 사회정의 가치 체계 내에 인지행동과 외상 초점 개입법과 같은 증거 기반 치료를 통합하고 있다.

자기 점검과 토론을 위한 질문

1. 여러분의 이론 경향과 상관없이 여성주의 치료의 어떤 주요 개념 또는 원리를 여러분의 상담 실제에 통합시킬 수 있겠는가?
2. 여성주의 치료에서는 내담자에게 치료적으로 도움이 된다고 판단할 때만 자기개방을 한다. 자기개방이 적절한지, 시기에 맞는지 내담자에게 도움이 되는지 그 정도를 어떻게 평가하겠는가?
3. 여성주의 치료는 개인적인 변화뿐만 아니라 사회적 변화도 목표로 두고 있다. 사회활동 영역에서 여러분은 내담자와 얼마나 효율적으로 상담할 수 있겠는가?
4. 여성주의 치료에서는 권력, 특권, 억압, 차별 문제를 탐색하는 데 가치를 두고 있다.

여러분은 내담자와 이런 문제를 탐색하는 데 관심을 두고 있는가?
5. 많은 여성주의 상담 기법을 이 장에서 기술하였다. 어떤 기법에 흥미가 있는가? 그 이유는 무엇인가?

더 찾아볼 자료

여성주의 치료의 원리와 절차로 내가 루스를 상담한 『상담 및 심리치료의 통합적 접근: 루스의 사례와 해설 DVD』는 특히 유용하다. 예를 들어, 1회기 '상담의 도입부'에서 나는 루스에게 기대에 대해 묻고 서면 동의를 받는다. 나는 루스를 치료적 모험에 협력적으로 참여하도록 하고 상담이 어떻게 효과를 내는지에 대해 알려준다. 루스는 자기 삶의 전문가이고 내가 할 일은 함께 협력하여 확인한 목표를 이루도록 도와주는 것이다. 4회기 '다양성을 이해하고 다루기'에서 루스는 성 차이를 말하고 종교, 교육, 문화, 사회화에서의 차이도 언급한다. 루스와 나는 그가 나에 대해 어느 정도로 편안함을 느끼고 신뢰하는지를 알아본다.

기타 자료들

이 장과 관련하여 미국 심리학회에서 제공하는 DVD는 다음과 같다.

Feminist Therapy Over Time (L. S. Brown, 2009): APA Psychotherapy Video Series

psychotherapy.net은 학생과 교수를 위해 여성주의 치료에 관한 비디오와 인터뷰 등 광범위한 자료를 제공해준다. 이 장과 관련하여 www.psychotherapy.net에서 볼 수 있는 DVD는 다음과 같다.

The Abused Woman; A Survivor Therapy Approach (L. Walker, 1994)
Feminst Therapy (L. Walker, 1997): Psychotherapy With the Experts Series

진 베이커 밀러 훈련기관(Jean Baker Miller Training Institute)은 워크숍, 과정, 전문적 훈련, 출판, 관계적 문화 접근에 적용하는 연구와 조사, 심리학 이론, 사회적 행동을 통합하는 연구의 수행 등을 하고 있다. 이 관계적 · 문화적 모형은 성장 촉진 관계와 관계 단절이 특정한 문화적 맥락 내에서 만들어진다는 가정에 근거한다. 더 많은 정보를 얻으려면 다음 주소로 연락하라.

진 베이커 밀러 훈련기관

www.wellesley.edu/JBMTI/

미국심리학회(American Psychological Association)는 여성들의 쟁점에 대해 특별한 관심을 보이는 두 분과, 즉 17분과(여성에 대한 상담심리분과), 35분과(여성심리학)를 두고 있다.

미국심리학회

www.apa.org

17분과 웹사이트:

www.div17.org

35분과 웹사이트:

www.apa.org/divisons/div35

여성심리학회(Association for Women in Psychology: AWP)는 여성 삶의 경험을 이해하려는 여성주의 공헌을 다루는 연차 학술회의를 지원한다. 여성심리학회는 심리학과 정신건강 분야가 여성의 삶에서 일반적으로 하는 역할을 재평가하고 재형성하기 위한 과학적이며 교육적인 여성주의 기구이다.

여성심리학회

www.awpsych.org

온라인의 여성 인력 목록(Psychology of Women Resource List: POWR)은 미국심리학회 35분과, 여성심리와 여성심리학회의 공동 지원을 받고 있다. 이 전자출판 네트워크는 여성심리학의 훈련에 관심을 가진 사람들 사이에서 진행 중인 주제, 연구, 교습 방법, 실제적 쟁점 등의 논의를 활성화한다. 인터넷이나 비트넷(Bitnet)에 접근할 수 있는 대부분의 사람들은 무료로 공공 서비스인 POWR-L을 이용할 수 있다. 구독하려면 이메일을 보내면 된다.

LISTSERV@URIACC(Binet) 또는 LISTSERV@URIACC.URI.EDU

Subscribe POWR-L Your name (Use first and last name)

켄터키 대학교 상담심리학 대학원 과정은 여성 상담과 여성주의 치료에 대한 매우 구체적인 분야를 포함한다. 정보를 알고 싶으면 다음 주소로 리머 박사에게 연락하라.

켄터키 대학교
Department of Educational and Counseling Psychology
www.uky.edu/Education/edphead.html

텍사스 여자대학교는 여성의 문제, 성 문제, 가족심리학을 강조하는 프로그램으로 훈련을 제공한다. 정보를 구하고 싶다면 다음 주소로 너트 박사에게 연락하라.

텍사스 여자대학교
www.twu.edu/as/psyphil/Counseling_Home.htm

더 읽을거리

『여성주의 관점의 심리치료: 다양한 여성 능력 강화(Feminist Perspectives in Therapy: Empowering Diverse Women)』(Worell & Remer, 2003)는 여성주의 치료에서 역량 강화의 기초를 명료하게 개관한 뛰어난 교과서이다. 이 책은 여성주의와 다문화주의 관점을 치료에 통합하기, 바뀌는 여성 역할, 상담의 여성주의 관점, 상담 이론의 여성주의적 변화, 그리고 평가와 진단에 대한 여성주의 접근과 같은 다양한 주제를 다루고 있다. 우울, 성폭행 이겨내기, 학대 직면하기, 진로 선택, 그리고 동성애자와 소수민족 여성을 다루는 장이 있다.

『여성주의 다문화 상담 치료의 옥스퍼드 핸드북』(Enns & Williams, 2013)은 여성주의와 다문화 학문 분야를 통합하고 이 관점을 인종/민족, 사회 계층, 장애, 종교, 문화 등과 관련된 다양한 여성의 정체성에 적용하고 있다. 여러 장은 여성 다문화 치료 실제, 교육학, 멘토링, 사회 옹호에 초점을 두고 있다.

『여성과 심리적 실제: 지침, 다양성, 역량 강화(Psychological Practice With Women: Guidelines, Diversity, Empowerment)』(Enns, Rice, & Nutt, 2015)는 여성의 사회적 정체성과 다양성에 대한 평가를 논의하고 있으며 아프리카계 여성, 라틴계 여성, 아시안계 미국인 여성, 태평양 군도 여성, 원주민 여성, 동성애자, 이성애자, 그리고 성전환 여성, 장애가 있는 여성, 다국적인 일을 하는 여성에 대한 치료에 초점을 둔 장이 있다는 것이 특징이다. 각 장에는 하나 또는 그 이상의 사례 연구를 통해 미국심리학회 기준(APA, 2007)을 적용하는 것을 다루고 있다.

『여성주의 치료』(Brown, 2010)는 여성주의 치료 역사에 대한 재미있는 관점을 제공하고 있으며 여성주의 치료의 향후 발전에 대해 추측도 하고 있다. 저자는 여성주의 치료의 주요 개념과 상담 과정에 대해 명쾌하고 설명하고 있다.

『여성주의자 치료에 대한 소개: 사회 및 개인 변화를 위한 전략(Introduction to Feminist Therapy: Strategies for Social and Individual Change)』(Evans, Kincade, & Seem, 2011)은 여성주의 치료를 임상에 실제로 적용하는 것을 강조한다. 이들은 사회 변화, 역량 강화, 평등한 관계 구축의 중요성, 그리고 다양한 문화 배경의 내담자를 상담할 때 쓸 수 있는 개입 전략에 대한 유용한 정보를 제공하고 있다.

13장 | 포스트모던 접근

학습 목표

01. 포스트모던 접근이 이전의 접근들과 무엇이 다른지를 확인한다.
02. 사회적 구성주의의 역사적 기원을 설명한다.
03. 집단적 언어체계 접근을 이해한다.
04. 해결중심 단기 치료의 특징과 주요 개념을 검토한다.
05. 해결중심 접근에서 상담 관계가 어떤 역할을 하는지 이해한다.
06. 해결중심 단기 상담자가 자주 사용하는 기법들을 설명한다.
07. 해결중심 치료를 집단상담에 적용하는 방법을 이해한다.
08. 이야기 치료의 특징과 주요 개념을 설명한다.
09. 이야기 치료에서 상담 관계가 어떤 역할을 하는지를 이해한다.
10. 이야기 상담자가 자주 사용하는 기법을 설명한다.
11. 이야기 치료를 집단상담에 적용하는 방법을 이해한다.
12. 포스트모던 접근의 강점과 약점을 다문화 관점에서 설명한다.
13. 포스트모던 접근의 공헌과 한계를 설명한다.

포스트모던 접근의 창시자

포스트모던 접근은 단일한 창시자가 만든 것이 아니라 여러 사람들의 집단적인 노력에 의해 만들어졌다. 해결중심 단기 치료와 이야기 치료의 발달에 주요한 영향을 미친 공동 창시자들이 각 접근에 대한 소개 앞부분에 제시되었다.

사회구성주의에 대한 소개

학습 목표 01 우리가 지금까지 다룬 각 상담과 심리치료 이론은 '실제(reality)'가 무엇인지에 대한 나름대로의 입장을 가지고 있다. 자주 서로 충돌하는 다양한 '진리'가 동시에 존재하는 것을 보면서 하나의 일반적인 이론은 인간의 행동이나 우리가 살고 있는 세계를 한 측면에서만 설명하는 것이라는 회의적인 생각이 커지게 되었다. 포스트모던 세계에 들어오면서 진리와 실제는 객관적이고 변하지 않는 사실이기보다는 역사와 맥락에 따라 생긴 특정 관점을 나타내는 것으로 이해되고 있다.

모더니스트들은 객관적인 실제를 정확하게 기술할 수 있다고 믿으며 그것은 과학적 방법을 통해 관찰하여 체계적으로 이해할 수 있는 대상이라고 전제한다. 또한 그들은 실제는 그것을 관찰하려는 의도와 무관하게 존재한다고 생각한다. 모더니스트들은 사람들이 객관적 준거에서 너무 벗어났을 때 그 문제에 대해 상담을 받으러 온다고 생각한다. 예를 들어, 내담자들은 스스로 생각하기에 정상적인 기간보다 더 오래 슬픔을 경험하면 자신이 비정상적으로 우울하다고 생각한다는 것이다. 그때 그들은 '정상적' 행동으로 돌아가기 위해 도움을 받고자 한다.

반면에 포스트모더니스트들은 실제가 관찰 과정 및 언어체계(실제가 설명되는 방법)와 독립해서 존재한다고 보지 않는다. **사회구성주의**(social constructionism)는 이런 포스트모더니즘 세계관을 심리학적으로 표현한 것이다. 여기에서는 내담자의 실제를 그것이 정확한지 또는 합리적인지를 따지지 않고 그대로 존중한다(Gergen, 1991, 1999; Weishaar, 1993). 사회구성주의자의 입장에서는 실제에 대한 모든 이해는 언어 사용에 기반을 두고 있으며 사람들이 살고 있는 상황의 영향을 받는다. 실제에 대한 우리의 이해는 사회적으로 구성된다. 우울한 자신이라는 정의를 사용하면 우울한 사람이 된다. 자신에 대한 정의를 일단 받아들이면 그것에 반대되는 행동을 지각하기가 매우 어렵다. 예를 들어, 우울로 인해 고생하는 사람은 자신의 삶에서 좋은 기분이었던 시절을 가치 있게 생각하지 못한다.

포스트모던 관점에서는 이야기에서 언어의 형식과 사용법이 의미를 창조한다. 이야기를 하는 사람 수만큼 많은 의미가 있으며, 각 이야기는 그것을 말하는 사람에게는 진실이다. 과학조차도 이런 사회구성 과정의 영향에서 벗어나지 못한다. 상황에 관계된 모든 사람은 그 상황이 제시하는 '실제'에 대한 관점을 갖게 되는데 진리의 범위는 특정 역사적 사건의 영향과 특정 사회 맥락을 지배하는 언어 사용의 제한을 받는다. 그러므로 사실상 가능한 의미의 범위는 무제한적이지는 않다. 케네스 거겐(Kenneth Gergen, 1985, 1991, 1999)과 동료들이 사람들이 사회적 관계에서 의미를 만드는 방법을 강조하기 시작하면서 사회구성주의 분야가 시작되었다.

사회구성주의에서 상담자는 전문가의 역할을 거부하고 협력적 또는 자문하는 입장을 취한다. 내담자가 자신의 삶의 전문가로 인정받는다. 드종과 버그(De Jong & Berg, 2013)는 상담자의 과제에 대해서 다음과 같이 표현하였다.

> 우리는 내담자의 문제를 과학적으로 평가하고 개입하는 전문가가 아니다. 대신 우리는 내담자의 참조 체계를 탐색하고 내담자가 더 만족스러운 삶을 살기 위해 사용할 수 있는 그들의 지각을 확인하는 전문가가 되려고 노력한다. (p.19)

상담 과정에서의 협력적 동반자 관계는 평가나 기법보다 더 중요하다. 개인을 이해하고 그들이 바람직한 변화를 이루게 하기 위해 이야기를 이해하고 언어 과정(담화)을 해체하는 것에 초점을 둔다.

사회구성주의 이론은 지식은 사회적 과정을 통해 구성된다는 전제를 기초로 한다. 우리가 '진리'라고 생각하는 것은 일상생활에서 사람들과 상호작용한 결과이다. 그러므로 개인의 삶을 살아가거나 세상을 이해하는 데 단일한 '옳은' 방법은 없다. 사회구성주의는 가치가 어떻게 사회적 환경 속에서 언어를 통해 전달되는지를 설명하고, 개인은 가족, 문화, 사회의 영향에 의해 계속 변화한다고 주장한다(Neukrug, 2016).

CengageBrain.com에 방문하거나 『심리상담과 치료의 이론과 실제: 스탠의 사례와 해설 DVD』 13장 부분의 DVD 프로그램을 시청하라. 그리고 각 장을 읽기 전에 DVD에 있는 각 장에 대한 간략한 소개 내용을 살펴보라.

사회구성주의의 역사 개관

학습 목표 02 불과 100년 전 프로이트, 아들러, 융 등은 철학, 과학, 의학 심지어 예술과 함께 심리학을 변화시킨 패러다임 전환의 주역이었다. 21세기에 대안적 지식 자원에 대한 포스트모던 접근의 구성은 심리치료 분야에 가장 영향을 끼치는 패러다임 전환일 것이다. 포스트모던 사상은 많은 심리치료 이론과 현대적 심리치료 방법의 개발에 영향을 미치고 있다. 모더니스트들이 인간의 본질과 진리를 추구하는 주요 주제였던 자기의 창조는 사회적으로 서술된 삶으로 대치되고 있다. 다양성, 중다 구성, 통합(아는 자와 앎의 대상이 되는 자의 협조)은 이 새로운 사회적 운동의 부분으로서 상담 실제에 광범위한 관점을 제공한다. 일부 사회구성주의자에게 있어 '앎'의 과정은 오늘날 가족과 사회에 침투한 지배적인 문화적 입장을 불신하는 것에서 출발하는데(White & Epston, 1990), 특히 지배적 문화가 일반적으로 정상이라고 생각되는 범위를 벗어난 삶을 사는 사람들에게 파괴적인 영향을 미칠 때 그러하다. 변화는 문화적 담론의 권력을 해체하고 새로운 삶의 의미를 함께 건설하기 위해 전진할 때 이루어진다.

포스트모던 관점 중 상담 실제에 관한 잘 알려진 것으로는 협력적 언어체계 접근(Anderson & Goolishian, 1992), 해결중심 단기 치료(de Shazer, 1985, 1988, 1991, 1994), 해결 지향 치료(Bertolino & O'Hanlon, 2002; O'Hanlon & Weiner-Davis, 2003), 이야기 치료(White & Epston, 1990), 여성주의 치료(Brown, 2010) 등이 있다. 다음 절에서 협력적 언어체계 접근에 대해서 살펴보고, 이어서 가장 중요한 포스트모던 접근인 해결중심 단기 치료와 이야기 치료를 주로 살펴본다.

협력적 언어체계 접근

학습 목표 03 사람들이 상담에 올 때 '문제'와 관련된 독특한 언어, 의미, 과정을 가진 대화체계에 '고정'된 경우가 많다. 상담은 "문제를 조직하고 문제를 해소하는"(Anderson & Goolishian, 1992, p.27) 특성을 통해 치료적 기능을 하는 또 하나의 대화체계이다. '알지 못하는' 자세로 치료적 대화에 들어가고자 하는 상담자의 의지가 내담자를 돌보는 이런 관계를 촉진한다. 상담자는 그동안 살아오면서 습득한 지식과 개인적, 경험적 역량을 유지하면서 **알지 못하는 자세로** 호기심과 발견에 대한 집중적인 관심을 가지고 대화에 참여하려고 한다. 여기에서 목표는 최대한 충분히 내담자의 세계로 들어가는 것이다. 내담자는 자기

Courtesy of Brief Family Therapy Center

Insoo Kim Berg

인수 김 버그(Insoo Kim Berg. 1935-2007)는 한국에서 태어난 미국 심리치료자이며 해결중심 단기 치료의 선구자이다. 1978년에 그녀는 남편 스티브 드세이저(Steve de Shazer)와 위스콘신 주 밀워키에 단기 가족 상담센터를 설립하였다. 해결중심 단기 치료의 지도자로서 그녀는 미국, 일본, 한국, 호주, 덴마크, 영국, 독일 등에서 워크숍을 진행하였다. 버그는 다양한 임상현장에 해결중심 단기 치료를 적용하도록 도와주는 10권의 영향력 있는 저서를 집필하였다. 여기에는 『가족 기반 서비스: 해결중심 가족 치료(Family Based Services: A Solution-Focused Approach)』(1994), 『알코올 의존증 환자와 심리상담: 해결중심 치료(Working with the Problem Drinker: A Solution Focused Approach)』(Berg & Miller, 1992), 『해결을 위한 면담(Interviewing for Solutions)』(De Jong & Berg, 2013) 등이 있다. 버그의 동료들은 그녀가 영감을 불어넣어주며, 겸손하고 열정적이었다고 말한다. 그녀는 일에 몰두해서 거의 쉬지 않았지만 스트레칭 운동, 요가, 산책, 정원 가꾸기 등 다양한 신체 활동을 즐겼다.

스티브 드세이저(Steve de Shazer, 1940–2005)는 해결중심 단기 치료의 선구자 중 하나이다. 여러 해 동안 그는 해결중심 단기 치료가 개발된 밀워키의 단기 가족 상담센터의 연구 책임자였다. 그는 『단기 치료 해결의 핵심(Keys to Solutions in Brief Therapy)』(1985), 『단서: 단기 치료의 해결 모색(Clues: Investigating Solutions in Brief Therapy)』(1988), 『상담의 차별화(Putting Difference to Work)』(1991), 『언어의 독창적인 마술(Words were Originally Magic)』(1994) 등 해결중심 단기 치료에 관한 여러 책을 저술하였다.

Courtesy of Brief Family Therapy Center

Steve de Shazer

드세이저는 야구를 사랑하였고, 미식가 요리사였으며, 온종일 산책하는 시간을 가졌다. 그는 독일어나 프랑스어 원문으로 철학적 글을 읽고, 재즈 음악을 들으며, 요리 비법을 찾아다니는 취미생활을 하였다. 그는 고전 음악가로 훈련받아서 전문가 수준으로 몇 개의 악기를 연주했다. 젊은 시절에는 재즈 색소폰 연주자로 살기도 했다. 그는 북미, 유럽, 호주, 아시아 등에서 워크숍을 열고 훈련 과정을 진행하고 자문을 제공했다. 2005년 유럽 지역에서 순회 강연을 하던 중 의료적 도움이 필요해서 비엔나의 한 병원에 가게 되었는데 입원한 지 몇 시간 만에 세상을 떠났다.

삶의 중요한 이야기를 상담자에게 알려주고 공유하는 전문가가 된다. 알지 못하는 자세는 공감적 태도이며, "너무 빨리 이해하려고 하지 않는 정직하고 지속적인 치료적 자세"(Anderson, 1993, p.331)에서 나오는 질문을 통해 나타난다.

의뢰나 접수 과정에서 얻는 정보를 통해 상담자는 내담자가 말하고 싶어 하는 것이 무엇인지를 어느 정도 알고 상담 회기를 시작한다. 상담자의 질문은 전문가인 내담자가 제공하는 대답을 통해 정보를 얻는다. 내담자의 대답은 탐구 자세를 유지하고 있는 치료자의 관심을 자극하고, 주어진 답변으로부터 또 다른 질문이 생겨난다. 이 과정은 이야기가 어느 방향으로 어떻게 전개될 것인지 미리 정하지 않은 상태에서 이루어지는 소크라테스식 대화법과 유사하다. 이 대화의 목적은 내담자의 이야기를 직면하거나 도전하는 것이 아니라 새로운 의미와 새로운 이야기가 개발될 때까지 이야기를 계속하는 것이다. "자신의 이야기를 하는 것은 경험을 나타내는 것이다. 그것은 역사를 지금 구성하는 일이다"(Anderson & Goolishian, 1992, p.37). 이야기를 다루면서 상담자–내담자 대화는 새로운 의미를 지닌 대화로 진화하고 새로운 담론의 가능성을 열게 된다. 상담자의 알지 못하는 자세는 해결중심 접근과 이야기 치료 접근의 핵심 개념이다.

해결중심 단기 치료

도입

해결중심 단기 치료(solution-focused brief therapy: SFBT)는 1980년대 초반 밀워키의 단기 가족 상담센터에서 드세이저와 인수 김 버그에 의해 시작된 미래 중심적이고 목표 지향적인 치료 접근이다. 해결중심 단기 치료는 내담자 문제의 예외 상황과 문제에 대한 내담자의 개념화에 초점을 두어 그들의 강점과 회복 탄력성을 강조한다. 해결중심 단기 치료는 내담자가 빨리 변화할 능력을 지니고 있으며 내담자가 새로운 현실을 위해 노력할 때 문제에서 벗어난 언어를 만들 수 있다고 가정하는 낙관적이고, 반결정주의적이며, 미래 지향적인 접근이다(Neukrug, 2016).

주요 개념

학습 목표 04 **해결중심 단기 치료의 고유한 초점** 해결중심 철학은 사람들이 미래의 해결책이 아닌 과거나 현재의 문제에 집중하면 미해결된 과거 갈등에 빠져들어 벗어나지 못한다는 가정을 기반으로 한다. 해결중심 단기 치료는 과거를 피하고 현재와 미래를 선호하는 면에서 전통적인 치료와 구분된다(Franklin, Trepper, Gingerich, & McCollum, 2012). 상담자는 무엇이 가능한지에 초점을 두며, 문제가 어떻게 시작되었는지를 아는 것에는 관심을 두지 않는다. 사람들의 삶을 향상시키도록 돕는 가장 효과적인 접근은 행동 변화라고 본다. 드세이저(1988, 1991)는 문제를 해결하기 위해 문제의 원인을 알아야 할 필요는 없으며, 문제의 원인과 해결 간에는 필연적인 관계가 없다고 주장하였다. 변화가 일어나기 위해 문제를 평가할 필요는 없다. 문제를 알거나 이해하는 것이 중요하지 않다면 '올바르거나' 절대적인 해결책을 찾는 것도 마찬가지로 중요하지 않다. 누구든지 다양한 해결책을 생각할 수 있으며, 한 사람에게 맞는 해결책이 다른 사람에게는 맞지 않을 수 있다.

내담자의 경험을 타당화하고 자신의 고통, 분투, 좌절을 말하게 하기 위해 현재의 문제에 대해 논의하는 것은 해결중심 단기 치료에서도 하는 일이다(Murphy, 2013, 2015). 그러나 간략한 탐색은 다른 유형의 치료에서 일반적으로 하는 문제의 역사와 원인에 대한 오랜 시간 동안의 대화와는 다르다. 해결중심 단기 치료에서는 성취하고 싶은 목표를 내담자가 선택하며, 진단, 역사 알아보기, 문제의 시작 탐색에는 관심을 두지 않는다(O'Hanlon & Weiner-Davis, 2003).

긍정 지향 해결중심 단기 치료는 사람들은 건강하며 유능하고, 자신의 삶을 향상시킬 수 있는 해결책을 만들 능력을 가지고 있다는 낙관적인 가정에 기초하고 있다. 해결중심 단기 치료의 기본 전제는 우리는 삶이 우리에게 가져오는 도전들을 해결할 능력을 이미 가지고 있는데 가끔 우리는 방향감각을 잃어버리고 우리가 능력이 있다는 사실을 잊어버린다는 것이다. 내담자가 어떤 모습으로 상담에 들어오든지 간에 해결중심 단기 상담자는 내담자가 능력이 있다는 것을 믿는다. 상담자의 역할은 내담자로 하여금 이미 가지고 있는 능력을 알아차리고 그것을 문제해결에 적용하도록 돕는 것이다. 상담의 핵심은 변화가 가능하다는 긍정적인 기대를 만들어서 내담자의 희망과 낙관성을 불러일으키는 것이다. 해결중심 단기 치료는 약점, 단점, 문제에 머물러 있지 않고 무엇이 사람들에게 적절하고 효과 있는지에 집중한다는 점에서 **긍정심리학**(positive psychology)과 맥을 같이한다(Murphy, 2015). 긍정적인 영역을 강조함으로써 내담자는 더 빨리 문제해결을 시작할 수 있게 된다. 이와 같이 이 접근은 내담자에게 효과적으로 힘을 불어넣어주는 접근이다.

내담자들은 종종 '문제 중심' 상태로 상담에 오기 때문에 이들이 생각했던 해결책도 대개 문제 중심인 경우가 많다. 내담자들은 종종 과거에 일어난 일이 반드시 미래를 형성할 것이라는 결정주의 관점에 기초한 이야기를 한다. 해결중심 상담자는 성취 가능하고 활용할 만한 목표에 대한 신념을 부각시키는 낙관적인 대화로 내담자의 이런 부정적인 이야기에 대처한다. 상담자는 내담자가 고정된 문제 상태에서 벗어나 새로운 가능성의 세계로 나가도록 돕는 도구가 된다. 해결중심 단기 치료의 목표 중 하나는 화이트와 엡스턴(White & Epston, 1990)이 말한 내담자의 **문제 중심의 이야기**(problem-saturated story)를 상담자의 능숙한 언어 사용을 통해 재구조화해서 내담자의 인식을 전환시키는 것이다.

효과 있는 것 찾기 해결중심 단기 치료는 내담자의 삶에서 효과적인 것에 초점을 두는 것을 강조하는데 이는 전통적 모형이 문제 중심인 것과 완전하게 대조된다. 사람들은 나름대로의 이야기를 가지고 상담에 오는데 그 이야기들은 자신의 삶은 변화될 수 없다든지 아니면 삶은 자신의 목표에서 더욱 더 멀어진다는 내담자의 신념을 정당화하는 데 사용되기도 한다. 해결중심 단기 상담자는 내담자로 하여금 문제의 예외 또는 성공 경험에 주의를 기울이도록 한다. 이들은 내담자로 하여금 문제가 그들의 삶에 그렇게 어려움을 주지 않았던 시간이나 예외 상황을 발견하도록 해서 희망을 고취시킨다(Metcalf, 2001). 해결중심 단기 치료는 사람들이 어떤 효과적인 행동을 하는지를 찾아내어서 가능한 한 짧은 시간에 문제를 제거하는 데 이 지식을 적용하도록 하는 것에 초점을 둔다. 효과적인 것을 발견하고 이것을 내담자가 반복하도록 하는 것이 매우 중요하다(Murphy, 2015). 해결중심 단기 치료의 주요 원리는 효과적인 것이 무엇인지를 안다면 그것을 더 하고, 어떤 것이 효과적이지 않다면 다른 것을 시도하라는 것이다(Hoyt, 2015).

내담자로 하여금 무엇이 효과적이었는지를 생각할 수 있도록 하는 다양한 방법이 있다. 드세이저(1991)는 사람들이 목표를 향해 지속적으로 나갈 수 있는 상황을 만들어가는 점진적인 대화에 내담자를 참여시키는 것을 좋아하였다. 드세이저는 다음과 같이 말한다. "언제 당신 기분이 좀 나아졌는지, 언제 당신이 원하는 대로 일이 되었는지 말해 보세요." 이런 살맛나는 삶에 대한 이야기 속에서 문제의 힘은 무너지고 새로운 해결책이 나타나서 실현된다.

상담의 지침이 되는 기본 가정 월터와 펠러(Walter & Peller, 1992, 2000)는 해결중심 치료는 문제의 원인을 설명하는 모형이 아니라 사람들이 어떻게 변화하며 어떻게 목표를 성취하는지를 설명하는 모형이라고 생각한다. 해결중심 치료의 기본 가정은 다음과 같다.

- 상담에 오는 개인은 비록 잠시 부정적인 지각으로 인해 유능함이 숨겨져 있지만 효과적으로 행동할 능력을 지니고 있다. 문제 중심 사고를 지닌 사람은 문제를 다루었던 효과적인 방법을 인식하지 못한다.
- 해결과 미래에 초점을 두는 것이 도움이 된다. 해결적 대화를 통해 사람들이 자신의 강점 쪽으로 선회하게 되면 상담 기간이 짧아질 수 있다.
- 모든 문제에는 예외 상황, 즉 문제가 없었던 때가 있다. 내담자는 예외에 대해 이야기하면서 효과적인 해결책의 단서를 찾게 되고, 대처할 수 없어 보였던 개인적 어려움에 대한 통제력을 갖게 된다. 내담자가 자신의 문제에 대한 예외를 찾아내고 문제보다는 이런 예외에 대한 생각을 정리하면 변화가 빠르게 일어날 수 있다.
- 내담자는 종종 자신의 한쪽 측면만 제시한다. 해결중심 상담자는 내담자로 하여금 자신의 이야기의 다른 측면을 검토해보도록 한다.
- 어떤 문제도 영원하지 않으며 변화는 불가피하다. 사람들이 해야 할 일은 이미 일어나고 있는 긍정적인 변화가 무엇인지를 인식하는 것이다. 작은 변화가 큰 변화를 만들어내며 이런 변화가 문제를 해결하기 위한 모든 것인 경우가 많다(Guterman, 2013).
- 내담자는 변화를 일으키기 위해 최선을 다한다. 상담자는 내담자의 저항적인 모습을 통제하기 위한 전략을 개발하기보다는 내담자와 협력적인 자세를 취해야 한다. 상담자가 사람들과 협력하기 시작하면 저항은 일어나지 않는다.
- 내담자가 문제를 해결하고자 하는 의도를 지니고 있다는 점을 믿어주어야 한다. 상담자는 내담자가 협력적이고, 힘을 북돋아주는 치료적 상황에서 변화를 원하고, 변화할 수 있으며, 변화할 것이라고 가정한다. 특정 문제를 지닌 모든 사람에게 적용될 수 있는 '올바른' 해결책은 없다. 각 사람은 독특하기 때문에 각자의 해결책도 독특하다.

단기 치료의 특징 치료의 평균 기간은 3~8회기이며, 가장 흔한 기간은 1회기이다(Hoyt, 2015). 단기 치료의 목표는 내담자가 문제를 효과적으로 해결하도록 돕고 가능한 한 빨리 앞으로 전진하는 것이다. 단기 치료의 특징은 다음과 같다(Hoyt, 2009, 2011, 2015).

- 상담자와 내담자 사이의 빠른 작업 동맹
- 성취 가능한 상담 목표를 명확하게 구체화

- 내담자와 상담자의 책임을 명확하게 구분(내담자의 적극적인 참여와 높은 수준의 상담자 활동)
- 내담자의 강점, 자원, 적응 능력에 대한 강조
- 변화는 가능하고 현실적이며 곧 좋아질 것이라는 기대
- 현재의 사고, 감정, 행동에 우선적으로 초점을 두는 '지금 여기' 지향성
- 구체적, 통합적, 실용적, 절충적 기법
- 목표와 성과 달성을 정기적으로 평가
- 시간에 민감함(각 회기 및 상담 종결을 가능한 한 빨리 진행)

해결중심 단기 상담자의 주요 과제는 신속하고 체계적으로 문제를 규정하고, 내담자와 협조적인 관계를 만들며, 다양한 구체적인 방법으로 개입하는 것이다. 대부분의 상담에 횟수 제한이 있기 때문에 상담자는 단기 상담을 잘할 수 있어야 한다(Hoyt, 2011).

상담 과정

상담 과정은 내담자는 과거에 무엇이 효과 있고 효과 없었는지, 그리고 미래에 무엇이 효과 있을지를 잘 아는 자기 삶의 전문가라는 입장에 기초하고 있다. 해결중심 상담은 대부분의 전통적 치료 모형이 사용하는 교육적 입장이 아니라 내담자와의 협력적 입장을 취한다. 내담자가 상담 과정의 처음부터 끝까지 참여할 때 상담이 성공할 가능성이 높아진다. 즉, 상담에서 위계적 관계보다는 협력적이고 협조적인 관계가 더 효과적일 수 있다.

드세이저(1991)는 내담자가 자신의 문제에 대한 어떤 평가를 하지 않고도 문제의 해결책을 찾아낼 수 있다고 생각했다. 이 틀의 해결책 수립 구조는 전통적인 문제해결 접근과 크게 다르다. 이는 다음의 개략적인 단계 설명에 잘 나타난다(De Jong & Berg, 2013).

1. 내담자에게 자신의 문제를 설명할 기회를 준다. '내가 당신에게 어떻게 도움이 될까요?'라는 상담자의 질문에 내담자가 답할 때 상담자는 수용적이며 조심스럽게 경청한다.
2. 상담자는 가능한 한 빨리 좋은 목표를 세우기 위해 내담자와 노력한다. '당신의 문제가 해결되면 무엇이 달라질까요?'라는 질문이 주어진다.
3. 상담자는 문제가 없었거나 문제가 덜 심각했던 때가 언제인지 내담자에게 질문한다. 내담자는 이런 예외를 탐색하는 데 도움을 받으며, 특히 그런 일이 발생하도록 내담자가 한 일이 무엇이었는지를 특별히 강조한다.
4. 해결책 수립을 위한 대화를 할 때마다 상담자는 요약 피드백을 내담자에게 제공하

고, 격려하며, 앞으로 문제를 해결하기 위해 다음 회기 때까지 내담자가 무엇을 관찰하거나 행동할 것인지를 제안한다.

5. 상담자와 내담자는 만족한 해결에 어느 정도 도달했는지를 평가척도를 사용해서 평가한다. 문제가 해결되었다는 것을 알기 전에 무엇이 되어야 할지, 그리고 다음 단계는 무엇이 될지를 내담자에게 질문한다.

상담 목표 해결중심 단기 치료에는 변화, 상호작용, 목표 달성에 대한 기본 가정이 있다. 해결중심 상담자는 사람들은 의미 있는 개인적 목표를 정의하는 능력과 자신의 문제를 해결할 자원을 지니고 있다고 믿는다. 목표는 각 내담자마다 고유하며 더 풍성한 미래를 위해 내담자에 의해 구성된다(Prochaska & Norcross, 2014). 내담자의 선호, 목표, 바라는 결과가 명확하게 드러나지 않으면 내담자와 상담자 사이에 균열이 생길 수 있다. 상담 초기에 내담자가 상담에서 원하는 것이 무엇인지, 그리고 어떤 문제를 탐색하고 싶은지를 말할 기회를 갖는 것이 매우 중요하다. 내담자와 처음 만난 후부터 상담자는 변화를 촉진하고 내담자가 다양한 가능성을 생각할 수 있는 촉진적 조건을 만들기 위해 노력한다.

해결중심 상담자는 추가적인 긍정적 성과를 만들어낼 작고 현실적이며 성취 가능한 변화에 집중한다. 성공은 그 자체에 기초해서 이루어지므로 작은 목표가 적절하다고 본다. 상담자는 내담자의 긍정적 움직임을 가능한 한 빨리 증폭시킬 방법을 강구한다. 해결중심 상담자는 다음과 같이 변화를 전제하고, 여러 가지 답변을 요구하며, 미래 지향적인 질문을 던진다. '지난 상담 이후 무엇을 하였고 무엇이 변화되었습니까?', '어떤 것이 좋아졌다고 생각합니까?'(Bubenzer & West, 1993).

머피(2015)는 내담자가 다음과 같이 잘 규정된 목표를 세우도록 돕는 것이 중요하다고 강조하였다. (1) 내담자의 언어로 긍정적으로 기술한다. (2) 행동 중심이다. (3) '지금 여기'에서 구성한다. (4) 도달할 수 있고 구체적이며 개별적이고 측정할 수 있다. (5) 내담자가 통제한다. 내담자가 자신의 관심사를 표현하기 전에 상담자가 특정 목표를 달성하는 과제를 내담자에게 일방적으로 부과하려고 해서는 안 된다. 내담자는 의미 있는 개인적 목표를 수립하기 전에 우선 자신의 관심사를 상담자가 잘 들었고 이해했다고 느낄 수 있어야 한다. 해결중심이 되려고 애쓰다가 상담자가 상담 절차에서 방향을 잃고 대인관계 측면에 충분히 주의를 기울이지 못할 수 있다. 상담자는 치료적 동맹을 잃어버리면서까지 지나치게 기법 위주로 상담하지 않도록 주의해야 한다.

해결중심 치료는 상황을 보는 관점이나 준거 상황을 보는 관점이나 참조 체계를 변화시키기, 문제 상황에서 하는 행동을 변화시키기, 내담자의 강점과 자원을 활용하기의 세 가지 형식의 목표를 사용한다(O'Hanlon & Weiner-Davis, 2003). 상담자는 자신의 언어에 주의해서 내담자의 희망과 낙관성을 높이고 가능성과 변화에 대해 열린 자세를 가져야 한다. 내담자는 문제 대화보다는 변화 대화 또는 해결 대화를 하도록 격려받는다. 여기에는 우리가 가장 많이 말하는 것을 우리가 할 것이라는 전제가 있다. 문제를 이야기하면 문제가 계속되고, 변화를 이야기하면 변화가 일어난다.

상담자의 기능과 역할 해결중심 상담자는 내담자가 상담자와의 만남에서 무엇인가를 원한다는 점에서 모든 내담자는 동기화되어 있다고 믿는다(George, Iveson, & Ratner, 2015). 대화의 방향과 목적을 자신이 결정한다고 생각하는 내담자는 상담 과정에 더 참여할 것이다. 상담 과정에는 미래에 대한 내담자의 생각과 일상생활에서 달라지고 싶은 것을 많이 다룬다. 해결중심 단기 상담자는 포스트모더니즘과 구성주의적 입장에서 알지 못한다는 입장을 취하여 내담자에게 그들의 삶에 대해서 전문가라는 지위를 부여한다. 상담자는 자신이 참조 체계에 대한 전문가이기 때문에 내담자의 행동과 경험의 중요성을 당연히 알 수 있다고 생각하지 않는다(Anderson & Goolishian, 1992). 이 모형은 상담자를 평가와 상담의 전문가로 보는 전통적인 입장과는 매우 다른 관점의 상담자 역할과 기능을 제시한다. 전문가로서의 상담자는 전문가로서의 내담자로 대치되는데 특히 내담자가 생활과 상담에서 원하는 것이 무엇인지를 다룰 때는 더욱 그렇다. 상담자는 내담자가 자기 삶에 대해 진정한 전문가라고 실제 믿어야 한다. 상담자가 변화 과정에 대한 전문지식을 가지고 있다고 할지라도 내담자가 무엇을 변화하고 싶어 하는지에 대해서는 내담자가 전문가이다. 내담자는 자신이 선호하는 미래를 만들어가는 자신만의 방법을 찾을 것이다. 이것은 상담을 시작할 때는 명확하지 않을 수 있다. 상담자의 과제는 내담자에게 무엇이 변화할 것인지를 지시하는 것이 아니라 변화의 방향을 알려주는 것이다(George et al., 2015; Guterman, 2013).

상담자는 내담자가 자신의 진화하는 이야기를 자유스럽게 창조하고 탐색하며 공동으로 집필할 수 있는 상호 존중, 대화, 지지의 분위기를 만들기 위해 노력한다. 핵심적인 상담 과제는 내담자로 하여금 생활이 어떻게 달라지기를 원하는지와 이런 변화가 일어나게 하려면 무엇을 해야 할지를 상상하도록 돕는 것이다. 상담자의 기능은 질문을 하고, 그 답변에 기초해서 다른 질문을 하는 것이다. 다음은 유용한 질문의 사례이다. '여기 오는 것을 통해 어떤 것을 얻고 싶은가요?', '당신이 원하는 변화를 이룬다면 생활이 어떻게 달라질까요?', '이런 변화를 이루기 위해 지금 무엇을 할 수 있을까요?'

학습 목표 05 **상담 관계** 상담자와 내담자의 관계의 질이 해결중심 단기 치료의 결정적인 요인이므로 관계 수립 또는 관여는 해결중심 단기 치료의 기본적인 절차이다. 상담자의 태도가 효과적인 상담 과정의 핵심이다. 신뢰감을 형성해서 내담자가 다음 회기에 오고 과제를 수행할 수 있게 해야 한다. 내담자가 상담에 적극적으로 참여하고 상담자와의 긍정적인 관계를 경험하며 내담자가 생각하는 것을 상담에서 중요하게 다루어줄 때 상담 과정은 효과가 가장 크게 나타난다(Murphy, 2015). 효과적인 치료적 동반자 관계를 형성하는 방법은 해결책을 만들기 위해 내담자가 이미 가지고 있는 강점과 자원을 사용하는 방법을 상담자가 보여주는 것이다. 내담자는 무엇인가 다른 것을 해보도록, 그리고 현재와 미래의 걱정을 다룰 방법을 창의적으로 생각해보도록 격려받는다.

드세이저(1988)는 상담자와 내담자 사이에 형성될 수 있는 세 가지 종류의 관계를 다음과 같이 설명했다.

1. **고객**: 내담자와 상담자가 앞으로 다룰 문제와 해결책을 함께 생각한다. 내담자는 목표를 달성하기 위해 자신이 노력해야 한다는 것을 알게 된다.
2. **불평자**: 내담자는 해결은 누군가 다른 사람에게 달려있다고 생각하기 때문에 문제에 대해서 이야기는 하지만 해결책을 수립하려고 하지는 않는다. 이 상황에서 내담자는 자신이 문제라고 지목한 그 사람을 상담자가 변화시켜주기를 기대한다.
3. **방문자**: 내담자는 배우자, 연인, 교사, 보호관찰관 등 다른 누군가가 내담자를 문제라고 생각하기 때문에 상담에 온다. 이런 내담자는 자신이 문제라고 생각하지 않아 상담에서 무엇을 탐색할지를 정할 수 없다.

드종과 버그(2013)는 상담자가 내담자를 고정된 상태로 보지 않도록 주의해야 한다고 하였다. 이 세 가지 역할은 대화의 출발점일 뿐이다. 상담자는 내담자를 유형화할 것이 아니라 내담자와 상담자 사이에서 만들어지는 관계의 종류에 대해 생각해야 한다. 예를 들어, 상담자는 문제의 원인을 다른 사람에게 돌리는 내담자(불평자)에게 능숙하게 개입해서 그 문제에서 내담자가 한 역할과, 해결을 위해 내담자가 행동해야 할 필요성을 생각해보게 할 수 있다. 내담자의 다양한 행동에 대해 상담자가 어떻게 반응하는지가 관계를 변화시킨다. 즉, 불평자와 방문자는 고객이 될 가능성을 지니고 있다.

적용: 상담 기법과 절차

학습 목표 06 해결중심 상담자들이 사용하는 핵심 기법은 예외 질문, 척도 질문, 기적 질문 등을 통해서 다르게 행동할 것을 찾아보는 것이다. 이런 기법도 협력적인 작업 동맹이 없이 그저 기계적으로 사용되면 효과적인 결과를 낼 수 없다. 머피(Murphy, 2015)는 이런 해결중심 기법을 각 내담자에 맞게 유연하게 다듬어서 사용할 것을 제안하였다. 상담은 내담자의 목표, 인식, 자원, 피드백에 의해 가장 잘 진행될 수 있다. 상담은 상담 관계 외부(증거 기반 치료 등)에 있는 절대적이거나 경직된 기준에 의해 결정되어서는 안 된다.

상담 전 변화 종종 단순히 약속을 잡기만 했는데도 긍정적으로 행동이 변화한다. 첫 회기에 해결중심 상담자는 일반적으로 다음과 같은 질문을 한다. "상담 약속을 잡으신 후 문제에 변화를 일으킨 어떤 행동을 했습니까?"(de Shazer, 1985, 1988) 이렇게 변화에 대해 질문함으로써 상담자는 내담자가 긍정적 변화를 일으키는 방향으로 이미 한 행동을 추출하고, 불러일으키며, 확장할 수 있다. 이런 변화는 상담 과정을 통해 생기는 것이 아니므로 이런 변화에 대한 질문은 내담자로 하여금 상담 목표를 달성하기 위해 상담자보다는 자신의 자원을 더 의지하게 한다.

예외 질문 해결중심 단기 치료는 내담자가 살아오면서 지금 문제로 지목하는 그 일이 문제가 되지 않았던 때가 있었다고 전제한다. 이런 때가 예외이며 다른 소식을 전해준다(Bateson, 1972). 해결중심 상담자는 **예외 질문**(exception question)을 통해 내담자를 문제가 존재하지 않았거나 문제가 이처럼 심각하지 않았을 때로 이끌어간다. **예외**(exception)란 문제가 일어날 수도 있었지만 무엇인가를 해서 문제가 발생하지 않았던 내담자의 지난 생활 경험이다(de Shazer, 1985; Murphy, 2015). 내담자가 이런 예외를 찾아보고 검토함으로써 해결을 위해 노력할 가능성이 많아진다(Guterman, 2013). 일단 이런 성공 사례를 찾아내면 앞으로 변화를 위해 유용하게 사용될 수 있다. 이런 탐색을 통해 내담자는 문제가 항상 절대적이지 않으며 영원히 존재하는 것도 아니란 것을 알게 되며, 자원을 활성화시키고 강점을 활용하며 가능한 해결책을 생각하게 된다. 상담자는 이런 예외가 더 자주 일어나려면 무엇을 해야 할지를 내담자에게 질문한다.

기적 질문 상담 목표는 드세이저(1988)가 **기적 질문**(miracle question)이라고 명명한 해결중심 단기 치료의 주요 기법을 사용해서 설정한다. 상담자는 '하룻밤 사이에 기적이 일어나 당신의 문제가 해결된다면 당신은 그것을 어떻게 알 수 있으며 무엇이 달라질까요?'라고 질문한다. 그리고 내담자에게 문제가 아직 있는 것을 알지만 '달라질 것'을 실행해보도록 한다. 내담자가 더 확신을 가지고 안전을 느낄 것이라고 말한다면 상담자는 다음과 같이 말한다. '오늘 사무실을 떠나 더 확신 있고 안전하게 행동한다고 생각해보세요. 무엇을 다르게 행동할까요?' 이렇게 가설적인 해결을 생각해보는 과정은 인식된 문제에 대한 행동과 관점을 변화시키면 문제가 변화한다는 오핸런과 와이너-데이비스(O'Hanlon & Weiner-Davis, 2003)의 생각을 보여준다.

드종과 버그(2013)는 기적 질문이 유용한 기법인 이유를 몇 가지 제시했다. 내담자에게 기적이 일어날 것을 생각해보라고 요청하는 것은 다양한 미래의 가능성을 열어놓는다. 내담자는 자신이 가장 원하는 변화를 알아보기 위해 꿈을 가져볼 수 있다. 이 질문은 내담자로 하여금 특정 문제의 지배를 받지 않는 다른 종류의 삶을 생각할 수 있도록 미래에 초점을 둔다. 이 개입은 과거나 현재의 문제를 강조하던 것에서 벗어나 미래의 더 만족한 삶을 강조하게 한다.

척도 질문 해결중심 상담자는 감정, 성향, 의사소통 등의 경험에서 변화가 쉽게 관찰되지 않거나 내담자가 문제에 완전하게 패배한 것이 아니란 점을 내담자에게 알려주기 위해 **척도 질문**(scaling question)을 사용한다(de Shazer & Berg, 1988). 예를 들어, 공황이나 불안 감정을 보고하는 여성에게 다음과 같이 질문한다. '0에서 10까지의 척도에서 0은 당신이 상담에 처음 왔을 때의 불안 수준이고 10은 기적이 일어나서 문제가 모두 사라졌을 때의 불안 수준이라면 지금은 몇 점 정도로 불안을 느끼나요?' 내담자가 0에서 1로 움직였다면 좋아진 것이다. 어떻게 그렇게 된 것일까? 더 숫자가 올라가려면 무엇을 해야 할까? 척도 질문은 내담자로 하여금 자신이 하는 일을 더 세밀하게 관찰하게 하고 자신이 원하는 변화로 가기 위한 단계들을 찾아보게 한다.

첫 회기 과제 공식 **첫 회기 과제 공식**(formula first session task: FFST)은 첫 회기와 둘째 회기 사이에 내담자가 수행하도록 상담자가 부여하는 과제의 형식을 말한다. 상담자는 다음과 같이 말한다. "지금부터 다음번 우리가 만날 때까지 당신(가족, 생활, 결혼, 관계)에게서 앞으로 계속 일어나기 원하는 어떤 일이 일어나는지를 관찰해보세요."(de Shazer, 1985, p.137) 두 번째 회기에서 내담자에게 무엇을 관찰했으며 앞으로 어떤 일이 일어나기를 바라는지를 질문한다. 이런 과제는 내담자에게 변화는 불가피하다는 희망을 준다. 이것은 변화가 일어날 것인지의 문제가 아니라 언제 변화가 일어나는지의 문제이다. 드세이저에 의하면 이 개입은 현재와 미래의 상황에 대한 내담자의 낙관성과 희망을 고취시킨다. 첫 회기 과제 공식은 과거의 문제가 아니라 미래의 해결책을 강조한다(Murphy, 2015).

내담자에 대한 상담자의 피드백 해결중심 상담자는 일반적으로 각 회기 종료 전에 5~10분 정도의 휴식시간을 갖고 내담자에게 줄 요약 메시지를 작성한다. 이 시간에 치료자는 휴식 후 내담자에게 줄 피드백을 작성한다. 이 요약에는 회기 동안 관찰한 내담자의 강점, 희망의 단서, 문제의 예외에 대한 설명, 지금 하고 있는 행동 중 내담자가 원하는 방향으로 나아가는 데 유용한 행동 등이 포함된다(George et al., 2015).

드종과 버그(2013)는 칭찬, 다리, 과제 제안 등 세 부분으로 이 요약 피드백의 구조를 제시했다. 칭찬은 내담자가 효과적인 해결 방향으로 이미 하고 있는 일에 대한 진솔한 인정이다. 칭찬을 정해진 틀대로 기계적으로 하는 것이 아니라 내담자의 강점과 성공을 제시하여 내담자에게 희망을 일으키고 내담자가 목표를 성취할 수 있다는 기대를 갖도록 하는 격려하는 태도로 하는 것이 중요하다. 두 번째 단계인 다리는 처음의 칭찬을 이제 주어질 과제 제안과 연결해준다. 다리는 과제의 근거를 제공한다. 피드백의 세 번째 단계에서는 내담자에게 과제 제안을 하는데 이는 숙제로 여겨질 수 있다. 관찰 과제는 내담자에게 단순히 자기 삶의 어떤 측면에 주의를 기울이라고 한다. 이 자기 점검 과정은 내담자로 하여금 일이 잘 되었을 때 차이점이 무엇인지, 특히 자신이 생각하고 느끼고 행동하는 것에서 무엇이 달라지는지를 알게 해준다. 행동 과제는 상담자가 생각하기에 내담자가 해결책을 구성하는 데 도움이 될 것 같은 무엇인가를 실제로 하도록 한다. 드종과 버그(2013)는 목표를 성취할 가능성을 높이기 위해 내담자에 대한 상담자의 피드백은 내담자가 더 해야 할 일과 다르게 해야 할 일을 다루어야 한다고 강조하였다.

종결 첫 번째 해결중심 면담부터 상담자는 종결을 향해 가는 것을 마음에 둔다. 내담자가 일단 만족한 해결책을 구성할 수 있으면 상담 관계를 종결할 수 있다. 상담자가 종종 사용하는 목표설정 질문으로 다음과 같은 것이 있다. '저와 만나는 것이 가치 있다고 말하려면 여기 온 결과로 당신의 생활에서 무엇이 달라져야 할까요?' 척도 질문을 사용해서 내담자로 하여금 언제 상담에 더 이상 올 필요가 없을지를 결정하도록 진행을 점검하도록 할 수 있다(De Jong & Berg, 2013). 상담 시작부터 명확한 목표를 수립하는 것이 효과적인 종결의 초석이 된다(Murphy, 2015). 상담을 마치기 전에 상담자는 내담자가 이미 이룬 변화를 미래에도 계속하기 위해 무엇을 할지를 내담자가 정하도록 한다. 또한 내담자는 변화를 유지하는 데 방해나 장애가 될 수 있는 것을 생각해볼 수 있다.

구터만(Guterman, 2013)은 해결중심 상담의 궁극적인 목표는 상담을 마치는 것이라고 주장했다. "상담자가 계획에 의해 상담을 짧게 하려고 적극적으로 노력하지 않아도 많은 경우 당연히 상담이 짧게 끝나게 된다"(p.104). 이 상담 모형은 단기간이고 현재에 집중하며 특정한 불평을 다루므로 내담자가 나중에 다른 발달상의 문제를 경험할 수 있다. 상담자는 내담자에게 삶을 되돌리거나 이야기를 새롭게 할 필요가 있을 때면 언제든지 더 상담을 요청할 수 있다고 이야기한다.

머피 박사는『통합적 상담: 사례중심의 접근』(Corey, 2013) 11장에서 루스 사례를 해결중심 단기 치료 접근으로 평가하고 상담하면서 해결중심 단기 치료의 여러 기법을 실제 시행하는 모습을 보여주었다.

학습 목표 07 **집단상담에 적용하기** 해결중심 집단상담자는 사람들은 능력이 있으며 이 능력을 경험할 환경이 주어진다면 자신의 문제를 해결해서 더 풍성한 삶을 살 수 있다고 믿는다. 집단 촉진자는 집단 구성원이 자신의 문제를 간략하게 이야기하는 집단 시작 단계부터 해결에 강조점을 둔다(Metcalf, 1988). 촉진자는 다음과 같이 새 집단을 시작할 수 있다. '나는 여러분이 자신을 소개했으면 좋겠어요. 왜 당신이 여기 왔는지, 우리가 당신에 대해 무엇을 알면 좋을지를 간략하게 이야기해주세요.' 촉진자는 구성원들이 대화에서 문제를 배제시키도록 돕는데, 이는 구성원들이 자신을 문제에 덜 찌든 사람으로 보게 한다. 참여자들이 자신을 자원이 많은 사람으로 보게 만드는 것이 촉진자의 역할이다. 해결중심 단기 치료는 간략하게 진행되도록 계획되었으므로 지도자는 집단 구성원들이 문제 트랙이 아닌 해결책을 유지하도록 해야 한다. 이것이 참여자로 하여금 긍정적인 방향으로 나아가게 한다.

집단 지도자는 구성원과 함께 가능한 한 빨리 잘 형성된 목표를 만들기 위해 노력한다. 지도자는 더 긍정적인 성과를 만들어낼 수 있는 작고 현실적이며 성취 가능한 변화에 집중한다. 성공은 그 자체에 기반으로 해서 이루어지는 경향이 있으므로 작은 목표를 변화의 시작이라고 여긴다. 집단 구성원들이 명확한 목표를 세우게 하기 위해 다음과 같이 질문한다. '여러분 각각의 문제가 해결되면 여러분의 생활이 어떻게 달라질까요?', '당신과 집단에 있는 우리에게 당신에게 좋은 일이 생겼다고 말해줄 어떤 일이 앞으로 일어날까요?' 때로는 구성원들이 자신의 목표나 행동에 집중하지 못하고 다른 사람이 하거나 하지 않을 일을 이야기하기도 한다. 이런 경우에는 이렇게 질문한다. '당신 자신은 어떨까요? 그 경우에 당신은 어떤 다른 행동을 할까요? 당신이 다르게 행동하면 다른 사람들이 어떻게 반응할 것 같아요?'

촉진자는 구성원들에게 자신의 문제가 없었거나 덜 심각했던 때를 질문한다. 구성원들은 이 예외를 탐색하면서 특히 이런 일이 발생하도록 자신이 한 일이 무엇이었는지에 강조점을 둔다. 참여자들은 함께 서로의 예외를 찾아본다. 이는 집단 과정을 촉진하고 해결중심을 강화해서 강력한 효과를 발휘한다. 예외는 문제 맥락 밖에서 실제 일어난 일이다. 개인 상담에서는 상담자와 내담자만이 능력을 관찰한다. 집단상담의 장점은 청중이 확대되고 더 많은 입력이 가능하다는 점이다(Metcarf, 1998).

질문 기술이 해결중심 집단에 사용되는 주요 개입이다. 질문은 존중, 진솔한 호기심, 진지한 관심, 개방성의 태도에서 주어진다. 집단 지도자는 다음과 같이 변화를 전제하고 목표 지향적이며 미래 지향적인 질문을 한다. '지난번 이후로 당신은 무엇을 하였고 어떤 것이 변하였나요?', '무엇을 보고 좋아졌다는 것을 알게 되었나요?' 다른 집단 구성원들도 집단 지도자와 함께 반응해서 집단 상호작용이 활발하게 이루어지게 한다. 촉진자는 다음과 같은 질문을 한다. '당신을 이 집단으로 오게 한 문제가 어느 날 덜 심각해진다면 당신은 무엇을 할까요?', '오늘 다른 사람의 이야기를 들어보니 당신이 무엇인가 다른 것을 하도록 격려하는 자원이 되는 누군가가 이 집단에 있나요?' 지도자는 구성원이 예외를 찾아보고 개인적인 회복 탄력성과 능력을 인식하도록 돕기 위해 노력한다. 구성원들이 자신의 개인적인 능력을 더 잘 알게 되는 집단 맥락을 만드는 것이 자신의 문제를 해결하는 방법을 알게 되는 핵심적인 요인이다.

해결중심 집단상담은 학교 장면에서 실제적이고 효율적인 개입을 하고 싶은 상담자에게 매우 유용하다. 해결중심 단기 치료는 협조적인 접근을 통해 학생의 생활에서 무엇이 문제인지에서 무엇이 효과 있는지로 초점을 전환시킨다(Murphy, 2015; Sklare, 2005). 이 접근은 학교 상담자에게 학생의 문제를 제거하는 기법 모음집이 아니라 학생들이 더 생산적인 방향을 발견하게 해주는 작고 구체적인 변화를 성취하도록 하는 협력

마이클 화이트(Michael White, 1949–2008)는 데이비드 엡스턴과 함께 이야기 치료 운동의 공동 창시자이다. 그는 오스트레일리아의 애들레이드에서 덜위치 센터(Dulwich Center)를 설립했으며, 가족과 지역사회에 대한 그의 활동은 전 세계적인 관심을 끌었다. 그의 주요 저서로는 『이야기 치료 방법(Narrative Means to Therapeutic Ends)』(White & Epson, 1990), 『삶의 재창작: 면담과 에세이(Reauthoring Lives: Interviews and Essays)』(1995), 『심리치료자의 삶의 이야기(Narrative of Therapists' Lives)』(1997), 『이야기 치료의 지도(Maps of Narrative Practice)』(2007) 등이 있다. 마이클 화이트는 2008년 4월 교육 워크숍을 진행하기 위해 샌디에이고를 방문한 도중에 사망했다.

Courtesy of Cheryl White, Dulwich Centre, Adelaide, Australia

Michael White

데이비드 엡스턴(David Epston, 1944–) 이야기 치료를 개발한 사람 중의 하나이다. 그는 뉴질랜드 오클랜드에 있는 가족상담센터의 운영자이다. 그는 오스트레일리아, 유럽, 북미 등에서 강의와 워크숍을 진행하는 국제적인 여행가이다. 그의 공동저작으로 『이야기 치료 방법』(White & Epston, 1990)과 『심각한 문제에 유쾌하게 접근하기: 아동과 가족을 위한 이야기 치료(Playful Approaches to Serious Problems: Narrative Therapy with Children and Their Families)』(Freeman, Epston, & Lobovits, 1997)가 있다. 그는 식이장애를 지닌 사람과의 상담으로 유명하며 『당신을 굶주리게 하는 손 깨물기(Biting the Hand That Starves You)』(Maisel, Epston, & Borden, 2004)를 공동 집필했다.

Courtesy of David Epston

David Epston

틀을 제공한다. 이 모형은 K-12 학교 체제에서 많은 상담 사례를 담당해야 하는 학교상담자에게 많은 것을 제공한다. 해결중심 단기 치료 집단상담에 대해 더 자세한 사항은 코리의 저서(2016) 16장을 참고하라.

이야기 치료

도입

사회구성주의자 중 마이클 화이트와 데이비드 엡스턴(1990)은 이야기 치료 활용으로 널리 알려져 있다. 화이트(1992)에 의하면 사람들은 해석적인 이야기로 삶의 의미를 구성하고 그것을 '진실'이라고 생각한다. 각 문화를 지배하는 이야기의 힘 때문에 사람들은 자신의 삶의 기회와는 상반되는 지배적 담론을 내면화하는 경향이 있다.

포스트모더니즘, 이야기, 사회적 구성주의 관점을 통해보면 권력, 지식, '진실'이 가족 및 여러 사회와 문화 맥락에서 어떻게 만들어지는지를 알 수 있다(Freedman &

Combs, 1996). 이야기 치료는 내담자가 스스로를 힘이 있고 자신이 원하는 삶을 사는 존재로 인식하도록 돕기 위해 내담자와 상담자의 협력을 강조하는 강점 기반 접근이다(Rice, 2015).

주요 개념

학습 목표 08 주요 개념과 상담 과정은 여러 문헌에서 인용하였으며, 주로 다음 문헌을 활용하였다. Winslade & Monk(2007); Monk(1997); Winslade, Crocket, & Monk(1997); McKenzie & Monk(1997); Freedman & Combs(1996).

이야기 치료의 초점 이야기 치료는 대부분의 전통적 이론들과는 다른 초점을 택한다. 상담자는 특별히 내담자의 이야기를 주의 깊게 듣는 데 관심을 가지고 협력적인 관계를 형성하고, 내담자의 생애 중 자원이 풍부했던 시절을 탐색하며, 내담자가 상담에 참여하여 탐색을 잘 하도록 질문을 사용하며, 내담자를 진단하거나 분류하지 않고 문제를 중심으로 내담자 전체를 설명하지 않으며, 문제가 내담자의 삶에 미치는 영향을 내담자가 그려보도록 하고, 내담자가 문제를 자신과 분리시키도록 하여 대안적 삶의 이야기가 만들어질 여유를 만든다(Freedman & Combs, 1996).

이야기의 역할 이야기 치료는 문제는 사회적, 문화적, 정치적 맥락에서 만들어진다는 생각을 이론적 근거로 삼고 있다. 우리는 우리가 스스로에 대해서 하는 이야기와 다른 사람들이 우리에 대해 하는 이야기에 따라 살아간다. 우리의 이야기는 우리가 보고, 느끼고, 하는 것을 구성하고 조직한다는 의미에서 현실을 만든다. 언어가 어떻게 문제를 만들고 유지하는지를 탐색할 때 변화가 일어난다(Rice, 2015). 상담에 온 내담자는 말하고자 하는 생생한 이야기를 가지고 있다. 이야기가 변화하면 이야기를 말하는 사람만 변화하는 것이 아니라 이런 이야기 과정에 참여하는 특권을 지닌 상담자도 변화한다(Monk, 1997).

열린 마음으로 경청하기 모든 사회구성주의자들은 내담자를 판단이나 비난, 인정, 칭찬하지 말고 경청할 것을 강조한다. 이야기 상담은 여기에서 더 나아가서 의료적, 심리학적, 교육적 담화에 있는 정상화 판단 체계를 해체한다. **정상화 판단**(normalizing judgment)이란 사람을 정상분포곡선 위에 놓고 지능, 정신건강, 정상적인 행동을 평가하는 일체의 판단을 말한다. 이런 판단은 객관적 측정이라고 주장되기 때문에 개인이 이것에 저항하기가 어렵고 보통은 내면화된다. 이야기 치료 상담자에 의하면 우리가 정상화 판단을 하고 있다면 개인적 판단을 유보하는 것만으로는 별 효과가 없다. 입장을 바꿔서 내담자가 지금까지 받아온 판단에 대해 어떻게 생각하는지를 질문해야 해체를 할 수 있다. 이야기 치료 상담자는 사람들로 하여금 그들을 지배했던 판단에 대해 판단해보라고 초청하는 일을 한다. 이야기 치료 상담자는 내담자로 하여금 이야기를 만들어 의미와 새로운 가능성을 창조하고 고통스러운 신념, 가치, 해석을 수정하도록 한다. 상담자는 자신의 가치 체계를 내담자에게 부과하지 않으며, 해석은 기존의 절대적인 중요성과 가치에 대한 이론에서 나오는 것이 아니라 내담자의 이야기로부터 만들어진다.

이야기 치료 상담자는 내담자의 문제 중심 이야기를 경청하지만 그것에 고착되지 않으려고 노력한다. 상담자는 억압적인 문제를 대항할 내담자의 능력을 찾아내기 위해 세밀한 것에 주의를 기울인다. 윈슬레이드와 멍크(Winslade & Monk, 2007)에 의하면 상담자는 내담자의 능력, 재능, 긍정적 의도를 신뢰해야 하며, 생활 경험은 새로운 행동을 하는 촉매제로 활용될 수 있다. 이야기 치료 상담자는 비록 내담자가 찾기 어려워할지라도 이런 내적 자원과 능력을 발견할 수 있다는 믿음을 보여주어야 한다.

이야기 치료를 하면서 전체화하는 언어(totalizing language)를 사용하지 않으려고 주의를 기울여야 한다. 전체화하는 언어는 모든 것을 아우르는 한 가지 표현으로 한 사람의 핵심을 나타내어 개인의 복합성을 무시한다. 상담자는 내담자의 이야기를 듣고 반응하면서 마음속에서 내담자를 문제로부터 분리시킨다(Winslade & Monk, 2007). 이를 **이중 경청**(double listening)이라고 한다.

이야기 관점은 창의적이고 상상력 넘치는 생각을 할 수 있는 인간의 능력에 초점을 두는데 이 능력은 종종 지배적 담화에 대한 저항에서 발견된다. 이야기 치료 상담자는 자신이 내담자보다 내담자의 삶을 더 안다고 생각하지 않는다. 내담자는 자신의 경험에 대한 일차 해석자이다. 인간을 자신의 경험 세계에서 의미를 발견할 수 있는 적극적인 행위자로 보며, 대안적 이야기를 함께 개발할 수 있는 다른 사람들과 어울리도록 격려한다.

상담 과정

이야기 치료의 상담 과정에 대한 다음의 개요는 이야기 접근의 구조를 보여준다(O'Hanlon, 1994, pp. 25-26).

- 문제를 무엇이라고 부를지 서로 합의할 수 있도록 내담자와 협력한다.
- 문제를 의인화하여 그것에 억압적인 의도와 특성을 부여한다.
- 어떻게 문제가 내담자를 방해하고 지배하며 좌절시키는지를 탐색한다.
- 사건에 대한 대안적인 의미를 질문하면서 내담자로 하여금 다른 관점에서 자신의 이야기를 보게 한다.
- 문제에 대한 예외를 탐색해서 내담자가 문제에 지배당하거나 패배하지 않았던 순간을 발견한다.
- 내담자가 문제의 지배와 억압을 저항하고 견디며 피할 수 있는 충분한 능력을 지니

고 있다는 새로운 관점을 지지하는 과거의 증거를 찾는다(이 단계에서는 내담자의 정체성과 생활 이야기가 새롭게 서술되기 시작한다).

- 내담자에게 이제 나타나기 시작한 강하고 유능한 사람에게 어떤 미래를 기대할 수 있는지를 생각해보도록 한다. 내담자가 문제 중심의 과거 역사에서 자유로워질수록 좀 더 나은 미래를 생각하고 계획할 수 있다.
- 새로운 이야기를 이해하고 지지해줄 청중을 찾거나 만든다. 새로운 이야기를 이야기하는 것만으로는 충분하지 않다. 내담자는 상담 이외의 상황에서 대안적인 이야기를 살아야 한다. 애초에 내담자의 문제는 사회적 맥락에서 만들어졌기 때문에 치료자와의 대화에서 만들어진 새로운 삶의 이야기를 지지해줄 사회적 환경을 만드는 것이 중요하다.

윈슬레이드와 멍크(2007)는 이야기 치료가 여기에 제시된 것처럼 순서대로 진행되지 않는다고 강조하였다. 이 단계들은 다음의 요소들이 포함된 순환적 전행으로 생각할 수 있다.

- 문제 이야기를 문제에 대한 외재화 서술로 이동시킨다.
- 문제가 개인에 미친 영향을 그려본다.
- 문제와 그 영향을 평가해보도록 한다.
- 문제 중심적인 이야기에서 강점과 능력의 단서를 찾아낸다.
- 새로운 능력 이야기를 만들고 성과를 보여준다.

상담 목표 이야기 치료의 일반적인 목표는 사람들로 하여금 새롭고 신선한 언어로 자신의 경험을 말하도록 하는 것이다. 이를 통해 내담자는 무엇이 가능한지에 대한 새로운 전망을 갖게 된다. 이 새로운 언어를 통해 내담자는 문제 많은 생각, 감정, 행동을 대치할 새로운 의미를 개발한다(Freedman & Combs, 1996). 이야기 치료는 지배적 문화의 다양한 측면이 인간 생활에 미치는 영향을 항상 염두에 둔다. 이야기 치료 상담자는 관점을 넓히고 내담자에게 고유한 새로운 선택을 발견하거나 만들기 위해 노력한다.

상담자의 기능과 역할 이야기 치료 상담자는 적극적인 촉진자이다. 돌봄, 관심, 정중한 호기심, 개방성, 공감, 접촉, 매력 등은 상담 관계에 필수적이다. 내담자의 이야기를 따라가고 인정하며 그 이야기의 안내를 받는 '알지 못하는 자세'는 상담자에게 참여자-관찰자와 과정 촉진자라는 역할을 부여하고 상담을 포스트모던 인간관과 통합한다.

상담자의 주요 과제는 내담자로 하여금 선호하는 이야기를 구성하도록 하는 것이다. 이야기 치료 상담자는 정중한 호기심의 자세로 내담자와 함께 문제의 영향력과 그 영향력을 줄이기 위해 할 일을 탐색한다(Winslade & Monk, 2007). 상담자의 주요 기능은 내담자에게 질문하고, 그 답변에 기초해서 더 질문을 하는 것이다.

화이트와 엡스턴(1990)은 제시된 문제와 관련해서 내담자를 탐색하면서 상담을 시작한다. 내담자들은 흔히 처음에는 자신과 문제가 융합되어 마치 하나의 동일체인 것처럼 이야기한다. 화이트는 문제와 그 문제의 영향을 받는 사람을 분리시키기 위해 질문을 사용한다. 이런 언어의 전환은 내담자와 문제가 융합된 원래의 이야기를 해체하기 시작하여 문제를 내담자 외부에 있는 것으로 객관화시킨다.

해결중심 상담자처럼 이야기 치료 상담자는 내담자가 삶에서 원하는 것이 무엇인가에 대해서는 내담자가 전문가라는 입장을 취한다. 이야기 치료 상담자는 진단, 평가, 치료, 개입을 의미하는 언어를 회피한다. 진단과 평가와 같은 기능은 스스로의 삶에 대한 내담자의 지식보다 상담자의 '진리'를 우선시한다. 이야기 접근은 내담자가 살아온 경험을 이해하는 것을 강조하며 예측하고 해석하며 병리적으로 진단하는 노력을 무시한다.

멍크(1997)는 각 사람은 고유하기 때문에 각 내담자에 따라 이야기 치료는 변화해야 한다고 주장했다. 멍크에 따르면 이야기 상담은 존재의 방식에 기초하고 있기 때문에 만약 이야기 상담이 "공식이 되고 처방처럼 사용된다면 내담자는 무엇인가 그들에게 행해진다고 경험하고 대화 밖으로 밀려난 느낌을 갖게 된다"(p.24).

학습 목표 09 **상담 관계** 이야기 치료 상담자는 상담자가 상담에 가지고 오는 가치와 윤리적 태도를 매우 강조한다. 이런 태도에는 낙관주의와 존중, 호기심과 인내, 내담자의 지식을 가치 있게 여김, 진정한 권력 공유적 대화로 나타나는 특별한 종류의 관계 등이 포함된다(Winslade & Monk, 2007). 협력, 동정, 반영, 발견이 상담 관계의 특징이다. 이야기 치료의 강점 기반, 미래 지향적 특징은 상담자를 관계에서 전문가로 강조하는 문제 기반 접근보다 더 협력적 관계를 형성한다(Rice, 2015). 이 관계가 정말로 협력적이 되려면 상담자는 자신의 전문적 상담에서 권력이 어떻게 나타나는지를 자각해야 한다. 이는 상담자가 전문가로서의 권위를 갖지 않는다는 의미가 아니다. 그러나 상담자는 내담자를 그의 삶에서 전문가로 대함으로써 이 권위를 사용한다.

윈슬레이드, 크로켓, 멍크(Winslade, Crocket, and Monk, 1997)는 이 협력을 공동 저술 또는 권위 공유라고 부른다. 내담자는 자신을 위해 이야기할 권위를 가질 때 저자로서 기능한다. 이야기 접근에서는 전문가로서의 상담자가 전문가로서의 내담자로 대치된다. 이런 생각은 항상 지혜롭고 모든 것을 아는 전문가라는 상담자의 위치를 위협한다.

내담자는 종종 도움이 되지 않는 문제 중심 이야기에 고착되어 살아간다. 내담자가 문제 사고에 젖어 자신의 능력을 제한적으로 인식하고 있을 때 이런 내담자의 인식을 수정하기 위해 다른 강점 중심의 이야기를 이끌어내는 것이 상담자의 일이다. 내담자가 이런 과정에 참여하게 하기 위해 상담자는 내담자의 관점, 자원, 고유한 경험을 이끌어내는 대화와 질문을 한다. 과거는 지나간 역사지만 이전에 이미 차이와 독특한 성과가 있었다는 소식을 발견해서 앞으로 차이를 만들어내는 기초를 제공하기도 한다. 문제의 역사는 우리의 이해를 지배하기도 하지만 무시해서는 안 될 또 다른 역사도 있다. 이것이 문제 이야기에 대항하는 이야기의 역사이며 이는 대화를 통해 구성되고 다른 미래의 기초가 된다. 이야기 치료 상담자는 낙관성과 일부 과정을 제공하지만 무엇이 가능한지를 만들고 그것을 실현하기 위해 행동하는 사람은 내담자이다.

적용: 상담 기법과 절차

학습 목표 10 이야기 치료의 효과는 기법보다는 상담자의 태도나 관점에 의해 결정된다. 이야기 치료 상담에는 상담자가 따라 하기만 하면 긍정적인 성과가 보장되는 처방전이나 정해진 주제, 공식이 없다(Drewery & Winslade, 1997). 외재화 질문이 단지 기법으로만 사용되면 축소된 강제적 개입이 되어 의미 있는 치료적 효과를 내기 어렵다(Freedman & Combs, 1996; O'Hanlon, 1994).

이야기 치료 상담자는 상담자가 기법에 충실한 것보다는 상담자의 존재 방식을 더 중요하게 본다는 점에서 칼 로저스와 일치한다. 이야기 접근 상담은 단순한 기법 적용 이상의 과정이다. 이는 내담자로 하여금 다른 관점에서 자신의 이야기를 볼 수 있게 하는 환경을 만드는 상담자의 인성적 특성에 기초한다. 이야기 치료 상담자는 지배적 문화 규범을 넘어서 보려 하고 그것과 다른 내담자의 차이를 존중하려고 한다. 그럼에도 불구하고 이야기 치료 상담이 진행되는 과정을 개관하는 것은 치료적 대화에 구조화 방향을 제시할 수 있다(White, 2007).

질문……, 그리고 더 많은 질문 이야기 치료 상담자가 던지는 질문은 독특한 대화, 이전 대화에 대한 대화, 독특한 사건의 발견, 지배적 문화 과정과 주장에 대한 탐색에 해당한다고 여겨진다. 목적이 무엇이든 질문은 종종 순환적이고 관계적이며 새로운 방법으로 내담자를 격려한다. 그레고리 베이트슨(Gregory Bateson, 1972)의 유명한 말을 빌리자면 이는 차이를 만들 수 있는 차이를 찾는 질문이다.

이야기 치료 상담자는 정보를 수집하기 위해서가 아니라 경험을 만들어내기 위해 질문을 사용한다. 질문의 목적은 내담자가 선호하는 방향이 무엇인지 알 수 있도록 내담자의 경험을 점진적으로 발견하거나 구성하는 것이다. 질문은 항상 존중, 호기심, 개방성의 자세에서 주어진다. 상담자는 모른다는 자세로 질문하는데 이는 그 답을 이미 알고 있다고 생각하는 질문을 하지 않는다는 것이다.

질문하는 과정을 통해 상담자는 내담자가 자기 생활 상황의 다양한 영역을 탐색할 수 있게 한다. 이 질문 과정은 애초에 문제를 만들어낸 숨겨진 문화적 전제들을 밝혀낸다. 상담자는 문제가 처음에 어떻게 분명해졌으며, 내담자의 자신에 대한 관점에 영향을 미쳤는지를 알아내려고 한다(Monk, 1997). 이야기 치료 상담자는 사람들로 하여금 문제

중심 이야기를 해체하고 선호하는 방향을 정하고 그 방향을 지지하는 대안적 이야기를 만들도록 한다. 이야기 치료에서 질문 활용에 대한 추가적인 논의는 매디건(Madigan, 2011)을 참고하라.

외재화와 해체 이야기 치료 상담자는 사람이 문제가 아니라 문제가 문제라고 생각한다(White, 1989). 이 문제는 문화적 세계의 산물이거나 이 문화적 세계가 속한 권력 관계의 산물이다. 산다는 것은 문제와 융합되는 것이 아니라 문제와 관계하는 것이다. 이야기 치료 상담자는 내담자로 하여금 사건에 대해 형성되어 당연한 것으로 여겨지는 전제들에 동의하지 않게 하여 문제되는 이야기를 해체하도록 한다. 그러면 삶에 대한 대안적인 가능성이 열린다.

외재화는 이야기의 힘을 해체하는 과정이다. 이 과정은 문제와 동일시하는 것에서 사람을 분리시킨다. 내담자가 자신을 문제로 보면 문제를 효과적으로 다룰 수 있는 방법이 제한된다. 내담자가 문제를 자기 외부에 있다고 경험하면 문제와 관계를 맺기 시작한다. 예를 들어 누군가를 알코올 의존증 환자라고 부르는 것과 알코올이 그의 삶을 침범했다고 말하는 것은 큰 차이가 있다. 문제와 사람을 분리시키면 희망을 촉진하고 내담자로 하여금 자기 비난과 같은 특정한 이야기에 맞서게 한다. 자기를 비난하도록 하는 문화의 영향을 이해하게 되면 내담자는 이런 이야기를 해체하고 긍정적이고 치유적인 이야기를 생성할 수 있게 된다.

사람을 문제로부터 분리시키는 방법을 외재화 대화라고 하며 이는 새로운 이야기가 출현할 여지를 제공한다. 이 방법은 사람들이 변화 과정을 타당화하거나 격려하지 못했던 진단과 명칭을 내재화하였을 때 특히 유용하다(Bertolino & O'Hanlon, 2002). **외재화 대화**(externalizing conversation)는 억압적인 문제 중심 이야기를 거부하며, 내담자가 직면한 문제를 다룰 수 있는 능력이 있다고 느끼도록 힘을 부여한다. 외재화 대화를 구성하는 두 단계는 다음과 같다. (1) 문제가 개인의 삶에 미친 영향을 탐색한다. (2) 개인의 생활이 다시 문제에 미친 영향을 탐색한다(McKenzie & Monk, 1997).

문제가 개인에게 미친 영향을 그려보는 과정은 유용한 정보를 많이 제공하며 종종 사람들로 하여금 수치감과 비난을 덜 느끼게 해준다. 문제의 영향을 체계적으로 탐색하면 사람들이 경청과 이해를 경험한다. 공통적인 질문은 '이 문제가 언제 처음 당신의 삶에 나타났나요?'이다. 이 탐색이 주의 깊게 이루어지면 내담자의 새로운 이야기를 공동 저술하는 기초가 만들어진다. 문제가 얼마나 많이 내담자에게 영향을 미치고 있는지를 처음 알게 되면 종종 내담자가 화를 폭발하기도 한다. 상담자가 할 일은 내담자로 하여금 처음 문제가 일어난 때로부터 지금까지 문제를 추적하도록 하는 것이다. 상담자는 다음과 같은 질문으로 뒤틀린 미래를 제시할 수도 있다. '이 문제가 한 달 동안(또는 일정 기간) 계속된다면 당신은 어떻겠어요?' 이 질문은 내담자로 하여금 문제의 영향에 맞서 싸우기 위해 상담자와 연합하게 한다. 다른 유용한 질문은 '이 문제가 당신 삶의 어느 영역까지 영향을 끼쳤나요?', '이 문제가 당신의 삶에 얼마나 깊이 영향을 미쳤나요?'와 같은 질문이다.

문제가 내담자의 삶을 전혀 지배하지 못했던 때를 찾아보는 것이 중요하다. 이런 탐색은 문제로 인해 삶에 대해 환멸을 느끼는 내담자에게 다른 종류의 삶에 대한 희망을 준다. 상담자는 내담자와 외재화 대화를 하면서 이런 '반짝이는 순간'을 기대한다(White & Epston, 1990).

브랜던의 사례에서 외재화 대화를 볼 수 있다. 브랜던은 너무 화가 많이 나는데 특히 아내가 부당하게 그를 비난할 때 더 화가 난다고 이야기했다. "난 터져버려요! 죽겠어요. 미쳐버리지요. 그러고는 다시 싸워요. 나중에는 내가 그러지 말았어야 하는데 하지만 이미 늦어버렸지요. 난 다시 혼란에 빠져요." 구체적인 사례와 사건을 통해 어떻게 그가 화를 내는지를 질문하면 문제의 영향을 파악할 수 있다. 그러나 문제를 외재화하는 질문은 다음과 같다. '화의 임무는 무엇이며, 어떻게 그것이 당신을 이 임무에 참여하게 하였나요?', '어떻게 분노가 당신을 끌어들였고, 어떻게 당신을 속여서 그렇게 강력한 힘을 갖도록 한 것일까요?', '분노는 당신에게 무엇을 요구하나요? 당신이 그 요구를 들어주면 당신에게 무슨 일이 일어나나요?', '분노가 당신에게 하는 역할을 어떤 문화적 지원(당신의 가족/지역사회/세계)이 만들었을까요?'

고유한 성과 탐색 이야기 치료에서 외재화 질문 다음에는 고유한 성과를 탐색하는 질문을 한다. 상담자는 내담자에게 문제에 관해 선택하거나 성공한 순간이 있는지 질문한다. 이는 비록 그것이 내담자에게 의미 없어 보일지라도 내담자가 문제 이야기에서 벗어난 경험에 주의를 기울이려고 노력하는 과정을 통해 이루어진다. 상담자는 다음과 같이 질문한다. '분노가 당신을 사로잡고 싶어 했는데 당신이 저항했던 때가 있었나요? 그때 어땠었나요? 어떻게 그렇게 했나요?' 이 질문은 문제가 일어나지 않았거나 문제가 성공적으로 다루어졌던 순간을 부각시킨다. 고유한 성과는 흔히 과거나 현재에서 발견되지만 미래에 발생할 것으로 가정할 수도 있다. '분노에 대항해서 어떻게 맞설 수 있겠어요?' 이런 질문에 대한 대답을 탐색하다보면 내담자가 변화가 가능하다는 것을 알게 된다. 이런 고유한 성과들을 연결하면서 대항적 이야기(counter story)를 만들어갈 수 있다. 고유한 이야기가 있어야 대안적 삶의 이야기를 만들 수 있다(White, 1992).

화이트(1992)는 고유한 성과에 대한 설명에 이어 선호하는 정체성 이야기를 정교화하기 위해 직접적이거나 간접적인 질문을 하라고 한다.

- 당신이 당신 삶에서 원하는 것과 지금까지 당신 삶에서 어떤 노력을 했는지에 대해 이것이 무엇을 나에게 말해준다고 생각합니까?

- 이것을 아는 것이 당신에 대한 내 생각에 어떤 영향을 미칠 것이라고 생각합니까?
- 당신이 이 문제의 영향력을 다룰 수 있었다는 것을 알고 가장 덜 놀랄 사람이 누구입니까?
- 당신이 어떤 사람인지에 대한 이 정보를 더 충분히 실현한다면 어떤 행동에 매진하겠어요? (p.133)

고유한 성과를 해결 이야기로 발전시키는 것은 엡스턴과 화이트(1992)가 명명한 '순환 질문'을 통해 촉진된다.

- 당신의 삶에서 이 지점에 이른 것을 누가 또 알아야 할까요?
- 당신이 누군지에 대한 이전의 시각을 가지고 있는 사람이 있을 거예요. 그런 시각을 새로운 시각으로 바꾸는 방법이 뭘까요?
- 당신과 같은 이유로 상담을 받으러 온 사람에게 당신의 중요한 발견을 이야기해도 될까요? (p.23)

이런 질문은 한꺼번에 집중적으로 주어지지 않는다. 질문은 이야기 치료의 맥락에서 통합된 부분이며, 각 질문은 앞선 질문에 대한 답변에 맞게 정교하게 조율된다(White, 1992).

맥켄지와 멍크(1997)는 일련의 질문을 하려면 내담자의 허락을 받아야 한다고 주장했다. 상담자는 자신이 묻는 질문에 대한 대답을 자신이 가지고 있지 않다는 것을 내담자에게 알게 해 줌으로써 내담자에게 상담 과정에 대한 통제권을 부여한다. 지속적으로 질문을 하는 것에 대해 내담자의 허락을 구하는 것은 의도하지 않게 내담자를 압박할 위험성을 줄여준다.

대안적 이야기와 재저술 대항적 이야기를 저술하는 것은 해체와 함께 이루어지며, 이야기 치료 상담자는 대항적 이야기를 시작하기 위해 경청한다. 사람들은 지속적이고 적극적으로 자신의 삶의 재저술할 수 있으며, 이야기 치료 상담자는 '고유한 성과'를 통해 내담자가 대안적 이야기를 저술할 수 있도록 한다. 이런 일은 문제 내담자를 지배하는 문제 중심적 이야기를 듣는다고 해서 일어나는 것이 아니며, 사람에 대한 어떤 이야기에도 포함되어있지 않다. 이야기 치료 상담자는 다음과 같이 시작한다. '당신은 문제의 영향에서 벗어나 본 적이 있었습니까?' 상담자는 문제에 대한 이야기에서 능력의 단서를 찾고 이 단서를 중심으로 능력의 이야기를 구성한다. 매디건(2011)은 개인의 삶의 이야기는 이야기된 것보다 훨씬 더 흥미로울 것이라고 주장했다. 그는 상담자의 주요 과제가 "사람들로 하여금 더 풍부하고 튼튼하며 의미 있는 대안적 이야기를 기억하고, 다시 주장하며, 다시 만들어가도록 돕는 것"(p.159)이라고 하였다.

이야기 치료의 전환점은 내담자가 문제 중심의 이야기를 따라 살 것인가, 아니면 대안적 이야기가 더 좋다고 말할 것인가를 선택하는 때이다(Winslade & Monk, 2007). 고유한 가능성 질문을 통해 상담자는 미래로 초점을 옮긴다. 예를 들어, '당신이 당신 자신에 대해 배운 것에 따르면 이제 무엇을 해야 할까요?', '당신이 좋아하는 정체성에 따라 행동한다면 어떤 행동을 더 많이 하게 될까요?' 이런 질문은 사람들로 하여금 지금까지 성취한 것이 무엇이고 다음 단계는 무엇이어야 할지를 생각하게 한다.

고유한 성과를 탐색하는 화이트와 엡스턴(1990)의 질문은 해결중심 상담자의 예외 질문과 유사하다. 두 질문 모두 내담자에게 이미 존재하는 능력을 키워가고자 한다. 대인적 이야기 또는 서사를 개발하는 것은 궁극적인 희망(오늘은 남은 생애의 첫날이다)을 실현하는 것이다. 멍크 박사와 윈슬레이드 박사의 입장에서 루스와 진행한 이야기 치료의 구체적인 두 사례를 『통합적 상담: 사례중심의 접근』(Corey, 2013) 11장에서 볼 수 있다.

증거를 문서화하기 이야기 치료 상담자는 새로운 이야기는 그것을 들어주고 지지해줄 청중이 있어야 지속된다고 생각한다. 대안적 이야기가 계속 살아있기 위해서는 변화가 일어나고 있다는 소식을 들을 청중을 구해야 하기에 새로운 발달을 축하하는 청중을 의식적으로 찾는다.

내담자가 이룬 성과를 공고화하는 방법으로 상담자가 그 사람에게 편지를 쓰는 것이 있다. 이야기 치료 상담자는 치료적 편지 쓰기를 개발한 선구자이다. 상담자가 쓴 이런 편지는 그 회기의 기록을 제공하며 문제에 대한 외재화 설명과 내담자에 대한 문제의 영향, 상담중에 발견한 내담자의 강점과 능력에 대한 설명을 제공한다. 편지는 여러 상황에서 다시 읽어볼 수 있으며, 편지에 있는 이야기가 다시 발생할 수 있다. 편지는 내담자가 그동안 문제를 다루어온 노력을 부각시키며 문제 중심의 이야기와 선호하는 새로운 이야기를 구분해준다(McKenzie & Monk, 1997).

엡스턴은 편지를 사용해서 상담 회기들 사이에 치료적 대화를 전달하는 특별한 장치를 개발했다(White & Epston, 1990). 그의 편지는 상담의 과정과 이루어진 합의를 자세하게 서술하여 긴 편지가 될 수도 있고, 상담 중에 얻은 의미와 이해를 부각시키고 이전 회기 상담을 마친 후 어떤 일이 일어났는지를 묻는 짧은 편지가 될 수도 있다. 내담자가 말한 내용을 직접 인용해서 보통 되도록 많은 질문을 제시한다. 이런 편지는 문제를 다루면서 성취한 것에 대해 내담자가 말한 내용을 알려주거나 주변의 사람들에게 이 성과가 어떤 의미인지를 생각해보게 함으로써 내담자를 격려한다. 내담자가 이룬 변화를 기록한 편지는 내담자와 주위 사람들에게 그 변화의 의미를 강하게 인식시켜준다.

이야기 편지는 상담실에서 배운 내용을 일상생활에서 실천하는 것이 중요하다는 점을 강조한다. 편지가 전달하는 메시지는 상담실에 앉아있는 것보다 세상에 충실하게 참여하는 것이 더 중요하다는 것이다. 과거 내담자들을 대상으로 해서 이야기 편지의 가치에 대해 비공식적으로 조사한 바에 의하면 한 통의 편지는 평균적으로 세 번의 개인 상담 회기와 같은 가치를 지닌다(Nylund & Thomas, 1994). 이 발견은 맥켄지와 멍크(1997)의 다음 글과 일치한다. "일부 이야기 치료 상담자들은 상담 후 또는 상담 전에 주어지는 잘 구성된 편지 한 통이 다섯 회기의 정규적인 상담과 같을 수 있다고 주장한다"(p.113).

학습 목표 11 **집단상담에 적용하기** 이 장에서 다루어진 많은 기법은 집단상담에 적용될 수 있다. 윈슬레이드와 멍크(2007)는 이야기 치료가 개인의 생활에서 이루어진 새로운 발전을 칭찬해주는 청중을 만드는 것을 강조하여 집단상담으로 이끌어 간다고 주장하였다. "집단은 관심을 보여줄 이미 만들어진 공동체와, 새로운 생활 방식을 가능하게 해주는 상호작용의 기회를 제공한다. 더 넓은 세상에서 새로운 정체성을 연습하고 시도해볼 수 있다"(p.135). 이들은 학교 일과 회상, 모험 기반 프로그램, 분노 조절 집단, 슬픔 상담 집단 등 학교에서 이야기 치료 상담 방식으로 집단을 운영하는 몇 가지 사례를 보여주었다. 이런 이야기 치료 집단에 대한 상세한 설명은 윈슬레이드와 멍크의 저서(2007) 5장을 참고하라.

다문화적 관점에서 보는 포스트모던 접근

다양성 관점에서 보는 강점

학습 목표 12 사회구성주의는 다문화주의 철학과 일치한다. 문화적으로 다양한 내담자가 종종 경험하는 어려움은 그들이 속한 지배적 사회의 진리와 현실에 자신의 삶을 맞추어가야 한다는 기대로 인해 생긴다. 다중적인 현실에 대한 강조와 진리로 여겨지는 것이 사회적 구성의 산물이라는 전제를 지닌 포스트모던 접근은 다양한 세계관과 잘 어울린다.

상담에 대한 사회구성주의 접근은 내담자에게 자신의 생각에 대해 생각해보고 내담자가 하는 일에 이야기가 미치는 영향을 판단하는 틀을 제공한다. 내담자는 문화적 담론이 어떻게 그들의 현실을 구성하는지와 그 구성의 결과가 무엇인지를 탐색한다. 자신의 문화적 가치와 세계관 안에서 내담자는 자신의 신념을 탐색하고 의미 있는 생활 사건에 대해 자신의 재해석을 제시한다. 사회구성주의 관점의 상담자는 내담자 속에 흐르는 가치를 존중하는 방식으로 내담자를 인도한다. 이는 상담자가 내담자와 같은 세계관을 공유하지 않았거나 다른 문화적 배경을 지녔을 때 특히 중요하다.

이야기 치료는 사회문화적 맥락에 기초하고 있기 때문에 문화적으로 다양한 내담자를 상담하는 데 특히 유용하다. 이야기 치료 상담자는 문제가 개인 내에 존재하는 것이 아니라 사회적, 문화적, 정치적 관계적 맥락에서 만들어진다는 전제를 가지고 상담한다. 이들은 성, 인종, 민족, 장애, 성적 취향, 사회적 계급, 영성과 종교에 대해 내담자의 문화가 제시하는 이해를 치료적 주제로 삼는 것에 큰 관심을 보인다. 더 나아가 상담은 내담자가 문제로 인식하게 된 사회적 구조와 정체성 이야기를 재저술하는 곳이 된다.

이야기 치료는 관계적이며 반개인적(anti-individualistic) 상담이다. 화이트는 상담에서 내담자의 이야기를 관계와 맥락에 따라 이해하지 않으면서 그의 고난을 다루는 것은 아주 어리석은 일이라고 생각한다(Madigan, 2011). 이야기 치료 상담자는 개인적, 사회적, 문화적 수준에서 지배하고 예속시키는 문제 이야기에 집중한다. 문제에 대한 사회정치학적 개념화는 지배적이고 억압적인 이야기를 만들어내는 문화적 이해와 행동을 밝히고 드러낸다. 사람들은 억압적인 사회적 행동이 어떻게 그들에게 영향을 미쳤는지를 이해하게 된다. 이런 자각을 통해 내담자는 자기 이야기의 한 부분으로 통합되어 자신을 지배해온 억압의 주제를 새로운 시각으로 볼 수 있게 되며, 이런 문화적 자각을 통해 새로운 이야기가 생성된다.

내담자에 대한 다문화 영향 논의에서 베르톨리노와 오핸런(2002)은 내담자의 경험에 대한 선입견을 배제하고 내담자에게 접근하여 내담자로의 경험세계에 대해 배운다. 베르톨리노와 오핸런은 자신들의 훌륭한 교사가 된 내담자를 존중하는 태도로 경청하면서 다문화적 호기심을 발휘한다. 이들은 내담자에 대한 다문화적 영향을 충분히 알기 위해 다음과 같이 질문한다.

- (문화의 어떤 측면이) 당신의 삶에 미친 영향에 대해 더 말해주세요.
- 내가 당신을 더 충분히 이해하게 해줄 당신의 배경에 대해 무엇을 이야기할 수 있습니까?
- 당신의 문화에서 자라면서 어떤 도전에 직면했습니까?
- 당신의 배경 중에 당신에게 어려움이 된 것이 있었습니까?
- 당신의 문화가 지닌 강점과 자원은 무엇일까요? 당신이 도움이 필요할 때 어떤 자원을 활용할 수 있습니까?

이런 질문을 통해 내담자에게 지지의 자원이 되었거나 문제에 기여했던 문화적 영향을 구체적으로 밝힐 수 있다.

다양성 관점에서 보는 약점

포스트모던 접근의 약점은 상담자가 취하는 알지 못한다는 입장과 내담자를 전문가로 보는 전제에서 나올 수 있다. 다른 여러 문화적 집단을 배경으로 하는 사람은 도움을 필요로 하는 사람에게 지시와 해결책을 제공하는 사람을 전문가로 여기는 경향이 있다.

만약 상담자가 내담자에게 '나는 사실 전문가가 아닙니다. 당신이 전문가예요. 나는 당신이 당신의 문제에 대한 해결책을 찾을 자원을 가지고 있다고 생각합니다.'라고 말한다면 상담자에 대한 의심을 키울 수 있다. 이런 상황을 피하기 위해 해결중심 상담자나 이야기 치료 상담자는 자신이 상담 과정의 전문가이나 내담자가 그들의 삶에서 무엇을 원하는지에 대해서는 내담자가 전문가라는 생각을 전달해야 한다. 포스트모던 접근은 내담자에게 투명하며 상담에 대한 내담자의 희망과 기대를 존중할 것을 강조한다. 이런 강조가 문화적으로 적합한 서비스를 제공하는 맥락을 만든다.

포스트모던 접근을 적용한 스탠의 사례

나는 해결중심과 이야기 접근의 개념과 기법을 함께 사용하는 통합적 관점에서 상담을 진행한다. 나는 이 입장에서 *DSM-V*를 사용한 평가와 진단을 철학적으로 반대하며 공식적인 평가로 상담을 시작하지 않는다. 그 대신 나는 스탠과 변화, 능력, 선호, 가능성, 미래에 변화를 이룰 아이디어 등에 집중하는 협력적인 대화를 한다.

나는 스탠에게 그를 상담에 오게 한 걱정거리와 이 상담에서 이루고 싶은 것을 이야기하라고 하면서 상담을 시작한다. 나는 스탠에게 내 상담을 이끄는 기본적 개념을 간략하게 소개하고, 상담을 그가 선임자인 협력적 관계로 보는 나의 입장을 설명한다. 스탠은 내가 경험과 전문성을 가진 사람일 것이라고 기대했기 때문에 이 설명을 듣고 다소 놀란다. 그는 특히 그가 '엉망이 된' 이후로 너무 자주 그의 생활을 어떻게 해나가야 할지 전혀 모르겠다고 말한다. 나는 그가 선임자로서의 역할을 하려고 할 때 자기 의심이 든다는 것을 안다. 그러나 나는 그의 상담이 앞으로 나갈 방향에 대해 그가 책임이 있다는 것을 스탠에게 알려주면서 상담 과정을 상세히 설명하고 협력적 관계를 형성한다. 또한 나는 자기 의심이 그의 삶에 미친 해로운 영향과, 그것에도 불구하고 내담자가 삶을 살아가기 위해 어떤 노력을 기울였는지를 알아보겠다고 약속한다.

상담이 어떻게 진행될지에 대한 이러한 간략한 소개 이후에 나는 스탠이 상담을 통해 이루고 싶은 구체적인 목표가 무엇인지를 질문한다. 스탠은 변화하고 싶으며 노력할 것이라고 분명하게 말한다. 그러나 그는 자신이 낮은 자존감 때문에 어려움을 겪는다고 확신하게 되었다고 말한다. 자기 의심이 어떻게 자신을 정기적으로 망가뜨리며, '엉망이 되었다'고 부정적으로 자기평가를 하게 하는지를 스탠이 이야기하면 나는 자기 의심의 개념을 외재화하고 그의 삶에서 그것이 나타난 역사를 탐색한다. 그리고 자기 의심이 그의 삶에 미친 영향을 조심스럽게 살펴본다. 그러고 나서 나는 스탠으로 하여금 자기 의심의 예외를 찾는 데 집중하도록 한다. 나는 해결중심 상담의 예외 질문을 던진다. "당신이 자기 의심을 경험하지 않았던 맥락이나 시간은 무엇이 다른가요?" 스탠은 자신의 긍정적인 성격 특성을 몇 가지 말할 수 있다. 자기 의심에도 불구하고 새로운 것을 시도하는 용기와 투지, 의지, 그리고 어린아이들과 함께하는 능력. 스탠은 자신이 상담에서 원하는 것이 무엇인지 알고 있으며 분명한 목표를 가지고 있다. 자신의 교육 목표를 달성하고 자신에 대한 신뢰를 향상시키며, 두려움 없이 여자를 사귀고, 슬픔과 불안 대신 즐거움을 더 느끼는 것이다. 나는 스탠에게 자기 의심의 문제와 싸우면서도 어떻게 무엇인가를 이루며 살아올 수 있었는지를 더 이야기하도록 한다.

나는 스탠에게 문제 중심 이야기를 이야기하게 하지만 그 이야기에 매몰되지 않는다. 나는 스탠으로 하여금 문제가 스탠의 외부에 있는 것으로 생각하라고 한다. 나는 그로 하여금 자신을 평가절하하는 이야기로 이끈 문화적 세력을 인식하도록 한다. 초기 상담에서도 나는 그의 문제를 외재화하는 질문을 던져서 스탠이 자신과 문제를 분리하도록 이끈다.

스탠이 서너 가지 걱정되는 문제를 제시해도 나는 하나의 특정 문제를 정한다. 스탠은 아주 오랜 시간 우울하다고 말하며, 나중에 우울에서 빠져나오지 못할까봐 걱정한다. 스탠의 두려움과 걱정을 들은 후에 나는 스탠에게 해결중심 기법인 기적 질문을 던진다. “당신이 오늘 밤 자는데 기적이 일어난다고 생각해봅시다. 내일 깨었을 때 당신이 이야기한 문제가 사라졌어요. 이런 기적이 일어났고 당신의 문제가 해결되었다는 단서가 무엇일까요? 당신 삶은 어떻게 달라질까요?” 이 개입을 통해 나는 문제에 대해 이야기하는 것으로부터 해결에 대해 이야기하는 것으로 초점을 전환한다. 나는 스탠에게 많은 상담 시간을 과거의 문제에 머물러 있기보다는 현재와 미래의 해결책을 찾는 데 사용할 것이라고 설명한다. 우리는 문제 대화보다는 변화 대화의 특징을 지닌 대화를 함께 이어간다.

대체적으로 스탠은 자신의 정체성을 그의 문제, 특히 우울과 연관시킨다. 그는 문제가 자신과 분리되었다고 생각하지 않는다. 나는 스탠 자신은 문제가 아니며 문제가 문제라는 점을 깨닫기를 원한다. 스탠에게 문제에 이름을 붙이라고 요청하자 그는 결국 ‘무능력하게 하는 우울’이라고 하였다. 그리고 그는 여러 생활 영역에서 그가 원하는 방식대로 기능하지 못하게 우울이 어떻게 했는지를 생각한다. 그리고 나는 이야기 기법인 외재화 질문을 사용해서 스탠과 문제를 분리한다. “얼마나 오랫동안 우울이 당신의 좋은 것들을 가져갔나요?”, “우울로 인해 어떤 대가를 치렀나요?”, “그것이 당신에 대해 어떤 결론을 내리게 했나요?” “그것이 당신의 삶을 엉망으로 만든 것에 대해 어떻게 생각하세요?”, “우울에 대항하여 그것이 승리하지 못하게 한 적이 있었나요?” 물론 나는 외재화 질문을 통해 내가 하려는 것을 스탠에게 간략하게 설명한다. 이는 그가 이것이 이상한 상담 방법이라고 생각하지 않게 하기 위해서이다. 나는 외재화 대화를 하는 것의 장점을 더 이야기한다. 나는 또한 문제가 그의 생활에 미친 영향을 그려보는 것이 중요하다는 것을 스탠에게 이야기한다. 이 과정에서 그 문제가 얼마나 오래 있었는지, 그 문제가 그의 생활의 다양한 측면에 어디까지 영향을 끼쳤는지, 그 문제가 그에게 계속 얼마나 깊이 영향을 끼쳤는지를 탐색한다.

회기가 진행함에 따라 문제가 얼마나 혼란을 주고 지배하며 낙담시키는 영향을 주었는지를 탐색하기 위해 협력하여 노력한다. 스탠은 다른 관점에 서서 자신의 이야기를 보기 시작한다. 나는 스탠과 우울과 불안에 의해 지배되거나 낙심하지 않았던 때에 대해 이야기하며 이런 문제 경험에 대한 예외를 계속 찾는다. 우리는 낙담되는 사건을 만나서도 용기와 인내를 보여주었던 경우나 고유한 경험에 대해 대화한다. 이런 ‘반짝이는 순간들’에는 스탠의 대학 성적, 아동을 대상으로 한 자원봉사, 알코올 남용 성향을 바꾸는 데 있어서의 진전, 두려움을 맞서고 새로운 친구 관계를 만들려는 의지, 자기패배적인 내면의 소리에게 말하기, 안정적인 직장 확보, 생산적인 미래에 대한 비전을 만들려는 의지 등이 있다.

나의 도움을 통해 스탠은 문제 중심의 지배적인 이야기를 벗어나기에 충분할 정도로 자신을 능력 있게 보는 새로운 관점을 강화할 증거를 과거로부터 찾아낸다. 이 시점에서 스탠은 대안적 이야기를 만들기로 결심한다. 서너 회기 동안 생동감 있고 창의적이며 화려한 방식으로 스탠의 이야기를 재저술한다. 대안적 이야기를 만들어가면서 나는 스탠과 함께 그의 긍정적인 변화를 강화시켜줄 청중을 물색한다. 나는 그에게 다음과 같이 질문한다. “당신의 최근 변화 소식을 듣고 가장 덜 놀랄 사람이 누구일까요? 그가 그렇게 놀라지 않을 수 있는 것은 그가 당신에 대해 무엇을 알기 때문인가요?” 스탠은 그가 어릴 때 교사이자 멘토였고 그가 자신을 신뢰하지 못할 때에 그를 믿어주었던 인물을 떠올린다. 그를 칭찬해주는 청중이 있을 때 새로운 이야기가 어떻게 전개될지에 대해 얼마 동안 논의한다.

5회기 후 스탠은 종결 주제를 가지고 온다. 6회기와 마지막 회기에 나는 척도 질문을 사용하며 스탠에게 지난 상담 기간 동안 탐색했던 문제가 개선된 정도를 평정하도록 한다. 0부터 10 사이의 숫자를 사용해서 스탠은 첫 회기 시작 전과 지금 여러 구체적인 영역에서 자신을 어떻게 보는지를 표시한다(척도 기법). 우리는 또한 스탠의 장래 목표에 대해 이야기하고 그가 원하는 것을 달성하기 위해 어떤 것이 좋아져야 할지를 논의한다. 그리고 나는 문제 이야기와 그 영향뿐만 아니라 상담에서 개발한 대항적 이야기를 담은 편지를 전해준다. 그 이야기 편지에서 나는 그의 언어로 스탠의 결심과 협조를 설명하고 그가 그의 삶에 가져온 차이를 계속해나갈 것을 격려한다. 나는 또한 새로운 정체성 이야기를 더 충분히 개발하도록 자극하는 질문을 그에게 한다.

자기 점검을 위한 질문

- 스탠의 상담자로서 나는 해결중심과 이야기 치료에 공통적인 주요 개념과 기법을 활용했다. 여러분이 스탠을 상담한다면 각 접근의 어떤 개념을 사용할 것인가? 각 접근의 어떤 기법을 활용할 것인가? 스탠과 상담할 때 해결중심과 이야기 치료 모형을 통합하는 것은 어떤 장점이 있는가?
- 지금까지 공부해온 다른 치료 접근이 아닌 포스트모던 관점에서 스탠을 상담하는 것이 어떤 독특한 가치를 지니는가?
- 나는 스탠에게 질문을 많이 했다. 스탠을 상담할 때 여러분이 중요하게 생각하는 질문을 제시해보라.
- 스탠의 경우 여러분은 어떻게 해결중심 단기 치료와 이야기 치료를 여성주의 치료와 통합할 수 있겠는가? 포스트모던 접근과 어떤 다른 모형을 함께 사용할 것인가? 어떤 다른 치료가 이 포스트모던 치료와 잘 어울리지 않을 것인가?
- 이제 여러분은 스탠의 삶의 주제를 잘 알고 있다. 여러분이 이야기 편지를 스탠에게 써준다면 어떤 내용을 포함시키고 싶은가? 그의 미래에 대해 무엇을 이야기해주고 싶은가?

이 관점에서 스탠을 상담하는 나의 접근법을 보기 원한다면 CengageBrain.com에 방문하거나 『심리상담과 치료의 이론과 실제: 스탠의 사례와 해설 DVD』 11회기 '해결중심 단기 치료'와 12회기 '이야기 치료' 부분의 DVD 프로그램을 시청하라. 11회기에서는 예외 질문, 기적 질문, 척도 질문 등을 보여주었고, 12회기에서는 새로운 삶의 이야기를 만들어가는 스탠의 작업에 초점을 두었다.

포스트모던 접근을 적용한 그웬의 사례*

그웬과의 해결중심 단기 치료

그웬은 이번 회기를 시작하면서 그녀가 일하면서 너무나 많은 과제로 인해 얼마나 압도당하고 있는지를 표현한다.

그웬: 이 새로운 과제의 압력을 어떻게 해야 할지 모르겠어요.

상담자: 0부터 10까지 숫자에서 0은 압력이 없는 상태이고 10은 가장 최고로 압력이 있는 거예요. 당신의 압력에 대한 느낌은 어느 정도인가요?

그웬: 8이에요. 나는 조용히 있고 이 새로운 과제를 맡지 않았어야 했어요. 난 항상 나에게 이렇게 해요. 나는 잘 시작해서 너무 많이 맡지 않기를 바라요. 나는 일이 너무 쌓여 있어서 가족이나 친구와 한 약속에 계속 늦어요. 나는 내가 왜 일을 그렇게 많이 만들어 내는지 모르겠어요. 사람들이 나보고 벼랑 끝에 몰렸

* 켈리 커크시 박사는 우선 해결중심 단기 치료를, 나중에는 이야기 치료를 사용해서 포스트모던 관점에서 자신의 사고방식과 상담 실제에 대해 기술하며 이 모형을 그웬에게 적용하고 있다.

다고 하는 것을 알아요. 내가 요즘 하는 일이 마음에 들지 않아요. 내가 일을 마무리도 못하고 있기 때문에 체면이 구겨지고 있어요. 난 잘못 살고 있어요.

상담자: 당신이 이런 느낌이 들지 않았던 때를 말해보세요. 지금 하지 못하는 일을 전에 했을 때 당신은 무엇을 했나요?

나는 그웬으로 하여금 스트레스가 이렇게 압도적이지 않았던 때와 그녀의 스트레스를 잘 관리하기 위해 그녀가 무엇을 했었는지를 생각하게 한다. 이렇게 그웬의 강점 발견에 초점을 두면 그웬은 자기 삶의 전문가 자리를 갖게 된다. 나는 그웬이 그녀의 시련에 대한 해결책을 찾을 능력을 가지고 있다고 확신한다.

그웬은 불안과 압도당하는 느낌의 이야기에 너무 길들여져 있어서 방향을 바꾸어 자신이 몇 가지는 잘하고 있다는 것을 보지 못한다. 나의 개입은 그녀가 매우 불안해하기만 하는 존재 이상이라는 것을 알게 하는 것을 목표로 한다.

상담자: 당신은 바쁜 중에도 상담에 충실하고 있어요. 나는 당신의 바쁜 일정과 수많은 다뤄야 할 일에 비춰볼 때 그것이 매우 인상 깊었어요. 당신이 어떤 다른 일도 이렇게 잘하고 있는지 궁금해요.

그웬: 나는 직장에 제시간에 가요. 그러면 난 기분이 좋아요. 그리고 일을 해야 할 스트레스가 있어도 수영 강습 시간은 내요. 그러고 나면 기분이 좋아지니까요.

상담자: 당신에게 마술 지팡이가 있어서 오늘 당신의 문제를 해결할 수 있다면, 문제가 해결된 것을 어떻게 알 수 있겠어요? [기적 질문]

그웬: 위장이 쓰리지 않고, 세 개의 책 읽기 모임을 하지 않으며, 한꺼번에 다섯 개의 프로젝트를 진행하지 않고, 편한 마음으로 휴식하고, 친구와 놀러 나가며, 내가 해결해야 할 서류 뭉텅이를 집이나 사무실에 쌓아놓지 않는 것을 보면 그것을 알 수 있을 거예요.

상담자: 그렇게 달라지면 당신은 무엇을 하거나 느낄까요?

그웬: 일이 마치면 집에 제시간에 갈 거예요. 좀 더 편안한 느낌이 들 거예요. 건강하고 균형 잡힌 식사를 하고 남편과 아이들과 좋은 시간을 보낼 거예요. 일하면서 내가 해내는 프로젝트에 대해 좋은 느낌을 갖고 동시에 너무 많은 프로젝트를 하는 것을 거부할 거예요.

기적 질문, 또는 내가 이름붙인 마술 지팡이 질문은 그웬으로 하여금 그녀가 경험하고 싶어 하는 미래를 그려보게 한다. 나는 한 가지를 다르게 하는 것이 해결책을 발견하는 중요한 시작일 수 있다고 말해준다.

상담자: 한 가지 일을 다르게 해서 당신이 가지고 있는 불안의 그림을 찢어버리고 평온한 당신 생활의 그림을 새로 그리세요. 이번 주에 무엇을 변화시킬 수 있을까요?

그웬: 나는 하루를 시작하며 기도와 스트레칭 운동을 해서 긴장을 풀고 스트레스를 낮추겠어요. 그리고 지금 하는 위원회 하나를 그만둘 때가 되었어요.

상담자: 그것은 아주 좋은 선택입니다. 다음 주 만날 때에 어떻게 그 일을 해냈는지 듣고 싶습니다.

나는 그웬이 보여준 진전을 칭찬하며, 다음 회기에는 과제를 어떻게 했는지를 확인할 것이다. 그웬은 자신이 찾던 답변이 자기 안에 있다는 것을 발견할 것이다.

자기 점검을 위한 질문

- 어떤 개입이 그웬으로 하여금 문제보다는 자원과 강점에 대해 더 생각하게 하였는가?
- 그웬에게 기적 질문을 사용한 것에 대해 어떻게 생각하는가? 그 대답의 결과로 그웬은 어떤 행동을 하게 되었는가?
- 여러분이 그웬을 상담하는데 그녀가 문제가 존재하지 않았던 때를 기억할 수 없다면 이후 어떻게 상담을 진행할 것인가?

그웬과의 이야기 치료

말은 우리의 삶을 치유하고 변혁하는 힘을 가지고 있다. 또한 말은 우울, 결핍, 두려움, 불안, 자기혐오 등의 느낌을 영속화하는 부정적 이야기를 받아들이게 해서 우리를 계속 침몰시키는 힘도 가지고 있다. 우리의 이야기는 우리의 생각과 행동이 지속되도록 한다. 우리는 이런 이야기가 우리를 고착시키는 부정적 프로그램의 자원이 되지 않도록 해야 한다. 만약 그웬이 그녀의 젊었던 시절에 대해 일기를 쓰고자 한다면 지금 자신의 참된 모습에 대한 이야기를 재구성해야 할 것이다.

상담자: 말은 변혁과 치유를 위한 도구나 약이 될 수 있어요. 당신의 외로움의 이야기를 담은 글을 써보면 좋겠어요. 당신 생애에서 언제 처음 외로움이 나타났는지를 알아보세요. 어떤 방식으로든 말로 그것을 표현해보세요.

그웬: 내가 어렸을 때 내가 중요하지 않고 안 보이는 것 같으며 무의미하다는 느낌을 가졌던 경험을 몇 권의 책으로도 쓸 수 있어요.

상담자: 글을 쓰기 전에 5분 정도 조용히 외로움을 처음 경험하는 어린 당신을 떠올려보세요. 그 당신의 한 부분에 이름을 붙이고 당신 안에 있는 그 외로운 소녀에게 사랑스러운 동반자가 되어주세요.

나의 목표는 그웬이 경험하는 문제를 외재화시켜서 그녀 밖으로 옮기는 것이다. 그웬이 자신을 문제 중심의 이야기에서 분리할수록 그녀는 이전 이야기와 연관된 이전 행동양식을 버리고 평화, 즐거움, 연결 등을 포함한 삶의 이야기를 문자 그대로 다시 쓰게 된다.

그웬은 길거리에 있는 아이들이 그녀의 이름을 부르는 것이 싫어서 집에만 머물렀던 일, 가족 내에서 이상한 아이로 취급되고 다르기 때문에 숨고 싶었던 일, 아버지가 집으로 돌아오기를 기다리던 경험, 집에 도둑이 들어도 잃어버리지 않기 위해 소중한 물건들을 특별한 상자에 넣어둔 일, 성당에서 유일한 흑인 아동이었기에 항상 현미경 아래에 있는 것처럼 느꼈던 일, 자신의 안전을 지키기 위해 바쁘게 살기 시작한 일 등의 이야기를 썼다.

그웬이 그녀의 이야기를 재구조화하기 시작하자 그녀의 부모가 최선을 다했다는 것을 알게 되었다. 그녀는 깊은 측은한 마음으로 그녀의 이야기를 전체적으로 보게 되었고, 어린 시절의 고난을 통해 강하고 창의적이며 회복력을 지닌 여성이 되었다는 것을 알게 되었다. 강점을 지닌 어른의 입장에서 그웬은 아직 자기 안에 머물러있는 외로운 소녀를 달래주기 시작했다. 글쓰기를 통해 그녀는 자신이 상처를 입었지만 부서지지는 않았다는 것을 알게 되었다. 그웬은 점점 더 자기를 사랑하고 용서하게 되었으며, 그녀를 고립되고 외롭게 만들었던 억압된 정서를 분출하면서 그녀의 불안은 감소했다. 그웬과 나는 그녀가 이제 더 이상 아이가 아니며 그녀의 이야기를 벗어났다는 것을 공식화하는 '졸업 연설'을 함께 작성했다.

자기 점검을 위한 질문

- 상담자가 그웬으로 하여금 자신과 문제를 분리하도록 한 것은 어떤 상담 목표를 달성하기 위한 것인가?
- 그웬이 자신의 이야기를 재구조화하는 도구로서 글쓰기는 얼마나 가치 있다고 생각하는가?
- 여러분이 그웬에게 사용하기 원하는 이야기 치료의 다른 기법은 무엇인가?
- 그웬의 외로움의 이야기를 들으면서 여러분은 무엇을 경험하는가?

요약과 평가

요약

학습 목표 13 사회구성주의 이론에서는 전문가로서의 상담자가 전문가로서의 내담자로 대치된다. 비록 내담자가 자기 삶의 전문가로 여겨질지라도 그들은 종종 그들에게 도움이 되지 않는 생활방식에 고착된다. 해결중심과 이야기 치료 상담자들은 내담자의 전망, 자원, 고유한 경험을 찾기 위해 대화를 시작한다. 치료적 노력은 내담자를 선임자로 하는 매우 협력적인 관계이다. 상담 관계의 질은 해결중심 단기 치료와 이야기 치료가 효과를 발휘하는 데 핵심적인 요소이다. 이로 인해 많은 상담자들이 내담자와의 협력적인 관계를 만드는 것에 더 주의를 기울이게 되었다. 협력적인 상담자는 내담자에게 자신의 접근에 적응하라고 하지 않고 내담자나 집단에 맞게 자신의 접근을 조절한다. 그래서 내담자마다 치료가 매우 달라 보인다.

상담자의 알지 못한다는 자세는 해결중심과 이야기 치료 접근의 주요 개념으로 자리 잡았다. 상담자로 하여금 내담자의 이야기에 호기심을 갖고, 인정하며 인도를 받도록 하는 이 알지 못한다는 자세는 상담자가 참여자-관찰자 역할과 과정 촉진자 역할을 해서 인간 탐구에 대한 포스트모던 관점과 치료를 통합한다.

해결중심 단기 치료와 이야기 치료는 사람들은 건강하고 유능하며, 자원을 가지고 있고, 자신의 삶을 향상시킬 해결책과 대안적 이야기를 구성할 능력을 지니고 있다는 낙관적 가정을 기초로 하고 있다. 해결중심 단기 치료에서 치료적 과정은 내담자의 문제에 대해 이야기하기보다는 해결책을 만드는 데 집중한다. 기적 질문, 예외 질문, 척도 질문 등이 공통적으로 사용되는 기법이다. 이야기 치료에서 상담 과정은 내담자와 문제를 분리시키고 내담자에게 새로운 이야기를 집필할 기회를 제공하는 사회문화적 맥락을 만들고자 한다.

해결중심이나 이야기 치료 상담자는 내담자로 하여금 목표를 향해 지속적인 진전을 하도록 하는 발전적인 대화를 이끈다. 상담자는 종종 다음과 같이 질문한다. "당신이 원하던 대로 삶이 진행되었던 때를 말해주세요." 이런 대화는 살아갈 가치가 있는 삶의 이야기를 보여준다. 이런 대화를 기초로 해서 문제의 힘은 분리되고(해체되고) 새로운 방향과 해결책이 나타나서 가능해진다.

포스트모던 접근의 공헌

사회구성주의, 해결중심 단기 치료, 이야기 치료는 심리치료 분야에 많은 공헌을 했다. 나는 사람들이 능력이 있으므로 더 나은 해결책과 삶을 긍정하는 이야기를 만들기 위해 자신의 자원을 사용할 것이라고 믿을 수 있다는 가정을 기반으로 하는 포스트모더니즘 접근의 낙관주의적 방향을 가치 있게 생각한다. 많은 포스트모던 상담자와 저술가들이 내담자가 만족한 삶을 건설하기 위한 의미 있는 움직임을 비교적 단기간에 할 수 있다는 것을 발견했다(Bertolino & O'Hanlon, 2002; De Jong & Berg, 2013; de Shazer, 1991; Freedman & Combs, 1996; Hoyt, 2009, 2015; Miller, Hubble, & Duncan, 1996; O'Hanlon & Weiner-Davis, 2003; Walter & Peller, 1992, 2000; Winslade & Monk, 2007).

단기 접근이라는 이름에 걸맞게 이 접근은 5회기 정도 진행해서 좋은 성과를 보여준다(de Shazer, 1991). 해결중심 단기 치료는 시간제한 치료들 중에서도 매우 짧은 편이다. 이 간결성은 내담자가 목표 설정에 책임을 지고 어떤 주제를 지금 다룰 것인지를 결정하는 데서 온다는 점을 주목해야 한다. 이것이 상담자가 상담의 방향을 정하는 다른 많은 모형과 다른 점이다.

내가 생각하기에 사회구성주의, 해결중심, 이야기 치료 상담자들의 특징인 비병리화 입장(nonpathologizing stance)은 상담 전문직에 큰 기여를 하였다. 이 접근들은 사람에게 무엇이 문제인지에 머물러있지 않고 내담자를 능력과 자원이 있는 존재로 보았다. 사람은 특정 문제로 환원되거나 어떤 장애라고 정확하게 표시되거나 확정될 수 없다. 공식적인 진단을 내리는 전문가일지라도 내담자를 존중하면서 연결하는 방법의 가치를 배울 수 있다.

해결중심 접근이 성과를 보인 특별한 영역은 가정폭력 가해자에 대한 집단상담이다. 리, 세볼드, 우켄(Lee, Sebold, & Uken, 2003)은 가정폭력 가해자에게서 효과적이고 긍정적인 변화를 만들어내는 것으로 보이는 칼날 치료 접근(cutting-edge treatment approach)을 소개했다. 이 접근은 현존하는 가정폭력 문제에 대한 강조가 없다는 점에서 전통적인 접근과 극적으로 다르다. 이 접근은 가해자들의 문제와 결함을 강조하기보다는 해결책을 만드는 데 책임을 지게 하는 것에 초점을 둔다. 리와 동료들이 제시한 과정은 전통적인 프로그램의 기준으로 본다면 짧은데 10~12주 동안 8회면 된다. 리와 동료들은 16.7%의 재범률과 92.9%의 완료율을 보고했다. 이에 반해 전통적인 접근은 통상적으로 40~60%의 재범률과 50%의 완료율을 보인다.

해결중심과 이야기 치료의 주요 강점은 질문을 사용하는 것인데 이는 양 접근의 핵심이다. 내담자의 태도, 생각, 감정, 행동, 지각에 대한 개방형 질문은 주요 개입 중의 하나이다. 특히 내담자로 하여금 잠재적인 문제를 미래에 어떻게 해결하고 싶은지를 생각하게 하는 미래 지향적 질문이 유용하다. 질문은 내담자가 자신의 이야기를 개발하고 그들의 문제를 다룰 더 나은 방법을 발견하게 해준다. 효과적인 질문은 내담자가 자신의 이야기를 검토하고 그것을 새롭게 제시할 방법을 찾게 해준다.

포스트모던 접근의 한계와 비판

해결중심 단기 치료를 효과적으로 수행하기 위해서는 상담자가 단기 개입에 익숙해야 한다. 해결중심 단기 치료가 간단하고 수행하기 쉬워 보이지만 이 접근을 사용하는 치료자는 평가를 하고, 내담자가 구체적인 목표를 설정하도록 조력하며, 다양하고 적절한 개입을 효과적으로 할 수 있어야 한다. 경험이 없고 훈련이 충분하지 않은 상담자는 기적 질문, 척도 질문, 예외 질문, 외재화 질문 등 다양한 기법에 매혹될 수도 있다. 그러나 효과적인 상담은 이런 기법을 사용한다고 되는 것이 아니다. 진솔하게 존중하는 관심을 나타내는 질문을 사용하는 상담자의 능력과 상담자의 태도가 상담 과정의 핵심이다.

맥켄지와 멍크(1997)는 이야기 치료의 개념을 기계적인 방식으로 사용하려고 하는 상담자에 대한 우려를 표현하였다. 이들은 이야기 치료에 대한 개략적인 설명이 일부 초보자들로 하여금 내담자의 인도를 따르기보다는 그 개관을 따라가는 데 더 신경을 쓰게 할 수 있다는 점을 경고했다. 이들은 또한 이야기 치료가 간단한 개념에 기초하고 있지만 그 상담이 간단하다고 생각해서는 안 된다고 덧붙였다. 이제 일부 해결중심 상담자들은 몇 가지 기법에 너무 의존하는 것의 문제를 인정하고 상담 관계와 그 접근의 전체적인 철학을 더 강조하고 있다(Lipchik, 2002; Murphy, 2015).

이런 한계에도 불구하고 포스트모던 접근은 다양한 이론적 성향의 상담자들에게 많은 것을 제공한다. 해결중심 치료와 이야기 치료의 많은 기본개념과 기법들은 이 책에서 살펴본 다른 치료 접근과 통합될 수 있다.

자기 점검과 토론을 위한 질문

1. 해결중심 단기 치료와 이야기 치료는 모두 내담자를 전문가로 보고, 새로운 이야기를 만들며, 협력적인 상담 관계를 형성하고, 내담자의 자원과 강점을 발견하며, 문제와 사람을 분리시키는 것을 강조한다. 이런 상담 방향에 대해 어떻게 생각하는가?
2. 해결중심 단기 치료의 어떤 주요 개념이 가장 끌리는가? 이야기 치료에서는? 이 주요 개념에서 무엇을 발견하였는가?
3. 해결중심 단기 치료 상담자는 내담자로 하여금 스스로의 해결책을 만들게 하는 여러 기법을 가지고 있다. 이 기법들 중 여러분이 익숙하게 활용하고 싶은 것은 무엇인가?
4. 이야기 치료 상담자는 문제 중심의 이야기를 해체하고 삶을 향상시키는 이야기를 재저술하는 것에 대해 이야기한다. 이 상담 방향에 대해 어떻게 생각하는가?
5. 여러분이 지금까지 공부해온 다른 이론과 포스트모던 접근은 어떻게 다른가?

더 찾아볼 자료

미국상담학회 회원을 위한 무료 팟캐스트

www.counseling.org 사이트에서 '자료(Resource)' 아이콘을 누르고 '팟캐스트 시리즈(Potcast Series)'를 누르면 미국상담학회 팟캐스트(미리 녹음된 인터뷰)를 무료로 내려받을 수 있다. 13장 포스트모던 접근의 내용은 다음의 팟캐스트에서 들을 수 있다.

Solution-Focused Counseling in Schools (Interviews with Dr, John Murphy) (Podcast 5)
Remembering Lives, Conversations With the Dying and Bereaved (L. Lorraine Hedtke, & J. Winslade)

기타 자료들

Psychotherapy.net은 학생과 전문가들에게 포스트모던 접근에 관한 비디오와 인터뷰 등 광범위한 자료를 제공해준다. 매달 새로운 비디오와 편집된 자료가 제공된다. 이 장과 관련하여 www.psychotherapy.net에서 볼 수 있는 DVD는 다음과 같다.

Narrative Therapy With Children (S. Madigan, 2002): Child Therapy With the Expert
Narrative Family Therapy (S. Madigan, 1998): Family Therapy With the Expert
Solution-Focused Therapy With Child (J. Murphy(2002): Child Therpy With the Expert

여러분이 단기 치료의 발전을 계속 따라가려면 『단기 치료 학술지(Journal of Brief Therpy)』를 활용하라. 이 학술지는 개인, 커플, 가족, 집단을 대상으로 하는 단기 치료의 발전, 혁신, 연구 등을 다룬다. 논문들은 모든 이론적 접근의 단기 치료를 다루지만 특히 사회구성주의, 해결중심 치료, 이야기 치료를 다룬다. 정기구독을 하려면 다음을 접촉하라.

Springer Publishing Company
www.springerpub.com

또 다른 유용한 학술지로 『국제 이야기 치료 및 지역사회 활동 학술지(International Journal of Narrative Therapy and Community Work)』가 있다. 더 자세한 정보는 다음을 접촉하라.

Dulwich Center

http://dulwichcenter.com.au

해결중심 치료 훈련

텍사스 주 포트워스에 위치한 텍사스 웨슬리안 대학의 해결중심연구소(Solution Focused Institute: SFT)는 해결중심 접근을 사용하기 원하는 정신건강 관계자, 학교 교사, 상담자를 훈련시키기 위해 2009년 1월에 설립되었다. 이 연구소는 온라인과 오프라인으로 해결중심 치료 훈련을 실시하고 개인과 집단에 대한 슈퍼비전을 제공한다. SFI 서비스에 대한 정보는 다음을 접촉하라.

해결중심연구소(SFT)

www.Solutionfocusedinstitute.com

학교 변화 중심 상담(Change-Focused Practice in Schools: CFPS)은 심리치료 연구를 학교와 여러 현장에서 실제적으로 적용하는 데 활용하기 위해 2005년에 존 머피가 주도했다. CFPS는 젊은이들의 강점, 자원, 피드백을 존중하는 방식으로 이들의 변화를 돕기 위해 해결중심/내담자 주도적 접근을 국제적으로 훈련하고 슈퍼비전하며 자문을 제공한다. 추가적인 정보를 위해서는 다음을 접촉하라.

Department of Psychology & Counseling, 센트럴 알칸사스 대학교

www.drjohnmurphy.com

이야기 치료 훈련

Evanston Family Therapy Institute

www.narrativetherapychicago.com/

Dulwich Centre

www.dulwichcentre.com.au/

Bay Area Family Therapy Training Associates

www.baftta.com

The Houston–Galveston Institute

www.talkhgi.com

더 읽을거리

『해결을 위한 면담(Interviewing for Solutions)』(De Jong & Berg, 2013)은 해결중심 기법을 가르치고 배우는 데 사용되는 실제적인 교재이다. 이 교재는 일상적인 대화의 형태로 쓰였으며 학습을 심화시키는 많은 사례를 담고 있다.

『학교에서의 해결 중심 상담(Solution-Focused Counseling in Schools)』(Murphy, 2015)은 유치원부터 고등학교에 이르기까지의 다양한 문제를 다루는 효과적인 전략을 제시한 명쾌하고 실제적인 책이다. 많은 사례 예시를 통해 해결중심 상담의 기초, 과제, 기법을 보여준다. 또한 이 책은 내담자 주도적이고 성과를 알려주는 상담(outcome-informed practice)의 원리가 해결중심 치료와 어떻게 통합되는지를 보여준다.

『단기 심리치료: 원리와 실제(Brief Psychotherapies: Principles and Practice)』(Hoyt, 2009)는 단기 치료를 여러 이론적 접근에 적용하는 방법을 배울 수 있는 뛰어난 교재이다.

『이야기 치료 방법(Narrative Means to Therapeutic Ends)』(White & Epston, 1990)은 이야기 치료에 관한 가장 널리 알려진 책이다.

『이야기 치료의 지도(Maps of Narrative Practice)』(White, 2007)는 화이트의 마지막 저서로서 수십 년간에 걸친 그의 성과를 한 권의 책에 담고 있다.

『이야기 치료(Narrative Therapy)』(Madigan, 2011)는 이야기 치료의 이론과 치료적 과정에 대한 최근의 논의를 보여준다.

『학교에서의 이야기 상담(Narrative Counseling in Schools)』(Winslade & Monk, 2007)은 이야기 치료의 개념과 기법을 학교 장면에 적용하는 방법을 안내하는 기초적이고 쉽게 읽을 수 있는 책이다.

14장 가족체계 치료

— James Robert Bitter, Gerald Corey 공동 저술

학습 목표

01. 가족 치료의 주요 특징과 학파를 이해한다.
02. 가족 치료 이론들의 공통점을 이해한다.
03. 개인 치료와 가족 치료의 차이를 설명한다.
04. 각 가족 치료 학파의 주요 개념과 목표를 이해한다.
05. 가족 치료의 최근 경향을 확인한다.
06. 가족 치료의 다양한 상담 과정을 설명한다.
07. 가족 치료의 강점과 약점을 이해한다.
08. 가족 치료의 공헌점과 한계점을 기술한다.

도입

학습 목표 01 북아메리카의 가족 치료 활동이 씨를 뿌린 것은 1940년대이고, 체계적 가족 치료가 뿌리를 내리기 시작한 것은 1950년대였다(Becvar & Becvar, 2012). 체계적 가족 치료는 발전 초기에는 혁명적 치료 접근으로 여겨졌다. 1960년대와 1970년대에는 정신역동적, 행동적, 인본주의적 접근(각각 제1세력, 제2세력, 제3세력이라 한다)이 치료 분야의 지배 세력이었다. 오늘날에는 가족체계에 대한 다양한 접근을 '제4세력'이라 칭해야 할 만큼 패러다임이 변화했다. 가족체계 치료는 다양한 이론으로 나타나는데 각 이론은 인간 문제의 관계 문제에 초점을 맞추고 있다.

가족체계 관점

학습 목표 02 서구 문명의 상담자에게 매우 적용하기 힘든 것은 아마 '체계' 관점을 수용하는 일일 것이다. 개인적 경험과 서구 문명은 종종 우리가 자율적 존재로, 자유롭고 독립적 선택을 할 수 있다고 말한다. 그렇지만 우리는 가족의 일원으로 태어난다. 또한 우리 대부분은 평생 하나 혹은 그 이상의 가족에 소속되어 살아간다. 이런 가족 안에서 우리는 자신이 누구인지 발견한다. 우리는 발전하고 변화하며, 생존에 필요한 지지를 주고받는다. 우리가 바라는 무언의 규칙과 일상을 창조하여 유지하면서 생활하는 것은 가족(그리고 가족 구성원 각자)을 기능하도록 유지해준다.

가족체계 관점에서는 가족 구성원들과의 상호작용을 평가함으로써 한 사람을 매우 잘 이해할 수 있다고 본다. 가족 구성원의 발달과 행동은 다른 구성원들과 필수불가결하게 연결된다. 증상은 흔히 가족 내부의 일련의 습관과 방식의 발현으로 본다. 내담자의 문제가 단지 개인의 부적응과 개인사, 심리사회적 발달에서 기인한 증상이 아니라 가족체계의 기능 방식에 따른 것으로 보는 것은 혁명적인 일이다. 이 관점은 내담자의 문제행동이 (1) 가족의 기능과 목적에 기여하고, (2) 가족 과정을 통해 비의도적으로 유지되고, (3) 특히 가족의 발달적 전환기 동안에 가족이 생산적으로 기능하지 못하는 가족 무능력 때문이며, (4) 세대를 거쳐서 전해진 역기능 방식의 증상일 수 있다는 가정에 근거한다. 이 모든 가정은 인간 문제와 이론을 개념화하는 보다 전통적인 심리내적 접근에 대한 도전이다.

가족 치료 전문가들이 자신만의 접근 방법과는 상관없이 동의하는 하나의 핵심 원리는 내담자는 생활 체계에 연결되어있다는 것이다. 전체로서의 가족이나 관계를 고려하고 작업하는 것이 매우 용이하게 변화를 일으킨다. 따라서 '확인된(identified)' 내담자와 함께 그 가족까지 포괄적으로 다루는 치료 접근이 필요한데, 그 이유는 가족은 상호 관계하는 단일체이며 가족마다 특유의 속성이 있기 때문이다. 가족 구성원과의 상호작용과 내담자와 그 가족의 더 넓은 범위의 생활을 파악하지 않고서 내담자의 관심사를 정확히 평가하기란 불가능하다.

가족 치료 관점에서는 개인을 평가하는 것에서 체계 역동이나 체계 내에서 각 개인이 서로 반응하는 방식에 초점을 맞추도록 관점의 변화를 요구한다. 가족 구성원의 행동은 다른 가족 구성원들에게 영향을 줄 수 있고, 구성원들의 반응은 그 구성원들에게 다시 영향을 미친다. 변화가 일어나면 그 변화는 가족 전체로 퍼진다. 효과가 있는 변화는 가족체계를 떠받쳐주며 개인 또는 그 가족의 새로운 행동을 지지해준다(Lambert, Carmichael, & Williams, 2016). 골든버그와 골든버그(Goldenberg & Goldenberg, 2013)는 상담자가 내담자가 드러내는 증상을 포함하여 가족과 사회 맥락에서의 모든 행동을 관찰할 필요가 있다고 하였다. 골든버그와 골든버그는 체계 이론이 개인내적 역동을 다루는 것을 배제하는 것이 아니라, 개인내적 역동에 대한 전통적 강조점을 확장하는 것이라고 덧붙였다.

CengageBrain.com에 방문하거나 『심리상담과 치료의 이론과 실제: 스탠의 사례와 해설 DVD』 14장 부분의 DVD 프로그램을 시청하라. 그리고 각 장을 읽기 전에 DVD에 있는 각 장에 대한 간략한 소개 내용을 살펴보라.

체계 치료와 개인 치료의 차이

학습 목표 03 개인 치료 접근과 체계 치료 접근은 큰 차이가 있다. 사례를 보면 차이점을 이해하는 데 도움이 된다. 22세의 앤은 2년 이상 지속된 우울증과 친구관계를 유지하고 생산적으로 일하는 능력의 손상으로 상담자를 찾아왔다. 앤은 기분이 나아지기를 원하지만 그럴 가능성에 대해 비관적이었다. 그녀를 돕기 위해 상담자는 어떻게 할 것인가?

개인 치료 상담자와 체계 치료 상담자 모두 앤의 현재 생활 상황과 생활사에 관심을 둔다. 둘 다 그녀가 아직도 60대인 부모와 함께 살고 있다는 것을 알게 된다. 그들은 앤에게 같은 도시에 사는 언니가 있으며 유명한 변호사로 매우 성공한 사람이라는 데 주목한다. 그 도시에 남아 있는 앤과는 달리 친구들은 결혼하고 몇 년 후에 고향을 떠났기 때문에 친구가 없는 앤은 자주 외롭고 소외되었다는 점에도 상담자들은 관심을 갖는다. 마지막으로 두 상담자는 앤의 우울감이 그녀 자신뿐 아니라 다른 사람에게도 영향을 준다는 사실에 주목하였다. 그러나 두 접근의 공통점은 여기까지이다.

개인 치료 상담자는 이럴 것이다.

- 『정신장애의 진단 및 통계 편람(*DSM-V*)』(American Psychiatric Association, 2013)으로 정확한 진단을 내리는 데 초점을 둘 것이다.

체계 치료 상담자는 이럴 것이다.

- 가계도를 이용하여 가족체계의 과정과 규칙을 탐색할 것이다.
- 앤의 상담에 부모, 형제를 동참시킬 것이다.

- 곧바로 앤을 상담하기 시작할 것이다.
- 앤의 우울증과 대처에 있어서 원인과 목적, 인지적 · 정서적 · 행동적 과정 등을 강조할 것이다.
- 앤의 개인적인 경험, 관점에 관심이 있을 것이다.
- 앤이 대처하도록 돕는 방향으로 개입 전략을 설계할 것이다.

- 앤의 우울증이 지속되는 것을 '합리화' 하는 가족관계에 초점을 맞출 것이다.
- 체계 내에서 세대를 초월한 의미와 규칙, 문화, 성에 대한 관점, 더불어 가족에 영향을 주는 지역사회와 공동체에 관심을 가질 것이다.
- 앤의 주변 상황을 변화시키도록 돕는 방향으로 설계된 개입을 할 것이다.

체계 치료 상담자는 가족체계에서 개인의 중요성을 부정하는 것이 아니라, 개인이 체계와 관계를 맺는 방식과 상호작용이 상담자가 내담자의 삶에 대해 가질 수 있는 영향력보다 더 큰 영향력을 가진다고 본다. 가족 전체(혹은 공동체) 체계와 상담함으로써 상담자는 내담자가 체계 내에서 어떤 식으로 행동하고 어떻게 현재 상태를 유지하는 데 관여하는지, 그리고 체계가 내담자에게(또한 내담자가 체계에) 어떤 영향을 주는지, 어떤 개입이 개인이 겪는 고통뿐만 아니라, 부부, 가족 혹은 더 큰 체계의 변화를 일으키는지 등을 확인해볼 기회를 갖는다.

앤의 사례에서 우울증은 기질적 또는 유전적 문제거나 호르몬 문제일 수 있다. 그리고 효과적인 대처를 방해하는 인지적 양식이나 경험적 또는 행동적 양식이 있을 수 있다. 이러한 방식으로 앤의 우울증을 설명할 수 있더라도, 체계 치료 상담자는 앤의 우울증이 가족 구성원들과 가족 과정에 어떤 영향을 미치는지에 대해 관심이 많다. 앤의 우울증은 자신의 고통과 가족의 표현되지 않은 고통 또는 둘 다에 대한 징후일 수 있다. 많은 가족체계 접근은 우울증이 가족 구성원들에게 어떤 도움이 되는지를 연구한다. 즉, 친밀한 관계에서 발생하는 문제에서 다른 곳으로 주의를 분산시키거나 가족 규칙, 문화적 금지, 혹은 성이나 가족생활 주기 발달에 영향을 받는 과정 등에 순응하려는 앤의 욕구를 드러내는 것일 수 있다. 가족 치료 상담자는 개인을 고려하지 않는다기보다 더 큰 체계 속에 있는 개체로서 개인을 이해한다.

가족체계 치료의 발전

학습 목표 04 가족체계 이론은 지난 100년 동안 발전해왔으며, 오늘날 상담자들은 각각의 가족에 맞는 치료를 하기 위해 다양한 관점을 창의적으로 사용하고 있다. 알프레트 아들러(1927)와 루돌프 드라이커스(1950, 1973), 그리고 이들의 동료들은 가족 치료를 처음 했다고 알려져 있는데 현재 공개 토론 가족 상담이라고 알려진 모형을 사용하였다(Christensen,

2004). 아들러는 가족체계(혹은 가족 구도)를 이해하는 데 현상학을 도입하였다. 평가는 가족 구성원들이 자신의 가족을 설명하거나 가족의 일상 상호작용을 설명하는 데 사용하는 주관적인 설명을 바탕으로 한다. 아들러학파가 행동의 목표를 발견하기 위해서 노력하는 것이 바로 이러한 상호작용 내에서이다(Bitter, 2014; Bitter, Roberts, & Sonstegard, 2002).

잠시 자신의 삶에서 두 가지 다른 가족 경험에 대해 생각해보라. 여러분은 어렸을 때 부모에 대해 어떻게 생각했던 것 같은가? 부모에 대한 이러한 생각을 통해 당시에 여러분에게 중요했던 것이 무엇이라고 생각하는가? 아버지를 다정하고 관대하며 어린아이 같았다고 해보자. 어머니는 아름답고 열심히 일했으며 희생적이었다고 했다. 어떤 형용사나 설명도 관계를 벗어나지 않고 있다. 아버지가 **다정했다**는 말은 아버지가 자녀에게 다정했다는 말이다. 어머니가 **열심히 일했다**는 것은 어머니에게 다가가는 것이 어려웠다는 것을 시사한다. 하지만 어머니가 열심히 일한 것은 목적이 있다. 즉 자녀를 위해 희생하고 있다는 것이다. 그 밖에 무엇을 알 수 있는가? 아버지가 **관대하고 어린아이 같았다**

Courtesy of The Bowen Center for the Study of the Family; photo by Andrea Schara

Murray Bowen

머리 보엔(Murray Bowen, 1913-1990)은 대인관계 방식은 여러 세대의 가족 구성원들과 연결되어있기 때문에 가족은 3세대 관점에서 가장 잘 이해할 수 있다고 믿었다. 상담의 두 가지 목표는 가족 구성원들이 자기 분화라고 불리는 합리적인 비반응 접근을 하도록 돕는 것과 부부 문제와 다툼에 제3자를 끌어들이는 상호작용(삼각화)에서 벗어나도록 돕는 것이다.

이러한 관찰로 보엔은 다세대에 걸친 양식에 관심을 갖게 되었다. 보엔은 현재 가족의 드러난 문제는 원가족의 관계양식을 이해하여 직접적으로 도전하기 전까지 크게 변화하지 않는다고 주장하였다. 보엔의 접근은 대인관계에 있어 예상 가능한 양식이 세대에 걸쳐서 가족 구성원들의 기능에 연결되어있다는 전제에 영향을 끼쳤다. 커와 보엔(Kerr & Bowen, 1988)에 따르면 개인 문제의 원인은 정서적 단일체로서 가족의 역할을 관찰해야만 이해할 수 있다. 가족 단일체 안에서 누군가가 성숙하고 독자적 성격을 획득하기를 바란다면 가족의 풀리지 않는 정서적 응어리를 반드시 밝혀야 한다. 정서적 문제는 미해결된 정서적 애착을 효과적으로 다룰 때까지 대를 이어 전해질 것이다. 변화는 상담실에서 개인적으로 일어날 수 없으며 다른 가족 구성원들에게도 함께 일어나야 한다.

머리 보엔(1978)은 주류 가족 치료 개발자 중 한 사람이었다. 보엔의 가족체계 이론은 정신분석적 원칙과 실제에서 발전된 이론적·임상적 모형이며 **복수세대적 가족 치료**(multigenerational family therapy)로 불린다. 보엔과 동료들은 국립정신건강기관에서 정신분열증 환자들에게 혁신적 접근법을 시도하였다. 이 기관에서 이들은 치료의 초점을 가족체계에 맞추기 위해서 가족 전원을 입원시켰다.

보엔은 다세대 관점을 강조하여 보엔의 가장 뛰어난 두 명의 동료인 베티 카터(Betty Carter)와 모니카 맥골드릭(Monica McGoldrick)의 업적에 토대를 마련해주었다. 이들은 거의 독자적으로 가족 치료에서 발달 관점과 다문화 관점을 처음으로 도입하였다. 실제로 맥골드릭은 가계도(McGoldrick, Gerson, & Petry, 2008), 가족생활주기(McGoldrick, Carter, & Garcia-Preto, 2011), 성(McGoldrick, Anderson, & Walsh, 1991) 등에서 중요한 업적이 있다.

버지니아 사티어(Virginia Satir, 1916-1988)은 의사소통과 정서 경험을 강조하는 결합 과정 치료인 **인간 타당화 과정 모형**(human validation process model)을 발전시켰다. 보엔과 마찬가지로 사티어도 세대 간 모형을 사용하였지만 가족 조각하기(sculpting)와 가족 재구성을 통해 가족 방식을 현재의 삶으로 가져오기 위한 작업을 하였다. 기법보다 관계가 중요하다고 강조하면서 사티어는 변화를 달성하기 위해서 가족과 상담자 간의 관계를 강조하였다. 사티어 모형의 핵심은 가족이 감정을 솔직하게 서로 이야기할 수 있도록 돕기 위해 일치성의 힘에 의지하고 있다는 점이다. 상담자가 가족과 함께 참여함으로써 가족이 각자 내면의 중요한 경험과 접촉하도록 하고 각자 자신의 최고 모습을 중요한 타인과 서로 나누도록 한다. 사티어는 이 경험을 '접촉하기'라고 불렀으며 이 경험이 각자 경험한 평온을 가족의 화목으로 확장시킬 수 있다고 믿었다.

Virginia Satir

보엔이 그의 접근을 개발할 당시 버지니아 사티어(1983)는 가족 유대를 강조하기 시작하였다. 사티어는 치료적 연구를 통해 치료를 받은 사람에 대한 관심과 매력에 바탕을 둔, 강하고 양육적인 관계의 중요성을 믿게 되었다. 보엔과 달리 사티어는 양육적 삼각관계, 즉 아이의 행복을 위해 노력하는 아버지와 어머니 그리고 아이의 관계 발달을 촉진하고 지지하였다. 사티어는 '자신을 내담자와의 대화에서 내담자의 자존감을 찾아내고 경청하는 탐정'이라고 생각하였다. 실제로 사티어는 의사소통과 초의사소통의 중요성, 변화 과정에서의 치료적 타당화의 중요성을 강조하였다(Satir & Bitter, 2000). 사티어부터 가족 치료는 공감적 경청, 치료적 참여, 양육에 대한 모형을 갖추게 된다(Satir, Banmen, Gerber, & Gomori, 1991).

는 것은 '자녀와 잘 놀았다'는 것이다. 어쩌면 이 아버지는 훈육을 아주 중요시하지 않는 분이었을 수도 있다. 어머니가 **아름다웠다**. 이 메시지는 여성들에게 외모가 중요하다는 것이다.

이제 현재의 가족 상황(원가족이나 새로 형성한 가족)에 대해 생각해보라. 가족 구성원들은 여러분을 어떻게 설명할까? 가족들이 가족에서의 여러분 위치나 역할에 대해 어떤 말을 하는가? 마지막으로 여러분에게 어려운 현재의 가족 상호작용에 대해 생각해보라. 상호작용 부분에서 여러분은 어떤 목적 혹은 목표를 가지고 있는가? 어떤 목표와 목적이 여러분과의 상호작용에 포함되기를 바라는가? 가족들의 반응 혹은 행동 결과를 보고 여러분 행동의 목표나 목적을 발견할 수 있다. '내가 이렇게 또는 저렇게 행동할 때 가족들은 어떻게 행동하는가?'

이제 가장 유명한 가족 치료 이론을 살펴보고 이 이론들이 가족 치료 발전에 어떤 기여를 했는지 살펴보도록 하자.

구조적 · 전략적 가족 치료

구조적 가족 치료(structural family therapy)의 기원은 1960년대 초반의 살바도르 미누친(Salvador Minuchin)으로 거슬러 올라간다. 이때 미누친은 뉴욕의 윌트윅 학교에서 불우한 가정의 비행소년을 대상으로 치료하고 훈련하고 연구하였다. 미누친(1974)의 핵심 생각은 개인의 증상은 가족 내 상호작용 양상, 즉 연속적인 사건들의 관점에서 가장 잘 이해할 수 있다는 것이다. 미누친은 더 나아가 구조 전략은 개인의 증상이 감소되거나 제거되기 전에 가족 내에서 일어나야 한다고 하였다. 구조적 가족 치료의 목표는 두 가지로 (1) 역기능적 증상을 줄이고, (2) 가족의 교류 규칙을 수정하며 보다 적절한 경계를 개발함으로써 체계 내의 구조적 변화를 일으키는 것이다.

1960년대 후반에 제이 헤일리(Jay Haley)는 필라델피아 아동지도연구소에서 미누친과 함께하였다. 헤일리와 미누친의 연구는 목표와 과정에 있어 많은 유사점이 있어 1980년대와 1990년대에 활동한 많은 임상가들은 두 모형이 다른 학파인가라는 의문을 제기하기 시작하였다. 1970년대 후반까지 **구조적 · 전략적 접근**(structural-strategic approaches)은 가족 치료에 있어서 매우 인기 있는 모형이었다. 이 모형에서 개발된 개입법은 체계적 접근과 유사하다. 그들은 참여, 경계 설정, 균형 깨기, 재구조화, 시련, 역설적 개입, 행동화 등을 포함한다.

만약 여러분이 원가족을 하위체계로 나눈다면 누가 부모 하위체계에 들어갈 수 있는가? 배우자 하위체계에는 누가 들어가는가? 형제 하위체계에는 누가 들어가는가? 각 하위체계에는 어떤 규칙과 경계가 설정되어있는가? 경계들이 서로 충돌하기도 하는가? 누가 그리고 어떤 결과로 충돌하는가? 여러분의 가족체계에 공통적 상호작용 결과는 무엇인가? 여러분의 초기 생활을 구성하는 일상생활은 어떠했으며, 어떤 규칙이 이 일상생활을 통제하였는가? 어떤 조절이 여러분의 가족을 변화시켰으며, 가족 발달로의 변환을 가져왔는가? 언제 여러분의 가족은 외적 도전과 고통에 직면했는가? 여러분의 가족 중 힘을 갖고 있는 사람은 누구이며, 어떻게 나타나는가? 누가 누구와 동맹을 맺고 있으며, 동맹을 맺기 위해 어떻게 하는가? 이런 질문은 구조적 · 전략적 가족 치료 상담자들이 우리에게 요구하는 평가 방법이다.

가족 치료 최근 이론

학습 목표 05 지난 10년간 여성주의, 다문화주의, 포스트모더니즘, 사회구성주의가 가족 치료 분야에 들어왔다. 이 모형들은 내담자(개인, 부부, 가족)를 자기 삶의 전문가로 생각한다. 치료적 대화는 상담자가 호기심과 관심을 갖고 내담자에게 다가가는 '중심에서 벗어나기' 또는 '아는 것이 없다는 입장'에서 시작한다. 상담자는 사회적으로 능동적이며 내담자가 자신을 압박하는 지배적 문화에 맞설 수 있게 돕는다. 치료는 상담에 다양한 관점을 도입하기 위해 '반성 집단'이나 '명료화하는 의식'을 포함한다(West, Bubenzer, & Bitter, 1998).

여성주의, 다문화주의, 포스트모던 상담자들은 이미 확립된 가족체계로 들어가는 자신들이 가지고 있는 힘을 아주 잘 인식하고 있어서 평가보다는 호기심과 관심으로 이해를 하려고 하였다. 이들은 가족체계의 중심 위치를 점유하지 않음으로써 중심 역할을 하지 않으면서 가족체계의 일부가 되는 것이다.

이야기 치료와 같은 포스트모던 접근에서는 가족 치료 상담자의 힘과 영향을 감소시키거나 제거하려고 노력한다. 이 모든 점을 고려해보면 포스트모던 상담자들은 가족 치료 분야에서 실질적인 패러다임의 변화를 제시하는 것이다.

가족 치료의 다양한 체계적 관점에 대해 간략하게 논의하는 것은 가족 치료의 발달에 대해 이해할 수 있는 맥락을 제공해주는 것이다. 가족 치료학파에 대해 더 심도 있는 내용은 『가족 치료와 상담의 이론과 실제』(Bitter, 2014)를 참조하기 바라며 이 장 끝에 있는 문헌을 읽기 바란다.

가족 치료의 다층적 과정

학습 목표 06 가족은 가족이 속해 있는 더 큰 체계와 영향을 주고받는 다층적 체계이다. 가족은 가족 구성원과 그들의 다양한 역할과 구성원 간의 관계, 상호작용의 연쇄적 방식과 그것의 목적 등으로 묘사될 수 있다. 구성원들과 체계는 힘, 위계, 조직, 구조, 발달, 문화, 성 역할로 평가할 수 있다(Breunlin, Schwartz, & MacKune-Karrer, 1997). 개인들조차도 내적 가족체계의 관점으로 생각할 수 있다(Schwartz, 1995). 덧붙여서, 세계화된 공동체에서 핵가족은 떨어져 있더라도 대가족의 일부이다. 다양한 가족이 공동체를 형성하고 다양한 공동체가 지역과 문화를 형성하며 이것이 국가(또는 사회)를 구성한다. 이 거시적 체계들이 가족의 삶(특히 성과 문화의 영역에서)에 미치는 영향은 매우 크다. 가족과 가족이 속한 상위 체계를 우선적으로 본다면 우리는 반드시 가족 치료에 대한 다층적 접근을 취해야 한다.

가족 상담과 치료의 통합적 모형으로서 몇 가지 형태와 구조가 제안되었다(예: Carlson, Sperry, & Lewis, 2005; Gladding, 2014; Hanna, 2007; Nichols, 2013). 여기서 우리가 제시하기로 선택한 통합적 모형은 가족 치료의 다양한 모형에서 파생한 개념의 폭넓은 통합을 가능하게 한다. 우리에게 가족 상담 과정은 클래식 음악 작품처럼 흐름을 가지며, 이 흐름은 더 큰 치료의 흐름 속에 묻혀있는 분리된 경험으로 묘사된다. 이 장에서는 우리는 네 가지 보편적 흐름을 관계 형성, 평가, 가설 설정과 의미 나누기, 변화 촉진하기 등의 과제로 기술한다. 드문 경우이지만 이 네 가지 흐름은 한 회기의 상담 안에서 일어날 수 있다. 그러나 대부분의 사례에서 각 흐름은 여러 상담 회기를 필요로 한다.

관계 형성

수년 동안 가족체계 치료 상담자들은 상담자의 역할과 상담 관계를 설명하기 위해 다양한 은유를 사용하고 있다. 여성주의 모형과 포스트모더니즘 모형의 등장은 가족 치료의 영역을 더 평등적이고 협력적, 협조적, 상호 구성적인 관계로 바꾸어왔다(T. Andersen, 1987, 1991; H. Anderson, 1993; Anderson & Goolishian, 1992; Epston & White, 1992; Luepnitz, 1988/2002 참조).

1940년대에 칼 로저스(1980)가 개인 치료에 처음으로 소개한 논쟁은 가족 치료에서 다음과 같은 질문 형태로 재등장하고 있다.

- 가족과의 관계에서 상담자는 어떤 전문적 지식을 갖고 있으며, 그 지식을 어떻게 이용해야 하는가?
- 가족과의 관계에서 상담자는 얼마나 지시적이어야 하며, 상담에서 권위의 사용에 대해 어떻게 이야기해야 하는가?

가족 치료에 대한 다층적 접근은 상호 존중, 돌봄, 공감, 타인에 대한 진실한 관심을 우선시하는 협력적 상담자-내담자 관계에 의해 매우 잘 뒷받침된다. 또한 우리는 지시된 행동과 규칙이 가족과 상담자 양측의 공동 작업일 때 매우 유용하다고 믿는다.

상담자는 첫 만남의 순간부터 내담자와 관계를 형성한다. 대부분의 경우 내담자가 첫 회기에 왔을 때 상담자는 자기 자신이 상담 약속을 해야 하고 내담자가 하는 첫 질문에 대답해야 하며, 상담에서 기대할 수 있는 것에 대해 알려주어야 한다. 또한 이 시기는 상담자가 가족에게 가족 모두가 참석하는 것에 대한 구성원들의 입장을 알려 줄 때이다. 가족 치료 상담자 중에는 참석하기를 원하는 가족 구성원들과만 치료를 행하는 사람도 있을 것이고, 다른 상담자는 가족 전원이 상담 시간에 참여할 때만 가족을 만날 것이다.

처음 대면하는 순간부터 참석한 사람과 친해지려는 노력과 함께 좋은 상담 관계가 시작된다(Satir & Bitter, 2000). **함께하기**(joining) 또는 **동참**, 단순한 **돌봄과 관심** 등 어떤 것으로 불리든 각 내담자를 개방성과 온정으로 만나는 것이 상담자의 책임이다. 일반적으로 가족 구성원 각각에게 관심의 초점을 두는 것은 가족이 느낄 수 있는 불안을 감소시키는 데 도움이 된다.

치료적 과정과 구조에 대해서도 상담자는 직무상 설명해야 한다. 가족 구성원들에게 자신을 소개하고 상담자 자신의 관심을 표현하는 것은 중요하지만 상담자는 내용에 너무 심하게 치중해서는 안 된다. 가족 과정에 대한 이해는 거의 대부분 **어떻게**라는 질문에 의해 촉진된다. **무엇이**, **왜**, **언제**, **어디서**로 시작하는 질문은 내용적 세부 사항을 지나치게 강조하는 경향이 있다(Gladding, 2014).

인간 체계에서 모든 변화는 자신이 누구인지 이해하고 수용하는 데서 시작한다(Satir & Baldwin, 1983). 대화에서 가족 치료 상담자의 적극적 경청을 통한 이해와 공감 기술은 효과적인 상담 관계를 위한 기초를 형성한다. 확인하고 격려하는 상담자, 가족 탄력성을 지지하는 상담자, 화합을 유도하는 상담자는 상담에서의 성공을 경험할 수 있다.

평가하기

위에서 살펴본 여러 층은 가족 평가를 하기 위한 다양한 시작점이다. 그런데 초보 상담자들은 가계도와 같은 공식적인 평가 절차가 명확하고 정리된 가족 구조와 이야기를 제공해줄 수 있다고 생각한다(McGoldrick et al., 2008). 공식적인 검사나 평가가 유용한 경우도 있다(Gottman, 1999 참조)

가계도 작성 절차에 대해 알아보자. 대부분의 가족 치료 상담자들은 상담에 오는 가족의 가계도를 먼저 그린다. 남성은 사각형으로, 여성은 원으로 표시하며 부모의 이름, 나이, 생일을 기록한다. 하위 부모 체계에 여러 관계가 있으면 일반적으로 남성은 왼쪽에, 여성은 오른쪽에 태어난 순서로 기록한다.

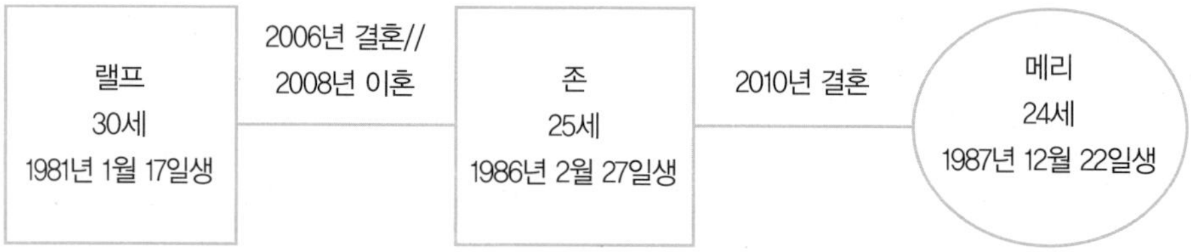

위의 가계도에서 메리는 20세에 26세인 랠프와 결혼하였다. 2년 정도 후 이혼하고, 메리는 2010년에 존과 결혼하였다. 존과 메리가 공식적으로 결혼을 하지 않고 함께 살기만 하는 가계도는 비공식적 관계를 가리키는 점선을 사용한다.

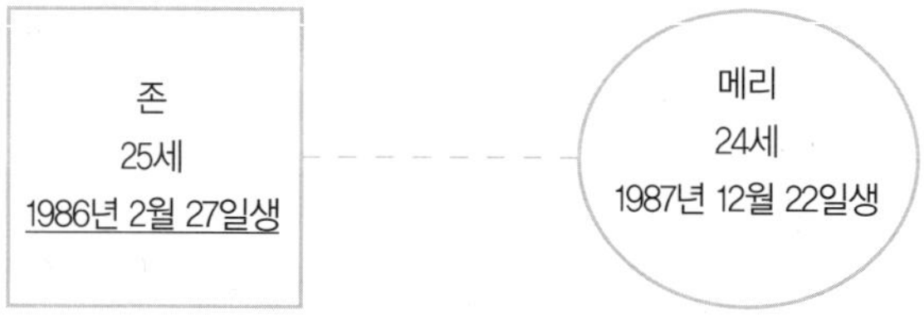

만일 랠프가 메리와 이혼한 것이 아니고 사망했다면 가계도를 다음과 같이 그린다.

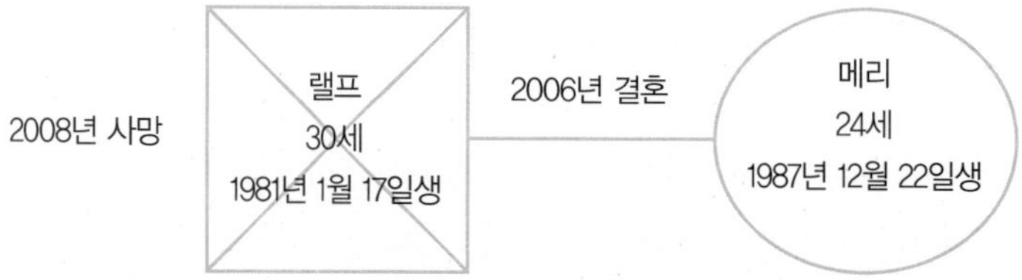

메리와 존에게 아이가 있을 때는 이들의 가계도는 아래와 같을 것이다.

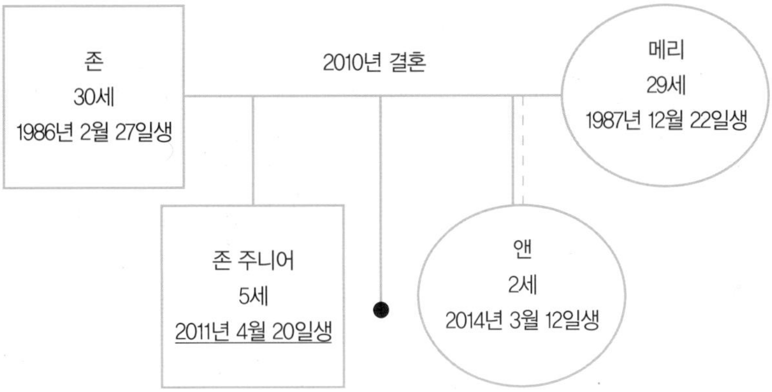

위의 가계도에서 현재는 2016년이고, 존과 메리는 결혼한 지 6년이 되었다. 결혼한 지 1년이 되었을 때 메리는 첫째 남자아이를 낳았고, 그 아이의 이름은 존 주니어이다. 1년 후에 메리는 유산하였고, 그것은 자녀 선의 끝에 검은 원으로 표시되어있다. 그리고 2년 전에 딸 앤을 입양하였다(점선과 실선이 같이 그어져 있다). 우리는 존과 메리의 가계도를 3세대까지 확장하였다. 그리고 존이 무녀독남, 메리가 무남독녀이면 기본적인 3세대 가족 가계도는 다음과 같을 것이다.

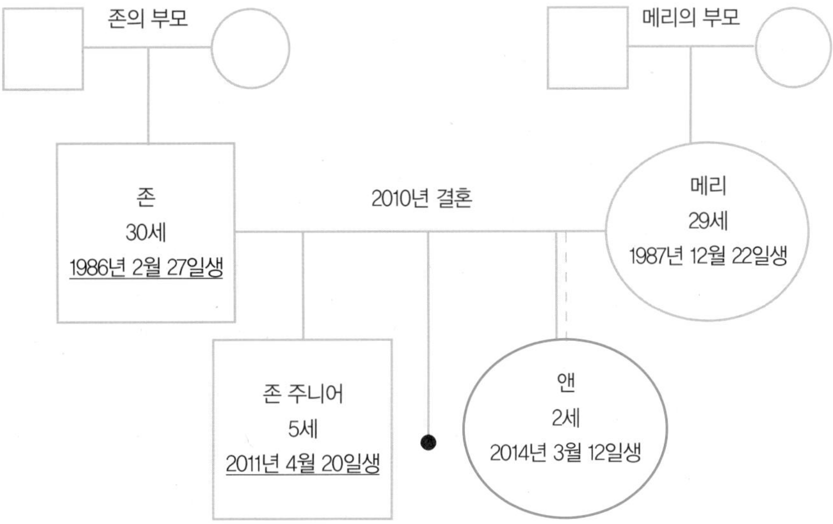

많은 다른 상징도 가계도에 사용될 수 있다. 2중 사각형과 2중 원은 가계도에서 중심이 되는 사람이나 중요 인물이다. 사각형이나 원 안의 역삼각형은 남성 동성애자나 여성 동성애자를 나타낸다. 사각형이나 원에서 아래의 반을 어둡게 색칠한 것은 물질남용을 나타낸다. 두 사람 사이에서 강한 관계를 나타낼 때는 선을 두 개 그린다. 혼돈되거

나 얽혀 있는 관계는 줄을 세 개 그린다. 점선은 먼 관계를, 갈등관계는 /\/\/\/\/\/\/\/ 와 같이 나타낸다. 이 장의 마지막 부분에 스탠의 가계도를 제시하였다. 지금까지 가계도를 작성하기 위한 충분한 정보를 제시하였다. 큰 종이를 준비하여 자신의 가계도를 작성해보기 바란다. 두 사람이 서로 대화하면서 가계도를 그리고, 가족에 대해 얘기하는 것이 가장 효과적이다.

상담자는 가족 구성원들이 그들의 가족에 대해 이야기하는 것을 들을 때 어디서부터 이야기를 시작해야 할지 판단하기가 어렵다. 일반적으로 가족 구성원들이 주제를 가장 잘 선택한다. 가족 치료 상담자는 순환 질문이나 관계 질문을 사용하여 '제시된 가족 이야기에서 상담자나 가족에게 의미가 있는 체계적 주제'에 도달한다. 예를 들어, 부모가 그녀에게 부과한 통행금지령을 무시함으로써 태미가 가족체계에 반항한다면 상담자는 다음과 같이 질문할 수 있다. '과거에 있던 통행금지령을 어기고 경찰한테 잡혀 간다면 무슨 일이 일어날 것 같나요? 누가 가장 화를 낼 것 같나요?' 이 질문에 대한 태미 아버지의 대답은 다음과 같다.

> 아마도 겉으로는 제가 가장 화를 낼 것입니다. 저는 생각하지 않고 폭발하는 경향이 있고, 그러고 나서는 뒤늦게 후회를 합니다. 반면에, 애 엄마는 금방은 화를 내지 않지만 상처가 더 오래 가죠. 그리고 제가 태미를 풀어 놓았다고 계속 제게 화를 냅니다. 그녀는 태미가 저를 조종한다고 말할 것입니다. 그런데 저는 왜 우리가 계속 싸우는지를 모르겠어요. 마음에 드는 게 하나도 없습니다. 우리는 싸우고 태미는 사라지죠. 태미는 대학교에 다니고, 18세가 넘었으며, 통금시간이 없는 아이들과 어울리고 싶어 합니다.

이 아버지의 반응으로부터 상담자는 이 가족의 생활에 들어갈 다양한 분야에서 선택할 수 있다. 상담자는 가족들이 표현하고 상호작용에서 제시한 화와 죄책감을 상담하기로 선택할 수 있다. 가족 구성원들이 갈등을 해결하고 문제를 다루는 순서를 아버지가 명백히 표현하였다. 그의 말에는 나이보다 더 큰 것처럼 행동하려는 태미와 관계된 발달적 주제와 함께 가족에서의 남성, 여성, 딸의 위치가 나타나 있다.

평가과정에서 각각의 세대에서 계승된 주제에 관한 가족 관점에 대해 검토하는 것도 도움이 된다. 앞에서 말한 시작점에 더하여 더 상세한 평가에 포함될 질문은 다음과 같다.

- 각 가족 구성원이 상담에 가져오는 문제는 무엇인가?
- 각 가족 구성원은 자신을 어떤 사람이라고 생각하는가?
- 각 가족 구성원의 목표는 무엇인가? 가족 내의 다른 사람들에게 갖는 목표는 무엇인가?
- 각 가족 구성원의 일상생활을 지탱하는 일상적 규칙은 무엇인가?

- 누가 결정권을 갖는가? 갈등을 해결하는 방식과 문제를 다루는 방식은 어떠한가?
- 가족 일상의 연쇄에서 가장 빈번하게 출현하는 부분은 무엇인가?
- 전형적인 하루는 어떠한가?
- 부모는 가족의 효과적인 지도자인가? 리더십은 균형이 잡혀 있는가?
- 아이들은 부모의 훈육에 어떻게 반응하는가? 아이들 반응의 목적은 무엇인가?
- 각 가족 구성원은 개인의 생물학적 · 인지적 · 정서적 · 사회적 발달에서 어디에 있는가?
- 가족생활 주기에서 그 가족은 어디에 있으며, 어떻게 변화를 다루는가?
- 각 가족 구성원의 가족 배경에는 어떤 문화가 있는가?
- 가족은 현재 어떤 문화 또는 지역에서 살고 있는가? 가족이 현재 이민이나 이사를 한 적이 있는가?
- 경제, 교육, 문화, 종교, 인종, 지역, 성, 성적 지향, 나이 등이 가족 과정에 어떤 영향을 미치는가? 가족 요소에 대해서 가족과 상담자는 잘 맞는가?
- 인종차별, 가부장제, 동성애/이성애는 이 가족과 구성원들에게 어떤 영향을 미치고 있는가?
- 성과 관련하여 긍정적이거나 부정적인 생각은 무엇인가?
- 가족은 변화 과정의 어디에 있는가?
- 어떤 내적 또는 외적 자원을 지원해야 하는가?

가설 설정과 의미 나누기

가설을 설정한다는 것은 사람, 체계, 상황과 관련해 유용한 방식으로 의미를 부여하는 일련의 생각을 설정하는 것이다. 가족 치료에서 가설 설정은 평가과정에서 나온 생각과 이해로부터 자연스럽게 나온다. 가설 설정 형식은 다음 두 가지 질문과 밀접한 관련이 있다. (1) 상담자와 가족은 자신들이 만든 생각에 대해 얼마나 확신을 갖고 있는가? (2) 상담자는 사람과 가족의 삶에 얼마나 큰 영향을 미치고자 하는가?

가족 치료 상담자는 개인 치료 상담자와 마찬가지로 가족과 그 구성원들에게 영향을 미치지 않을 수 없다. 상담자는 상담에 어떤 종류의 영향을 일으킬 것인가? 사티어와 비터(Satir & Bitter, 2000)는 가족 치료 상담자들이 사람들을 책임질 수는 없지만 상담 과정은 책임질 필요가 있다고 제안한다. 즉, 상담자는 상담을 어떻게 수행하는지에 대한 책임을 지고 있다. 아마도 여성주의자와 사회구성주의자는 상담에서 권력의 악용에 대해 매우 많은 관심을 나타내는 것 같다. 다문화주의자, 인간중심 상담자, 아들러학파, 실존 치료 상담자, 상담에서 '지배 문화'의 무의식적 강요를 목격한 사람들이 그 생각에 동참하였다. 초기 가족 치료에서 대부분의 남성 상담자들은 가족생활에 대한 가부장제, 빈곤, 인종 차별, 문화적 차별과 무시, 동성애 차별, 그 외 사회적 문제의 영향을 무시하는 경우가 많았다. 그 연속체의 전략적 · 구조적 끝에 있는 상담자들은 가족 내에 '필요한' 변화를 규정하는 데 직접적인 개입을 가능하게 하는 체계 작업의 전문적 기술을 주장하게 된 것 같다. 치료적 남용과 상담에서 진행 중인 권력의 남용으로 인지된 것을 막기 위해 몇몇 이야기 치료 상담자들은 가족과의 관계에서 **탈중심적** 입장을 취한다(White, 1997, 2007). 이전의 인간중심 상담자들처럼 탈중심적 상담자들은 가족과 가족 구성원들이 상담 과정의 중심에 놓이도록 노력한다.

가족에게 상담 작업에서 존중적이며 근본적으로 협력적인 대화에서 초대받는 것은 중요하다. 상담에서 발견된 상이한 관점들은 가설 설정 작업에 합쳐지고, 이런 생각들을 나누는 것은 가족과 상담자의 감성과 지성으로 향하는 창을 제공한다. 가설을 공유하는 것은 즉시 가족 구성원들로부터 피드백을 일으킨다. 상담자와 가족이 서로 잘 맞도록 하는 것은 바로 이 피드백이다. 그리고 잘 형성된 적응은 작업관계를 굳게 결합시키는 경향이 있다.

드라이커스(Dreikurs, 1950, 1997)가 개발한 시험적 가설 설정과 공유 과정은 여기에 제시된 협력적 상담에 맞게 잘 설계되었다. 드라이커스는 열정적인 관심과 호기심을 갖고 질문을 하며 가족 구성원들의 주관적 관점을 함께 모을 것이다. 그리고 드라이커스는 합의를 위한 개인의 생각을 존중할 것이다. 드라이커스가 공유하고자 하는 생각이 있을 때 이 생각을 밝히기 위해 동의를 구할 것이다.

1. 당신들과 나누고 싶은 생각이 있습니다. 제 생각을 한번 들어 보시겠습니까?
2. 혹시 그게 이런 것 아닙니까?

이 같은 가설 제시 방법의 의의는 이 방법이 가족과 그 구성원들이 자기들에게 맞지 않는 것을 폐기할 권리를 포기하지 않고 고찰하며 참여하도록 하는 데 있다. 제시된 생각이 적합하지 않으면 상담자는 이것을 깨끗이 버리고 가족의 대화가 더 유익한 개념적 해석으로 향하도록 가족 대화를 바꾼다.

변화 촉진하기

변화는 가족 치료가 공동적이거나 협력적 과정일 때 촉진된다. 상담자를 전문가로서 그리고 **변화를 만들** 책임이 있는 것으로 보는 심리상담 모형에서 기법이 더욱 중시된다. 협력적 접근에서는 **계획**이 필요하다. "계획은 가족 치료가 **기법**이나 **개입법**으로 불리던 것을 포함할 수 있되, 가족의 참여가 함께한다"(Breunlin et al., 1997, p.292). 변화 촉진하기의 가장 일반적인 두 가지 형태는 규칙 제정과 과제 할당이다. 이 두 가지 절차 모두는 가족이 상담자와 함께 구성했을 때(또는 적어도 그것의 사용에 대한 이론적 설명을 받아들였을 때) 매우 잘 기능한다.

변화 과정에 있을 때 가능한 결과의 수는 접근 가능한 가족의 내적 · 외적 자원에 의해 제한된다. 그러나 이것은 가족 치료 상담자가 바라거나 원하는 결과가 없다는 것은 아니다. 일반적으로 내적인 부분은 이 부분들이 조화되고 개인이 개인적 부분을 자원으로 받아들일 때 매우 잘 기능한다. 생각할 수 있는 것이 정서적으로 반응하는 것보다 더 도움이 되고, 느낄 수 없는 것은 느낄 수 있는 것보다 좋다. 타인과의 친분은 고립이나 자기 몰두보다 더 가치 있다. 성장과 발달을 위한 적당한 위험 감수는 침체나 두려움 속으로 숨는 것보다 유익하다.

우리의 행동과 감정, 상호작용의 목표와 목적을 알면 우리는 이것들을 사용하는 데 관한 선택을 할 수 있다. 유사하게 우리가 대면 관계에서 하는 방식 또는 인생의 성쇠, 세대 간 양식을 이해하는 것은 방식에 도전하기와 새로운 가능성의 출현을 위한 다양한 방법을 제공한다.

다문화적 관점에서 보는 가족체계 치료

다양성 관점에서 보는 강점

학습 목표 07 다문화 틀에서 체계적 관점으로 작업하는 것의 장점 가운데 하나는 많은 민족 집단과 문화 집단이 대가족에게 큰 가치를 부여했다는 것이다. 상담자가 조부모와 고모, 삼촌 등을 포함해서 특별한 가치를 부여하는 문화적 배경을 가진 사람과 상담하고 있다면 가족 접근이 개인 치료보다 장점이 많다는 것을 쉽게 알 수 있다. 가족 치료 상담자들은 대가족 구성원들과 훌륭한 교류를 할 수 있다.

가족 치료 분야에서 모니카 맥골드릭은 가족 치료에서의 성 역할과 문화적 관점과 틀의 발달에서 매우 영향력 있는 상담자이다(McGoldrick et al., 1991, 2005; McGoldrick & Hardy, 2008 참조). 많은 측면에서 맥골드릭과 동료들은 체계인류학자들처럼 가족에 접근한다. 그들은 각 가족을 독특한 문화를 가진 집단으로 보고, 그 특성을 이해해야 한다고 생각한다. 더 큰 문화 체계와 같이 가족은 행동, 의사소통, 느끼고 경험하는 방식을 통제하는 독특한 언어를 가지고 있다. 가족은 계속 전해 내려오고, 외부 간섭으로부터 그들을 보호하고, 그들을 미래와 과거에 연결시켜주는 의례와 의식을 갖고 있다.

마찬가지로 가족은 모든 문화에서 전승되어 오는 성차별과 가부장제를 벗어날 수 없다. 남성과 여성의 역할은 다른 사회에서도 규정되어있다. 그러나 거의 모든 문화에서 여성들은 손해를 보는 경향이 많다. 가족, 직업, 세계, 공동체에서 엄마인 여성의 역할은 앞으로 올 세대의 여성 모형이기도 하다. 가족생활에서 여성의 역할이 매우 제한적일 수밖에 없기 때문에 가족에서의 성 역할에 대한 검토는 가족 치료에서 기본적인 일이라고 할 수 있다(McGoldrick et al., 1991). 여성을 소외시키거나 억압하지 않으면서 치료에서 다양한 문화를 존중하는 방법을 찾는 것이 아마도 가장 어려운 일인 것 같다. 결론적으로 세계 곳곳의 모든 문화에서 여성주의의 목소리가 있다는 것을 기억하는 것이 중요하다.

분화가 가족의 일부이며 개별적이고 사람 그 자체라는 것을 잘 이해하게 되는 것임을 의미하는 것처럼, 문화를 이해하면 상담자와 가족은 다양성을 인식하고 가족 경험을 더 큰 문화와의 관계에서 맥락화하게 된다. 오늘날 가족 치료 상담자는 가족 문화와 가족이 속해있는 더 큰 문화, 가족생활을 지배하는 거대 문화를 조사한다. 상담자는 문화가 가족 치료 상담을 알리고 수정할 수 있는 방법을 찾고 있다. 개입법은 가족이 속한 문화와 관계없이 보편적으로 적용되지 않고, 문화 체계에 맞게 채택되고 설계된다.

다양성 관점에서 보는 약점

다문화 렌즈와 협력적 접근을 꾀하는 가족체계 치료에서 다양성 관점에서 단점을 찾기는 힘들다. 가족 치료 모형은 다문화 관점에 필요한 태도와 지식, 기술을 담고 있다. 비서구 문화에서 주된 관심은 이 모형이 개인주의 대 집단주의를 지지하는 균형에 관해서일 것이다. 분화는 모든 문화에서 발생하지만 문화적 규범에 따라 다른 형태를 띤다. 예를 들어, 젊은 여성은 부모님의 집을 떠나지 않고도 부모로부터 분리될 수 있다. 소수민족 가족이 북아메리카로 이주했을 때 아이들은 종종 서구의 분화 개념에 적응한다. 이런 사례에서 상담자가 원가족의 문화적 뿌리를 잘 이해한다면 세대 간 상담 과정이 적합할 것이다. 다층적 접근이 균형 잡힌 조망에서 집단주의와 개인주의 입장을 다루지만 많은 비서구 문화는 어떤 형태로든지 가족에의 충실함보다 개인의 개성을 중시하는 이론을 받아들이지 않는다. 비서구 문화는 시간과 정서에 대한 개념화도 다르다. 상담자는 치료 모형과 관계없이 가족의 세계로 들어가서 그 가족을 지탱하는 전통을 존중할 줄 알아야 한다.

서구의 가족 모형이 보편적이라 믿는 상담자들이 가족 치료 실제에서 단점이 될 수 있다. 실제로 가족 구조와 과정, 의사소통에는 많은 문화적 형태가 있다. 가족 치료 상담자들은 개인화, 적절한 성 역할, 가족생활 주기, 대가족 등에 대한 시야를 넓혀야 하는 도전에 직면한다. 일부 가족 치료 상담자들은 서구의 생각에 기초를 둔 핵가족에 우선적으로 주목하고, 이는 대가족에 속한 내담자와의 상담에서 약점이 될 수 있다.

가족체계 치료를 적용한 스탠의 사례

스탠과 한 상담에는 관계 형성과 참여, 스탠의 가계도 읽기, 다층적 평가, 재구성, 상담 경계 정하기, 변화 촉진 등이 있다. 가족과 함께 작업하는 많은 유용한 모형과 방법이 있다. 이 논의는 다층적 관점으로 스탠을 상담하는 가능한 방법을 제시한다.

접수 면접에서 가족 치료 상담자로서 나는 스탠의 문

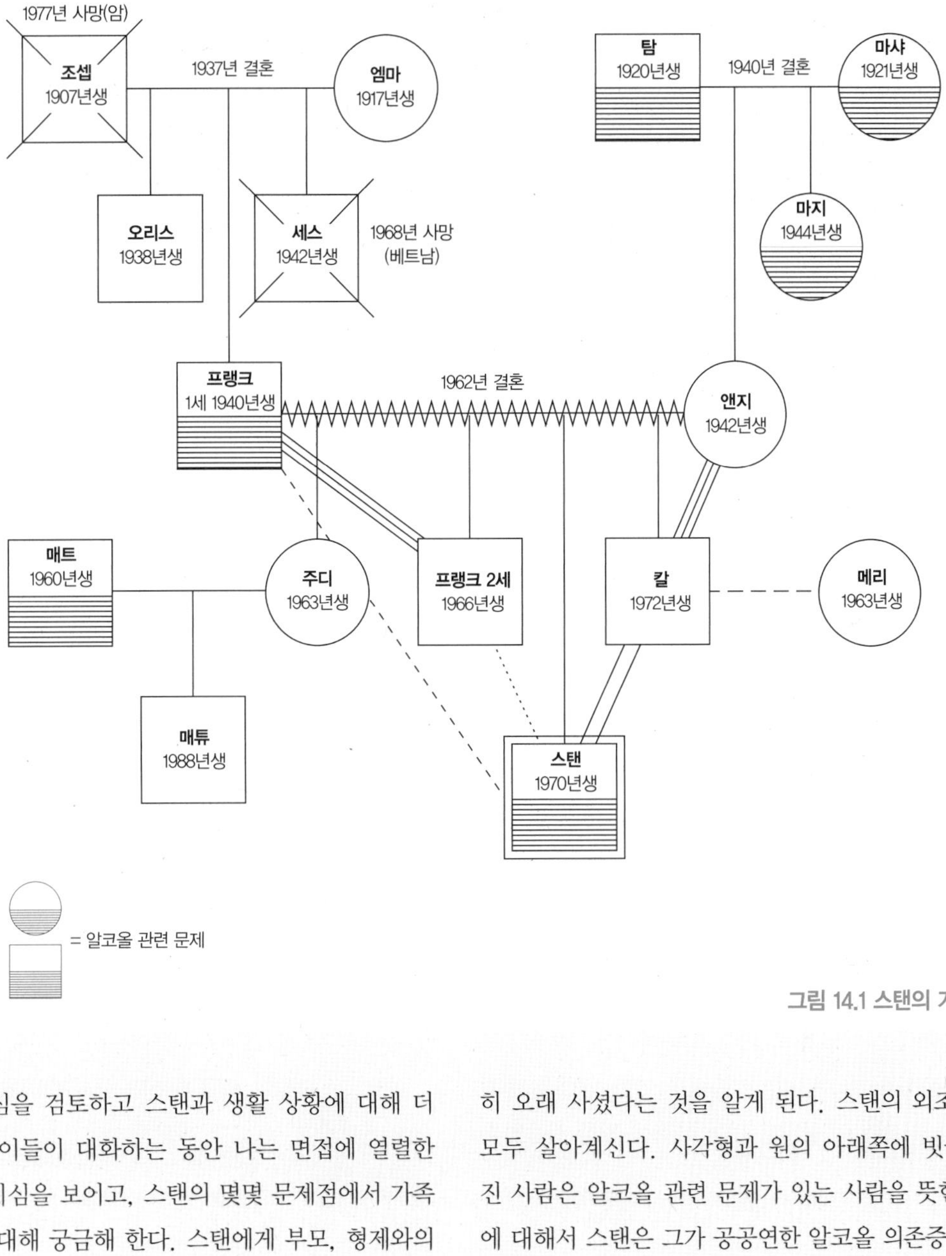

그림 14.1 스탠의 가계도

제점과 관심을 검토하고 스탠과 생활 상황에 대해 더 알아본다. 이들이 대화하는 동안 나는 면접에 열렬한 관심과 호기심을 보이고, 스탠의 몇몇 문제점에서 가족적 근원에 대해 궁금해 한다. 스탠에게 부모, 형제와의 관계가 얼마나 힘들었는지와 상관없이 아직도 스탠이 이들에게 많이 매여 있다는 것을 알기 위해 질문을 많이 하지 않는다. 이 초기의 대화에는 스탠의 원가족 가계도 형성이 포함된다(그림 14.1). 이 지도는 스탠과 상담자 모두에게 스탠의 삶에 영향을 미친 사람들과 과정을 안내해줄 것이다.

스탠의 가계도는 원가족체계의 가족 그림, 또는 지도이다. 이 가계도에서 우리는 스탠의 조부모가 상당히 오래 사셨다는 것을 알게 된다. 스탠의 외조부모는 모두 살아계신다. 사각형과 원의 아래쪽에 빗금이 쳐진 사람은 알코올 관련 문제가 있는 사람을 뜻한다. 탐에 대해서 스탠은 그가 공공연한 알코올 의존증을 가지고 있으며 기독교에 귀의하였고 알코올 의존증 방지 모임에서 도움을 받았다고 얘기하였다. 스탠의 외할머니는 사교적 남편과 함께 조금씩 술을 마셨지만 한 번도 자신에게 문제가 있다고 생각지 않았다. 그러나 말년에는 술을 점점 더 마시게 된 듯하고, 이 문제가 결혼생활의 어려움이었다. 스탠은 또한 이모인 마지가 술을 많이 마시는 것을 알고 있는데, 수년 동안 술을 같이 마셔왔기 때문이다. 마지는 스탠에게 술을 처음으로 권한 사람이기도 하다.

스탠의 어머니 앤지는 프랭크 1세가 알코올 의존증자 모임의 도움으로 술을 끊고 나서 결혼하였다. 그는 아직도 모임에 나가고 있다. 앤지는 술을 가까이 하는 모든 남성을 의심한다. 그녀는 특히 스탠과 주디의 남편인 매트(그 역시 술을 너무 많이 마신다)에게 특히 화가 나 있다. 가계도는 이 가족 내의 알코올 문제 방식을 쉽게 보여준다.

프랭크 1세와 앤지 사이의 지그재그선(/\/\/\)은 갈등관계를 나타낸다. 프랭크 1세와 프랭크 2세 사이, 앤지와 칼 사이에 있는 세 개의 실선(≡)은 매우 가깝거나 심지어는 결합된 관계를 나타낸다. 칼과 스탠 사이의 두 개의 실선(=)은 가까운 관계만을 나타낸다. 뒤에서 보게 되듯이, 이 가족 내에서 칼은 사실 스탠을 존경한다. 프랭크 1세와 스탠 사이와 프랭크 2세와 스탠 사이의 점선(----)은 거리감과 무심한 관계를 나타낸다.

가족 치료 상담자는 전 가족이 스탠의 알코올 남용과 관련이 있다고 믿기 때문에 첫 회기의 많은 부분을 다른 가족 구성원들을 상담에 참여시키는 방안을 탐구하는 데 보냈다. 스탠은 많은 문제점을 가지고 있지만 당장에는 알코올 관련 문제가 우선적인 주제이다. 알코올은 삶에 부정적 부분이며 이것만으로 체계적인 의미를 가진다. 이것은 다른 문제들의 증상으로 시작되었을 수 있지만, 지금은 알코올 그 자체가 문제이다. 체계적 관점에서 문제는 '이 문제가 가족에게 어떤 영향을 미쳤는가?'와 '가족이 이 문제를 다른 목적을 위해 사용하는가?'이다.

가족과 함께한 첫 상담 회기 때 나의 주된 초점은 각 가족 구성원들과 관계를 형성하는 것이다. 하지만 여기서도 다양한 접근이 제시된다.

상담자: (프랭크 1세에게) 여기 오시는 게 불편하셨을 줄 압니다만 와주셔서 정말 감사하게 생각하고 있다는 것을 알아주셨으면 합니다. 여기에 계시는 게 어떤지를 말씀해주시겠습니까? [참여를 통한 관계 형성]

프랭크 1세: 뭐, 그다지 좋지 않습니다. (잠시 멈춘다) 세상이 많이 달라졌지요. 20년 전에는 상담이 없었어요. 예전에 음주 문제가 있었지만 극복했어요. 제 스스로 그냥 끊어버렸어요. 스탠도 그렇게 해야 합니다. 그냥 술을 끊으면 돼요.

상담자: 음주하지 않는 생활이 더 좋다는 것으로 들리네요. 그리고 아버님은 스탠의 생활 또한 더 나아지기를 바라시고요. [재구성]

프랭크 1세: 맞아요. 나는 그 애의 생활이 많은 면에서 좋아졌으면 좋겠어요.

상담자: 앤지, 당신은 어때요? 여기 계신 게 어떠세요? [각 가족 구성원과의 관계 형성]

앤지: 가슴이 터질 것 같아요. 항상 그렇지요. 저 사람(프랭크 1세를 언급한다)은 자기 스스로 힘을 내서 자기 의지로 술을 끊은 것처럼 말하는군요. 웃기는군요. 저는 그를 떠나겠다고 위협했어요. 그게 진실이에요. 나는 이혼할 준비가 되어있었어요. 우리는 기독교인이에요. 기독교인은 이혼을 할 수 없죠. [가족 스트레스와 대처를 둘러싼 양자관계 연쇄의 가능성]

상담자: 그러니까 이전에도 이런 일이 있었군요.

앤지: 세상에, 그럼요. 아버지와 어머니도 술을 마셨어요. 아버지는 지금도 그렇고요. 여동생은 인정하지 않겠지만, 술을 너무 많이 마셔요. 여동생은 술에 미쳐 있지요. 주디의 남편은 문제가 있어요. 저는 알코올 의존증 환자들에게 둘러싸여 있어요. 너무 화가 나요. 전 그들이 모두 죽거나 사라져버렸으면 좋겠어요. [가능한 세대 간 가족 연쇄: 가치, 신념, 규칙 탐구를 위한 교차점]

상담자: 그러니까 이 문제는 전체 가족이 오랜 시간 동안 다루어온 것이군요.

앤지: 전부는 아니지요. 나는 술을 안 마셔요. 프랭키와 주디도 아니고요. 그리고 칼도 문제가 없는 것 같고요.

상담자: 그게 가족을 나누는 기준이군요. 술을 마시는가, 아닌가? [가능한 조직 렌즈 적용]

주디: 술을 마시는 것만이 우리가 가진 문제는 아니에요. 그건 문제가 아닐지도 몰라요.

상담자: 그것에 대해 더 얘기해봐요.

주디: 스탠은 항상 힘들었어요. 전 그 애가 불쌍해요. 프랭크는 분명 아빠가 매우 아끼는 아이였고, 저에게는 항상 모든 일이 쉽게 풀렸어요. 그리고 칼, 그 애는 원하는 것을 모두 가졌어요. 그 애는 엄마가 매우 아끼는 아이죠. 엄마 아빠는 오랫동안 많이 싸웠어요. 우리 모두가 그다지 행복하지는 않았지만 스탠은 아주 심한 것 같아요. [다시, 가능한 연쇄와 조직화 렌즈 적용]

프랭크 2세: 제 기억에 따르면, 스탠은 엄마 아빠에게 싸움거리를 많이 만들어줬어요. 그는 항상 엉망이었어요.

상담자: 프랭크, 아버지가 아까 말할 때, 나는 아버지 역시 스탠에게 실망한 점이 있다는 것을 감지했지만, 아버지는 그의 일이 잘 되기를 바라셨어요. 당신도 그렇지요? [프랭크 2세의 비판을 재구성, 초점을 발전 가능한 새로운 가능성과 새로운 관계에 유지하기]

프랭크 2세: 맞아요. 나는 그의 삶이 나아졌으면 좋겠어요.

이 상담 회기의 시작 부분은 가족 구성원들을 만나고, 그들이 제시하는 다양한 관점을 주의 깊게 듣고, 스탠의 문제를 긍정적인 결론에 대한 가족의 소망으로 재구성하는 데 쓰였다. 갈 길이 멀지만 변화를 위한 씨앗은 이미 뿌려졌다. 이 초기의 상호작용에 스탠의 문제가 복수세대적 내용을 갖고 있다는 증거가 있다. 이 내용이 탐구되면 문제 있는 음주를 지지하고 유지하는 가족 연쇄도 밝혀질 것이다. 이 상호작용들을 추적하고, 더 적당한 의사소통을 위해 노력하는 것도 가능하다. 관계적이고 조직적이며 발달적인 연쇄를 발전시키는 것은 함께하는 생활 속에서 가족 구성원을 자유롭게 하는 새로운 가능성의 수단으로서 탐구될 수 있다. 다른 가능성 중에서 여전히 탐구되어야 할 것은 성과 문화에 관련된 관점이다. 내가 스탠의 이야기만 들었다면 단 하나의 관점만이 분명했을 것이다. 이 상담 회기에 다양한 관점과 전체 상호작용과정은 매우 짧은 시간 안에 분명해졌다.

가족 면접이 계속됨에 따라 고려해볼 많은 가능성이 제시되었다. 상담자는 다음의 가능성 중 하나 혹은 모두를 고려하고 상담을 구성할 수도 있다.

1. 스탠의 부모는 오랜 시간 동안 잘 기능하는 지도자가 아니었고, 부부관계와 자녀 양육 또한 고통을 겪었다.
2. 성년 형제자매에게는 부모가 계속 강요한 영향력과 혼란 없이 함께 기능할 새로운 기회가 필요하다.
3. 스탠은 단일 부분 영역(음주 부분)으로 축소되어 왔으며 자신에 대한 서술과 경험은 그 자신의 관점과 다른 사람들의 시각에서도 확대되어야 한다.

가족 안에서 스탠의 새로운 자리, 더 좋은 관계 방법, 그의 내적 체계의 '잃어버린' 부분에 접속하는 능력은 모두 그가 음주와의 전쟁에서 이기는 데 중요한 것들이다. 상담이 계속되면서 두 개의 분리된 관계적 조직화 가설이 탐구되어야 한다는 것이 분명해졌다. 하나는 부부관계 역시 음주 문제에 의해 정의되었고, 수년 동안 어떤 종류의 긍정적인 방식으로도 진화하거나 발달하지 못했다는 것이다. 둘째, 세대 간 연쇄가 스탠을 지목하고, 그를 고착된 역할로 정하여 그에 따라 행동하게 하였다. 그 역할을 스탠의 청소년기 후반의 발달을 망가뜨렸고, 그 시기는 그가 술을 마시기 시작한 때이다.

자기 점검을 위한 질문

- 개인적 치료 접근에 반하여 다층적 · 체계적 관점으로 스탠과 작업하는 것은 어떤 독특한 가치가 있는가?
- 스탠이 치료를 계속함에 있어서 어떤 내적 부분을 다시 사용할 수 있는가? 그의 어떤 부분이 극화되어있는가?
- 스탠이 가족 구성원 중 몇 명이라도 다음 상담 시간에 참석시키는 데 성공한 경우 어디에서부터 시작하

겠는가?
- 모든 사람을 상담 회기에 참여시키겠는가? 그렇다면 어떻게 모두를 포함시킨 상담 회기를 진행할 것인가?
- 이 가족에게 다른 렌즈를 탐구할 수 있는 구체적인 방법은 무엇인가?
- 여러분은 어떤 가설을 발전시키고 있으며, 그것을 가족과 어떻게 나누겠는가?
- 변화를 촉진하는 것과 관련하여 기대할 만한 체계적인 개입이 있는가?

가족체계 치료를 적용한 그웬의 사례*

가족 치료 상담자로서 나는 그웬을 가족체계의 맥락에서 볼 때 지표가 되는 사람으로 보고 있다. 그웬의 가족은 대가족으로서 고모, 삼촌 사촌들로 이루어졌는데 연대감이 강해서 혈족을 넘어 친한 친구 같다. 그웬이 우울 삽화를 경험하고 압도되는 느낌을 느끼기 시작했을 때 모든 가족이 영향을 받았다. 아프리카계 미국인 가족들은 집단주의 특성 때문에 종종 곤경에 처하게 된다. 종종 표현되는 문화 주제는 '어떤 일이 우리들 가운데 한 명에게 일어나면 그것은 우리 모두에게 일어난다.'는 것이다. 그웬의 모든 가족을 상담 회기에 모이게 하는 것은 어려웠지만 그웬은 시간을 내려고 노력하였다. 대가족은 아프리카계 미국인계 장점으로서 가족은 그웬에게 사랑과 지지를 주었다. 나는 이러한 노력을 인정해주고 싶었고 가족이 그웬을 지원해주기 위해 이미 많은 것들을 하고 있다는 사실을 알게 해주고 싶었다.

나는 가족 모두를 초대하였고 돌아가면서 인사하였다. 가족과 처음 한 일은 상담에 온 데 대해 어떻게 느끼는지 물어보면서 가족이 합류하는 것이었다.

론(그웬의 남편): 저는 직장에서 여기로 급하게 왔습니다. 왜냐하면…… 아내가 좋아지기 바라기 때문이지요. 솔직히 말해서 아내가 처음 상담 이야기를 꺼냈을 때 상담에 확신을 하지 못했습니다. 모르는 사람에게 내 얘기를 하는 것이 익숙하지가 않습니다. 하지만 아내를 믿어요. 아내에게 가장 좋은 것을 원합니다.

상담자: 고맙습니다. 그리고 상담실에 온 데 대해 칭찬해드리고 싶어요. 바쁘실 텐데도 말입니다. 그런데 이 상담 시간에 남편분이 원하는 것이 무엇인가요?

론: 음, 아내는 아주 훌륭한 여자입니다. 하지만…… 아내가 우울증을 보일 때면 저는 무기력하고 불안함을 느낍니다. 저는 이것을 이해하고 싶고 지나가버렸으면 좋겠습니다. 아내가 나았으면 좋겠고 제가 할 수 있는 한 아내를 도울 수 있으면 좋겠습니다.

상담자: 저는 남편분이 하늘을 감동시켜서 아내분이 지금보다 더 행복하게 해줄 수 있겠다는 느낌을 받습니다.

론: 저는 그렇게 할 겁니다.

상담자: 좋습니다. 그리고 리사 당신은 어떤가요?

리사(막내 딸, 26세): 저는 엄마가 좋아졌으면 좋겠어요. 엄마는 원동력이거든요. 엄마는 가족 모두를 도와주고는 지쳐버려요. 저는 상담 오는 게 약간 불안했어요. 제가 한 짓 때문에 엄마가 우울증을 겪고 있다고 알게 될까 봐요. 엄마는 제가 필요한 것을 도와주었어요. 저는 제가 엄마를 위해 뭔가 더 해줄 수 있었다는 것을 알아요. 저는 엄마가 할머니를 수발드시는 것을 도와드리지 않았어요. 저는 이게 엄마를 위해 더 할 수 있는 것이라는 것을 알아요.

상담자: 리사 엄마가 이 이야기를 들어보는 게 중요하다고 생각해요. 엄마 얘기를 듣기 전에 다른 분들 얘기를 듣고 싶네요.

* 켈리 커크시 박사는 가족체계 관점에서 자신의 사고방식과 상담 실제에 대해 기술하며 이 모형을 그웬에게 적용하고 있다.

브리타니(첫째 딸, 29세): 저는 취업을 준비하느라고 정말 바빴어요. 엄마는 저를 도와주셨고 그래서 저는 엄마가 힘들어 하고 우울해지셨다는 것은 정말 몰랐어요. 지금 일어나고 있는 일을 제가 제대로 이해하고 있는지 모르겠어요. 저는 엄마를 사랑하고 엄마를 돌보기 위해 여기에 있고 싶어요. 엄마는 기분이 좋았다가 나빴다가 했어요. 이게 차이가 있는 건가요? 저는 엄마를 사랑해요. 하지만 엄마는 너무 바빠서 자주 연락하는 것을 포기했어요. 그래서 엄마가 상담받고 싶어 한다는 말을 들었을 때 당혹스러웠어요. 아빠는 엄마한테 잘해줘요. 아빠는 엄마가 기분이 가라앉아 있을 때는 모든 일을 해요.

상담자: 당혹스럽기도 하면서도 엄마를 위해서 여기에 있고 싶은 거군요. 그웬, 이 점에 대해 어떤가요?

그웬: 제게 필요한 도움을 주기 위해 생판 모르는 사람에게 기꺼이 와서 이야기를 하려는 너무나 사랑스러운 가족이 있다는 것이 너무 감사해요. 지금 저는 삶이 힘들고 지쳐 있어요. 저는 너무도 많은 일을 하고 있어요. 정리되는 게 없는 거 같아요. 이런 지는 오래되었지만 더 나은 삶을 살 준비는 되어있어요. 이런 방식이 우리 가족에게는 쉽지 않다는 거 알아요. 그리고 그것에 대해 죄책감을 느껴요. 저는 더 이상 숨기고 싶지 않아요. 제 기억에 엄마는 숨겼던 것 같아요. 이제 저도 나이가 들었어요. 더 건강하게 살고 말 거예요.

상담자: 어떻게 될 것 같습니까?

그웬: 확신은 할 수 없지만 행복할 거예요. 일이나 가족에 대해 지나치게 걱정하지 않을 거예요.

상담자: 그웬 씨가 더 행복해지고 건강해진다면 가족은 어떨까요?

그웬: 마찬가지로 더 행복해지겠지요. 제가 행복하다면 가족도 행복할 거예요.

상담자: 하지만 이렇게 할 일이 많은데 어떻게 행복하고 건강할 수 있을까요?

그웬: 선생님이 말씀해주셨으면 좋겠어요.

상담자: 제가 그렇게 해봐도 되겠어요?

그웬: 그렇게 해주세요.

상담자: 여기에 제가 생각하기에 거의 언제나 진리인 무엇인가가 있어요. 어떤 책임감이 강한 사람이 일을 떠맡기고 모든 일을 하도록 하는 사람들로 둘러싸여 있어요.

그웬: 무슨 말씀인가요?

상담자: 이 말은 그웬 씨가 너무도 오랫동안 책임을 많이 지고 있어서 도와달라고 말하는 것을 잊어버렸다는 것이에요. 그렇게 하는 법을 몰랐을 거예요. 그웬 씨가 계속 그러고 있으면 가족은 그웬 씨에게 계속 책임을 지울 거예요.

그웬의 어머니: 그 말이 맞아!

론: 잠깐만요. 저는 집안일이 제대로 돌아가도록 최선을 다했어요. 당신이 더 필요한 게 뭔데?

그웬: 잘 모르겠어요. 저는 단지 도움이 필요하다는 말을 들었을 뿐이에요.

상담자: 이게 가족의 문제입니다. 집안에 필요한 일을 아는 사람은 엄마뿐이에요. 그웬 씨는 어떻게 일을 처리하는지 다 알아요. 하지만 과부하 상태예요. 그웬 씨가 도움을 청할 줄 몰라요. 그리고 모든 분들은 그웬 씨가 도움을 청하지 않기를 바라고 있지요. 왜냐하면 다른 분들도 바쁘고 일이 많기 때문이지요. 그리고 그웬 씨, 남편이나 자녀에게 도움을 청할 때도 이들이 제대로 하는지 걱정할까요?

브리타니: 무슨 말씀이세요? 엄마는 어찌되었든 간에 다 관리감독하실 거예요.

상담자: 여러분 가운데 몇 분이나 그웬 씨가 다시 책임을 떠맡게 하기 위해 집안을 엉망으로 만드는 방법을 알려고 할까요? (침묵하면서 서로 쳐다보고 있다. 어떤 사람은 미소를 짓고 있고 어떤 사람은 고개를 숙이고 있다.) 이 말이 모든 것을 멈추게 했네요. 어떻게 해야 할까요?

론: 집으로 가서 그 점에 대해 생각해봐야 할 것 같습니다. 우리가 뭔가 다르게 해야 할 필요가 있겠네요. 네 오빠에게 엄마가 얼마나 압박감을 느끼고 있는지 얘기하고 자기 일은 자기가 처리하도록 해야겠구나. 엄

마가 해왔던 일 목록을 작성해서 어떻게 해야 할지 보도록 해야겠구나. (침묵) 그리고 그웬은 일을 덜도록 하고.

상담자: 어떻게 되는지 보도록 하겠습니다.

이후 상담 시간을 정하고 나서 나는 상담에 온다는 것이 그웬을 생각하는 가족의 마음을 보여주는 것이며 가족으로서 서로 생각하는 마음을 보여주는 것이라는 점을 인식시켜주었다. 나는 이들이 상담실에서 어떻게 성공할 수 있었는지 이해하고 있으며 이들의 노력이 칭찬받을 만하다는 사실을 인식시켜주고 싶었다.

자기 점검을 위한 질문

- 상담 첫 회기에 가족들이 서로 대화할 수 있도록 한 상담자 개입 방법에 대해 어떻게 생각하는가?
- 이런 상담자에게 가족의 일원으로서 상담에 참여한다면 어떻겠는가?
- 그웬이 개인 상담 이외에 가족 상담을 받는 것이 어떤 가치가 있다고 보는가?
- 초보 상담자들은 상담실에 여러 사람이 있으면 무엇을 어떻게 해야 할지 몰라 불안해한다. 이 사례에서 상담자는 혼돈에 빠지지 않도록 상담 시간을 어떻게 관리하였는가?

요약과 평가

요약

학습 목표 08 특히 다층적 접근에 중점을 두어 먼저 여러 가족 치료 접근을 통합하는 주제를 재검토해보자.

기본 가정 우리가 한 개인을 치료하고자 한다면 그를 그의 가족체계 내에서 살펴보는 것이 중요하다. 개인의 문제행동은 공동체와 사회적 체계뿐만 아니라 가족의 상호작용적 단위로부터 일어난다.

가족 치료의 초점 가족 치료를 받는 대부분의 내담자는 단기 치료를 선호하는 경향이 있다. 왜냐하면 전문적 도움을 찾는 가족들은 대체로 몇몇 문제 증상의 해결을 원하기 때문이다. 체계를 바꾸는 것은 변화를 빠르게 할 수 있다. 단기 치료, 해결중심, 행동 지향적인 특성과 함께 가족 치료는 현재 상호작용을 다루는 경향이 있다. 가족 치료의 중요 초점은 가족체계 내의 '지금 여기'에 대한 상호작용이다. 가족 치료가 다른 개인 치료와 다른 점은 현재 가족관계가 어떻게 증상의 발전과 유지에 기여하였는지를 강조한다는 점이다.

목표와 가치관의 역할 구체적 목표는 상담자의 면접 또는 가족과 상담자의 협력적인 과정에 의해 결정된다. 포괄적 목표는 개인과 가족의 고통을 경감시키는 개입법을 사용한다. 어떤 목표가 상담자의 개입을 이끌어야 하는가 하는 물음은 상담자의 가치관에 대한 질문이다. 가족 치료는 일련의 가치관과 이론적 가정에 기초한다. 결국 상담자가 행하는 모든 개입은 가치 판단의 표현이다. 상담자가 자신의 이론적 지향점과 관계없이 그들의 가치관을 인식하고, 그 가치관이 가족과의 상담 실제에서 어떻게 영향을 미치는지를 인식하는 것은 중요하다.

가족이 변하는 방법 가족 치료 실제에 대한 통합적인 접근은 상담자가 목표, 상호작용, 관찰, 변화의 진행 방법을 조직하는 지도 원리를 포함한다. 가족체계 치료의 어떤 관점은 지각적이고 인지적인 변화에 초점을 두고, 다른 관점은 정서 변화를 주로 다루며, 또 다른 이론은 행동적 변화를 강조한다. 가족 치료 상담자가 영향을 받은 렌즈와 관계없이 변화는 개인 안에서뿐 아니라 관계 속에서도 일어나야 한다.

가족 치료의 기법 상담자가 선택하는 개입법은 상담자의 개인적 특성을 매우 잘 고려하여 결정해야 한다. 비터(2014), 골든버그와 골든버그(2013), 니콜스(Nichols, 2013)는 기법이 치료적 목표를 성취하기 위한 도구이지만 이 개입 전략들이 가족 치료 상담자를 만들지는 않는다고 강조한다. 내담자에 대한 존중, 연민, 공감, 민감성과 같은 개인 특성은 기법이 전달되는 방법에 영향을 미치는 인간 특질이다. 기대되는 결과에 대한 생각과 함께 사용된 기법의 이론적 근거를 갖는 것도 필수적이다. 임상 실제의 요구에 부응하기 위해 상담자들은 개입 전략 결정에 있어 유연해야 한다. 중점적인 고려사항은 무엇이 매우 가족에게 최선인가 하는 것이다.

가족 치료의 다층적 접근은 단일한 초점을 가진 다른 모형들에 비해 더 복잡하다. 적어도 초기에 단일한 접근에서 얻을 수 있는 확신과 명쾌함 중 일부는 잃을 수 있다. 그러나 알맞은 시간에 방향을 바꾸는 융통성은 강점이다. 우리는 모형들에 따른 유용한 치료 구조를 제시하고, 평가, 가설 설정, 변화 촉진에 있어 가족 치료의 다층적 과정을 통합해왔다. 그리고 이 장에서는 상담을 위해 상담자와 가족 모두가 상황의 요구에 따른 영향을 나누는 협력적 과정을 서술했다.

가족체계 치료의 공헌

체계적 접근의 중요 공헌 중의 하나는 개인뿐만 아니라 가족에게도 특정한 역기능에 대해 비난하지 않는다는 것이다. 가족은 내적 · 발달적 · 목적적 상호작용 방식의 확인과 탐구과정을 통해 힘을 얻는다. 동시에 체계적 관점은 개인과 가족이 외부의 힘과 체계, 그들 사이의 병, 성 방식의 변화, 문화, 사회경제적 요소들에 의해 영향을 받는다는 것을 인정한다. 가족 또는 개인에게 변화가 일어나려면 상담자는 가능한 모든 체계의 영향을 알아야 한다.

대부분의 개인 치료 상담자들은 이 책이 개인에게 영향을 주는 체계적 요인에 우선적 초점을 두지 못했다고 생각했다. 가족 치료는 개인을 다른 많은 체계들 속에 묻혀 있는 체계로서 재정의하고, 이 체계들은 평가와 치료에 있어서 완전히 다른 관점을 가져온다. 이 관점의 강점은 개인이 가족 안에서 '나쁜 사람'으로 희생되지 않는다는 것이다. '확인된 환자' 혹은 가족을 비난하기보다 전체 가족이 (1) 그 가족을 특징짓는 다양한 관점과 상호작용 방식을 검토하고, (2) 해결 방안 모색에 참여할 기회를 갖게 된다.

가족체계 치료의 한계와 비판

초기의 가족 치료에서 상담자들은 체계를 고려하는 데 너무 많은 것을 상실하였다. '체계'라는 언어를 채택할 때 상담자들은 가족을 '양자관계'와 '삼각관계'로 기술하고 생각하게 되며, '기능적' 혹은 '역기능적'. '열중한' 혹은 '열중하지 않은', '구속된' 혹은 '이탈된' 것이 있고, '긍정적' 결과 혹은 '부정적' 결과와 '피드백 고리'로 표현한다. 이는 가족을 기름이 잘 칠해진 기계나 가끔 고장이 나는 컴퓨터 정도로 보는 것과 같다. 정서적인 요소가 포함되지 않은 기계가 고치기 쉬운 것처럼, 몇몇 상담자들은 '전체' 가족이 더 잘 '기능'한다면 개인들은 거의 걱정하지 않는 식으로 가족체계 치료에 접근하였다. 규칙 정하기, 시련, 역설적 개입이 간혹 내담자들에게 그들의 지식 범위 밖에서(어떤 때는 심지어) 행해졌다(Haley, 1963, 1976, 1984; Minuchin & Fishman, 1981; Selvini Palazzolli, Boscolo, Cecchin, & Prata, 1978 참조).

여성주의자들이 아마도 체계적 틀 안에서 개인적인 조망을 놓친 것에 대해 안타까워한 첫 번째 집단이었지만 유일한 집단은 아니었다. 이제 치료의 장이 개인과 체계적 틀의 통합으로 나아감에 따라 치료라는 용어를, 진정한 사람은 항상 가족을 품고 있다는 것을 존중하는 인간의 정서적 용어로 재정립해야 할 것이다. 우리는 이 장이 여러분에게 이후의 독서와 비디오테이프 시청을 통해 더 공부하고 싶을 만큼 다양한 가족 치료를 충분히 소개했기를 바란다.

자기 점검과 토론을 위한 질문

1. 이 장에는 가족 상담 접근 가운데 몇 가지가 소개된다. 이들 접근 가운데 어떤 접근에 가장 관심이 가는가, 그리고 그 이유는 무엇인가?
2. 여러분이 가족 상담을 받는다면 어떻겠는가? 가족 상담을 받으면 여러분 자신에 대해 어떤 점을 더 잘 알 수 있겠는가?
3. 가족을 대상으로 상담을 잘 하려면 무엇을 더 배울 필요가 있겠는가? 그리고 어떤 경험이 더 필요하겠는가?

4. 여러분이 지금까지 배운 여러 접근과 가족 상담이 어떻게 다른가?
5. 가족 상담 관점에서 상담하는 가장 큰 이점은 무엇인가? 단점은 무엇이라고 생각하는가?

더 찾아볼 자료

여러분은 미국 부부 및 가족 치료학회(American Association for Marriage and Family Therapy)에 가입해보는 것을 생각해볼 수도 있다. 이 단체는 학생 회원 부문이 있다. 가입을 위해서는 학회가 공식적인 보증을 요구할 수 있는 최소 2명 이상 임상가 회원의 이름을 포함한 공식적인 신청서를 받아야만 한다. 또한 여러분의 현재 등록 여부를 증명할 수 있는, 지역적으로 공인된 교육기관에서 결혼과 가족 치료 대학원 과정의 진행자나 지도자로 있는 사람이 서명한 진술서가 필요하다. 학생 회원은 학사학위를 받을 때까지, 혹은 최대 5년 동안 유지된다. 회원은 『부부 가족 치료 학술지(Journal of Marital and Family Therapy)』를 1년에 4회 받고, 1년에 여섯 가지 주제를 다루는 『가족 치료지(The Family Therapy Magazine)』를 정기 구독하게 된다. 미국 부부 및 가족 치료학회 윤리규정(AAMFT Code of Ethics)이나 회원 신청서, 기타 상세한 정보가 필요한 사람은 다음으로 연락하기 바란다.

미국 부부 및 가족 치료학회
www.aamft.org

미국상담협회에는 부부 및 가족 상담 국제협회(International Association of Marriage and Family Counseling: IAMFC)라고 하는 부부 및 가족 상담 분과가 있다. 이 분과에서는 『가족 저널과 가족 다이제스트(The Family Journal and The Family Diget)』를 발간하며 미국상담학회 협의회의 부부 및 가족 훈련 프로그램을 볼 수 있도록 하고 있다.

더 자세한 사항은 다음 연락처로 연락해보기 바란다.

부부 및 가족 상담 국제협회
www.iamfconline.org/public/main.cfm

더 읽을거리

『가족 치료와 상담의 이론과 실제』(Bitter, 2014)는 가족 치료와 상담 분야를 이루고 있는 이론에 대해 설명하고 있을 뿐만 아니라 가족 치료 상담자로서 전문성과 인간적 자질을 향상시키려고 하는 포괄적인 교과서이다.

『가족 치료: 역사, 이론, 실제(Family Therapy: History, Theory, and Practice)』(Gladding, 2014)는 미국상담학회 회원 상담자들을 위해 가족 상담 모형과 상담 개입 방법에 대해 개관하고 있다.

『가족 치료: 개요(Family Therapy: An Overview)』(Goldenberg & Goldenberg, 2013)는 가족 상담에 대한 현대 관점을 잘 개관하고 있다.

『인종 및 가족 치료(Ethnicity and Family Therapy)』(McGoldrick, Giordano, & Garia-Preto, 2005)는 가족 상담에서 문화에 관한 중요한 저서이다. 저자들은 가족 상담에서 문화적 관점의 중요성을 개관하고 있으며 15개 이상의 문화에 대해 배경, 연구, 상담 주제를 제공하고 있다.

『가족 치료: 개념과 방법(Family Therapy: Concepts and Methods)』(Nichols, 2013)은 주요 7개 가족 상담 모형을 다루고 있는 미국부부가족 치료학회(AAMFT) 기반 교과서이다. 마지막 장은 가족 상담의 다양한 접근의 주요 주제를 통합하고 있다.

part 3

INTEGRATION AND **APPLICATION**

통합과 **적용**

15장 | 통합적 관점

학습 목표

01. 통합적 심리치료는 어떤 것이며, 갈수록 인기를 얻고 있는 이유가 무엇인지 설명한다.
02. 통합적 심리치료의 구체적인 장점을 나열한다.
03. 통합적 접근을 개발하는 데 가장 큰 어려움이 무엇인지 살펴본다.
04. 다문화적 쟁점이 상담의 실제에서 어떻게 다루어졌는지 논의한다.
05. 영적이고 종교적인 가치들이 어떤 방식으로 상담의 실제에 윤리적이고 효과적으로 통합되었는지 토론한다.
06. 다양한 이론들로부터 효과적으로 도출한 기법들의 토대를 이해한다.
07. 심리치료의 효과성을 일반적으로 보여주는 연구를 살펴본다.
08. 피드백 반영 치료와 이것이 효과적인 치료 결과와 어떤 관련이 있는지 설명한다.

도입

이 장에서는 이 책에서 다룬 11개 심리치료 체계 간의 공통점과 차이점에 관해 생각해 볼 수 있도록 도울 것이다. 이들 접근들은 모두 공통의 목표들을 가지고 있기도 하지만, 목표를 성취하기 위한 최선의 방법에는 다양한 접근이 있다. 어떤 치료는 적극적이고 지시적인 상담자의 역할을 요구하는 반면, 내담자가 적극적인 주체자가 되는 것을 중시하는 치료도 있다. **감정**을 경험하는 것에 초점을 두는 이론이 있는가 하면, 어떤 이론에서는 **인지적 방식**을 구체화하거나 실제 **행동**을 강조하기도 한다. 핵심적인 역할은 다양한 이론들의 각 특징들을 통합하여 내담자와 더불어 이러한 인간 경험의 세 수준에서 작업할 수 있게 하는 것이다.

심리치료 분야는 다양한 영역의 전문 모형들로 구성되어있다. 이러한 다양성에도 불구하고, 상담자가 기존의 모든 기법들 속에서 상담 기술을 개발할 가능성이 있는가? 학생이 어떤 이론이 적용하기에 가장 적절한지를 어떻게 결정할 수 있는가? 심리치료 체계 간의 공통점을 살펴보는 것은 비교적 최근에 이루어진 일이다(Norcross & Beutler, 2014). 상담자들은 성격 변화를 유도할 수 있는 '최상'의 방법에 관하여 프로이트의 저작물까지 거슬러 살펴보며 격렬하게 논쟁해왔다. 수십 년간, 상담자들은 대안 이론들의 타당성을 부인하고 다른 이론적 학파들의 효과적인 방법들을 무시할 정도로 통합에 저항하였다. 상담의 초기 역사는 이론적 논쟁으로 가득하다. 1980년대 초반 이후, 통합적 심리치료는 분명하게 묘사된 분야로 변모되었다. 이는 서로 다른 성향들 중에서 최상의 것들을 조합한 것에 기초하여 확립되고 인정받은 움직임으로써 보다 완벽한 이론적 모형의 연결과, 보다 효율적인 치료법이 개발될 수 있게 하였다(Goldfried, Pachankis, & Bell, 2005). 1983년에 결성된 통합적 심리치료 개발을 위한 모임은 단일 이론 지향을 넘어선 치료적 접근을 개발하기 위해 노력하는 전문가들로 구성된 국제적 조직이다. 심리치료 분야가 성숙됨에 따라 통합 개념은 대세로 부각되었다(Norcross & Beutler, 2014).

15장에서는 상담 실제를 위한 통합적 관점을 개발하는 것의 장점을 살펴본다. 더불어, 다양한 이론들의 개념과 기법들을 통합하도록 돕기 위한 틀을 제시한다. 이 장의 내용을 읽어나가면서 상담에 관한 자신만의 관점을 형성하도록 시도해보고, 다양한 이론적 관점들의 여러 요소들을 종합할 방법을 모색해보길 바란다. 이 체계들이 어떤 방식으로 조화롭게 기능할 수 있는지 가능한 한 유념하길 바란다.

CengageBrain.com에 방문하거나 『심리상담과 치료의 이론과 실제: 스탠의 사례와 해설 DVD』 15장 부분의 DVD 프로그램을 시청하라. 그리고 각 장을 읽기 전에 DVD에 있는 각 장에 대한 간략한 소개 내용을 살펴보라.

통합적 심리치료를 향한 움직임

상당수의 상담자들이 스스로를 '절충주의자'로 분류한다. 이 범주는 상담에서 폭넓은 영역을 포함한다. 설상가상으로, 절충주의적 상담에서는 이론에 관한 전반적인 기준이 없이 무계획적으로 기법들을 취사선택한다. 이는 '혼합주의'로 알려져 있다. 여기에서는 상담자가 치료 개입들을 선택할 지식이나 기법이 없으며 효과가 있을 것 같은 것들을 찾는다. 치료적 절차가 실제로 효과가 있을지의 여부에 대해서도 확인하지 않는다. 이러한 무비판적이고 비체계적인 기법의 조합은 편협하고 독선적인 태도에 지나지 않는다. 합리적인 근거 없이 많은 자료들로부터 기법들을 발췌하는 것은 여러 이론 간의 혼란만을 초래하고, 이는 내담자를 성공적으로 상담하는 데 해가 된다(Corey, 2015; Neukrug, 2016; Norcross & Beutler, 2014).

통합적 심리치료를 향한 경로

학습 목표 01 **통합적 심리치료**(psychotherapy integration)는 다른 관점들로부터 배울 수 있는 점과 다양한 행동 치료들로부터 내담자가 도움을 얻을 수 있는 방법들이 무엇인지 살펴보기 위해 단일 학파로만 접근하는 것의 제한된 관점 너머를 보기 위한 시도로 특징지을 수 있다. 대부분의 심리치료자들은 특정의 치료적 학파만 고수하지 않고 오히려 통합된 형태를 선호한다(Norcross, 2005; Norcross & Beutler, 2014). 2007년 조사에서 4.2%의 응답자가 자신을 하나의 치료 모형만 사용하는 것으로 분류하였다. 나머지 95.8%는 자신을 통합적으로 분류하였는데, 이는 상담 실제에서 많은 방법과 접근들을 조합하는 것을 의미한다(Psychotherapy networker, 2007). 심리치료 전문가들은 향후 수십 년간 통합적 치료에 대한 선호도가 증가할 것으로 예측하였다. 특별히, 마음챙김 이론, 인지행동 이론, 다문화 이론, 통합적 이론 등에 관한 인지도가 상승할 것으로 내다보았다(Norcross, Pfund, & Prochaska, 2013).

통합적 접근은 많은 이론과 기법들을 통합하는 다양한 방식에 대해 개방적이며, '절충적' 대신 '통합적'이라는 용어를 확정적으로 사용한다(Norcross, Karpiak, & Lister, 2005). 통합의 최종 목표는 심리치료의 효율성과 적용 가능성을 높이는 것이다. 노크로스와 보이틀러(Norcross & Beutler, 2014), 보이틀러(2014), 스트리커(Stricker, 2010)는 심리치료의 통합으로 가는 가장 보편적인 네 가지 경로로 기술적 통합, 이론적 통합, 동화적 통합, 공통 요인 접근을 제시하였다. 통합을 향한 이 모든 접근들은 단일 이론 접근의 한계 너머를 보는 것이지만, 각각은 구별된 방식으로 진행된다.

기술적 통합(technical integration)은 개인의 문제를 위한 최상의 상담 기법을 선택하는 데 주력한다. 이는 차이점에 초점을 두고 많은 접근들에서 선택하며 기법을 수집한다. 이 경로는 모체가 된 특정 이론의 특성에 전혀 구애받지 않고, 서로 상이한 학파들의 기법을 사용하기를 바란다. 상담 실제에서 기술적 통합 관점을 적용하는 사람들에게는 개념적 토대와 기법 간에 아무런 연관이 없다. 상담자들은 내담자에게 사용할 다양한 도구들을 지니고 있다. 기술적 통합의 형태로 가장 잘 알려진 것 중 하나를 라자루스(2008a)는 **기술적 절충주의**라고 언급하였는데, 이는 **중다양식 치료**의 토대이다. 중다양식 상담자들은 여러 다양한 치료 모형에서 빌려오면서 특정한 임상적 문제를 다루는 데 효과적인 것으로 입증된 기법들을 활용한다. 언제든 할 수만 있다면, 중다양식 상담자들은 실증적으로 입증된 기법들을 채택한다.

대조적으로, **이론적 통합**(theoretical integration)은 단순한 기법의 혼합을 넘어 개념적 혹은 이론적 창조를 제안한다. 이 경로는 단일 이론보다 결과가 좋은 것이라는 가정 하에 둘 혹은 둘 이상의 이론적 접근들의 최고 측면들을 종합하는 개념적 틀을 만들어내는 것을 목표로 한다. 이 접근은 토대가 되는 치료 이론들과 각 이론의 기법들을 통합하는 것을 강조한다. 이러한 형태의 통합의 예로, 변증법적 행동 치료(DBT)와 수용전념치료(ACT)가 있으며 이들은 앞서 9장에 소개되었다.

7장에서 소개한 **정서중심 치료**(EFT)는 이론적 통합의 또 다른 형태이다. 이 접근은 치료적 변화에서 정서의 역할을 강조한다. 정서중심 치료의 핵심 개발자인 그린버그(2011)는 이 모형을 경험적으로 입증하였으며 통합적이고 치료에 대한 경험적 접근으로 개념화한다. 정서중심 치료는 인간중심 철학에 토대를 두고 있지만 게슈탈트 치료, 경험적 치료, 실존 치료 등의 측면을 종합한다는 점에서 통합적이다. 정서중심 치료는 인간중심 접근의 관계적 측면을 게슈탈트 치료의 능동적인 현상학적 자각 실험과 혼합한다.

동화적 통합(assimilative integration) 접근은 다른 치료적 접근들의 실제를 선택적으로 결합하는 개방성과 더불어 심리치료의 특정 학파에 근거를 두고 있다. 동화적 통합은 단일의 일관적인 이론적 체계가 갖는 장점들과 중다 체계들의 다양한 개입이 지닌 융통성을 연합시킨다. 이러한 통합의 형태로 **마음챙김 기반 인지 치료**(MBCT)가 있다. 이는 인지 치료의 측면과 마음챙김 기반의 스트레스 감소 절차를 통합한다. 앞서 9장에서 다룬 것을 기억하겠지만, 마음챙김 기반 인지 치료는 우울증 치료에 적용된 마음챙김 원리들과 기술들을 포괄적으로 통합한 것이다(Segal, Williams, & Teasdale, 2013).

공통 요인 접근(common factors approach)은 서로 다른 이론적 체계들로부터 공통의 요소들을 찾아내는 것이다. 이론들 간의 많은 차이점에도 불구하고, 상담 실제에서 눈에 드러나는 핵심은 모든 치료들에 공통적인 특이하지 않은 변인들로 구성된다. 램버트(Lambert, 2011)는 공통 요인들이 통합적 심리치료의 기본이 될 수 있다고 결론지었다.

특정한 이론적 학파를 독단적으로 옹호하는 것이 연구를 통해 입증되지 않았다는 것을 암시함으로써 다양한 치료적 개입에 동등한 효과를 가지고 있는 공통 요인 설명은 일상적인 치료에서 통합적 상담이 주로 이루어지는 결과를 가지고 왔다. 또한 연구는 공통 요인이 외견상 다양한 상담 기법들을 통합하는 중요한 점이 될 수 있음을 제안한다. (p.314)

이러한 공통 요인들에는 공감적 경청, 지지, 온정, 작업 동맹 구축, 카타르시스 기회, 새로운 행동 실험, 피드백, 내담자의 긍정적 기대, 개인 갈등의 훈습, 대인관계 역동 이해, 상담실 밖에서의 변화, 내담자 요인, 치료적 효과, 상담 수행에 대한 성찰을 통한 학습 등이 포함된다(Norcross & Beutler, 2014; Prochaska & Norcross, 2014). 이들 공통 요인들은 치료적 결과를 설명함에 있어 각 이론들을 구분 짓는 고유한 요인들에 비해 훨씬 중요한 것으로 여겨진다. 특정한 상담 기법들은 공통 요인의 가치들, 특히 인간적 요소들과 비교해볼 때, 상담 결과에서 거의 차이를 보이지 않는다(Elkins, 2016). 통합적 심리치료를 향한 접근들 중에서, 공통 요인 접근은 실증적 연구에 의해 가장 강력히 지지되고 있다(Duncan, Miller, Wampold, & Hubble, 2010).

심리치료에 포함된 모든 공통 요인 중에서 촉진적 상담 관계만큼 많은 관심과 인정을 받은 것은 없다(Lambert, 2011). 치료적 동맹의 중요성은 성공적으로 구축된 효과적 치료의 핵심적 구성 요인이다. 내담자–상담자 관계는 치료적 변화의 핵심이며 상담 결과에 대한 효과성과 상담 기간을 예측해주는 중요 변수이다(Elkins, 2016; Miller, Hubble, & Seidel, 2015).

통합적 치료의 장점

학습 목표 02 통합적 치료는 상담 과정의 많은 측면을 이해할 수 있도록 해주는 일반적인 틀과 함께 상담자가 할 일과 할 말에 대한 안내도를 제공해준다(Corey, 2015). 통합적 치료를 향한 움직임의 주된 이유는 복잡한 인간의 행동을 포괄적으로 충분하게 설명할 수 있는 단일 이론은 없다는 인식 때문이다. 특히, 내담자의 유형과 구체적인 호소 문제를 고려할 때면 더욱 그러하다. 진실로만 가득 찬 이론은 없으며 다양한 내담자들과의 작업에서 항상 효과적인 상담 기법은 없기 때문에, 통합적 접근은 상담 실제에서 전망이 밝다. 노크로스와 웜폴드(2011b)는 효과적인 상담은 융통성 있고 통합적인 관점을 필요로 한다고 주장했다. 심리치료는 개별 내담자의 독특한 욕구와 맥락에 맞도록 유연해야 한다. 노크로스와 웜폴드는 모든 내담자에게 똑같은 상담 관계 양식과 상담 방법을 사용하는 것은 부적절하고 비윤리적일 수 있음을 지적하였다.

이 책에서 다룬 11개의 체계는 이들의 이론과 실제적 기초를 확장하는 방향으로 진화하였고 특정 초점에 제한되지 않게 되었다. 특정한 치료 이론에 충실해야 한다고 주장하는 많은 상담자들은 자신들의 이론적 견해를 확대하고 있고, 보다 다양한 내담자 집단에 적합한 상담 기법을 폭넓게 확장하고 있다. 다양한 접근을 통합할 때 심리치료가 가장 효과적일 수 있다는 인식이 점차 늘고 있다(Goldfried, Glass, & Arnkoff, 2011). 최근까지 많은 통합적 치료가 이론 및 실제에 기반을 두었다. 하지만 골드프리드(Goldfried)를 비롯한 그의 동료 연구자들은 갈수록 증거 기반 상담이 통합적 접근의 강력한 동인이 될 것으로 보았다. 이론이 아닌, 실험적 실용주의가 21세기의 통합적 주제가 될 것이다.

통합적 관점에 개방적인 상담자들은 자신의 상담 접근에서 일부 특정 이론들이 핵심 역할을 하는 것을 발견하게 될 것이다. 각각의 이론은 독특한 공헌점이 있고 특유의 전문 영역이 있다. 다양한 이론들을 깊이 학습하기에는 상당한 시간이 필요하다. 모든 이론들을 통합할 수 있을 것으로 기대하는 것은 현실적이지 않다. 대신, 일부의 특정 측면들을 통합하는 것이 보다 현실적인 목표이다. 통합적 측면을 개발하는 것은 임상적 경험, 반성적 검토, 독서, 전문가 토론 등을 통해 다듬으며 평생을 기울여야 할 일이다.

통합적 관점 개발에서의 도전

학습 목표 03 한 조사에서 상담 및 심리치료에 통일된 공통된 철학은 없는 것으로 보고되었다. 많은 이론들은 각기 다른 기본 철학과 인간 본성에 대한 관점을 지니고 있다(표 15.1). 포스트모던 상담자들이 상기시키는 것처럼, 우리의 철학적 가정이 중요하다. 우리가 지각하는 '현실'에 영향을 미치고, 우리가 보도록 '설정된' 변인들에 주의를 기울이도록 안내하기 때문이다. 주의해야 할 점은 인간 본성에 관한 누구의 견해를 맹목적으로 추종하는 것을 경계하는 것이다. 또한, 개방적인 자세를 견지하고 자신의 성격과 신념 체계에 일치할 뿐만 아니라 내담자의 신념 체계를 효과적이게 하는 상담 틀을 선택적으로 받아들여야 한다.

표 15.1 기본 철학

정신분석 치료	인간은 기본적으로 정신적 에너지와 생애 초기 경험에 의해 결정된다. 무의식적 동기와 갈등은 현재 행동의 핵심이다. 후기의 성격 문제는 억압된 아동기 갈등에 뿌리를 두고 있으므로 초기 발달은 매우 중요하다.
아들러 치료	인간은 사회적 관심, 목표를 향한 분투, 우월감과 열등감, 생애 과업 수행을 통해 동기화된다. 사회에서 협력적으로 살 수 있는 개인의 긍정적 능력을 중시한다. 사람들은 사건을 해석하고, 영향을 주며, 만들어낼 능력을 소유하고 있다. 개인은 생애 초기에 독특한 생활 방식을 만들어내고, 이를 일생 동안 지속하는 경향이 있다.
실존 치료	핵심 초점은 인간 상태의 본질인 자기 자각 능력, 자신의 운명을 결정할 선택의 자유, 책임, 불안, 의미 추구, 타인과의 관계에서 홀로 있거나 함께하기, 진정성에 대한 열망, 삶과 죽음에 직면하기 등에 있다
인간중심 치료	인간에 대한 긍정적 관점: 인간은 온전히 기능하려는 경향이 있다. 상담 관계의 맥락에서, 내담자는 이전에는 자각하지 못한 감정들을 경험한다. 내담자의 자각, 자발성, 자신에 대한 신뢰, 내적 지도성은 높아진다.

(계속)

표 15.1 기본 철학

게슈탈트 치료	인간은 전체성과 사고 · 감정 · 행동의 통합을 위해 노력한다. 주요 개념들로는 자신과 타인과의 접촉, 한계와의 접촉, 자각 등이 있다. 사람에게는 생애 초기 영향이 현재의 어려움과 관련되어있음을 인식할 수 있는 능력이 있다고 본다는 점에서 비결정론적이다. 경험적 접근으로서, '지금 여기'에 토대를 두고 있으며 자각과 개인의 선택, 책임을 강조한다.
행동 치료	행동은 학습의 산물이다. 인간은 환경의 산물인 동시에 생산자이다. 전통적인 행동 치료는 고전적, 조작적 원리들에 기반을 두고 있다. 현대의 행동 치료는 마음챙김과 수용 등과 같이 다양한 방향으로 발전하고 있다.
인지행동 치료	개인은 왜곡된 사고를 받아들이는 경향이 있고, 이는 정서적, 행동적 혼란을 초래한다. 인지는 느끼고 행동하는 방식을 결정하는 핵심 요인이다. 치료는 주로 인지와 행동에 치중하며 생각, 결정, 질문, 실천, 재결정의 역할을 강조한다. 이것은 심리교육 모형으로서 새로운 기술을 습득하고 연습하는 것, 새로운 사고방식을 학습하는 것, 문제에 대처하는 보다 효과적인 방법을 습득하는 것 등을 포함하는 학습 과정으로서의 치료를 강조한다.
선택 이론/ 현실 치료	선택 이론에 근거한 이 접근은 행복해지기 위해서는 양질의 관계가 필요하다고 가정한다. 심리적 문제는 타인에 의한 통제를 거부하거나 타인을 통제하려는 시도의 결과이다. 선택 이론은 인간 본성에 관한 설명이자 만족스러운 대인 관계를 만들 수 있는 방법에 관한 설명이다.
여성주의 치료	여성주의자들은 남성 중심, 성별 중심, 인종 중심, 동성애 차별주의, 정신내적 측면의 강조와 같은 성 편향적인 개념에 기초한 정도에 따라 많은 전통적인 이론들을 비판한다. 여성주의 치료의 구성 개념으로 성 균형성, 융통성, 상호활동성, 전 생애 지향성 등이 포함된다. 이것은 개인의 문제에 영향을 주는 문화적, 사회적, 정치적 요인들을 인정하는 체계론적 접근이다.
포스트모던 치료	다양한 현실과 진실이 있다는 전제를 토대로, 포스트모던 치료는 실재가 외부에 있고 파악할 수 있다는 생각을 거부한다. 사람들은 타인과의 대화를 통해 자신들의 삶 속에서 의미를 창조한다. 포스트모던 치료는 내담자를 병리화하지 않고, 진단하는 것을 비판하고, 문제의 근본 원인을 찾는 것을 거부하며, 내담자의 강점과 자원을 찾는 것에 높은 가치를 둔다. 문제에 관해 이야기하기보다, 현재와 미래의 관점에서 해결책을 찾는 데 치료의 초점을 둔다.
가족체계 치료	가족을 상호작용과 체계적 관점에서 바라본다. 내담자는 생활 체계와 연결되어있다. 즉, 체계의 한 부분이 변화되면 다른 부분도 변화된다. 가족은 개인이 타인과의 관계에서 어떻게 기능하고 행동하는지를 이해하는 맥락을 제공한다. 치료는 가족 단위로 이루어진다. 개인의 역기능적인 행동은 가족 단위의 상호작용 속에서 발생하고 다른 더 큰 체계에서도 발생한다.

많은 이론들이 파생함에도 불구하고, 일부 모형에서의 창의적인 종합은 가능하다. 예를 들면, 실존주의 이론은 행동 치료나 인지 이론에서 사용하는 기법들을 온전하게 배제하지는 않는다. 각각의 시각은 내담자로 하여금 자신을 탐색하도록 돕는 관점을 제공한다. 여러분이 모든 이론을 학습하길 바란다. 더불어 여러분의 상담 작업을 안내할 통합적 관점의 기초가 되는 다양한 이론들로부터 가져오는 것에 대하여 개방적이기를 바란다.

개인적인 통합적 관점을 개발함에 있어 중요한 점은, 양립할 수 없는 핵심 가설들을 지닌 이론들을 혼합하려는 시도에 주의하는 것이다. 통합을 고려하기 시작할 때는 다양한 이론들의 주요 개념을 조사해야 한다(표 15.2). 이론적으로 일관성 있지만 기술적으로는 통합적인 상담자는 다양한 내담자에게 적용할 치료와 상담 과정에서 선택하는 도구에 대해 정확하게 설명할 수 있다.

상담자로서 마주하게 될 도전 중의 하나는 상담을 간략히, 포괄적으로, 효과적으로, 융통성 있게 제공하는 것이다. 이 책에 소개한 많은 이론들은 단기 상담에 활용될 수 있다. 통합적 심리치료를 향한 움직임을 가속화하는 것으로 단기 상담의 증가와 6~20회기 정도의 제한된 범위 내에서 다양한 내담자 집단을 위해 보다 많은 것을 해야 한다는 압박이다. 단기 상담과 초단기 상담이 증가하고 있다(Norcross et al., 2013). 시간의 제약을 받는 단기 상담은 시간에 민감하고 목표 지향적이며 효율성을 지향하는 방법으로 간주된다. 이 방법은 어떤 이론적 접근에도 결합될 수 있다(Hoyt, 2015). 램버트(2011)는 미래의 이론과 실제 및 훈련은 (1) 단일 이론에 의한 상담의 감소와 통합적 상담의 성장, (2) 단기이고, 시간제한적이며, 장기간의 개인 상담만큼 효과적인 것으로 보이는 집단상담의 증가로 나타날 것으로 확신하였다.

통합적 관점은 근본 원칙들과 치료 이론의 영역에서는 보편적인 방법들의 **체계적 통합**을 필요로 한다. 체계적 통합의 장점은 배우고, 복제하고, 평가할 수 있는 능력에 있다(Norcross & Beutler, 2014). 이러한 종류의 통합을 발전시키기 위해서는 많은 이론들에 정통해야 하고, 이론들이 어떤 방식으로든 연결될 수 있다는 열린 자세를 취해야 하며, 이론들이 얼마나 잘 작동하는지 확인하기 위해 여러분의 가설을 지속적으로 평가해야 한다. 노이크루그(Neukrug, 2016)는 "다양한 이론적 관점들로부터 기법을 받아들이는 능력은 지식과 시간과 기교가 요구 된다"(p.139).

표 15.2 주요 개념

정신분석 치료	정상적인 성격 발달은 심리성적 발달 단계의 성공적인 해결과 통합을 통해 이루어진다. 잘못된 성격 발달은 특정 단계를 부적절하게 해결한 결과이다. 불안은 기본적인 갈등을 억압한 결과이다. 무의식적 과정은 현재 행동의 핵심과 관련된다.
아들러 치료	주요 개념으로 성격의 통합, 사람들을 상대방의 주관적 관점으로 바라볼 필요성, 행동을 안내할 인생 목표의 중요성 등이 있다. 사람들은 사회적 관심과 삶에 의미를 주는 목표를 발견하는 것에 의해 동기화된다. 또 다른 주요 개념으로 의미와 우월성의 추구, 고유한 삶의 양식 개발, 가족 구도에 대한 이해 등이 있다. 상담은 격려를 제공하는 것과 내담자가 자신의 인지적 관점과 행동을 변화시키도록 조력하는 것이다.
실존 치료	본질적으로 확고한 이론적 모형보다는 치료에 대한 경험적 접근이다. 인간의 핵심적인 조건들을 강조한다. 현재와 개인이 되고자 하는 것에 관심을 둔다. 이 접근은 미래 지향적이며 행동에 앞서 자신에 대한 자각을 중요시한다.
인간중심 치료	내담자는 문제를 인식할 잠재력과 이를 해결할 수단을 소유하고 있다. 내담자의 자기주도 능력을 믿는다. 정신건강이란 이상적 자기와 실제적 자기가 일치하는 것이다. 부적응은 개인이 되고자 하는 모습과 현재 모습이 일치하지 않은 결과이다. 상담에서는 현재 순간과 현재 경험하는 것, 표현하는 감정에 주의를 기울인다.

(계속)

표 15.2 주요 개념

게슈탈트 치료	내담자들이 자신의 모든 측면을 수용하도록 돕기 위해 '지금 여기'에서 '어떻게' 경험하는지를 중요시한다. 주요 개념으로 전체론, 상 형성 과정, 자각, 미해결 과제와 회피, 접촉, 에너지 등이 있다.
행동 치료	외현적 행동, 치료 목표의 정교한 구체화, 구체적인 치료 계획의 개발, 치료 결과에 대한 객관적 평가 등을 중요시한다. 현재 행동에 주의를 기울인다. 상담은 학습 이론의 원리들을 토대로 한다. 정상 행동은 강화와 모방을 통해 학습된다. 이상 행동은 잘못된 학습의 결과이다.
인지행동 치료	심리적 문제들이 아동기에 기원을 두고 있다고 하더라도, 현재의 사고방식에 의해 강화된다. 개인의 신념 체계와 사고는 문제의 주된 원인이다. 내적 대화는 개인의 행동에서 핵심 역할을 한다. 내담자는 잘못된 가정과 잘못된 생각을 검토하여 이들을 효과적인 신념으로 대체하는 것에 집중한다.
선택 이론/ 현실 치료	기본 초점은 현재 행동이 자신을 위한 일인지의 여부를 평가하기 위해 내담자가 현재 하고 있는 일의 내용과 그 일을 성취할 방법에 둔다. 사람들은 주로 자신의 욕구, 특별히 의미 있는 관계를 위한 욕구 만족에 의해 동기화된다. 이 접근은 의학적 모형, 전이 개념, 무의식, 개인의 과거 탐색하기 등을 거부한다.
여성주의 치료	여성주의 치료의 핵심 원리들은 다음과 같다. 개인적인 것은 정치적인 것이다. 상담자들은 사회 변화에 참여해야 하고 여성의 목소리와 앎의 방식과 경험은 존중되어야 한다. 상담 관계는 평등하고 상담은 강점과 심리적 고통의 재정의에 중점을 두어야 한다. 억압은 어떤 형태이든 인식되어야 한다.
포스트모던 치료	상담은 간략하고 현재와 미래를 다룬다. 사람이 문제가 아니라, 문제가 바로 문제이다. 문제를 외현화하고 문제의 예외적인 측면을 살펴보는 것을 중요시한다. 상담은 상담자와 내담자가 협력하여 해결책을 찾아내는 협력적 대화로 구성된다. 문제가 존재하지 않았을 때의 상황을 구체화함으로써 내담자는 자신을 위한 새로운 의미를 만들어내고 새로운 삶의 이야기를 각색한다.
가족체계 치료	가족 내에서의 언어적, 비언어적 의사소통 방식에 주목한다. 관계에서의 문제는 한 세대에서 다음 세대로 전승되는 경향이 있다. 주요 개념은 구체적인 이론적 지향에 따라 달라지지만, 분화, 삼각관계, 가족 서열, 가족 기원의 역동, 기능적 혹은 역기능적 상호작용 형태, '지금 여기'의 상호작용 다루기 등이다. 과거 경험을 탐색하는 것보다 현재를 더 중요시한다.

상담에서 다문화 쟁점의 통합

학습 목표 04 다문화주의는 상담자가 다양한 내담자 집단의 욕구를 충족하고자 한다면 결코 무시할 수 없는 현실이다. 최근의 이론들이 다문화적 차원을 받아들이기 위해 확장될 수 있고, 또 확장되어야만 한다고 믿는다. 만약 현대의 상담 이론들이 문화적 차원을 설명하지 않는다면, 다양한 내담자 집단과의 작업에서 적용 가능성은 제한적일 수밖에 없음을 지속적으로 지적해왔다. 일부 이론들에서는, 이러한 변화가 다른 이론들에 비해 용이하다.

내담자들이 특정 이론의 모든 사항들에 들어맞기를 기대한다면, 그 이론이 옹호하는 가치가 내담자의 문화적 가치와의 일치 여부와 상관없이 해를 입을 수 있다. 내담자를 단일 이론의 차원에 맞추기 위해 억지로 연결하기보다는 내담자 고유의 욕구에 맞도록 상담자의 이론과 적용을 변경할 필요가 있다. 따라서 상담자는 다양한 문화적 지식을 소유하고, 자신의 문화적 유산에 대해 인식하며, 내담자의 문화적 실체를 폭넓게 다룰 수 있는 기술을 갖추어야 한다. 통합적 상담은 이론을 우선순위에 두기보다 상담을 개별 내담자에게 맞추어 제공하는 것을 강조한다. 이러한 접근은 특별히, 문화적 요인과 개별 내담자의 고유한 특성들을 고려하는 데 잘 들어맞는다. 코마스-디아즈(Comas-Diaz, 2014)는 문화적 역량은 상담자가 모든 상담 장면에서 효과적으로 작업할 수 있게 한다고 하였다. 상담자는 자신과 내담자의 세계관을 인식하는 것과, 자신의 문화적 신념, 지식 및 기술을 반영하는 문화적으로 적합한 개입을 통해 자신의 문화적 역량을 입증한다. 따라서 현 시점에서, 2장에서 설명한 문화적 기술을 갖춘 상담자에 대한 논의를 다시 살펴보고, 이 장 후반부에 제시한 표 15.7과 15.8의 내용을 점검할 필요가 있다.

상담자로서 여러분은 내담자의 특별한 욕구를 평가할 수 있어야 한다. 내담자의 민족성과 문화와 이 내담자가 상담에 가지고 오는 관심사들은 여러분이 일련의 치료 전략을 융통성 있게 활용하도록 자극한다. 어떤 내담자들은 더 많은 지도와 안내가 필요할 것이고, 또 다른 내담자들은 자신의 개인사에 대해 이야기하는 것을 꺼리겠지만, 특별히 상담 초기 단계에서 더욱 그럴 것이다. 여러분이 보기에 저항으로 비쳐지는 것은 오랜 기간 형성된 문화적 조건화에 대한 반응과 특정 가치와 전통에 대한 존중일 수 있다. 이는 기본적으로, 다양한 이론적 접근과의 친밀성과 환경에 연합된 인간에게 적용할 기법을 채택하고 변용시킬 능력으로 모아진다. 단순히 내담자가 통찰을 얻고, 억압된 감정을 표현하거나, 혹은 특정한 행동의 변화를 보이도록 조력하는 것만으로는 충분하지 않다. 내담자들이 자신의 삶에 지속적으로 영향을 주는 문화의 영향력을 조사하고, 무엇을 변화시키고 싶은지 결정할 수 있도록 여러분이 개발한 기법들을 적용하기 위한 실제적인 전략들을 찾아내는 것이 과제이다.

효과적인 상담자가 된다는 것은 여러분의 문화가 자신에게 어떻게 영향을 미치는지와 상담 실제에서 사용하는 개입들에 대해 검토하는 것을 포함한다. 이러한 자각은 여러분의 도움을 구하는 내담자들의 문화적 배경에 대해 훨씬 민감해진다는 점에서 매우 중요하다. 통합적 관점을 활용함으로써, 상담자는 내담자와의 작업에서 사회적, 문화적, 영적, 정치적 차원을 모두 다룰 수 있다.

상담에서 영적 · 종교적 통합

학습 목표 05 상담은 내담자가 자신의 행동에서 핵심 신념과 가치들이 드러나는 방식에 대해 통찰할 수 있도록 돕는다. 영적, 종교적 신념에 관한 최근의 관심은 그러한 신념이 상담 관계에 어떻게 포함될 수 있는지에 관해 시사점을 준다(Frame, 2003; Johnson, 2013; Young & Cashwell, 2011a). 미국심리학회와 미국상담학회에 소속된 회원들을 대상으로 한 조사에서 영적이며 종교적인 문제는 치료적으로 연관이 있고, 윤리적으로 적절하며, 세속적 상담에 잠재적으로 의미 있는 주제로 지적되었다(Delaney, Miller, & Bisono, 2007; Young, Wiggins-Frame, & Cashwell, 2007).

워싱턴(Worthington, 2011)은 내담자의 영적이며 종교적인 관심과 흥미는 다문화의 진화에 의해 촉진되어온 것으로 주장하였다. 다문화주의에 대한 강조는 사람들을 문화적 관점에서 자신을 정의하도록 영향을 주었는데, 여기에는 이들의 영적, 종교적, 민족적 맥락이 포함된다. 존슨(2013)은 영적인 내용의 치료를 다문화적 치료의 형태로 보았다. 상담자를 위한 첫 단계는 내담자의 영적인 신념 및 경험과 삶에서 의미를 찾는 방법에 대하여 진지한 관심을 갖는 것이다. 존슨은 내담자의 영성 감각이 내담자와의 연결을 위한 중요한 가교이며 치료적 변화 과정의 동맹이 될 것으로 믿었다. 하지만 상담자의 영적 경험이나 내담자를 위한 사안들이 중요한 것이 아니라, 내담자가 무엇을 원하는지가 중요하다.

위기 상황을 경험하는 내담자는 영적인 자산에서 위안과 지지와 힘을 찾을 것이다. 어떤 내담자들의 영성은 종교를 수용하는 것으로 이어지는데, 이는 다양한 의미를 내포할 수 있다. 다른 내담자들은 영성을 높이 평가하지만 어떠한 형식적 종교와도 관계하지 않는다. 영성에 대한 개인적 관점이 어떠하든, 영성은 삶의 목적을 찾도록 돕는 힘이다. 영적 혹은 종교적 믿음은 실패에 빠졌을 때 내담자를 지원하는 중요한 버팀목이 될 수 있다. 어떤 내담자들은 영적 혹은 종교적 교리를 무비판적으로 받아들임으로써 발생한 죄책감, 분노, 슬픔 등에 의해 우울증과 무가치감에 빠져있을 수 있다. 상담자들은 종교나 영성에 관한 대화에서 개방적이고 비판단적인 자세를 견지해야 한다. 더욱이, 상담자들이 문화적으로 유능하고 윤리적인 태도로 상담을 하기 원한다면 내담자의 영적이고 종교적인 관점을 무시해서는 안 된다(Johnson, 2013; Young & Cashwell, 2011a, 2011b). 만약 상담자들이 내담자들과 이러한 문제들을 탐색하고자 한다면 자신의 영적 혹은 종교적 태도나 신념, 가치, 경험 등을 인식하는 것은 필수적이다.

공통 목표 영적 가치는 인간의 삶과 투쟁에서 핵심적인 역할을 한다. 이러한 가치를 탐색하는 것은 내담자의 투쟁에 해결책을 제공하는 것과 상당한 관련이 있다. 영적, 치료적 경로는 한 지점에서 만난다고 볼 수 있기 때문에 통합이 가능하고, 내담자의 영성을 다루는 것이 상담 과정을 강화할 것이다. 치료적인 요소를 가지고 있는 주제들로는 사랑하기, 돌보기, 공감적 경청 학습하기, 내담자의 기본적 삶의 가정에 대해 도전하기, 인간의 결함 인정하기, 자기중심의 흥미에서 벗어나기 등이 있다. 영적인 관점과 상담은 사람들이 '나는 누구인가?', '내 삶의 의미는 무엇인가?'라는 질문을 심사숙고하도록 한다. 이러한 실존적인 질문을 추구하는 것은 치료를 돕는다.

평가와 치료의 함의 전통적으로, 내담자가 문제를 들고 상담자를 찾아오면, 상담자는 그 문제의 발달에 기여한 모든 요인들을 탐색한다. 내담자의 종교에 대해서도 알아보아야 한다. 따라서 종교는 접수 평가의 한 부분이 될 수도 있고 상담 회기에서 다루어질 수 있다. 프레임(Frame, 2003)은 사정 과정에서 영성을 포함하는 이유를 다음과 같이 제시하였다. (1) 내담자의 세계관과 그들이 살고 있는 맥락을 이해해야 하기 때문이다. (2) 삶의 목적에 관한 질문들과의 씨름과 내담자가 가장 가치 있게 생각하는 것을 지지해야 하기 때문이다. (3) 내담자의 자원으로서 종교와 영성을 탐색하고, 종교적이고 영적인 문제들을 밝혀내야 하기 때문이다. 이러한 정보는 상담자가 적절한 치료 방법을 선택하도록 도울 것이다. 영과 캐시웰(Young & Cashwell, 2011a)은 상담자들이 내담자의 영적 혹은 종교적 신념이 심리적 문제를 악화시킬 것인지 아니면 약화시킬 것인지를 반드시 평가해야 한다고 주장하였다.

상담자의 역할 상담자들은 내담자의 신념에 관해서 판단하지 않는 자세를 취하는 것이 매우 중요하다. 내담자가 자신의 가치와 신념을 탐색하도록 안전하고 우호적인 분위기를 조성해야 한다. 영적인 욕구 충족을 향한 많은 방안이 있지만, 어떤 특정한 방안을 제시하는 것은 상담자의 역할이 아니다. 내담자의 배경에 관한 철저한 검사를 통해, 잠재적인 탐색을 위한 사적인 주제에 관해 많은 단서를 확보할 수 있다. 만약 내담자의 이야기와 상담을 요청한 목적에 세심하게 주의를 기울인다면, 영적 혹은 종교적 가치와 신념 및 실천에 관한 내담자의 관심사가 드러날 것이다. 의미, 가치, 도덕성, 세상에 존재하기와 같은 실존적 관심사에 관해 내담자가 이야기하는 방식에 주의를 기울이는 것은 매우 중요하다. 내담자가 정의하고, 경험하며, 그들의 핵심 가치와 내적 지혜에 연결되도록 돕는 무엇인가에 접속하는 방식에 개방적인 자세를 취하라(Johnson, 2013).

다양한 내담자 집단을 효과적으로 상담하고자 한다면, 내담자가 상담에 가지고 올 영적이고 종교적인 관심사를 다루는 것에 대한 여러분의 상담 훈련과 역량에 주의를 기울이는 것은 필수적이다. 내담자가 영적 측면을 받아들이게 하거나, 여러분이 더 이상 기능적이지 않다고 생각하는 특정 종교적 신념을 포기하도록 내담자에게 영향을 줄 수도 있는 여러분의 미세한 방식에 대하여 점검하는 것이 중요하다. 상담자가 아닌, 내담자가 자신이 보유하거나 변경하거나 수정하고자 하는 특정한 가치를 결정해야 한다는 점을 명심해야 한다. 주관적 관점에서 볼 때, 영성을 강조하는 것은 상담 실제에서 오래도록 중요하게 다루어질 것이다.

따라서 내담자가 가지고 오는 영적이고 종교적인 관심사를 숙련되게 다룰 수 있는 능력을 반드시 갖추어야 한다. 영성과 종교를 상담에 통합하는 주제와 관련하여 읽어야 할 책으로, 『영성과 종교를 상담에 통합하기: 효과적인 상담을 위한 안내(Integrating Spirituality and Religion into Counseling: A Guide to Competent Practice)』(Cashwell & Young, 2011), 『상담과 심리치료에서의 영성: 내담자에게 힘을 주는 통합적 접근(Spirituality in Counseling and Psychotherapy: An Integrative Approach That Empowers Clients)』(Johnson, 2013)을 적극 추천한다.

상담 과정에 관한 쟁점

상담 목표

상담 목표는 이론만큼이나 다양하다(표 15.3). 가능한 목표는 다음과 같다.

- 성격을 재구성하기
- 무의식을 밝혀내기
- 사회적 관심 조성하기
- 삶에서 의미 찾기
- 정서적 혼란 치료하기
- 오래된 결정을 검토하고 새로운 결정 내리기
- 자신에 대해 신뢰하기
- 자아실현에 한층 다가서기
- 부적응적인 행동을 줄이고 적응적인 양식 학습하기
- 현재 순간에 머무르기
- 불안과 같은 강렬한 감정 다루기
- 삶에 대해 보다 효과적으로 통제하기
- 삶의 이야기 다시 쓰기

이러한 다양성은 상담 목표의 보편성 혹은 구체성의 정도에 따라 단순화될 수 있다. 목표는 구체적이고 단기간의 한쪽 극단에서 보편적이고 장기간인 다른 극단의 연속선상에 위치한다. 인지행동 접근은 전자를, 관계 지향적인 상담은 후자를 강조하는 경향이 있다. 연속선의 반대편에 위치한 목표라고 해서 모순되는 것이 아니다. 오히려 얼마나 구체적으로 정의되는지의 문제이다.

표 15.3 상담 목표

정신분석 치료	무의식을 의식화하기, 기본 성격을 재구성하기, 내담자가 초기 경험을 재체험하고 억압된 갈등을 훈습하도록 돕기, 지적 · 정서적 자각하기.
아들러 치료	내담자의 기본 전제와 삶의 목표에 이의 제기하기, 내담자들이 사회적으로 유용한 목표를 설정하고 사회적 흥미를 높일 수 있도록 격려하기, 내담자가 소속감 갖게 하기.
실존 치료	내담자로 하여금 자신이 자유롭고 자신의 가능성을 인식할 수 있도록 돕기, 이전에는 그저 자신에게 일어나는 일이라고만 생각했던 사건들에 책임이 있음을 깨닫도록 도전하기, 자유를 방해하는 요인들 확인하기.

(계속)

표 15.3 상담 목표

인간중심 치료	내담자의 자기탐색을 돕는 안전한 환경 제공하기. 이전에는 거부되거나 왜곡된 자신의 측면을 경험하고 성장하는 것을 차단하는 요인을 인식하도록 돕기. 개방성과 자신에 대한 깊은 신뢰와 성장하려는 의지와 높은 자발성 및 생동감 등을 향해 나아가도록 지원하기. 삶에서 의미를 찾고 충만한 삶을 경험하기. 좀 더 자율적인 사람 되기.
게슈탈트 치료	내담자들이 순간순간의 경험을 자각하고 선택 능력을 확장하도록 돕기. 자아 통합을 증진하기.
행동 치료	부적응적인 행동을 제거하고 보다 효과적인 행동 학습하기. 행동에 영향을 주는 요인을 탐색하고 문제행동을 다루기 위해 할 수 있는 일 찾기. 상담 목표를 구체화하고 이 목표의 효과적인 달성 정도를 평가하는 과정에서 내담자가 적극적이고 협력적인 역할을 취하도록 격려하기.
인지행동 치료	내담자가 수집하고 평가한 반박 자료들로 자신의 잘못된 신념을 논박하도록 가르치기. 자신의 잘못된 신념을 찾아내어 최소화하도록 돕기. 자동적 사고를 알아채고 변화시키기. 자신의 내적 힘을 찾고 원하는 삶을 탐색하도록 돕기.
선택 이론/ 현실 치료	내담자가 보다 효과적으로 자신의 모든 심리적 욕구를 충족하도록 돕기. 행복해지기를 선택한 사람들과의 다시 관계 맺기를 돕고 내담자에게 현실 치료 가르치기.
여성주의 치료	내담자 개인과 사회 모두에서 변화를 이끌어내기. 성 역할 사회화의 제약으로부터 자유로워지기 위해서 개인의 힘을 인식하고 주장하고 활용하도록 돕기. 차별 혹은 억압하는 모든 형태의 제도적 정책 논박하기.
포스트모던 치료	내담자가 문제를 보는 방식과 이러한 관심사에 대해 그들이 할 수 있는 것을 변화시키기. 내담자와 협력하여 높은 긍정적 변화를 유도하는 구체적이고 분명하고 현실적이고 관찰 가능한 목표 세우기. 현재와 미래의 문제를 해결할 수 있도록 능력과 자원에 기초한 내담자의 자기 정체성 형성을 돕기. 부정적 관점보다는 자신의 삶을 긍정적으로 바라보도록 돕기.
가족체계 치료	건강하지 못한 가족 관계 방식을 깨닫고 새로운 교류 방식을 취하도록 돕기. 내담자의 문제행동이 가족의 기능이나 목적에 영향을 주는 방식 찾아내기. 역기능적 양식의 세대 간 전승 과정 이해하기. 과거 원가족의 경험이 자신에게 미치는 영향 이해하기.

상담자의 기능과 역할

통합적 관점으로 상담할 때 스스로에게 다음의 질문들을 해보기 바란다.

- 상담 과정에 따라 상담자의 기능은 어떻게 변하는가?
- 상담자는 기본적인 역할을 유지하는가, 아니면 내담자의 특성에 따라 역할을 바꾸는가?
- 상담자는 능동적이고 지시적인 정도를 어떻게 결정해야 하는가?
- 상담 과정에서 구조화를 어떻게 할 것인가?
- 내담자-상담자 관계에서 책임을 지는 최적의 균형점은 어디인가?
- 치료적 동맹을 점검하는 가장 효과적인 방법은 무엇인가?
- 상담자의 자기개방이 상담에 도움이 되려면 무엇을, 언제, 어떻게 개방해야 하는가?

11개 치료 접근을 통해 살펴보았듯이, 각 이론의 중심 주제는 상담 회기와 회기 밖에서 보이는 내담자 행동에 대한 상담자의 통제 수준이다. 예를 들면, 인지행동 상담자와 현실 치료 상담자는 현재 중심적, 지시적, 교훈적, 구조적, 심리교육적 맥락 내에서 상담을 운영한다. 협력적인 노력으로 내담자가 상담 회기 밖에서 새로운 행동을 적용하도록 돕기 위해 종종 과제를 고안해낸다. 대조적으로, 인간중심 상담자는 훨씬 느슨하고 덜 구조화된 형태로 상담한다. 해결중심과 이야기 치료 상담자는 내담자를 자기 삶의 전문가로 간주한다. 그들은 내담자의 자기주도적인 변화를 위해 상담 회기 밖에서도 성찰하도록 돕는다. 상담자들은 적극적으로 질문하지만, 상담 실제에서 규범적이지는 않다.

상담 구조화는 내담자가 상담 상황에 가지고 오는 구체적인 환경과 특정 내담자에 따라 달라진다. 주관적인 관점으로, 명확한 구조화는 상담 초기 단계에서 가장 중요하다. 이는 내담자로 하여금 상담을 신청한 문제에 관해 이야기하도록 격려하기 때문이다. 협력적인 방식으로, 상담 과정에 초점을 제공할 초기 평가는 상담자와 내담자 모두에게 도움이 된다. 가능한 한 빨리, 내담자에게 상담 회기의 내용과 주제를 결정할 의미 있는 수준의 책임감이 주어져야 한다. 만약 상담자가 내담자를 상담의 적극적인 참여자로 기대한다면, 상담 과정의 초기부터 내담자의 동기는 높아질 수 있다.

상담에서 내담자의 경험

대부분의 내담자들은 일정 수준의 고통, 아픔, 혹은 최소한의 불만족을 경험한다. 자신이 되고 싶은 모습과 현재의 모습에 차이가 있다. 어떤 사람은 특정 증상이나 일련의 여러 증상을 치료하기 위해 상담을 시작한다. 그들은 편두통을 해소하고 싶고, 만성 불안 장애나 체중 감소를 해결하고 싶으며, 우울증에서 벗어나고자 한다. 이들은 갈등 감정과 반응, 낮은 자존감, 제한된 정보와 기술을 지녔을 수도 있다. 많은 사람들이 친밀한 관계에서의 갈등을 해결하고자 한다. 실존적인 문제들로 상담을 요청하는 사례가 늘고 있다. 이들의 불평은 주로 공허감, 삶의 무의미, 판에 박힌 삶, 대인관계 불만족, 불확실성에서 오는 불안, 진지한 감정의 결여, 자기감 상실 등과 같은 실존적인 주제와 관련이 있다.

많은 내담자가 상담에서 초기에 갖는 기대는 결과가 속히 나오는 것이다. 그들은 자신의 삶에서 커다란 변화를 바라며 상담자의 지시에 의존한다. 상담이 진행되면서, 내담자들은 자신의 목표는 스스로 계획하고, 상담 장면에서나 일상생활에서 적극적이고 능동적인 역할을 해야 한다는 것을 알게 된다. 어떤 내담자는 억눌린 감정을 인식하고 표현함으로써 도움을 받을 수 있고, 어떤 내담자는 자신의 신념과 사고를 살펴보아야 할 필요가 있고, 어떤 내담자는 새로운 방식의 행동을 시작해야 할 수도 있으며, 또 다른 내담자는 자신의 삶에서 의미 있는 사람들과의 관계에 관해 이야기하는 것을 통해 도움을 받을 수 있다. 감정과 사고와 행동은 상호 관련되기 때문에 대부분의 내담자들은 이 세 영역 모두에서 일정한 작업을 할 필요가 있다.

가장 효과적인 개입을 결정함에 있어, 내담자의 문화적 · 민족적 · 사회경제적 배경을 고려하는 것이 중요하다. 더욱이, 상담 과정에서 내담자가 다른 단계에 진입하는 것에 따라서 상담의 초점은 달라진다. 어떤 내담자들은 초기에 깊은 감정을 표현하거나 이야기를 경청할 필요를 느끼기도 하지만, 이후에는 심리적 고통에 영향을 주는 사고방식을 검토함으로써 도움을 받을 수 있다. 상담의 특정 시점에서는, 내담자가 자신이 학습한 바를 구체적인 행동으로 전환하는 것이 중요하다. 내담자가 처한 환경적 상황을 고려하는 것은 가장 적절한 개입을 선택하는 참조 틀을 제공한다.

상담자와 내담자의 관계

대부분의 이론적 접근은 상담 관계를 중요시한다. 실존 치료, 인간중심 치료, 게슈탈트 치료, 아들러 치료, 포스트모던 치료는 개인적 관계를 상담 성과의 핵심적인 결정 요인으로서 강조하는 입장이다. 합리적 정서행동 치료, 현실 치료, 인지행동 치료, 인지 치료, 행동 치료는 관계 요인을 무시하지는 않지만, 관계를 덜 강조하고, 기법의 효과적 사용을 보다 더 강조한다(표 15.4).

상담은 인간관계를 포함하는 개인적인 문제이고, 정직과 진실, 수용 및 이해를 나타내는 증거이며, 자발성은 성공적인 결과를 위한 기본 요소이다. 상담자의 돌봄 수준, 내담자를 돕는 것에 대한 관심과 능력, 진실성은 관계에 영향을 미친다. 상담자는 자신의 인간적 자질과 대인관계 능력을 개발함으로써 더욱 효과적인 상담자가 될 수 있다.

상담은 기본적으로 참여자 사이의 질적인 관계 수준에 좌우되는 인간적이고 관계적인 노력이다(Duncan, 2014; Elkins, 2016). 상담자와 내담자는 이러한 관계에 출신, 문화, 기대, 편견, 방어, 힘을 가지고 온다. 심리치료는 참여자들의 상호관계 수준에 따라 변동되는 인간적이고 관계적인 노력이다(Norcross & Wampold, 2011a).

여러분의 고유한 상담 관점을 개발하는 것을 염두에 두고 있다면, 내담자와 상담자 간의 조화를 숙고해야 한다. 나는 내담자들이 기대하는 바를 충족시켜주기 위해 여러분의 성격을 바꾸어야 한다고는 생각하지 않는다. 있는 그대로의 모습으로 내담자를 만나는 것이 중요하다. 여러분이 모든 내담자를 효과적으로 상담할 수는 없다는 현실을 직시해야 한다. 어떤 내담자는 여러분과는 다른 상담 스타일이나 인간성을 지닌 상담자와 잘 맞을 수 있다. 내담자의 욕구를 주의 깊게 평가하고, 여러분과 내담자 간 조합이 적절한지 현명하게 판단하길 바란다.

상담자가 효과적으로 상담하기 위해서 내담자처럼 되거나 그들과 동일한 문제를 경험해야 하는 것은 아니지만, 내담자의 세계를 이해하고 존중해주어야 한다. 상담자는 자신과 다른 문화적 배경을 지닌 내담자를 상담할 준비가 되어있는지 자문해보아야 한다. 다른 인종의 내담자와 성공적인 상담 관계를 형성할 수 있는가? 민족, 성별, 연령, 성적 선호, 영적 혹은 종교적 선호, 사회경제적 지위가 다른 내담자와 성공적인 상담 관계를 형성할 수 있는가? 내담자와의 관계 형성을 방해할 만한 장벽이 있는가? 더불어, 내담자의 진단, 저항 수준, 상담 선호도, 변화 단계 등을 고려해야 한다. 내담자의 개인적 특성에 잘 맞는 치료 기법과 양식을 선택해야 한다. 노크로스와 보이틀러(2014)는 상담자가 각각의 내담자에 맞는 새로운 상담을 개발할 것을 제안하였다.

> 통합적 치료의 목적은 단일한 혹은 통일된 상담을 만드는 것이 아니다. 오히려 우리는 내담자와 맥락에 따라 다른 상담 방법을 선택한다. 그래야 내담자와 임상가 모두에 적합한 보다 효과적이고 효율적인 치료가 된다. (p. 502)

표 15.4 상담 관계

정신분석 치료	분석가는 익명으로 있고 내담자는 분석가를 향해 투사한다. 전이를 다루는 동안에 발생하는 저항을 감소시키고 보다 합리적인 통제력을 형성하는 데 초점을 둔다. 내담자는 장기간의 분석을 받고, 갈등을 밝혀내기 위해 자유연상에 참여하며, 이야기함으로써 통찰을 얻는다. 분석가는 현재 행동의 의미를 가르쳐주기 위해 현재 행동을 과거와 관련지어 해석한다. 현대의 대상관계 정신분석 치료에서 관계는 핵심이며, 이 관계의 '지금 여기'를 강조한다.
아들러 치료	상담자와 내담자의 공동 책임, 공동 목표 결정, 상호 신뢰와 존중, 평등 등을 강조한다. 내담자의 삶에서 잘못된 목표와 가정을 찾고 조사하고 드러내는 데 초점을 둔다.
실존 치료	상담자의 주된 과제는 세상에 존재하는 내담자의 실재를 정확하게 파악하고, 그들과 인간적이면서 진실한 만남을 형성하는 것이다. 내담자와 상담자의 직접적 관계와 '지금 여기'에서의 진실한 만남을 강조한다. 내담자와 상담자는 이러한 만남을 통해 변화될 수 있다.
인간중심 치료	상담 관계가 무엇보다 중요하다. 진실성, 온정, 정확한 공감, 존중, 판단하지 않음, 이러한 태도로 내담자와 소통하는 것 등과 같은 상담자의 질적인 특성이 강조된다. 내담자는 상담자와의 이런 진실한 관계를 다른 관계에도 적용한다.
게슈탈트 치료	'나/너' 관계와 상담자 존재의 질적 수준이 강조된다. 상담자가 사용하는 기법보다 상담자의 태도와 행동이 더 중요하다. 상담자는 내담자를 대신하여 해석하지 않으며, 내담자 스스로 해석할 수 있는 방법을 개발하도록 돕는다. 내담자는 현재의 기능을 방해하는 과거의 미해결 과제를 찾아내어 작업한다.
행동 치료	상담자는 적극적이고 지시적이며, 내담자가 보다 효율적인 행동을 학습하도록 돕는 교사나 훈련가로 기능한다. 내담자는 이러한 과정과 새로운 행동을 연습하는 데 적극적으로 참여해야 한다. 내담자와 상담자의 질 높은 관계만으로 충분한 변화를 가져올 수는 없지만 좋은 상담 관계는 행동 절차를 이행하는 데 중요하다.
인지행동 치료	합리적 정서행동 치료에서 상담자는 교사의 역할을 하고, 내담자는 학생으로 기능한다. 상담자는 매우 지시적이고 인지적 변화를 도모하는 사건-신념-결과 모형을 내담자들에게 가르친다. 인지 치료에서 초점은 협력적 관계에 있다. 소크라테스식 문답법을 이용하여 상담자는 내담자가 역기능적 신념을 찾고 대안적 생활 규범을 발견하도록 돕는다. 상담자는 새로운 기술을 배우도록 이끄는 교정적 경험을 장려한다. 내담자가 자신의 문제에 대한 통찰을 얻고 나면 자기패배적 사고와 행동을 적극적으로 변화시키기 위해 노력해야 한다. 강점 기반의 인지행동 치료에서, 내담자의 강점을 적극적으로 수용하는 것은 상담에 온전히 참여하도록 힘을 주고 변화의 실마리를 제공한다.

(계속)

표 15.4 상담 관계

선택 이론/ 현실 치료	상담자의 주된 역할은 내담자와 좋은 관계를 형성하는 것이다. 상담자가 좋은 관계를 형성해놓으면 내담자들이 원하는 것과 이것을 효율적으로 성취하는지 여부에 따라서 그들의 관계를 평가하도록 할 수 있다. 상담자는 내담자가 원하는 것을 찾고, 그들이 무슨 선택을 할지 질문하고, 현재 행동을 평가하도록 초대하고, 변화를 위한 계획을 세우도록 돕고, 그러한 계획에 몰두하도록 한다. 상담자는 내담자가 책임감을 갖고 행동하려고 하는 한 내담자의 지지자가 되어준다.
여성주의 치료	상담 관계는 권한 부여와 평등주의에 근거한다. 상담자는 적절한 자기개방과 내담자에게 상담 과정에 대해 가르쳐줌으로써 적극적으로 권력 체계를 깨고 인위적인 장벽을 줄인다. 상담자는 내담자가 자신에 관한 전문가가 될 수 있도록 하는 협력적 관계를 형성하기 위해 노력한다.
포스트모던 치료	상담 관계는 협력적 관계이다. 내담자를 자신의 삶에 대한 전문가로 본다. 상담자는 질문 대화를 활용하여 내담자가 문제로 가득 찬 자신의 이야기로부터 벗어나서 삶을 긍정하는 새로운 이야기를 작성하도록 돕는다. 해결중심 상담자는 내담자가 문제 중심의 대화에서 벗어나 해결중심의 대화를 하도록 적극적인 역할을 한다. 내담자가 자신의 강점을 탐색하고 보다 풍요로운 미래로 인도하는 해결책을 만들어내도록 격려한다. 이야기 치료 상담자는 내담자가 문제를 표면화하고 자기를 제한하는 이야기에 도전하도록 하고, 새롭고 더 자유로운 이야기를 만들어내도록 돕는다.
가족체계 치료	가족 치료 상담자는 선생, 코치, 본보기, 자문가로 기능한다. 가족은 구성원들이 겪고 있는 문제를 찾아내고 해결하는 방법을 배우며, 한 세대에서 다른 세대로 전해지는 형태에 대해서 배운다. 일부 접근은 전문가로서의 상담자 역할을 강조하고, 다른 접근은 가족 치료에서 '지금 여기'에서 진행되고 있는 것을 확인하는 데 주안점을 둔다. 모든 가족 치료 상담자들은 가족 상호작용의 과정과 의사소통의 형태를 가르치는 데 관심을 갖는다.

상담 기법과 평가

다양한 이론에서 상담 기법 차용

학습 목표 06 유능한 상담자는 다양한 상담 절차를 자신의 상담 양식에 통합시킨다. 많은 것이 상담 목표, 상담 장면, 상담자의 성격과 유형, 특정 내담자의 수준, 상담할 문제 등에 따라 달라진다. 여러분이 어떤 상담 모형을 선택하는지에 관계없이 내담자와의 관계 유형, 기법, 절차, 상담 방법, 개입 시기, 상담할 내담자 등을 결정해야 한다. 상담 기법을 소개한 표 15.5와 기법 적용에 관한 표 15.6을 살펴보기 바란다. 각각의 상담 유형의 핵심을 잘 살펴보고 상담에 얼마나 도움이 될지 생각해보라.

내담자의 문화적 배경이 자신의 문제를 바라보는 인식에 어떤 방식으로 영향을 주는지 이해하는 것은 매우 중요하다. 앞에 제시한 11개의 치료적 접근을 다양한 문화적 배경을 가진 내담자들에게 적용할 때 각각 강점(표 15.7)과 제한점(표 15.8)이 있다. 문화적 배경을 이유로 고정관념을 가지고 내담자를 바라보는 것은 현명하지 않지만, 내담자의 문화적 맥락이 문제에 미치는 영향에 대해 고려하는 것은 상담에 도움이 된다. 어떤 기법들은 내담자의 문화로 인해 금기시되기도 한다. 특정 기법에 대한 내담자의 반응

(혹은 무반응) 정도는 기법의 효율성을 판단하는 중요한 척도가 된다. 효과적인 상담은 인지, 정서, 행동 기법들을 능숙하게 통합할 수 있는 것을 포함한다. 이러한 통합은 내담자들이 자신의 신념과 가정에 대해 생각하고, 갈등과 고충에 대한 감정 수준을 경험하며, 일상생활에서 새로운 행동을 시도함으로써 통찰을 행동으로 옮길 수 있도록 돕는 데 필수적이다. 표 15.9에서는 다양한 이론들의 공헌을 개관하였고 표 15.10에서는 여러 이론의 한계를 제시하였다. 이 표는 여러분의 상담 관점에 통합하고자 하는 요소를 찾는 데 도움을 줄 것이다.

표 15.5 상담 기법

정신분석 치료	해석, 꿈 분석, 자유연상, 저항 분석, 전이 분석, 역전이 등이 핵심 기법이다. 이들 기법들은 내담자가 자신의 무의식적 갈등에 접촉하도록 돕는 데 초점이 있고, 통찰과 자아에 의한 새로운 재료의 궁극적 동화에 이르게 한다.
아들러 치료	아들러 치료에서는 기법 사용보다는 내담자의 주관적 경험에 보다 많은 관심을 가진다. 기법들에는 생활사적 자료 수집(가족 구도, 초기 회상, 개인의 우선순위), 내담자와 해석 공유하기, 격려하기, 새로운 가능성을 탐색하도록 내담자 조력하기 등이 있다.
실존 치료	실존 치료는 이해를 우선적으로 강조하고, 기법은 그 다음이므로 이 접근에서 파생된 기법은 거의 없다. 상담자는 다른 접근들에서 기법을 차용하여 실존적 틀에 통합시킬 수 있다. 진단, 심리 검사, 외적 측정은 중요시되지 않는다. 주요 주제는 자유와 책임, 고립과 관계, 의미와 무의미, 삶과 죽음이다.
인간중심 치료	인간중심 치료에서는 기법을 거의 활용하지 않는 대신 상담자의 태도와 '존재하기'를 강조한다. 상담자는 적극적 경청, 감정 반영, 명료화, 내담자를 위해 '함께 있어주기', 내담자가 경험하는 현재 이 순간에 집중하기 등을 위해 노력한다. 이 접근에서는 진단적 검사, 해석, 사례 조사, 질문, 정보 탐색 등을 하지 않는다.
게슈탈트 치료	내담자의 경험을 강렬하게 하고 갈등 감정을 통합시키기 위한 다양한 실험이 고안되었다. 실험들은 상담자와 내담자의 '나/너' 대화를 통해 함께 만들어진다. 상담자는 자신만의 실험을 창의적으로 만들어낼 수 있다. 공식적인 진단과 심리검사는 상담에서 필수적인 부분이 아니다.
행동 치료	주요 기법들로는 강화, 행동 조성, 모델링, 체계적 둔감법, 이완 기법, 홍수법, 안구운동 민감소실 및 재처리 요법, 인지 재구조화, 사회기술 훈련, 자기관리 프로그램, 마음챙김 및 수용 기법, 행동 시연, 코칭 등이 있다. 상담 계획을 결정하기 위해 상담 초기에 진단 평가를 실시한다. '무엇을', '어떻게', '언제'('왜'는 묻지 않음) 등에 집중된 질문을 한다. 전형적으로 계약과 과제 부여가 이루어진다.
인지행동 치료	상담자는 다양한 인지적, 정서적, 행동적 기법을 사용하며, 다양한 기법들을 개별 내담자에 적합하도록 맞춘다. 인지행동 치료는 적극적, 지시적, 시간제한적, 현재 중심적, 심리교육적이며 구조화된 치료이다. 소크라테스식 문답, 협력적 경험, 비합리적 신념 논박, 과제 수행, 자신이 세운 가설에 대한 자료 수집, 활동 기록하기, 대안적 해석, 새로운 대처 기술 학습, 언어 및 사고 양식 바꾸기, 역할 놀이, 심상화, 잘못된 신념 논박, 자기 지시적 훈련, 스트레스 대처 훈련 등의 기법이 있다.

(계속)

표 15.5 상담 기법

선택 이론/ 현실 치료	현실 치료는 적극적, 지시적, 교훈적 치료이다. 상담 과정 내내, 능숙하게 질문하기가 핵심 기법으로 활용된다. 변하고자 하는 의지가 있는지 알아보기 위해 자신의 현재 행동을 내담자가 평가할 수 있는 다양한 기법이 사용될 수 있다. 만약, 내담자가 자신의 현재 행동이 효과적이지 않다고 결정한다면, 변화를 위한 구체적인 계획을 수립하고 이를 실천하기 위해 적극 노력한다.
여성주의 치료	전통적 접근의 기법을 사용하지만, 여성주의 상담자는 내담자의 삶에서 성 역할 사회화의 영향을 인식하도록 돕는 것을 의도하는 자기발견 기법을 사용하는 경향이 있다. 이 밖에 자주 활용되는 기법들로 성 역할 분석과 개입, 권력 분석과 개입, 신비성 제거 치료, 독서 치료, 일기 쓰기, 상담자의 자기개방, 자기주장 훈련, 재구성과 재명명, 인지적 재구조화, 입증되지 않은 신념 찾기와 반박, 역할 놀이, 심리극 기법, 집단 작업, 사회활동 등이 있다.
포스트모던 치료	해결중심 상담에서 핵심 기법은 내담자의 삶에서 문제가 문제시되지 않았던 시기를 강조하는 변화 대화이다. 이 밖에 창조적 질문 사용, 기적 질문, 해체 질문 등이 있는데, 이들은 내담자가 대안적 이야기를 만들 수 있도록 촉진한다. 이야기 치료에서 구체적 기법은 문제로 가득 찬 내담자의 이야기를 객관적 자세로 경청하기, 문제를 명명하고 표면화하기, 대화를 외재화하기, 충분한 단서 찾기 등이 있다. 이야기 치료에서 상담자는 종종 내담자에게 편지를 쓰고, 내담자의 변화와 새로운 이야기를 지지해줄 사람들을 찾도록 돕는다.
가족체계 치료	상담자의 이론적 지향에 따라 매우 다양한 기법들이 사용될 수 있다. 기법에는 가계도, 가르치기, 질문하기, 가족 참여, 결과 추적, 가계도 제작, 재구성, 재구조화, 규칙 제정, 경계 설정하기 등이 있다. 기법들은 본질적으로 경험적이거나 인지적 혹은 행동적이다. 대부분은 단기간 내에 변화를 일으키고자 설계되었다.

표 15.6 접근의 적용

정신분석 치료	상담자가 되고자 하는 전문가를 포함하여 분석 치료를 받고자 하는 사람, 집중 치료를 받은 경험이 있고, 좀 더 심화된 분석을 받고자 하는 사람, 심리적 고통을 받고 있는 사람들에게 적합하다. 분석적 치료는 자기중심적이고 충동적이거나 정신병적인 문제를 지니고 있는 사람들에게는 적합하지 않다. 개인상담이나 집단상담의 형태로 실시할 수 있다.
아들러 치료	성장 모형에 기초한 접근이기 때문에 아동 지도, 부모 · 아동 상담, 부부 및 가족 상담, 모든 연령대를 대상으로 하는 개인상담, 교정 · 재활 상담, 집단상담, 물질남용 프로그램, 단기 상담 등의 다양한 영역에 적용할 수 있다. 예방적 돌봄과 성장을 방해하는 다양한 상황들을 완화시키는 데 매우 적합하다.
실존 치료	이 접근은 특별히 발달적 위기나 삶의 전환에 직면한 사람들, 실존적 문제(선택하기, 자유와 책임지기, 죄책감과 불안에 대처하기, 삶을 이해하기, 가치를 발견하기)를 겪고 있는 사람들 혹은 개인적 성숙을 추구하는 사람들에게 적합하다. 개인상담과 집단상담 모두에 적용될 수 있고, 부부 및 가족 상담, 위기 개입, 지역사회 정신건강 사업에도 적용될 수 있다.
인간중심 치료	개인 및 집단상담 등에 폭넓게 적용될 수 있다. 특별히, 위기 개입의 초기 단계에서 효과적으로 사용될 수 있다. 인간중심 치료의 원리는 부부 및 가족 상담, 지역사회 프로그램, 행정과 관리, 인간관계 훈련 등에 적용되어왔다. 가르치기, 부모-자녀 관계, 다문화 집단상담 등에 유용하다.

(계속)

표 15.6 접근의 적용

게슈탈트 치료	다양한 문제와 대상에게 적용할 수 있다. 위기 개입, 일련의 신체화 장애 치료, 부부 및 가족 치료, 정신건강 전문가의 자각 훈련, 아동의 행동 문제, 교육과 학습 등이다. 개인상담과 집단상담 모두에 적합하다. 이 접근에서 활용하는 방법들은 감정을 표출시키고 내담자로 하여금 현재에 집중된 경험과 접촉할 수 있도록 하는 강력한 촉매제이다.
행동 치료	결과의 경험적 타당화에 근거한 실험적 접근을 시도한다. 개인상담, 집단상담, 부부 상담, 가족 상담 등에 다양하게 적용된다. 공포장애, 우울증, 트라우마, 성 장애, 아동의 행동장애, 말더듬, 심장혈관 질환 예방 등의 문제에 효과적이다. 임상 실제를 넘어, 행동 치료 원리는 소아과, 스트레스 관리, 행동의학, 교육학, 노인학 등과 같은 영역에도 적용된다.
인지행동 치료	우울, 불안, 관계 문제, 스트레스 관리, 기술 훈련, 물질남용, 주장 훈련, 섭식장애, 공황장애, 수행 불안, 사회공포증 등의 치료에 폭넓게 적용된다. 이 접근은 인지 수정에 특히 적합하다. 많은 자조 접근들에서 이 원리들을 활용한다. 다양한 구체적인 문제를 지닌 광범위한 내담자에 적용될 수 있다.
선택 이론/ 현실 치료	사람들에게 선택 이론을 가르쳐 일상생활에서 효율적인 행동을 증가시킬 수 있도록 설계되었다. 다양한 내담자를 대상으로 한 개인상담, 집단상담, 청소년 범법자 교정, 부부 및 가족 상담에 적용된다. 단기 상담과 위기 개입에 효과적인 경우도 있다.
여성주의 치료	치료 원리와 기법은 개인상담, 관계 상담, 가족 상담, 집단상담, 지역사회 개입 등과 같은 다양한 상담 양식에 적용될 수 있다. 이 접근은 동기를 불어넣는다는 목표에서 여성과 남성 모두에 적용할 수 있다.
포스트모던 치료	해결중심 치료는 적응장애가 있거나 불안하거나 우울한 사람들에게 적합하다. 이야기 치료는 섭식장애, 가정적 어려움, 우울, 대인관계의 어려움 등과 같은 인간의 다양한 문제에 활용되고 있다. 이들 접근은 폭넓고 다양한 환경에서 아동, 청소년, 성인, 부부, 가족, 공동체 등에 적용될 수 있다. 해결중심 접근과 이야기 치료는 모두 집단상담과 학교 상담에 적합하다.
가족체계 치료	결혼 스트레스, 가족 구성원 간 의사소통 문제, 권력 다툼, 가족의 위기 상황, 개인의 잠재력 발견 조력, 가족의 전반적 기능 향상 등을 다루는 데 적합하다.

표 15.7 다문화 상담의 공헌

정신분석 치료	가족 역동에 대한 강조는 많은 다문화 집단상담에 적절하다. 상담자의 격식은 전문가로서의 차이를 기대하는 내담자를 충족시킬 수 있다. 자아 방어 개념은 내적 역동을 이해하고 환경적 스트레스를 다루는 데 도움이 된다.
아들러 치료	사회적 관심, 타인을 돕는 것, 집단주의, 삶의 의미 추구, 가족의 중요성, 목표 지향성, 소속감 등에 대한 강조는 많은 문화적 가치들과 잘 들어맞는다. 환경 내에 존재하는 사람에 대한 관심은 문화적 요인을 고려하도록 한다.
실존 치료	내담자의 문화적 배경을 포함한 현상학적 세계를 이해하는 데 초점이 있다. 이 접근은 억압적인 사회에서 내담자에게 힘을 부여한다. 내담자가 그들의 문화적 현실의 맥락 안에서 변화를 위한 선택지들을 살펴보도록 도움을 줄 수 있다. 실존 치료가 인간의 조건을 강조하는 철학적 기초에 바탕을 두고 있기 때문에 실존 치료는 다문화 상담에 특별히 적합하다.

(계속)

표 15.7 다문화 상담의 공헌

인간중심 치료	다양한 문화권의 내담자들 간 문화적 장벽을 깨고 열린 대화를 촉진시키는 데 초점이 있다. 내담자의 가치 존중, 적극적인 경청, 차이 수용, 무비판적 태도, 이해, 상담 회기에서 다룰 주제에 대한 내담자의 결정권 인정, 문화적 다원론 수용 등이 주요 강점이다.
게슈탈트 치료	비구어적 표현에 대한 강조는 단어 이외의 수단으로 메시지를 전달하는 문화권과 일치한다. 자유로운 감정 표현을 금지하는 문화권에 속한 내담자와의 상담에 유용한 실험을 제공한다. 이중 언어 사용 내담자의 언어적 장벽을 극복할 수 있도록 돕는다. 신체 표현을 강조하는 것은 미묘한 방식으로 내담자가 자신의 갈등을 인식할 수 있도록 돕는 것이다.
행동 치료	감정보다 행동을 강조하는 점에서 많은 문화와 일치한다. 상호 동의한 목표를 향해 작업하는 데 있어서 상담자와 내담자 간의 협력적인 관계를 포함하여, 상담 기법이 내담자가 처한 고유의 상황에 적합한지에 대한 지속적 평가, 내담자의 실제적 기술 학습 조력, 교육적 관심, 자기관리 방략의 강조 등이 강점이다.
인지행동 치료	내담자가 자신의 관심사를 표현할 수 있는 기회를 제공하는 협력적 접근을 강조한다. 심리교육적 차원은 문화적 갈등을 탐색하고 새로운 행동을 가르치는 데 유용하다. 감정을 구체화하고 표현하는 것과는 반대로 사고를 강조하는 것은 많은 내담자들에게 수용적인 것으로 보인다. 가르치기와 학습에 대한 강조는 정신질환이라는 낙인을 피할 수 있도록 한다. 내담자는 심리치료자의 적극적이고 지시적인 면을 높이 평가할 가능성이 높다.
선택 이론/ 현실 치료	내담자의 자기 문화에 대한 평가를 포함해서 자기 행동에 대한 평가를 강조한다. 개인적 평가를 통해서 그의 욕구와 소망이 충족되는 정도를 알 수 있다. 내담자들은 자신의 인종적 정체성을 유지하는 것과 주류 사회의 가치와 실제를 통합하는 것 사이의 균형을 찾을 수 있다.
여성주의 치료	개인의 변화와 사회적 변혁 모두를 강조한다. 핵심 공헌은 여성 운동과 다문화 운동을 통해 성 차별과 남성과 여성에 대한 억압의 부정적 결과에 관심을 갖도록 한 점이다. 문화적 역할의 영향을 강조하고 이러한 역할에 대한 지식과 만족도를 탐색한다.
포스트모던 치료	행동의 사회문화적 맥락에 관심을 갖는다. 상담실에서 만들어지는 이야기들은 내담자의 실생활에 적용될 수 있어야 한다. 심리치료자는 내담자에 대해 가정하지 않고, 내담자의 독특한 이야기와 문화적 배경을 존중한다. 상담자는 특정 집단에 억압적인 사회적 · 문화적 부당성에 적극적으로 도전한다. 상담은 억압적인 문화적 가치로부터 벗어나는 과정이 되고, 내담자로 하여금 자신의 운명에 대한 적극적인 주체가 되도록 한다.
가족체계 치료	가족 혹은 공동체의 체계를 강조한다. 많은 인종적, 문화적 집단은 대가족의 역할을 중요시한다. 많은 가족 상담자는 대가족 구성원들과 지지 체계를 다룬다. 상담 과정의 일부로 네트워킹이 있고, 이는 많은 내담자들의 가치와 일치한다. 다른 가족 구성원들이 지지적이면 개인의 변화 기회는 많아진다. 이 접근은 가족 단위의 건강과 각 구성원의 복지를 위한 개입 방법을 제시한다.

표 15.8 다문화 상담의 한계

정신분석 치료	통찰, 정신내적 역동, 장기 상담에 대한 강조는 일상의 고민을 다룰 수 있는 대처 기술을 학습하고자 하는 내담자에게 유용하지 않다. 내적 세계에 대한 강조는 종종 대인관계와 환경적 요인을 강조하는 문화적 가치와 대립한다.
아들러 치료	가족 배경에 대해 상세히 면담하는 것은 가족사를 개방하지 않는 문화와 갈등을 야기할 수 있다. 상담자를 문제에 대한 해답을 제시해주는 권위자로 간주하는 내담자가 있을 수 있는데, 이는 사회적 거리감을 줄이는 수단으로서의 평등주의나 개인 대 개인의 영혼을 강조하는 입장과 대립될 수 있다.
실존 치료	개성, 자유, 자율, 자기실현 등의 가치는 집단주의, 전통에 대한 존중, 권위자에 대한 경의, 상호 의존 등과 같은 문화적 가치와 대립될 수 있다. 특별한 기법이 없는 점에 실망할 수도 있다. 자신의 세계에서 살아남는 법에 더 관심을 가지는 내담자도 있을 것이다.
인간중심 치료	인간중심 치료의 일부 주요 개념은 내담자의 문화와 일치하지 않을 수도 있다. 상담자의 지시나 구조가 없기 때문에 지식이 풍부한 전문가로부터 즉각적인 해결과 도움을 원하는 내담자는 수용하기 어려울 수 있다.
게슈탈트 치료	정서를 표현하지 않도록 하는 문화에 익숙한 내담자는 게슈탈트 치료의 실험에 적합하지 않을 수 있다. 어떤 내담자는 '현재 경험을 알아차리는 것'이 어떻게 자신의 문제를 해결할 수 있는지 의구심을 표시할 수 있다.
행동 치료	가족 구성원들은 내담자가 새로 획득한 표현양식을 중요하게 생각하지 않을 수 있으므로 내담자에게 다른 사람의 저항을 다룰 수 있는 방법도 가르쳐주어야 한다. 상담자는 내담자가 행동 변화의 부차적 결과를 평가할 수 있도록 도와주어야 한다.
인지행동 치료	내담자의 신념과 행동을 변화시키려는 지나치게 성급한 시도에 앞서, 상담자가 내담자의 세계를 이해하고 존중하는 것이 필수적이다. 어떤 내담자는 자신의 기본적인 문화적 가치와 신념을 반박하는 것에 대해 심각하게 꺼려할 수 있다. 내담자들은 문제를 해결할 수 있는 적절한 방법을 선택하는 것을 상담자에게 의존할 수 있다.
선택 이론/현실 치료	이 접근은 자신의 삶에 대한 책임을 지는 것을 강조하지만, 외적인 환경을 변화시키고자 하는 내담자도 있을 수 있다. 상담자는 차별이나 인종주의를 이해하고 내담자들이 사회적 · 정치적 현실을 다룰 수 있도록 도와주어야 한다.
여성주의 치료	이 모형은 백인, 중산층, 이성애적 여성들의 가치에 편향된다는 비판을 받아왔는데, 이는 다른 어떤 여성 집단이나 남성 집단에도 적용되지 않는다. 상담자는 내담자가 만드는 의미 있는 개인적 변화의 가치를 평가할 필요가 있는데, 이는 내담자가 새로운 역할을 맡고 삶의 변화를 만들면서 대가족으로부터 소외되는 결과를 초래할 수 있다.
포스트모던 치료	내담자가 자신의 문제를 이야기하기 위해 상담 치료에 와서는 그 문제의 예외사항들에 대해서만 이야기하다가 본래 문제는 놓쳐버릴 수 있다. 내담자는 상담자를 전문가로 보고 자신이 자신에 대한 전문가라는 점을 생각지 못할 수 있다. 어떤 내담자는 아무것도 모른다는 입장을 취하는 상담자를 무능하다고 생각할 수 있다.
가족체계 치료	가족 상담은 일부 문화권에 속한 내담자의 가치와는 일치하지 않는 가설에 근거한다. 개별화, 자기실현, 자기결정, 독립, 자기표현 등과 같은 서구적 개념들이 어떤 내담자에게 낯설 수 있다. 가족 내의 문제를 인정하는 것을 수치스럽게 여기는 문화도 있다. '가족 내의 문제를 말하지 않는 것'을 바람직하다고 보는 문화라면 갈등을 개방적으로 탐색하는 것은 어려울 수 있다.

표 15.9 접근의 공헌

정신분석 치료	다른 어느 체계보다도 많은 발견과 논쟁을 낳았고 치료에 대한 심도 있는 사고와 개발을 자극하였다. 성격 구조와 성격 기능에 관한 상세하고 포괄적인 기술을 제공하였다. 행동의 결정 요인으로서 무의식과 생애 초기 6년간 외상의 중요성과 같은 탁월한 요인들을 만들어내었다. 무의식을 짚어보는 여러 기법들을 개발하였으며 전이와 역전이의 역동, 저항, 불안, 자기 방어기제 등을 밝혀내었다.
아들러 치료	다른 체계에 미친 아들러학파 개념의 영향과 다양한 게슈탈트 치료에 이러한 개념을 통합시킨 점이 핵심 공헌이다. 인본주의적이고, 통합적이고, 총체적이며, 목표 지향적인 치료 접근으로서는 최초이며 사회적 요인과 심리적 요인을 강조하였다.
실존 치료	인간 조건에 대한 완전한 관점에 기초한 주관적 접근의 필요성을 인식한 점이 주요 공헌점이다. 인간이 된다는 것이 의미하는 바에 대한 철학적 진술의 필요에 대해 관심을 불러일으켰다. '나/너' 관계를 강조함으로써 치료의 비인간적인 측면을 줄인다. 불안, 죄책감, 자유, 죽음, 소외, 참여 등을 이해할 수 있는 관점을 제공한다.
인간중심 치료	내담자는 상담에 적극적으로 참여하며 상담의 방향에 책임을 진다. 이 독특한 접근은 경험적 검증을 강조했고 이론과 방법의 결과로 수정되기도 하였다. 수련을 받지 않은 일반인들도 상담 조건을 개인으로서의 삶과 전문가로서의 삶에 활용함으로써 도움을 받을 수 있다. 기본 개념들은 직접적이고 이해하고 적용하기 쉽다. 신뢰할 수 있는 관계를 형성하는 초석이며 모든 상담에 적용할 수 있다.
게슈탈트 치료	주된 공헌은 감정에 대해 단순히 이야기하기보다는 직접 경험하고 실행하는 것을 강조함으로써 단순한 장애 치료가 아닌 성장과 증진에 대한 관점을 제시한다. 내담자의 행동을 근거로 자신의 내적 창조력을 인식하게 만든다. 꿈은 내담자의 기본 갈등을 내담자가 발견할 수 있는 독특하고 창조적인 도구로 쓰인다. 치료는 실존적 만남으로 간주되고 기법이 아닌 과정을 추구한다. 내담자를 이해하기 위한 핵심 방편으로 비구어적 행동을 강조한다.
행동 치료	평가와 측정 기법들에 대해 강조함으로써 설명할 수 있는 치료의 기본을 제공한다. 문제가 구체화되고, 내담자들은 목표를 향한 과정에 대해 지속적으로 정보를 제공받는다. 이 접근은 인간 기능에 관한 많은 영역에서 효율적인 것으로 나타났다. 강화자, 본보기, 교사, 자문가로서 상담자의 역할이 명확하다. 이 접근은 크게 확장되어왔고 연구 자료도 풍부하다. 행동 치료도 이제 인지적 요인의 중요성을 인식하고 행동 변화를 위한 자기 지시적 프로그램을 장려하므로 더 이상 기계적이기만 한 접근은 아니다.
인지행동 치료	주요 공헌으로 포괄적인 치료의 실제, 즉 다양한 인지적 · 정서적 · 행동적 기법, 다른 접근 기법들의 통합, 잘못되거나 부정적인 사고를 반박하고 변화시키기 위한 방법론 등을 강조한 것을 들 수 있다. 대부분의 형태는 다른 주류 치료 이론에 통합될 수 있다. 합리적 정서행동 치료는 행동 지향적 과제, 다양한 심리교육적 방법, 진행 상황 기록하기 등을 충실하게 활용한다. 인지 치료는 구조화된 치료로서 단기간 내에 우울과 불안을 다룰 수 있는 충분한 추적 기록이 가능하다. 강점 기반의 인지행동 치료는 변화를 위한 내담자의 자원을 찾아내는 긍정심리학의 한 형태이다.
선택 이론/ 현실 치료	다양한 조력 전문 영역에서 쉽게 사용할 수 있는 단순하고 명확한 개념을 활용한 행동 지향의 긍정적 접근이다. 교사, 간호사, 목사, 교육자, 사회사업가, 상담자들이 활용할 수 있다. 직접적인 기법을 사용하므로 치료에 저항적인 내담자에게 호소력이 있다. 다양한 내담자들에게 적용될 수 있는 단기 치료이고 의학적 치료 모형에 도전하는 중요한 영향력을 발휘해왔다.

(계속)

표 15.9 접근의 공헌

여성주의 치료	여성주의 관점은 성 고정관념에 많은 여성들이 눈을 뜰 수 있게 하였고 여성의 역할에 대한 제한된 시선을 거부하도록 격려하였다. 주요 공헌은 성별에 따른 차별을 인식하는 상담 방법을 고안한 점과 관계 내 권력에서 성을 사용한 점에 관심을 기울이도록 한 점이다. 여성주의자들의 단결된 목소리는 아동학대, 근친상간, 강간, 성희롱, 가정 폭력 등에 관한 관심을 불러일으켰고 많은 시사점도 제시하였다. 여성주의 원리와 개입은 다른 치료 접근에 통합될 수 있다.
포스트모던 치료	이 접근은 간결하여 관리의료 체계의 요구에 잘 맞는다. 내담자의 강점과 능력을 강조하여 스스로 해결책을 찾고 긍정적 방향으로 자신의 이야기를 만들려는 내담자에게 적합하다. 내담자는 자신의 문제에 대해 비난받지 않으면서 자신의 문제를 만족스럽게 처리하는 것을 배운다. 이 접근의 강점은 내담자가 자신을 보다 효과적이고 새로운 방식으로 지각하도록 하는 질문 형식이다.
가족체계 치료	가족의 상호관계 양식을 찾고 밝힘으로써 가족에게 힘을 부여한다. 전체 단위로 작업하면서 개인의 문제와 관계 문제를 이해하고 훈습할 수 있는 새로운 관점을 제공한다. 가족 기원을 살펴봄으로써 가족 밖에서 체계 내의 다른 갈등을 해결할 기회가 늘어난다.

표 15.10 접근의 한계

정신분석 치료	상담자로 수련받는 데 오랜 시간이 걸리고 내담자에게 많은 시간과 경비가 소요된다. 생물학적 요인과 본능적 요인을 강조함으로써 사회, 문화, 대인관계 요소를 무시하도록 한다. 사회경제적 지위가 낮은 내담자의 구체적인 문제를 해결하고 다수의 인종 집단과 민족에게 적용하는 데 적합하지 않다. 회상이나 재구조화 치료를 받을 수 있을 만큼의 자아 강도가 있는 내담자들이 많지 않다. 정신분석 치료가 특정 상담 장면에서는 부적절할 수 있다.
아들러 치료	정확성, 검증 가능성, 경험적 타당성 측면에서 취약하다. 과학적 방법을 이용해서 기본 개념을 타당화하려는 노력이 부족하다. 복합적인 인간의 문제를 지나치게 단순화하려는 경향이 있고 일반적인 상식에 지나치게 의존한다.
실존 치료	다수의 기본 개념이 명확하지 않고 제대로 정의되지 않아서 전체 구조가 모호해지는 경우가 있다. 원리와 상담 실제에 대한 체계적인 진술이 부족하다. 기능을 잘하지 못하며 비언어적인 내담자와 상담자의 지시가 필요한 심각한 위기에 놓인 내담자에게는 적합하지 않다.
인간중심 치료	수동적이고 소극적이며 반영에 대해 제한된 반응을 하는 상담자에게는 적합하지 않은 접근이다. 많은 내담자들은 보다 지시적이고 구조적이며 많은 기법들이 있어야 한다고 느낀다. 위기에 놓인 내담자들에게는 보다 지시적인 방법이 적합할 수 있다. 개인 상담에 적용할 경우, 상담자에게 보다 많은 개입을 원하는 문화권의 내담자가 있을 수 있다.
게슈탈트 치료	기법들은 극렬한 정서 표현을 이끌어낼 수 있다. 이러한 감정들을 탐색하지 않고 인지적 작업이 이루어지지 않으면 내담자는 무엇인가 미해결된 것 같은 느낌을 가질 것이고 그들이 학습한 바에 대한 통합감을 맛볼 수 없을 것이다. 상상력을 발휘하기 어려운 내담자는 특정 실험을 통해서는 도움을 받지 못할 수 있다.

(계속)

표 15.10 접근의 한계

행동 치료	주된 비판점으로 행동을 변화시킬 수는 있지만 감정을 변화시키지 못한다는 점, 상담에서의 관계 요인을 무시한다는 점, 통찰을 제공하지 않는다는 점, 현재 행동의 역사적 원인을 무시한다는 점, 상담자가 통제한다는 점, 인간 조건의 특정 측면을 밝혀내지 못한다는 점 등이 있다.
인지행동 치료	감정을 경시하는 경향이 있고, 무의식이나 기저 갈등의 탐색에 관심이 없고, 통찰의 가치를 강조하지 않고, 내담자의 과거를 중요하게 다루지 않는다. 인지행동 치료는 어떤 내담자들에게는 지나치게 구조화된 접근일 수 있다.
선택 이론/ 현실 치료	내담자의 과거, 꿈, 무의식, 초기 아동기 경험, 전이 등을 탐색하는 것의 중요성을 평가절하한다. 이 접근은 다소 덜 복잡한 문제에만 적용될 수 있다는 제한점이 있다. 이 접근은 심층적인 정서적 문제에 대한 탐색을 장려하지 않는 해결중심 치료이다.
여성주의 치료	상담자가 내담자에게 새로운 가치를 심어줄 가능성이 있다는 제한점이 있다. 예를 들면, 평등, 관계 내 권력, 자기 자신에 대한 정의, 가정 밖에서 경력을 추구할 자유, 교육에 대한 권리 등을 추구하도록 할 수 있다. 상담자는 내담자가 자신에 대한 최고의 전문가라는 사실을 유념해야 할 필요가 있다. 이는 내담자가 따르고자 하는 가치를 결정하는 것은 바로 내담자 자신에게 있음을 의미한다.
포스트모던 치료	치료 효과에 대한 경험적 증거가 없다. 어떤 비평가들은 이 접근이 응원하는 것 같고 과도하게 긍정적 관점을 부각한다고 비판한다. 다른 심리치료자들은 포스트모던 심리치료자들의 평가와 진단에 대한 입장에 대해 비판적이고, 상담자의 '알 수 없음'이라는 입장에 부정적이다. 일부 해결중심 상담 기법과 이야기 상담 기법들은 배우기가 상대적으로 쉽기 때문에 상담자가 기계적인 방법으로 이 기법을 사용하거나 충분한 근거 없이 이 기법을 사용할 수 있다.
가족체계 치료	가족 구성원 모두를 치료에 참여시키는 것에 대한 제한점이 있다. 어떤 가족 구성원은 가족체계의 구조를 변화시키는 데에 저항할 수 있다. 역전이의 가능성이 높으므로, 상담자의 자기에 대한 지식과 자신의 원가족 문제에 대해 작업하려는 의지가 매우 중요하다. 상담자의 충분한 훈련, 양질의 슈퍼비전, 가족 맥락에서 한 개인을 평가하고 다루는 유능성 등은 필수적이다.

상담과 치료 효과에 대한 평가

학습 목표 07 정신건강 관련 상담자들은 자신의 상담 서비스에 대한 효과성을 입증하고 설명할 수 있어야 한다. 관리의료제도가 시행되고 있는 시대에, 상담자들은 자신의 상담 서비스가 임상적으로 건전하고 비용 효율이 높음을 증명하는 것이 필수적이다. 상담이 의미 있는 변화를 가져오는가? 상담을 받지 않은 것보다 받은 후에 충분히 더 좋아졌는가? 상담이 실제로는 해로울 수도 있는가?

심리치료의 효과를 평가하는 것은 단순한 문제가 아니다. 상담은 각자 개성이 있는 상담자들에 의해 실시되고, 내담자들 또한 치료적 효과와 상당한 관련이 있기 때문이다. 예를 들면, 내담자가 처한 사회적 환경 속의 예상하지 못한 통제 불능의 사건들로 인해 치료 효과는 감소될 수 있다. 더구나, 같은 접근을 지향하는 상담자들이라 하더라도 내담자와 상담 환경에 따라 다르게 접근하고 기법을 다른 방법으로 사용할 수도 있다.

심리치료는 얼마나 효과가 있는가? 스미스와 글라스 및 밀러(Smith, Glass, & Miller, 1980)에 따르면 심리치료는 매우 효과적이었는데, 모든 심리치료적 접근들이 효과적이었다. 프로체스카와 노크로스(2014)는 통제된 효과 연구에서 심리치료의 효과가 일관되게 유의미한 것으로 보고하였다. 이들에 따르면 심리치료의 효과성에 관한 5,000건 이상의 개별 연구와 500건 이상의 메타분석이 수행되었다. 이들 연구는 잘 고안된 치료개입은 목표한 종속 변수에 대해 의미 있고 긍정적인 효과를 보여주었다. 요약하면, 심리치료는 효과가 있을 뿐만 아니라, 연구에서도 탁월한 효과가 있음이 밝혀졌다. 심리치료는 심리적 곤경에 처한 사람들의 기능 향상에 도움을 줄 수 있는 효과적인 접근이다(Miller et al., 2015).

여러 연구 결과를 요약해보면 특정 치료 접근 간에는 차이가 없다(Miller et al., 2015). 램버트(2011)의 심리치료 연구 개관에 의하면, 이론들 간의 차이보다는 유사성이 심리치료의 효과를 설명한다는 것이 분명하다. 여러 치료 이론들에 보편적인 대인관계, 사회, 정서적 요인들은 효과성을 결정하는 핵심 요인이다(Elkins, 2016).

심리치료가 효과적이라는 것은 명백하지만, 어떻게 해서 효과적인지에 대해서는 간단히 설명하기 어렵다. 연구들은 다양한 개입들이 그 효과를 믿는 상담자들에 의해 시행될 때, 그리고 내담자가 그것을 수용할 때 모두 효과적임을 지적하고 있다. 웜폴드(Wampold, 2010)는 "각 치료의 특정한 측면이 치료에 효과가 있다는 증거는 거의 없다."(p.71)고 밝혔다.

다양한 치료 접근과 기법의 효과는 동일하다고 볼 수 있다. 왜냐하면 각 접근은 치료 효과를 설명하는 중요한 요인, 즉 내담자를 공유하고 있기 때문이다. 자료에 따르면 결론적으로 변화의 동력은 바로 내담자이다(Bohart & Tallman, 2010; Bohart & Wade, 2013). 따라서 상담자는 변화의 과정에 내담자를 참여시키는 방향으로 가장 생산적인 수고를 기울일 수 있다.

피드백 기반 개입

학습 목표 08 상담 과정에 관한 내담자의 피드백을 경청하는 것은 가장 중요한 일이다. **피드백 기반 개입**(feedback-informed treatment: FIT)은 상담 서비스의 품질과 효과성을 평가하고 향상시키기 위해 고안되었다. 피드백 기반 개입은 증거 기반의 상담으로서 내담자의 변화를 점검하고 치료적 노력을 제고하는 데 필요한 수정할 부분을 구체화한다(Miller et al., 2015). 피드백 기반 개입은 내담자로부터 상담 관계와 상담에서의 변화에 관해 지속적으로 피드백을 받는 것을 포함하며, 이는 치료에 통합되어 내담자의 개별적 요구에 대처하는 데 활용된다. 상담자들이 상담 과정 전반에서 내담자의 피드백을 경청하는 것을 배운다면, 내담자들은 상담의 모든 측면에서 충분하고 동등한 참여자가 될 수 있다(Miller et al., 2015).

내담자의 피드백을 토대로 상담 효과를 점검하고 상담 개입을 조절하는 것이 상담에서 일상적인 것이 되어야 한다. 내담자의 변화 이론은 그 사람이 처한 특정 환경과 호소 문제에 비추어 어떤 이론이 가장 적합할지를 결정하는 데 활용될 수 있다. 상담에 대한 이러한 접근은 지속적인 내담자의 참여를 필요로 하는데, 이는 상담에서 가장 중요한 변화 예측 요인이다(Hubble, Duncan, Miller, & Wampold, 2010).

던컨(Duncan, 2014)은 체계적인 내담자 피드백이 모든 심리치료 접근들에 통합되어야 한다고 믿었다. 내담자가 자신의 상담 경험을 점검하고 향상시키는 것을 돕는 것이 효과적인 것으로 입증되었기 때문이다. 국제임상수월성센터의 스콧 밀러(Scott Miller)와 그의 동료들은 내담자의 상담 진척도를 측정하고 상담 관계의 수준을 평가할 4개 항목으로 구성된 두 개의 도구를 개발하였다. 이 측정 도구는 간략하고 타당도가 높은 내담자 자율평가 도구이다. **결과평가척도**(Outcome Rating Scale: ORS)는 내담자의 개인, 대인관계, 사회적 기능에서 건강한 경험을 평가하는 것을 통해 내담자의 상담 진척도를 측정한다. **회기평가척도**(Session Rating Scale: SRS)는 상담 관계의 질에 대한 내담자의 인식을 측정하는 것으로서, 상담자와의 관계적 결속, 상담에서 특정 과업에 대한 협력, 목표와 방법과 내담자 선호에 대한 합의 등을 포함한다(Miller et al., 2015).

치료적 동맹과 치료 효과에 관한 내담자의 피드백은 치료의 효과를 향상시키고, 상담의 중도 탈락률을 낮추며 악화될 위험을 감소시킨다(Miller, 2011). 내담자 피드백을 활용함으로써, 상담자는 내담자에게 유익한 효과를 극대화하도록 적응하고 조정할 수 있다. 본질적으로 던컨과 밀러와 스파크스(Duncan, Miller, & Sparks, 2004)는 증거 기반의 상담보다 실천 기반의 증거를 주장하였다. "상담 효과에 대한 정보를 얻는 것은 내담자의 목소리를 높일 뿐만 아니라 상담 효과를 높이기 위한 최고로 실행 가능한 연구 방법을 제공한다"(16쪽). 내담자의 강점과 인식은 상담의 토대를 이룬다. 상담에서 내담자의 진척에 대한 인식을 체계적이고 일관되게 평가하는 것은 상담자로 하여금 심리치료를 개별 내담자의 욕구와 특성에 최적화할 수 있도록 해준다. 지속적인 내담자 피드백은 상담자에게 치료의 유용성을 입증할 단순하고, 실제적이고, 의미 있는 방법을 제공한다.

통합적 관점을 적용한 스탠의 사례

이 장에서는 사고, 감정, 행동 측면에서 스탠을 상담한 11개 이론적 관점의 개념과 기법들을 어떻게 통합하는지 설명하고자 한다. 스탠에 대한 치료의 여러 단계에서 적용한 이론의 다양한 측면을 기술할 것이다. 이 장 말미의 숙고를 위한 질문들을 읽으면서, 여러분 자신만의 통합적 관점으로 스탠과 상담할 방법에 대해 생각해보기 바란다.

상담 관계의 명료화

상담 관계의 형성에서 나는 인본주의, 실존주의, 형태

주의, 여성주의, 포스트모던, 아들러학파 등의 이론들로부터 영향을 받았다. 스스로에게 이런 질문을 던져본다. '나는 어느 정도까지 무비판적으로 스탠의 이야기를 경청할 수 있는가? 그를 존중하고 배려할 수 있는가? 나의 정체감을 상실하지 않고 그의 주관적인 세계로 들어갈 능력이 있는가? 상담 관계에 대한 나의 생각과 반응을 스탠과 나눌 수 있는가?' 나는 이러한 상담 관계에 관해 스탠이 질문해주길 바란다. 하나의 목표는 상담 과정의 신비적 요소를 제거하는 것이고, 또 다른 목표는 상담 목표를 명료화함으로써 상담 회기의 방향에 대한 초점을 유지하는 것이다.

상담 목표의 명료화

목표 설정과 관련하여서 정확성과 명료화는 필수적이다. 일단 어떤 목표를 설정하면, 스탠은 상담 회기와 일상생활에서 자신의 행동을 관찰하고 평가할 수 있게 된다. 자기관찰은 변화를 위한 노력에서 매우 중요하다. 상담 과정에서 스탠의 피드백을 받고, 이를 치료 동맹에서 필요한 수정 작업에 활용할 것이다. 상담 과정 동안, 스탠이 시간을 결정하도록 하였고, 상담에서 원하는 것이 무엇인지 반복해서 질문하였으며 우리의 공동 작업이 스탠의 목표를 충족하는 데 얼마나 도움이 되었는지 평가하도록 했다. 이 여정에서 가고 싶은 방향을 스탠 스스로 정하는 것이 중요하다. 스탠이 원하는 사고, 감정, 행동의 변화 방향에 대해 명확하게 이해하게 되면, 나는 상담 회기와 상담 장면 밖에서 실행할 수 있는 스탠과의 실험에서 보다 적극적인 역할을 취할 것이다.

스탠의 과거, 현재, 미래에 대한 작업

과거 다루기 통합적 접근에서, 나는 스탠의 초기 경험을 이해하고, 탐색하고, 작업하는 데 무게를 두고, 그가 현재 하는 행동을 과거와 연결 짓는 경향이 있다. 내 생각에 우리의 삶을 관통하는 주제는 어린 시절의 중요한 경험과 연결 지으면 명확해진다. 나는 스탠으로 하여금 자신의 삶에서 해결하지 못한 것으로 느끼는 사람들을 '지금 여기'로 불러내도록 요청하는 게슈탈트 치료 접근을 선호한다. 상담에서의 상징적 작업을 통해 중요한 타자들을 불러내는 다양한 역할 연기 기법은 스탠의 과거를 상담의 현재 순간에서 생생하게 재연하게 할 것이다.

현재 다루기 스탠의 과거에 관심을 갖는 것이 우리가 역사에 매몰되어있거나 외상적인 상황을 재체험하는 것에 매달려있음을 의미하지는 않는다. 상담 중에 '지금 여기'의 일에 주의를 집중함으로써, 나는 스탠의 과거에서 해결되지 않은 것에 대한 중요한 단서를 얻는다. 스탠과 나는 그의 현재 감정뿐만 아니라 생각과 행동에도 주의를 기울일 수 있다. 나는 그가 생각하고 있는 것, 실제로 행동하고 있는 것, 생각과 행동이 감정 상태에 영향을 미치고 있는 것 등의 세 가지 차원을 모두 다루는 것이 필수적인 것으로 판단한다.

미래 다루기 만약 스탠이 현재의 행동을 통해 자신이 원하는 바를 얻지 못한다고 결정한다면, 이루고자 하는 변화와 자신의 포부를 실현하기 위해 지금 할 수 있는 일이 무엇인지 미리 생각해볼 좋은 상황에 있는 것이다. 현실 치료의 현재 지향적 행동 초점은 5년 후의 자신의 모습을 꿈꾸게 하는 좋은 기준점이 된다. 현재 행동을 미래 계획과 연결하는 것은 스탠으로 하여금 구체적인 실천 계획을 작성하도록 돕는 탁월한 방법이며, 미래를 설계할 방안을 제공할 수 있다.

감정 규명과 탐색

스탠과의 진실한 관계는 스탠으로 하여금 여러 감정을 찾고 나누도록 격려한다. 개방적이고 진실한 관계가 스탠의 성격과 행동을 변화시키기에 충분하지는 않지만, 스탠이 자신의 생각들을 명료화하도록 돕기 위해 나의 지식과 기술과 경험을 계속해서 사용할 것이다. 스탠은 자신의 삶에 대한 최고 전문가이다. 따라서 치료적 노력에서도 스탠 자신이 전문가임을 인식하도록 돕는다.

나는 스탠이 자신의 감정을 탐색하고 표현하도록 돕기 위해 게슈탈트 치료 실험을 많이 활용한다. 결국, 그가 상황과 감정에 대해 단순히 이야기만 하는 것을 피하게 한다. 오히려 그가 경험하고 있는 어떤 반응이라도 현재로 가져오도록 독려한다. 예를 들어, 스탠의 눈에 눈물이 보이면, 그에게 '스스로 눈물이 되어 보라.'고 지시할 수 있다. 그의 눈물에 말을 붙임으로써 그가 슬프거나 긴장을 느끼는 모든 이유에 대해 추상적으로 지성화해버리는 것을 피할 수 있다. 스탠이 감정을 변화시킬 수 있기 전에, 스스로 감정을 충분히 경험하도록 허락해야 한다. 경험적인 치료는 감정을 표현하도록 안내하는 소중한 수단을 제공한다.

상담에서의 생각 영역

일단 스탠이 강한 감정을 느끼고 감정 발산을 경험했다면 거기에는 반드시 어떤 식의 인지적인 작용이 있었다. 인지적인 차원을 가져오기 위해 나는 그가 어린 시절에 통합했던 메시지와 그가 내린 결정에 스탠의 주의를 집중시킨다. 나는 그에게 초기 결정을 한 이유에 대해 생각해보라고 할 것이다. 마지막으로, 그에게 생활, 자기 자신, 타인에 대한 결정을 바로 보도록 하고 삶을 향상시키기 위해 필요한 재결정을 하도록 독려할 것이다.

인지행동 치료에는 스탠이 자신의 인지와 행동 사이의 연결을 인식할 수 있게 하는 다양한 인지적 기법이 있다. 많은 회기 동안 구체적인 신념들을 다루었다. 나의 역할은 스탠의 생각을 변화시킬 교정적 경험을 촉진하는 것이다. 결국, 우리의 목표는 스탠이 새로운 사고방식, 새로운 내적 대화, 삶에 대한 새로운 가정을 배움으로써 인지적 재구성을 하게 하는 것이다. 나는 스탠에게 문제가 될 수 있는 생각과 감정을 분명히 알도록 하기 위해 많은 과제를 냈다. 이는 스탠의 행동을 변화시킬 기초를 제공한다.

행동하기: 상담의 또 다른 본질적 요소

감정과 생각은 완벽한 상담 과정이 아니다. 행동하기는 감정과 생각을 다양한 실천 프로그램에서 실제 삶에 적용함으로써 이 두 가지를 결합시키는 하나의 방식이다. 나는 스탠에게 상담 회기에서 새롭게 배운 것을 매일의 삶에 적용시키는 것을 가능한 많이 생각해보도록 했다. 과제 부여는(스탠이 선호하는 것 중의 하나이다) 스탠이 자신의 치료에 적극적인 주체자가 되게 하는 훌륭한 방법이다. 변화를 위해서는 스탠 스스로 반드시 무엇인가를 해야만 한다. 그가 원하는 변화의 정도는 실험에 참여하려는 의지에 비례한다. 따라서 매주마다 스탠의 목표 달성도를 논의하고, 과제를 얼마나 성실하게 수행했는지, 실천 계획은 잘 실행되고 있는지 등을 검토한다.

상담 종결 준비하기

상담 종결은 시작 단계만큼이나 중요하다. 상담 회기에서 배운 새로운 기술과 태도를 전문적인 지원이 없는 상황에서 일상적인 사회 상황에 적용시키는 것이 핵심 과제이기 때문이다. 스탠이 '혼자 해보겠어요.'라는 열망을 피력할 때, 상담 종결의 준비와 종결에 대한 이유에 대해 이야기하게 된다. 나 역시 스탠이 택한 방향에 대한 나의 생각을 나눈다. 이는 그가 여기에서 어디로 갈 수 있는지를 이야기할 좋은 기회이다. 우리는 실천 계획을 수립하고 그가 새로 학습한 것을 유지할 최선의 방안에 대해 이야기하는 데 시간을 보낸다.

행동주의적 입장에서는 상담 효과와 과정을 평가하는 것이 필수적이다. 평가는 상담에서 스탠의 구체적인 변화에 대해 논의하기 위해 다각도로 시간을 활용하는 것이다. 핵심적인 질문에는 다음과 같은 것이 있을 수 있다. '스탠, 당신에게 가장 두드러진 변화는 무엇입니까? 상담에서 배운 것 중에 가장 가치 있다고 생각하는 것은 무엇입니까? 이러한 것들을 어떻게 배우게 되었습니까? 새로운 행동을 지속하기 위해 지금 할 수 있는 일은 무엇입니까? 퇴행을 경험하게 되면 무엇을 할 것입니까?' 우리는 매주마다 있는 상담에 더 이상 오지 않을 때 그가 당면할 수 있는 문제들을 탐색한다. 이 시점에서 나는 스탠이 미래의 문제에 건설적으로 대처하도록 돕기 위한 재발 방지 방략을 몇 가지 소개한다. 그가 다루어야 했던 방해 요소와 잠재적인 문제들을 이야기함으로써 좌절을 경험하더라도 덜 낙담하게 된다. 문제가 재발해도 실패했다고 보지 않고 '학습의 기회'로 보도록 할 것이다. 공식적인 상담이 종결되었더라도 적절하다고 생각할 때는 다시 방문하거나 상담할 수 있음을 알려 준다.

생각, 느낌, 행동에 대한 조언

스탠과의 상담에 대한 단계들이 상대적으로 구조적이고 심지어 단순해 보여도, 실제로 내담자들과 상담하는 것은 훨씬 복잡하고 예측하기 어렵다. 여러분이 통합적 관점을 연습하고 있다면 내담자의 생각(느낌 혹은 행동)으로 상담을 시작하는 것이 항상 최선이라고 가정하는 것이 실수일 수도 있다. 효과적인 상담은 이론에서 내담자가 있어야 할 곳이라고 가리키는 곳이 아니라, 내담자가 있는 곳에서 시작한다.

요약하면, 내담자들이 그 순간에 필요로 하는 것에 근거해서, 그들이 생각하고 있는 것과 이것이 그들에게 영향을 미치는 방식, 혹은 그들이 느끼는 방식에 우선적인 관심을 두거나 그들의 행동으로 관심을 돌릴 수도 있다. 만약 스탠이 자신의 생각을 바꿀 수 있다면, 그의 일부 행동과 감정도 변화시킬 수 있다고 믿는다. 만약 그가 자신의 감정을 바꾼다면, 다르게 생각하고 행동하기 시작할 수도 있다. 만약 그가 특정 행동을 바꾼다면, 다르게 생각하고 느끼기 시작할 것이다. 인간 경험의 이러한 면들은 상호 연관이 있으므로 일반적으로 한 차원을 탐색하면 다른 차원을 탐색할 수 있는 실마리를 주기 때문이다.

인간중심적 관점은 내담자의 지혜를 존중하고 다음에 무엇을 해야 할지를 결정하는 데 내담자의 지혜를 활용한다. 상담자로서, 우리가 저지를 수 있는 실수는 '다음에는 무엇을 해야 하지?'라고 생각하면서 내담자들보다 지나치게 앞서 가는 것이다. 내담자와 함께 머물면서 그들이 원하는 것을 물어봄으로써, 그들은 직접 혹은 간접적으로 우리에게 나아갈 방향을 알려줄 것이다. 우리는 내담자와 자신의 에너지에 대한 반응에 주의를 집중하는 것을 배울 수 있다. 그렇게 함으로써 상담자와 내담자 모두에게 유익한 상담 관계를 형성할 수 있다.

자기 점검을 위한 질문

- 스탠의 삶에서 가장 중요하다고 생각하는 주제는 무엇이고, 상담 시작 단계에서 이 주제들을 어떻게 찾아낼 것인가?
- 다양한 이론 중에서 스탠과의 상담에서 여러분이 가장 우선적으로 활용하고 싶은 특정 개념은 무엇인가?
- 다양한 이론 중에서 스탠과의 상담에서 여러분이 가장 적용하고 싶은 핵심 기법들을 열거해보라.
- 스탠이 상담 회기 안팎에서 실천할 수 있는 실험들을 어떻게 고안할 것인가?
- 여러분이 스탠을 위해서 무엇을 해야 하는지를 안다면, 그의 상담자가 되는 것이 어떨 것이라고 생각하는가? 그와의 상담 관계에서 어떤 문제가 생길 것이라고 생각하는가?

이 관점에서 스탠을 상담하는 나의 접근법을 보기 원한다면 CengageBrain.com에 방문하거나 『심리상담과 치료의 이론과 실제: 스탠의 사례와 해설 DVD』 13회기 '통합적 접근' 부분의 DVD 프로그램을 시청하라. 이 회기는 스탠과의 상담에 대한 통합적 관점과 종결을 다루고 있다.

통합적 관점을 적용한 그웬의 사례*

건강과 복지에 이르는 길은 많다. 나는 그웬이 다양한 상담 이론들과 포괄적인 상담에서 도움을 받을 수 있을 것으로 믿는다. 통합적 접근은 각 개인의 고유한 가치를 긍정하는 태도를 취한다. 이 접근은 개인의 정서, 행동, 인지 및 심리적 기능 수준에 주목하는 통합된 접근이다. 또한, 내담자 삶의 영적인 차원에도 주의를 기울인다.

통합적 상담자이면서 흑인 여성으로서 치료적으로 적절할 때에는 기꺼이 나의 경험을 그웬과 나눌 수 있다. 내가 그웬의 인생 경험, 분투, 강점, 독특한 자질, 개인적 현실 등을 존중한다는 것을 그녀가 알아주길 바란다. 내가 아는 한, 그웬은 깊이와 지혜를 갖춘 지적인 아프리카계 미국 여성이다. 그웬에게 통합적 접근을 활용하는 것은 지금 이 순간 그녀의 삶을 도울 수 있는 변화 과정의 여러 관점을 고려할 수 있게 해준다.

그웬과의 초기 면담에서 상담에 대한 나의 접근은 순수주의자가 아니라는 점과, 따라서 그녀의 요구에 적합한 치료 접근을 만들기 위해 여러 상담 이론들을 참고할 것임을 알려주었다. 나는 내담자 중심 이론에서 많은 것을 차용하여 그웬과의 치료 동맹을 형성하기 시작한다. 그웬이 매일의 삶에서 경험하는 고통과 불안을 인식하는 과정에서 무조건적인 긍정적 관심을 보이는 것이 중요하다. 나는 그웬이 자기 삶의 전문가이며 상담에 대해 책임이 있음을 알게 되기 바란다. 나는 생각과 기법들을 적용하지만, 상담 회기에서 효과적이지 않은 것은 무엇이든 그녀가 자유롭게 이야기할 수 있음을 알려준다.

그웬과 내가 함께 치료적 여정을 시작하면서 나는 그녀의 가족사에 대해 흥미를 갖게 되었다. 나는 그웬에게 삼대에 걸친 가계도를 그리고 하고, 거기에 교육 수준, 건강, 관계 유형, 종교 등을 표시하도록 한다. 이 접근은 가족 치료 상담에서 차용한 것인데 그녀의 강점과 지지(그녀의 영성)에 관한 가족 유형뿐만 아니라 가족 문제로 인해 도전에 직면하게 한 가족 유형에 대해서도 볼 수 있게 해준다. 그녀의 가족사를 탐색함으로써, 그웬은 자신의 성격으로 간주한 것이 꼭 그렇지 않을 수도 있음을 서서히 알아차리기 시작한다. 한 세대에서 다음 세대로 성격, 습관, 가치들을 전달하는 세대 간 전승은 그웬으로 하여금 그녀의 많은 여성 가족들처럼 구원자가 되도록 하였다. 그녀는 자신의 감정을 계속해서 압도하고 있는 이전 세대에서 전달받은 오래된 부정적인 자동적 사고들을 탐색한다. 그웬의 잘못된 신념들 중의 하나는 '내가 그 일을 하지 않으면, 아무도 하지 않을 것이다.' 이러한 특별한 인지적 왜곡은 다른 사람의 도움이나 지원을 구하지 않고 모든 일을 하는 악순환에 빠지게 한다. 아무도 자신을 도와줄 수 없다는 신념은 그녀를 피곤하고 좌절에 빠지게 한다. 인지행동치료를 통해, 그웬은 자신이 생각하고 있는 사고와 이것이 자신의 감정에 어떻게 영향을 끼치는지 좀 더 알아차리게 된다.

통합적 형태를 활용하는 것은 그웬이 상담 장면에 가지고 오는 모든 것을 상담 과정의 한 통로로써 통합할 수 있게 해준다. 상담 초기에 그웬은 자신과 신과의 관계가 그녀의 삶에 커다란 힘의 원천이 된다고 이야기했다. 나는 그웬의 영적 가치를 이해하고 존중하며 그녀의 영성이 어떤 방식으로 치료와 개입의 중요한 부분이 될 수 있는지 주의 깊게 살펴본다. 영적 믿음이 자신에게 가장 중요한 자원임을 명백히 하였기 때문에 영성은 상담 회기에서 핵심적인 부분이 되었다.

나는 그웬에게 그녀의 예배 방식에서 가장 도움이 되었던 것에 대해 말해보게 하였다. 그웬은 이렇게 대답하였다. "저는 성경 말씀 읽는 것을 좋아해요. 말씀을 읽으면 외로움을 느끼지 않고, 지금의 문제들이 새롭지 않게 느껴져요. 성경에는 제가 묵상해야 할 구절들이 있어요. 성경을 읽으면 영혼이 평안해져요." 우리는 삶에서 의미에 관한 실존적인 질문들을 살펴보고 고통, 불안, 죽음에 대해 이야기를 나눈다. 그웬은 아들의 삶에 대한 두려움과 싸우고 있고 어머니의 건강이 악화되고 있는 것에 깊은 슬픔을 느낀다. 이러한 삶의 현실들과 씨름하면서 그웬의 영성은 삶의 닻과 지지가 되고 있다.

영적인 차원을 다루는 것은 그웬을 아침에 성경 말씀을 읽고 출근길에 찬송가를 듣는 일상의 삶으로 연결시킨다. 그웬은 자신이 매일 영적인 생활을 할 때는 부

* 켈리 커크시 박사는 통합적 관점에서 자신의 사고방식과 상담 실제에 대해 기술하며 이 모형을 그웬에게 적용하고 있다.

정적인 기분이 들지 않는다는 것을 알아차린다. 그녀는 자신의 주의를 사로잡고 고무된 기분을 갖게 하는 활동들에 참여하지 않았음을 깨닫지 못했다. 어머니를 돌보며 직장과 가정생활을 함께 꾸려가는 데서 오는 스트레스는 잘못된 인식과 행동을 지속시키는 불균형을 야기하였다.

상담 초기에 그웬은 부정적인 자동적 사고에 빠져 있었으며 "난 절대로 다시 건강해지지 못할 거야.", "내 자녀들은 절대로 나와 시간을 보내고 싶어 하지 않을 거야.", "난 늘 외로울 거야."와 같은 말을 되뇌었다. 그웬의 인지적 왜곡을 살펴보며 이를 알아차리고 도전하도록 도움으로써 이러한 사고방식이 그녀의 고통을 초래한 방식을 점차 알아차리도록 도울 수 있었다.

나는 불안한 생각을 진정시키고 집중할 수 있는 능력을 키워주고자 그웬에게 5분 분량의 간단한 명상법을 소개해주었다. 짧은 명상 동안에 그녀가 판단하지 않고 자신의 생각에 집중할 수 있음을 알려주었다. 이러한 간단한 마음챙김 연습은 그녀가 긴장을 풀고 보다 내적인 회복탄력성을 얻을 수 있는 능력을 축적시킬 것이다. 그웬은 연습을 계속하면서, 그녀는 단순히 그녀의 생각이 아니며, 그러한 생각들의 관찰자가 될 수 있고, 생각들이 자신의 행동과 기분을 통제하도록 두기보다는 그냥 지나가는 것을 지켜볼 수 있음을 발견한다.

나는 전형적으로 상담을 시작해서 회기에 대한 그웬의 간단한 평가로 각 회기를 마칠 수 있다. 나는 상담이 충분히 협력적인 과정이 되고 그웬의 치료적 요구를 충족하기 위하여 정기적인 피드백을 활용한다. 그웬을 위한 나의 첫 질문은 항상 '우리가 함께한 시간을 어떻게 하면 최고로 잘 활용할 수 있을까요?'이다. 나의 임무는 온전하게 현재에 머묾으로써 그녀가 최적의 기능과 균형 상태로 돌아가는 변화의 여정을 도울 치료적 접근을 효과적으로 통합하는 것이다.

나는 어떠한 가정도 하지 않고 상담이 진행되면서 자연스럽게 떠오르는 것들을 다룰 의향이 있는지를 그웬에게 질문한다. 그녀가 확정적인 답을 하지 않으면, 상담의 방향은 수정된다. 나의 상담 기술들은 그웬의 목표와 필요를 충족시키고자 한 것임을 설명한다. 이러한 설명은 그웬의 마음을 안심시켜서 상담에서 보다 새로운 시도를 할 수 있게 해주는 것으로 보인다.

그웬의 우울과 불안 증상을 낮추기 위해, 그녀에게 '변형적 이동과 반영'이라는 과정을 소개해준다. 나는 그웬에게 요가, 태극권, 북 치기, 요가 호흡법과 같은 국제적인 치료 연습에서 파생된 섬세한 것에서 역동적인 것에 이르는 다양한 기법들을 가르친다. 이러한 활동들은 마음챙김과 현재 순간에 대한 자각을 높이고 그웬의 몸과 마음에서 긴장과 스트레스를 방출하도록 돕는다. 이동 연습 또한, 건강한 정서적 표현을 돕는다. 그웬은 북 치기에 매우 흥미 있어 하는 것은 아니다. 하지만 음악을 감상하거나 이동하는 것은 상담중이나 집에 있는 동안 이완할 수 있게 한다. 그웬은 매일의 삶에서 스트레스를 받을 때 활용할 수 있는 자원과 도구를 지니고 있음을 점차 깨닫기 시작한다. 나의 목표는 그웬에게 마음과 몸과 영혼을 치유할 여러 수단을 소개하는 것이다. 나는 그웬이 내 사무실로 걸어 들어오는 순간부터 그녀의 개인적인 목표에 민감하며, 마지막까지 우리 앞에 놓인 가능성에 대해 열린 자세를 견지한다.

자기 점검을 위한 질문

- 각 이론적 접근에서 이 장에 공통되는 개념과 기법은 무엇인가?
- 비전통적인 상담 기법에 대해 여러분은 얼마나 편안하게 소개할 수 있는가?
- 여러분의 정체성에 비추어, 그웬과 상담할 때 통합적 이론으로부터 여러분이 활용하기에 가장 자연스러운 이론은 무엇인가?

요약

통합적 입장을 취한다는 것은 상당히 도전적인 일이다. 상담자들은 무선적이고 단편적으로 기법들을 가져와서는 안 된다. 통합적 관점을 취할 경우, 다음과 같은 물음을 염두에 두어야 한다. '어떤 이론이 인지적 측면들을 이해할 수 있는 기초를 제공할 수 있을까? 정서적 측면은 어떠한가? 행동적 측면은 어떠한가?' 이 책에서 다룬 11개의 치료 이론들은 대부분 인간 경험의 세 영역 중 어느 한 가지에 초점을 둔다. 물론 다른 측면을 무시하지는 않지만 큰 비중을 두지는 않는다.

통합적 관점을 개발하는 것은 다양한 이론들에 대한 정확하고, 심층적인 지식을 필요로 한다. 그러한 지식이 없이는 진정한 통합을 할 수가 없다. 간단히 말해, 여러분이 알지 못하는 것을 통합할 수는 없다(Norcross & Beutler, 2014). 이 책의 핵심 메시지는 각 이론을 충분히 받아들일 수 있도록 마음을 열고, 책을 많이 읽고, 각 이론의 주요 개념이 자신의 성격과 잘 맞는지를 생각해보아야 한다는 것이다. 각 이론의 매우 좋은 면이라고 생각되는 것들을 바탕으로 자신의 상담 이론을 만드는 일에 많은 시간을 투자해야 한다.

상담자가 자신의 성격을 고려하는 것과 더불어 내담자를 다루는 데 매우 효과적인 개념이나 이론에 대해서도 생각해보아야 한다. 특정 문제에 적합한 기법을 사용하려면 그 기법에 대한 지식, 기술, 예술, 경험 등을 갖추어야 한다. 언제 그리고 어떻게 특정한 상담 기법을 사용할 것인지를 아는 것 또한 예술이다. 상담자가 자신의 개인적 선호를 고려하는 것도 중요하지만, 과학적 증거를 바탕으로 균형을 이루어야 한다. 상담 실제에 대한 개인적 접근을 개발하는 것이 무엇이든 한다는 것을 의미하는 것은 아니다. 실제로 관리의료제도와 증거 기반 상담이 이루어지고 있는 시대에, 상담자의 개인적 선호에 따라서만 치료를 결정할 수는 없다. 우울이나 범불안과 같은 특정의 임상적 문제를 지닌 내담자와의 상담에서, 특정 기법들이 효과가 있는 것으로 입증되었다. 예를 들면, 행동 치료, 인지행동 치료, 인지 치료, 마음챙김 기반 인지 치료, 단기 정신역동 치료 등은 우울증 치료에 성공적인 것으로 반복해서 입증되고 있다. 기법을 사용하기 위해서는 탄탄한 이론적 토대를 갖추고 있어야 한다. 윤리적인 상담이란 내담자와 내담자의 문제를 다룰 때 효과적인 절차를 채택하고, 상담에서 개입에 대한 이론적 논거를 제시할 수 있는 것을 암시한다.

상담 이론과 실제에 대해 학습한 내용을 검토할 좋은 시간이다. 여러분의 상담 관점을 형성하는 토대로 채택한 특정 이론을 구체화해보라. 다음의 사항들을 설명하기 위해 어떤 이론을 근거로 할 것인지 생각해보라. (1) 기본 가정, (2) 주요 개념, (3) 상담 목표, (4) 상담 관계, (5) 기법과 절차. 이와 함께, 각 이론의 주요 공헌점과 한계점은 물론, 각 이론의 적용 방법에 대해서도 생각해보라. 이 장에 제시한 표들은 상담 과정에 대한 자신의 관점을 개념화하도록 돕기 위해 설계되었다.

마치는 말

상담학 개론 수업의 초기에, 나의 학생들이 보이는 전형적인 반응 두 가지가 있다. "이 모든 이론들을 언제 다 배우고, 이들 간의 차이를 어떻게 알 수 있을까요?"와 "이 모든 정보를 어떻게 다 이해할 수 있을까요?"이다. 하지만 이 수업의 막바지 즈음에 이르면, 학생들은 자신들이 수행한 많은 과제와 학습량에 놀라곤 한다. 물론, 개론 수업을 통해 완성된 상담자가 될 수는 없다. 하지만 상담학 개론 수업은 여러분이 일반적으로 접한 많은 이론들 중에서 선택할 수 있는 기초를 제공한다.

이 시점에서 여러분은 의미 있는 방식으로 여러 이론들을 조합하기 시작할 수 있다. 이 책이 여러분으로 하여금 더 많은 책을 보도록 자극하고, 관심 있는 이론에 대한 지식을 넓혔다면 그것으로 소기의 목적을 달성했다고 본다. 이 책에서 소개한 각 이론들에서 활용할 수 있는 무언가 소중한 것을 발견했기를 바란다. 상담학 개론 수업을 통해 완벽하게 통합된 관점을 개념화하는 입장을 가질 수는 없다. 하지만 통합의 과정을 시작할 도구는 갖게 되었다. 추가적인 학습과 임상 경험을 통하여, 개인적인 상담 철학을 확장하고 정교하게 할 수 있을 것이다.

마지막으로, 이 책이 여러분의 삶에서의 철학, 가치, 삶 속의 경험 등에 대하여 숙고해보도록 자극하고, 향후 상담자로서 갖추어야 할 실제적인 역량을 고려하며 개인적이고 전문적인 관계를 형성할 사람들에 대한 영향력을 생각하는 그런 사람이 되고자 한다면 이 책을 유용하게 이용한 것으로 볼 수 있다.

이 책과 상담학 수업은 상담자가 되고자 하는 여러분의 결정에 의문을 제기했을 수 있다. 최소 한 명의 교수라도 만나서 여러분이 가지고 있는 어떤 질문이라도 나누길 바란다.

자기 점검과 토론을 위한 질문

1. 심리치료 통합에 대한 네 개의 주요 접근들은 무엇인가? 통합에 대한 이 접근들을 상담에 대한 여러분의 관점 설계에 어떻게 활용할 수 있는가?
2. 피드백 기반 개입에서, 내담자는 상담 회기에서의 경험과 상담자에 대한 소감을 제시한다. 여러분의 내담자로부터 상담자로서의 여러분과 상담 개입에 대한 진실한 피드백을 얼마나 자주 받을 것으로 생각하는가? 상담 회기에 대한 내담자의 긍정적이

고 부정적인 소감에 대해 내담자와 토론할 수 있는가?

3. 상담에 대한 여러분의 통합적 접근을 개발함에 있어 가장 우선적으로 고려하는 요소는 무엇인가?
4. 심리치료를 효과적이게 하는 요인을 찾아내는 연구에서 여러분이 중요시하는 것은 무엇인가?
5. 여러분이 사용할 최우선의 이론을 고른다면 무엇이고 그 이유는 무엇인가?

더 찾아볼 자료

『상담 및 심리 치료의 통합적 접근: 루스의 사례와 해설 DVD』 9회기 '통합적 상담'에서 여러분은 여러 이론에서 끌어온 개념들을 루스에게 적용하는 방식을 볼 수 있다. 여기에서는 나의 통합적 관점이 어떻게 실존 치료에 기반을 두고 있는지를 보여준다. 이 회기에서 나는 행동 지향적 치료 원리들로부터 상당수 빌려왔다.

기타 자료들

국제임상수월성센터(International Center for Clinical Excellence: ICCE)는 행동적 건강관리 서비스에서의 유능함을 촉진하는 일에 헌신하는 상담자, 건강관리 전문가, 행정가, 교육자, 정책 입안자, 연구자 등으로 구성된 인터넷 기반의 국제적 모임이다. 이 온라인 모임에서는 행동적 건강관리 능력을 향상시키고, 상담자와 경영자들이 조력 전문가로서의 개인적 능력을 향상시키기 위해 상담 방법과 혁신적 생각을 공유하는 것을 권장한다. 앞서 설명한 결과평가척도(ORS)와 회기평가척도(SRS)는 웹사이트에서 무료로 내려 받을 수 있다.

피드백 기반 개입(FIT)에 관한 국제임상수월성센터(ICCE)의 안내서는 피드백 기반 개입을 일상적으로 활용하는 상담자와 기관에게 가장 중요한 정보를 담은 일련의 여섯 개의 설명으로 구성된다. 안내서의 구체적인 내용 영역은 다음과 같다.

내용 1. 치료에 효과적인 요인: 입문서
내용 2. 피드백 기반 상담: 기본
내용 3. 피드백 기반 슈퍼비전
내용 4. 변화 기록: 측정, 분석, 보고에 관한 입문서
내용 5. 피드백 기반 상담: 구체적인 대상과 서비스 환경
내용 6. 기관과 관리의료제도에서 피드백 기반 상담 실행하기

이 설명서는 상담자에게 우수한 상담 수행에 관한 충분한 기본 지식과 기술을 제공하는 것을 목표로 한다. 이 안내서는 피드백 기반 개입(FIT) 상담을 배우고자 하는 상담자에게 유용한 자료이다. 국제임상수월성센터(ICCE)와 참고 자료에 관한 부가적인 정보를 원하면 다음으로 연락하기 바란다.

국제임상수월성센터(ICCE)
www.centerforclinicalexcellence.com

스콧 밀러의 웹사이트에 임상수월성 워크숍에 관한 부가 정보가 있다.

스콧 밀러
www.scottdmiller.com

더 읽을거리

『**통합 심리치료**(Psychotherapy Integration)』(Stricker, 2010)는 이론, 상담 과정, 평가, 통합적 접근의 향후 발전 등을 다룬 간결한 설명서이다.

『**심리치료의 인간적 요소: 정서 치료의 비의학적 모형**(The Human Element of Psychotherapy: A Nonmedical Model of Emotional Healing)』(Elkins, 2016)은 심리치료는 명백하게 의학이 아닌 관계적인 접근이라는 전제를 개진한다. 이 책은 상담자의 이론이나 기법보다는 내담자와 상담자 간의 상호관계 수준이 상담의 효과성을 결정한다는 개념을 지지하는 연구들을 요약하여 제시한다.

『**통합적 심리치료 핸드북**(Handbook of Psychotherapy Integration)』(Norcross & Goldfried, 2005)은 통합 치료에 관한 개념적이고 역사적인 관점을 보여주는 탁월한 자료이다. 이론적 통합과 기술적 절충주의와 같은 최근의 주요 이론들에 관해 종합적으로 개관하고 있다.

『**상담 및 심리치료 이론 백과사전**(The Sage Encyclopedia of Theory in Counseling and Psychotherapy)』(Neukrug, 2015)은 상담 이론과 기법 전반에 관한 간략한 논문들을 종합하여 엮은 책이다.

『상담 및 심리치료의 통합적 접근』(Corey, 2013a)은 학생들이 상담에 대한 자신만의 통합적 접근을 개발하는 것을 돕기 위해 제작되었다. 이 책은『상담 및 심리치료의 통합적 접근: 루스의 사례와 해설 DVD』(Corey, 2013c)와 함께 사용할 수 있다.

『통합적 상담: 사례중심의 접근』(Corey, 2013b)은 루스의 단일 사례를 소재로 11개의 최근 이론을 각각 적용하는 것을 보여준다. 또한, 이 책의 마지막 장에서 루스에 대한 통합적 상담을 설명하고 있다. 이 책 역시『상담 및 심리치료의 통합적 접근: 루스의 사례와 해설 DVD』(Corey, 2013c)와 잘 맞도록 저술하였다.

『영성과 종교를 상담에 통합하기: 효과적인 상담을 위한 안내』(Cashwell & Young, 2011)는 내담자의 영적인 신념과 수행에 일치하는, 윤리적 태도로 상담을 제공할 수 있는 방법에 관한 구체적인 관점을 제공한다. 저자는 상담자들이 내담자의 목표 성취를 위해 협력적인 태도로 내담자의 세계관과 노력을 존중하는 태도를 개발하도록 돕는다.

찾아보기

ㄱ

ㅇ

ㅊ

ㅋ

ㅌ

ㅍ

ㅎ

A

S

W

인명